Erhard Gorys

Das Heilige Land

Historische und religiöse Stätten von Judentum, Christentum und Islam in dem 10 000 Jahre alten Kulturland zwischen Mittelmeer, Rotem Meer und Jordan

DuMont Buchverlag Köln

Abbildung Umschlagvorderseite: Die Ruine der byzantinischen Nordkirche von Shivta
Abbildung Umschlaginnenklappe: Die Klagemauer in Jerusalem
Abbildung Umschlagrückseite: Der Felsendom in Jerusalem

CIP-Kurztitelaufnahme der Deutschen Bibliothek

Gorys, Erhard:
Das Heilige Land : Histor. und religiöse Stätten von Judentum, Christentum
u. Islam in d. 10000 Jahre alten Kulturland zwischen Mittelmeer, Rotem Meer u. Jordan/Erhard
Gorys.–Köln : DuMont, 1984.
(DuMont-Kunst-Reiseführer in der Reihe DuMont-Dokumente)
ISBN 3-7701-1474-4

© 1984 DuMont Buchverlag, Köln
3., überarbeitete Auflage 1985
Alle Rechte vorbehalten
Satz, Druck und buchbinderische Verarbeitung: Boss-Druck, Kleve

Printed in Germany   ISBN 3-7701-1474-4

Kunst-Reiseführer in der Reihe DuMont-Dokumente

Zur schnellen Orientierung – die wichtigsten Orte und Kulturstätten des Heiligen Landes auf einen Blick:

(Auszug aus dem ausführlichen Register S. 490 ff.)

In der vorderen Umschlagklappe: Übersichtskarte des Heiligen Landes

In der hinteren Umschlagklappe: Übersichtskarte von Jerusalem

›Von Jaffa nach Jerusalem‹ (Lithographie von 1864)

Inhalt

Vase aus Jericho, 1750–1500 v. Chr.

Vorbemerkungen

Seit Konstantin dem Großen haben unzählige Reisende aus dem Okzident und Orient das Heilige Land, die Terra Sancta, besucht, um auf den Spuren Jesu zu wandeln. Im Mittelalter wallfahrteten Moslems zu den Heiligtümern ihrer Propheten. Heute kommen Christen und Juden aus aller Welt in das Land der Bibel, als Touristen wie als Pilger, um an den großen Stätten der drei monotheistischen Weltreligionen zu verweilen und die einzigartigen Relikte einer langen und bewegten Geschichte zu bewundern. Von Jahr zu Jahr steigt die Zahl der Besucher des wohl ältesten Reiselandes der Welt; 1983 waren es schon über 1,2 Millionen.

Allen, die eine Reise in das Heilige Land planen oder sich an einen früheren Aufenthalt erinnern, will der vorliegende Kunst-Reiseführer mit ausführlichen Informationen und reichem Bildmaterial eine Hilfe sein. Das Schwergewicht liegt dabei auf den religiösen und historischen Stätten mit ihren baulichen und bildnerischen Werken aus über zehn Jahrtausenden. Verfasser und Verlag waren sich darüber im klaren, daß es der Umfang eines Kunst-Reiseführers nicht zuläßt, sämtliche erwähnenswerten Plätze des Heiligen Landes zu beschreiben, wenn nicht die Ausführlichkeit darunter leiden sollte. Eine Auswahl der wichtigsten Stätten von besonderer religiöser, kunsthistorischer und geschichtlicher Bedeutung war also erforderlich. Dennoch dürfte das Buch genug Anregungen für mehr als eine Reise bieten.

Der auf das einleitende Geschichtskapitel folgende Hauptteil wurde in Form einer großen Israel-Rundfahrt angelegt, beginnend in Jerusalem mit Abstechern nach Jericho, Betlehem, Hebron, Tel Gezer usw., dann durch das Westjordanland bis zum See Gennesaret mit einem Abstecher nach Nazaret, weiter nach Norden zum Berg Hermon, zum Mittelmeer hinüber, an der Küste südwärts bis Ashqelon, dann quer durch den Negev bis an den Golf von Elat und schließlich zum Toten Meer. Einen allgemeinen Überblick über Geographie, Bevölkerung, Staat und Wirtschaft sowie Religionen, Konfessionen und Riten im Heiligen Land finden Sie im ›Gelben Teil‹ auf S. 466 ff. Einen Kurzüberblick über die historische Entwicklung gibt die Zeittafel auf S. 45 ff., häufig verwendete Fachbegriffe erläutert das Glossar auf S. 459 ff.

Die im vorliegenden Buch gewählte Schreibweise der Orts- und Personennamen entspricht der heute in Israel verwendeten englischen Form bzw. dem ›Ökumenischen Verzeichnis der biblischen Eigennamen nach den Loccumer Richtlinien‹ (1981). Die Bibelzitate wurden der Einheitsübersetzung (Stuttgart 1980) entnommen.

Allen, die meine Arbeit mit Rat und Tat unterstützten, sei an dieser Stelle gedankt. Nennen möchte ich vor allem die Botschaft des Staates Israel in Bonn, das Staatliche Israelische Verkehrsbüro in Frankfurt, die Ministerien für Erziehung und Kultur und für Touristik in Jerusalem, das Kommissariat des Heiligen Landes in Düsseldorf, den Deutschen Verein vom Heiligen Land in Köln, das Presseamt des Erzbistums Köln, das Mohammedanische Zentrum in München und die vielen Franziskanerpatres an den heiligen Stätten, die mir manche Tür öffneten und mich auf interessante Details aufmerksam machten.

Südfassade der Grabeskirche in Jerusalem (Holzschnitt von 1483)

Im Text gebrauchte Abkürzungen

Am	Buch Amos
Apg	Apostelgeschichte
Chr	Buch der Chronik
Dtn	Buch Deuteronomium (5. Buch Mose)
Esra	Buch Esra
Est	Buch Ester
Ex	Buch Exodus (2. Buch Mose)
Ez	Buch Ezechiel
Gen	Buch Genesis (1. Buch Mose)
Hld	Das Hohelied
Hos	Buch Hosea
Jer	Buch Jeremia
Jes	Buch Jesaja
Joh	Evangelium nach Johannes
Jos	Buch Josua
Jüd. Altert.	Flavius Josephus, Jüdische Altertümer
Jüd. Krieg	Flavius Josephus, Der jüdische Krieg
Koh	Buch Kohelet
Kön	Buch der Könige
Kor	Brief an die Korinther
Lev	Buch Levitikus (3. Buch Mose)
Lk	Evangelium nach Lukas
Makk	Buch der Makkabäer
Mi	Buch Micha
Mk	Evangelium nach Markus
Mt	Evangelium nach Matthäus
Neh	Buch Nehemia
Num	Buch Numeri (4. Buch Mose)
Offb	Offenbarung des Johannes
Ps	Psalmen
Ri	Buch der Richter
Röm	Brief an die Römer
Rut	Buch Rut
Sam	Buch Samuel
Sir	Buch Jesus Sirach
Tob	Buch Tobit
Zef	Buch Zefanja

Die Geschichte des Heiligen Landes

Vorgeschichte

Wie im gesamten Mittelmeerraum herrschte auch im Gebiet des Heiligen Landes in der Epoche des **Altpaläolithikums** (frühere Altsteinzeit, ca. 300 000–70 000 v. Chr.) tropisches, feuchtwarmes Klima. Der frühe Mensch jagte mit Faustkeil und Steinaxt (sogenannte Handaxtkultur; Tabun-Höhle im Karmel), später mit Dolch und Speer, die mit zugespitzten Feuersteinklingen versehen waren. Im **Jungpaläolithikum** (spätere Altsteinzeit, ca. 70 000–14 000) wurde das Klima zunehmend trockener und kälter. Das Großwild (Elefanten, Nashörner und Flußpferde) verschwand, die Jäger zogen sich an die Küste, an Quellen und an die großen Flüsse und Seen zurück. In den Höhlen des Karmel, bei Nazaret und bei Ubeidiya südlich des Sees Gennesaret fand man Spuren des Palaeanthropus palaestinensis, eines Verwandten unseres Neandertalers. Dieser Mensch zeigte erste kulturelle Bemühungen: Er beerdigte seine Toten, gab ihnen Gegenstände des täglichen Gebrauchs, Waffen und Schmuck mit auf den Weg ins Jenseits und umschloß die Gräber mit Steinkreisen.

Im **Mesolithikum** (Mittlere Steinzeit, ca. 14 000–8 000) erfand der Mensch Bogen, Falle und Angel, gewann den Hund als Haus- und Jagdtier und formte erste kleine Menschen- und Tierfiguren, um sein Jagdglück zu beschwören. Er verließ die Höhlen und baute sich auf Steinfundamenten Rundhäuser aus Ästen und Häuten. Im Wadi en-Natuf nordwestlich von Jerusalem fand man Mörser, Stößel und Sicheln aus Stein, was darauf hinweist, daß der Mensch seit etwa 10 000 v. Chr. neben Fleisch und Fisch auch wildwachsendes Getreide aß. Siedlungen dieser sogenannten Natufien-Kultur wurden auch im Hule-Tal, im Karmel und bei Jericho entdeckt. Der Natufien-Mensch schnitzte aus Tierknochen Harpunen, Nadeln und Schmuck.

Im **Neolithikum** (Jungsteinzeit, ca. 8000–4000) entwickelte sich der Sammler und Jäger zum Ackerbauern und Viehzüchter. Die Keramik wurde erfunden, erste städtische Siedlungen entstanden (Jericho), der Handel weitete sich aus und überbrückte bereits größere Entfernungen. Mit dem Ackerbau entwickelte sich der Fruchtbarkeitskult; Stein- und Tonfiguren der Muttergöttin mit übertriebener Darstellung der Geschlechtsteile sollten reichen Kindersegen und gute Ernten sichern (Figurinen von Sha'ar HaGolan am Yarmuk).

Im **Chalkolithikum** (Kupfersteinzeit, ca. 4000–3100) begann der Mensch, den Stein durch Metall (Kupfer) zu ersetzen. In Nahal Mishmar am Toten Meer fand man neben verzierten Tongefäßen, Mahlsteinen und Weidenkörben zahlreiche Gegenstände aus Kupfer, deren Bedeutung zum Teil noch unklar ist, die aber vermutlich zu einem Tempelschatz gehörten. Ein Webstuhl und Stoffreste lassen darauf schließen, daß die Menschen dieser Epoche bereits die Kunst des Webens beherrschten. Auch die Töpferscheibe kam allmählich in Gebrauch. Die viereckigen, langgestreckten Häuser waren aus luftgetrockneten Lehmziegeln erbaut und oft sogar verputzt und innen mit mehrfarbigen Fresken (Kultszenen) geschmückt (Tuleilat el-Ghassul bei Jericho). Knochen, Elfenbein, Schiefer, Perlmutt, Karneol und Türkis wurden zu reizvollem Schmuck verarbeitet.

Die kanaanitische Zeit

In der **Frühen Bronzezeit** (ca. 3100–2100) lernte der Mensch, Kupfer mit Zinn zu legieren. Dadurch gewann er ein Metall, das härter ist als Kupfer und sich dabei leichter gießen läßt, weil der Zinngehalt den Schmelzpunkt herabsetzt. Aber Zinn war schon damals selten und daher kostbar; große Städte begründeten ihren Wohlstand oft durch den Handel mit diesem Metall (z. B. Hazor). Der Handel rückte die mächtigen Reiche an Nil, Euphrat und Tigris näher aneinander. Zwischen ihnen lag Kanaan, wo die großen Karawanen ihre Waren austauschten. Bedrohungen und Übergriffe seitens der Nomadenstämme und der Nachbarreiche führten zur Bildung von Stadtstaaten, die sich in Krisenzeiten zu militärischen Schutzbündnissen zusammenschlossen. Trotzdem gelang es den Ägyptern immer wieder, ihren Einfluß auf das wohlhabende Kanaan auszudehnen. Auf dem Tell Erani bei Lakhish fand man eine Tonscherbe mit der Kartusche des Narmer, eines Königs der 1. ägyptischen Dynastie (nach 3000 v. Chr.), Snofru, ein König der 4. Dynastie, gelangte um 2700 v. Chr. bis nach Ashdod. Um 2400 v. Chr. schilderte eine ägyptische Grabinschrift den Feldzug der Ägypter gegen die Aamu, die Einwohner Kanaans; Phiops II., König der 6. Dynastie, drang

Kanaaniter auf dem Weg nach Ägypten (ägyptische Wandmalerei aus dem 19. Jh. v. Chr.)

mit seiner Flotte um 2300 v. Chr. bis in Höhe des Karmel vor. Im folgenden Jahrhundert, als Ägyptens Altes Reich zusammengebrochen war, zogen die Akkader, die im Zweistromland das erste Großreich der Geschichte begründet hatten, bis nach Ägypten und zerstörten auf ihrem Weg auch die Städte Kanaans.

Von den frühbronzezeitlichen Städten Kanaans wissen wir sehr wenig. Megiddo, Ai, Bet Yerah, Jericho, Bet She'an, Lakhish, Arad, Hazor, Sichem, Gezer und viele andere – sie alle waren stark befestigt und besaßen einen großen Palast, Tempel und Vorratshäuser. Alle lagen sie an wasserreichen Quellen.

Mittlere Bronzezeit (ca. 2100–1600): Gegen 2100 v. Chr. gingen die blühenden Stadtstaaten Kanaans aus noch unbekannten Gründen unter; das Land glich 200 Jahre lang einer nur gering besiedelten Wüste. In dieser Zeit dürften von Norden und Osten her in immer neuen Wellen die Kanaaniter in das Land eingedrungen sein, jenes Volk, das im Jahre 1955 v. Chr. mit der Zerstörung der Hauptstadt Ur auch das mächtige Reich der Sumerer zerschlug. Mit diesen Nomadenstämmen wanderte möglicherweise auch Abraham aus dem Zweistromland ein; archäologische Belege hierfür gibt es jedoch bislang nicht. In der Zeit des Mittleren Reiches dehnten die ägyptischen Pharaonen ihren Herrschaftsbereich bis weit in das Land Kanaan aus; Sesostris III. (1878–1843) drang unter ständigen Kämpfen bis zur Stadt Sichem vor. Damals entstanden die ersten ägyptischen ›Ächtungstexte‹, Tonscherben und Tonfigürchen mit Verwünschungen bestimmter Könige, Städte oder Völkerschaften. Die Texte erwähnen u. a. die Siedlungen Afeq, Akko, Ashqelon, Bet She'an, Hazor, Jerusalem, Lais (Dan) und zeugen von den Bemühungen der Ägypter, das Land Kanaan zu erobern. Schon unter der 12. Dynastie sickerten asiatische Nomadenstämme in das Nildelta ein. Als 1785 v. Chr. das ägyptische Mittlere Reich zusammenbrach, verstärkte sich ihr Zustrom. In dieser Zeit dürften die indoiranischen Hyksos mit ihren schnellen, pferdebespannten Streitwagen über Mesopotamien nach Syrien und Kanaan vorgestoßen sein. Unter ihrer Herrschaft blühten die Städte Kanaans wieder auf.

Die Wohnhäuser der Mittleren Bronzezeit besaßen einen großen, an einer oder mehreren Seiten von Wohnräumen umschlossenen Hof, der zur Hälfte überdacht war, eine Zisterne enthielt und als Koch- und Backstelle diente. In den Häusern der Reichen bildeten Läden oder Werkstätten das Erdgeschoß, die eigentliche Wohnung lag im oberen Stockwerk. Die kanaanitischen Tempel gliederten sich durchweg in drei Teile: Vorhalle, Hauptraum und Allerheiligstes. Die Tongefäße dieser Epoche entstanden ausschließlich auf der Töpferscheibe und waren mit schönen geometrischen Mustern verziert. Den Toten gab man mit Speise und Trank gefüllte Gefäße sowie Waffen bzw. Schmuck und Kosmetikartikel mit ins Grab.

Um 1650 v. Chr. fielen die Hyksos in das geschwächte Ägypten ein, rissen die Macht an sich und ernannten eigene Pharaonen. Möglicherweise kamen mit den Hyksos (oder schon zu Beginn des 17. Jhs.?) auch Jakob und seine Söhne nach Ägypten. Sein Stamm ließ sich im fruchtbaren Wadi Tumilat nieder, dem biblischen Land Gosen im östlichen Nildelta, in der Nähe der Hyksos-Hauptstadt Auaris.

Späte Bronzezeit (1600–1200): Bald nach 1600 v. Chr. begann der oberägyptische Fürst Kamose von Weset (Theben) aus den Kampf gegen die Hyksos. Sein Bruder und Nachfolger Ahmose (1552–1527) eroberte Auaris und verfolgte die Feinde bis tief in den Negev hinein. Ahmose begründete das Neue Reich, mit dem für die israelitischen Stämme im Nildelta eine lange Zeit der Unterdrückung begann. Die Bibel spricht von 430 Jahren (Ex 12,40). In Kanaan erstarkten inzwischen die Stadtstaaten, vermutlich unter der Führung der aus Ägypten vertriebenen Hyksos. Die Einführung des Streitwagens und vor allem des Sturmbocks zwang die Städte, ihre Befestigungen den neuen Kampf- und Belagerungstechniken anzupassen. Die Mauern setzte man auf gewaltige, schräg abfallende Wälle, die mit glattem Erdmaterial belegt wurden, die engen, winkligen Tore entwickelten sich zu geradlinigen Mehrkammeranlagen, durch die in Friedenszeiten auch Wagen fahren konnten. Alle diese neuen Verteidigungsmaßnahmen bewahrten die Städte Kanaans jedoch nicht davor, erneut in ägyptische Hand zu fallen. Pharao Thutmosis III. (1469–1436) zog siebzehnmal nach Kanaan und weiter bis nach Syrien hinauf. 1468 v. Chr. gelang es ihm, durch die Eroberung der Stadt Megiddo das Städtebündnis zu sprengen und sich mit dem besetzten Kanaan ein starkes Bollwerk gegen die großen Reiche des Nordens und Ostens (Mitanni, Babylonier, Kassiter, Assyrer, Hethiter) zu schaffen. In seinen Listen führte er 118 eroberte kanaanitische Städte auf. Der Pharao stationierte in den wichtigsten Zentren Garnisonen, im übrigen verließ er sich auf die Treue der von ihm eingesetzten oder bestätigten Vasallenfürsten. Den Städten ging es in dieser Zeit recht gut; durch den Umschlag von Handelsgütern gelangten sie zu großem Wohlstand.

Als Amenophis IV., genannt Echnaton (1364–1347), durch seine religiösen Neuerungen Ägypten in eine ernste Krise stürzte, kam es in Kanaan zu heftigen Aufständen gegen die ägyptische Besatzungsmacht. Der Hethiterkönig Šuppiluliuma (1370–1335), der dem durch innere Wirren geschwächten Mitannireich den Todesstoß versetzt hatte, schürte die Rebellion. In dieser Zeit drangen mehr und mehr Nomadenstämme über den Jordan nach

Kanaan vor. Über das damals herrschende Chaos berichten die berühmten ›Amarna-Briefe‹, die man 1886 unter den Trümmern der ägyptischen Hauptstadt Achet-Aton (Tell el-Amarna) fand. Darunter sind Schreiben der kanaanitischen Stadtfürsten von Akko, Ashqelon, Megiddo, Jerusalem und Lakhish, in denen sich die Fürsten gegenseitig der Untreue gegenüber dem Pharao bezichtigen. Sie berichten von Streitigkeiten und Kämpfen der Städte gegeneinander, vor allem aber über Nomadenstämme, die in die fruchtbaren Ebenen einfielen und sich sogar einzelner Städte bemächtigten. Es handelte sich dabei um Apiru (= Hebräer), israelitische Stämme also, die nicht wie Jakob nach Ägypten gezogen waren oder die sich bereits vor der biblischen Landnahme in Kanaan niedergelassen hatten. Aber Echnaton widmete sich nur seiner neuen monotheistischen Religion, der Verehrung des Sonnengottes Aton. Sein Feldherr Haremhab zog die ägyptischen Truppen in das Reichsgebiet zurück, um die innere Sicherheit aufrechtzuerhalten, die Städte Kanaans blieben ihrem eigenen Schicksal überlassen.

Mit der Dynastie der Rammessiden erstarkte das ägyptische Reich noch einmal. Sethos I. (1304–1290) brachte in drei Feldzügen Kanaan und das phönikische Küstenland unter seine Kontrolle, Ramses II. (1290–1224) versuchte, seinen Herrschaftsbereich weit nach Norden über ganz Syrien auszudehnen. Dabei kam es im Jahre 1285 v. Chr. bei Kadesch (Qadesh) am Orontes zum lange erwarteten Zusammenstoß der beiden Großreiche der Ägypter und Hethiter. Die gewaltige Schlacht endete unentschieden, der Vorstoß der Ägypter aber war gestoppt. 1269 v. Chr. schlossen Ramses II. und der Hethiterkönig Hattušili III. einen ›ewigen Frieden‹ und bestimmten den Fluß el-Kelb nördlich von Beirut zur Grenze ihrer Interessensphären. Von Gaza bis Bet She'an wachten ägyptische Gouverneure über die kanaanitischen Stadtkönige. Kanaan blühte auf und wurde zu dem Land, in dem Milch und Honig fließen (Ex 3,8). Den Ägyptern war nicht daran gelegen, Kanaan in ihr Reich einzugliedern. Sie begnügten sich mit erträglichen Tributzahlungen, brachten dem Land durch die Anwesenheit starker Garnisonen Ruhe und Frieden und überließen im übrigen die Regelung der inneren Angelegenheiten den Stadtstaaten. Die nunmehr überflüssigen Verteidigungsanlagen verfielen, in den Tempeln verehrten die Kanaaniter ihre alten Götter wie Baal, El und Aschera. Der Schlangenkult war weit verbreitet, die Tempelprostitution bildete die Haupteinnahmequelle der religiösen Zentren. Der Handel mit dem Mittelmeerraum weitete sich aus, vor allem mit Zypern, Kreta und Mykene. Den Reichtum des Landes spiegelten die Ausstattung der Königspaläste und die Kostbarkeit der Grabbeigaben wider.

Das alte Israel

Ramses II. war der größte Bauherr Ägyptens. Für den Ausbau seiner Residenz in Auaris (Ramsesstadt) zwang er die im Nildelta siedelnden Israeliten zu Frondiensten, was wohl der Anlaß dafür war, daß einige Stämme Ägypten wieder verließen. Der **biblische Exodus** unter

Ramses II. bekämpft die
Hethiter in der Schlacht bei
Kadesch (1285 v. Chr.)

Mose dürfte die literarische Zusammenfassung einer ganzen Reihe von Stammesauswande-
rungen sein, die sich, über mehrere Jahrzehnte verteilt, seit 1250 v. Chr. vor allem unter
Pharao Merenptah (1224–1204) vollzogen. Nach der Bibel entkamen die Israeliten unter
Moses Führung auf geheimen Pfaden durch das Schilfmeer (vielleicht der heutige Bardawil-
See) und weiter über den Sinai, entlang am Golf von Suez. Bei Refidim besiegten ihre
Tausendschaften unter dem Feldherrn Josua die im Sinai und Negev herrschenden Amaleki-
ter. Am Berg Horeb verkündete Mose das Gesetz der Israeliten, darunter die Zehn Gebote.
Dann zogen sie den Golf von Elat (Aqaba) hinauf und weiter nach Kadesch im Negev (heute
Qadesh Barnea), wo sie lange Zeit rasteten, um das Land zu erkunden. Vor den starken
Sperrfestungen der Kanaaniter wichen die Israeliten nach Osten aus, durchzogen die Arava-
Senke und umgingen die Länder Edom und Moab, die ihnen den Durchzug verweigerten.
Schließlich kamen sie nach Jericho und eroberten von hier aus unter Josuas Führung die
Stadtstaaten Kanaans.

Nach den heutigen Forschungsergebnissen war die **Landnahme** jedoch ein sehr kom-
plexer, langandauernder Vorgang, denn schon seit dem 14. Jh. v. Chr. waren israelitische
Nomadenstämme vom Osten her in Kanaan eingedrungen. Sie lebten in den unbesiedelten
Bergen und zogen im Spätsommer in die fruchtbaren Ebenen hinab, um ihre Herden auf den
abgeernteten Feldern weiden zu lassen. Sie besuchten die Märkte der Städte und übernahmen die Sprache und die Kultur der Kanaaniter. Nach 1250 v. Chr. gesellten sich nun – wie
erwähnt – die israelitischen Stämme aus Ägypten zu ihnen. Sie füllten die Siedlungslücken
und nahmen jene Gebiete in Besitz, die andere Stämme nach ihrem Weiterzug aufgegeben
hatten. Größere kriegerische Auseinandersetzungen dürfte es anfangs kaum gegeben haben,
da die Stämme der Streitwagenphalanx der Kanaaniter nichts Gleichwertiges entgegenzuset-
zen hatten. Erst als die Stämme auch im Kulturland festen Fuß gefaßt hatten, konnten sie
daran denken, die stark befestigten Städte zu erobern. Die Schlacht an den ›Wassern von

Merom‹ im Norden Kanaans und die Einnahme von Hazor, der wohl größten Stadt des Landes, gegen 1230 v. Chr. waren Höhepunkte der Landnahme, aber gewiß nicht ihr Abschluß. Die Eroberung weiterer Kanaaniterstädte zog sich noch über zweihundert Jahre hin, Jerusalem fiel sogar erst gegen 1000 v. Chr.

Die zwölf halbnomadischen Stämme Israels (Simeon, Juda, Benjamin, Efraim, Gad, Manasse, Machir, Issachar, Sebulon, Naftali, Ascher, Dan; die Namen änderten sich z. T. später) wurden von Ältestenräten geführt. Schon früh waren sie in einem sakralen, amphiktyonischen Bund vereint, der den Gott Jahwe verehrte und sein Heiligtum in Silo (Shillo) hatte. Dieser Stämmebund nannte sich Israel. Der Name ›Israel‹ erschien erstmals um 1220 v. Chr. auf einer Stele des Merenptah und bedeutet sinngemäß ›gegen den Gott El‹. Streitigkeiten mit den nichtisraelitischen Nachbarn bereinigte jeder Stamm möglichst allein, in Notfällen kam es aber auch zu übergreifenden Bündnissen. Den Heerbann der vereinigten Stämme befehligte ein Richter, der gewissermaßen ein Vorläufer der späteren Könige war (die **Zeit der Richter** umfaßt den Zeitraum von etwa 1200 bis 1025 v. Chr.). Aus der Bibel sind uns die großen Richter Ehud, Barak (mit Debora), Gideon, Jiftach und Simson bekannt. Ehud befreite die Israeliten von der Fremdherrschaft der Moabiter, Barak besiegte, von der ›Richterin‹ Debora inspiriert, die Kanaaniter, Gideon die Midianiter, Jiftach die Ammoniter, und der sagenumwobene Simson (Samson) wehrte Angriffe der Philister ab.

Nach der Regentschaft von Ramses II. war es auch im Mittelmeerraum zu großen Völkerbewegungen gekommen, die das ägyptische Neue Reich zwangen, sich aus Kanaan zurückzuziehen. Zwischen 1219 und 1173 drängten die Libyer, vermutlich indogermanische Berberstämme, in das Land am Nil und konnten nur mit großer Mühe bezwungen werden. Dann brach der **Sturm der Seevölker** über Ägypten herein. Diese kamen vermutlich aus dem Schwarzmeerraum, überfluteten den Balkan und die Ägäis, zerschlugen um 1200 v. Chr. das Hethiterreich (zur selben Zeit fiel auch Troja) und stießen über das Meer nach Ägypten vor. 1177 v. Chr. gelang es Ramses III., den Ansturm der Seevölker abzuwehren, was insofern bemerkenswert ist, als diese mit Waffen aus Eisen kämpften, die den Bronzewaffen der Ägypter überlegen waren. Die Seevölkergruppe der Pulsata (Philister) ließ sich daraufhin – vielleicht mit Zustimmung oder gar auf Empfehlung des Pharaos – in der südkanaanitischen Küstenebene nieder und gründete dort einen Fünfstädtebund mit den Städten Gaza, Ashdod, Ashqelon, Gat und Ekron. Aufgrund ihrer waffentechnischen Überlegenheit dehnten die Philister ihren Machtbereich rasch aus; die Selbständigkeit der Stämme Israels war gefährdet.

Etwa um das Jahr 1050 v. Chr. kam es zu einem ersten großen Zusammenstoß zwischen den Philistern und den Israeliten. Die Truppen der Philister hatten sich in Afeq gesammelt, um in das mittelkanaanitische Bergland einzudringen, die Tausendschaften des Stammes Efraim und einiger benachbarter Stämme traten ihnen entgegen. Die Philister siegten. Daraufhin schafften die Israeliten das amphiktyonische Heiligtum der Lade aus Silo herbei, um ihren Truppen die Gegenwart Jahwes vor Augen zu führen und sie somit zum Äußersten anzuspornen. Erstmals in der Geschichte hatten sich nun alle Stämme Israels zum gemeinsamen Kampf zusammengeschlossen. In der zweiten Schlacht bei Eben-Ezer wurden

Elfenbeinschnitzerei aus Meggido (1350–1150 v. Chr.); auf der linken Hälfte sind der König und die Königin bei einem Siegesfest zu sehen, auf der rechten ein Krieger und der Heerführer mit zwei Gefangenen

die Israeliten jedoch so vernichtend geschlagen, daß sich der Heerbann auflöste und die heilige Lade eine Beute der Sieger wurde. Die Stämme gerieten nun unter die Herrschaft der Philister, das Bundesheiligtum in Silo wurde eingeäschert, an allen strategisch wichtigen Punkten richteten die Sieger Garnisonen ein. Die Israeliten wurden entwaffnet, ihnen war sogar das Ausüben des Schmiedehandwerks untersagt, so daß sie alle Eisengeräte von den Philistern beziehen mußten. Zugleich nutzten die Ammoniter die Gelegenheit, die östlich des Jordan siedelnden Stämme zu unterwerfen, und die Amalekiter bemächtigten sich in den südlichen Landesteilen größerer israelitischer Gebiete.

In dieser Zeit der größten Erniedrigung Israels ernannte der Prophet Samuel den benjaminitischen Hirten Saul zum Volksführer. Saul rief um 1020 v. Chr. die kriegsfähigen Männer aller Stämme zusammen und schlug die Ammoniter im Ostjordanland zurück. In dem alten Heiligtum von Gilgal bei Jericho, das an die Stelle des Bundesheiligtums von Silo trat, wurde Saul zum König ausgerufen. Israel war damit von einem bloßen Stämmeverband zu einem ›Volk‹ geworden; die **Zeit der Könige** (etwa 1020–587) begann. Saul überfiel mit seinem Sohn Jonatan die sicherlich nicht sehr starken und völlig überraschten Philister-Garnisonen im westjordanischen Gebirge und baute hastig die israelitische Streitmacht aus, da es bald zu einem größeren Zusammenstoß mit dem Feind kommen mußte. Zunächst führte er einen siegreichen Feldzug gegen die Amalekiter, dann aber entzog ihm Samuel die Königswürde, weil Saul die weltliche und auch sakrale Führungsposition des Königs zu sehr in den Vordergrund gestellt hatte. Als Saul im nächsten Jahr (um 1007 v. Chr.) in der Jesreel-Ebene zur Schlacht gegen die Philister antrat, war ihm nur ein Teil der Stämme gefolgt. Schon beim ersten Ansturm wurden seine Truppen versprengt und niedergemetzelt, Saul gab sich selbst den Tod. Seinen Kopf führten die Philister im Triumphzug durch die Städte, seinen Leib und die Leichen seiner Söhne pfählten sie auf der Stadtmauer von Bet She'an. Die Erhebung gegen die Philister-Herrschaft war damit mißlungen.

Waffenträger Sauls war der Judäer David aus Betlehem. Er zählte zu den engsten Vertrauten des Königs und genoß bald solche Achtung, daß er sich das Mißtrauen seines Herrn zuzog. Rechtzeitig floh er in die westjordanischen Berge und sammelte eine Schar zweifelhafter Abenteurer um sich, die von Beutezügen lebte. Dann trat David als Söldnerführer in die Dienste der Philister, um sich den Nachstellungen Sauls zu entziehen. Die Philister überließen ihm im südlichen Teil der Küstenebene Ländereien als Lehen, von wo aus er seine Raubzüge in das Land der Amalekiter fortsetzte. Von der Schlacht gegen Saul schlossen ihn die Philister jedoch aus, weil sie von seiner Treue nicht überzeugt waren und Verrat fürchteten. Das kam David sehr gelegen, denn so brauchte er nicht gegen sein eigenes Volk zu kämpfen. Gleich nach dem Tode Sauls zog David nach Hebron, wo die sechs südisraelitischen Stämme Juda, Kaleb, Otniël, Kain, Jerachmeël und Simeon ein gemeinsames Heiligtum in Mamre unterhielten. Dort salbten ihn die Stämme, die er mit Reichtümern aus den Beutezügen auf seine Seite gezogen hatte, zum ›König über das Haus Juda‹, das dem Sechsstämmeverband entsprach. Das Königtum Davids war im Gegensatz zu dem sakralen des Saul rein weltlicher Art.

Die Philister begrüßten die Erhebung ihres Lehensmannes David zum König über Südisrael, weil dies eine Teilung und damit Schwächung der Israeliten bedeutete. In Mahanajim, dem Hauptort des efraimitischen Siedlungsgebietes im Ostjordanland, wurde nämlich Sauls einziger noch lebender Sohn Eschbaal zum König der Nordstämme mit dem Titel ›König von Israel‹ ernannt, womit angedeutet werden sollte, daß er das legitime Oberhaupt über alle israelitischen Stämme sei. Bald darauf wurde Eschbaal ermordet. Ob David den Mord veranlaßt hatte, ist umstritten; jedenfalls kam ihm Eschbaals Tod sehr zustatten, gab es doch keinen besseren Prätendenten für den verwaisten Thron als David, der inzwischen Michal, die Tochter Sauls, geheiratet hatte. So kamen denn auch die Ältesten der Nordstämme zu David und salbten ihn zum König des gesamten Israel. Das war um 1004 v. Chr.

Die Vereinigung von ›Israel‹ (Nordisrael) und ›Juda‹ (Südisrael) konnten die Philister nicht dulden. Sie stießen mit einer starken Heeresmacht in die Refaim-Ebene vor und verhinderten damit ein Zusammengehen der israelitischen Truppen. David wußte, daß sich jetzt das Schicksal aller Israeliten entscheiden würde; er stürzte sich mit seinen kampferfahrenen Söldnern, die schon unter den Philistern gedient hatten und deren Kampftechnik beherrschten, von Süden her auf die überraschten Feinde und schlug sie in die Flucht. Als die Philister daraufhin mit ihrem gesamten Truppenaufgebot in der Refaim-Ebene erschienen, griff David sie diesmal, ebenso überraschend, von Norden her an. Der Sieg war vollkommen; Davids Söldner verfolgten die Philister bis an die Küste, der Fünfstädtebund hatte fortan keine Bedeutung mehr.

Nun galt es für David, den neuen Staat zu festigen. Von seiner bisherigen Residenz in Hebron aus konnte er nicht über die Nordstämme regieren, und ebenso war es mit Rücksicht auf die Judäer nicht möglich, den Königssitz nach Norden zu verlegen. So beschloß er, die zwischen Israel und Juda gelegene Stadt Jerusalem den kanaanitischen Jebusitern zu entreißen. Fünfeinhalb Jahre nach seinem Sieg über die Philister eroberte er die Stadt und machte sie zu seinem persönlichen Besitz. Mit Ausnahme des Hofstaates, der Söldnertruppe und der Jebusiter durfte sich hier kein Angehöriger der Stämme niederlassen. David ließ die zurückeroberte Bundeslade nach Jerusalem schaffen und gab der Königsstadt damit auch die Würde eines sakralen Zentrums des Zwölfstämmeverbandes. David fügte die noch selbständigen kanaanitischen Stadtstaaten im Norden des Landes seinem Staatsgebiet ein, was zumeist durch freiwillige Unterwerfung geschah, da jeder Widerstand sinnlos gewesen wäre. Er machte Moab zu einem tributpflichtigen Vasallenstaat, zerschlug das Königreich Ammon, drängte die Aramäer zurück und verleibte sich schließlich Edom als Provinz ein. Die Philister blieben in ihrem Küstenbereich selbständig, mit den phönikischen Küstenstädten im Norden wurden gute Handelsbeziehungen gepflegt. Ein wesentlicher Grund für die Erfolge Davids lag in der Schwäche der benachbarten Großmächte. In Ägypten regierten zwei Priesterkönige (der eine in Tanis, der andere in Theben), das Hethiterreich war in zahlreiche Kleinfürstentümer zerrissen, die Assyrer kämpften verzweifelt gegen die aus Arabien einbrechenden Aramäer. So konnte sich erstmals im syrisch-palästinensischen Raum ein Großstaat entwickeln, der sich von Hamath am Orontes bis zum Roten Meer erstreckte. Merkwürdig ist dennoch, daß keines der zahlreichen Nachbarländer von dem Staat Israel Kenntnis genommen hat, daß er in keinem zeitgenössischen Bericht erwähnt wird, nicht einmal von den Phönikern. Ohne die Bibel wüßten wir nicht einmal von der Existenz Davids und auch Salomos.

Gegen Ende der langen Herrschaftszeit Davids kam es zu heftigen, teilweise sogar kriegerischen Streitigkeiten um das Thronerbe, David mußte mehr als einmal seine bewährte Söldnertruppe einsetzen. Schließlich bestimmte er auf Anraten des Hofpropheten Natan seinen Sohn Salomo zum Nachfolger (dessen Mutter war Batseba, eine außergewöhnlich schöne und kluge Frau; David hatte ihren ersten Ehemann, Uria, ermorden lassen). Schon zu Davids Lebzeiten wurde er in Jerusalem zum König gesalbt. Nach dem Tod des Vaters (um 968 v. Chr.) entledigte sich Salomo mit Hilfe des Söldnerführers Benaja seiner Gegner, die lieber Adonia, den ältesten Sohn Davids, als König gesehen hätten. Adonia wurde ermordet, womit Salomo seine Stellung im Staat gefestigt hatte. Salomo galt als ein weiser Herrscher, dem der Krieg verhaßt war, der es in Kauf nahm, daß sich der edomitische Prinz Hadad zum König über Edom machte und daß der Aramäerfürst Reson Damaskus eroberte. Einen Aufstand Jerobeams, des Aufsehers über die königlichen Güter, schlug er jedoch erbarmungslos nieder; Jerobeam floh nach Ägypten.

Das Verdienst Salomos lag vor allem in der umfangreichen Bautätigkeit, die er überall im Lande entfaltete. In Jerusalem ließ er nördlich der Davidstadt einen neuen Stadtteil mit umfangreichen Palastbauten und einem großen Tempel errichten (im Allerheiligsten des Tempels wurde die Bundeslade aufgestellt). Er baute Hazor, Megiddo, Gezer und viele andere ehemals kanaanitische Städte, die seit der Landnahme in Trümmern lagen, wieder auf; die Kanaaniter zog er dabei zu Frondiensten heran. Das Baumaterial (Zedern- und Zypressenholz) wurde im Austausch gegen Weizen, Öl und Kupfer aus dem phönikischen Tyros bezogen. Durch die Provinz Edom hatte Salomo Zugang zum Golf von Aqaba und damit zum Roten Meer. Eine mit Hilfe des Königs Hiram von Tyros geschaffene Handelsflotte holte aus dem Lande Ofir Gold, Edelhölzer und exotische Kostbarkeiten herbei. Als Hafen für seine Flotte gründete Salomo die Stadt Ezjon-Geber, wo auch das Kupfererz aus den nahen Bergwerken von Timna verhüttet wurde. Ein gut organisiertes Steuersystem (Erhebung von Naturalien) und der Handel mit den Ländern des Nahen

Tempel Salomos in Jerusalem
(Kupferstich aus dem 17. Jh.)

Ostens verschafften Salomo den Reichtum, der ihm weithin Bewunderung und Achtung eintrug.

Nach Salomos Tod um das Jahr 930 v. Chr. versammelten sich die Stammesältesten in Sichem, um seinen ältesten Sohn Rehabeam zum König zu erheben. Die Nordstämme knüpften aber an dessen Wahl Bedingungen: Minderung der Naturalabgaben und Wegfall der Frondienstpflicht für die Kanaaniter, die inzwischen an Einfluß gewonnen hatten. Der Judäer Rehabeam lehnte ab, und damit war das Reich geteilt. Rehabeam wurde König von Juda, die Nordstämme dagegen riefen Jerobeam aus Ägypten zurück und machten ihn zum König des Nordstaates Israel. Die Randprovinzen lösten sich wieder aus dem Staatsverband: Der aramäische Nordosten fiel an das Königreich Damaskus, Ammon wurde wieder selbständig. Nur Moab gehörte noch einige Jahrzehnte zu Israel, und Teile Edoms verblieben bei Juda. Jerusalem war fortan nur noch Hauptstadt von Juda, blieb aber als Aufbewahrungsort der Bundeslade das kultische Zentrum aller Stämme.

Das geteilte Reich: Israel und Juda

Der Nordstaat Israel

Jerobeam I. (um 930–908) war in Sichem zum König von Israel ausgerufen worden, und Sichem wurde seine erste Hauptstadt. Als Pharao Scheschonk (Sisak) I. um das Jahr 926 v. Chr. einen Feldzug nach Palästina unternahm, verlegte Jerobeam seine Residenz nach

Pnuel (Pniel) im Ostjordanland, und nach dem Abzug der Ägypter wählte er das rund 15 km nordöstlich von Sichem gelegene Tirza als neuen Herrschaftssitz. Auf Jerobeam folgte sein Sohn Nadab, den der Issacharit Baësa (905–882) ermordete. Dessen Regierungszeit war mit Kämpfen gegen die Judäer, Aramäer und Philister ausgefüllt. Baësas Sohn Ela hatte nur wenige Monate den Purpur getragen, als ihn Simri, der ›Oberste über die Hälfte der Streitwagen‹, während eines Gastmahls im Palast von Tirza umbrachte. Auch Simri konnte sich nicht lange König nennen, denn nur sieben Tage später hoben die Truppen ihren Heerführer Omri auf den Thron. Omri (881–871) war kein Israelit, sondern vermutlich ein Aramäer, der sich als Söldner emporgedient hatte. Er marschierte mit seinem Heer nach Tirza und eroberte die Stadt; Simri steckte den Palast in Brand und kam in den Flammen um. Im Jahre 876 v. Chr. gründete Omri 10 km nordwestlich von Sichem auf einer Bergkuppe die neue Königsstadt Samaria, die bis zum Untergang des Nordreiches Residenz blieb. Omri beendete die alten Grenzstreitigkeiten mit Juda und wandte sich verstärkt gegen seine landhungrigen Nachbarn im Nordosten, die Aramäer. Um die Beziehungen Israels zu den phönikischen Küstenstädten zu verbessern, verheiratete er seinen Sohn Ahab mit Isebel, der Tochter des Königs Ittobaal von Tyros.

Isebel brachte den phönikischen Baalkult nach Samaria, was die Kanaaniter sehr erfreute, die Israeliten aber empörte (Anklagen der Propheten Elija und seines Schülers Elischa). König Ahab (871–852) hatte jedoch andere Sorgen. Inzwischen waren nämlich die Assyrer unter Assurnasirpal II. durch Nordsyrien bis ans Mittelmeer vorgestoßen und bedrohten auch Israel. Ahab ließ die Befestigungen seiner Städte verstärken, Vorratshäuser, Pferde-ställe und riesige Wasserversorgungsanlagen errichten. 868 schloß er mit Juda Frieden und verheiratete seine Schwester Atalja als Zeichen der Aussöhnung mit dem judäischen Kronprinzen Joram. 853 v. Chr. versuchte Assurnasirpals Sohn und Nachfolger Šalmanas-sar III., das gesamte syrisch-palästinensische Gebiet zu unterwerfen. Die bedrohten Königreiche taten sich unter der Führung des Aramäerkönigs Benhadad II. von Damaskus zusammen und besiegten die Assyrer in der Schlacht bei Qarqar im Tal des Orontes. König Ahab stellte dabei 10 000 Krieger und 2000 Streitwagen, also fast die Hälfte der verbündeten Wagenmacht.

Nach dem Tode Ahabs folgten nacheinander seine beiden Söhne Ahasja (852–851) und Joram (851–845) auf dem Thron. Moab stellte nun seine Tributzahlungen ein und entriß um 848 v. Chr. den Israeliten sogar einige Gebiete im Ostjordanland. Joram, bei Kämpfen gegen die Aramäer verwundet, zog sich in seine zweite Residenzstadt Jesreel zurück. Diese Gelegenheit nutzte der Prophet Elischa, um die Omridendynastie zu stürzen, die die einflußreiche Bevölkerungsgruppe der Kanaaniter unterstützt und den Baalkult gefördert hatte. Elischa salbte Jehu zum neuen König von Israel. Jehu (845–818) zog nach Jesreel und tötete Joram, dessen zu Besuch weilenden Vetter Ahasja, König von Juda, und alle Angehörigen der königlichen Familie, darunter auch Isebel. Das Heiligtum des Baal in Samaria ließ er einäschern, alle Beziehungen zu den baalgläubigen Phönikern brach er ab. Als 841 v. Chr. Šalmanassar III. zum vierten Mal in Syrien erschien, unterwarf sich Jehu den Assyrern und leistete ihnen Tribut.

Eroberung Samarias durch die Assyrer
721 v. Chr. (nach einem Relief aus Ninive)

Auf Jehu folgte sein Sohn Joahas (818–802), der sich ständig in Kriege mit den Aramäern verwickelt sah und große Gebiete im Ostjordanland verlor. Joahas' Sohn Joasch (802–787) gewann die verlorenen Gebiete wieder zurück, kämpfte auch erfolgreich gegen Juda und besetzte einmal sogar Jerusalem. Seinem Sohn Jerobeam II. (787–747) hinterließ er ein gefestigtes Reich. Zwar mußten die Israeliten den Assyrern nach wie vor Tribut zahlen, aber ihre ärgsten Feinde, die Aramäer, waren vom Assyrerkönig Adadnirari III. unterworfen worden. In dieser Periode des letzten Wiederaufblühens lebten in den Städten Israels auch die alten kanaanitisch-phönikischen Kulte wieder auf, denen die Propheten Amos, Hosea und Jesaja leidenschaftlich, aber erfolglos entgegentraten. Nach der Ermordung Jerobeams griff Menahem (746–737) von Tirza aus nach der Krone. Auch er zahlte den Assyrern hohen Tribut und sicherte damit den Fortbestand des Reiches. Sein Sohn Pekachja (737–736) wurde von einem Gefolgsmann namens Pekach erschlagen. König Pekach (736–732) wehrte sich gegen die Tributzahlungen, verbündete sich mit den Aramäern und versuchte vergeblich, auch Juda für ein gemeinsames Handeln gegen die Assyrer zu gewinnen. 732 v. Chr. schlug der Assyrer Tiglatpileser III. die Truppen der Koalition und besetzte Israel mit Ausnahme eines kleinen Gebietes um Samaria. Vermutlich auf Veranlassung des Assyrerkönigs löste ein gewisser Hosea einen Aufstand aus, ermordete Pekach und wurde von den Assyrern als Vasallenkönig in Samaria bestätigt.

Nach dem Tode Tiglatpilesers im Jahre 727 v. Chr. stellte Hosea (731–723) die Tributzahlungen ein und verhandelte mit den Ägyptern. Die Assyrer unter ihrem neuen König Šalmanassar V. begannen daraufhin mit der dreijährigen Belagerung Samarias. 723 v. Chr. geriet Hosea in assyrische Gefangenschaft, ein Jahr später ergab sich die Stadt. Das

Königreich Israel war damit erloschen, es wurde zur assyrischen Provinz Samaria. Šalmanassar V. (oder sein Nachfolger Sargon II?) deportierte 30000 Israeliten, die gesamte Oberschicht des Volkes, nach Mesopotamien und Medien. In Samaria siedelten sie Babylonier und Syrer an, die mit der verbliebenen Bevölkerung zur Mischgruppe der Samariter (Samaritaner) verschmolzen.

Der Südstaat Juda

König des kleineren Südreiches Juda war – wie erwähnt – Salomos Sohn Rehabeam (um 930–910) geworden. Gegen 926 v. Chr. drangen die Ägypter in Juda ein. Rehabeam erkaufte jedoch die Schonung der judäischen Städte und den Weiterzug nach Israel mit einem großen Teil des Jerusalemer Tempel- und Palastschatzes. In den folgenden Jahren sicherte er die Grenzen seines Staates durch gut ausgebaute Festungen. Diese lagen vor allem an der Westgrenze, richteten sich also wohl weniger gegen die Ägypter als gegen die Philister, mit denen es immer häufiger zu Grenzstreitigkeiten kam. Konflikte provozierte Juda auch im Norden, wo Rehabeams Sohn und Nachfolger Abija (910–908) das Stammesgebiet von Benjamin als Vorfeld für seine unmittelbar an der Grenze zu Israel gelegene Hauptstadt Jerusalem beanspruchte. Als sein Sohn Asa (907–867) einsehen mußte, daß er gegen das starke Israel keine Chancen hatte, bestach er gegen 900 v. Chr. den Aramäerkönig Benhadad I., Israel anzugreifen. Der Plan gelang: Der israelitische König Baësa warf seine Truppen nach Norden gegen die Aramäer, die Judäer rückten nach, nahmen die Stadt Rama und bauten die Städte Geba und Mizpa als Grenzfestungen aus.

Nach dem Friedensvertrag mit Israel im Jahre 868 v. Chr. verheiratete der judäische König Joschafat (867–847) seinen Sohn Joram mit Atalja, der Schwester des israelitischen Königs Ahab. In dieser Zeit trat Juda durchweg als Bundesgenosse Israels in Erscheinung; judäische Truppen kämpften auf verschiedenen Kriegsschauplätzen östlich des Jordan für die Interessen ihres Brudervolks. Joram (847–845) – nicht zu verwechseln mit dem gleichnamigen König von Israel – mußte Edom im Süden seines Reiches aufgeben. Sein Sohn Ahasja kam im Jahre 845 v. Chr. nach kaum einjähriger Herrschaft bei einem Besuch im Nordstaat Israel ums Leben. Daraufhin übernahm Ahasjas Mutter Atalja (844–839) die Regierungsgeschäfte. Atalja aus der Dynastie Omris ließ alle Angehörigen von Davids Geschlecht töten; nur ihr Enkel Joasch entging der Ermordung. Atalja förderte in Jerusalem den Baalkult und fiel deshalb einer Verschwörung des Hohenpriesters Jojada zum Opfer. Jojada ließ den siebenjährigen Joasch (839–801) zum König ausrufen und führte bis zu dessen Volljährigkeit die Regierungsgeschäfte. In der Herrschaftszeit Joaschs griffen die Aramäer unter ihrem König Hasael Juda an, Joasch gelang es jedoch, sie kurz vor der Eroberung Jerusalems mit einer Tributzahlung zum Abzug zu bewegen. König Amazja (800–786), Sohn des Joasch, griff das Nordreich an, wurde aber im Jahre 786 v. Chr. bei Bet Shemes geschlagen und von Joasch, König von Israel, gefangengenommen, der die Schatzkammern des Jerusalemer Palastes und des Tempels plündern ließ. Die Judäer erhoben daraufhin Amazjas Sohn

Asarja, genannt Ussia, zu ihrem König. Ussia (786–736) brachte seinem Reich eine lange Periode des Friedens und des Wohlstandes, auch wenn in seine Zeit das gewaltige Erdbeben des Jahres 763 v. Chr. fiel. Seit 756 war Ussia leprakrank und wurde von seinem Sohn Jotam vertreten, der wegen seiner regen Bautätigkeit Erwähnung verdient. 742 übernahm sein Enkel Ahas die Regierungsgeschäfte.

734 v. Chr. stieß Tiglatpileser III. auf seinem Philisterfeldzug bis Gaza vor. Israel und Aram beschlossen, den Assyrern gemeinsam entgegenzutreten. Da Ahas (742–726) unter dem Eindruck des assyrischen Vorstoßes einen Beitritt zu dem Bündnis ablehnte, belagerten Israeliten und Aramäer 733 v. Chr. Jerusalem. In höchster Not bot Ahas den Assyrern seine Unterwerfung an und bat gleichzeitig um Hilfe gegen seine Feinde. Tiglatpileser schlug die Truppen der Koalition und gliederte Israel und Aram in das assyrische Weltreich ein, Juda blieb als tributzahlender Vasallenstaat bestehen.

Das judäische Reich beteiligte sich auch nicht an den Aufständen, die in den folgenden Jahren von Samaria und einigen Philisterstädten ausgingen. Erst nach dem Tode des Assyrerkönigs Sargon II. im Jahre 705 v. Chr. erhob sich auch Juda. Sein König Hiskia (725–697) sicherte sich die Waffenhilfe der Ägypter, verband sich mit einigen Philisterstädten und nahm Beziehungen zu Babylon auf, das sich ebenfalls aus dem assyrischen Großreich zu lösen versuchte. Doch der neue Assyrerkönig Sanherib handelte schnell. Zunächst stellte er die Ordnung in seinem Kernreich wieder her, unterwarf dann Babylon und marschierte im Jahre 701 v. Chr. gegen Palästina. Die rebellierenden phönikischen und philistäischen Städte hatte er bald bezwungen, eine unbedeutende ägyptische Streitmacht war rasch besiegt, schließlich besetzte er 46 judäische Städte und belagerte Jerusalem. König Hiskia sah, daß weiterer Widerstand aussichtslos war, und unterwarf sich den Assyrern. Sanherib beließ Hiskia das Königtum, verlangte aber hohe Tributzahlungen. Hiskia schaffte die zahlreichen Höhenheiligtümer ab und konzentrierte den Jahwekult auf den Jerusalemer Tempel.

Von 701 v. Chr. bis zum Zusammenbruch des neuassyrischen Reiches blieb Juda ein treuer Vasallenstaat. Über ein halbes Jahrhundert leitete König Manasse (696–642), Sohn des Hiskia, das Geschick des Landes. Sein Sohn und Nachfolger Amon (641–640) wurde ermordet, weil er den assyrischen Staatskult förderte. Ihm folgte sein achtjähriger Sohn Joschija (639–609). Als sich das assyrische Großreich nach dem Tode Assurbanipals im Jahre 626 v. Chr. aufzulösen begann, stellte Joschija die Tributzahlungen ein, entfernte die Statuen und Bilder kanaanitischer und assyrischer Gottheiten aus dem Tempel von Jerusalem und ordnete an, daß Opfer für Jahwe nur noch in Jerusalem dargebracht werden dürften. Joschija gilt seither als Urbild des frommen Königs. Nach und nach besetzte er die assyrisch verwalteten Provinzen des einstigen Staates Israel, zunächst Samarien, dann auch Galiläa.

Im Jahre 609 v. Chr. zog Pharao Necho durch Palästina, um den Vormarsch der Babylonier, die das Weltreich der Assyrer zerschlagen hatten, zu stoppen und zu verhindern, daß Nabupolassar, der Begründer der neubabylonischen Dynastie, die bislang assyrischen Gebiete von Syrien und Palästina übernahm. Bei Megiddo lockte er Joschija in einen Hinterhalt und ließ ihn töten. Joschijas Sohn Joahas war nur drei Monate König, als er von Necho gefangengenommen und nach Ägypten gebracht wurde, wo er bald darauf starb. Necho setzte nun Eljakim, den zweiten Sohn Josias, unter dem Namen Jojakim als König ein. Das Reich von Jojakim (608–597), des Königs von Pharaos Gnaden, beschränkte sich auf die alten Grenzen Judas.

Im Jahre 605 v. Chr. wurden die Ägypter bei Karkemisch von den Truppen des neubabylonischen Kronprinzen, des späteren Königs Nebukadnezar II., vernichtend geschlagen. Ägypten verlor Syrien, Palästina und Phönikien, Jojakim entrichtete seinen jährlichen Tribut nun an Babylon. Als er die Zahlungen 598 v. Chr. einstellte, ließ Nebukadnezar Jerusalem belagern. Da Jojakim starb, blieb es seinem 18jährigen Sohn Jojachin vorbehalten, die Stadt den babylonischen Truppen zu übergeben. Jojachin wurde mit seiner Familie, den hohen Beamten, Offizieren und Baumeistern nach Babylon deportiert, der Tempel- und Palastschatz kam als Beute an den Hof Nebukadnezars. Juda blieb ein Vasallenstaat, Nebukadnezar ernannte einen jüngeren Sohn Joschijas, Mattanja, unter dem Namen Zedekia zum König. Zedekia (597–587) war ein unentschlossener Herrscher. Anfangs folgte er dem Rat des Propheten Jeremia, dem König von Babylon unbedingten Gehorsam entgegenzubringen, um den Bestand des Staates nicht zu gefährden. Schließlich aber gab er dem Drängen der babylonfeindlichen Partei nach und erklärte die Unabhängigkeit Judas. Daraufhin besetzten 589 v. Chr. babylonische Truppen ganz Juda und drangen im Juli 587 v. Chr. auch in Jerusalem ein. König Zedekia wurde auf der Flucht gefaßt und zu Nebukadnezar gebracht. Er mußte mit ansehen, wie man seine Söhne enthauptete, dann blendete man ihn und schleppte ihn in Ketten nach Babylon, wo er bald darauf starb. Die Babylonier plünderten Jerusalem, zerstörten den Königspalast und den Tempel. Mit dem Tempel ging auch die Bundeslade, das alte Stämmeheiligtum, unter. Die Stadtmauer wurde geschleift, ein großer Teil der Bevölkerung niedergemetzelt und der Rest nach Babylon deportiert. Jerusalem war so verwüstet, daß man den Verwaltungssitz nach Mizpa verlegen mußte. Später wurde das kleine Restjuda zur Provinz Samaria geschlagen.

Die persische Herrschaft

Nach dem Tode Nebukadnezars im Jahre 562 v. Chr. verfiel das neubabylonische Reich. Der Perserfürst Kyros zerschlug 546 v. Chr. das lydische Reich des Königs Kroisos im westlichen Kleinasien und wandte sich 539 v. Chr. gegen Nabonid, den letzten König von Babylon. Nach siegreicher Schlacht zog Kyros – als Befreier umjubelt – im alten Babel ein. Die weitere Übernahme des neubabylonischen Reiches durch die Perser vollzog sich ohne kriegerische Auseinandersetzungen. Kyros, Großkönig und Begründer des Weltreiches der Achämeniden, teilte sein Reich in Satrapien auf, denen jeweils ein Perser als Satrap vorstand. Den Völkern innerhalb des Reiches beließ er nicht nur ihre eigene Kultur, ihre Sprache, ihre

Religion, er ordnete sogar den Wiederaufbau aller von den Neubabyloniern zerstörten Heiligtümer auf Staatskosten an. So wurden auch die ersten Wiederaufbauarbeiten am Jerusalemer Tempel in Angriff genommen. Aber die Arbeit stockte bald, denn die Judäer hatten in dem verarmten Lande um ihr nacktes Überleben zu kämpfen. Von den nach Babylon deportierten Juden, die dort zu großem Wohlstand gelangt waren, kehrten vorerst nur wenige nach Jerusalem zurück.

Nach Kyros' Tod unterwarf sein Sohn Kambyses im Jahre 525 v. Chr. auch Ägypten. 522 v. Chr. trat Dareios I. die Nachfolge an; er mußte zunächst zahlreiche gefährliche Aufstände niederschlagen. Die Propheten Haggai und Sacharja drängten die Judäer, endlich den Jerusalemer Tempel zu vollenden. 515 v. Chr. wurde das Heiligtum feierlich eingeweiht. Den Oberpriester des Tempels ernannte man zum ›Hohenpriester‹, zum religiösen Oberhaupt ganz Israels. Auf Dareios I. folgte 486 v. Chr. sein Sohn Xerxes I. und 464 v. Chr. sein Enkel Artaxerxes I. Um 452 v. Chr. kam es in Persien zu Ausschreitungen gegen die Juden, und so kehrten viele wohlhabende Nachkommen der vor rund hundert Jahren Deportierten nach Jerusalem zurück. Sie begannen mit dem Wiederaufbau der Stadt und erneuerten auch die Befestigungen. Sanballat, persischer Statthalter in Samaria, erwirkte die Einstellung der Bauarbeiten, weil er die Konkurrenz eines großen und starken Jerusalem fürchtete. Die zurückgekehrten Judäer aber nutzten ihre alten Beziehungen zum Hofe. Nehemia, Judäer und Mundschenk des Großkönigs im Palast von Susa, erhielt die Genehmigung zum Weiterbau und erreichte darüber hinaus die Trennung Judas von Samaria. 445 v. Chr. ernannte ihn Artaxerxes zum Statthalter in Jerusalem. Um den Aufbau voranzutreiben, siedelte Nehemia ein Zehntel der Bevölkerung Judas nach Jerusalem um.

Die hellenistische Zeit

Im Jahre 333 v. Chr. siegte Alexander der Große bei Issus über Dareios III. Kodomannos und zog daraufhin an der phönikisch-philistäischen Küste entlang nach Ägypten. Seine Heerführer Parmenion und Perdikkas besetzten das Binnenland, wo lediglich die Stadt Samaria gewaltsam bezwungen werden mußte. 331 v. Chr. marschierte Alexander von Ägypten aus quer durch Palästina und wandte sich dem Zweistromland zu, um dem persischen Großreich den Todesstoß zu versetzen. Nach Alexanders Tod im Jahre 323 v. Chr. teilten seine Feldherren, die Diadochen, sein gewaltiges Reich unter sich auf. Ptolemaios erhielt Ägypten, eignete sich sofort das benachbarte Palästina und Phönikien an und schlug alle Rivalen zurück. Erst der Seleukide Antiochos III. konnte 217 v. Chr. in Palästina einmarschieren, unterlag jedoch bei Rafiah gegen Ptolemaios IV. Philopator. 198 v. Chr. wiederholte Antiochos seinen Angriff und besiegte Ptolemaios V. Epiphanes in der Schlacht bei Banyas. Damit befanden sich Palästina und Phönikien im Besitz der Seleukiden.

Im Jahre 190 v. Chr. wurde Antiochos III. bei Magnesia am Sipylos im westlichen Kleinasien von den Römern vernichtend geschlagen und zu dem demütigenden Frieden von Apamea gezwungen. Nach seinem Tode kam es zu Nachfolgestreitigkeiten, die den Verfall des Seleukidenreiches beschleunigten. Als sich schließlich Antiochos IV. Epiphanes (175–164) als Herrscher über das Restreich durchsetzen konnte, loderte der alte Streit mit den Ptolemäern wieder auf.

Der Hasmonäerstaat

Das anfangs ungetrübte Verhältnis der Juden (Judäer) zu den Seleukiden währte nicht sehr lange; im Untergrund formierte sich der Widerstand gegen die hellenistischen Machthaber. Als 166 v. Chr. in Modiim (Modeïn) ein seleukidischer Kommissar von allen Einwohnern das heidnische Opfer verlangte, tötete der Priester Mattatias (›Geschenk Jahwes‹) den Beamten und einen Judäer, der dem Befehl nachgekommen war. Mattatias floh mit seiner Familie in die judäische Wüste, wo sich zahlreiche Widerständler um den Hasmonäer (nach seinem Urgroßvater Hasmon) scharten. Die Anhänger des Mattatias führten einen erbitterten Kleinkrieg gegen den Hellenismus, sie zerstörten heidnische Kultstätten, überfielen seleukidische Verwaltungsstellen und töteten abtrünnige Judäer. Als Mattatias 166 v. Chr. starb, übernahm sein Sohn Judas, genannt Makkabäus (›Hammer‹), die Führung. Er beschränkte sich nicht mehr auf kleinere Überfälle, sondern griff seleukidische Truppeneinheiten an. Beim heutigen Kloster Latrun kam es im Sommer 165 v. Chr. zu einer regelrechten Schlacht, in der Judas die überlegenen Seleukiden schlagen konnte. Auch einen zweiten Kampf bei Bet Zur vermochten seine Freischärler für sich zu entscheiden. 165 v. Chr. gab Judas Makkabäus den Tempel von Jerusalem dem jüdischen Gottesdienst zurück, 163 v. Chr. unternahm er Kriegszüge nach Galiläa und in das Ostjordanland, nach Hebron und Ashdod. Aber alle Erfolge schienen vergeblich zu sein, als noch im selben Jahr der Seleukidenfeldherr Lysias mit einer größeren Streitmacht die Aufständischen angriff. Lysias eroberte einen Stützpunkt nach dem anderen und hätte schließlich auch Jerusalem einnehmen können, wenn ihn nicht innenpolitische Gründe zur Rückkehr nach Antiochia gezwungen hätten. So bot er Judas den Frieden an und sicherte den Judäern sogar freie Ausübung ihres Gottesdienstes zu.

Damit hatten die Aufständischen ihr Hauptziel erreicht, aber Judas wollte mehr: die politische Unabhängigkeit der Judäer. Wieder kam es zu kriegerischen Auseinandersetzungen mit den Seleukiden, in denen er trotz des Abfalls vieler Anhänger zunächst siegreich blieb. 161 v. Chr. entsandte Demetrios I. Soter eine Streitmacht, die den Aufstand endlich niederwerfen sollte. In der Entscheidungsschlacht bei Elasa im Norden von Jerusalem fiel Judas, seine Anhänger zogen sich wieder in die Wüstengebirge zurück. Unter der Führung von Judas' Bruder Jonatan überfielen sie gelegentlich kleinere Truppeneinheiten, ohne sich aber auf eine offene Feldschlacht einlassen zu können. Innere Schwierigkeiten im Seleukidenreich führten 157 v. Chr. zu Verhandlungen, die den Kampf endlich beendeten. Jonatan ließ sich in Michmas nieder und übte von hier aus eine Art Regierung über Juda aus.

153 v. Chr. erhob sich ein gewisser Alexander Balas, der sich für einen Sohn Antiochos' IV. Epiphanes ausgab. In dem Versuch, einige Führer der zu seinem Herrschaftsbereich gehörenden Völker auf seine Seite zu ziehen, verlieh der Seleukidenherrscher Demetrios daraufhin Jonatan das inzwischen verwaiste Amt des Hohenpriesters in Jerusalem, ja er verschaffte ihm sogar die weltliche Stellung eines Unterkönigs. Trotz aller Zugeständnisse stellte sich Jonatan aber auf die Seite Alexanders. Er hatte Glück: 150 v. Chr. fiel Demetrios im Kampf gegen diesen, und Alexander Balas avancierte zum König der Seleukiden. Als Dank für seine Unterstützung ernannte er Jonatan zum ›Feldherrn‹ und ›Teilherrscher‹ im Seleukidenreich. Als Demetrios II. im Jahre 145 v. Chr. Alexander Balas vom Thron vertrieb, gewann Jonatan durch reiche Geschenke die Gunst auch dieses Königs. Doch dann machte er einen entscheidenden Fehler: Er verbündete sich mit Diodotos Tryphon, der sich gerade anschickte, für Alexander Balas' unmündigen Sohn den Seleukidenthron zu erobern. In seinem Auftrag unterwarf Jonatan ganz Palästina bis zur ägyptischen Grenze. Als jedoch Diodotos Tryphon erkannte, daß Jonatan immer stärker und damit gefährlich geworden war, lockte er ihn nach Ptolemais (Akko), nahm ihn gefangen und ließ ihn 143 v. Chr. hinrichten.

Jonatans Nachfolge trat sein Bruder Simon an, der sich sofort mit Demetrios II. verbündete, weitgehende Zugeständnisse erhielt und sich als ›großer Hoherpriester, Feldherr und Anführer der Judäer‹ feiern ließ. Es gelang ihm, für Juda eine gewisse Souveränität zu erlangen. Er verhandelte mit Rom und dehnte sein Staatsgebiet bis an die Mittelmeerküste aus. Mit Simon begann die Dynastie der Hasmonäer. 135 v. Chr. wurde Simon von seinem Schwiegersohn Ptolemaios bei einem Trinkgelage auf der Festung Dok meuchlings ermordet. Simons Sohn Johannes schlug jedoch die Erhebung des Ptolemaios nieder und übernahm als Johannes Hyrkan I. (135–104) alle Ämter und Würden des Vaters. Schon in seinem ersten Herrschaftsjahr geriet er in schwere Bedrängnis, als der Seleukide Antiochos VII. Sidetes Juda die Selbständigkeit nehmen wollte und Jerusalem belagerte. Gleichzeitig erhoben sich allerdings wieder einmal die Parther, so daß Antiochos bereit war, den Status von Juda gegen eine erhebliche Zahlung zu bestätigen. Nach Antiochos' Tod im Jahre 129 v. Chr. vergrößerte Johannes Hyrkan sein Reich durch zahlreiche Feldzüge in das Ostjordanland, in den Negev und nach Samarien. 107 v. Chr. eroberte er nach einjähriger Belagerung die Stadt Samaria und äscherte sie ein. Er vergrößerte sein Herrschaftsgebiet wie kein Judäer vor ihm, zog sich jedoch den Haß seines Volkes zu, als er das Grab Davids plünderte, um seine Söldnerheere finanzieren zu können.

Die Nachfolge Hyrkans sollte seine Gemahlin antreten, aber sein Sohn Aristobul (104–103) riß die Herrschaft an sich, indem er die Mutter ins Gefängnis warf, wo sie verhungerte, seinen Bruder Antigonos ermorden ließ und drei weitere Brüder gefangensetzte. Nach Aristobuls Tod übernahm sein Bruder Jonatan als Alexander Jannaios (103–76) die Königswürde. Er heiratete seine Schwägerin Salome Alexandra und ließ den einen verbliebenen Bruder umbringen, während er den anderen wegen dessen Gleichgültigkeit gegenüber politischen Dingen verschonte. Alexander Jannaios führte mit wechselndem Erfolg zahlreiche Kriege, bis er ganz Palästina in seinem Reich vereinigt hatte. Sogar das mächtige Gaza konnte er durch Verrat in seinen Besitz bringen. Besonders zu schaffen machten ihm die Auseinandersetzungen zwischen den beiden Parteien der Schriftgelehrten, den Sadduzäern und den Pharisäern. Als die Pharisäer die Seleukiden um Hilfe angingen, kam es zum Aufstand, den Alexander nach langem Kampf mit Mühe niederschlagen konnte. Nach dem Sieg gab der König ein großes Fest. Dabei ließ er 800 Gefangene kreuzigen und, während sie noch lebten, ihre Frauen und Kinder vor ihren Augen niedermetzeln.

Nach Alexanders Tod im Jahre 76 v. Chr. regierte Salome Alexandra, die ihrem gutmütigen, aber charakterschwachen Sohn Hyrkan das Amt des Hohenpriesters verlieh. 67 v. Chr. starb die Königin nach einer neunjährigen Periode des Friedens. Ihre Nachfolge trat Hyrkan an, gegen den jedoch sein jüngerer Bruder Aristobul, Sohn des Alexander Jannaios, opponierte. Dieser besiegte mit seinen Anhängern die Streitkräfte des Königs und zwang Hyrkan II., die Königswürde an ihn abzutreten. Aber da ergriff Antipater (Antipatros), ein hoher Beamter in Idumäa, die Partei des zurückgetretenen Hyrkan. Mit Hilfe der Nabatäer besiegte er die Truppen Aristobuls II. (67–63) und belagerte den Usurpator in der Tempelfestung.

Seit 69 v. Chr. waren die Römer damit beschäftigt, das zusammenbrechende Seleukidenreich zu liquidieren. Pompejus entsandte seinen Legaten M. Aemilius Scaurus nach Syrien, der in Damaskus von dem Streit der beiden Brüder hörte und sofort nach Jerusalem weiterreiste. Sowohl Aristobul als auch Hyrkan baten den Römer um Hilfe, indem sie ihm jeweils ein Bestechungsgeld in Höhe von 400 Talenten boten. Scauros entschied sich für Aristobul und zwang die Nabatäer zum Abzug.

Die Römerherrschaft

63 v. Chr. kam Pompejus mit seinen Legionen nach Juda und verlangte von Aristobul die Unterwerfung. Während dieser mit den Römern verhandelte, schickte Pompejus seinen Feldherrn Gabinius nach Jerusalem, der die Tempelfestung nach dreimonatiger Belagerung einnahm. Hyrkan II. (63–40) wurde als Hoherpriester bestätigt, Aristobul dagegen gefangengenommen und nach Rom gebracht. Syrien und Palästina faßte man zur römischen Provinz Syria zusammen. Die hellenistischen Stadtgründungen im nördlichen Ostjordanland bildeten die Dekapolis (Zehnstädtebund), Samarien und die Küstenstädte unterstanden der Provinz unmittelbar. Dem Hohenpriester in Jerusalem blieben zunächst noch jene Gebiete unterstellt, deren Bewohner am Jerusalemer Kult teilnahmen; das waren Juda, Galiläa und Peräa (im südlichen Ostjordanland). Nachdem man Hyrkan den Königstitel genommen und alle weltliche Macht entzogen hatte, wurde sein Territorium in fünf

selbständige Bezirke gegliedert, die fortan dem Provinzstatthalter Gabinius unterstellt waren: Jerusalem, Gazara, Jericho, Amathus (Peräa) und Sepphoris (Galiläa).

Aber Rom war noch keine festgefügte Macht. 60 v. Chr. schloß Caesar mit Crassus und Pompejus das erste Triumvirat, das eine gemeinsame Leitung des römischen Imperiums vorsah. Und schon begann in Palästina das Gerangel um die Herrschaft in diesem Gebiet. Alexander, der ältere Sohn des Aristobul, zog mit einer Truppe nach Jerusalem, um Hyrkan II. abzusetzen, Gabinius drängte ihn aber in die Burg Alexandreion ab und zwang ihn zur Übergabe. Dann gelang es Aristobul und seinem jüngeren Sohn Antigonos, aus Rom zu entfliehen und mit einer Truppe nach Jerusalem zu marschieren, wo sie jedoch von Gabinius aufgegriffen und wieder nach Rom zurückgebracht wurden. Als sich Gabinius auf einem Feldzug in Ägypten befand, wiederholte Alexander seinen Marsch auf Jerusalem. Auch diesmal kam ihm der Römer zuvor und vernichtete Alexanders Streitmacht am Tabor. Um Hyrkans Position zu stärken, hob Gabinius 57 v. Chr. die Aufteilung Judas in fünf Bezirke auf.

54 v. Chr. wurde M. Licinius Crassus Statthalter der Provinz Syria. Er plünderte das Gebiet, darunter auch die Schätze des Jerusalemer Tempels, kräftig aus, um seinen Krieg gegen die Parther zu finanzieren (auf diesem Feldzug geriet er in einen Hinterhalt und wurde getötet). 49 v. Chr. überschritt Caesar den Rubikon und vertrieb Pompejus aus Rom, der sich daraufhin in die östliche Hälfte des Reiches zurückzog. Caesar entließ Aristobul aus der Haft, damit dieser in Palästina, im Rücken des Rivalen, Unruhe stiften könne. Aber noch in der Hauptstadt des Imperiums wurde Aristobul von Anhängern des Pompejus vergiftet, seinen Sohn Alexander richtete man in Antiochia hin.

48 v. Chr. schlug Caesar bei Pharsalos (Thessalien) die Truppen des Pompejus, der nach Ägypten floh und dort ermordet wurde. Hyrkan und der hinter ihm stehende Antipater suchten nun schnell die Gunst des siegreichen Caesar zu gewinnen. Als Caesar 47 v. Chr. nach Syria kam, bestätigte er Hyrkan im erblichen Hohenpriesteramt und ernannte ihn zum ›Bundesgenossen‹ Roms, Antipater erhielt das römische Bürgerrecht und die Würde des Prokurators über Judäa. Jerusalem durfte wieder befestigt werden und genoß weitgehende Steuerfreiheit. Das Territorium von Judäa erweiterte Caesar um Jaffa und einige Gebiete in der Jesreel-Ebene. Antipater machte seinen älteren Sohn Phasael zum Präfekten von Judäa und Peräa, sein jüngerer Sohn Herodes erhielt die Präfektur von Galiläa. 44 v. Chr. wurde Caesar von Brutus und Cassius ermordet. Cassius, nun Statthalter von Syria, beutete die Provinz rücksichtslos aus. Antipater war ihm ein willfähriger Untertan und zog daher die Feindschaft der Jerusalemer Kultgemeinde auf sich; 43 v. Chr. wurde er vergiftet.

42 v. Chr. besiegten Marcus Antonius und sein Adoptivsohn Octavian in der Schlacht bei Philippi die Caesarmörder. 40 v. Chr. erhielt Antonius den Oberbefehl über das Ostreich und bestätigte Phasael und Herodes in ihren Ämtern. Im selben Jahr überfielen die Parther die römischen Ostprovinzen. Antigonos, Sohn des Aristobul, stellte sich sofort auf die Seite der Invasoren und drang in Jerusalem ein, wo es zu erbitterten Kämpfen kam. Unter dem Vorwand, den Streit schlichten zu wollen, lockten die Parther Phasael und den Hohenpriester Hyrkan in ihr Hauptquartier nördlich von Akko und nahmen sie dort gefangen.

Antigonos setzten sie in Jerusalem als König und Hohenpriester ein, dann lieferten sie die beiden Gefangenen an ihn aus. Phasael verübte Selbstmord, dem Hyrkan ließ Antigonos die Ohren abschneiden, dann übergab er den Verstümmelten an die Parther.

Herodes (›der Heldenhafte‹) entkam mit knapper Not aus Jerusalem und brachte seine Familie auf der Bergfestung Masada in Sicherheit. Er selbst reiste auf abenteuerlichen Wegen nach Rom und überzeugte Antonius und Octavian durch reiche Geschenke, daß er der rechtmäßige Nachfolger des Antipater sei. Der römische Senat ernannte ihn daraufhin zum König von Judäa. Herodes landete in Ptolemaïs (Akko), um sich mit Billigung Roms sein Königreich zu erobern. Bis 38 v. Chr. brachte er ganz Galiläa und Judäa in seinen Besitz, im Jahre darauf nahmen römische Truppen für ihn auch Jerusalem ein. Antigonos wurde in Antiochia enthauptet, Herodes war nun der unumstrittene Herrscher über sein Land. Um seine Stellung zu festigen, ließ er 45 der 71 Mitglieder des Hohen Rates hinrichten und ersetzte sie durch ihm ergebene Ratsherren. Dem Amt des Hohenpriesters entzog er die Erblichkeit und die Lebenslänglichkeit und betraute jeweils die ihm genehmen Personen mit der Würde. Damit hatte er das Geschlecht der Hasmonäer auch aus diesem Bereich verdrängt. 33 v. Chr. eroberte Herodes Hyrkania, das letzte Bollwerk der Hasmonäer.

31 v. Chr. besiegte Octavians Feldherr M. Vipsanius Agrippa bei Actium (Westgriechenland) die Flotte des Antonius, der sich daraufhin nach Ägypten zurückzog und sich, von Octavians Legionen in die Enge getrieben, dort das Leben nahm. Da Herodes dem Antonius stets treu ergeben war und ihm auch die Königswürde verdankte, mußte er nun die Rache Octavians fürchten. 30 v. Chr. ließ Herodes vorsorglich seinen potentiellen Nebenbuhler, den aus Babylon heimgekehrten ohrlosen Hyrkan, unter einem fadenscheinigen Vorwand hinrichten. Seine Frau Mariamme und deren Mutter Alexandra, eine Tochter Hyrkans, brachte er wegen ihrer Zugehörigkeit zur Familie der Hasmonäer auf die Festung Alexandreion und befahl dem Kommandanten, die beiden umzubringen, falls Octavian ihn aburteilen sollte. Dann begab er sich voller Demut zu Octavian, der gerade auf Rhodos weilte. Da Octavian wußte, daß er in Herodes einen verläßlichen König in dem kritischen Randgebiet seines Imperiums haben würde, bestätigte er ihn in der Königswürde. Er fügte Herodes' Reich sogar noch weitere Territorien hinzu, darunter die Küstenstädte, die Marcus Antonius seiner Geliebten, der ägyptischen Königin Kleopatra, geschenkt hatte, ganz Samarien und Gebiete im Ostjordanland mit Ausnahme der Dekapolis. Octavian, der spätere Kaiser Augustus, brauchte diese Entscheidung nie zu bereuen, denn Herodes wurde sein treuester Vasall.

Als ›verbündeter König‹ unterstand Herodes fortan nicht mehr dem Statthalter von Syria, sondern unmittelbar dem Octavian bzw. dem römischen Senat. Er brauchte keine Abgaben an Rom zu leisten, hatte dafür aber die Grenze des Imperiums gegen seine östlichen Nachbarn, die Nabatäer, zu verteidigen. Herodes war ohne Zweifel der größte Baumeister seines Landes. Unter ihm erstand das zerstörte Samaria in hellenistischem Stil zu neuem Glanze; er nannte es nach Kaiser Augustus Sebaste (das griechische Wort für Augustus). An der Küste stampfte er die Hafenstadt Kaisareia (Caesarea) aus dem Sand, er baute in Hebron und in Banyas, vor allem aber in Jerusalem, und schuf eine Kette modernster Festungen,

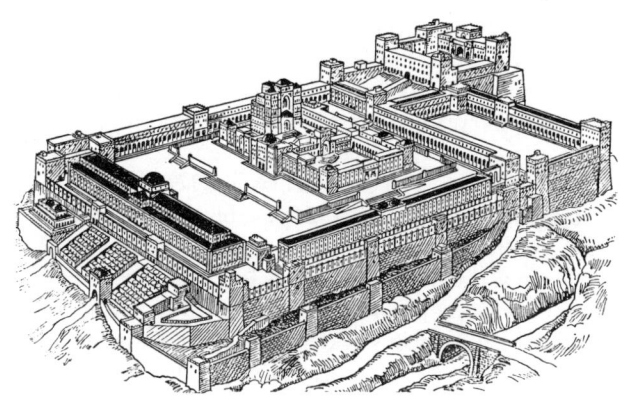

Rekonstruktion des
herodianischen Tempels in
Jerusalem

darunter das mächtige Herodeion. Er gründete die Stadt Antipatris (benannt nach seinem Vater) und stiftete auch außerhalb des Landes zahlreiche Gymnasien, Theater, Hippodrome, Thermen und Tempel. Herodes verschaffte seinem Land eine lange Periode des Friedens, aber er herrschte mit brutaler Grausamkeit. Als Freund Roms und Förderer des Kaiserkults machte er sich bei seinen Untertanen verhaßt. Er war für sie ein gottloser, fremdstämmiger Usurpator, denn er stammte aus Idumäa und seine Mutter war eine Nabatäerin. Selbst vor seiner eigenen Familie machte Herodes nicht halt: Aristobul, den sechzehnjährigen Bruder seiner Lieblingsfrau Mariamme, den Markus Antonius zum Hohenpriester ernannt hatte und der sich beim Volk großer Beliebtheit erfreute, ließ er beim Spiel in den Wasserbecken des Palastes von Jericho ertränken, Mariamme selbst wurde zusammen mit einem Freund des Königs hingerichtet, da man sie ehewidriger Beziehungen zueinander bezichtigte, auch Mariammes Mutter Alexandra mußte sterben, weil sie einen Staatsstreich geplant hatte. Herodes wurde immer mißtrauischer und unberechenbarer; die geringste Denunziation genügte, um den Verdächtigen zum Tod zu verurteilen. So starb der Gemahl seiner Schwester Salome, und so starben zwei Söhne der Mariamme und mit ihnen 300 Soldaten. Im selben Jahr, 7 v. Chr., dem Geburtsjahr Jesu, ließ Herodes 6000 Pharisäer hinrichten, weil sie dem Kaiser den Treueid verweigerten. Zu dieser Zeit, da jeder in jedem einen Spitzel des Königs vermutete und jeder um sein Leben fürchtete, kamen die Weisen aus dem Morgenland nach Jerusalem und stellten die schockierende Frage: »Wo ist der neugeborene König der Juden?« Und wen wundert es, wenn »Herodes erschrak und ganz Jerusalem mit ihm« (Mt 2, 3)?

Im Jahre 4 v. Chr. starb Herodes der Große im Alter von 69 Jahren nach längerem schmerzhaftem Leiden – nachdem er kurz vor dem Tod noch seinen ältesten Sohn Antipater hatte hinrichten lassen. Ein Zeitgenosse urteilte über den letzten großen König Israels hart, aber treffend: »Herodes stahl sich seinen Thron wie ein Fuchs, er regierte wie ein Tiger, und er starb wie ein Hund.« Nach Herodes' Willen sollten seine Söhne Archelaos, Herodes Antipas und Philippos das Reich erben. Augustus bestätigte das Testament im großen und

35

ganzen. Archelaos erhielt Judäa mit Idumäa und Samaria, Antipas Galiläa und Peräa, und Philippos wurden die Gebiete Trachonitis, Batanaia und Auranitis zugewiesen. Salome übernahm die Küstenstädte Ashdod und Jamnia sowie Phasaelis im Jordangebiet. Den Königstitel vergab Augustus nicht. Archelaos erhielt den Titel eines Ethnarchen, Antipas und Philippus den von Tetrarchen. Der Staat des Herodes war zerschlagen.

Nach Herodes' Tod brachen in vielen Teilen des Landes Aufstände aus, die P. Quinctilius Varus, Statthalter der Provinz Syria, blutig unterdrückte. (Er war jener Varus, der im Jahre 9 n. Chr. in der Schlacht im Teutoburger Wald gegen den Cheruskerfürsten Arminius drei Legionen verlor und sich in sein Schwert stürzte.) Archelaos vermochte das Land nicht zur Ruhe zu bringen. Je härter er durchgriff, desto mehr wuchs der Haß seiner Untertanen, bis sich diese bei Augustus beklagten und der Kaiser den Ethnarchen im Jahre 6 nach Gallien verbannte. Das Gebiet des Archelaos wurde einem römischen Prokurator unterstellt, der in Caesarea residierte und im ganzen Lande Truppen stationierte, auch in der Antonia neben dem Tempel von Jerusalem. 26–36 war Pontius Pilatus Prokurator von Judäa. Unter seiner Verwaltung starb Jesus am Kreuz (um 30).

Herodes Antipas regierte dagegen bis zum Jahre 39. Hauptstadt seines Herrschaftsgebietes war seit 20 das von ihm gegründete und prachtvoll ausgestattete Tiberias am See Gennesaret. Seine zweite Frau, seine Stiefschwester Herodias, brachte aus ihrer früheren Ehe eine Tochter namens Salome mit – jene Salome, die nach Mt 14,8 das Haupt Johannes des Täufers verlangte. Historisch erwiesen ist, daß Antipas den unbequemen Bußprediger Johannes verhaften und schließlich auch hinrichten ließ.

Der dritte Sohn Philippos hatte sich seine Residenz am Südwestfuß des Hermon geschaffen und ihr den Namen Caesarea Philippi gegeben. Er war zuletzt mit Herodias' Tochter Salome verheiratet und starb kinderlos im Jahre 34. Sein Herrschaftsgebiet fiel daraufhin an die römische Provinz Syria. Als Caligula 37 Kaiser von Rom wurde, übertrug er seinem Jugendfreund Herodes Agrippa, einem in Rom lebenden Enkel des ›großen‹ Herodes, das Gebiet des Philippos und erhob ihn gleichzeitig zum König. Daraufhin überredete die ehrgeizige Herodias ihren Mann, vom römischen Kaiser ebenfalls den Königstitel zu erbitten. Caligula lehnte ab und verbannte Herodes Antipas 39, wie zuvor schon Archelaos, nach Gallien. Herodes Agrippa bekam nun auch das Territorium des Antipas, also Galiäa und Peräa, zugewiesen.

Caligula ließ sich als Gott verehren und befahl, in allen Heiligtümern des Imperiums sein Bild aufzustellen. Die Juden weigerten sich, den Jerusalemer Tempel zu entweihen, woraufhin Petronius, der Statthalter von Syria, den kaiserlichen Willen durchsetzen sollte. Seinen Truppen stellte sich jedoch eine riesige Menschenmenge entgegen. Petronius bat den Kaiser daraufhin um Aufschub, was Caligula verweigerte, woraufhin der Statthalter seine Soldaten auf eigene Verantwortung wieder zurückzog. Auch Agrippa bat den Kaiser um Aufhebung des Befehls und zog sich so dessen Zorn zu. Bevor Caligula jedoch Strafmaßnahmen durchführen konnte, wurde er von seiner Leibgarde ermordet. Claudius, der Anführer der Verschwörung, nahm 41 den Purpur und dankte Agrippa, der an dem Komplott offensichtlich teilgenommen hatte, durch Zuweisung von Judäa mit Idumäa und Samaria.

Das Reich Herodes' des Großen war somit bis auf die südlichen Küstenstädte wieder vereint. Agrippa förderte die Jerusalemer Kultgemeinde und veranstaltete in Caesarea prunkvolle Spiele römischen Stils; 44 starb er (vermutlich an einer Vergiftung). Danach unterstellte Claudius das Land als Provinz Judäa römischen Prokuratoren, die in Caesarea residierten.

Schon bald nachdem Archelaos abgesetzt worden war und römische Prokuratoren das Land beherrschten, hatten sich Juden zusammengeschlossen, um die Fremdherrschaft abzuschütteln. Diese Männer nannten sich Zeloten (›Eiferer‹). Sie verübten zunächst nur kleinere Überfälle auf die römische Besatzungsmacht, wuchsen aber schließlich zu einer großen Bewegung, als Nero (54–68) immer brutalere und korruptere Prokuratoren in Caesarea einsetzte. Im Mai 66 brach in Jerusalem der Aufstand aus, der **erste jüdische Krieg** gegen Rom. An seiner Spitze stand Eleasar, ein Sohn des Hohenpriesters. Die Zeloten hatten bald ganz Jerusalem in der Hand, und auch in anderen Städten vertrieben sie die römischen Besatzungen.

Im Herbst 66 traf der Statthalter C. Cestius Gallus mit einer Legion vor Jerusalem ein, um den Aufstand niederzuwerfen. Die Truppen besetzten die Stadt, konnten aber nicht den stark befestigten Tempelberg erstürmen. Auf dem Rückmarsch nach Antiochia geriet die Legion in einen Hinterhalt, dem sie nur unter größten Verlusten entkommen konnte. Die Aufständischen jubelten. Nero beauftragte daraufhin seinen Feldherrn T. Flavius Vespasian mit der Niederwerfung der Revolte. Vespasian rückte von Antiochia aus vor, sein Sohn Titus von Ägypten. In Ptolemaïs (Akko) vereinigten sich die drei römischen Legionen und die zahlreichen Hilfstruppen, insgesamt etwa 60 000 Mann, und marschierten im Sommer 67 nach Galiläa, um zuerst die stärkste Festung dieses Landesteiles, Jotapata (heute Yodefat) einzunehmen. Die Verteidigung dieses Bollwerks leitete Josef ben Mattatias, ein dreißigjähriger Priester und Oberbefehlshaber der Aufständischen in Galiläa, der später als Flavius Josephus der größte jüdische Historiker seiner Zeit wurde. 47 Tage brauchten die Römer, um Jotapata zu erobern. Sie töteten alle Männer und verschleppten Frauen und Kinder in die Sklaverei. Vespasian ließ die Befestigungswerke schleifen und die Stadt einäschern. Josephus versteckte sich in einer Höhle und ergab sich schließlich den Römern, nachdem sie ihm zugesichert hatten, ihn nicht hinzurichten. Als er erfuhr, daß man ihn zu Nero schicken wollte (was seinen sicheren Tod bedeutet hätte), prophezeite er Vespasian, daß dieser bald Kaiser werden würde. Der Feldherr glaubte an die Erfüllung der Weissagung und behielt Josephus in seinem Gewahrsam.

Noch im selben Jahr eroberte Vespasian die Stadt Tiberias, ganz Galiläa und die übrigen aufständischen Gebiete bis auf Jerusalem. Bei den Vorbereitungen zum Angriff auf die Stadt des Tempels erreichte ihn die Nachricht, daß Nero abgesetzt worden sei und Selbstmord begangen habe, und wartete zunächst die weitere Entwicklung in Rom ab. Die Prätorianer erhoben Galba zum Kaiser, nach dessen Ermordung Otho. 69 wählte die Rheinarmee ihren Feldherrn Vitellius zum neuen Herrscher, die syrischen Legionen jedoch riefen Vespasian zum Kaiser aus und marschierten nach Rom. Vitellius fiel im Straßenkampf, und Vespasian begründete das flavische Kaiserhaus. Die Prophetie des Josephus hatte sich also erfüllt.

Vespasian verlieh ihm das römische Bürgerrecht und erlaubte ihm, mit festen Einkünften im kaiserlichen Palast in Rom zu wohnen. Hier schrieb er die berühmten Werke ›Der Jüdische Krieg‹ und ›Jüdische Altertümer‹.

Im Frühjahr 70 eröffnete Vespasians Sohn Titus den Angriff auf Jerusalem und hatte bis zum Herbst die Stadt erobert. Der Tempel ging in Flammen auf; Jerusalem glich einem Trümmerhaufen. Dann beauftragte Titus die X. Legion, die letzten drei Festungen, in denen die Zeloten erbitterten Widerstand leisteten, zu erstürmen. Das Herodeion fiel zuerst, dann ergab sich die Besatzung von Machaerus östlich des Toten Meeres. Masada aber konnten die Römer erst im Jahre 73 bezwingen (vgl. S. 444). Vespasian machte Judäa zur kaiserlichen Provinz. Sein Statthalter, zugleich Kommandeur der X. Legion, residierte in Caesarea. Mit der Zerstörung des Jerusalemer Tempels hatten die Juden ihr religiöses Zentrum verloren. So konstituierte sich in der Stadt Jamnia (heute Yavne, 20 km südlich von Tel Aviv) ein neuer oberster Rat, der sich aus 72 pharisäischen Schriftgelehrten zusammensetzte. Dieser Rat legte das jüdische Gesetz aus und fällte gelegentlich auch Strafurteile. Jamnia entwickelte sich zum Zentrum jüdischer Gelehrsamkeit, zum geistigen Mittelpunkt der Juden in aller Welt.

Über die Jahrzehnte bis zur Regierung des Kaisers Hadrian (117–138) wissen wir nur wenig. 130 besuchte Hadrian Judäa, möglicherweise war er auch in Jerusalem. Er gab jedenfalls Anweisung, die Stadt wieder aufzubauen und ließ an der Stelle des jüdischen Tempels ein Jupiter-Heiligtum errichten. Die Unterdrückung durch die Römer, die Schändung des Tempelberges durch eine heidnische Kultstätte und das Verbot der Beschneidung, das einen Eingriff in uralte jüdische Traditionen bedeutete, führten im Jahre 132, nach Rückkehr des Kaisers von seiner Orientreise, zum **zweiten jüdischen Krieg**, dem **Bar-Kochba-Aufstand.** Führer des Aufstandes war ein Mann namens Simeon, der den Ehrennamen Bar Kochba (›Sternensohn‹) erhielt. Die Aufständischen bemächtigten sich der Stadt Jerusalem und befreiten von hier aus ganz Judäa, dem sie den Namen Israel gaben. Sie prägten eigene Münzen mit hebräischer Aufschrift und führten eine neue Zeitrechnung ein. Die Römer wurden der Situation im Lande nicht Herr, da Bar Kochba jeder offenen Schlacht

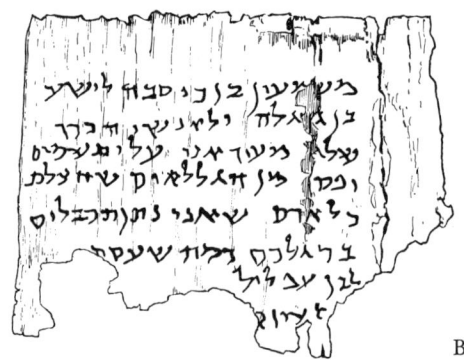

Brief des Bar Kochba

auswich und sich auf den Kleinkrieg beschränkte. Hadrian beauftragte seinen Feldherrn Julius Severus, Statthalter von Britannien, mit der Niederwerfung des Aufstandes. Auch Severus vermied jede größere kriegerische Auseinandersetzung und eroberte die zahllosen Stützpunkte der Juden durch Einschließung und Aushungerung. 135 fiel der letzte Stützpunkt beim heutigen Ort Battir westlich von Betlehem. Simeon Bar Kochba kam bei der Erstürmung ums Leben.

Israel war wieder einmal verwüstet. Die gefangenen Aufständischen wurden mit ihren Frauen und Kindern auf die Sklavenmärkte Ägyptens gebracht oder schon in Hebron und Gaza zu Schleuderpreisen verkauft. Judäa blieb unter dem neuen Namen ›Palaestina‹ (›Land der Philister‹) römische Provinz. Jerusalem wurde zur Colonia Aelia Capitolina, die kein Jude betreten durfte. Die rund 200 Jahre von 135–324 zählen zu den friedlichsten in der Geschichte des Heiligen Landes. Im ganzen Lande entwickelte sich eine rege Bautätigkeit; Städte mit römischen Tempeln, Theatern, Thermen und Hippodromen entstanden, gepflasterte Straßen verbanden die Landesteile, Brücken überspannten die Flüsse, kilometerlange Aquädukte leiteten Trinkwasser in die Städte. Unter Kaiser Antoninus Pius (138–161) durften die Juden wieder ungestört ihre Religion ausüben und in den jüdischen Siedlungen sogar die Verwaltung übernehmen und Recht sprechen. In dieser Zeit entstanden in vielen Orten, vor allem in Galiläa, Synagogen, Stätten der Andacht und des Studiums der jüdischen Lehre.

Die byzantinische Herrschaft

Ab 324 regierte Kaiser Konstantin der Große, der das Christentum begünstigte, als Alleinherrscher über das Imperium Romanum. Die byzantinische Zeit begann. Nach dem Konzil von Nicaea im Jahre 325, das sich durch Konstantins Eingreifen für die Lehre des Athanasius (Gottgleichheit Christi) entschied, ließen der Kaiser und seine Mutter Helena die Wirkungsstätten Jesu mit herrlichen Kirchen versehen, Palästina wurde zum Heiligen Land des Christentums. Nur noch einmal versuchte ein byzantinischer Kaiser, Flavius Claudius Julian (361–363), von den Christen Apostata (griechisch: ›der Abtrünnige‹) genannt, das Christentum zu unterdrücken und die alten Kulte neu zu beleben. 363 begann er sogar, den Tempel von Jerusalem wieder aufzubauen, ein Erdbeben unterbrach jedoch die Arbeiten. Bald darauf starb Julian in Persien. Der nächste Förderer christlich-sakraler Baukunst war Kaiser Justinian (527–565). Die wachsenden Pilgerströme schufen eine Nachfrage nach vielerlei Waren, was den Bewohnern des Heiligen Landes zu einem gewissen Wohlstand verhalf. Neue landwirtschaftliche Siedlungen entstanden, um den erhöhten Nahrungsmittelbedarf zu befriedigen, christliche Orden bauten Klöster, Herbergen und Hospitäler. Auch die Juden, die nun die Minderheit im Heiligen Land bildeten, profitierten von der langen Periode des Friedens und des Wohlstandes.

Im Jahre 529 erhoben sich die Samariter gegen die Herrschaft des Justinian und zerstörten zahlreiche Kirchen, zumeist solche der konstantinischen Epoche. Der Pestepidemie von 541/42, die sich von Ägypten über Palästina und Syrien bis Konstantinopel ausbreitete, fiel ein großer Teil der Bevölkerung zum Opfer. 614 drangen die Perser in Palästina ein und besetzten mit jüdischer Hilfe Jerusalem, wo sämtliche Kirchen in Flammen aufgingen. Nach ihrem Abzug im Jahre 627 blieben den Byzantinern für den Wiederaufbau der Kirchen und Klöster nur noch wenige Jahre, bis die grüne Fahne des Propheten Mohammed über den Städten des Heiligen Landes wehte. 638 fiel Jerusalem nach einjähriger Belagerung, und bis 639 hatten die moslemischen Araber auch die letzten byzantinischen Bollwerke in Palästina besetzt.

Die arabische Herrschaft

Der Kalif Omar I. (634–644) eroberte die ganze Arabische Halbinsel, Syrien, das Zweistromland, große Teile Persiens und Ägypten. Er war der Begründer des islamischen Weltreiches. Tolerant wie auch die meisten seiner Nachfolger, gewährte Omar jedem Christen und Juden, der die Herrschaft des Islam anerkannte und die Kopfsteuer zahlte, die Sicherheit seines Eigentums und die Freiheit der religiösen Betätigung. Die meisten Christen waren über den Siegeszug des Islam nicht unglücklich, hatte er doch die Glaubenskämpfe innerhalb des Christentums beendet und die Abgaben verringert. Der Handel blühte, die Kirchen blieben unangetastet.

Nach der Ermordung Omars im Jahre 644 begann das Reich unter seinen schwächeren Nachfolgern zu zerfallen, religiöse Streitigkeiten spalteten den Islam in drei Richtungen (Sunniten, Schiiten und Charidschiten). Zur Ruhe kam Palästina erst wieder, als Kalif Muawija I., Widersacher des Schiitenführers Ali, 660 die Dynastie der **Omajjaden** begründete. Der neue Kalif ließ sich seine Würde in Jerusalem bestätigen und herrschte von Damaskus aus mit fester Hand über sein gewaltiges Reich. Von 674 an belagerte er Konstantinopel, bis sich die byzantinische Hauptstadt 678 gezwungen sah, an den Kalifen Tribut zu zahlen. Bis zum Jahre 700 brachte der Kalif Abd el-Malik, der Erbauer des Felsendomes, das ganze ehemals römische Nordafrika in seinen Besitz. Den Höhepunkt ihrer Machtentfaltung erreichte die Omajjaden-Dynastie unter Walid I. (705–715), der Spanien unterwarf und im Osten bis zum Indus vorstieß. Das Mittelmeer wurde nun weitgehend von arabischen Schiffen beherrscht. 712 gründete der Statthalter Suleiman südöstlich des heutigen Tel Aviv die Stadt Ramla als Verwaltungshauptstadt der Provinz. In Palästina traten Walid I. und der später regierende Hischam (724–743) mit ihren märchenhaften ›Winterpalästen‹ in Erscheinung.

750 lösten die **Abbasiden** die Dynastie der Omajjaden ab. Sie residierten im fernen Bagdad und ließen Paläste und Ländereien in Palästina verkommen. Zu Beginn des 9. Jhs. fielen

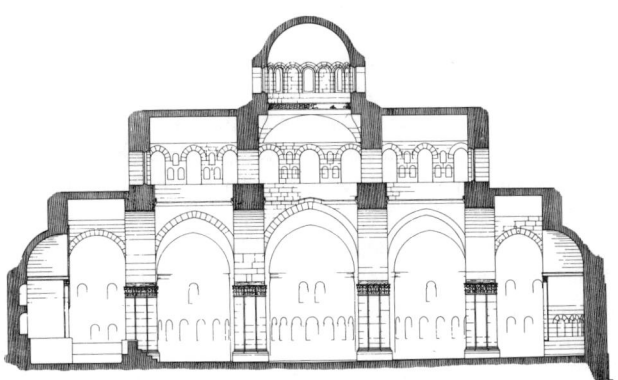

Rekonstruktion des Bades im
omajjadischen Palast von
Khirbet el-Mafjir

Sizilien und Kreta an die Moslems; dann aber setzte der Niedergang der Abbasiden ein, das
Riesenimperium spaltete sich in verschiedene Teilreiche unter Herrschaft lokaler Dynastien,
die allerdings die Oberhoheit der Kalifen vorerst noch formell anerkannten.

905 setzte sich in Ägypten die Dynastie der schiitischen **Fatimiden** durch, die zu einer
ernsten Bedrohung der Abbasiden wurde, als sie ihre Herrschaft auf Palästina und Syrien
ausdehnen konnte. Die Byzantiner gingen nun erstmals wieder zur Offensive über. 969
drang der Feldherr und spätere Kaiser Nikephoros Phokas bis Syrien vor und nahm das
christliche Antiochia ein. Nach seiner Ermordung setzte sein Vetter Johannes, inzwischen
Kaiser in Konstantinopel, die Offensive fort und marschierte 975 in Palästina ein, eroberte
Galiläa und fast alle Küstenstädte, brach den Feldzug aber mit Einbruch des Winters ab,
ohne Jerusalem für das byzantinische Reich eingenommen zu haben. Bald darauf starb der
Kaiser. Sein Nachfolger Basilios II. schloß im Jahre 1001 einen Waffenstillstand mit den
Fatimiden. Deren Kalif Hakim (996–1021), Sohn einer Christin und auch christlich erzogen,
war der erste Fatimide, der sich gegen die Christen in seinem Reich wandte. Er beschlagnahmte kirchliches Eigentum, ließ Kirchen niederbrennen, um darüber Moscheen zu
errichten, und zwang die Christen, zum Islam überzutreten. Als Hakim durch seinen
persischen Vertrauten Darazi verbreiten ließ, er sei göttlichen Ursprungs, griffen ihn seine
Glaubensbrüder öffentlich an. Daraufhin verbot er das Ramadanfasten und die Pilgerfahrt
nach Mekka. 1017 gewährte er den Christen wieder volle Religionsfreiheit und gab ihnen
den beschlagnahmten Grundbesitz zurück. Darazi verließ nun den Kalifen und gründete im
Libanon die Sekte der Drusen. Hakim wurde 1021 ermordet (vermutlich von seiner
Schwester).

Um die Mitte des 11. Jhs. hatte sich die Lage der Christen im Heiligen Land wieder
erheblich gebessert, ja, sie war so günstig wie nie zuvor. Der Handel mit Konstantinopel und
den italienischen Städten blühte, das Mittelmeer wurde wieder von christlichen Schiffen
beherrscht, der Pilgerstrom, vor allem aus Frankreich, schwoll gewaltig an. In Süditalien
verdrängten inzwischen die Normannen die Byzantiner aus ihren letzten Bastionen, auf

Sizilien lösten sie die islamischen Herrscher ab. Im Osten fielen türkische Völkerschaften nach Persien ein, schufen ein starkes Reich und bedrängten von hier aus die Byzantiner. Der Ost-West-Handel, der zuvor über Konstantinopel gelaufen war, verlagerte sich dadurch nach Süden; die Waren aus Asien gelangten nun durch das Rote Meer und über Alexandria nach Italien. Nach dem Tod der byzantinischen Kaiserin Theodora im Jahre 1056 kam es zu erheblichen inneren Wirren, die zum schnellen Zerfall des Reiches von Konstantinopel führten. Die **Türken** eroberten Armenien und trieben damit einen gefährlichen Keil in die byzantinischen Besitzungen. Die Byzantiner, von einer langen Periode des Friedens und Reichtums verwöhnt, stellten mühsam ein Heer auf, das 1071 in der Schlacht von Mantzikert vernichtend geschlagen wurde.

Im selben Jahr nahm ein türkisch-seldschukischer Fürst namens Atsiz ibn Abaq Jerusalem kampflos ein und besetzte ganz Palästina. 1079 ließ der Seldschukenfürst Tutusch ihn ermorden und übernahm ein Gebiet, das sich von Aleppo bis an die Grenzen Ägyptens erstreckte. 1095 starb Tutusch, Nachfolgestreitigkeiten schufen ein Chaos. Jeder bekämpfte jeden, fast jede Stadt hatte ihren eigenen Herrscher. Dazu drängten erneut die Fatimiden aus Ägypten heran. Die wenigen Pilger, die noch das Heilige Land besuchten, wurden von Räuberbanden ausgeplündert, mußten oft hohe Wegezölle zahlen und waren ihres Lebens nicht mehr sicher.

Die Zeit der Kreuzzüge

Der erste Kreuzzug

Am 27. November des Jahres 1095 hielt Papst Urban auf dem Konzil zu Clermont jene denkwürdige Rede, die jeden Christen zur Befreiung des Heiligen Landes von der Türkenherrschaft aufrief. Der byzantinische Kaiser Alexios Komnenos begrüßte diese Kreuzzugsidee, sah er in ihr doch die einzige Möglichkeit, das reiche Antiochia und die Wege dorthin wieder unter seine Kontrolle zu bringen. Entsprechend ließ er entlang der voraussichtlichen Marschroute der Kreuzfahrerheere riesige Vorratslager anlegen, vorsichtshalber aber auch starke Militäraufgebote postieren. Die erste Kolonne von rund 20 000 Männern, Frauen und Kindern brach schon im Frühjahr 1096 auf. Auf dem Marsch durch den byzantinischen Balkan kam es trotz aller Vorkehrungen zu erheblichen Plünderungen und Verwüstungen. Alexios war froh, als der Zug endlich über den Bosporus setzte und in türkisches Gebiet eindrang. Bei Nicaea geriet die Schar dann in einen Hinterhalt und wurde vollständig vernichtet. Weitere ungeordnete Heerhaufen folgten. Als auch sie im Balkan zu plündern und zu morden begannen, griff der Kaiser die Kreuzfahrer an und trieb sie zurück. Dann kamen die ersten großen und gut ausgerüsteten Heere: Gottfried von Bouillon,

Herzog von Niederlothringen, und sein Bruder Balduin mit lothringischen und wallonischen Truppen, Bohemund von Tarent und sein Neffe Tankred mit ihren gefürchteten Normannen, Raimund IV. von Toulouse mit provenzalischen Rittern und Fußtruppen. Mit viel diplomatischem Geschick brachte Alexios sie dazu, ihm den Treueid zu leisten und ihn als obersten Herrscher über alle Länder anzuerkennen, die sie erobern würden. Zuletzt traf der vierte große Kreuzfahrertrupp unter Robert von der Normandie, dem Sohn Wilhelms des Eroberers, und Robert II. von Flandern in Konstantinopel ein. Alle vier Heere mögen zusammen etwa 80 000 Mann stark gewesen sein. Nach langem, ergebnislosem Streit darüber, wer den Kreuzzug führen solle, zogen sie durch Kleinasien weiter.

Nach Überwindung des Taurusgebirges wandte sich Balduin nach Osten, um den Türken das christlich-armenische Edessa am Euphrat zu entreißen. Damit verschaffte er sich ein eigenes Fürstentum, das zugleich ein Bollwerk gegen Angriffe auf das Heilige Land darstellte. Bohemund gewann im Juni 1098 durch Verrat die alte hellenistische Metropole Antiochia, die er – ungeachtet seines Lehenseides – seiner Herrrschaft unterstellte. Im Januar 1099 setzten die übrigen Heere, jetzt nur noch 1300 Ritter und 12000 Mann Fußvolk stark, ihren Zug nach Jerusalem fort. (Inzwischen hatten die schiitischen Fatimiden die Schwäche und Uneinigkeit der sunnitischen Türken genutzt und Palästina besetzt; Jerusalem hatte sich ihnen nach 40tägiger Belagerung ergeben.) Die Kreuzfahrer zogen die Küste entlang an Tripolis, Beirut, Sidon, Tyros, Akko und Caesarea vorbei und bogen bei Ramla nach Jerusalem ab. Am 14. Juli erstürmten sie die Heilige Stadt, das Ziel des Kreuzzuges war erreicht. Die Fürsten beschlossen nun, Gottfried von Bouillon zum König von Jerusalem zu krönen, aber Gottfried winkte ab, denn er wollte nicht in der Stadt König sein, in der Christus gelitten hatte. So begnügte er sich mit dem Titel ›Beschützer des Heiligen Grabes‹ (Advocatus Sancti Sepulchri). Im August desselben Jahres kam es in der Ebene von Ashdod zum lange erwarteten Zusammenstoß zwischen den Heeren der Kreuzfahrer und der ägyptischen Fatimiden. Die Christen überrumpelten die völlig überraschten Truppen des Wesirs el-Afdal und zerstreuten sie in alle Winde.

Noch im selben Monat verließen Raimund, Robert von der Normandie und Robert von Flandern Palästina; Tankred nahm Galiläa in Besitz und vertrieb die dort lebenden Moslems. Gottfried war nun mit seinem kleinen Restheer von 300 Rittern und 2000 Mann Fußvolk auf sich alleine gestellt. Die stark befestigten Küstenstädte befanden sich weiterhin in der Hand der Fatimiden. Lediglich Jaffa hatten sie den Kreuzfahrern kampflos überlassen, die starke Fatimidenflotte machte den Ort allerdings für die Christen praktisch wertlos. Um Nachschub an Truppen und Material erhalten zu können, mußte sich Gottfried also den Häfen zuwenden. Da sein Heer zu schwach war, um sie zu belagern, verwüstete er ihr Hinterland und blockierte jede Landverbindung. Gleichzeitig durchbrachen Schiffe aus Italien die ägyptische Blockade und erschwerten der fatimidischen Flotte die Versorgung ihrer Städte. Im Juli 1100 starb Gottfried von Bouillon. Die lothringischen Ritter riefen daraufhin seinen Bruder Balduin aus Edessa herbei, damit dieser die Nachfolge antrete. Balduin wurde von der Jerusalemer Bevölkerung mit Jubel begrüßt und am Weihnachtstag des Jahres 1100 in der Geburtskirche zu Bethlehem feierlich zum König von Jerusalem gekrönt.

Das Königreich Jerusalem

Nachdem die Kunde von der ›Befreiung‹ Jerusalems in Westeuropa eingetroffen war, brachen weitere Heere gen Osten auf. Alle drei Züge des Jahres 1101 – ein lombardisch-französischer, ein französischer und ein französisch-deutscher – wurden jedoch bereits in Kleinasien aufgerieben, die Landverbindung nach Jerusalem blieb unterbrochen. Der einzige Weg dorthin verlief weiterhin über das Meer, was die italienischen Städte zu ihrem Vorteil nutzten. Im Frühjahr 1101 traf vor Jaffa eine große genuesische Flotte ein, mit der sich König Balduin zusammentat, um endlich die islamischen Küstenstädte zu erobern. Zuerst fiel Arsuf, dann Caesarea, dessen Bewohner bis auf junge Mädchen und kleine Kinder niedergemetzelt wurden. Bei Ramla schlug Balduin trotz seiner zahlenmäßig weit unterlegenen Truppen auch ein herbeigeeiltes mächtiges Heer des Fatimidenwesirs el-Afdal.

Im folgenden Jahr kam el-Afdal zum dritten Mal in das Heilige Land, und diesmal blieben die Ägypter siegreich. Sie umzingelten die Christen und töteten jeden, der sich nicht ergab. Balduin, der dem Gemetzel mit Mühe und Not entkam, organisierte in Jaffa den weiteren Widerstand, für einen Gegenangriff waren seine Truppen jedoch zu schwach. In diesen Tagen der größten Bedrängnis lief eine Flotte von 200 englischen Schiffen mit Pilgern und Soldaten aus England, Frankreich und Deutschland in Jaffa ein. Balduin konnte nun den Angriff wagen und überrumpelte die Ägypter, die sich in heilloser Flucht nach Askalon retteten. Wieder hatte die unfähige Führung der Fatimiden das Königreich Jerusalem vor dem Untergang bewahrt. 1104 eroberte Balduin mit Unterstützung der genuesischen Flotte die Hafenstadt Akko, den wetterunabhängigsten Hafen Palästinas, der nun zum Hauptumschlagplatz für den Warenverkehr zwischen Damaskus und dem Westen avancierte. 1105

Gottfried von Bouillon mit seinem Heer auf dem ersten Kreuzzug ins Heilige Land (nach einer zeitgenössischen Miniatur)

Kreuzfahrer und Moslems in der Schlacht
(nach einer Darstellung aus dem 11. Jh.)

versuchte der Wesir el-Afdal ein viertes Mal, Palästina zurückzuerobern. 1300 berittene Bogenschützen aus Damaskus schlossen sich den 5000 Ägyptern an. Balduin erwartete den Angriff wieder bei Ramla, aber nun war er besser vorbereitet, und gegen Abend waren die Moslems geschlagen.

1118 starb Balduin (im selben Jahr wie Kaiser Alexios). Er wurde in der Grabeskirche von Jerusalem an der Seite seines Bruders Gottfried beigesetzt. Zum Nachfolger bestimmte man seinen Vetter Balduin von Le Bourg, Balduin II. Zur gleichen Zeit, in den Jahren 1118–1120, bildeten sich die ersten Ritterorden. Aus einem Hospiz zur Betreuung armer Pilger, das Bürger der italienischen Stadt Amalfi im Jahre 1070 in Jerusalem gegründet hatten, entstand der Orden der Hospitaliter. Seine Ritter legten die klösterlichen Gelübde ab und machten es sich zur Aufgabe, die Pilgerstraßen und Handelswege offenzuhalten. Ihr Abzeichen war ein weißes Kreuz, das sie auf dem Mantel über der Rüstung trugen. Ein anderer Orden hatte seinen Sitz in der Aqsa-Moschee auf dem Jerusalemer Tempelberg und erhielt daher den Namen Templerorden. Das Abzeichen der Tempelritter bildete ein rotes Kreuz. Die beiden religiös-militärischen Orden waren dem Papst unmittelbar unterstellt und erhielten von dem König und seinen Vasallen reiche Zuwendungen.

Unter Balduin II. erneuerten die Moslems ihre Angriffe auf fränkisches Gebiet. 1123 geriet der König auf einem Feldzug im Norden Syriens in die Gefangenschaft des Ortoqidenfürsten Balak ibn Bahram (der ihn ein Jahr später gegen ein hohes Lösegeld freiließ). Unmittelbar darauf rückte ein großes ägyptisches Heer nach Jaffa vor, wo es sich allerdings bei Ankunft der Franken auflöste. So wenig erfolgreich die Ägypter zu Lande waren, so wirksam zeigte sich ihre Flotte, die weiterhin die palästinensischen Küsten beherrschte. 1123 traf deshalb ein Geschwader von 100 venezianischen Schiffen vor Akko ein, das die Flotte der Fatimiden in die Zange nahm und versenkte. Der Außenhandel Palästinas lag fortan ganz in den Händen der italienischen Städte. 1131 starb Balduin II. Sein

Schwiegersohn, Graf Fulk (Foulques) V. von Anjou, regierte bis 1143, danach trug der Rat des Reiches dessen Gemahlin Melisende, der Tochter Balduins II., und ihrem minderjährigen Sohn Balduin die Krone an.

Der Zweite Kreuzzug

1144 fiel Edessa an die Moslems. Die Nachricht vom Untergang der Grafschaft und ein Bittschreiben der Königin Melisende an den Papst führten zum Zweiten Kreuzzug in das Heilige Land. Bernhard von Clairvaux begeisterte das Volk durch mitreißende Predigten für die Kreuzzugsidee und gewann auch den französischen König Ludwig VII. und den deutschen König Konrad III. Im Frühjahr 1147 brach Konrad mit 80000 Berittenen, Fußsoldaten und Pilgern auf. Er erreichte relativ schnell Konstantinopel und teilte in Kleinasien sein Heer in zwei Marschkolonnen auf. Da jedoch seldschukische Reitereinheiten pausenlos die schlecht gerüsteten und von Hunger und Hitze geplagten Kreuzfahrer überfielen, kehrte Konrad nach Nicaea zurück, um auf den französischen Heerbann zu warten. Die verbliebenen 7000 deutschen Kreuzfahrer zogen mit Ludwig VII. durch Kleinasien und erreichten im Frühjahr 1148 Palästina, während der schwerkranke Konrad, der nach Konstantinopel gebracht worden war, nach seiner Genesung per Schiff nach Akko reiste. In Akko entschlossen sich Konrad, Ludwig, Melisende und ihr Sohn Balduin III., zunächst Damaskus zu erobern. Während der Belagerung näherte sich jedoch ein großes türkisches Heer, vor dem die Kreuzfahrer in Panik nach Galiläa flohen, wo sich die christlichen Heere rasch auflösten. Der Zweite Kreuzzug war ein völliger Fehlschlag, er hatte dem militärischen Ruf der Franken unendlich geschadet und zum Zusammenschluß der Moslems geführt.

1153 gelang es Balduin III. endlich, das mächtige Askalon, den Ausgangspunkt für alle fatimidischen Feldzüge nach Palästina, zu erobern. Inzwischen hatte Nur ed-Din, der Emir von Aleppo, das gesamte Gebiet von Edessa im Norden bis zum Ostjordanland im Süden unter seiner Herrschaft vereinigt; 1154 brachte er auch Damaskus in seinen Besitz. Mit den Franken handelte Nur ed-Din einen Waffenstillstand aus, der ihm freie Hand für weitere Kriegszüge gegen seine moslemischen Nachbarn ließ. 1162 starb Balduin III. in Beirut; die Nachfolge trat sein Bruder Amalrich, Graf von Jaffa und Askalon, an.

Der Aufstieg Saladins

1169 riß der Kurde Schirkuh, Feldherr Nur ed-Dins, die Herrschaft über Ägypten an sich und erhielt den Titel eines Wesirs. Wenige Wochen danach starb er und überließ die Würde seinem Neffen Saladin. Das Frankenreich war nun auch von Süden bedroht. Der Ruf nach einem neuen Kreuzzug blieb im Westen ungehört, Kaiser Friedrich I. entsandte zwar seine Flotte, und Amalrich zog mit einem Heer nach Ägypten, wegen Nahrungsmangel mußte

Sultan Saladin (nach einer zeitgenössischen Miniatur)

jedoch die Belagerung der Seefestung Damiette im Nildelta aufgegeben werden. 1172 kam Heinrich der Löwe, Herzog von Sachsen und Bayern, als Pilger nach Jerusalem. Balduin bat ihn, mit seinem großen Gefolge in Palästina zu bleiben und für das Kreuz zu kämpfen – ohne Erfolg.

Mit dem Tod des Kalifen el-Adid im Jahre 1171 ging die Herrschaft der Fatimiden zu Ende; Saladin begründete nun die nach seinem Vater benannte Dynastie der Ajjubiden. 1174 starb Nur ed-Din, und Saladin zog sofort mit 700 Reitern nach Damaskus, um sich die Nachfolgeschaft zu sichern. Kurze Zeit darauf nahm er den Titel eines Sultans von Ägypten und Syrien an. 1174 starb auch König Amalrich und überließ seinem 13jährigen Sohn Balduin IV., einem Aussätzigen, die Krone und die Sorge um das Königreich Jerusalem. Es folgten einige ruhige Jahre, in denen Saladin seine Stellung festigte. Im November 1177 fiel er dann in Palästina ein und zog bis nach Jerusalem. Balduin sprengte zwar den Belagerungs-ring, holte Saladin bei Ramla ein und schlug das ägyptische Heer in die Flucht, aber seine Streitmacht war zu klein, um ihrerseits in die Offensive übergehen zu können. Saladin brachte 1183 auch Aleppo in seinen Besitz und herrschte nunmehr über ein Territorium, das sich von der Cyrenaica bis zum Tigris erstreckte. Zu seiner Hauptstadt machte er Damaskus. Der Kalif von Bagdad unterstützte ihn, die benachbarten Sultane von Mossul und Anatolien suchten seine Freundschaft.

1185 starb Balduin IV. Eine Mißernte in Palästina zwang die Franken, mit Saladin einen vierjährigen Waffenstillstand zu vereinbaren. Saladin kam dieses Abkommen sehr gelegen, hatte er doch wieder Streitigkeiten mit seinen Nachbarn auszufechten. Balduin V., des verstorbenen Königs achtjähriger Neffe, starb bereits ein Jahr nach seiner Krönung. Daraufhin wurden Sibylle, Amalrichs Tochter, und ihr Gemahl Guido von Lusignan gekrönt. Die meisten Barone stellten sich allerdings gegen diese Wahl, und so war das Königreich in bitterem Parteienzwist zerrissen. Dennoch hielt Saladin den Waffenstillstand ein. 1186 überfiel Rainald von Châtillon, Herr über Oultrejourdain (Ostjordanland), eine riesige Karawane, die schwer beladen durch sein Gebiet zog, Saladin forderte Schadenersatz und die Freilassung der Gefangenen. Rainald lehnte ab, König Guido konnte sich nicht gegen ihn durchsetzen. Daraufhin stellte Saladin ein Heer auf, das größer war als alle, die er bisher befehligt hatte. An der Südspitze des Sees Gennesaret überschritt er am 1. Juli 1187 den Jordan und nahm nach nur einstündigem Kampf die Stadt Tiberias. Angesichts der Bedrohung legten die Franken ihre Streitigkeiten untereinander bei und versammelten ihre Truppen vor Sepphoris. Mit 1200 Rittern, etwa 2000 einheimischen Berittenen und 10000 Mann Fußvolk zogen sie in glühender Hitze durch Galiläa, um Tiberias zurückzuerobern. Bei den Hörnern von Hattin kam es am 4. Juli 1187 zu jener Schlacht, die faktisch den Untergang des christlichen Königreiches Jerusalem zur Folge hatte. Guido und die Barone wurden Gefangene Saladins. Der Kaiser von Byzanz, Isaak Angelos, beglückwünschte Saladin zu seinem Sieg. Innerhalb weniger Monate eroberte Saladin nun alle Burgen und Städte Palästinas bis auf Jerusalem. Am 2. Oktober 1187 ergab sich auch die Heilige Stadt. Saladin gewährte den christlichen Einwohnern freien Abzug und schonte die Kirchen; schon wenige Tage nach der Einnahme der Stadt durften christliche Pilger die Grabeskirche besuchen.

Der dritte Kreuzzug

Als die Nachricht von Saladins Siegen nach Westeuropa gelangte, beschlossen Kaiser Friedrich I. Barbarossa und die Könige Philipp Augustus von Frankreich und Richard Löwenherz von England, einen neuen, den Dritten Kreuzzug zu beginnen. Der fast 70jährige Friedrich Barbarossa brach im Frühjahr 1189 mit dem größten Kreuzfahrerheer auf, das jemals durch den Balkan gezogen war. Der Zug durchquerte Kleinasien rasch und befand sich unmittelbar vor Seleukia, als der Kaiser beim Überqueren des Flusses Kalykadnos ertrank. Mit seinem Tod zerbrach das Heer. 1189 ließ Saladin König Guido frei, nachdem dieser geschworen hatte, nach Europa zurückzukehren und nie mehr eine Waffe gegen den Islam zu erheben. Trotz seines Eides zog er mit seinen Anhängern nach Akko, um die Stadt im Handstreich zu erobern; sein kleines Heer war aber für einen Angriff zu schwach, und so schlug er sein Feldlager vor den Stadttoren auf. Nach und nach füllte sich das Lager mit Neuankömmlingen aus dem Westen und mit Truppen aus Tyros, Tripolis und Antiochia; dänische, friesische und britische Schiffe patrouillierten vor dem Hafen. Aber auch Saladin eilte mit seinem Heer nach Akko und schloß seinerseits die Belagerer ein. Keine Seite wagte einen entscheidenden Angriff, und so zog sich der Stellungskrieg bis 1191 hin.

Philipp und Richard hatten sich 1190 mit ihren Heeren eingeschifft, Philipp in Genua und Richard in Marseille. Nach einem Intermezzo auf Sizilien setzten die beiden Könige im Frühjahr 1191 ihren Kreuzzug fort. Philipp landete in Tyros und schloß sich der Belagerungsstreitmacht vor Akko an. Richards Flotte wurde in einem schweren Sturm nach Zypern verschlagen, wo Isaak Dukas Komnenos als Gegenkaiser zu Isaak Angelos von

Byzanz herrschte. Da Isaak Dukas mit Saladin verbündet war und die Insel eine nicht zu unterschätzende strategische Bedeutung für den Schiffsverkehr zum Heiligen Land besaß, eroberte Richard kurzentschlossen Zypern, dessen Bevölkerung ihn überall mit großer Freude empfing. Im Juni traf der König mit seinem Gefangenen Isaak Dukas im Feldlager vor Akko ein.

Auch Saladin hatte inzwischen Verstärkungen erhalten, aus dem Norden und aus Ägypten, aber es gelang ihm schon seit Monaten nicht mehr, die Stadt zu versorgen. Am 12. Juli 1191 mußte sich Akko ergeben. König Philipp kehrte daraufhin sofort nach Frankreich zurück, während Richard den Oberbefehl über das Kreuzfahrerheer übernahm. Im August brach Richard auf, um Jerusalem zurückzuerobern. Er hatte zuvor die 2700 sarazenischen Gefangenen von Akko niedermetzeln lassen, weil ihm ihre Bewachung bis zum Freikauf lästig war. Richard zog über Haifa und Caesarea bis Arsuf, wo ihn Saladins Heer erwartete. Die Schlacht endete mit einem Sieg der Christen, aber Saladin gelang es, seine Truppen schnell wieder zu ordnen. Das Kreuzfahrerheer marschierte weiter nach Jaffa und befestigte es, im Winter wurde das von Saladin geschleifte Askalon wieder aufgebaut. Nach langem Streit, wer König von Jerusalem werden solle (obgleich dieses noch gar nicht erobert war), sammelte sich das Kreuzfahrerheer für den Sturm auf die Heilige Stadt. Saladin stieß seinerseits zur Küste vor und nahm Jaffa. Richard gelang es zwar, die Stadt zurückzuerobern, aber die Chancen für einen erfolgreichen Zug ins Landesinnere waren nun gering. Als sich Saladin bereit erklärte, den Christen die Küstenstädte mit Ausnahme des strategisch wichtigen Askalon zu überlassen und ihnen freien Zugang zu den heiligen Stätten zu gewähren, unterzeichnete Richard Löwenherz am 2. September 1192 den Friedensvertrag. Damit war der Dritte Kreuzzug beendet. Saladin starb im folgenden Jahr.

Zur Zeit des Dritten Kreuzzuges hatten Kaufleute aus Bremen und Lübeck in Akko ein Hospiz für deutsche Pilger eingerichtet. Nach Ende des Unternehmens beschlossen deutsche Ritter, diesem Hospiz zu dienen und gründeten einen Ritterorden, der 1198 vom König und vom Papst anerkannt wurde. Dieser sogenannte Deutschritterorden erwarb neben mehreren Burgen in Syrien auch die Burg Montfort.

Die Expedition des Friedrich II.

Das Rumpfkönigreich der Franken lebte in den folgenden Jahrzehnten im Frieden, denn Sultan el-Adil hatte Mühe, das riesige Territorium seines Vaters Saladin zusammenzuhalten. 1210 wurden der unbekannte Ritter Johann von Brienne und seine Gemahlin Maria von Montferrat in Tyros gekrönt (die Königin starb zwei Jahre später). Johann regierte nach besten Kräften und hielt sich an den Waffenstillstand mit den Moslems, zumal der rege Handelsverkehr mit den islamischen Territorien seine Haupteinnahmequelle darstellte. 1225 verheiratete er seine Tochter Isabella, genannt Jolande, mit Kaiser Friedrich II., der in Rom weilte. In Tyros wurde die vierzehnjährige Kaiserin daraufhin zur Königin von Jerusalem gekrönt.

Friedrich II., ein eigenwilliger Herrscher, halb Normanne und halb Deutscher, in griechischem und arabischem Geist erzogen, mit vielen Wissenschaften vertraut, hatte 1220 auf Drängen des Papstes Honorius gelobt, einen Kreuzzug in das Heilige Land zu führen. Aber Friedrich fand immer neue Gründe, das Unternehmen zu verschieben. 1227 schiffte er sich endlich mit einem großen Heer in Brindisi ein, verließ aber nach einer Erkrankung die Flotte wieder. Der neue Papst Gregor IX. verhängte daraufhin den Kirchenbann über ihn. 1228 starb Jolande, und Friedrich segelte nach Osten. Im Herbst traf der Kaiser in Akko ein, wo es die Barone, die Tempelritter und die Hospitaliter ablehnten, mit einem Exkommunizierten zusammenzuarbeiten. Nur sein Freund Hermann von Salza, Großmeister des Deutschritterordens, stand auf seiner Seite. Friedrich mußte sich also auf sein diplomatisches Geschick verlassen. Die Moslems waren wieder einmal untereinander zerstritten, und so gelang es dem Kaiser im Jahre 1229 nach langem Feilschen mit dem Sultan el-Malik el-Kamil, einen zehnjährigen Friedensvertrag durchzusetzen, durch den Jerusalem und Betlehem mit einem Korridor nach Jaffa, Nazaret und das westliche Galiläa einschließlich Montfort und Toron sowie Sidon zum Königreich kamen. Friedrich II. hatte damit Jerusalem und die heiligen Stätten der Christenheit ohne einen Schwertstreich zurückerobert. Doch die Kirche und die Barone warfen dem Kaiser vor, daß er nicht das ganze Palästina gewonnen hatte; Gregor IX. erhielt seinen Bann aufrecht. Am 17. März 1229 zog Friedrich II. mit seinen italienischen Truppen und mit den deutschen Ordensrittern in Jerusalem ein. In der Grabeskirche setzte er sich selbst die Krone des Königs von Jerusalem aufs Haupt. Als Friedrich erfuhr, daß inzwischen sein Schwiegervater Johann von Brienne an der Spitze eines päpstlichen Heeres in seine italienischen Territorien eingefallen war, schiffte er sich in Akko ein, wobei ihn das Volk mit Unrat bewarf. Friedrich hinterließ ein Königreich ohne sichere Grenzen und ohne feste Verwaltung. Die Straße von Jerusalem nach Jaffa war ständigen Überfällen ausgesetzt, Jerusalem eine offene Stadt, Galiläa von Nablus, Safed und Banyas aus bedroht.

Das Ende des Kreuzfahrerreiches

1243 gelang es den Tempelrittern, durch geschickte Verhandlungen mit den entzweiten moslemischen Fürsten Ismail von Damaskus und Ajjub von Ägypten den Tempelberg zurückzuerhalten. Auf Drängen der Tempelritter schlossen sich die fränkischen Barone Ismail an, der ihnen für den Fall des Sieges einen Teil Ägyptens versprach. Aber Ajjub fand in den wilden Horden choresmischer (zentralasiatischer) Türken, die mordend und sengend Nordsyrien durchstreiften, einen starken Verbündeten. Im Sommer 1244 fielen an die 10 000 choresmische Reiter in Galiläa ein, eroberten Tiberias und verwüsteten Jerusalem. Vor Gaza vereinigten sie sich mit dem ägyptischen Heer. Indessen marschierten die christlichen Truppen gemeinsam mit Ismails Streitmacht von Akko nach Gaza. Wenige Meilen vor der Stadt, bei dem Dorf Herbiya (La Forbie), kam es am 17. Oktober zur Schlacht. Innerhalb weniger Stunden vernichtete der ägyptische Befehlshaber Baibars, ein junger mamelucki-

Rekonstruktion eines Kreuzfahrerschiffes

scher Emir (s. u.), das zahlenmäßig überlegene christlich-arabische Heer. Nur wenige konnten sich retten. Ajjub eroberte später Damaskus und machte sich zum Herrn über Syrien, 1247 nahm er Tiberias, die Burg Belvoir und Askalon.

Im Jahre 1260 ermordete der Emir Baibars den ägyptischen Sultan Qutuz und ließ sich selbst zum Sultan ausrufen. Der einst als Sklave nach Syrien gekommene Türke war für die mameluckische Leibwache des Sultans gekauft worden und stieg in dieser rasch auf; seine Fähigkeiten als Feldherr hatte er bereits in der Schlacht bei Herbiya (s. o.) bewiesen. Baibars zog von Kairo nach Damaskus, um sein Reich zu festigen, wobei er keinerlei Skrupel kannte, Widersacher und Konkurrenten zu beseitigen. 1265 griff Baibars die Christen erneut an. Caesarea fiel und wurde dem Erdboden gleichgemacht, danach eroberte er Haifa und das stark befestigte Arsuf. Im nächsten Jahr erschien er vor Akko, belagerte vergeblich Montfort und wandte sich schließlich der riesigen Burg Safed zu, die die Tempelritter verteidigten. Als sich die Burg nicht mehr halten ließ, vereinbarten diese mit Baibars die Übergabe gegen freien Abzug. Der Sultan aber ließ die Ritter enthaupten. Baibars war kein Saladin, sein Wort galt nichts. Während Baibars 1267 Akko belagerte, bekämpften sich vor dem Hafen venezianische und genuesische Galeeren. 1268 zog der Sultan nach Jaffa, dessen Besatzung einem Waffenstillstandsabkommen vertraute und von Baibars überrumpelt wurde. Kurz darauf fiel die Tempelritterburg Beaufort. Am 18. Mai erstürmten die Mamelucken Antiochia und richteten unter der Bevölkerung ein furchtbares Blutbad an, das auch die moslemischen Chronisten beschämte. Damit war das Fürstentum Antiochien, das 171 Jahre bestanden hatte, untergegangen; die einstige Weltstadt erholte sich nie wieder.

1271 kam Kronprinz Edward von England mit einem Heer von etwa 1000 Mann nach Akko, um mit Unterstützung der Mongolen das Heilige Land zurückzuerobern. Er war entsetzt, als er feststellen mußte, daß die Venezianer den Sultan Baibars mit Kriegsmaterial versorgten und die Genueser den ägyptischen Sklavenhandel beherrschten. Die Mongolen griffen wie versprochen an, aber ihre 10000 Berittenen waren dem mächtigen Heer der Mamelucken nicht gewachsen und kehrten daher wieder nach Norden zurück. Edward, der mit seinem winzigen Heer nur einige unbedeutende Vorstöße über den Berg Karmel wagte, war deshalb froh, als er 1272 mit Baibars einen Friedensvertrag abschließen konnte. Die Franken besaßen jetzt nur noch einen schmalen Küstenstreifen von Akko bis Sidon und das Recht, die Pilgerstraße nach Nazaret zu benutzen. 1277 starb Baibars.

1289 eroberten die Mamelucken unter Sultan Qalawun die große Hafenstadt Tripolis. Das Abendland war schockiert, aber niemand fand sich bereit, an einem neuerlichen Kreuzzug teilzunehmen. Nur ein ungeordneter Haufen norditalienischer Bauern und armer Städter unterstellte sich dem Befehl des Bischofs von Tripolis, der nach Rom geflohen war. 1290 traf der Trupp in Akko ein und begann sofort, die moslemischen Kaufleute der Stadt niederzumetzeln. Qalawun verlangte die Auslieferung der Schuldigen, und als die Christen ablehnten, griff er zu den Waffen. Sein plötzlicher Tod unterbrach zwar den Feldzug, im folgenden Frühjahr zog aber sein Sohn el-Ashraf Khalil mit zwei Heeren und modernsten Belagerungsmaschinen nach Akko. Am 6. April 1291 war der Ring um die Stadt geschlossen, am 18. Mai erlag sie einem gewaltigen Sturmangriff der Mamelucken. Die Einwohner wurden alle getötet oder als Sklaven weggeschleppt, sofern sie nicht in einem der wenigen Schiffe entkommen konnten. El-Ashraf ließ die Stadt planmäßig zerstören. Bald nach dem Fall Akkos ergab sich Tyros, auch Sidon wurde nach kurzer Verteidigung aufgegeben, dann folgten Beirut und Haifa. Im August fielen schließlich die Tempelritterburgen Tortosa und Atlit. Das Heilige Land war für die christliche Welt verloren.

Die Herrschaft der Türken

In der Folgezeit verwilderten die reichen Obst- und Gemüsegärten der Küstenebenen, die Hafenstädte wurden nicht wieder aufgebaut. Dagegen verbesserten die Mamelucken die Straßenverbindungen zwischen Kairo und Damaskus, errichteten Brücken und Karawansereien. In Gaza und Safed residierten Vizekönige, während Jerusalem fortan als Verbannungsort reicher, aber in Ungnade gefallener Emire diente; sie schmückten die Stadt mit herrlichen Palästen, Mausoleen, Moscheen, Medresen und Hospizen.

Im Jahre 1516 besiegte der türkische Sultan Selim I. (1512–1520) bei Aleppo das Heer der Mamelucken, 1517 eroberte er Jerusalem und noch im selben Jahre Kairo. Damit begann die Ära des Osmanischen Reiches, die bis 1917 währte. Selim und sein Sohn Süleyman II. ›der Prächtige‹ (1520–1566) führten in Palästina ein straffes Verwaltungssystem ein und gaben der Altstadt von Jerusalem ihr heutiges Aussehen. Süleyman ermunterte den Spanier Don Joseph Nasi und seine Tante Donna Gracia dazu, Tiberias und Umgebung mit Juden zu besiedeln, die der spanischen Inquisition entflohen waren. Nach Süleyman folgten schwache

Sultane, denen die Kontrolle über ihre Provinzen entglitt. Um 1660 baute der Drusenemir Fakhr ed-Din Akko wieder auf und machte die Stadt zur Residenz seiner autonomen Besitzungen. Zwischen 1730 und 1775 beherrschte der Beduinenscheich Dahir el-Omer von Akko aus Galiläa und später ganz Palästina. In Tiberias erneuerte er die Stadtmauern und errichtete eine Festung. Sein Nachfolger, der Bosnier Ahmed Jezzar (›der Schlächter‹), vereitelte 1799 Napoleons Versuch, Akko einzunehmen und Palästina/Syrien zu unterwerfen. 1833 entriß Ibrahim Pascha, Vizekönig von Ägypten, den Osmanen Palästina und Syrien; unter dem Druck der Großmächte Großbritannien, Rußland, Preußen und Österreich mußte er jedoch 1840 die Gebiete wieder an die Türkei abtreten. Die Europäer verstärkten nun ihren Einfluß auf das Heilige Land; unter ihrem Schutz kamen immer mehr westliche Missionare und Kaufleute in das Land. Aber der Schutz war von Rivalitäten geprägt: Die Russen unterstützten die griechisch-orthodoxe Religionsgemeinschaft, die Franzosen die Katholiken, Preußen und Großbritannien vertraten protestantische Interessen.

1848 bildeten jüdische Emigranten aus Mittel- und Osteuropa in Jerusalem eine jüdische Gemeinde, 1874 nahm der britische Palestine Exploration Fund (Stiftung für die Erforschung Palästinas) seine Arbeit auf. 1878 gründeten Jerusalemer Juden Petah Tiqwa, die erste jüdische Landwirtschaftssiedlung, 1882 kam die erste große Einwanderungswelle (›erste Alijah‹) aus Rußland und Polen. 1896 forderte der Wiener Journalist Theodor Herzl die Schaffung eines jüdischen Staates in Palästina und gab dadurch den Anstoß zur Entstehung des Zionismus. 1901 gründete Chaim Weizmann den Jüdischen Nationalfond, dessen Aufgabe es war, in Palästina Grundbesitz zu erwerben. Der Bankier Edmond de Rothschild gab den Siedlern finanzielle Hilfen.

Zwischen 1904 und 1914 erreichte die zweite große Einwanderungswelle (›zweite Alijah‹) aus Osteuropa das Heilige Land. 1909 gründeten jüdische Immigranten die Stadt Tel Aviv, 1911 entstanden die ersten Kibbuzim. 1917/18 rückten britische Truppen in Palästina ein und stellten das Land unter Militärverwaltung. Am 2. November 1917 bestätigte der britische Außenminister Balfour den Beschluß seiner Regierung, in Palästina eine nationale Heimstätte für das jüdische Volk zu schaffen, wobei die Rechte nichtjüdischer Gemein-

Jerusalemer Juden und Moslems bei einer Feier
(Radierung von 1483)

Nablus um 1880

schaften nicht beeinträchtigt werden sollten (sogenannte Balfour Declaration). 1919 vereinbarten der Emir Faisal und der Zionist Chaim Weizmann, daß das »arabische und hebräische
Volk bei der Entwicklung eines arabischen Staates und Palästinas« möglichst eng zusam-
menarbeiten sollten. Nach Kriegsende lebten etwa 60 000 Juden in Palästina.

Das britische Mandat

Am 25. April 1920 erhielt Großbritannien auf der Friedenskonferenz von San Remo vom
Völkerbund das Mandat über Palästina, die Militärverwaltung wurde in eine Zivilverwal-
tung unter einem Hochkommissar umgewandelt (der erste, Sir Herbert Samuel, war
übrigens ein Jude). In den zwanziger Jahren kam die dritte Einwanderungswelle (›dritte
Alijah‹) aus Rußland nach Palästina. Der von den Briten eingesetzte Großmufti von
Jerusalem, Amin el-Husseini, rief daraufhin zum ›Heiligen Krieg‹ gegen die Juden auf. Es
kam zu schweren Ausschreitungen, woraufhin die Juden die militärische Organisation

Haganah gründeten. Nach der Machtübernahme Hitlers im Jahre 1933 wanderten rund 60 000 Juden aus Deutschland und Mitteleuropa nach Palästina ein, was erneut zu erheblichen Unruhen unter der arabischen Bevölkerung führte. 1936 schlugen britische Truppen einen arabischen Aufstand nieder. Den jüdischen Vorschlag, Palästina zwischen Juden und Arabern zu teilen (Peel Report), wiesen die Araber entschieden zurück; sie verlangten für Palästina einen unabhängigen Status unter der Regierung der arabischen Mehrheit. Bei Beginn des Zweiten Weltkrieges – inzwischen lebte schon über eine halbe Millionen Juden in Palästina – erschwerten die Briten die jüdische Einwanderung und weitere Landkäufe (White Paper). Die Haganah organisierte daraufhin die illegale Immigration und leistete passiven wie aktiven Widerstand gegen die Mandatsregierung. Nach Kriegsende setzten die USA eine Lockerung der Einwanderungsbestimmungen durch. Um ein zahlenmäßiges Übergewicht der jüdischen Bevölkerung zu vereiteln, verstärkten die Araber ihre Bemühungen, Palästina zu einem unabhängigen arabischen Staat zu machen. 1947 beschloß die Vollversammlung der Vereinten Nationen die Teilung Palästinas in einen arabischen und einen jüdischen Staat bei wirtschaftlicher Einheit des Landes; Jerusalem sollte unter internationale Verwaltung kommen. Die Araber lehnten diesen Beschluß ab.

Der moderne Staat Israel

Am 14. Mai 1948, einen Tag, bevor Großbritannien die Mandatsverwaltung niederlegte, proklamierte David Ben Gurion in Tel Aviv den souveränen Staat Israel. Chaim Weizmann wurde erster Staatspräsident, Ben Gurion erster Ministerpräsident. Jordanien, Ägypten, Irak, Syrien und Libanon erklärten dem neuen Staat daraufhin den Krieg; Jordanien rückte in das Westjordanland ein, Israel stieß auf ägyptisches Territorium vor. Die Drohung Großbritanniens, in den Konflikt einzugreifen, führte Anfang 1949 zum Waffenstillstand; die Frontlinie bei Feuereinstellung wurde zur Demarkationslinie zwischen den verfeindeten Staaten. 80 % der Araber waren schon zu Beginn der Kampfhandlungen aus den israelischen Gebieten geflohen bzw. vertrieben worden. Innerhalb weniger Jahre wuchs die jüdische Bevölkerung auf über 2 Millionen Menschen an, die aus über 100 Ländern der Erde kamen.

1956 verstaatlichte der ägyptische Präsident Nasser den Suezkanal. Das wachsende militärische Potential Ägyptens und der arabische Wirtschaftsboykott veranlaßten israelische Truppen zum Vormarsch über die Sinaihalbinsel, während britisch-französische Luftlandetruppen den Kanal besetzten, um eine Internationalisierung der Schiffahrtsstraße zu erzwingen. Auf Intervention der UdSSR und der USA bei der UNO mußten sich die Angreifer jedoch wieder zurückziehen.

1964 gründeten Palästinaflüchtlinge die PLO (Palestine Liberation Organisation). Da Israel die Rückwanderung der Flüchtlinge nicht zuließ und die arabischen Staaten sie nicht zu integrieren vermochten, wurde die Palästinenserfrage zu einem bis heute ungelösten Problem, das bislang alle Friedensbemühungen im Nahen Osten blockierte.

Am 5. Juni 1967 kam Israel den Kriegsvorbereitungen der arabischen Staaten Ägypten, Syrien, Irak, Jordanien, Saudi-Arabien und Libanon zuvor und besetzte im sogenannten ›Sechstagekrieg‹ den Gazastreifen, die Sinaihalbinsel bis zum Suezkanal, Westjordanien einschließlich Ostjerusalem sowie die Golanhöhen. Nachdem seine Kriegsziele erreicht waren, befolgte Israel am 10. Juni die vom Sicherheitsrat angeordnete Feuereinstellung. Die UN-Resolution von 1967 erlaubte es den Arabern, die Anerkennung Israels als Staat sowohl von der Räumung der besetzten Gebiete als auch von der Verwirklichung der Rechte der Palästinenser abhängig zu machen.

Die Waffenlieferungen der USA an Israel und der UdSSR an die arabischen Staaten stellten in der Folgezeit ein militärisches Gleichgewicht her, das vorerst einen weiteren Krieg verhinderte. Gleichzeitig begannen die Palästinenser, von den Flüchtlingslagern in Syrien, Jordanien und Libanon aus durch Kommandounternehmen in Israel und Anschläge in Europa die Weltöffentlichkeit auf ihre Probleme aufmerksam zu machen. Israel antwortete mit Militäraktionen, darunter Luftangriffen auf Ägypten. Ägypten legte schließlich ein Angebot für Friedensverhandlungen vor, das Israel jedoch ablehnte. Am 6. Oktober 1973 stießen daraufhin ägyptische Truppen auf die Sinaihalbinsel vor, und syrische Verbände nahmen die Golanhöhen. Israel holte zum Gegenschlag aus, konnte die Ägypter aber nicht vom Sinai zurückdrängen. Am 25. Oktober erzwangen die USA und die UdSSR den Waffenstillstand und beendeten damit den Oktoberkrieg (Yom-Kippur-Krieg). 1974 löste Yitzhak Rabin die Ministerpräsidentin Golda Meir ab (seit 1969 im Amt).

1975 schlossen Israel und Ägypten ein Truppenentflechtungsabkommen, dem später auch Syrien beitrat. Es sah eine Zurücknahme der Streitkräfte, die Überwachung der neutralen Pufferzone durch UN-Truppen und den Gefangenenaustausch vor. Am 26. März 1979 unterzeichneten der seit 1977 amtierende Ministerpräsident Menachem Begin und der ägyptische Präsident Sadat in Washington einen Friedensvertrag zwischen Israel und Ägypten, der den Rückzug Israels vom Sinai vorsah (sogenanntes Camp-David-Abkommen). kommen).

Am 30. Juli 1980 erklärte die Knesset Jerusalem zur ›ewigen Hauptstadt Israels‹, was der UN-Sicherheitsrat verurteilte. 1981 bombardierte die israelische Luftwaffe Palästinenserlager im Südlibanon und das irakische Reaktorzentrum Osirak bei Bagdad; im selben Jahr beschloß die Knesset die Annektion der Golan-Höhen. 1982 zog sich Israel auf die im Friedensvertrag mit Ägypten vereinbarten Grenzen zurück; die Halbinsel Sinai wurde wieder ägyptischer Hoheit unterstellt. Am 6. Juni 1982 rückten israelische Truppen in den Südlibanon ein, um palästinensische Übergriffe auf israelisches Territorium auszuschließen. 1983 wurde Yitzhak Shamir israelischer Ministerpräsident. Die Parlamentswahlen vom Juli 1984 brachten ein Patt zwischen Shamirs Likud-Block und der Arbeiterpartei unter Shimon Peres, der seither das Amt des Ministerpräsidenten innehat.

Die Kulturstätten des Heiligen Landes

Jerusalem

Jerusalem (hebräisch Yerushalayim, arabisch el-Quds), die Heilige Stadt, ist – mit längeren Unterbrechungen – seit 3000 Jahren die Hauptstadt Israels. Sie ist die Tempelstadt Davids und Salomos, die Stätte der Passion und Auferstehung Christi und der Ort, von dem aus Mohammed seine Himmelsreise antrat. Sie birgt die heiligen Stätten dreier Religionen: die Klagemauer der Juden, die Grabeskirche der Christen und den Felsendom der Moslems. Heute präsentiert sich Jerusalem als eine hochmoderne, großzügig geplante Großstadt mit rund 429 000 Einwohnern, davon 306 000 Juden, 102 000 Moslems und 21 000 Christen. Wohl kaum eine andere Stadt der Welt bietet so extreme Kontraste hinsichtlich des Städtebaus, des Flairs der einzelnen Viertel und der Menschen, die hier leben oder die Stadt besuchen. Relikte aus allen Epochen, von der Bronzezeit bis zur Gegenwart, faszinieren den Besucher, der mindestens eine Woche benötigt, um auch nur das Allerwichtigste zu sehen, und noch nach mehrjährigem Aufenthalt nicht alles kennt. (Farbt. 2–15, 56–64, Umschlaginnenklappe, Umschlagrückseite, Abb. 1–29)

Geschichte

»Deiner Herkunft und deiner Geburt nach stammst du aus dem Land der Kanaaniter. Dein Vater war ein Amoriter, deine Mutter eine Hetiterin«, das sagte Gott zu Jerusalem (Ez 16,3). Der Prophet Ezechiel (Hesekiel), der im frühen 6. Jh. v. Chr. wirkte, wußte wohl noch um die geschichtlichen Ursprünge der Stadt. Die bisher frühesten Siedlungsspuren fand man auf dem Ofel südlich der heutigen Altstadt, zwischen dem Tyropöontal und dem Kidrontal. Hier hatte sich im 4. Jahrtausend v. Chr. eine semitische Bevölkerung niedergelassen, die in den Tälern Ackerbau betrieb und über eine reichlich fließende Quelle am Osthang des Ofel verfügte (Gihonquelle). In den Tontafelarchiven von Ebla (Nordsyrien) aus der Frühen Bronzezeit IV (etwa 2400–2150) lasen die Ausgräber 1975 erstmals den in sumerischer Keilschrift geschriebenen Namen der Stadt: Urusalim. ›Uru‹ bedeutet ›Stadt‹, ›Salim‹ entspricht ›Heil‹. Jerusalem war also schon vor mehr als 4000 Jahren die ›Stadt des Heils‹, die

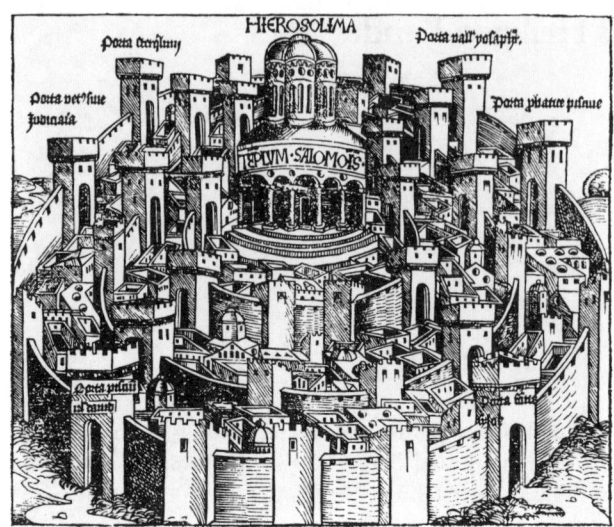

Jerusalem vor der Zerstörung
durch die Babylonier (Holzschnitt aus dem 15. Jh.)

›Heilige Stadt‹. Im 20. oder 19. Jh. v. Chr. lösten Amoriter (Amurru), die von dem
Zweistromland her in Palästina eingedrungen waren und sich auch Kanaaniter nannten, die
Urbevölkerung von Jerusalem ab. Sie wehrten sich gegen den zunehmenden Einfluß
Ägyptens und wurden deshalb geächtet. (Auf einer flachen Tonschale mit einem Ächtungs-
text, die Archäologen in Theben, der Hauptstadt des Mittleren Reiches, ausgruben,
erscheint der Name Jerusalem in der Form ›Auschamem‹ bzw. ›Ruschalimum‹, was dem
altkanaanitischen ›Urusalim‹ entspricht.) Mit den Amoritern kam wahrscheinlich auch
Abraham in das Land und einmal sogar nach Jerusalem, das die Bibel kurz ›Salem‹ nennt
(Gen 14,18).

Im 17. Jh. v. Chr. erschienen die Hyksos aus dem Osten und machten sich die Städte
Palästinas und Ägyptens untertan. Mit dem Neuen Reich gelangte Palästina dann wieder
unter ägyptische Herrschaft; der Stadtkönig von Jerusalem wurde Vasall der Pharaonen. Als
die religiösen Reformen des Pharaos Echnaton (1364–1347) zu einer schweren Krise führten
und die Ägypter ihre Soldaten an den Nil zurückziehen mußten, begannen die Vasallenkönige, sich gegenseitig zu befehden und ihre Territorien auf Kosten der Nachbarstädte zu
erweitern; gleichzeitig verunsicherten die ›Habiru‹ (wohl israelitische Nomadenstämme) das
Land. Bei der Landnahme der Israeliten im 12. Jh. v. Chr. lag Jerusalem genau zwischen den
Stammesgebieten Juda und Benjamin (Jos 15,8); keiner der beiden Stämme konnte die Stadt
erobern (Jos 15,63). Die Israeliten nannten die kanaanitische Stadt Jebus und ihre Bewohner
Jebusiter (Ri 19,10).

Nachdem es dem Judäer David um 1004 v. Chr. gelungen war, die Herrschaft der Philister
abzuschütteln, und Eschbaal, der König des Nordreiches, ermordet worden war, ließ David

sich von allen Stämmen zum König salben. Als Hauptstadt des wiedervereinigten Reiches erwählte er Jerusalem, das er gegen 998 v. Chr. einnehmen konnte. David erklärte die Stadt zu seinem persönlichen Besitz und erhob sie unter dem Namen Jeruschalajim zur Hauptstadt und bald darauf auch zum religiösen Mittelpunkt der israelitischen Amphiktyonie. Die Stadt Davids lag am Osthang des Ofel. König Salomo (um 968–930) erweiterte sie nach Norden hin, wo er auf dem Berg Moria seinen Palast und den Tempel errichtete. Die ganze Stadt umgab er mit einer mächtigen Mauer. Die Pracht seines Hofes und die vielen Bauvorhaben im Lande erforderten hohe Steuern, was zu Rebellionen und nach seinem Tod zum Auseinanderbrechen des Reiches führte. Jerusalem war in der Folgezeit nur noch Hauptstadt des Südreiches Juda und in ständige Grenzkämpfe mit dem Nordreich Israel verwickelt. Königin Atalja (844–839) führte im Tempel den Baalkult ein, unter König Ahas (736–726) wurden auch assyrische Götter verehrt. Sein Sohn Hiskia (725–697) erneuerte den Jahweglauben und sicherte die Stadt durch neue Mauern und ein Wasserversorgungssystem. 587 eroberte dann der neubabylonische König Nebukadnezar II. Jerusalem, zerstörte Stadt und Tempel und verschleppte die Bewohner in das Zweistromland.

Nach dem Ende der Babylonischen Gefangenschaft bauten die Heimkehrer Jerusalem und den Tempel wieder auf. 445 v. Chr. errichtete Nehemia eine neue, die sogenannte zweite Stadtmauer. 332 v. Chr. kam Jerusalem unter griechische Herrschaft und wurde unter den Ptolemäern hellenisiert. 198 v. Chr. begrüßte die Jerusalemer Bevölkerung die Seleukiden als Befreier, doch als deren kostspielige Kriege zu einer Erhöhung der Steuerlasten führten und Antiochos IV. sogar den Tempel entweihte, kam es 167 v. Chr. zum Aufstand. Antiochos' Heerführer Apollonios schlug die Revolte blutig nieder, äscherte Jerusalem ein und führte Frauen und Kinder in die Sklaverei. Dann baute er die Akra, einen stark befestigten Stadtteil für die hellenistische Bevölkerung Jerusalems. Antiochos verbot den jüdischen Kult und wandelte den Tempel in ein Zeusheiligtum um. Judas Makkabäus organisierte den Widerstand gegen die Seleukiden. 165 v. Chr. zog er in Jerusalem ein, belagerte die Akra und gab den Tempel dem jüdischen Gottesdienst zurück. Das Fest der Tempelweihe (Chanukka = ›Fest der Lichter‹) begehen die Juden in aller Welt noch heute.

69 v. Chr. übernahmen die Römer das zusammengebrochene Seleukidenreich. 63 v. Chr. öffneten die Jerusalemer den Truppen des Pompejus die Tore, den Tempelberg konnten die Römer jedoch erst nach dreimonatiger Belagerung bezwingen. 37 v. Chr. marschierte Herodes der Große mit Hilfe römischer Truppen in Jerusalem ein. Die Legionäre wüteten so entsetzlich in der Stadt, daß Herodes sie durch Geschenke zum Abzug bewegen mußte. Bald darauf bestieg er in Jerusalem den Königsthron. Herodes erweiterte den Tempelplatz, baute einen neuen Tempel und errichtete sich am heutigen Jaffator eine prachtvolle Palastburg. Herodes Agrippa I. (41–44) erweiterte die Stadt nach Norden hin und schuf die sogenannte dritte Mauer. Im Mai 66 brach in Jerusalem der erste jüdische Aufstand gegen Rom aus, woraufhin Titus im Frühjahr 70 mit vier Legionen und unzähligen Belagerungsmaschinen angriff. Er benötigte fast ein halbes Jahr, bis er den Tempelberg erstürmt hatte und auch die stark befestigte Palastburg gefallen war. Jerusalem wurde vollständig zerstört. (Der Titusbogen in Rom erinnert an diesen Sieg der Römer.) Im Jahre 130 besuchte Kaiser

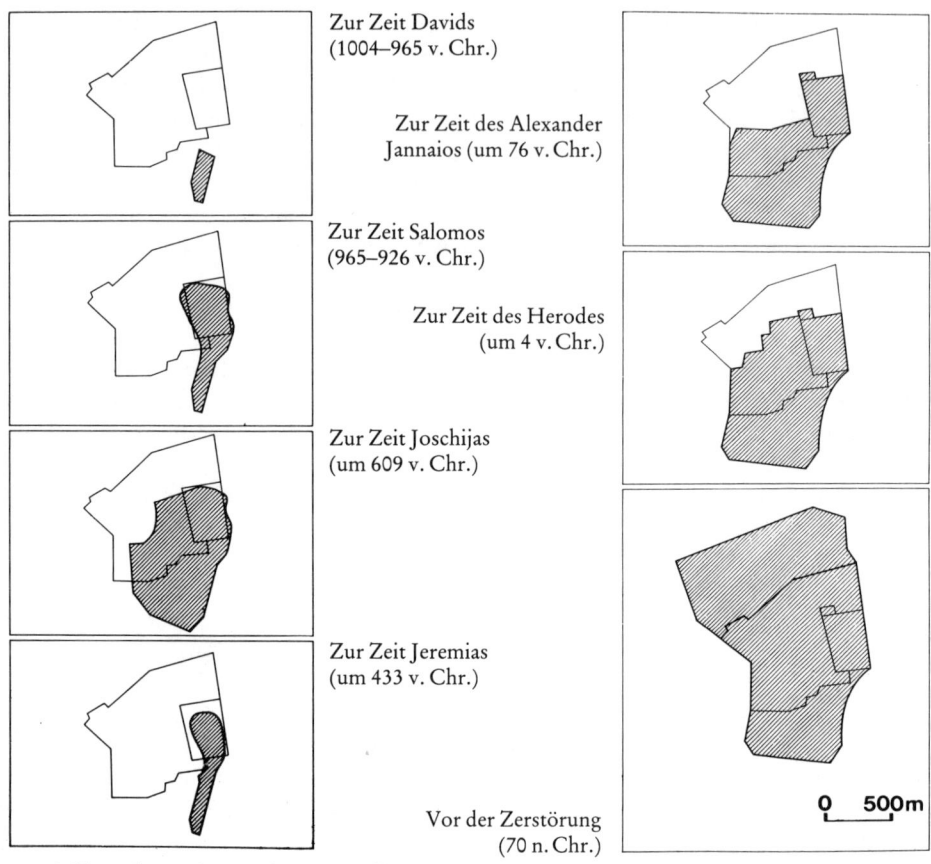

Zur Zeit Davids
(1004–965 v. Chr.)

Zur Zeit des Alexander
Jannaios (um 76 v. Chr.)

Zur Zeit Salomos
(965–926 v. Chr.)

Zur Zeit des Herodes
(um 4 v. Chr.)

Zur Zeit Joschijas
(um 609 v. Chr.)

Zur Zeit Jeremias
(um 433 v. Chr.)

Vor der Zerstörung
(70 n. Chr.)

0   500m

Entwicklung der Stadt Jerusalem (Umrißlinien = heutige Altstadtmauer, schraffierte Flächen = Stadt der jeweils angegebenen Zeit)

Hadrian Jerusalem und ordnete den Wiederaufbau an. Den Platz des zerstörten Tempels nahm nun ein Jupiterheiligtum ein. 132 brach der zweite Aufstand gegen Rom aus, den die Römer bis 135 niederschlugen. Jerusalem wurde zur Colonia Aelia Capitolina, deren Betreten den Juden bei Todesstrafe verboten war.

Unter Konstantin dem Großen wurde Jerusalem eine christliche Stadt. Seine Mutter Helena, die Kaiserin Eudokia und Kaiser Justinian (527–565) förderten den Bau von Kirchen. 614 erschienen die Perser vor den Toren Jerusalems, belagerten es 21 Tage lang und richteten dann gemeinsam mit den jüdischen Bewohnern unter der christlichen Bevölkerung ein entsetzliches Blutbad an. 26500 Christen wurden getötet, 35000 kamen in die Sklaverei; sämtliche Kirchen gingen in Flammen auf. Die Kreuzesreliquie schenkte der Perserkönig Chosroës II. seiner christlichen Gemahlin. Aber schon bald änderten die Perser ihre Politik:

die Christen durften nach Jerusalem zurückkehren, die Juden wurden aus der Stadt gewiesen. 627 besiegte Kaiser Herakleios die Perser, Jerusalem stand wieder unter byzantinischem Einfluß.

638 fiel Jerusalem nach einjähriger Belagerung durch die Truppen des Kalifen Omar I. Die Moslems nannten die Stadt el-Quds (›die Heilige‹). 660 ließ sich hier Muawija I. zum ersten Kalifen der Omajjaden ausrufen. Der Kalif Abd el-Malik (685–705) erbaute an der Stelle des Tempels die Qubbet es-Sakhra (Felsendom). 1009 befahl Kalif Hakim, die Grabeskirche zu zerstören, und beschlagnahmte das Eigentum der Christen, 1046 gestatteten die Fatimiden dem byzantinischen Kaiser Konstantin IX. jedoch, das Heiligtum wieder aufzubauen (im 11. Jh. lebten in Jerusalem übrigens mehr Christen als Moslems!). 1071 drangen seldschukische Türken bis Palästina vor und besetzten kampflos Jerusalem, der Pilgerstrom zu den heiligen Stätten der Christenheit versiegte. Um das Heilige Land wieder für Wallfahrer zu öffnen, rief Papst Urban 1095 zum Kreuzzug auf. Am 14. Juli 1099 stürmte das christliche Heer unter Gottfried von Bouillon die Stadt; fast alle moslemischen und jüdischen Einwohner wurden grausam ermordet. Der christliche Einfluß prägte bis heute zahlreiche Bauwerke Jerusalems. Nach der Schlacht bei Hattin ergab sich am 2. Oktober 1187 auch Jerusalem. Saladin schonte die Kirchen und gewährte schon wenige Tage nach der Einnahme der Stadt christlichen Pilgern den Besuch der Grabeskirche.

1191 und 1192 versuchte Richard Löwenherz vergeblich, nach Jerusalem vorzustoßen. Schließlich mußte er sich damit zufrieden geben, daß Saladin ihm freien Zugang zu den heiligen Stätten anbot. 1229 schloß Kaiser Friedrich II. mit Sultan el-Kamil einen Vertrag, wonach Jerusalem und Betlehem mit einem Korridor nach Jaffa zum christlichen Königreich

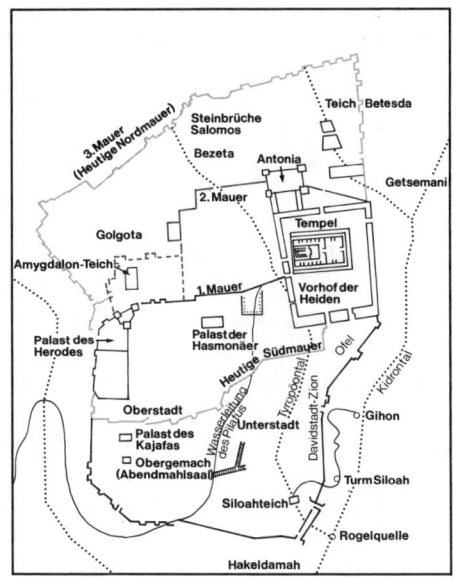

Jerusalem zur Zeit Jesu

kamen. Am 17. März 1229 zog Friedrich in der Heiligen Stadt ein und setzte sich selbst in der Grabeskirche die Krone des Königs von Jerusalem aufs Haupt. 1243 gelang es den Tempelrittern sogar, durch geschickte Verhandlungen mit den entzweiten muslimischen Fürsten von Damaskus und Ägypten den Tempelberg zurückzubekommen. Jerusalem blieb eine offene Stadt. Am 11. Juli 1244 durchbrachen 10000 choresmische Türken die schwachen Verteidigungsanlagen der Stadt, die Christen übergaben die Zitadelle, nachdem ihnen die Moslems freies Geleit nach Jaffa zugesagt hatten. Aber von 6000 Christen erreichten nur 300 die Küste, die anderen wurden von den türkischen Horden niedergemacht. Die Choresmier steckten die Grabeskirche in Brand und rissen die Gebeine der christlichen Könige von Jerusalem aus den Sarkophagen. Von nun an stand Jerusalem unter der Herrschaft der Moslems.

Unter den Mameluckenkalifen diente Jerusalem als Verbannungsort für in Ungnade gefallene Emire, die die Stadt mit prächtigen Palästen, Mausoleen, Moscheen, Medresen und Hospizen schmückten. Ab dem 13. Jh. ließen sich immer mehr Juden in der Altstadt nieder. 1335 kehrten auch die Franziskaner nach Jerusalem zurück, wo sie auf dem Berg Zion ein Kloster errichteten und in der Grabeskirche Gottesdienst halten durften. 1517 entriß der türkische Sultan Selim I. den Mamelucken Jerusalem und das ganze Palästina. Sein Sohn Süleyman II. (›der Prächtige‹) erneuerte die Stadtmauer und stiftete zahlreiche herrliche Bauwerke und Brunnen. 1847 stellte Papst Pius IX. das Lateinische Patriarchat in Jerusalem wieder her, 1855 gründete Sir Montefiore die erste jüdische Siedlung außerhalb der Altstadtmauer, 1891 wurde die Bahnlinie nach Jaffa eröffnet. 1893 zählte Jerusalem 58000 Einwohner, davon 28000 Juden, 16000 Christen und 14000 Moslems.

Am 11. Dezember 1917 rückten die Engländer unter General Allenby in Jerusalem ein; ab 1920 residierte hier der britische Hochkommissar für das Mandatsgebiet Palästina. Am 14. Mai 1948 gaben die Briten das Mandat zurück. In den daraufhin einsetzenden schweren Kämpfen zwischen Israelis und Jordaniern gelang es keiner der beiden Parteien, Jerusalem für sich zu gewinnen. Das Waffenstillstandsabkommen vom 15. Januar 1949 sah daher eine Teilung der Stadt vor: Westjerusalem fiel an Israel, Ostjerusalem einschließlich der Altstadt an Jordanien. Ein breiter Streifen Niemandsland markierte die Demarkationslinie. Die einzige Verbindung zwischen West- und Ostjerusalem stellte das für Juden und Araber gesperrte Mandelbaumtor dar, das am heutigen Kikar Piqqud HaMerkaz (Central Command Square) nordöstlich der Altstadt lag. Im Sechstagekrieg des Jahres 1967 besetzten die Israelis Ostjerusalem und erklärten 1980 das wiedervereinigte Jerusalem zur ›ewigen Hauptstadt Israels‹ (was die UNO nicht anerkannte). Seitdem entstehen auch in den östlichen Teilen der Stadt, in denen vorwiegend Moslems leben, jüdische Viertel.

Die Altstadt

Als Altstadt werden die vier Stadtteile innerhalb der Mauer Süleymans II. des Prächtigen bezeichnet. Bis zur Zerstörung Jerusalems durch Titus im Jahre 70 n. Chr. gehörten auch der südliche Teil des Berges Zion (Oberstadt), die Stadt Davids auf dem Ofel (Unterstadt)

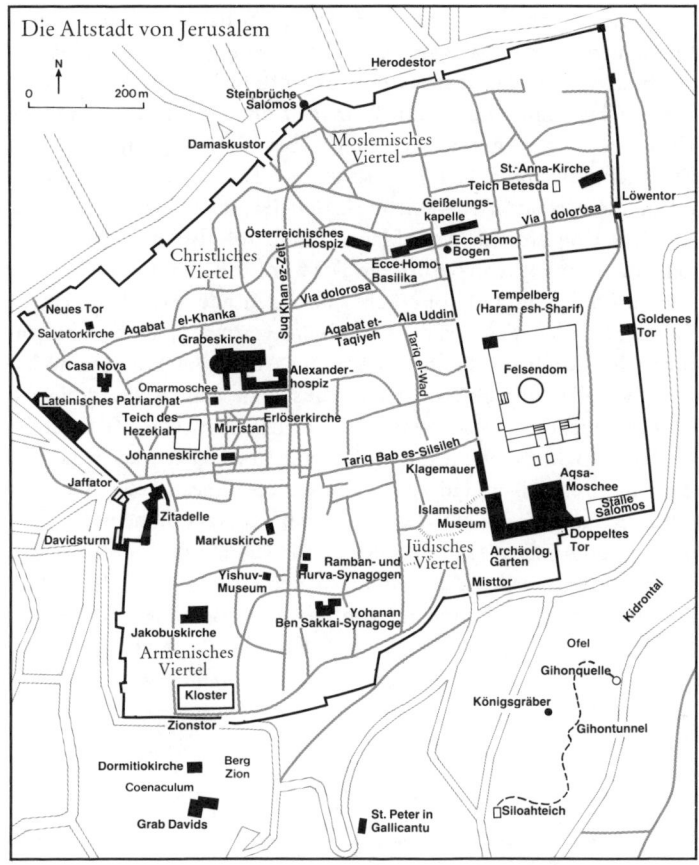

Die Altstadt von Jerusalem

und die Viertel nördlich der heutigen Mauern dazu. Zumindest auf dem Stadtplan ist noch immer deutlich die Anlage der Aelia Capitolina, der Stadt des Kaisers Hadrian, zu erkennen: Der Suq Khan ez-Zeit, der dreifache Suq und die Habad Street folgen dem nordsüdlich verlaufenden Cardo maximus vom Damaskustor bis zum Zionstor, die David Street und die HaShalshelet Street (Tariq Bab es-Silsileh), die das Jaffator mit dem Tempelberg im Osten verbinden, entsprechen dem römischen Decumanus maximus. Die von diesem Straßenkreuz gebildeten vier Stadtteile werden nach ihren Bewohnern christliches, armenisches, jüdisches und moslemisches Viertel genannt.

Die Altstadtmauer

Die etwa 12 m hohe, noch hervorragend erhaltene Stadtmauer, auch ›Türkenmauer‹ genannt, wurde 1532–1539 von Süleyman II. erbaut, geht aber im wesentlichen auf die

63

Stadtbefestigung der Colonia Hadrians zurück und ruht zum Teil auf byzantinischen Fundamenten. Ein Gang auf ihren Zinnen vom Jaffator zum Damaskustor bietet großartige Ausblicke. Beim **Jaffator** (Jaffa Gate), offiziell Sha'ar Yafo und von den Arabern Bab el-Khalil (›Hebrontor‹) genannt, begannen die alte Pilger-, Handels- und Heeresstraße zur Küste und die ›königliche Straße‹ über Betlehem nach Hebron. Hier berühren sich zahlreiche Buslinien, hier gibt es mehrere Taxistände, hier beginnen die meisten Exkursionen in die Altstadt. Als Wilhelm II. 1898 Jerusalem besuchte, schlug man zwischen Tor und Zitadelle eine Bresche in die Mauer, um dem Kaiser eine würdige Einfahrt zu ermöglichen, denn das schmale, winkelförmige Tor war für Fahrzeuge nicht passierbar.

Unmittelbar am Jaffator erhebt sich die **Zitadelle** (Abb. 8), einst Festung der Makkabäer, Palast Herodes' des Großen, römische Garnison, Kreuzfahrerburg und mameluckisch-türkisches Bollwerk, heute interessante Ausgrabungsstätte und Stadtmuseum. Der jetzige Bau el-Qal'a (›die Burg‹) stammt aus dem frühen 14. Jh. Die besonders verwundbare Nordwestecke der Stadt war schon in hellenistischer Zeit durch mächtige Wehranlagen gesichert. Bald nachdem Herodes König geworden war, begann er beim Jaffator mit dem Bau einer mächtigen und zugleich luxuriös ausgestatteten Stadtburg. 23 v. Chr. zog er aus der Burg Antonia am Nordrand des Tempelberges in die neue Festung um. Josephus hat sie genau beschrieben (Jüd. Krieg V, 4, 3 und 4); viele der Einzelheiten konnten die Archäologen bei den Ausgrabungen der Jahre 1934–1947 und 1968/69 bestätigen. Drei gewaltige Türme sicherten im Norden und Westen die 350 × 60 m große Anlage. Der erste, der den Namen Hippikos trug, des im Krieg gefallenen Freundes Herodes' des Großen, maß 12,5 × 12,5 m und war insgesamt fast 40 m hoch. Auf einen 15 m hohen massiven Sockel

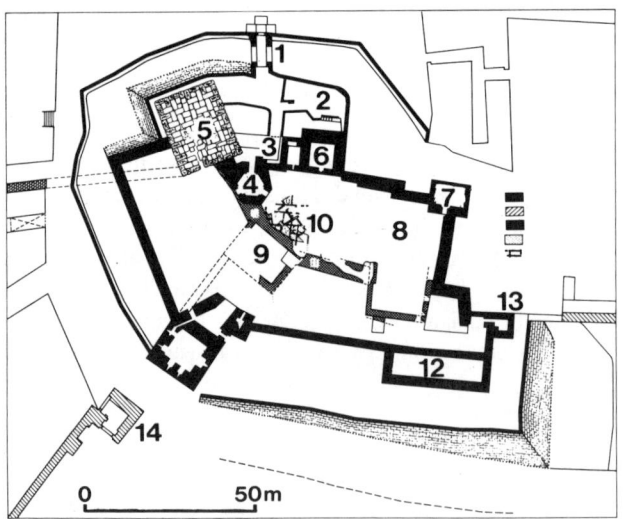

Jerusalem: Zitadelle
1 Portal mit Brücke
2 offene Moschee
3 Toranlage
4 Mameluckenhalle
5 Davidsturm (Phasaelturm)
6 Ostturm
7 Südostturm
8 mittelalterlicher Bogen
9 hasmonäische Stadtmau-
  ern mit zwei Türmen
10 Fundamentmauern des
  herodianischen Palastes
11 Nordwestturm
12 Moschee (Kreuzfahrer-
  halle)
13 Minarett
14 Jaffator

Zitadelle um 1839

setzten die Architekten eine 10 m hohe Zisterne und darüber einen mit Doppeldach versehenen, mehrgeschossigen Wohntrakt von 12 m Höhe. Den zweiten, insgesamt 45 m hohen Turm benannte Herodes nach seinem Bruder Phasael. Auf einem massiven Steinkubus von angeblich 20 m Seitenlänge (die Archäologen maßen nur 13,7 m) erhob sich eine 5 m hohe Säulenhalle, in deren Mitte ein Wohnturm aufragte, der in prächtige Wohnräume unterteilt war und sogar ein Bad enthielt. Der dritte Turm hieß nach Herodes' Lieblingsfrau Mariamme, die er sechs Jahre zuvor hatte hinrichten lassen (vgl. S. 35). Die Türme bestanden aus weißen Marmorblöcken von je 10 × 5 × 2,5 m Größe (auch hier übertrieb Josephus, denn die Quader des Davidsturmes, wie der Phasael heute heißt, sind 2,50 m lang und 1,25 m hoch); sie waren so paßgenau behauen, daß man keinen Mörtel benötigte. Hölzerne Außentreppen, die im Notfall schnell abgerissen werden konnten, verliehen den drei Wehrtürmen mehr Sicherheit als steinerne Innentreppen. Südlich der Türme lag, umgeben von einer 5 m hohen Mauer, der eigentliche Palast, der prunkvollste Bau, der je in diesem Lande erschaffen worden war. Das Baumaterial, vom härtesten Granit bis zum edelsten

Marmor, kam aus aller Herren Länder. Die großen Empfangs- und Speisesäle waren mit kostbaren Gemälden und Skulpturen geschmückt, Säulenhallen umgaben gepflegte Parkanlagen mit Taubenschlägen, künstlichen Teichen und bronzenen Wasserspeichern. Beim Sturm auf Jerusalem im Jahre 70 n. Chr. zerstörte Titus den Palast bis auf die Grundmauern; nur die drei Türme ließ er »als Denkmäler seines Glückes« stehen. Die Stelle des einstigen Palastes nahm fortan ein römisches Lager für die X. Legion ein. Mit Sicherheit war hier auch die Garnison der Aelia Capitolina stationiert. In byzantinischer Zeit diente das Lager zeitweise als Kloster. Die Kreuzfahrer errichteten im 12. Jh. eine Burg mit fünf Türmen und einem breiten Wehrgraben. Im 14. Jh. erneuerten die Mamelucken sie und stockten den Phasaelturm, der von nun an Davidsturm hieß, auf. Süleyman II. bezog die Zitadelle mit in die Stadtmauer ein.

Rundgang durch die Zitadelle: Durch das mameluckisch-türkische Portal gelangt man über den einstigen fränkischen Wehrgraben in einen großen Vorhof. In der offenen Moschee Süleymans südlich davon steht noch der alte Mihrab. Die in den Innenhof führende Toranlage erinnert an die mächtige Kreuzfahrerburg, die sechseckige Halle an ihrem Ausgang stammt aus mameluckischer Zeit. Der sogenannte Davidsturm ist das letzte größere Relikt der herodianischen Burg. (Spuren des Mariammeturmes hat man 1901 im Hof der anglikanischen Christuskirche entdeckt.) 1878 konnte der schwäbische Baurat C. Schick sein unteres Mauerwerk als Phasaelturm identifizieren. Der aus 16 Steinlagen bestehende massive Unterbau ist insgesamt 19,7 m hoch, acht Steinlagen ragen aus dem Schutt hervor. Im Davidsturm ist ein kleines Museum aller in Jerusalem vertretenen Religionsgemeinschaften eingerichtet, die durch je eine originalgetreu kostümierte Puppe repräsentiert werden. Auf dem Hof erkennt man in dem Chaos der Ausgrabungen zwei Türme und die Mauer der vorherodianischen Festung (Anfang 1. Jh. v. Chr.). Hier stießen die Archäologen auf acht Mauerschichten, die bis 9 m unter das Hofniveau reichen. Die unterste Schicht gehört der späten Königszeit an (800–587). Die Kreuzfahrerhalle im Südwesten verwandelte Saladin in eine Moschee; das kraftvolle Minarett stammt aus dem 16. Jh. Die dem Hinnomtal nach Süden folgende Mauer läßt – besonders beim ersten Turm – noch deutlich die einzelnen Bauperioden erkennen: unten die mächtigen, sorgfältig behauenen Quader Herodes' des Großen, darüber die mittelalterliche Befestigung und oben das Mauerwerk Süleymans.

Das **Zionstor** (Zion Gate), hebräisch Sha'ar Ziyyon, arabisch Bab en-Nebi Daud (›Davidstor‹, weil die Moslems durch dieses Tor das von ihnen verehrte Grab Davids erreichten), verbindet den südlichen Teil des Berges Zion mit dem nördlichen. Es öffnet sich auf das armenische und jüdische Viertel. In seiner jetzigen Gestalt geht es auf die Mamelucken zurück, unter den Türken wurde es erneuert. In römischer Zeit war es das südliche Haupttor. An mehreren Stellen des Mauerwerks sind römische und fränkische Architekturteile eingefügt.

Durch das **Misttor** (Dung Gate), hebräisch Sha'ar HaAshpot, arabisch Bab el-Muraribe, das tiefstgelegene Tor der Altstadtmauer, wurde früher der Müll gebracht und auf die Hänge des Tyropöon- und Kidrontals geworfen. Das heutige Tor entstand erst in den 50er Jahren etwas östlich der alten Toranlage. Der große Parkplatz davor ist Ausgangspunkt für den

Besuch des Tempelberges, des jüdischen Viertels und auch der Stätten des Berges Zion. Etwa 150 m östlich vom Misttor läuft die Mauer in scharfem Knick nach Norden und trifft in Höhe des Doppelten Tores auf die Tempelbergmauer, die auf dem weiteren Streckenabschnitt die Funktion der Stadtmauer übernimmt. Am Nordende des Tempelberges setzt sich die Stadtmauer Süleymans in nördlicher Richtung fort.

Das **Löwentor** (Lions' Gate), hebräisch Sha'ar HaArayot, ist heute das einzige offene Osttor der Altstadt (Abb. 6). Es führt zum Kidrontal, Ölberg und vor allem zur Straße nach Jericho. Der Legende nach waren Süleyman II. zwei Löwen erschienen, die ihm befahlen, die verfallene Mauer wieder aufzubauen. Zur Erinnerung an diesen Traum ließ der Sultan auf jeder Seite des Tores zwei mamelukische Steinlöwen einfügen, die wohl aus einem Bau des Sultans Baibars (1260–1277) stammten (Baibars hatte den Löwen auf dem Schild des Kronprinzen Edward von England, seines christlichen Widersachers, gesehen und zu seinem Symbol erkoren). Der ursprüngliche offizielle Name Bab el-Ghor (›Jordantor‹) setzte sich nicht durch. Die Christen nennen das Tor Stephanstor, weil in seiner Nähe der Diakon Stephanus, der erste Märtyrer der Christenheit, gesteinigt wurde. Für die Araber ist es das Bab Sitti Marjam (›Marientor‹), weil sie in der benachbarten St.-Anna-Kirche die Geburtsstätte Marias und im Kidrontal ihr Grab verehren. Viele Juden bezeichnen es als Joschafattor, weil es zum Joschafattal zwischen Ölberg und Tempelberg führt. Am 7. Juni 1967 erzwangen sich israelische Fallschirmjäger von hier aus den Zugang zur Altstadt. Das eindrucksvolle Denkmal an der Straße vor der Kidronbrücke erinnert daran.

Bei dem **Herodestor** (Herod's Gate), hebräisch Sha'ar HaPerahim (›Blumentor‹), arabisch Bab es-Sahirah (›Tor, an dem man wach bleibt‹) handelt es sich um einen schmucklosen türkischen Zweckbau. An dieser Stelle soll Jesus seinen Landesherrn Herodes Antipas, der 30 n. Chr. zum Paschafest nach Jerusalem gekommen war, getroffen haben (Lk 23,7). Der Name dürfte aber eher auf Herodes Agrippa (41–44 n. Chr.), den Schöpfer der Nordmauer, zurückgehen.

Das größte und schönste Tor der Jerusalemer Altstadt ist das **Damaskustor** (Damascus Gate), hebräisch Sha'ar Shekhem (›Sichem‹- bzw. ›Nablustor‹), arabisch Bab el-'Amud (›Säulentor‹). In römischer Zeit befand sich hier das Haupttor Jerusalems, bei dem die säulengeschmückte Prachtstraße, der Cardo maximus, begann (der damalige Eingang lag unter der heutigen Stufenstraße). Eine Säule auf dem Platz hinter dem Tor bezeichnete den Mittelpunkt der Provinz Judäa. Bei Ausgrabungen kam ein Teil der römischen Toranlage zum Vorschein. Das zweifach gewinkelte Damaskustor ist mit Zinnen und zahlreichen Türmchen geschmückt (Farbt. 10). Eine arabische Inschrift über dem Eingang weist auf Süleyman den Prächtigen hin. Einen Aufstieg zu den Zinnen sollte man nicht versäumen. Etwa 150 m östlich vom Damaskustor trifft man inmitten einer Grünanlage außerhalb der Mauer auf den Eingang zu den **Steinbrüchen Salomos** (Solomon's Quarries), oft auch ›Zedekiahöhle‹ (Cave of Zedekiah, Me'arat Zidkiyahu) genannt. Das künstliche Höhlensystem geht auf einen alten Steinbruch zurück, der sich, vielfach verästelt, fast 200 m weit unter die Altstadt schiebt. Nach der Sage sollen hier schon die Steinblöcke und Säulen des salomonischen Tempels gebrochen worden sein. Ferner sagt man, daß Zedekia, der letzte

König von Juda, 587 v. Chr. den Truppen Nebukadnezars durch diese Höhlen entkommen sei (im Jordantal geriet er aber gleich danach in Gefangenschaft).

Das **Neue Tor** (New Gate), hebräisch Sha'ar HeHadash, wurde erst 1889 in die Stadtmauer gebrochen, um den Patriarchen einen direkten Zugang zu ihren Residenzen im christlichen Viertel zu verschaffen.

Das Christenviertel

Das christliche Viertel wird von den Zentren der christlichen Konfessionen und Organisationen beherrscht, deren jetzige Bauten fast alle erst im 19. und 20. Jh. entstanden. Schon 1342 hatte Papst Klemens VI. dem Franziskanerorden die Wahrung der lateinischen Interessen an den heiligen Plätzen Palästinas übertragen. 1559 übernahm der Orden von den Armeniern (Georgiern) das **Salvatorkloster,** wo sich heute die ›Kustodie des Heiligen Landes‹ befindet, der die Verwaltung und Betreuung der römisch-katholischen Stätten obliegt. Die zum Klosterkomplex gehörende Salvatorkirche mit ihrem 48 m hohen Glockenturm entstand 1882–1885, das franziskanische Pilgerhospiz **Casa Nova** (›Neues Haus‹) 1847 (1964 wurde es erweitert). Erwähnenswert sind ferner das lateinische, das griechisch-orthodoxe, das griechisch-katholische, das koptische und das äthiopische Patriarchat. Hinter einer Häuserzeile der Christian Quarter Road versteckt sich der etwa 40 × 70 m große **Teich des Hezekiah** (Hezekia's Pool), die stattliche Zisterne ›Amygdalon‹ Herodes' des Großen, von den Arabern Birket Hammam el-Batrak und von den Kreuzfahrern ›Patriarchenteich‹ genannt.

Östlich der Christian Quarter Road erstreckt sich der **Muristan,** ein etwa 130 × 130 m großes Viertel, das aus dem Forum der hadrianischen Colonia Aelia Capitolina hervorging (Abb. 23). Die King David Street war der Decumanus maximus; der Cardo maximus, der die Ostgrenze des Forums bildete, ist heute eine dreifache Basarstraße mit dem Suq el-Lahhamin (Fleischmarkt), dem Suq el-Attarin (Gewürzmarkt) und dem Suq el-Khawajat (Stoffmarkt). Im 4. Jh. ließ Kaiser Konstantin die große Basilika der Anastasis (Grabeskirche) im Norden des Forums errichten, im 5. Jh. erstand im Süden die Kirche Johannes des Täufers. In frühislamischer Zeit war das einstige Forum das Handelszentrum Jerusalems. Im 9. Jh. erhielt Karl der Große vom Kalifen Harun al-Raschid, mit dem er rege diplomatische Beziehungen pflegte, die Erlaubnis, in der Nordostecke die Kirche St. Maria Latina und ein Pilgerhospiz zu errichten. Um 1073 gründeten Kaufleute aus der italienischen Stadt Amalfi, die am Forum einen Handelskontor unterhielten, das Johanneshospiz, und noch vor der Ankunft der Kreuzfahrer im Jahre 1099 eröffneten die Benediktiner weitere Herbergen. Da den Hospizen meist Hospitäler angeschlossen waren, gaben persische Kaufleute dem Viertel den Namen Muristan (›Hospitalviertel‹). 1099 konstituierte sich im Johanneshospiz der geistliche Orden der Johanniter, auch Hospitaliter genannt, der noch im selben Jahr vom Papst bestätigt wurde und sich später zu einem Ritterorden entwickelte. Im Laufe des 17. und 18. Jhs. verfiel der Muristan, der schließlich nur noch ein Trümmerfeld war. 1896 schenkte Sultan Abdulhamid II. die östliche Hälfte des Muristan dem Deutschen Reich und die westliche dem griechisch-orthodoxen Patriarchat.

Das Zentrum des Muristan bildet der **Griechische Basar** (Suq Aftimos), der um die Jahrhundertwende als geschlossenes Geschäftsviertel errichtet wurde. Vier von monumentalen Toren begrenzte Ladenstraßen treffen sich in der Mitte bei einem schönen Brunnen. Die Geschäfte führen hochwertige Waren: feine Lederarbeiten, Teppiche und Kelims, gestickte Decken, erlesene Metallarbeiten usw. Im 12. Jh. stand hier das Frauenhospiz der Benediktiner mit der Kirche St. Maria Magna. In der Südwestecke des Muristan erhebt sich, an ihrer silbern leuchtenden Kuppel weithin erkennbar, die griechisch-orthodoxe **Kirche Johannes des Täufers** (St. John the Baptist), die im 11. Jh. von italienischen Kaufleuten über einer byzantinischen Kirche erbaut und im 12. Jh. von den Kreuzfahrern erneuert wurde. Den Eingang erreicht man von der Christian Quarter Road über einen Hof. Die Johanneskirche besteht aus Unter- und Oberkirche. Die Unterkirche entstand im 5. Jh. und gilt als die älteste erhaltene Kirche Jerusalems. Sie ist ein Dreikonchenbau, d. h. in der Form eines dreiblättrigen Kleeblatts gehalten. Der Haupteingang im Westen führt durch einen breiten Narthex; Nebeneingänge befanden sich in der Nord- und Südkonche. In der Ostkonche steht der Altar. In der mittelalterlichen Oberkirche setzte sich die seltene Dreikonchen-Bauweise fort; der Hauptaltar wird von einer großartigen Ikonostase verdeckt. Die deutsch-lutherische **Erlöserkirche** (Church of the Redeemer) steht an der Stelle der Santa Maria Latina Karls des Großen; sie wurde 1898 in Gegenwart Wilhelms II. geweiht (Sultan Abdulhamid II. hatte das Grundstück 1868 dem Kronprinzen Friedrich Wilhelm von Preußen geschenkt). Die Erlöserkirche ist als dreiapsidiale Basilika der Kreuzfahrerkirche (12. Jh.) nachempfunden; das prachtvolle, mit Tierkreissymbolen geschmückte Nordtor sowie fränkische Säulen und Kapitelle wurden liebevoll integriert. Beachtenswert ist der restaurierte mittelalterliche Kreuzgang (11. und 13. Jh.) unter der lutherischen Probstei. Vom 50 m hohen Glockenturm bietet sich ein großartiger Rundblick über die Altstadt bis zum Ölberg, auf den Muristan und auf die Grabeskirche. Im Bereich des 1896 gegründeten russisch-orthodoxen **Alexanderhospizes** fanden umfangreiche Ausgrabungen statt, die ein inzwischen rekonstruiertes Tor der hadrianischen Aelia Capitolina und Reste der Stadtmauer Herodes' des Großen zu Tage förderten.

Die Grabeskirche (vgl. Seite 80 ff.) nördlich des Muristan wird von zwei Moscheen flankiert, der **Khanqamoschee** im Norden und der **Omarmoschee** im Süden. Beide entstanden unter Saladin, el-Khanqa zwischen 1187 und 1189 (das Minarett stammt aus dem Jahre 1418) und el-Omariye, benannt nach dem Kalifen Omar I., um 1193 (ihr Minarett erhielt sie in der zweiten Hälfte des 15. Jhs.).

Das Armenierviertel

Das armenische Viertel erstreckt sich vom Jaffator bis zum Zionstor und bedeckt den nördlichen Teil des Berges Zion. Östlich der Zitadelle liegen ein Maronitenkloster, die anglikanische Christuskirche mit angeschlossenem Hospiz und das Markuskloster der syrischen Jakobiter mit der **Markuskirche,** die nach der Tradition auf den Fundamenten des ›Hauses der Maria‹ steht. Diese Maria, die Mutter des Evangelisten Markus, stellte ihr großes Haus der Jerusalemer Christengemeinde als Gebetsstätte zur Verfügung. Schon im

7. Jh. stand hier eine Kirche, und einer Inschrift zufolge soll an diesem Platz sogar bereits im Jahre 143 eine Kapelle errichtet worden sein. Die Markuskirche ist ein Kreuzfahrerbau des 12. Jhs. Beachtung verdienen das silberbelegte Taufbecken, eine Marienikone, die der Evangelist Lukas geschaffen haben soll, die zumindest aber als eines der ältesten Marienbilder überhaupt gilt, und der reich geschnitzte Patriarchenthron.

Den ganzen südlichen Teil des Viertels nimmt der ummauerte Komplex des armenischen Klosters ein, eine kleine Stadt für sich, mit zwei- und dreistöckigen Wohnhäusern für 3500 Armenier, mit Grund- und Mittelschule, Werkstätten, einer öffentlichen Bibliothek mit vorwiegend armenischer Literatur, einem Priesterseminar und der Residenz des armenischen Patriarchats. Das Herz des Viertels ist die Jakobus dem Älteren geweihte Patriarchatskirche, deren erster Bau beim Persereinfall (614) zerstört wurde. Die heutige **Jakobuskirche** (Abb. 21) stammt im wesentlichen aus dem 12. Jh.; sie zählt zu den schönsten Sakralbauten Jerusalems. Man betritt den dreischiffigen Kuppelbau durch eine Vorhalle aus dem 17./ 18. Jh. Eine großartige Ikonostase verdeckt die Chorapsis. Davor steht der ›Stuhl des hl. Jakobus‹, den schon Eusebius († 339) erwähnte. Die beiden Seitenaltäre sind der Gottesmutter (links) und Johannes dem Täufer (rechts) gewidmet. Links vom Portal führen Stufen zur Kapelle des hl. Makarios empor, der im 4. Jh. Bischof von Jerusalem war. Die kleinen Kapellen des hl. Jakobus und des hl. Menas, eines ägyptischen Märtyrers, gehen auf das 5. Jh. zurück. Für ihren Besuch ist eine Sondergenehmigung erforderlich, weil hier unermeßlich wertvolle Handschriften aus dem 13. Jh. aufbewahrt werden, darunter Evangeliare des armenischen Buchillustrators Thoros Roslin. Die große Kapelle des hl. Stephan enthält die Sakristei und ein Baptisterium. Die Etschmiadsin-Kapelle bildete bis zum Bau der Vorhalle den Narthex der Jakobuskirche. In dem Altarschrein werden Steine vom Berg Sinai, vom Tabor und vom Jordan, den drei Orten wichtiger Gottesoffenbarungen, aufbewahrt. Die schöne Fayence-Verkleidung der Wände stammt aus dem 18. Jh.

Das **Armenische Kunst- und Geschichtsmuseum** berichtet über das seit Jahrhunderten geschundene Volk der Armenier (geöffnet täglich außer Dienstag 10–17 Uhr; Eintrittsgebühr). Im Südosten des Klosterbezirks liegen das Ölbaumkloster (Deir ez-Zeituni) und das ›**Haus des Hannas**‹, eine sehenswerte Kapelle aus dem frühen 14. Jh. Hannas (Annas) war der Schwiegervater des Hohenpriesters Kajafas, des unerbittlichen Gegenspielers Jesu (Joh 18,13). Seit dem 14. Jh. sieht die Tradition hier den Palast des Hohenpriesters.

Das Judenviertel

Das jüdische Viertel erhielt seinen Namen schon in frühislamischer Zeit, als die Juden sich hauptsächlich auf diesen Stadtteil konzentrierten. 1140 eröffneten die Kreuzfahrer hier ein deutsches Pilgerhospiz. Unter dem Mameluckensultan Baibars gründete der große sephardische Rabbi Moshe Ben Nahman, genannt Ramban, in dem Viertel eine jüdische Gemeinde. Im 15. Jh. kamen Sepharden aus Spanien, im 18. Jh. wanderten zahlreiche ashkenasische Juden aus Mittel- und Osteuropa ein. Als 1949 die Altstadt Jerusalems unter jordanische Herrschaft geriet, mußten die Juden weichen; das jüdische Viertel blieb bis 1967 nahezu unbewohnt und verfiel. Nach dem Sechstagekrieg begannen die Israelis mit dem Abbruch und

Wiederaufbau des alten Stadtteils. Neue Wohnhäuser, Talmudlehrstätten und Synagogen entstanden, wobei der bauliche Charakter des Viertels jedoch weitgehend erhalten blieb.

Die **Ramban-Synagoge** gilt als ältestes jüdisches Bethaus in Jerusalem. Sie wurde um 1267 von Rabbi Moshe Ben Nahman an der Stelle eines älteren, von den Kreuzfahrern zerstörten Gotteshauses erbaut. Da das umliegende Straßenniveau durch den Trümmerschutt der Jahrhunderte um etliche Meter gestiegen ist und man das Innenniveau entsprechend angepaßt hat, sind die Säulen und Mauern des schlichten, zweischiffigen Bauwerks heute nur noch bis knapp zur Hälfte der ursprünglichen Höhe sichtbar. Gleich neben der Ramban-Synagoge erhebt sich die Ruine der **Hurva-Synagoge.** 1701 begann der ashkenasische Rabbi Yehuda Hassid mit dem Neubau des Bethauses auf den Fundamenten einer im 13. Jh. zerstörten Synagoge. Sein früher Tod beendete jedoch die Arbeiten an dem erst halbfertigen Gebäude, das von nun an HaHurva (›die Ruine‹) genannt wurde, auch nach seiner Vollendung im Jahre 1856. 1949 fiel die Synagoge dem arabisch-jüdischen Krieg zum Opfer, nach 1967 wurde sie als Mahnmal konserviert. Die kleine **Sidna-Omar-Moschee** soll eine Jüdin, deren Sohn zum Islam übergetreten war, im 15. Jh. errichtet haben. Südöstlich davon liegt Metivta Yeshiva, ein Komplex von vier sephardischen Synagogen, deren bedeutendste die **Yohanan-Ben-Sakkai-Synagoge** ist. Ben Sakkai hatte von Kaiser Vespasian die Erlaubnis erhalten, in der Küstenstadt Yavne ein neues Synedrium (= Hoher Rat) zu gründen. Er gilt deshalb als Bewahrer des Judentums nach der Zerstörung Jerusalems im Jahre 70 n. Chr. Zu Ehren dieses Rabbis wurde hier um 1586 ein sephardisches Synagogenzentrum erbaut. Sein ältester Teil ist die Eliahu-Hanavi (Prophet Elischa)-Synagoge, wo in einer Seitennische die Stelle gezeigt wird, an der der Stuhl des Propheten stand. Sehenswert ist der reich geschnitzte Thoraschrein, eine italienische Arbeit aus dem 16. Jh. Die Istanbuli-Synagoge war den türkisch-jüdischen Gemeindemitgliedern vorbehalten. Der großartige Thoraschrein, ebenfalls ein Werk italienischer Künstler, entstand im 17. Jh. Beachtenswert ist auch die Barockkanzel aus Pesaro. Die Emza'i(Mittel)-Synagoge diente ursprünglich als Eingangshalle zu den anderen drei Synagogen. Zu erwähnen sind ferner die Ruinen der **Tif'eret-Yisra'el-Synagoge,** der 1948 zerstörten Hauptsynagoge der hassidischen Juden, und die neuen bzw. wiederaufgebauten Komplexe des Rothschild-Hauses, der Batei Machase (Bate Mahse) und der Yeshivot (Talmudlehrstätten) von Porat Yosef, Chayei Olam, Aish HaTorah und HaKotel.

Ganz im Westen des jüdischen Viertels befindet sich in einem wiederaufgebauten Wohnhaus (Rehov Or Hayim 6) das **Yishuv-Museum** (Old Yishuv Court), das einen Einblick in das jüdische Gemeindeleben vermittelt. Es enthält u. a. möblierte Wohnräume sephardischer und ashkenasischer Familien (um 1900), das Geburtszimmer des Rabbi Isaak Luria (1534) und die Or-Hayim-Synagoge (1742).

Die Klagemauer (Westmauer) wird auf Seite 113 beschrieben.

Das Moslemviertel

Den betriebsamsten und orientalischsten Teil der Altstadt bildet das moslemische Viertel (Farbt. 61–64), durch das der größte Abschnitt der Via dolorosa verläuft (die christlichen

Stätten längs des Kreuzweges werden ab Seite 76 beschrieben). Eine seiner interessantesten Straßen ist die seit der mameluckischen Zeit kaum veränderte **Aqabat Takieh,** die den Suq Khan ez-Zeit mit dem Tariq el-Wad verbindet. Typisch für den Baustil der Mamelucken sind die üppigen Stalaktitenportale und die architektonisch reizvolle Verbindung von rosafarbenem Marmor, schwarzem Basalt und weißem Kalkstein. Beachtung verdient zunächst die **Turbe es-Sitt Tunshuq** (Tonshak's Tomb), das Mausoleum einer tscherkessischen Prinzessin, die um 1400 den gegenüberliegenden kleinen Palast bewohnte (heute befindet sich dort ein muslimisches Waisenhaus). Die anschließende **Medrese Resasiya,** ursprünglich als Hospiz für moslemische Pilger gestiftet, stammt aus der Zeit um 1540 und weist bereits osmanische Elemente auf. Der Brunnen an der Einmündung der Aqabat Takieh in den Tariq el-Wad geht auf Süleyman II. zurück. Der Tariq Ala Uddin (ed-Din) bildet die Fortsetzung des Aqabat Takieh bis zum Bab en-Nazir. Das im 13. Jh. entstandene Hospiz **Ribat Ala ed-Din el-Basir** war unter den Türken Stadtgefängnis. Der Mameluckensultan Qalawun (1279–1290) ließ das Pilgerhospiz **Ribat Mansuri** erbauen; es diente in osmanischer Zeit als Kaserne und später ebenfalls als Gefängnis.

Vom Tariq Bab es-Silsileh führt eine kleine Gasse zum **Khan es-Sultan,** einer im Jahre 1386 von Sultan Barquq erbauten Karawanserei. In den einstigen Ställen und Lagerräumen des Erdgeschosses sind heute Werkstätten eingerichtet. Die **Turbe Turqan Khatun** kurz vor der Tariq el-Wad erinnert an eine Mameluckenprinzessin, die im 14. Jh. auf der Pilgerreise nach Jerusalem starb. Sehenswert ist die arabeskengeschmückte Fassade des Grabmals. Weiter zum Bab es-Silsileh hin kommt man an der **Turbe Baraqat Khan** aus dem 13. Jh. vorbei, wo seit 1900 die berühmte **Khalidiye-Bibliothek** mit 12000 kostbaren Büchern und Handschriften untergebracht ist. Auf dem Wilsonbogen (vgl. Seite 114) steht die **Medrese Tanqaziya,** gestiftet im Jahre 1328 von Tanqaz, Emir von Damaskus. Beachtung verdient vor allem das schöne, stalaktitengeschmückte Portal mit einer arabischen Inschrift und den Kelchwappen der Mamelucken. Die **Mawlawiye-Moschee** östlich vom Damaskustor ist vermutlich mit der fränkischen Agneskirche identisch.

Der christliche Pilgerweg durch die Altstadt

Von der St.-Anna-Kirche zur Grabeskirche durch die Via dolorosa
Am Löwentor (Stephanstor) beginnt die Lion's Gate Road (Rehov Sha'ar HaArayot, Tariq Bab Sitti Marjam). Linker Hand lag einst der Birket (Beni) Israel (›Teich [der Söhne] Israels‹), eine 100000 m³ fassende Zisterne aus herodianischer Zeit, die man vom 13. bis zum 19. Jh. für den Teich Betesda hielt, rechts zieht sich das St.-Anna-Kloster entlang. Eine unscheinbare Tür öffnet sich zur St.-Anna-Kirche und zum wirklichen Betesda-Teich. Die **St.-Anna-Kirche** (Annenkirche; Farbt. 4, Abb. 4) ist der Geburt Marias geweiht. Hier soll nach christlicher und auch islamischer Tradition das Haus von Anna und Jojakim (Joachim), der Eltern der Gottesmutter, gestanden haben. Das Gotteshaus zählt zu den besterhaltenen Kreuzfahrerkirchen im Heiligen Land, was seiner fast 700jährigen Verwendung als Moschee

zu verdanken ist. Es gilt zugleich als typisches Beispiel der sakralen Kreuzfahrerarchitektur, von romanischer Wucht und Strenge mit ersten frühgotischen Einflüssen. Die St.-Anna-Kirche wurde vor 1150 von der Königin Alda, der Witwe Balduins I., erbaut, die sich anschließend in das benachbarte Benediktinerinnenkloster zurückzog. Nach der Einnahme Jerusalems im Jahre 1187 wandelte Saladin die Kirche in eine Moschee um; das Kloster wurde zur Koranschule. Als Dank für die von Frankreich geleistete Hilfe im Krimkrieg (1854–1856) schenkte Sultan Abdul Medschid I. die St.-Anna-Kirche Napoleon III. Nachdem der französische Architekt C. Mauss den Bau 1863–1877 sorgfältig und stilgerecht restauriert hatte, kam er in die Obhut der Weißen Väter, einer katholischen Weltpriestergenossenschaft für die äußere Mission.

Die 34 m lange und 19,5 m breite Kirche hat drei Schiffe, die durch Spitzbogenarkaden voneinander getrennt sind und in ein Querschiff mit drei Apsiden münden. Über der von Mittel- und Querschiff gebildeten Vierung erhebt sich eine 18 m hohe Kuppel. Der bildhauerische Schmuck ist sparsam; er beschränkt sich auf Symbole an den Pfeilern, zu beiden Seiten der Hauptapsis und über den Apsisfenstern. Der 1954 von dem französischen Bildhauer Philippe Kaeppelin geschaffene Hochaltar zeigt vorn die Verkündigung, die Kreuzabnahme und die Geburt Christi, an den Seiten Marias Darstellung im Tempel und ihre Erziehung durch ihre Mutter Anna. Im südlichen Seitenschiff führt eine Treppe zur Krypta hinab, die zum größten Teil aus dem Felsen gehauen wurde und als Geburtsstätte der Maria verehrt wird. Die Moslems hatten den Eingang zur Krypta zugemauert, später aber für die christlichen Pilger eine Öffnung herausgebrochen. Diese Öffnung ist rechts der Treppe noch zu sehen. Auf dem Altarbild stellen Anna und Jojakim ihr Kind Maria Adam und Eva vor. Über dem Kirchenportal ließ Saladin eine Widmungsinschrift anbringen. Der Glockenturm in der rechten Fassadenecke wurde bis zur Giebelhöhe abgebrochen.

Neben der Annenkirche ist die Ausgrabungszone am **Teich Betesda** zu besichtigen (Abb. 5). Hier heilte Jesus einen Gelähmten (Joh 5,1–18). Bei dem Teich Betesda handelte es sich um eine riesige, trapezförmige Doppelzisterne, 7–8 m tief in den Felsen gehauen, etwa 120 m lang und bis zu 60 m breit, mit einer Oberfläche von insgesamt mehr als 5000 m². Sie sammelte das Regenwasser des Bezetatales und der umliegenden Abhänge. Man nannte die Zisterne auch Schafteich, weil sie in der Nähe des Schaftores außerhalb der damaligen Stadtmauer lag und weil hier die Opferschafe für den Tempelkult zusammengetrieben wurden. Im Zusammenhang mit dem Neubau des Tempels ließ Herodes der Große (37–4 v. Chr.) auch die Doppelzisterne prunkvoll ausgestalten. Vier fast 8,5 m hohe Säulenhallen umgaben die Anlage, eine fünfte stand quer über dem Teich auf der Trennmauer der beiden Zisternen. In der Querhalle versammelten sich die Kranken, weil das Wasser als heilkräftig galt. Barmherzige Mitbürger versorgten sie hier. Das hebräische Wort Betesda (bet hesda) bedeutet ›Stätte der Barmherzigkeit‹. Ein raffiniert angelegtes Netz von Kanälen regulierte die Zu- und Ableitung des Wassers, stellte die Verbindung zwischen beiden Zisternen und zum Tempelplatz her und sorgte dafür, daß ein bestimmter Wasserstand nie überschritten wurde. Ein besonderer absperrbarer Kanal zum Kidrontal diente zur Reinigung der Becken. Östlich des Teiches erstreckt sich ein Höhlensystem, das schon in hellenistischer Zeit als

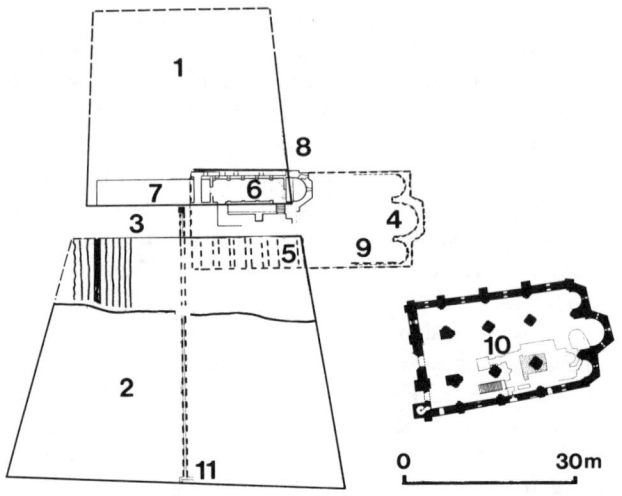

Betesda-Teich
1 Nordteich
2 Südteich
3 Trennmauer
4 byzantinische Kirche
5 Stützbogenpfeiler
6 Kreuzfahrerkirche über
  Zisterne I
7 Zisterne II
8 Martyrion
9 Asklepios-Heiligtum
10 St.-Anna-Kirche
11 unterirdischer Kanal zum
  Tempel

Kult- und Heilstätte diente. Die Römer wandelten die Stätte im 2. Jh. n. Chr. in ein Asklepios-Serapis-Heiligtum um und fügten ein oberirdisches Dampfbad hinzu.

Zur Erinnerung an die Heilung des Gelähmten bauten die Byzantiner in der ersten Hälfte des 5. Jhs. über dem Teich eine 45 m lange und 19 m breite dreischiffige Basilika. Das Mittelschiff ruhte auf der 6,5 m breiten Trennmauer zwischen den beiden Zisternen, die Seitenschiffe schwebten auf Stützbogenpfeilern über dem Wasser. Ein Pfeiler des südlichen Seitenschiffes ist vollständig erhalten, die anderen sechs wurden weitgehend rekonstruiert. Der östliche Teil der Kirche mit den drei Apsiden erhob sich über dem Asklepios-Heiligtum. Einige byzantinische Säulenstümpfe auf kreuzgeschmückten Postamenten stehen noch in situ. An die Nordmauer des nördlichen Seitenschiffes lehnte sich ein Martyrion (Reliquienkapelle); der Mosaikboden dieses Anbaus zeigt Kreuzornamente, die sich aus geometrischen Kreisfiguren zusammensetzen. Die Basilika fiel 614 dem Persereinfall zum Opfer, wurde aber vom Abt Modestus sofort wieder aufgebaut. Diese zweite Kirche, die neben dem Heilungswunder auch der Geburt Marias geweiht war, wurde von Sultan el-Hakim um 1009 bis auf die Grundmauern zerstört. Die Kreuzfahrer errichteten um die Mitte des 12. Jhs. die St.-Anna-Kirche zum Andenken an die Geburt Marias und über dem Teich eine kleine einschiffige Kirche, den ›Moustier‹, zur Erinnerung an die Heilung des Gelähmten. Die Tradition des Heilungswunders war also sichtbar hinter die Marienverehrung getreten. Vom Moustier sind noch die Apsis und das untere Mauerwerk der unscheinbaren Westfassade erhalten. Von der Krypta führt eine Treppe in ein 16,5 × 6,5 m großes Becken hinunter (Zisterne I), das schon die Byzantiner vom Nordteich abgetrennt hatten. Auf die Kreuzfahrer geht auch die sich westlich anschließende, 19,5 × 6,5 m große Zisterne II zurück. Bis auf diese beiden Zisternen wurde der riesige Doppelteich mit Bauschutt gefüllt und nach und nach überbaut.

Im Laufe der Jahrhunderte verlor sich die Erinnerung an die Lage des Betesda-Teiches, den man nun an anderer Stelle vermutete. Erst 1873 stieß man auf die Zisterne unter der Kreuzfahrerkirche, 1914 fanden die Ausgräber dann unter einer bis zu 17 m hohen Schuttschicht die Trennmauer und den Südteich. 1926/27 wurden die beiden Kirchenruinen über dem Teich freigelegt, 1931 kam auch der Nordteich zum Vorschein.

Die Lion's Gate Road führt nun durch das Gebiet der **Burg Antonia.** An dieser besonders gefährdeten Stelle der Stadt – fast alle Angriffe kamen von Norden – stand schon zur Zeit des ersten Tempels eine Festung, der sogenannte Hanaelturm. Als die Juden aus dem Babylonischen Exil heimkehrten (Ende 6. Jh. v. Chr.) und unter Nehemia Stadt und Tempel wiederaufbauten, wurde auch die Festung neu errichtet. 167 v. Chr. zerstörten die Seleukiden die Anlage und setzten an ihre Stelle die Festung Baris (›Burg‹), die wegen ihrer Lage auf einem Felsrücken auch den Tempel beherrschte. Herodes der Große baute Baris zu einer prächtigen Palastfestung aus, in der er residierte, bis er 23 v. Chr. seinen neuen Palast auf dem Westhügel bezog. Herodes nannte die Festung seinem Gönner Marcus Antonius zu Ehren Antonia. Nach dem Tode des Königs stationierten die Römer in der Burg eine Kohorte der X. Legion. 66 n. Chr. setzten die Zeloten die Antonia in Brand, 70 n. Chr. wurde sie von Titus eingeebnet. Die Antonia erhob sich auf einem 25 m hohen Felsplateau und bedeckte eine Fläche von etwa 150 × 90 m. Vier wuchtige Türme verstärkten die Ecken, drei von ihnen waren 25 m hoch, der Südostturm erreichte sogar 35 m. Von diesem Turm aus ließ sich der ganze Tempelplatz überwachen, zwei Treppen führten zum Platz hinunter. Von außen glich die Antonia also einer Festung, innen war sie ein Palast mit Repräsentations- und Wohnräumen, mit Bädern, Kasernen und Arsenalen (Jüd. Krieg V., 5, 8).

Rekonstruktion der Burg Antonia

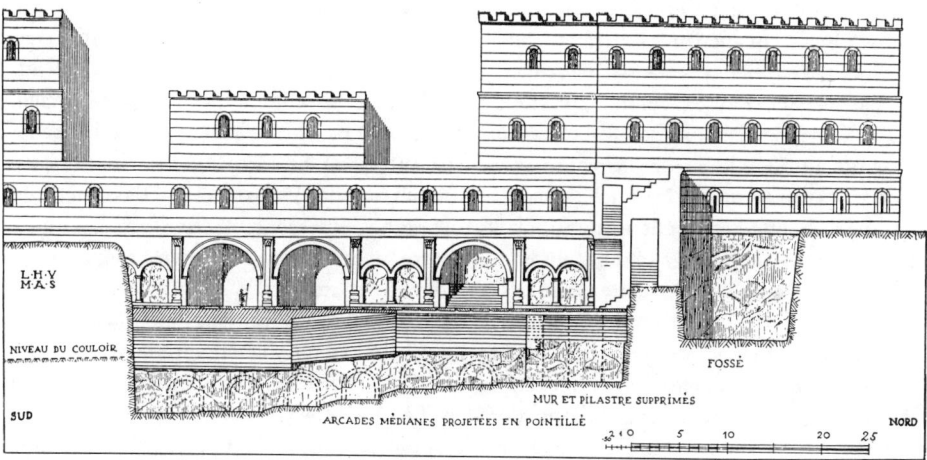

Die Festung wurde inzwischen, soweit das wegen der starken Bebauung möglich ist, archäologisch untersucht. Umstritten bleibt aber die Frage, ob Jesus hier von Pilatus zum Kreuzestod verurteilt wurde. »Von (dem Hohenpriester) Kajafas brachten sie Jesus zum Prätorium« (Joh 18,28). Das Prätorium war der Gerichtssitz des römischen Statthalters, des Prokurators. Überall, wo er Recht sprach, befand sich also das Prätorium. Wenn Pilatus in Jerusalem weilte, residierte er üblicherweise im ehemaligen Königspalast auf dem Westhügel. Andererseits kamen damals anläßlich des Paschafests Juden aus allen Landesteilen zum Tempelberg; Aufruhr gegen die römische Besatzungsmacht war zu befürchten, die Besatzung der Antonia wurde verstärkt, und sicher begab sich auch der Prokurator Pilatus an den Brennpunkt des Geschehens. Was immer auch stimmen mag, die christliche Tradition sieht die Verurteilung Christi seit byzantinischer Zeit auf dem Gelände der Antonia. Hier beginnt der Weg des Verurteilten zum Felsen Golgota.

Die Lion's Gate Road wird nun zur **Via dolorosa** (›Leidensweg‹), zum Kreuzweg Jesu (Farbt. 7, Abb. 7). Von den 14 Stationen, deren heutige Standorte zum größten Teil erst um 1540 festgelegt wurden, nennen die Evangelien nur die I., II., V., VIII., X., XI., XII. und XIV., die übrigen kamen im Laufe der Jahrhunderte dazu. Die 14 Stationen sind durch Kapellen, Säulen und Mauerinschriften kenntlich gemacht. Jeden Freitag um 15 Uhr folgen die Franziskaner mit zahlreichen Gläubigen dem Leidensweg Jesu von Station zu Station. Die einzelnen Kreuzwegstationen: I. Jesus wird zum Tode verurteilt; II. Jesus nimmt das Kreuz auf; III. Jesus stürzt zum ersten Mal; IV. Jesus begegnet seiner Mutter; V. Simon von Zyrene übernimmt das Kreuz; VI. Veronika trocknet Jesus das Gesicht; VII. Jesus stürzt abermals; VIII. Jesus spricht zu den weinenden Frauen; IX. Jesus stürzt zum dritten Mal; X. Jesus wird seiner Kleider beraubt; XI. Jesus wird an das Kreuz genagelt; XII. Jesus stirbt am Kreuz; XIII. Jesu Leichnam wird in der Mutter Schoß gelegt; XIV. Jesus wird bestattet.

Die **I. Station,** die Verurteilung Jesu (Mt 27,22–26), hat man aus praktischen Erwägungen auf den Schulhof der Omariye-Knabenoberschule, einer ehemaligen türkischen Kaserne, gelegt. Hier steht die (nicht zugängliche) Dornenkrönungskapelle der Kreuzfahrer. Dem Schulhof gegenüber erstreckt sich nördlich der Straße das Flagellatio-Kloster der Franziskaner, das Kloster ›Zur Geißelung Christi‹ mit der Geißelungs- und der Verurteilungskapelle (s. u.), dem franziskanischen Bibelinstitut und einem beachtenswerten archäologischen Museum. Ein Schild an der Klostermauer weist auf die **II. Station** hin: Jesus nimmt das Kreuz auf (Joh 19,16 b–17). Nach damaligem Brauch trug der Verurteilte nur das Querholz, der senkrechte Balken mit dem Sitzpflock war bereits an der Kreuzigungsstätte in den Boden gerammt. Die **Geißelungskapelle,** ein Kreuzfahrerbau, mußte 1618 von den Franziskanern aufgegeben werden und diente dann als Pferdestall, später als Weberwerkstatt, bis sie zusammenfiel. 1838 gab Ibrahim Pascha den Franziskanern das Ruinengrundstück zurück. Herzog Maximilian von Bayern ermöglichte die Wiederherstellung der verfallenen Kapelle, die 1929 nach den Plänen von A. Barluzzi im Stil des 12. Jhs. neu errichtet wurde. Die drei Fenster zeigen die Geißelung, Pilatus, der sich die Hände wäscht, und den Triumph des amnestierten Mörders Barabbas. Die Dornenkrone in der Kuppel symbolisiert die Verspot-

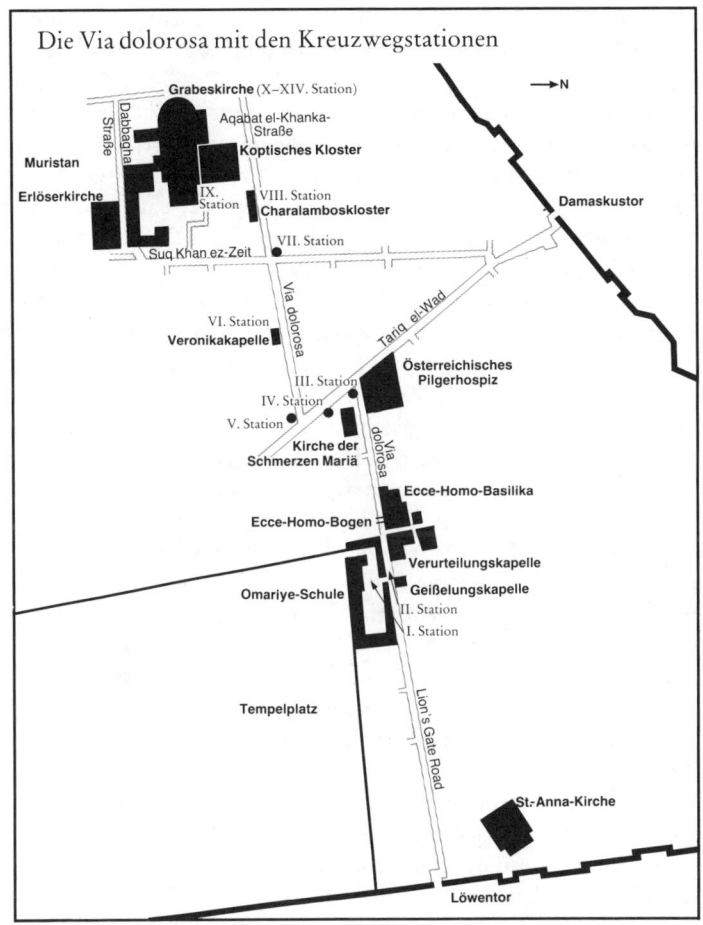

Die Via dolorosa mit den Kreuzwegstationen

Grabeskirche (X–XIV. Station)

Aqabat el-Khanka-Straße

Dabbagha Straße

Koptisches Kloster

Muristan

Erlöserkirche

IX. Station

VIII. Station
Charalamboskloster

Damaskustor

Suq Khan ez-Zeit

VII. Station

Via dolorosa

Tariq el-Wad

VI. Station
Veronikakapelle

Österreichisches Pilgerhospiz

III. Station

IV. Station

V. Station

Via dolorosa

Kirche der Schmerzen Mariä

Ecce-Homo-Basilika

Ecce-Homo-Bogen

Verurteilungskapelle

Omariye-Schule

Geißelungskapelle

II. Station

I. Station

Tempelplatz

Lion's Gate Road

St.-Anna-Kirche

Löwentor

N

tung Christi. Bei der römischen Geißelung wurde der Verurteilte entkleidet, an eine Säule gebunden und so lange mit einer Peitsche, an deren Lederriemen Stacheln, Knochenstücke oder Bleikugeln befestigt waren, geschlagen, bis er blutüberströmt zusammenbrach. Die **Verurteilungskapelle** wurde 1903 von Wendelin Hinterkeuser auf den Grundmauern einer älteren Kapelle im byzantinischen Stil erbaut.

Wenige Meter weiter überspannt der **Ecce-Homo-Bogen** (Abb. 1) die Via dolorosa. Seinen Namen trägt er seit dem 16. Jh. nach dem Pilatuswort: »Ecce homo« (»Seht, welch ein Mensch!« (Joh 19,5). Damals fanden hier Passionsspiele statt, wobei Pilatus an einem der Fenster des Bogens erschien. Der ursprünglich dreifache Bogen gehörte zum Osttor der hadrianischen Aelia Capitolina (nicht zur herodianischen Antonia, wie man früher vermutete); er wurde 136 n. Chr. erstellt. Man sieht heute nur den Mittelbogen; der südliche liegt im heutigen Derwischkloster Ezbekiyeh und ist größtenteils zerstört, der nördliche, noch sehr gut erhaltene wurde in die Ecce-Homo-Basilika einbezogen. Der Hauptdurchgang hatte eine lichte Weite von 5,2 m bei einer Höhe von 7,75 m über dem alten Straßenpflaster, das etwa 1,5 m unter dem heutigen Straßenniveau liegt; das gesamte Tor war fast 19 m breit und nur mit einem einfachen Gesims über den Bogen geschmückt. Die beiden massiv gemauerten Mittelpfeiler messen in der Breite 2,41 m und in der Tiefe 2,50 m. In den Pfeilernischen standen vermutlich Kaiserstatuen. Über dem Hauptbogen wurde in osmanischer Zeit ein Durchgang mit Fenstern aufgemauert.

Die **Ecce-Homo-Basilika** und das zugehörige Kloster Notre Dame de Sion gehen auf eine Gründung des französischen Paters Alfons Maria Ratisbonne zurück, eines 1814 in Straßburg geborenen Juden, der zum katholischen Glauben konvertierte, die Priesterweihe erhielt und den Orden der Schwestern von Sion gründete. 1857 kaufte er das Trümmergrundstück am Hadriansbogen und beauftragte die Architekten Daumet und Mauss mit dem Bau des Klosters und der Kirche. Der Nordbogen des römischen Tores beherrscht heute den Chorraum hinter dem Hochaltar; an der Nordwand sind zwei römische Wachstuben erhalten. Die Krypta zeigt den **Lithostrotos,** das alte Steinpflaster, das nach der christlichen Tradition dem Hof der Antonia zugeordnet wird, wo Pilatus das Urteil über Jesus gesprochen haben soll (vgl. Joh 19,13), das aber nach neueren Erkenntnissen erst in hadrianischer Zeit (2. Jh.) entstand und wohl außerhalb der Festung lag. 1931–1937 legte der französische Archäologe L.-H. Vincent OP die etwa 2 m langen, 1,5 m breiten und 0,5 m dicken Kalksteinplatten frei, auf denen noch deutlich die Radspuren der römischen Straße zu erkennen sind; die feinen Querrillen sollten das Ausrutschen der Pferde verhindern. Auf einigen Platten sind Spielfelder eingeritzt, an denen sich die römischen Wachposten der Aelia Capitolina die Zeit vertrieben. Von der Krypta führt eine Treppe zu dem 1870 entdeckten **Struthionteich,** einer 52 m langen, 14,5 m breiten und zwischen 8 und 13 m tiefen Zisterne aus hellenistischer Zeit, die eine Erweiterung des Verteidigungsgrabens zwischen der Festung und dem Bezetahügel im Norden darstellte. Beim Angriff auf Jerusalem im Jahre 70 n. Chr. ließ Titus durch den Teich einen Damm für die Belagerungsmaschinen aufschütten (Jüd. Krieg V, 11, 4). Unter Hadrian erhielt der Teich eine von

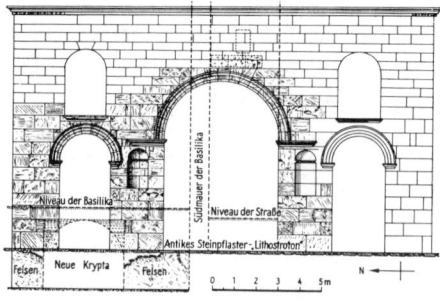

Osttor der hadrianischen Stadt, dessen mittlerer Teil heute als Ecce-Homo-Bogen bekannt ist

Rundbogen unterbrochene, 1,75 m starke Längswand als Stütze für ein Tonnengewölbe, mit dem die bislang offene Zisterne abgedeckt wurde. Über dem Gewölbe lag ein Teilstück des berühmten Lithostrotos, auf dem die Ablaufrinnen für das Regenwasser und die zur Zisterne führenden Gullys noch zu sehen sind.

An der Einmündung der Via dolorosa in die Tariq el-Wad (Talstraße, HaGay, heute König Salomo-Straße), die durch das aufgefüllte Tyropöontal führt, liegt das **Österreichische Pilgerhospiz** zur Heiligen Familie, das zwischen 1856 und 1863 erbaut wurde und vorübergehend als städtisches Krankenhaus dient. Die Kapelle beim Eingang ist mit den Wappen der Pilger des Kaiserhauses geschmückt. Das Altarbild von Kuppelwieser zeigt die Heilige Familie auf dem Weg nach Jerusalem, auf dem großen Apsismosaik sind die Heiligen Österreich-Ungarns dargestellt: Kyrill und Methodius für Mähren, Slowenien, Kroatien und Serbien, Stanislaus für Galizien, Wenzeslaus für Böhmen, Leopold für Niederösterreich, Hieronymus und sel. Nikolaus Tavileis für Dalmatien, Stephan für Ungarn, Florian für Oberösterreich, Thiemo für Salzburg und sel. Engelbert Kolland für Tirol. Das 1907 geschaffene Mosaik an der linken Seitenwand stellt die Pilgerzüge der Monarchie dar; da ist der ›alte Pilichsdorfer‹, der Bannerträger des Kreuzfahrers Herzog Leopold V., zu sehen und auch Kaiser Franz Josef I.

Linker Hand steht die kleine Kapelle der **III. Station.** Sie wurde 1947 von der polnischen Gemeinde Jerusalems errichtet. Den unter der Last des Kreuzes zusammenbrechenden Jesus über dem Türsturz gestaltete T. Zieliensky. Bis 1947 befand sich hier der Eingang zum türkischen Bad Hamman es-Sultan; damals markierten die beiden noch vorhandenen Säulen vor der Kapelle die Kreuzwegstation. An der **IV. Station** (Abb. 8) wenige Schritte weiter begegnete Jesus seiner Mutter. Die Tür, die zur ›Kapelle von der Ohnmacht Unserer Lieben Frau‹ führt, ist ebenfalls ein Werk Zielienskys. Dahinter liegt die armenisch-katholische **Kirche der Schmerzen Mariä** (Our Lady of the Spasm), erbaut im Jahre 1881. Das große Bodenmosaik in der Krypta, in der die Begegnung verehrt wird, stammt aus dem 4.–6. Jh.; vermutlich gehörte es zur byzantinischen St. Sophia-Kirche. Die Fußabdrücke im Boden werden Maria zugeschrieben.

Da, wo sich die Via dolorosa nach Westen fortsetzt, befindet sich die **V. Station.** Als das Exekutionskommando sah, daß Jesus nicht mehr imstande war, das Kreuz auf dem steil ansteigenden Treppenweg zu tragen, zwangen die Soldaten kurzerhand einen Passanten, Simon von Zyrene, dieses zu übernehmen. (Die aus Zyrene oder Kyrene, der Hauptstadt des heutigen Ostlibyen, zugewanderten Juden stellten später viele Mitglieder der urchristlichen Gemeinde Jerusalems.) Die kleine Kapelle errichteten die Franziskaner im Jahre 1881. Die Via dolorosa wird in diesem Abschnitt von mehreren Stützbogen überwölbt; zahlreiche Läden auf beiden Seiten der engen Gasse bieten Souvenirs und Devotionalien an. Schon von weitem kündigt eine zweistöckige Überbauung die **VI. Station** an. Hier trocknete eine mitleidige Frau namens Veronika mit ihrem Kopftuch das blutende und verschwitzte Gesicht Jesu, wobei sich das Antlitz in das Tuch prägte. Das ›Schweißtuch der hl. Veronika‹ kam 707 in den Petersdom zu Rom. Die anmutige Kapelle, die man durch eine schlichte, eisenbeschlagene Holztür betritt, wird von den Kleinen Schwestern Jesu betreut. Der Altar besteht aus zwei roh behauenen Kalksteinblöcken, die die schreckliche Realität des Weges nach Golgota symbolisieren. An der rechten Seite der Kapelle sieht man auch die Reste eines tiefer liegenden Gebäudes, das vermutlich zu einem byzantinischen Kloster aus dem 6. Jh. gehörte. Dieses Kloster wiederum soll die Stelle des Hauses der Veronika eingenommen haben. An der Kreuzung der Via dolorosa mit der Basarstraße Suq Khan ez-Zeit, dem Cardo maximus der römischen Aelia Capitolina Hadrians, stürzte Jesus zum zweiten Mal. Daran erinnert die kleine Franziskanerkapelle der **VII. Station**, erbaut im Jahre 1875.

Der Kreuzweg setzt sich in der Straße Aqabat el-Khanka fort. In die Mauer des griechischen Charalambosklosters gegenüber dem Johanniterhospiz ist ein runder Stein eingelassen, auf dem man das Kreuz auf dem Golgotafelsen mit den Schriftzeichen IC XC NIKA erkennen kann. Die Zeichen bedeuten ›Jesous Christos nika‹ (›Jesus Christus siegt‹). Diese **VIII. Station** lag bereits außerhalb der Stadtmauer, unmittelbar vor der Kreuzigungsstätte. Hier sprach Jesus zu den weinenden Frauen: »Ihr Frauen von Jerusalem, weint nicht über mich; weint über euch und eure Kinder! Denn es kommen Tage, da ... wird man zu den Bergen sagen: Fallt auf uns!, und zu den Hügeln: Deckt uns zu!« (Lk 23, 28–30). Den Weg zur nahen IX. Station versperrt das griechische Kloster. Also kehrt man zur Basarstraße zurück, folgt ihr wenige Meter in südlicher Richtung bis zu einer Treppe, die rechts zum koptischen Kloster hinaufführt. Links vom Eingang bezeichnet eine Säule die **IX. Station.** Hier, am Fuß des Golgotahügels, stürzte Jesus zum dritten Mal. Die Stationen X bis XIV befinden sich in der Grabeskirche, die man vom Suq Khan ez-Zeit aus über die Dabbagha-Straße erreicht.

Die Grabeskirche

Die Grabeskirche (Farbt. 3; Abb. 20) auch kurz ›Anastasis‹ (›Auferstehung‹) genannt (auf den Hinweisschildern und in Stadtplänen erscheint der englische Name ›Church of the Holy Sepulchre‹), stellt das Hauptheiligtum der Christen dar, das den Golgotafelsen, die Stätte der Kreuzigung, und das leere Grab des Auferstandenen umschließt. Sie ist in dem Häuser- und Gassengewirr der Jerusalemer Altstadt trotz ihrer Größe nicht leicht zu finden, und wenn man endlich vor ihr steht, wird man etwas enttäuscht sein, weil man wegen der vielen Anbauten nur wenig von dem noch immer herrlichen Bauwerk sieht. Fast jede christliche Konfession drängte so nahe wie möglich an Golgota und das Grab, und so entstand im Laufe der Jahrhunderte außerhalb wie innerhalb der Grabeskirche ein verwirrendes Konglomerat von Kapellen, Klöstern und Altären.

Geschichte: Schon in den ersten 100 Jahren nach Jesu Kreuzigung waren der Golgotafelsen und das etwa 40 m davon entfernte Grab Stätten der Verehrung für die wachsende Gemeinde der Judenchristen. Als Kaiser Hadrian bald nach der Niederschlagung des Bar-Kochba-Aufstandes im Jahre 136 über dem zerstörten Jerusalem die Colonia Aelia Capitolina gründete, weihte er die neue Stadt seiner Lieblingsgöttin Aphrodite und errichtete für sie am Nordrand des Forums einen großen Tempel, den er bewußt auf die frühchristlichen Heiligtümer setzte, um die Erinnerung an Christus auszulöschen. Eine hohe Terrasse bedeckte das Grab und sogar den ganzen Golgotafelsen, auf der sich der

2   Portal der Aqsa-Moschee und Reinigungsbrunnen el-Qaas
◁ 1   Jerusalem: Via dolorosa mit Ecce-Homo-Bogen und Ecce-Homo-Basilika
3   Ausgrabungen an der Tempelmauer

4 St.-Anna-Kirche
5 Teich Betesda,
Stützpfeiler der byzantinischen Basilika

6 Löwentor (Stephanstor)

7   Via dolorosa, Straßenschild

8   IV. Kreuzwegstation

9   Mariengrab, frühgotisches Portal

10   Siloahteich

11   Getsemanikirche (Kirche der Nationen)

12 Ofel mit Tempelberg

13 Blick auf Silwan und das Kidrontal

14 Dormitiokirche

15 Abendmahlssaal (Coenaculum)

16 Dominus Flevit

17 Himmelfahrtskapelle

18 Zitadelle

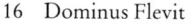

19 Kapitell der Himmelfahrtskapelle

20 Grabkapelle in der Grabeskirche

21 Jakobuskirche

22 Im Viertel Mea Shearim

23 Muristan

24 Kreuzkloster

25 Modell des antiken Jerusalem im Holyland Hotel

26 Kennedy-Memorial

27 Bronzeplastik von Archipenko im Billy-Rose-
   Kunstgarten (Israel-Museum)

28 und 29 Yad Vashem, Gedenkstätte für die Opfer des Nationalsozialismus

30 Wadi el-Kelt in der Judäischen Wüste

31 Nabi Musa: Grab des Mose

32 Der islamische Wallfahrtsort Nabi Musa

33 Jericho: Palast des Herodes

34 Khirbet el-Mafjir: Omajjadenpalast

35 Jib: Zisterne (›Teich von Gibeon‹)

36 Qubeiba/Emmaus: Franziskanerkirche

37 Tel Gezer: Massebenreihe

38   Khirbet el-Mafjir: Maßwerkfenster des Omajjadenpalastes

Tetrastylos der Göttin erhob; die Cella des Tempels dürfte genau über dem Grab gelegen haben. Dieser künstlichen Terrasse ist es zu verdanken, daß die beiden Stätten erhalten blieben. Knapp 200 Jahre später, im Jahre 313, ließ Konstantin der Große mit dem Toleranzedikt von Mailand das Christentum als ›erlaubte Religion‹ (religio licita) zu. »Im Jahre 326 gab Konstantin den Befehl, mit reicher und königlicher Pracht einen Bau zu errichten, um die hochheilige Stätte des Todes und der Auferstehung des Erlösers dem Blick und der Verehrung aller darzubieten« (Eusebius, † um 399). Dieser Bau sollte nach den Plänen des syrischen Architekten Zenobios genau an der Stelle des Aphroditetempels erstehen, da die Lage der beiden christlichen Heiligtümer offenbar noch immer bekannt war. Noch im selben Jahr begannen die Abbrucharbeiten; alles, was zum Tempel gehörte, wurde fortgeschafft, sogar die Terrasse ließ der Kaiser bis zum Felsboden abtragen. Dabei kamen der Golgotafelsen und das Grab wieder zum Vorschein. Der Monumentalbau Konstantins hatte insgesamt eine Länge von 150 m und eine Breite von 75 m; er bedeckte damit ziemlich genau die Fläche, die der Aphroditetempel eingenommen hatte. Die Grabeskirche bestand im wesentlichen aus drei Teilen: dem Martyrion (einer dem Andenken der Passion geweihten fünfschiffigen Basilika), dem inneren Atrium mit dem Golgotafelsen und schließlich der Rundkirche der Anastasis mit dem Grab Jesu. 336 wurde die Kirche geweiht. Die Grabeskirche, deren Baustil die Byzantiner von den Römern übernommen und vervollkommnet hatten, übte einen entscheidenden Einfluß auf die Entwicklung der christlichen Basiliken und auch auf die frühen Bauten des Islam (z. B. Felsendom) aus.

Bei der Eroberung Jerusalems durch die Perser im Jahre 614 ging die Grabeskirche in Flammen auf. Bald nachdem Kaiser Herakleios die Eindringlinge 628 wieder aus dem Land gejagt hatte, begann der Abt Modestus mit dem Neuaufbau der ›Hagios Konstantinos‹, wobei allerdings die alte Pracht wegen fehlender Mittel nicht wiederhergestellt werden konnte. Zwischen Basilika und Grabrotunde lag der offene ›Heilige Garten‹ mit Golgota und einem Steinmal, das den ›Nabel der Welt‹ bezeichnete. Als der Kalif Omar 638 Jerusalem besetzte, beließ er den Christen das Heiligtum. In den folgenden Jahrhunderten verfiel der Bau jedoch, und 969 steckten ihn moslemische Truppen in Brand, wobei die

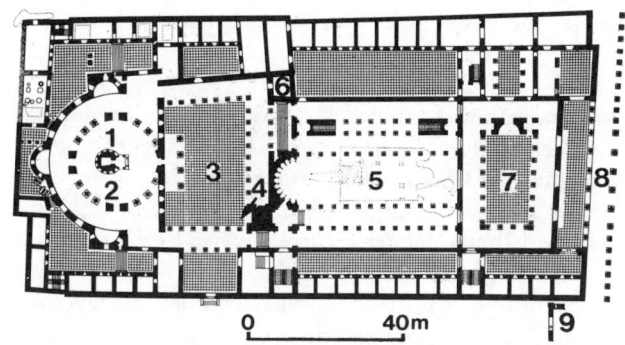

Konstantinische Grabeskirche
1 Heiliges Grab
2 Rotunde der Anastasis
3 inneres Atrium
4 Golgota
5 Martyrion
6 Gefängnis Christi
7 äußeres Atrium
8 Propyläen
9 römischer Torbogen

0   40m

Kuppel einstürzte. Bis 984 war die Rotunde notdürftig wiederhergestellt. 1009 ließ der Kalif el-Hakim, Sohn einer Christin und dennoch ein großer Christenhasser, die Kirche gründlich zerstören; sogar das Felsengrab wurde fast vollständig abgebrochen. Um 1048 erstand auf Veranlassung des Patriarchen Nikephoros eine neue Grabrotunde; das Martyrion Konstantins des Großen blieb jedoch eine Ruine.

Als die Kreuzfahrer 1099 Jerusalem eroberten, sahen sie an der Stätte der Anastasis nur noch bescheidene Bauten. Sie errichteten daher zwischen 1140 und 1149 einen monumentalen Neubau, der den Golgotafelsen und das Grab unter einem Dach vereinigte. Am 50. Jahrestag der Eroberung Jerusalems, also am 15. Juli 1149, wurde die neue Grabeskirche geweiht und der Obhut der Augustinermönche anvertraut. Saladin, der nach der Schlacht bei Hattin (1187) ganz Palästina in Besitz genommen hatte, schonte das Heiligtum. Er verrichtete sein Gebet außerhalb der Stätte, damit keiner seiner Untertanen und Nachfolger auf den Gedanken käme, sie in eine Moschee umzuwandeln. Für 40 000 Goldbyzantiner überließ er die Kirche schließlich den syrischen Christen. 1228 gelang es Friedrich II., die wichtigsten christlichen Stätten des Landes durch Vertrag zurückzugewinnen, wobei nun wieder den Lateinern die Sorge für die Grabeskirche übertragen wurde.

Die Kreuzfahrerkirche überstand die folgenden Jahrhunderte ohne wesentliche Schäden, bis im Jahre 1808 die niedergebrannte Kerze eines Pilgers eine Feuersbrunst verursachte, die die Grabrotunde vernichtete. Zum fünften Mal wurde der konstantinische Rundbau auf den schweren, alten Mauern neu errichtet. Leider gingen beim Wiederaufbau, den die türkische Regierung den orthodoxen Griechen übertrug, die Schönheiten des spätromanischen Baus verloren; die großartigen Ornamente der Kreuzfahrerarchitektur verschwanden hinter dickem Zement, eine üppige Vielfalt geschmackloser Zutaten entstellte das Kircheninnere. Schon 1869 mußte die Kuppel durch eine Eisenkonstruktion ersetzt werden. Das Erdbeben des Jahres 1927 verursachte erneut erhebliche Schäden, und beinahe wäre auch die Eisenkuppel eingestürzt. Da sich die drei Haupteigentümer der Kirche, die Lateiner, die Griechen und die Armenier, nicht über die Art der notwendigen Ausbesserungen einigen konnten, ließ die britische Mandatsverwaltung 1938 die gefährdetsten Teile des Bauwerks, darunter das Portal, durch Eisen- und Holzgerüste sichern. 1959 kam es endlich zu einer Verständigung, und seit 1961 wird die Grabeskirche gründlich restauriert, wobei allmählich wieder die strenge Schönheit des Kreuzfahrerbaus zutage tritt. Die Arbeiten werden noch mehrere Jahre andauern.

Besitzverhältnisse in der Grabeskirche: Es ist durchaus verständlich, daß die vielen christlichen Konfessionen jeweils einen möglichst großen Anteil an dem wichtigsten Heiligtum der Christenheit haben möchten, um in der Nähe der Kreuzigungsstätte und des Grabes Jesu ihre Liturgie feiern zu können. In der Vergangenheit veränderten sich die Besitzverhältnisse immer wieder, wobei es häufig zu gegenseitigen Störungen und heftigen Streitigkeiten kam. Deshalb verkündete die türkische Regierung im Jahre 1852 das ›Gesetz des Status quo‹, das die damals herrschenden Besitzverhältnisse festschrieb und fortan als Norm für jede Regierungsentscheidung bei Meinungsverschiedenheiten galt. Diese Status-

Grabeskirche um 1839

quo-Regelung, die die Lateiner den Griechen gegenüber benachteiligt, hat auch der Staat Israel übernommen: Die Grabeskirche als Bauwerk ist gemeinsamer Besitz der Griechen, Armenier und Lateiner; den Kopten, Syrern und Äthiopiern gehören lediglich einzelne Kapellen bzw. Bereiche. Simultane Stätten der Griechen, Armenier und Lateiner sind die Rotunde mit der Grabkapelle und der Salbungsstein. Das Gesetz des Status quo betrifft auch die Liturgiefeiern, deren Beginn und Ende genau festgelegt wurden, um gegenseitige Störungen zu vermeiden. Neue Feierlichkeiten dürfen nicht mehr eingeführt werden. Zu den Griechisch-Orthodoxen zählen übrigens nur die Gruppen, die den vier alten orientalischen Patriarchaten Konstantinopel, Alexandrien, Antiochien und Jerusalem unterstehen, nicht dagegen z. B. die russischen und bulgarischen Orthodoxen.

Rundgang durch die Grabeskirche: Wer die Grabeskirche zum ersten Mal betritt, wird sich in dem Labyrinth von über- und aneinandergebauten Kirchen und Kapellen kaum zurechtfinden, wird entsetzt sein über das scheinbare Chaos von Altären, Ampeln und Ikonen. Erst allmählich offenbaren sich Schönheit und Reife des traditionsreichen Baus. Vor dem Hauptportal der Grabeskirche liegt ein gepflasterter **Vorhof** aus dem 12. Jh. Ein Bogengang, von dem noch einige Säulenstümpfe stehen, begrenzte ihn nach Süden. Die Westseite nehmen drei griechische Kapellen ein (die des Jakobus, die von Johannes und Magdalena und

99

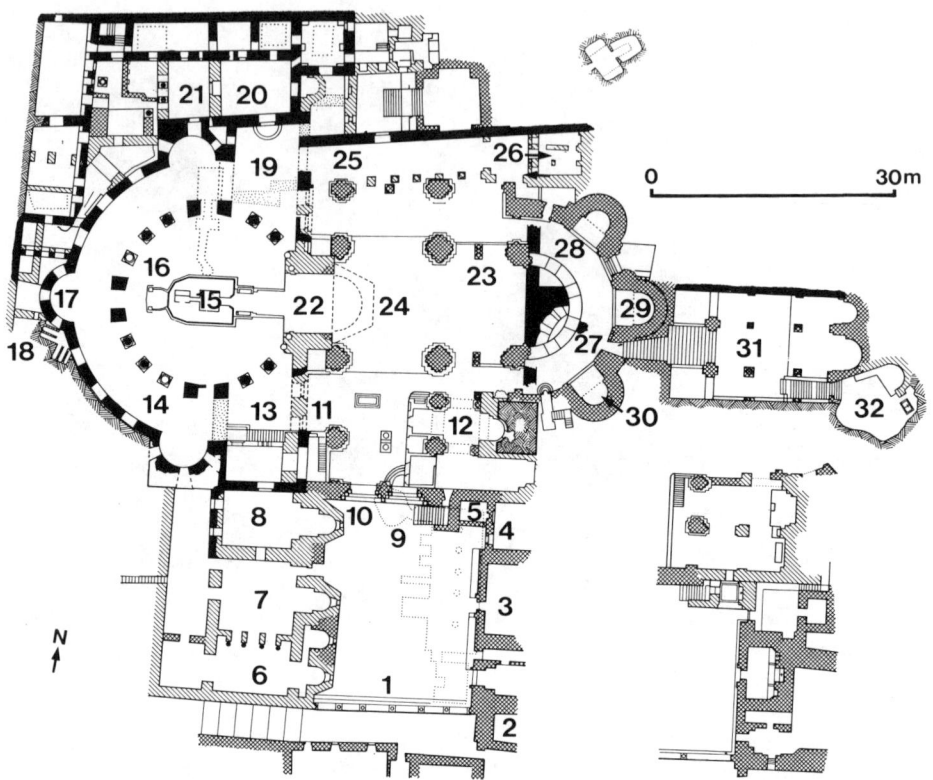

Heutige Grabeskirche

1 Vorhof 2 Abrahamskloster 3 Johanneskapelle 4 Michaelskapelle 5 Frankenkapelle (Kapelle der Schmerzen); darunter Kapelle der Maria von Ägypten 6 Jakobuskapelle 7 Johannes- und Magdalenenkapelle 8 Kapelle der Vierzig Märtyrer; darüber Glockenturm 9 Epitaph des Philippe d'Aubigny 10 Hauptportal 11 Salbungsstein 12 Adamskapelle; darüber Golgotakapelle mit Altar der Kreuzannagelung, Stabat-Mater-Altar und Kreuzigungsaltar 13 Platz der Drei Marien 14 Grabrotunde 15 Grabkapelle mit Engelskapelle und heiligem Grab 16 Kapelle der Kopten 17 Kapelle der Jakobiten 18 Grab des Josef von Arimatäa 19 Aula der Maria Magdalena 20 Erscheinungskapelle 21 Franziskanerkloster 22 Kaiserbogen 23 Katholikon 24 Nabel der Welt‹ 25 Bogengang der hl. Jungfrau 26 ›Gefängnis Christi‹ 27 Chorumgang 28 Kapelle des hl. Longinus 29 Kapelle der Kleiderverteilung 30 Verspottungskapelle 31 Helenakapelle 32 Grotte der Kreuzauffindung

die der Vierzig Märtyrer), die Ostseite das griechische Abrahamskloster, die Johanneskapelle der Armenier und die koptische Michaelskapelle. Von der Michaelskapelle aus bestand bis 1970 eine Verbindung zum äthiopischen Kloster auf dem Dach der Helenakapelle. Die 19,5 m hohe **Südfassade mit dem Hauptportal** ist der architektonisch reizvollste äußere Teil der sonst nahezu schmucklosen Kirche. Sie gehört zum Kreuzfahrerbau, der im 12. Jh., also in der Übergangsphase von der Romanik zur Gotik, entstand. Das mit leichten

Spitzbogen, Friesen und Gesimsen versehene Doppeltor wurde offensichtlich dem Goldenen Tor des Tempelberges nachempfunden. Schlanke Marmorsäulen mit Kapitellen im byzantinischen Stil flankieren die Tore in abgetreppter Stellung. Die vorgezogenen Stürze waren mit Reliefs geschmückt, die Szenen aus den letzten Wochen des Lebens Jesu zeigen und heute im Rockefeller-Museum aufbewahrt werden: Auferweckung des Lazarus, Vorbereitung des Paschamahls, Einzug in Jerusalem, Abendmahl. Die Mosaike in dem Halbrund über den Stürzen sind verschwunden. Das rechte Portal ließ Saladin zumauern, das linke ist seit 1244 zwei Jerusalemer Moslemfamilien anvertraut, die früher von jedem christlichen Pilger eine Eintrittsgebühr verlangten; einen gewissen Teil davon hatten sie an den Sultan abzuführen, der davon die notwendigsten Instandsetzungen finanzierte. Seit 1832 entrichten die drei Konfessionen pauschale Tagesgebühren an die beiden Familien, die noch heute das ›Schlüsselprivileg‹ besitzen. Ein üppig ornamentiertes korinthisches Konsolengesims, das zu dem Vorgängerbau der Kreuzfahrerkirche gehört, trennt das Doppelportal von den beiden darüberliegenden Fenstern der Empore, die unter romanischen Rundbogen leichte Spitzbogen aufweisen. Um die Fassade höher als das dahinter liegende südliche Seitenschiff erscheinen zu lassen, haben die fränkischen Baumeister die Fassade durch einen Risalit (Vorbau) um 1,7 m erhöht. Vor den Portalen erinnert eine in das Hofpflaster eingelassene Steinplatte an Philippe d'Aubigny, den Erzieher des englischen Königs Heinrich III. Das Epitaph des 1236 gefallenen Ritters ist das einzige noch vorhandene Schriftdokument aus der Kreuzfahrerzeit im Bereich der Grabeskirche.

Links von der Fassade erhebt sich über der Märtyrerkapelle der mächtige **Glockenturm** der Kreuzfahrerkirche, der ursprünglich drei Geschosse höher als heute war. 1545 brachte ein Erdbeben die beiden obersten Stockwerke mit der Turmkuppel zum Einsturz, 1620 wurde ein weiteres Stockwerk abgetragen. Einen Wiederaufbau des Turmes hatte die türkische Regierung nicht gestattet. Erst 1719 erhielt der Turm ein Ziegeldach, um ihn vor weiterem Verfall zu schützen. Rechts von der Fassade führt eine Treppe zur **Frankenkapelle** empor, die in der Kreuzfahrerzeit der Vorraum des Zugangs zur Kreuzigungsstätte war. 1187 ließ Saladin den Zugang zumauern. Heute gehört die Frankenkapelle den Franziskanern und ist der Schmerzensmutter geweiht, weswegen man sie auch ›Kapelle der Schmerzen‹ nennt. Unter der Frankenkapelle liegt die aus dem Jahre 373 stammende griechisch-orthodoxe **Kapelle der Maria von Ägypten.**

Vom Hauptportal der Grabeskirche gelangt man durch das südliche Nebenschiff in das Querschiff, das den Golgotafelsen im Osten mit der Grabrotunde im Westen verbindet. Seit 1810 blickt der Besucher auf den **Salbungsstein,** eine rötliche Kalksteinplatte. »Sie (Josef von Arimatäa und Nikodemus) nahmen den Leichnam Jesu und umwickelten ihn mit Leinenbinden, zusammen mit den wohlriechenden Salben, wie es beim jüdischen Begräbnis Sitte ist« (Joh 19,40). Die Griechisch-Orthodoxen verehren hier die XIII. Station, bei der Jesu Leichnam in den Schoß der Mutter gelegt wurde. An der Wand hinter dem Salbungsstein sind zwei große Gemälde zu sehen: rechts die Kreuzabnahme, links die Grablegung. Rechts vom Salbungsstein erhebt sich das zweistöckige Heiligtum von **Golgota,** dessen heutige bauliche Gestalt aus dem Jahre 1810 stammt. Das aramäische Wort

›Golgota‹ (Golgatha) bedeutet ›Schädel‹ (nicht ›Schädelstätte‹ im Sinne von Hinrichtungs-
stätte) und war die Flurbezeichnung für eine Felsformation, die die Form eines Schädels
aufwies (vermutlich handelte es sich um einen uralten Steinbruch). Wie verschiedene
Ausgrabungen südlich und östlich der Grabeskirche bestätigen, lag Golgota außerhalb
Jerusalems, denn nach damaligem Recht durfte niemand innerhalb der Stadtmauern
hingerichtet oder beigesetzt werden. Von dem Felsen, der schon im 4. Jh. stark behauen und
mit einer Kapelle überbaut war, ist noch ein kleines Stück neben der Nordtreppe zu sehen.
15 Stufen führen hinauf zur 11,45 m langen und 9,25 m breiten **Golgotakapelle,** auch
Kalvaria (lateinisch für ›Schädel‹) oder Kalvarienberg genannt, die, über den restlichen
Felsen hinausragend, auf zwei Pfeilern ruht. Zwei Säulen teilen sie in zwei Bereiche, von
denen der südliche den Lateinern, der nördliche den Griechen gehört. Auf Golgota
gedenken die Gläubigen der **X. Station** (Jesus wird seiner Kleider beraubt), der **XI. Station**
(Jesus wird an das Kreuz genagelt) und der **XII. Station** (Jesus stirbt am Kreuz), die
Katholiken auch der **XIII. Station** (Jesu Leichnam wird in der Mutter Schoß gelegt).

Das Mosaik über dem ›Altar der Kreuzannagelung‹, von dem Italiener Trifoglio im Jahre
1937 geschaffen, beschreibt das grausame Geschehen auf Golgota; hinter dem Kreuz steht
die vor Schmerz erstarrte Gottesmutter. Die Deckenmosaike gestaltete der Italiener
d'Achiardi im selben Jahr; nur das Christusoval entstand bereits im Mittelalter. Den rechten
Altartisch, ein Werk des Dominikanerpaters Domenico Portigiani, stiftete 1588 der
toskanische Großherzog Ferdinand de Medici; die versilberte Kupferarbeit zeigt Szenen der
Leidensgeschichte und der Auferstehung. Links daneben steht der Marienaltar mit einer
Halbstatue der Gottesmutter, eine portugiesische Arbeit aus dem Jahre 1778. Man nennt ihn
›Stabat-Mater-Altar‹, weil an dieser Stelle Maria gestanden haben soll, als ihr Sohn
gekreuzigt wurde. Das Bronzegitter des Altartisches erinnert an die letzten Worte des
sterbenden Jesus: »Mein Gott, warum hast du mich verlassen?« (Mt 27,46). In der griechi-
schen Hälfte der Golgotakapelle steht der ›Kreuzigungsaltar‹. Zwischen den Säulen, die die
Altarplatte tragen, befindet sich das Felsloch, in dem das Kreuz gestanden haben soll. Mit
Sicherheit wurden hier schon seit Konstantin dem Großen Votivkreuze aufgestellt. Unter
der silbernen Deckplatte kann man den Felsen ertasten. Die Ikonenwand hinter dem Altar
zeigt den gekreuzigten Jesus, links von ihm Maria, rechts Johannes. Zwei schwarze
Marmorplatten weisen auf die Stellen hin, wo angeblich die Kreuze der beiden Schächer
standen. Rechts vom Altar sieht man einen 15 cm breiten Felsspalt, der beim Tode Jesu
entstanden sein soll: »Die Erde bebte, und die Felsen spalteten sich« (Mt 27,51).

Unter der Golgotakapelle liegt die griechisch-orthodoxe **Adamskapelle,** die der Abt
Modestus schon im frühen 7. Jh. einrichtete. Hier soll nach einer jüdischen Überlieferung im
Innern des Felsens Adam ruhen. Durch den Felsspalt, der in der Apsis unter einer
Glasscheibe zu sehen ist, rann das Blut Jesu auf sein Haupt, um ihn von der Paradiessünde zu
reinigen. ›Adam‹ kann aber auch die gesamte Menschheit bedeuten, die durch den
Kreuzestod Jesu erlöst wurde, denn im Griechischen bilden die Anfangsbuchstaben der vier
Weltgegenden (Anatole = Osten, Dysis = Westen, Arktos = Norden, Mesembria = Süden)
das Wort ADAM. Die beiden Bänke vor dem Eingang der Kapelle erinnern an die

Rotunde mit Grabkapelle
(nach einem Stich von 1714)

Grabstätten der ersten christlichen Herrscher im Heiligen Land, Gottfried von Bouillon (†1100) und Balduin I. (†1118). Die Gebeine wurden schon im 13. Jh. entfernt.

Wendet man sich vom Salbungsstein nach Westen, so kommt man zum Platz der ›Drei Marien‹, wo die Armenier mit einem großen Kerzenständer über einem runden Stein der Frauen gedenken, die der Kreuzigung »von weitem« zusahen (Mk 15,40). Ein modernes Wandmosaik zeigt Maria und Johannes unter dem gekreuzigten Jesus. Hier steht man bereits in der mächtigen **Grabrotunde** (Abb. 20), deren Unterbau bis zur Höhe von etwa 10 m der Kirche Konstantins zuzuordnen ist. Das darüber liegende Mauerwerk stammt aus dem 11. Jh. Bei der Rotunde handelt sich um keinen echten Rundbau, sondern eher um eine riesige halbrunde Apsis mit einem Durchmesser von 33,7 m, in die drei kleinere, 8,5–9 m hohe Apsiden eingefügt sind. Die etwa 50 m hohe schwarze Kuppel mit dem vergoldeten Kreuz ruht auf einem Säulenkreis von etwa 19,6 m Durchmesser; sie hatte in konstantinischer Zeit wie das Pantheon in Rom ein ›offenes Auge‹. Das Regenwasser floß durch einen Gully in eine Zisterne ab. Die Kreuzfahrerrotunde war von einer Holzkuppel in der Form eines oben offenen Kegelstumpfes gekrönt. 1719 wurde das einsturzgefährdete Dach abgerissen und durch einen Tambour mit 16 Fenstern und eine geschlossene Kuppel ersetzt, aber die Denkmalspfleger der Hohen Pforte in Konstantinopel stimmten dieser Veränderung nicht zu: Die Fenster wurden vermauert, und die Kuppel erhielt eine Öffnung. Nach dem Brand von 1808 wurde die Holzkuppel fast unverändert erneuert; erst 1863 ersetzte man sie durch die heutige geschlossene Eisenkonstruktion.

In der Mitte der Rotunde steht die 8,3 m lange, 5,9 m breite und 5,9 m hohe **Grabkapelle,** die **XIV. Station** des Kreuzweges, die Stätte des Grabes und der Auferstehung Christi. Sie wurde 1810 von dem Kaiserlichen Baumeister Kalfa Komnenos von Mytilene (Insel Lesbos) im türkischen Rokokostil erbaut. Auf dem flachen, von Balustraden umgebenen Dach erhebt sich ein kleiner Phantasiepavillon. Wir erinnern uns: Josef aus Arimatäa, ein heimlicher Anhänger Jesu, erbat von Pilatus den Leichnam und bestattete ihn in dem neuen Grab, »das er für sich selbst in einen Felsen hatte hauen lassen« und das in dem Garten lag, in dem man Jesus gekreuzigt hatte (Mt 27, 57–60; Joh 19,38–41). Dieses Felsengrab neben dem Steinbruch Golgota ist nur noch schwer vorstellbar: Ein offener Treppenzugang führte damals zum Eingang, der nach der Bestattung mit einem Rollstein verschlossen wurde. Hinter einem Vorraum mit Sitzbänken lag die eigentliche Grabkammer mit dem Bankgrab. Konstantins Architekt Zenobios ließ den Felsen rings um die Grabkammer, auch den Vorraum, abschlagen und bedeckte den stehengebliebenen Grabfelsen mit einem gold- und silberbelegten polygonalen Ziborium. Der Platz des Vorraumes war von Schranken umgeben, vor dem Eingang stand ein Altar. 1009 befahl der Kalif el-Hakim, den Grabfelsen wegzubrechen; dabei ging auch der größte Teil der Grabbank verloren. Beim Neubau der Grabrotunde im Jahre 1048 wurde das Grab durch dickes Mauerwerk ersetzt, das zugleich auch den zur Zeit Jesu üblichen Vorraum mit umschloß. Die Größenverhältnisse der ursprünglichen Grabanlage behielt man bei der Erneuerung weitgehend bei. Diese Mauerung bildet noch heute den Kern der Grabkapelle.

Über dem Kapellenportal hängen in vier Reihen zahlreiche Ampeln. Die oberste Reihe haben die Lateiner, die beiden mittleren die Griechen und die unterste die Armenier zu betreuen. Das von schweren Leuchtern flankierte Portal bleibt immer geöffnet, ausgenommen in der Zeit von Karfreitagnachmittag bis zur Osternacht. Der 3,4 m lange und 3,9 m breite Vorraum wird Engelskapelle genannt, denn hier verkündeten am Ostermorgen zwei Engel den Frauen, die das Grab besuchen wollten und es leer fanden: »Er ist nicht hier, sondern er ist auferstanden« (Lk 24,6). In der Mitte der Kapelle steht ein Marmorschrein, der ein Stück jenes Rollsteines enthalten soll, der das Grab Jesu verschloß. Ein schmaler, nur 1,33 m hoher Durchgang führt zur 2,07 m langen und 1,93 m breiten **Grabkammer,** der wohl kleinsten und zugleich ehrwürdigsten Kapelle der Christenheit. Rechts sieht man die mit Marmor verkleidete Grabbank, auf der der Leichnam Jesu bis zur Osternacht ruhte. Die drei Auferstehungsbilder darüber stifteten die Lateiner (Silberrelief), die Griechen und die Armenier. An der Decke hängen 43 Ampeln, die von den einzelnen Konfessionen versorgt werden. Um 23.30 Uhr zelebrieren die orthodoxen Griechen in der Grabkapelle einen Gottesdienst, um 2.30 Uhr die Armenier und um 6.30 Uhr (sonntags um 5.30 Uhr) die Katholiken. An der Rückwand der Kapelle besitzen die Kopten seit dem 15. Jh. eine eigene bescheidene Andachtsstätte, von der aus sogar noch ein Stück des Grabfelsens zu sehen ist.

Die kleine Westapsis der Rotunde bildet eine Kapelle der Jakobiten, einer syrischen Sekte. Eine niedrige Tür führt zum sogenannten **Grab des Josef von Arimatäa,** einem jüdischen Familiengrab aus der Zeit Jesu, das beim Bau der Rotunde größtenteils zerstört wurde. Von den dreimal drei Schiebestollen (Kokim) sind nur noch zwei vollständig erhalten. Nördlich des Säulenkreises befindet sich die **Aula der Maria Magdalena,** der treuesten und fürsorglichsten Begleiterin Jesu auf allen seinen Reisen. Hier, in der Nähe des Grabes, sah sie als erste den Auferstandenen, den sie zunächst für einen Gärtner hielt (Joh 20,11–18). Das Altarbild des kubanischen Malers del Rio aus dem Jahre 1855 beschreibt dieses Zusammentreffen. Der Altar gehört den Lateinern. Hinter der Aula liegt die **Erscheinungskapelle,** die Hauptkapelle der Franziskaner, die der Wiederbegegnung des Auferstandenen mit seiner Mutter geweiht ist und ursprünglich die Sakristei der konstantinischen Anastasis war. Das Barockrelief über dem Altar zeigt den auferstandenen Jesus; der 75 cm hohe porphyrne Säulenstumpf gilt seit Jahrhunderten als ›Geißelungssäule Christi‹. Die Erscheinungskapelle grenzt an das **Franziskanerkloster,** das sich im Norden und Westen an die Grabeskirche lehnt. Seit 1336 wirken hier die Franziskaner als Wächter des Heiligen Grabes. Auf der Dachterrasse steht ein Glockenstuhl mit drei Glocken aus dem Jahre 1875. In der Sakristei neben der Erscheinungskapelle zeigen die Franziskaner ein Jerusalemkreuz aus der Kreuz-fahrerzeit sowie Schwert und Sporen, die Gottfried von Bouillon gehört haben sollen.

1810 teilten die orthodoxen Griechen das **Katholikon,** ihre Hauptkirche, durch hohe Wände von den Armen des Querschiffes und den Seitenschiffen ab. Man betritt es durch den ›Kaiserbogen‹. Eine riesige Ikonostase steht vor dem Hauptaltar. Ein Marmorkübel mitten unter der kuppelüberwölbten Vierung wird als ›Nabel der Welt‹ bezeichnet, eine Tradition, die bis in das Jahr 628 zurückreicht. Der Kuppeltambour zeigt innen 16 von Säulen flankierte Nischen, von denen acht mit Fenstern versehen sind. Nördlich des Katholikon kommt man am sogenannten **Bogengang der hl. Jungfrau** vorbei. Die sieben Bogen bzw. Pfeiler gehen auf die Säulenhallen des konstantinischen Atriums zurück; einige Säulen stammen aus dem byzantinischen Bau, andere wurden beim Wiederaufbau des Jahres 1048 aus alten Bauteilen zusammengefügt oder durch Pfeiler ersetzt. Eine Säule besitzt eines der herrlichen Kreuzfahrerkapitelle. Am Ende des Ganges stößt man auf das sogenannte ›Gefängnis Christi‹ aus byzantinischer Zeit. Südlich davon erreicht man den 1808 verbauten, tunnelarti-gen **Chorumgang** der Kreuzfahrerkirche, auch ›Chor der Griechen‹· genannt, mit drei apsidenförmigen Kapellen. Die erste ist dem hl. Longinus (von griechisch lonche = ›Lanze‹) geweiht, jenem Soldaten, der mit seiner Lanze dem Gekreuzigten in die Seite stach (Joh 19,34), oder aber dem Hauptmann des Hinrichtungskommandos, der Jesus sterben sah und sagte:»Wahrhaftig, dieser Mensch war Gottes Sohn« (Mk 15,39). (Später faßte die Legende beide Personen zusammen; der Lanzenschaft wird in der Peterskirche zu Rom verwahrt).

Zwischen der ersten und zweiten Kapelle vermutet man den Aufgang zum einstigen Chorherrenstift auf dem Dach der Helenakapelle. In den Ruinen dieses mittelalterlichen Stiftes der Augustiner, die 1149 als Hüter der Grabeskirche eingesetzt worden waren, haben die Äthiopier (Abessinier) das Kloster **Deir es-Sultan** eingerichtet. Das Kloster mit seinen ärmlichen Behausungen ist heute nur durch die Tür links der IX. Station vor dem Eingang des koptischen Patriarchats zu erreichen. In der Mitte des Daches erhebt sich die kleine Kuppel der Helenakapelle. Westlich davon sieht man das zugemauerte Tor, durch das die Chorherren über eine Treppe in die Grabeskirche gelangten. Südlich des Tores befindet sich eine äthiopische Kirche. Wandbilder berichten von der sagenhaften Begegnung der Königin von Saba mit König Salomo. Mitglieder der äthiopischen Kirche leben seit dem Jahre 386 in Jerusalem; bis 1946 waren sie dem koptischen Patriarchen unterstellt, seitdem leben sie in ständigem Streit mit den Kopten, so auch hier im Bereich der Grabeskirche. 1970 griff der Staat Israel in den Konflikt ein und entschied, daß die Äthiopier auf dem Dach der

Helenakapelle bleiben dürfen. Die zweite Kapelle erinnert an die Verteilung der Kleider Jesu bei der Kreuzigung. Nach römischem Recht standen die Kleider dem Hinrichtungskommando zu, und da die Soldaten das nahtlose Untergewand nicht zerschneiden wollten, würfelten sie darum (Joh 19,23–24). Die Kaiserinmutter Helena erwarb das Gewand und brachte es nach Trier, wo es als kostbarste Reliquie im Dom aufbewahrt wird.

Zwischen der Kapelle der Kleiderverteilung und der dritten, der griechischen ›Verspottungskapelle‹, führt eine 29stufige Treppe in die unterirdische **Helenakapelle** der Armenier hinab. Helena, um 257 in Südgallien geboren, war eine Dienstmagd, als Constantius Chlorus, ein römischer Offizier von ebenfalls einfacher Herkunft, sie zu sich nahm. Constantius avancierte zum Caesar und mußte Helena verstoßen, um Theodora, die Tochter des Kaisers Maximian, zu ehelichen. 305 wurde Constantius Kaiser, 306 starb er. Konstantin, Sohn des Constantius und der Helena, erkämpfte sich den Purpur des Augustus (Kaisers) und erhob seine Mutter zur Kaiserin. Helena förderte den Bau von Kirchen und rief zu Pilgerfahrten ins Heilige Land auf. Nach der Legende soll sie im Jahre 326 das Kreuz Christi gefunden haben (s. u.) Nach ihrem Tode um 330 wurde sie heilig gesprochen. Die rund 25 m lange und 13 m breite, 5 m tief aus dem Felsen gehauene Kapelle war die Krypta des konstantinischen Martyrions. Vier monolithische Säulen verschiedenen Umfangs und Materials tragen das mittelalterliche Gewölbe und die Kuppel des Mittelfeldes, die im 13. Jh. errichtet wurde und auf einem vierfensterigen Tambour ruht. Säulen und Kapitelle, 1048 hier aufgestellt, stammen vermutlich aus dem byzantinischen Martyrion. Zwei starke Pfeiler zu beiden Seiten der Treppe grenzen einen 4,5 m breiten Narthex ab. Der Hochaltar in der Hauptapsis ist der Kaiserinmutter geweiht. Der Altar der Nordapsis gilt dem Gedenken an den guten Schächer, der neben Jesus am Kreuz starb. Gemälde an den Wänden der Kapelle beschreiben Ereignisse der armenischen Kirchengeschichte: die Taufe des Königs Tiridate und seines Volkes durch den Bischof Gregor Illuminator (›Erleuchter‹) im Jahre 303 und die Rückkehr des heiligen Kreuzes aus Persien. Das bei der Restaurierung der Kapelle im Jahre 1950 eingefügte Bodenmosaik zeigt armenische Kirchen.

Im südlichen Seitenschiff führen 13 Stufen in die **Grotte der Kreuzauffindung** hinab, die von den Lateinern betreut wird. Sie gehörte zu einem uralten Steinbruch, diente lange Zeit als Zisterne und war seit dem 4. Jh. eine heilige Stätte, nachdem dort Helena das Kreuz Christi gefunden haben soll. Möglich ist es schon, daß die Kreuze, zumindest die Querbalken, bis zur nächsten Hinrichtung in einer wettergeschützten Höhle des Steinbruchs aufbewahrt wurden. Das inzwischen stark verrottete Holz zerlegten die Byzantiner in mehrere Stücke, die nach Rom und Konstantinopel kamen; Splitter davon gingen an Kirchen und Gläubige in aller Welt (schon um 350 klagte Kyrill, der Bischof von Jerusalem, daß die Welt voller Kreuzreliquien sei). Im Jahre 614 verschleppten die Perser das heilige Holz, wurden aber von Kaiser Herakleios zur Herausgabe der kostbaren Reliquie gezwungen, die am 14. September 629 in die Grabeskirche zurückkehrte. In der Schlacht von Hattin führte der Bischof von Akko die Kreuzreliquie mit sich; er fiel, und die Reliquie kam in die Hände Saladins, der sie einige Jahre später wieder an die Grabeskirche zurückgab. Alljährlich am 7. Mai wird das Fest der Kreuzauffindung gefeiert.

Der Tempelberg

Der Tempelberg (arabisch Haram esh-Sharif = ›Erhabenes Heiligtum‹) ist eines der wichtigsten touristischen Ziele Jerusalems (Farbt. 2). Hier befinden sich der einzigartige Felsendom – das goldgleißende Wahrzeichen der Heiligen Stadt über dem Altar Abrahams und Davids, von dem aus Mohammed seine Himmelsreise antrat – und die ehrwürdige Aqsa-Moschee, hier stand rund tausend Jahre lang der Tempel der Juden, die Gottes Anwesenheit heute an der Westmauer verehren, hier finden sich zahlreiche Spuren Jesu. Nirgendwo sonst sind die drei Weltreligionen auf so engem Raum miteinander verbunden.

Geschichte
Nach jüdischer und auch islamischer Überlieferung war es der Berg Moria, der heutige Tempelberg, auf dem Abraham seinen einzigen Sohn Isaak Gott als Opfer darbringen sollte (bei den Kanaanitern waren Kinderopfer durchaus üblich). Gott aber lehnte das Opfer ab (Gen 22). Nachdem König David (um 1004–968) die Stämme Israels geeint und die Philister aus dem Land gejagt hatte, eroberte er das jebusitische Jerusalem, um es zum Mittelpunkt seines Reiches zu machen. Als dann eine Pestepidemie, die im Lande 70 000 Menschenleben forderte, Jerusalem verschonte, sagte der Prophet Gad zu David: »Geh hinauf und errichte dem Herrn auf der Tenne des Jebusiters Arauna einen Altar!« (2 Sam 24, 18). David kaufte dem Jebusiterkönig Arauna den Hügel Moria für 50 Silberschekel ab und errichtete auf der Tenne, dem Felsklotz unter dem heutigen Felsendom, wo sich vermutlich ein uraltes kanaanitisches Höhenheiligtum befand, einen Altar, um Gott zu versöhnen. Dann holte David unter dem Jubel des Volkes die Bundeslade von Kirjat-Jearim nach Jerusalem. Die **Bundeslade** war das heiligste Kultgerät der Israeliten, denn sie symbolisierte ihren Bund mit Jahwe, dem einzigen Gott. Bei der Lade handelte es sich um eine mit Tragstangen versehene Truhe aus Akazienholz, in der die beiden Gesetzestafeln des Berges Sinai, das Manna und der Stab Aarons, des Bruders von Mose und ersten Hohenpriesters Israels, verwahrt wurden. Manna (von hebräisch man = ›Geschenk‹) ist die frucht- und traubenzuckerhaltige Aussonderung einer bestimmten Schildlausart, die die im Sinai heimische Manna-Tamariske befällt. Es verhärtet beim Herabtropfen zu gelblichweißen Kügelchen, die die Beduinen von Ende Mai bis Juli frühmorgens einsammeln und als Honigersatz verwenden. Von Manna, dem ›Himmelsbrot‹, ernährten sich die Israeliten auf ihrem Zug durch die Wüste Sinai (Ex 16). Als die landnehmenden Israeliten bei Jericho den Jordan überschritten, stoppte die Bundeslade den Lauf des Wassers. Später stand sie in Gilgal, in Bet El und viele Jahre in Silo. In der letzten Schlacht Sauls gegen 1050 v. Chr. ging die Lade an die übermächtigen Philister verloren, die sie aber bald wieder zurückgaben, nachdem in jeder Stadt, in der sie die Lade aufstellten, eine Epidemie ausbrach. Zuerst kam sie nach Bet Schemesch, dann nach Kirjat-Jearim.

Mit der Bundeslade wollte König David Jerusalem auch zum religiösen Zentrum Israels machen. In dem Zelt, das er »für sie aufgestellt hatte, setzte er sie an ihren Platz in der Mitte des Zeltes und brachte Brand- und Heilsopfer vor Gott dar« (1 Chr 16, 1). Wie alle semitischen Nomadenstämme des Altertums führten auch die Israeliten auf ihren Zügen ein prächtiges Zelt als ›Wohnung‹ ihres Gottes mit sich. Exodus 26 enthält eine genaue Beschreibung dieser **Stiftshütte,** die an den jeweiligen Lagerstätten aufgebaut wurde und in der dann die Bundeslade ihren Platz fand. Die Hütte war etwa 15 m lang, 5 m breit und 5 m hoch und kannte schon früh die Trennung zwischen Heiligem und Allerheiligstem. Sicher baute König David die Stiftshütte vor dem Brandopferaltar auf der Tenne auf und stellte die Bundeslade hinein. Bei den Kanaanitern hatten die Israeliten steinerne Tempel gesehen, und nachdem auch sie seßhaft geworden waren und in Häusern lebten, lag es nahe, für Jahwe ebenfalls ein festes Haus zu errichten. So sagte David zu dem Propheten Natan:»Ich wohne in einem Haus aus Zedernholz, die Lade Gottes aber wohnt in einem Zelt« (2 Sam 7,2). David hatte jedoch so schwere Kriege geführt und so viel Blut vergossen, daß Gott von ihm kein Haus haben wollte. Davids Sohn Salomo, der König des Friedens, sollte den Tempel bauen (1 Chr 28).

König Salomo (um 968–930) bezog den Hügel Moria in seine Stadt mit ein, umgab ihn mit einer Mauer und errichtete zunächst einen Palast mit angeschlossenem Wohntrakt für seine angeblich 700 Frauen und 300 Nebenfrauen. Von diesen Bauten hat man bis heute keine Mauerreste gefunden.

Der **Tempel Salomos:** Um 964 v. Chr. begann Salomo mit dem Tempelbau. Der phönikische König Hiram von Tyros lieferte Zedern- und Zypressenholz und sandte Baumeister und Künstler. Rund 160000 Männer sollen sieben Jahre lang am Tempel gebaut haben: 80000 in den Steinbrüchen, 70000 als Lastträger, 10000 als Holzfäller im Libanon, dazu 3600 Aufseher. Da die Moslems auf dem heutigen Tempelberg keine Ausgrabungen dulden, ist die Forschung auf biblische Texte und vergleichbare Tempelbauten angewiesen, um eine Vorstellung vom Tempel Salomos zu erhalten. Das Bauwerk, ein Langhausbau, dürfte einen Grundriß von 31,5 × 10,5 m gehabt haben; es erhob sich auf einem 3 m hohen Podium und gliederte sich, wie die phönikischen Heiligtümer, in Vorhalle (Ulam), Heiliges (Hekal) und Allerheiligstes (Debir). Im fensterlosen Allerheiligsten mit seinen 2,5 m dicken Mauern stand die Bundeslade. Das Tempeldach bildete eine Terrasse, die von Zedernholzbalken getragen wurde. Fußböden und Innenwände waren mit Zedernholz getäfelt, Flachreliefs von Cheruben, Palmetten und Blumengirlanden schmückten die Wände. Das Ganze war mit Gold ausgelegt. Vor dem Haupteingang im Osten standen zwei von phönikischen Künstlern geschaffene Bronzesäulen, etwa 9 m hoch, mit einem Durchmesser von 1,9 m und 2,5 m hohen Kapitellen. Die rechte Säule wurde Jachin (›Festigkeit‹), die linke Boas (›Kraft‹) genannt. Später erhielt der Tempel einen dreistöckigen Umbau mit Schatzkammern, Magazinen und Priesterwohnungen. Den Tempel umgab ein ummauerter Vorhof, in dem sich der Brandopferaltar, das ›Eherne Meer‹ und die zehn Kesselwagen befanden. Der Brandopferaltar stand vermutlich auf dem Felsblock der ›Tenne‹. Bei dem ›Ehernen Meer‹ handelte es sich um ein 730 Hektoliter fassendes bronzenes Wasserbecken, etwa 2,2 m hoch und 4,5 m im Durchmesser, das auf den Rücken von zwölf Bronzestieren ruhte. Das Becken selbst glich einer soeben erblühten Lilie. Die Kesselwagen bestanden ebenfalls aus Bronze, hatten vier Räder und trugen in dem quadratischen Aufbau je einen

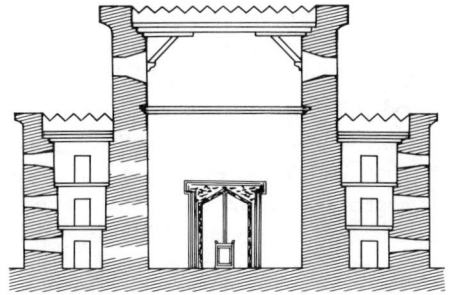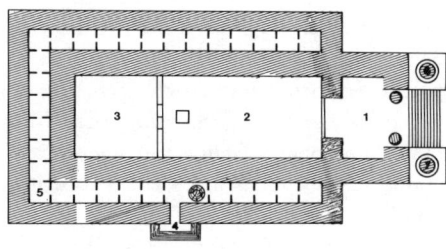

Tempel Salomos
1 Vorhalle 2 Heiligtum (Hekal) 3 Allerheiligstes (Debir) 4 Seiteneingang 5 Schatzkammern
6 Jachin 7 Boas

bronzenen Bottich zum Abspülen des Opferfleisches. Um seine Tributzahlungen an die Assyrer leisten zu können, entfernte König Ahas im Jahre 734 v. Chr. die Stiere des Ehernen Meeres und Teile der Kesselwagen. 587 v. Chr. eroberte Nebukadnezar II. Jerusalem, zerstörte den Tempel, brachte alles, was wertvoll war, nach Babylon, darunter auch die bronzenen Säulen und sämtliche Kultgeräte.

Der **nachexilische Tempel:** Fast 70 Jahre lag der Tempel in Trümmern, bis Serubbabel, ein aus dem Babylonischen Exil heimgekehrter Jude, zwischen 520 und 516 v. Chr. den Tempel nach den alten Plänen und an der alten Stelle, aber schmuckloser wieder aufbaute. Die Bronzesäulen am Eingang fehlten, ein Vorhang ersetzte die Zedernholzwand zwischen Heiligem und Allerheiligstem. Die Bundeslade, die der Prophet Jeremia vor der Zerstörung des Tempels in einer Höhle auf dem Berg Nebo im Ostjordanland versteckt hatte, blieb verschollen; eine neue wurde nicht aufgestellt. 169 v. Chr. plünderte der Seleukide Antiochos IV. Epiphanes den Tempel und entweihte ihn zwei Jahre später durch das Aufstellen einer Zeusstatue. 164 v. Chr. konnte Judas Makkabäus den Tempel wieder einweihen; 63 v. Chr. wurde das Bauwerk von Pompejus heimgesucht.

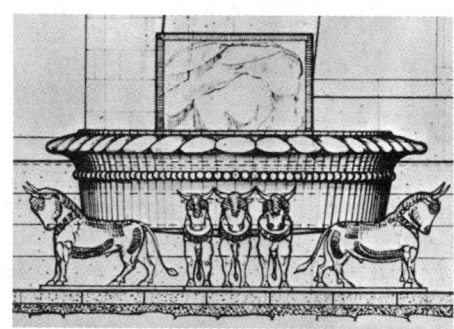

Rekonstruktion des ›Ehernen Meeres‹

Der **Tempel des Herodes** wird allgemein der ›Zweite Tempel‹ genannt, obwohl es sich genau genommen um den dritten Tempel handelte. Herodes der Große, einer der bedeutendsten Bauherren der Antike, beabsichtigte, die inzwischen unansehnlich gewordene Anlage des Serubbabel zu erneuern. Es sollte ein Prachtbau entstehen, der schönste und größte Tempel, den je ein Herrscher für den Gott seiner Untertanen erbaut hatte. Aber die Juden waren mißtrauisch – wollte der König womöglich das alte Jahwe-Heiligtum abreißen, ohne einen neuen Tempel zu bauen? Deshalb verlangten sie, daß er erst alles Baumaterial bereitstelle, bevor er mit dem Abbruch beginne, und daß nur Priester den heiligen Bau erstellen dürften. Herodes ging auf die Bedingungen ein. Nabatäische Architekten planten den Bau, und im Jahre 19 v. Chr. begannen 1000 in Schnellkursen zu Steinmetzen, Zimmerleuten und Dekorateuren ausgebildete Priester mit den Arbeiten. Die Maße des Salomonischen Tempels mußten beibehalten werden. Um genügend Platz für die prunkvollen Bauten außerhalb des Tempelbezirkes zu schaffen, ließ Herodes die Fläche des Tempelberges nahezu verdoppeln. Das höhere Gelände im Norden wurde abgetragen und im Süden aufgefüllt, wo zusätzlich gewaltige, bis 38 m hohe Substruktionen für den

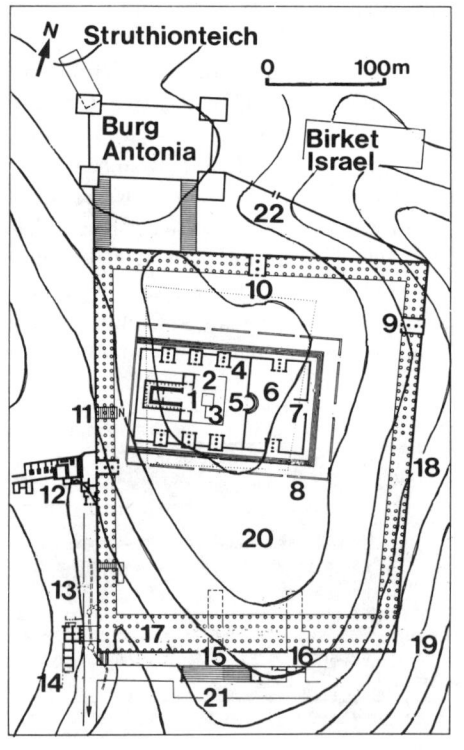

Tempelplatz zur Zeit Jesu
1 Tempel
2 Brandopferaltar
3 Vorhof der Priester
4 Vorhof der Männer
5 Nikanor-Tor
6 Vorhof der Frauen
7 Schönes Tor
8 Temenosmauer mit den Warnungstafeln
9 Susa-Tor (Goldenes Tor)
10 Tadi-Tor
11 Vorstadttor
12 Coponius-Tor mit Brücke zur Oberstadt
13 unterirdisches Tor
14 Freitreppe in das Tyropöontal
15 Zweifaches Tor (Huldator)
16 Dreifaches Tor (Huldator)
17 Königliche Halle
18 Halle Salomos
19 ›Zinne des Tempels‹
20 Vorhof der Heiden
21 Stufenaufgang
22 Schaftor

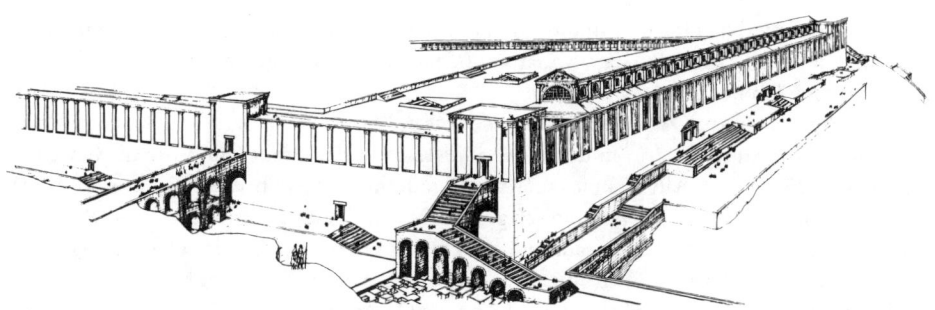

Rekonstruktion der Süd- und Westmauer des Tempelberges zur Zeit des Herodes

Ausgleich sorgten. Mächtige Mauern stützten die rund 140 000 m² große, trapezförmige Plattform. Schon im Sommer 18 v. Chr. konnte der Tempel in Anwesenheit des Königs eingeweiht werden, der für das erste Opfer 300 Rinder stiftete. »Das Äußere des Tempels wies alles auf, was Herz und Augen staunen läßt«, schwärmte Josephus. »Denn über und über war der Tempel mit dicken Goldplatten umhüllt. Und wenn die Sonne aufging, dann gab er einen Glanz wie Feuer von sich, so daß der Beschauer sein Auge wie vor den Strahlen der Sonne abwenden mußte« (Jüd. Krieg V, 5,6). Für den Bau der Höfe, Hallen und Umfassungsmauern waren weitere acht Jahre erforderlich, und vollständig fertig war der riesige Bezirk eigentlich erst 64 n. Chr. unter dem römischen Prokurator Albinus, sechs Jahre vor seiner Zerstörung durch Titus.

Der wie eine Festung ummauerte Tempelberg hatte acht Tore: zwei im Süden, vier im Westen und je eines im Norden und Osten. An der Innenseite der ringsum laufenden, 1550 m langen Mauer führten prächtige, zweischiffige Säulenhallen entlang. Die Südhalle an der Stelle des einstigen Salomopalastes, die ›Königliche Halle‹, war besonders kostbar ausgestattet. 162 korinthische Säulen, 12,5 m hoch, trugen das herrlich geschnitzte und bemalte Zedernholzdach. Sie bildeten vier Reihen, von denen die hinterste zur Hälfte im Mauerwerk stand. Der Platz zwischen den Hallen und dem eigentlichen Tempelbezirk, der ›Vorhof der Heiden‹, hatte ein buntes Mosaikpflaster. Den etwa 150 × 120 m großen Tempelbezirk umgab eine Balustrade. Über jeweils 14 Stufen gelangte der Gläubige zu den neun Toren in der 18 m hohen Temenosmauer. Große Tafeln in griechischer und lateinischer Sprache warnten jeden Nichtjuden: »Kein Fremder darf die um das Heiligtum gezogene Schranke und Umfriedung überschreiten. Wer darin ergriffen wird, ist selbst schuld, weil darauf der Tod folgt.« Eine dieser Verbotstafeln befindet sich seit 1871 im Archäologischen Museum in Istanbul, eine zweite, 1935 entdeckt, gehört heute zur Sammlung des Rockefeller-Museums. Das riesige Haupttor an der Südseite des Temenos, das ›Schöne Tor‹, öffnete sich zum ›Vorhof der Frauen‹, an dessen Wänden die Opferstöcke angebracht waren. Von dort führten 15 halbkreisförmige Stufen durch das ›Nikanor-Tor‹ in den ›Vorhof der Männer‹. Die beiden 25 m hohen und 10 m breiten Torflügel waren mit Gold und Silber ausgelegt. Der

›Vorhof der Priester‹ mit dem Brandopferaltar lag offen auf einer niedrigen Terrasse. Der Altar auf der Tenne des Jebusiters war aus unbehauenen Steinen geschichtet, etwa 15 × 18 m messend und 7 m hoch.

Zwölf Stufen führten zum Tempel hinauf, dessen Fassade 50 m breit und 50 m hoch war. Das türlose Portal maß 35 m in der Höhe und 12 m in der Breite, die Vorhalle hatte eine Fläche von 25 × 10 m. Alle Wände, auch die 12 m hohe und 8 m breite Tür, die sich auf das Heilige öffnete, trugen einen Goldbelag. Die beiden Haupträume des Tempels waren schmaler und niedriger als die imposante Vorhalle. Der erste Raum, das Heilige, maß 10 × 20 m bei einer Höhe von 30 m; hier standen die 43,6 kg schwere, goldene Menora, der Räucheraltar und der Tisch für die Schaubrote, zwölf Brote, die dort als Zeichen des ewigen Bundes mit den Stämmen Israels vor Gott lagen. Das Allerheiligste, ein quadratischer Raum von 10 m Seitenlänge, wurde durch einen großen, kunstvoll gewebten Vorhang vom Heiligen getrennt. Der Raum war völlig leer; nur ein kleiner Stein erinnerte an die Stelle, wo im Tempel Salomos die Bundeslade gestanden hatte. Der Hohepriester betrat das Allerheiligste einmal im Jahr am Versöhnungstag, um auf dem Steinmal ein Rauchopfer darzubringen. Im Süden, Westen und Norden lehnten sich dreigeschossige Bauten mit zahlreichen Kammern an den Tempel. Heute ist von dem ganzen riesigen Bau außer der Tempelbergmauer, einigen Toren und den unterirdischen Gewölben kein Stein mehr zu sehen. Die detaillierten Angaben stammen von Flavius Josephus, der als Rabbiner Zutritt zu dem Heiligtum hatte (Jüd. Krieg V, 1–6).

70 n. Chr. ging der Tempel beim Sturm der Römer in Flammen auf; Titus versuchte vergeblich, das Heiligtum zu retten. Die unvorstellbar kostbaren Kultgeräte kamen nach Rom. Jerusalem und der Tempel waren zerstört, die Juden beweinten vor Davids Altar, dem ›Gelochten Stein‹, den Verlust ihres Heiligtums. Im Jahre 130 ließ Kaiser Hadrian auf dem Tempelberg einen **Jupitertempel** errichten und beseitigte dazu die rußgeschwärzten Ruinen des Jahwetempels. Der hadrianische Bau, den wir nur von Münzbildern kennen, enthielt Statuen der römischen Gottheiten Jupiter, Juno und Minerva; den Eingang schmückten zwei Reiterstandbilder des Hadrian und seines Nachfolgers Antoninus Pius. Seine Errichtung bildete einen der Gründe für den zweiten Krieg der Juden gegen Rom (132–135). Nach der Niederschlagung des Aufstandes war den Juden jeglicher Aufenthalt in Jerusalem verboten. Konstantin der Große (306–337) ließ den hadrianischen Tempel niederreißen; die Ruinen des Tempelplatzes dienten fortan als Steinbruch für das aufblühende Jerusalem. 324 erlaubte der Kaiser den Juden, jeweils am Jahrestag der Zerstörung ihres Tempels, also am 10. August, die Stadt zu betreten. 363 ermunterte der Christenhasser Kaiser Julian Apostata (›der Abtrünnige‹) die Juden, ihren Tempel wiederaufzubauen, und forderte sie zur Rückkehr nach Jerusalem auf. Tausende von Männern und auch Frauen begannen nun, die Tempelfläche vom Schutt zu befreien, ein schweres Erdbeben und Brände in der ganzen Stadt ließen sie jedoch verzagen. Bald darauf starb der Kaiser auf einem Feldzug gegen die Perser. In byzantinischer Zeit stand am Südrand des Tempelberges eine Kirche, die 618 wie alle anderen Kirchen Jerusalems von Persern und Juden zerstört wurde. Voller Wut kippten die Christen daraufhin ihren Müll auf den Tempelplatz.

638 eroberten die Araber Jerusalem. Ihr Kalif Omar I. betete vor dem Felsen und gedachte Abrahams Opfer; an der Südmauer des Tempelberges ließ er eine kleine Moschee errichten. Unter der Herrschaft des Omajjadenkalifen Abd el-Malik (685–705) trat in Medina ein Gegenkalif auf, der den Untertanen des rechtmäßigen Kalifen die Pilgerfahrt nach Mekka verweigerte. Die Imame Abd el-Maliks erinnerten sich des Abrahamfelsens in Jerusalem, von dem aus Mohammed seine Himmelsreise angetreten haben soll, und bestimmten den Kalifen, über dem Felsen einen prächtigen Schrein zu errichten, die Qubbet es-Sakhra, den heutigen Felsendom (s. u.). Dieses Heiligtum erhielt die gleichen Rechte wie die Kaaba in Mekka, genügte also der den Moslems vorgeschriebenen Pilgerfahrt (Hadsch). Nachdem Abd el-Malik den Gegenkalifen besiegt hatte, fiel das Primat wieder an Mekka, doch behielten die Moslems das Fest von Mohammeds Himmelsreise bei. Abd el-Maliks Sohn Walid I. baute 715 die riesige Aqsa-Moschee, die mehrmals durch Erdbeben zerstört, aber immer wieder aufgebaut wurde. Die Kreuzfahrer wandelten sie sofort nach der Eroberung Jerusalems (1099) als ›Templum Salomonis‹ in die Residenz der christlichen Herrscher um, später diente sie als Sitz des Templerordens. Der Felsendom wurde zum ›Templum Domini‹ (›Tempel des Herrn‹). 1187 stellte Sultan Saladin die Bauten auf dem Tempelplatz wieder dem islamischen Kult zur Verfügung. Die Mamelucken bereicherten den Platz durch zahlreiche Kleinbauten und gaben ihm damit im wesentlichen sein heutiges Aussehen.

Das riesige Plateau des Tempelberges gehört heute den Moslems. Andersgläubige erreichen den Berg im allgemeinen nur durch die Westtore Bab el-Maghariben (›Maghrebinertor‹) und Bab en-Nazir (›Gefängnistor‹), wo sie auch die Eintrittskarten für Felsendom, Aqsa-Moschee und Islamisches Museum erhalten (wer die zum Teil sehr interessanten Tore genauer betrachten möchte, sollte das beim Verlassen des Haram tun). Taschen werden beim Eintritt kontrolliert, Rauchen ist auf dem Tempelberg untersagt. Beim Besuch der beiden Heiligtümer müssen Taschen, Kameras und Schuhe draußen bleiben. Die Randzonen des Tempelplatzes sind meistens gesperrt, was man wegen fehlender Hinweisschilder erst erfährt, wenn die Aufseher rufen.

Die Klagemauer und die Tore des Tempelberges
Das bekannteste Teilstück der Mauer, mit der Herodes der Große das Plateau des Tempelberges einfaßte, ist die **Klagemauer** (Kotel haMa'aravi, Westmauer, Western Wall), als letztes Relikt des Tempels heute das größte Heiligtum der Juden (Umschlaginnenklappe, Farbt. 56–60). Die Annahme, die Juden kämen hierher, um die Zerstörung ihres Tempels zu beweinen (daher die Bezeichnung ›Klagemauer‹), beruht auf einer falschen Deutung ihrer oft laut vorgetragenen Gebete. Auf der Westmauer des einstigen Tempels, also unmittelbar am Allerheiligsten, ruhte Jahwes Gegenwart auf Erden. Diese Eigenschaft ging durch die Kabbala (vgl. S. 326) im 16. Jh., vielleicht aber schon früher, auf die Westmauer des Tempelberges über. Der Bereich der Klagemauer wird aus Sicherheitsgründen streng bewacht. Wie in der Synagoge haben Männer und Frauen getrennte Bereiche. Mit bedecktem Kopf darf jeder an die Mauer treten (für männliche Besucher liegen Pappkappen = Kippah bereit). Die fast senkrecht aufragende Klagemauer ist etwa 18 m hoch. Die

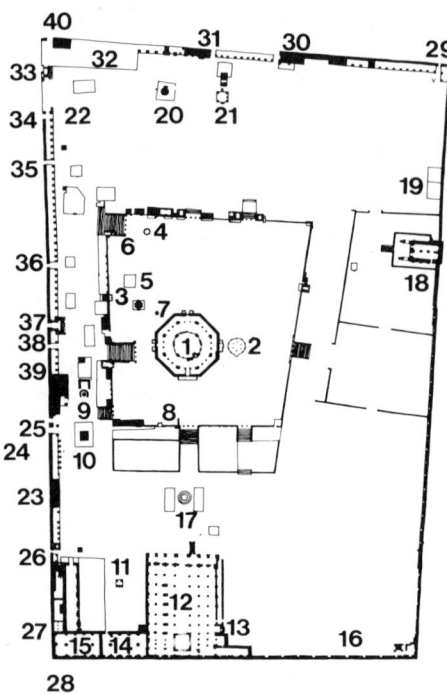

Heutiger Tempelplatz
1 Felsendom (Qubbet es-Sakhra) 2 Kettendom (Qubbet es-Silsileh) 3 Himmelfahrtsdom (Qubbet el-Miraj) 4 Geisterdom (Qubbet el-Arwah) 5 Hebrondom (Qubbet el-Khalil) 6 Georgsdom (Qubbet el-Khadr) 7 Gebetsnische des Propheten (Mihrab en-Nebi) 8 Kanzel des Burhan ed-Din 9 Sebil Qait Bey 10 Mosesdom (Qubbet Musa) 11 Qubbet Jussef 12 Aqsa-Moschee 13 Nische des Zacharias 14 Weiße Moschee (Frauenmoschee) 15 Islamisches Museum 16 Ställe Salomos 17 Reinigungsbrunnen (el-Qaas) 18 Goldenes Tor 19 Thron Salomos (Moschee Kursi Süleyman) 20 Qubbet Süleyman 21 Sebil es-Sultan Süleyman 22 Sebil Ala ed-Din el-Basir 23 Klagemauer (Westmauer) 24 Wilsonbogen 25 Kettentor (Bab es-Silsileh) 26 Maghrebinertor (Bab el-Maghariba) 27 Robinsonbogen 28 Archaeological Garden 29 Bab el-Asbat 30 Bab Hitta 31 Bab el-Atim 32 Omarijye-Schule 33 Bab el-Ghawanima 34 Palasttor (Bab es-Sarai) 35 Gefängnistor (Bab el-Habs, Bab en-Nazir) 36 Eisentor (Bab el-Hadid) 37 Baumwolltor (Bab el-Qattanin) 38 Latrinentor (Bab el-Matara) 39 Warren-Tor 40 Minarett Medineh es-Sarai

untersten 11 Steinlagen stammen aus herodianischer Zeit; sie setzen sich mit weiteren 19 Lagen nach unten in das inzwischen zugeschüttete Tyropöontal fort. Die Steinlagen bestehen aus 1,07 m hohen und unterschiedlich langen Bossenquadern, die so sorgfältig behauen wurden, daß man sie ohne Mörtel vermauern konnte. Ihre unterschiedliche Verwitterung ist auf die Verschiedenheit des Steinmaterials zurückzuführen. In die Ritzen der Mauer stecken die Juden oft Zettel, denen sie ihre innigsten Wünsche anvertrauen. Der obere Mauerabschnitt mit kleineren und unregelmäßig bearbeiteten Steinen entstand in späterer Zeit, zum Teil erst unter Süleyman dem Prächtigen. Der große, freie Platz vor der Klagemauer war bis 1967 dicht bebaut; erst nach dem Einmarsch der israelischen Truppen wurden die armseligen Häuser abgebrochen.

Links der Klagemauer sieht man den **Wilsonbogen,** den der englische Archäologe Charles Wilson während seiner umfangreichen Untersuchungen in den Jahren 1867–1870 freilegte. Mit einer Spannweite von 12,8 m wölbte sich der 15,5 m breite Bogen einst über das 23 m tiefer gelegene Tal. Er gehörte zu einem Viadukt, der schon zur Zeit der Makkabäer die Oberstadt mit dem Tempelberg verband. 63 v. Chr. brach man die Brücke ab, um Pompejus den Zugang zum Tempelberg zu erschweren. Herodes baute sie wieder auf, weil sie die Hauptverbindung zum Tempel darstellte. Das Tor hinter der Brücke hieß seit alter Zeit

Schallechet-Tor (1 Chr 26,16), weil dort die Opferabfälle hinaustransportiert wurden (›Auswurftor‹). Die Römer nannten es nach dem ersten Prokurator von Judäa Coponius-Tor, die Araber später Bab es-Silsileh (›Kettentor‹; vgl. Kettendom S. 123). Die Mamelukken versahen es mit kleinen Stalaktitennischen. Unter dem Bogen befindet sich heute eine Synagoge. Die HaShalshelet (Bab es-Silsileh Road) führt über den Bogen zum Tempelplatz; der Zugang ist hier für Nichtmoslems gesperrt.

Rechts der Klagemauer führt eine Rampe zum **Maghrebinertor** (Bab el-Maghariba = ›Westtor‹), oft auch Marokko- oder Marokkanertor genannt (Marokko gehört zum Maghreb, dem westlichen Teil der islamisch-arabischen Welt). Es dient während der Öffnungszeiten als Eingang für Besucher des Haram esh-Sharif. Unter dem Bab el-Maghariba entdeckte der Amerikaner Thomas Barclay ein großes, unterirdisches Tor, das über Stufen zum Tempelberg hinaufführte, das sogenannte ›Barclay-Tor‹ mit einem aus einem einzigen Steinblock bestehenden Türsturz. Etwa 60 m weiter südlich erkennt man in der Mauer einen 15,5 m breiten Bogenansatz und im Ausgrabungsgelände davor Gewölbekonstruktionen in derselben Breite. Hier führte eine mächtige Freitreppe vom Tyropöontal zur Königlichen Halle des herodianischen Tempelplatzes empor. Der Bogen, dessen Spannweite 12 m betrug, wird heute nach seinem Entdecker, dem Amerikaner Edward Robinson, **Robinsonbogen** genannt. Im unteren Brückenansatz sind vier Kammern zu erkennen, die vielleicht als Verkaufsstände dienten.

Hinter dem Misttor (Dung Gate) der heutigen Altstadtmauer befindet sich der Eingang zum **Archaeological Garden,** der Ausgrabungszone unterhalb der Südmauer (Abb. 3; Eintrittsgebühr), wo seit 1967 israelische Archäologen unter Leitung von Benjamin Mazar graben. Man sieht die Südwestecke der herodianischen Mauer, die bis 19 m unter die heutige Oberfläche reicht. In der Ecke wurde in Höhe des unteren Ansatzes des Robinsonbogens der längste Stein der ganzen Tempelbergumwallung freigelegt: Er ist 11,82 m lang, 1,04 m hoch und 3,05 m breit. In der Nähe des Pfeilerbaus des Robinsonbogens, also am Osthang des Tyropöontales, dem Berg Moria gegenüber, fanden die Ausgräber eine Nekropole aus dem 10.–8. Jh. v. Chr., deren Grabstätten in späterer Zeit als Zisternen dienten. Hinweise auf die noch immer unentdeckten Gräber der frühen Könige blieben leider aus. An der Südmauer stieß man auf die Straße, die in herodianischer Zeit zum Doppelten Tor hinaufführte. Die Araber bauten an derselben Stelle über einer fast 4 m dicken Trümmerschicht, Relikt der Zerstörung Jerusalems im Jahre 70 n. Chr., eine neue Straße, deren unregelmäßige Pflasterung sich deutlich von der akkuraten Bauweise des 1. vorchristlichen Jahrhunderts abhebt. Bemerkenswert sind weiter die Mauerreste eines Palastes des Kalifen Abd el-Malik (685–705), den er aus Architekturteilen älterer Bauten zusammensetzen ließ. Der Palast wurde 748 durch ein Erdbeben zerstört. 1975 wurde auch ein ca. 1000 m^2 umfassender zweistöckiger Palast der mesopotamischen Königin Helena von Adiabene entdeckt, die um 50 n. Chr. zum jüdischen Glauben konvertierte und sich in Jerusalem niederließ.

Die Stadtmauer Süleymans des Prächtigen endet vor einem byzantinischen Torbau aus der Zeit des Kaisers Justinian (527–565). Die Anlage verdeckt zum größten Teil das herodianische **Doppelte Tor,** das wie das 70 m weiter ostwärts gelegene, seit langem ebenfalls zugemauerte **Dreifache Tor** unterhalb der Königlichen Halle auf den Tempelberg führte. Genau über dem Doppeltor steht hoch oben auf dem Tempelplatz die Aqsa-Moschee mit ihrer Silberkuppel (vgl. S. 117). Rechts vom Torbau wurde ein Teil des monumentalen Stufenaufgangs freigelegt, dessen Stufen aus dem Fels gemeißelt oder auf Unterbauten gesetzt waren und mehr als die gesamte Breite von Tor zu Tor, vielleicht 140 m, einnahmen. Unter einigen Stufen fanden die Ausgräber Felsstufen aus der Zeit Salomos (10. Jh. v. Chr.). Vor der Treppe versammelten sich an Festtagen die Pilger, um geschlossen zum Tempel hinaufzusteigen. Die beiden Tore wurden auch ›Huldatore‹ (›Maulwurftore‹) genannt, weil die Aufgänge zum Tempelberg durch riesige unterirdische Gewölbe führten. 30 m vor der Südostecke der Mauer kam bei den Ausgrabungen noch ein kleines Nebentor zum Vorschein, das **Einfache Tor,** das wohl nur zu den gewaltigen Substruktionen, den sogenannten ›Ställen Salomos‹, führte. An der Südostecke des Tempelberges erreicht die Mauer ihre größte Höhe, denn hier fällt sie 48 m tief zum Kidrontal hin ab. 14 Steinlagen des herodianischen Baus sind sichtbar, 21 liegen im Schutt verborgen. An der Mauerecke endet der Archaeological Garden.

Die Ostmauer des Tempelberges besaß nur einen einzigen Zugang, das **Goldene Tor,** zu dem eine breite Treppe vom Tempelplatz hinabführt (Zutritt wegen Einsturzgefahr verboten). Zur Zeit Jesu und davor hieß es ›Susa-Tor‹, weil viele der aus dem Exil heimkehrenden Juden aus Susa, der alten Residenzstadt der persischen Achämenidendynastie, kamen, darunter auch Nehemia, den der persische Großkönig Artaxerxes I. im Jahre 446 als Statthalter von Judäa eingesetzt hatte. ›Goldenes Tor‹ nannte man den vom Kidrontal wie vom Tempelberg aus sichtbaren Eingang erst seit byzantinischer Zeit. Die heutige Anlage, 24,6 m lang und 17,3 m breit, stammt vermutlich aus dem 6. Jh. Zwei 8,3 m hohe monolithische Säulen teilen die Torhalle in zwei Gänge, deren lichte Höhe 12 m beträgt; sechs Kuppeln krönten das flache Dach (zwei sind noch vorhanden). Durch das Susa-Tor ritt Jesus am Sonntag vor seiner Kreuzigung, durch das Goldene Tor kam im Jahre 628 Kaiser Herakleios mit dem Heiligen Kreuz, das die Perser vierzehn Jahre vorher aus Jerusalem verschleppt hatten. Omar I. ließ die beiden Eingänge zumauern. Die Kreuzfahrer brachen einen davon wieder auf, öffneten ihn aber nur für die Prozession am Palmsonntag (Sonntag vor Ostern) und am Fest der Kreuzerhöhung (14. September). Saladin mauerte das Goldene Tor endgültig zu. Die Moslems nennen den nördlichen Eingang Bab et-Toubeh (›Tor der Buße‹) und den südlichen Bab er-Rameh (›Tor der Barmherzigkeit‹), denn hier liegt das Joschafattal, der ›Ort des Weltgerichts‹. Auch die Juden bezeichnen das Goldene Tor als ›Tor der Barmherzigkeit‹ (Sha'ar HaRahamim).

Das einzige Tor im Norden war das Tadi-Tor, das genau in der Mitte der Nordmauer lag und nur von Priestern benutzt werden durfte. In der Verbindungsmauer zur Burg Antonia gab es noch das Schaftor, durch das die Opferschafe getrieben wurden. Heute liegen am Nordrand das Bab el-Asbat, das Bab Hitta und das Bab el-Atim, durch die Nichtmoslems den Haram nur verlassen dürfen. Die Tore der Westmauer sind Bab el-Ghawanima (eines der beiden Besuchertore, benannt nach einer im 15. Jh. aus Kairo verbannten Mamelucken-

Goldenes Tor um 1839

familie), Bab es-Sarai (›Palasttor‹), Bab en-Nazir (›Gefängnistor‹), Bal el-Hadid (›Eisentor‹), das stalaktitengeschmückte Bab el-Qattanin (›Baumwolltor‹) und Bab el-Matara (›Latrinentor‹). Etwa 10 m südlich vom Bab el-Matara entdeckte der englische Archäologe Captain Charles Warren das nach ihm benannte **Warrentor**, das einstige ›Vorstadttor‹ der herodianischen Zeit, das unterirdisch unmittelbar in das Tyropöontal führte. Die folgenden Tore, Bab es-Silsileh, Bab el-Maghariba und der Robinsonbogen, wurden oben beschrieben (S. 115).

Die Aqsa-Moschee und der südliche Teil des Tempelberges
Die berühmte Aqsa-Moschee ist schon von weitem an dem matten Silberglanz ihrer Kuppel zu erkennen (Farbt. 9; Abb. 2). Ihr Name bezieht sich auf die im Koran (Sure 17, 1) erwähnte »el-mesdjid el-aqsa«, ›das (von Mekka) am weitesten entfernte Heiligtum‹, zu dem der Prophet Mohammed auf seinem Pferd Buraq entrückt wurde, um vom Heiligen Felsen aus

117

seine Himmelsreise anzutreten. Die erste Moschee an dieser Stelle, einen kleinen, unansehnlichen Bau aus Balken, errichtete der Kalif Omar I. gleich nach der Eroberung Jerusalems 638, und zwar wahrscheinlich auf den Ruinen einer beim Persereinfall 618 zerstörten byzantinischen Kirche (da archäologische Untersuchungen auf dem Tempelberg nicht möglich sind, konnte die Existenz dieser Kirche noch nicht bewiesen werden). Gegen 715 ersetzte Kalif Walid I., der Schöpfer des Felsendoms, die kleine Moschee durch einen riesigen, fünfzehnschiffigen Bau, der fast die ganze Mekka zugewandte Seite des Tempelplatzes einnahm. 746 wurde er durch ein Erdbeben schwer beschädigt und gegen 780 von dem Kalifen el-Mahdi in alter Größe wiederaufgebaut. Die Aqsa-Moschee des 8. Jhs. war ungefähr 95 m breit und 83 m lang. An das breite Mittelschiff mit dem Mihrab schlossen sich an beiden Seiten je sieben Nebenschiffe an; 140 Säulen trugen das fast 7900 m² große, flache Dach. Von dieser Moschee, die beim Erdbeben von 1033 zerstört wurde, stammt noch die imposante Südmauer des heutigen Gotteshauses. Der Nachfolgebau des Kalifen el-Zahir aus den Jahren 1034/35 besaß nur noch fünf Schiffe. Auf das südlichste Joch des Mittelschiffs ließ der Kalif eine Kuppel setzen. Die Kreuzfahrer verwendeten die Aqsa-Moschee zunächst als Königspalast, bis Balduin II. sie dem fränkischen Ritter Hugo de Payens zur Verfügung stellte, der 1119 zum Schutz der Jerusalempilger den Templerorden gegründet hatte. Von seinem Sitz auf dem Tempelberg erhielt der Orden seinen Namen ›Pauperes commilitones Christi templique Salomonis‹, und ›Templum Salomonis‹ nannten die Tempelherren die Residenz ihres Großmeisters, die sie um zwei Seitenschiffe und mehrere Anbauten erweiterten. In einem Teil der Moschee richteten sie eine Kirche ein, die sie der Darstellung Jesu im Tempel weihten (Lk 2,22). Seit 1187 ruft wieder der Muezzim zum Gebet, und Koranverse durchströmen die weiten Hallen. 1927 erneuerte man das Kuppelmosaik Saladins und ersetzte die Glasfenster Süleymans des Prächtigen. 1938–1942 wurden das Mittelschiff und die westlichen Seitenschiffe sorgfältig restauriert sowie die altersschwachen östlichen Seitenschiffe abgerissen und originalgetreu wiederaufgebaut; die Säulen aus weißem Carrara-Marmor stellte Mussolini zur Verfügung, die Decke stiftete der ägyptische König Faruk. 1951 fiel der jordanische König Abdallah ibn Hussein beim Betreten der Moschee einem Attentat zum Opfer. Im Sechstagekrieg (1967) traf eine Granate die Gebetsstätte. 1969 wurden mehrere unersetzliche Einrichtungsstücke, darunter der geschnitzte Mimbar Saladins, durch Brandstiftung beschädigt. Die Schäden sind inzwischen wieder behoben.

Die heutige Aqsa-Moschee ist rund 90 m lang und 60 m breit. Die großartige Fassade, die man wegen ihres Stils und der Verwendung fränkischer Bauteile (Kapitelle und Gesims) häufig fälschlich auf die Kreuzfahrer zurückführt, wurde im 13. Jh. von einem Neffen Saladins geschaffen. Durch das Hauptportal tritt man in das 17 m hohe Mittelschiff, an das sich beiderseits je drei schmalere, etwa 12 m hohe Seitenschiffe anschließen. Die Säulen des Mittelschiffs nehmen nur etwa ein Drittel der Höhe ein, darüber erheben sich Arkaden in dreifacher Folge. Vor dem Kuppelraum überspannt ein mosaikgeschmückter Triumphbogen des 11. Jhs. das Mittelschiff: Zwei monumentale, stilisierte Palmwedel neigen sich als Symbole des Paradieses einander zu. Die farbliche Zurückhaltung (Gelbgrün mit Silber) ist für die Mosaikkunst dieser Periode bestimmend. Die 17,7 m hohe, bleigedeckte Kuppel ruht auf acht Pfeilern. Das goldgrundige Kuppelmosaik entstand Ende des 12. Jhs. Saladin stiftete den von schlanken Marmorsäulen eingefaßten Mihrab und den reichgeschnitzten Mimbar vor der Südwand, der Qibla-Wand des Mittelschiffs. Beachtenswert ist ferner die Diqqa unterhalb der Kuppel, eine Estrade aus fränkischen Bauteilen, auf der der Imam beim Freitagsgebet seinen Sitz hat. An der Ostwand befindet sich die ›Nische des Zacharias‹, ein Relikt der Templerkirche. Die kleine Kapelle, dessen Portal ein eindrucksvolles Beispiel für die Kunst der Kreuzfahrer gibt, war Johannes dem Täufer geweiht.

Neben dem Hauptportal der Aqsa-Moschee führen 16 Stufen zu den unterirdischen Gewölben hinab, die in herodianischer Zeit den Zugang vom Doppelten Tor (vgl. Seite 116) her bildeten. Das Betreten der Gewölbe ist nur mit Sondergenehmigung der islamischen Haramsverwaltung gestattet. Im Westen schließt sich an die Aqsa-Moschee die **Weiße Moschee** (Frauenmoschee, Djami en-Nisa) an, ein Bau der Tempelritter (kein Zutritt für Besucher). Die Südwestecke des Tempelplatzes nimmt das **Islamische Museum** (Haram Museum) ein, dessen Südtrakt auf die Kreuzfahrer zurückgeht. Zur Sammlung gehören Kunstgegenstände aus den verschiedenen islamischen Perioden, u. a. Koranmanuskripte (darunter eines aus dem 9. Jh. in kufischer Schrift), Dokumente aus mamelukischer Zeit, Metallarbeiten, Fayencen, Münzen, Kleidungsstücke, Waffen sowie Bau- und Ausstattungsteile, die bei Restaurierungen des Felsendoms und der Aqsa-Moschee ausgewechselt wurden (z. B. Glasfenster, Bronzeportale, geschnitzte Holztäfelungen und Kapitelle aus dem 8. Jh., mächtige bronzene Halbmonde von der Kuppel des Felsendoms usw.). In der Südostecke des Tempelplatzes befindet sich der Eingang zu den **Ställen Salomos**, den gewaltigen, ca. 5000 m² großen Substruktionen unter der Königlichen Halle Herodes' des Großen. Zuerst kommt man in eine unterirdische Kammer mit farbigem Glasfenster. Unter einem Baldachin soll die ›Wiege Christi‹ gestanden haben, als Maria ihr Kind zum Tempel brachte. Breite Stufen führen in die ›Ställe‹ hinab (wegen Einsturzgefahr derzeit geschlossen). 88 Pfeiler in zwölf Reihen tragen die 9–10 m hohen Tonnengewölbe. An manchen der Pfeiler, die sich jeweils aus vier bis fünf mächtigen Quadersteinen zusammensetzen, sieht man noch die Löcher zum Anbinden der Pferde der Tempelritter (nicht etwa der des Königs Salomo). Die **Südostecke der Mauer,** von der aus man den schönsten Blick auf das Kidrontal und den Ölberg genießt (leider ist das Terrain neuerdings gesperrt), halten die Christen für die ›Zinne des Tempels‹. Vom Berg der Versuchung (vgl. S. 191) hatte der Teufel Jesus hierher gebracht, um ihn erneut zu versuchen: »Wenn du Gottes Sohn bist, so stürz dich von hier hinab; die Engel werden dich auf ihren Händen tragen, damit dein Fuß nicht an einen Stein stößt« (Lk 4,9/11).

Den mit modernen Wasserhähnen und bequemen Steinsitzen versehenen **Reinigungsbrunnen** zwischen el-Aqsa-Moschee und Felsendom nennen die Araber el-Qaas (›der Kelch‹). Eine breite Treppe führt zu der Terrasse des Felsendoms empor; sie endet unter einer vierbogigen Säulenarkade aus mameluckischer Zeit. Über der Mittelsäule ist eine arabische Sonnenuhr eingelassen.

Der Felsendom

Der Felsendom (Qubbet es-Sakhra), das prächtigste Bauwerk Jerusalems und einer der schönsten Kuppelbauten der Welt, beherrscht den gesamten Tempelplatz (Umschlagrückseite, Farbabb. 8). Der islamische Schrein wölbt sich behütend über dem Altar Abrahams und Davids, über der Stätte der Himmelsreise Mohammeds. Beim Felsendom handelt es sich nicht um eine Moschee, sondern um ein allgemeines Heiligtum, in dem jedermann beten darf, in dem aber kein öffentlicher Gottesdienst stattfindet.

Mohammed war der Legende nach auf seinem Pferd Buraq von Medina nach Jerusalem geritten, um vom Felsen Moria aus seine nächtliche Himmelsreise anzutreten. Dieser Reise des Propheten weihte der Kalif Abd el-Malik den Schrein, den er 687–691 mit Hilfe byzantinischer Baumeister und arabischer Künstler über dem Heiligen Felsen errichten ließ. Die Widmungsinschrift lautet: »Diesen Schrein erbaute Abd el-Malik, Marwans Sohn, der Herr über alle Gläubigen, im Jahre 72 (= 691 n. Chr.), und Allah nahm ihn aus seiner Hand an und geruhte ihn zu segnen.« Kalif el-Mamun (813–833) ließ den Namen el-Maliks aus der Inschrift entfernen und dafür seinen eigenen einsetzen, doch vergaßen die Fälscher, auch die Jahreszahl zu ändern. Im Jahre 1016 stürzte die Kuppel ein, 1022 wurde sie in alter Pracht wiederaufgebaut. Die Schäden des schweren Erdbebens von 1033 beseitigte man noch im selben Jahr. Die Kreuzfahrer wandelten die Qubbet es-Sakhra in eine Kirche um, die sie Templum Domini (›Tempel des Herrn‹) nannten, verkleideten den Felsen mit Marmor und setzten einen Altar darauf. 1187 gab Saladin den Felsendom wieder dem Islam zurück. Mehrere Restaurierungen, zuletzt von 1958 bis 1964, waren seit Süleyman dem Prächtigen vonnöten, um das Heiligtum weitgehend in seinem ursprünglichen Zustand zu erhalten und in jener Schönheit erstrahlen zu lassen, die uns heute so sehr fasziniert.

Die Qubbet es-Sakhra ist ein insgesamt 54 m hoher Zentralbau, der aus einem achtseitigen Unterbau und einer Kuppel besteht. Der Durchmesser des Oktogons beträgt 54,8 m (von Ecke zu Ecke), die Seitenlänge durchschnittlich 20,5 m (außen) bzw. 19,2 m (innen). Die Kuppel durchmißt außen 23,7 m und innen 20,3 m, wobei es der Abstand zwischen der äußeren und der inneren Kuppelschale (0,6–1,5 m) Handwerkern erlaubt, bis zur Spitze emporzusteigen. Der bronzene Halbmondaufsatz ist 3,6 m hoch. Die Außenwände des Oktogons sind unten mit Platten aus farbigem Marmor und darüber sowie am Tambour mit Kacheln in den Hauptfarben Blau, Grün und Weiß geschmückt. Die Fayence-Verkleidung Süleymans des Prächtigen aus dem Jahre 1561 wurde 1963 durch neue Kacheln im Originaldekor ersetzt. Im selben Jahr traten vergoldete Aluminiumplatten an die Stelle des schwarzen Bleidachs der Kuppel.

Vier genau den Himmelsrichtungen entsprechende Portale führen in das Innere des Heiligtums; das ›Westtor‹ (Bab el-Gharb), das ›Paradiestor‹ im Norden (Bab ed-Djenneh), das ›Kettentor‹ im Osten (Bab es-Silsileh) und das ›Südtor‹ (Bab el-Qibleh), das Mekka zugewandt und mit einem achtsäuligen Portikus versehen ist. Hinter diesem Tor steht auch der Mihrab. Acht marmorverkleidete, winkelförmige Pfeiler und 16 Säulen tragen die ringsum laufende Decke des doppelten Umgangs. Die Architravbalken über den Säulen sind mit getriebenem Bronzeblech verkleidet, dessen goldenes Rankenwerk den dunkelblauen

Untergrund überstrahlt. Die Arkaden über dem Architrav wurden mit goldgrundigen Mosaiken ausgelegt, wobei Krone und Blattwerk als Hauptmotive auftreten. Um den oberen Arkadenrand läuft ein arabisches Schriftband mit einem Vers aus der 17. Sure des Korans. Die großartig geschnitzte und mit Farben ausgelegte Holzverkleidung der Decke stammt aus dem Jahre 1776; die kostbaren Teppiche auf dem Fußboden stiftete König Mohammed V. von Marokko bei der Wiedereröffnung der restaurierten Qubbet es-Sakhra im August 1964. Die vier Pfeiler und zwölf Säulen des Kuppelrundes sind durch Arkaden verbunden, die Marmorintarsien aufweisen. Darüber steigen goldfarbene Arabesken, ein byzantinisches Mosaikband mit Blumenornamenten, ein arabisches Spruchband sowie Goldmosaike mit gekrönten Flügelpaaren und Vasen, aus denen Akanthusranken quellen, auf. Die 16 farbigen Glasfenster des Tambours tauchen das Innere des Felsendoms in ein mystisch anmutendes Dämmerlicht. Die Kuppel ist mit vergoldeten Stuckarabesken auf rotem Grund geschmückt. Von der Spitze fällt eine goldene Kette auf das ›Zentrum der Welt‹. Alle Säulen und Kapitelle stammen aus spätrömischen und byzantinischen Bauten des 2. bis 6. Jhs., lediglich drei schadhafte Säulen mußten 1958 durch Repliken ersetzt werden. Die Architektur ist byzantinisch, die Ausstattung stellt eine großartige Synthese aus byzantinischen, persischen und arabischen Stilelementen dar.

Der Engländer K. Archibald C. Creswell fand das geometrische System, das die byzantinischen Baumeister der Planung des Felsendoms zugrunde legten: Sie zogen um den Felsen einen Kreis, zeichneten in diesen ein Quadrat, dessen Seiten den vier Himmelsrichtungen entsprachen, und setzten in jede Ecke einen Pfeiler, der den Tambour mit der Kuppel zu tragen hatte. Dann zeichneten sie ein zweites, um 45° gedrehtes Quadrat in den Kreis, so daß ein achteckiger Stern entstand. Die Ecken dieses zweiten Quadrates markierten die Lage der mittleren von jeweils drei Säulen, die in dem Kreis angeordnet waren. Nun verlängerten

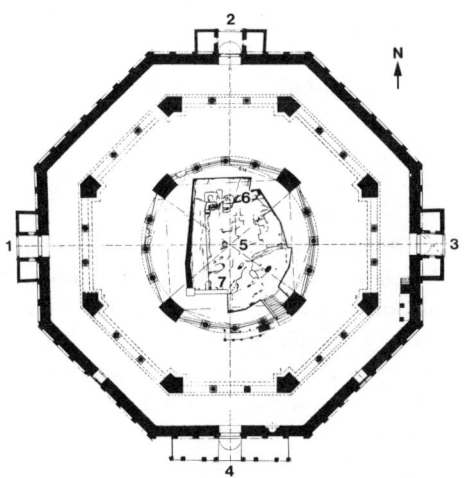

Felsendom
1 Westtor (Bab el-Gharb)
2 Paradiestor (Bab ed-Djenneh)
3 Kettentor (Bab es-Silsileh)
4 Südtor (Bab el-Qibleh)
5 Heiliger Felsen (es-Sakhra)
6 Eingang zur Höhle
7 Reliquienschrein; Fußabdruck Mohammeds

sie die Seiten der beiden Quadrate. Die acht Schnittpunkte dieser Linien gaben die Lage der Stützpfeiler für das Oktogon an. Dann zogen sie durch je zwei benachbarte Schnittpunkte eine Gerade, woraufhin wiederum ein achteckiger Stern entstand. Um diesen Stern zogen sie einen Kreis und vom Kreismittelpunkt aus durch die Schnittpunkte für die Oktogonpfeiler je eine Gerade, deren Schnittpunkte mit dem äußeren Kreis die Ecken des oktogonalen Unterbaus festlegten. So hatten sie aus dem Kreis um Abrahams Felsen, der zugleich dem Kuppelrund entsprach, mathematisch die Größe des Oktogons und der Standort der Pfeiler entwickelt.

Der »Heilige Felsen« ist 17,94 m lang, 13,19 m breit und ragt zwischen 1,25 und 2 m aus dem Boden hervor. Eine schlichte Holzbalustrade umgibt ihn. Das schmiedeeiserne Schmuckgitter der Kreuzfahrer wurde in den 60er Jahren entfernt und gehört heute zur Sammlung des Islamischen Museums. Der Felsen zeigt sich dem Besucher unverhüllt und dürfte in einigen unbearbeiteten Teilen noch den ursprünglichen Zustand bewahrt haben, als König David hier vor 3000 Jahren sein erstes Opfer darbrachte. In der Südwestecke zeigen die Aufseher den Fußabdruck Mohammeds, den der Prophet bei Antritt seiner Himmelsreise hinterlassen haben soll, und den Reliquienschrein mit einigen Barthaaren des Propheten. In der Mitte der östlichen Felskante sollen die Fingerabdrücke des Erzengels Gabriel zu erkennen sein, der den Felsen zurückhielt, als der Prophet aufstieg. Zwei Steinplatten am abgeflachten Nordende des Felsens verdecken eine 90 cm tiefe Grube, die in einen Kanal mündet und zum Auffangen des Opferblutes gedient haben könnte. Die fast kreisrunde Öffnung von 80 cm Durchmesser und 1,7 m Tiefe im Nordostteil des Felsens gab dem Felsen schon in konstantinischer Zeit den Namen ›Lapis pertusus‹ (= ›durchlöcherter Stein‹). Das Loch ist mit der natürlichen Höhle verbunden, zu der eine Treppe hinabführt. Die viereckige Höhle mißt ungefähr 7 × 7 m; ihre Höhe schwankt zwischen 1,46 m und 2,62 m. Wahrscheinlich wurde sie durch Wände verkleinert. In der Mitte des Fußbodens ist eine runde, weiße Marmorplatte von 1,68 m Durchmesser eingelassen. Sie bedeckt den Zugang zum darunterliegenden ›Seelenbrunnen‹ (arabisch: Bir el-Arouah), wo sich nach islamischer Tradition die Seelen der Verstorbenen zweimal wöchentlich zum Gebet versammeln. In den vier Ecken der Höhle verehren die Moslems Elija (Elias), Abraham, David und Salomo. Die Ausstattung der ›Abrahamnische‹ stammt vermutlich von einem der Königsgräber in der Grabeskirche.

Sonstige Bauten auf dem Tempelberg

Die Felsendomterrasse hat eine Fläche von 24500 m² und ist damit etwas größer als der Petersplatz in Rom (24000 m²). Acht breite Treppen führen ringsum zu der bis 4 m hohen Plattform empor, zwei im Süden, drei im Westen, zwei im Norden und eine im Osten. Mameluckische Säulenarkaden, deren Säulen und Kapitelle zumeist aus byzantinischen oder fränkischen Bauten stammen, schmücken die Aufgänge. Die Moslems glauben, daß am Letzten Tag an diesen Mawazin genannten Arkaden Waagschalen hängen werden, um die Seelen zu wiegen. Die Nähe zum Heiligen Felsen hat verschiedene Herrscher veranlaßt, die riesige Terrasse mit kleineren Bauten zu schmücken, deren Bedeutung und Entstehungszeit nicht immer bekannt sind. Da steht zunächst östlich des Felsendoms der **Kettendom** (Qubbet es-Silsileh), von den Juden als Gerichtsplatz Davids (Mehkemet Daud) bezeichnet. Man könnte ihn fast für eine verkleinerte Kopie des Felsendoms halten. Nach islamischer Überlieferung wird hier am Tage des Jüngsten Gerichts eine eiserne Kette die Guten von den Bösen scheiden. Bei dem Kettendom handelt es sich um einen allseits offenen Pavillon, dessen 17 Säulen (elf äußere und sechs innere) das Dach und die Kuppel tragen. Kalif Abd el-Malik (685–705) soll das schmucke Bauwerk als Schatzkammer errichtet haben. Da der Pavillon keine Wände besitzt, verwahrte der Kalif seine Preziosen vermutlich im Kuppel-tambour. Die Kreuzfahrer wandelten die Qubbet für die wenigen Jahrzehnte, die sie in Jerusalem herrschten, in eine Kapelle zu Ehren des hl. Jakobus des Jüngeren um (Jakobus war der erste Bischof von Jerusalem; im Jahre 62 stürzten ihn die Juden von der Mauer ins Kidrontal). Die Keramikverkleidung ließ Sultan Süleyman der Prächtige im Jahre 1561 anbringen. Nordwestlich des Felsendoms steht der achteckige **Himmelfahrtsdom** (Qubbet el-Miraj) aus dem 10. Jh. An dieser Stelle soll Mohammed gebetet haben, bevor er seine nächtliche Himmelsreise antrat. Die Kreuzfahrer restaurierten den kleinen Kuppelbau und verwendeten ihn als Baptisterium. Besondere Beachtung verdient der ungewöhnliche Steinaufsatz auf der Kuppel.

Weitere interessante Kleinbauten auf der Felsendomterrasse sind der Geisterdom (Qubbet el-Arwah) aus dem 15. Jh. – hier sollen sich nachts die Seelen der Heiligen treffen –, der Hebrondom (Qubbet el-Khalil) aus dem 19. Jh., der Georgsdom (Qubbet el-Khadr), die Gebetsnische des Propheten (Mihrab en-Nebi) und die Kanzel des Burhan ed-Din neben der breiten Südtreppe, wohl der Rest einer mameluckischen Mosalla (offene Moschee) aus dem 14. oder 15. Jh. Der reizvollste Kleinbau unterhalb der Felsendomterrasse ist der **Sebil Qait Bey,** ein Brunnen, den der Mameluckenherrscher el-Asraf Saif-ed-Din Qait Bey (1468–1495) stiftete und der 1883 restauriert wurde. Schlanke, von Engeln gekrönte Säulen tragen die glockenförmige Kuppel, die Steinmetze mit herrlichen Arabesken geschmückt haben. Die künstlerisch nicht sehr anspruchsvollen Sebils (Brunnen) vor dem Bab es-Silsileh und dem Bab el-Atim sind Geschenke Süleymans des Prächtigen (1520–1566). Im Westen und Norden umgeben ehemalige Medresen aus der Zeit der Mamelucken (14. Jh.) den Haram. In der Galerie zwischen dem Bab el-Qattanin und dem Bab el-Hadid befinden sich mehrere Grabstätten aus neuerer Zeit, darunter die Gräber des Königs Hussein ibn Ali, Emir von Mekka und König des Hedschas († 1931), und des Gründers und ersten Generalgouverneurs von Pakistan, Mohammed Ali Djinna († 1948). Vier Minarette markieren den heiligen Bezirk des Haram: das der Maghrebiner-Moschee im Islamischen Museum (1278 erbaut, 1622 restauriert), das über dem Bab es-Silsileh (1329), das Medineh es-Sarai in der Nodwestecke, das höchste der vier Minarette (um 1297), und das 1937 entstandene Minarett im östlichen Teil der Nordmauer.

Die ganze Ostseite des Tempelberges nahm zur Zeit Jesu die **Halle Salomos** ein. Von ihr ist nichts mehr zu sehen. Die Halle war Treffpunkt der Juden und der ersten Judenchristen; hier wurde gebetet, gelehrt und diskutiert, hier priesen Händler lautstark Opfertiere an, und Geldwechsler tauschten profanes Geld gegen geweihte Tempelmünzen für den Opferstock.

In dem Gebäude fanden Maria und Josef den zwölfjährigen Jesus im Gespräch mit den Lehrern (Lk 2,46). Jahre darauf verjagte Jesus die Händler und Geldwechsler (Mt 21,12). Hier predigte auch Petrus (Apg 3,11).

Nördlich des Goldenen Tores (vgl. S. 116) steht die kleine Moschee Kursi Süleyman, genannt **Thron Salomos,** weil Salomo der Legende nach von hier aus den Tempelbau überwacht haben soll.

Der Berg Zion

Zion (Sion) nannten die Israeliten Jerusalem seit der Eroberung, zuerst die Stadt Davids auf dem Südosthügel, dann die Stadt Salomos, besonders den Moria, den Tempelberg. Von hier fand der Name Eingang in die Sprache der Psalmensänger und Propheten als Bezeichnung für das religiöse Zentrum des Gottesvolkes. In byzantinischer Zeit ging der Name Zion auf den Südwesthügel, die ›Oberstadt‹ über, weil Juden und Christen dort die Stadt Davids vermuteten. Genau gesehen reicht dieses Hochplateau vom Jaffator bis zur Einmündung des Hinnomtales in das Kidrontal; im Osten wird es vom Tyropöontal begrenzt. Heute bezeichnet man meist nur den südlichen, außerhalb der Mauern gelegenen Teil des Hügels mit Zion (hebräisch: Har Ziyyon). Die Bedeutung des Namens ist umstritten. Er könnte ›Fels‹ meinen oder besser noch ›Burg, Festung‹.

Das markanteste Bauwerk, gewissermaßen das Wahrzeichen des Zionsberges außerhalb der Stadtmauern, ist der neoromanische Zentralbau der **Dormitiokirche** mit dem dunkelgrünen Kegeldach und dem daneben stehenden hohen Glockenturm (Abb. 14). Die Kirche Dormitio Sanctae Mariae (Mariä Heimgang; dormitio = lateinisch für ›Todesschlaf‹) folgt der Tradition, daß die Mutter Jesu auf dem Zionsberg gestorben sei. 1898 erhielt Kaiser Wilhelm II. das Grundstück vom türkischen Sultan Abdul Hamid als Geschenk. Der Kaiser übergab es dem erzbischöflichen Stuhl von Köln, der den deutschen Dombaumeister H. Renard mit dem Bau einer Marienkirche beauftragte. Renard schuf eine Rundkirche nach dem Vorbild der Pfalzkapelle von Aachen, die Karl der Große Ende des 8. Jhs. hatte errichten lassen. 1906 wurde die Dormitiokirche geweiht und den Benediktinern von Beuron, die auf dem Zion eine große Abtei unterhalten, anvertraut. Das Kuppelhalbrund der Apsis beherrscht ein riesiges goldgrundiges Mosaik der Maria mit dem Kinde. Darunter stehen in Latein die Worte des Propheten Jesaja: »Seht, die Jungfrau wird ein Kind empfangen, sie wird einen Sohn gebären, und sie wird ihm den Namen Immanuel geben« (Jes 7,14). (Immanuel bedeutet hier Messias, also Jesus; vgl Mt 1,22/23.) Die Wandflächen zwischen den Chorfenstern zeigen die Propheten Micha (Michäas), Jesaja (Isaias), Jeremia (Jeremias), Daniel, Haggai (Aggäus), Sacharja (Zacharias) und Maleachi (Malachias). Die Kapellen sind dem hl. Josef, dem hl. Johannes dem Täufer, dem hl. Bonifatius, den Heiligen Drei Königen, den Patronen Bayerns und dem hl. Benedikt geweiht. Den Fußboden schmückt ein großartiges Rundmosaik mit den Tierkreiszeichen, den Namen der zwölf Apostel, den Porträts der vier Propheten Daniel, Jesaja, Jeremia und Ezechiel und – in der

Mitte – mit den drei verschlungenen Ringen, dem Symbol der Dreieinigkeit; den Außenrand bildet ein Wort aus dem Buch der Sprichwörter (8,23–25). Die Krypta ist dem Heimgang der Maria geweiht. Unter einem Kuppelbaldachin liegt die entschlafene Gottesmutter. Das Kuppelmosaik zeigt Christus, der seine Mutter zu sich ruft. Sechs Medaillons zeigen Frauengestalten des Alten Testaments: Eva, Mirjam, Jaël, Rut, Judit und Ester.

Die Stelle der heutigen Dormitiokirche nahm in byzantinischer Zeit eine riesige fünfschiffige Basilika, die **Hagia Sion,** ein. Sie wurde im 4. Jh. über einer kleinen Kirche erbaut, die den ersten und auch den zweiten jüdischen Aufstand unzerstört überdauert haben soll, weil sie außerhalb der damaligen Stadtmauer stand. Dieses Kirchlein, ›Mutter aller Kirchen‹ genannt, erinnerte an das ›Obergemach‹, in dem Jesus mit seinen Jüngern das Ostermahl des Neuen Bundes einnahm. An dieser Stätte wusch Jesus den Jüngern die Füße (Joh 13,1–10), sagte er die Verleugnung des Petrus (Joh 13,38) und den Verrat des Judas (Joh 13,21–20) voraus, stiftete er die heilige Eucharistie (Abendmahlssakrament; Lk 22,15–20). Nach der Himmelfahrt erlebten die Jünger hier die Herabkunft des Heiligen Geistes (Apg 1,12–14; 2,1–4). Wo dieses ›Obergemach‹ tatsächlich lag, wissen wir nicht, denn kein Evangelientext enthält einen genauen Hinweis. Aber die christliche Tradition sah die heilige Stätte schon sehr früh auf dem Zion. Das Haus an der Stelle der kleinen Kirche gehörte den Eltern des Evangelisten Markus und wurde bald zum Mittelpunkt der Jerusalemer Urgemeinde. Da Hadrian den Juden (und Judenchristen) verboten hatte, in Jerusalem zu leben, wurde es von Heidenchristen der römischen Militärkolonie weiterbenutzt. Von der etwa 54 m langen byzantinischen Kirche, die sich später an das Haus des Markus bzw. die frühchristliche Synagogenkirche des 2. Jhs. anlehnte, ist nichts mehr zu sehen. 614 fiel sie dem Persersturm zum Opfer, wurde aber bald darauf von dem Patriarchen Modestus wiederaufgebaut. Nach der Eroberung Jerusalems erneuerten die Kreuzfahrer die Zionskirche als dreischiffige Basilika, die 1219 zerstört wurde. 1333 erhielten die Franziskaner von Sultan Malek en-Naser den Teil des Grundstücks, auf dem die frühchristliche Kirche stand. Die Königin von Neapel ließ darauf ein zweistöckiges Gebäude errichten, das eine Kapelle und den Abendmahlssaal umschloß. Bis 1352 erwarben die Franziskaner weitere Grundstücke auf dem Zion, bis Süleyman der Große den Orden 1552 vom Berg vertrieb.

Das Erdgeschoß des heutigen zweistöckigen Gebäudes, dessen Decke zwei schwere quadratische Pfeiler tragen, war der ›Saal der Fußwaschung‹. Die beiden hinteren Räume, die man wohl erst im 16. Jh. abteilte, sind von Mauerwerk des 2. Jhs. umgeben. Die nach Norden zum Kreuzigungshügel Golgota ausgerichtete Apsis beweist die Existenz einer Synagogenkirche. Vor der Apsis steht das Kenotaph Davids, das die Moslems im 16. Jh. hier aufstellten. Das Grabmal, auf dem heute silberne Thorakronen stehen, hat die Form eines römischen Sarkophages und ist in eine bestickte Decke gehüllt. Das **Grab Davids** wird hier erst seit dem 12. Jh. verehrt, zuerst von den Christen, im späten Mittelalter von den Moslems, und seit 1948 auch von den Juden, die in einem Nebengebäude eine Talmudschule unterhalten. Es gilt heute als sicher, daß König David hier niemals bestattet war; vermutlich wird man sein Grab und die Gräber seiner Nachfolger irgendwann am Westhang des Tyropöontales entdecken, denn sie fanden ihre letzte Ruhestätte ja in der Davidstadt (1 Kön

2,10). Wahrscheinlich ist die Tradition von Davids Grab auf eine Verwechslung des christlichen Zionsberges mit dem Zion Davids zurückzuführen. Ab 1524 gehörte das Grab Davids zur Moschee Nabi Daud (›Prophet David‹). Im Vorraum, der heute als Synagoge dient, ist noch die alte Gebetsnische zu sehen. Den darüber liegenden **Abendmahlssaal** (Coenaculum; Abb. 15) erreicht man von der Talmudschule aus über eine Außentreppe (die Innentreppe zum Obergeschoß ist gesperrt). Der eindrucksvolle Saal, das ›Obergemach‹ der Evangelien, das einen schönen Mihrab birgt, ist sehr gut erhalten. Zwei Säulen tragen das frühgotische Spitzbogengewölbe. Wenige Schritte vom Davidsgrab entfernt befindet sich der **Holocaust Cellar** (Martef HaShoa = ›Kammer der Märtyrer‹), eine unterirdische Gedenkstätte für die Opfer des Nationalsozialismus.

Am Osthang des Zionsberges steht die moderne, 1931 geweihte **Kirche St. Peter in Gallicantu** (St. Peter zum Hahnenschrei), die Kirche der Reue Petri (Mt 26,75; Mk 14,72; Lk 22,61/62). 1888 entdeckten Assumptionistenpatres an dieser Stelle neben Hausmauern, Silos, Zisternen und Wohnhöhlen die Reste einer etwa 21 × 16 m großen byzantinischen Kirche aus dem 6. Jh., die die Kreuzfahrer erneuerten. Von den alten Bauten ist kaum noch etwas zu sehen. Eine Treppe führt zur heutigen Unterkirche hinab, von der aus man in eine 6 m tiefe Höhle blickt. In diesem Felsverlies soll Jesus die Nacht vor dem Prozeß verbracht haben. Das würde jedoch bedeuten, daß hier das Haus des Hohenpriesters Kajafas (Kaiphas) gestanden haben muß, was nach den Quellen und archäologischen Befunden unwahrscheinlich ist. Die Kuppel der Rundkirche hat eine kreuzförmige Öffnung. Mosaiken zeigen Jesus vor dem Hohen Rat, den weinenden Petrus und verschiedene Büßergestalten. Von der Terrasse der Kirche bietet sich ein herrlicher Blick auf die Davidstadt und das Kidrontal.

Das **Haus des Kaiphas,** wo Jesus dem Hohen Rat vorgeführt und schließlich zum Tode verurteilt wurde (Mk 14,53–64), vermutet man im Bereich des armenischen Klosters vor dem Zionstor; Ausgrabungen haben hier jedoch noch nicht stattgefunden.

Das Kidrontal

Der Kidron (Qidron, Kedron), der nur bis zum Frühsommer Wasser führt, hat keine Quelle. Der von den Arabern Wadi en-Nar (Feuerfluß) genannte kleine Fluß sammelt das von den Hängen des Skopus, Ölberges und Tempelberges herabströmende Regenwasser, fließt durch das Dorf Silwan, wo er inzwischen unter die Straße verlegt wurde, und windet sich dann in tiefen Schluchten durch die Judäische Wüste und am Kloster Mar Saba vorbei, bis er südlich von Qumran das Tote Meer erreicht. 100 m südlich der Kirche der Nationen (Getsemani-Kirche) zweigt eine Straße ins Kidrontal (Abb. 13) ab, das zwischen Tempelberg und Ölberg auch Tal Joschafat genannt wird. Das Tal Joschafat ist das ›Tal der Entscheidung‹, das ›Tal des Jüngsten Gerichts‹ (Joël 4,1/2; 4,14). Da die Juden am Jüngsten Tag an diesem Ort sein wollen, entstanden am Westhang des Ölberges, der schon in der Mittleren Bronzezeit (2100–1600) als Begräbnisstätte diente, große Friedhöfe mit Tausenden von Gräbern. Unmittelbar links der Straße wurden im 2. und 1. Jh. v. Chr. die drei eindrucksvollsten Grabmonumente Jerusalems aus dem felsigen Hang gehauen.

Bei dem **Grab des Abschalom** (Farbt. 11) handelt es sich um einen monolithischen Kubus von über 6 m Seitenlänge und 6,5 m Höhe, auf den eine Attika und ein Zylinder aus mächtigen Quadersteinen gesetzt wurden. Den Bau krönt ein spitzer, aus Steinplatten gefügter Kegel, der in einer steinernen Blüte endet. Die Gesamthöhe beträgt etwa 15 m. Das Monument entstand im 1. Jh. v. Chr. und weist eine Mischung verschiedener Stilrichtungen auf, wie das in hellenistisch-römischer Zeit durchaus üblich war. An den würfelförmigen Unterbau, dessen oberen Rand ein dorischer Fries schmückt, lehnen sich ionische Halb- und Viertelsäulen. Eine Öffnung oberhalb des Kranzgesimses führt in eine kleine Grabkammer hinab, die die Juden seit alters her Yad Abshalom nennen, weil sie hier den Gedenkstein vermuten, den Abschalom, Davids Sohn, für sich aufstellen ließ (2 Sam 18,18). Im Mittelalter bewarfen die Vorübergehenden das Grab mit Steinen, weil sich Abschalom gegen seinen Vater erhoben hatte (2 Sam 15–18). 1925 stießen Archäologen auf das dahinterliegende **Grab des Joschafat,** eine große Grabanlage mit acht in den Felsen gehauenen Kammern, die ebenfalls aus dem 1. Jh. v. Chr. stammt und offensichtlich zum vorderen Monument gehört. Etwa 25 m weiter folgt das **Grab des Bene Hesir,** das sich eine Priesterfamilie in der zweiten Hälfte des 2. Jhs. v. Chr. erbaute. Hinter der loggiaartigen Fassade mit zwei Säulen und einem Architrav in rein dorischem Stil befinden sich mehrere in den Felsen getriebene Grabkammern. Nach der christlichen Tradition wurde hier Jakobus, der Bruder (Vetter) Jesu und erste Bischof von Jerusalem, nach seinem Märtyrertod bestattet. Das 9 m hohe **Grab des Zacharias** (Farbt. 12) mit seinem pyramidenförmigen Dach wurde im 1. Jh. v. Chr. vollständig aus dem Felsen gehauen. Den mächtigen Steinkubus (Seitenlänge 5,2 m) schmücken ionische Säulen.

Zu beiden Seiten des Kidrontales zieht sich das arabische Dorf **Silwan** (hebräisch Kefar HaShiloah), ein malerischer Ort mit gepflegten Gärten, die Hänge hinauf (Abb. 13). Zur Zeit des Herodes wohnten auf dem ›Berg der Schande‹ in zahlreichen Höhlen und einfachen Häusern die Armen Jerusalems. ›Berg der Schande‹ oder ›Berg des Ärgernisses‹ hieß der Hügel östlich des Flusses, weil Salomo hier Kultstätten für seine heidnischen Frauen errichtet hatte. Man sieht noch einen kleinen, kubischen Grabbau aus dem 7. Jh. v. Chr., das ›Grab der Pharaonentochter‹.

Zwischen dem Kidron- und dem Tyropöontal erstreckt sich der schmale, wie ein Schiffsbug aussehende, steil abfallende Felssporn des **Ofel** (›Buckel‹), auf dem das Jerusalem der Jebusiter und die Davidstadt, die Zionsburg des Alten Testaments, lagen (Abb. 12). Das Tyropöontal ist heute kaum mehr als Tal zu erkennen, weil es im Laufe der Jahrtausende etwa 15 m hoch mit Bauschutt aufgefüllt wurde. Auch im Norden trennte einst eine flache Senke den zwischen 110 und 150 m breiten und etwa 400 m langen Felssporn vom Berg Moria, dem späteren Tempelberg. Der sogenannte Davidsturm und die ›Kanaanitermauer‹ wurden um die Mitte des 2. Jhs. v. Chr. über Hausruinen aus dem 7. Jh. v. Chr. erbaut. Der angesehene britische Archäologe R. A. Macalister entdeckte diese Wehranlage 1923/25 und schrieb sie irrtümlich den Jebusitern zu. 1927 fand J. W. Crowfoot auf dem Westhang des Ofel ein jebusitisches Stadttor, das eine Öffnung von 3,5 m aufwies und von zwei 8 m dicken Türmen flankiert war, und 1961/62 stieß die Archäologin K. M. Kenyon 20 m oberhalb der

Gihonquelle auf einen Torturm, der eindeutig zur Jebusiterstadt gehörte und schon um 1800 v. Chr. die Quelle am Fuße des Abhanges schützte. Vermutlich lag an dieser Stelle das ›Wassertor‹ des alten Jerusalem, durch das der junge Salomo ritt, bevor er an der Gihonquelle vom Priester Zadok und dem Propheten Natan zum König gesalbt wurde (1 Kön 1,45). Das Mauerwerk besteht aus großen, unbearbeiteten Rollsteinen, die wohl aus dem Wadi Kidron stammen.

Das eindrucksvollste Relikt aus kanaanitischer und israelitischer Zeit ist das Wasserversorgungssystem des alten Jerusalem, das von der **Gihonquelle**, »einer süßen, wasserreichen Quelle« (Jüd. Krieg V, 4,1), ausging. Gihon bedeutet ›Sprudler‹, weil das Quellwasser in bestimmten Abständen stoßartig aufsprudelt. Die Christen nennen die Quelle Marienquelle, die Araber 'Ain Umm el-Deradj (›Quelle der Mutter der Stufen‹) oder Ain Sitti Marjam (›Quelle der Jungfrau Maria‹). Heute führt eine moderne Treppe zur Quelle hinab, von der aus ein unterirdischer Kanal, 1838 erstmals von dem amerikanischen Bibelarchäologen Edward Robinson erforscht, bis zum Siloahteich (s. u.) verläuft. Nehmen Sie für die reizvolle Exkursion (etwa 15 Minuten) einen Führer oder schließen Sie sich einfach einer der vielen Schulklassen oder Jugendgruppen an, die den Gihon durchwandern. Eine Taschenlampe ist wichtig, denn die angebotenen Kerzen verlöschen zu häufig. Krempeln Sie sich die Hosen hoch, denn Sie werden stellenweise knietief im frischen Quellwasser waten! Die Gihonquelle lag außerhalb der Jebusiterstadt und der Stadt Davids, denn es war aus strategischen Gründen nicht möglich, die Stadtmauer bis ins Kidrontal hinabzuziehen. Um auch im Verteidigungsfall an das lebensnotwendige Wasser heranzukommen, trieben die Jebusiter von der Quelle aus einen Tunnel unter das Stadtgebiet und schlugen von oben einen 13 m tiefen, treppenlosen Schacht (Zinnor) zum Tunnel hinab, aus dem sie das Wasser mit an Seilen hängenden Eimern schöpfen konnten. Durch diesen Schacht drangen gegen 1000 v. Chr. Joab und seine Männer in die Jebusiterstadt ein und öffneten die Tore für Davids Truppen. 1867 entdeckte der englische Pionier-Captain Charles Warren diesen Schachtgang zur Quelle.

Im ausgehenden 8. Jh. v. Chr. baute König Hiskia (Hiskija) angesichts der Assyrergefahr einen rund 533 m langen, zwischen 0,58 und 0,65 m breiten und zwischen 1,60 und 5,10 m hohen unterirdischen Kanal, der im Siloahteich (s. u.), einer riesigen Zisterne im Stadtgebiet, endete. Der Bau dieses vielfach gewundenen Kanals, dessen Verlauf sich nach der Härte des Gesteins richtete, stellte eine technische Meisterleistung dar. Da die Zeit drängte, wurde die Arbeit an beiden Seiten begonnen. Mit einer Abweichung von kaum 50 cm trafen sich die Mineure im Berg. Da diese Leistung mit unseren heutigen technischen Mitteln kaum besser zu erbringen wäre, nimmt man an, daß die Kanalbauer einer Wasserader folgten. Mehrere Blindstollen hinter der Gihonquelle zeugen von den Bemühungen, die richtige Ader aufzuspüren. Eine althebräische Felsinschrift am Kanalausgang, die an das Ereignis des Durchstichs erinnert, wurde 1880 von badenden Araberjungen entdeckt und befindet sich heute im Archäologischen Museum von Istanbul.

Im Jahre 701 v. Chr. erschien der assyrische Großkönig Sanherib und besetzte ganz Judäa und die Küstenstädte der Philister; nur Jerusalem konnte er nicht bezwingen, weil eine schwere Epidemie seine Truppen dezimierte und ihn zum Abzug zwang. König Hiskia, dem der Prophet Jesaja von einer Übergabe der Stadt abgeraten hatte, war froh, mit tragbaren Tributzahlungen davongekommen zu sein (2 Kön 18 und 19).

Der **Siloahteich** (Abb. 10) sammelte das Wasser des Gihon. Siloah (Schiloach) kommt von dem hebräischen ›schalach‹ für ›senden, schicken‹, bezeichnete ursprünglich also den Kanal, erst später den Teich. Hier wirkte Jesus eines seiner letzten Wunder: Mit dem Quellwasser heilte er einen Blindgeborenen (Joh 9,6/7). Wie der Teich zur Zeit Jesu aussah, wissen wir nicht. Kaiser Hadrian (117–138) baute ihn zu einem Tetranymphon aus, einer quadratischen Anlage von 22,5 m Seitenlänge. Noch im Jahre 333 sah der Pilger von Bordeaux einen Quadriportikus rings um die Zisterne. Im 5. Jh. entstand am Teich eine Kirche, die an das Wunder Jesu erinnern sollte. 570 berichtete Antonius von Piacenza: »Über Schiloach steht eine Basilika mit einer Kuppel. Unter ihr entspringt Schiloach mit zwei Baderäumen, von Menschenhand gemacht; zwischen den beiden Räumen läuft eine Schranke. In dem einen baden die Männer, in dem anderen die Frauen.« Die Kirche wurde 614 beim Einfall der Perser zerstört; geblieben sind nur die Nordwand des Quadriportikus (hinter der sich die Basilika erhob) und einige Säulenstümpfe. Der heutige, restaurierte Siloahteich ist 15,5 m lang und 5,5 m breit; der Bogen über dem Gihonaustritt stammt aus dem Jahre 1911. An Stelle der byzantinischen Kirche steht heute eine kleine Moschee.

Dort, wo sich das Kidrontal mit dem Tyropöontal vereinigt, also am Treffpunkt der beiden Talstraßen, lagen die Gärten der Könige von Juda. Von der Gihonquelle lief ein offener Kanal am Rande des Ofel entlang bis zu den Gärten, wo er in einem großen künstlichen Teich (Birket el-Hamra) endete. Das **Scherbentor** aus der Zeit Jesu erinnert an die Töpfer, die an der nahen Rogelquelle (Bir Ajub), einst Grenzpunkt zwischen den Stämmen Juda und Benjamin (Jos 18,16), ihr Handwerk betrieben. Am Schlangenstein (Stein Sohelet) neben der Quelle ließ sich Salomos Bruder Adonija zum König salben, was er bald mit seinem Leben bezahlen mußte (1 Kön 1,9/11; 2,25).

200 m weiter südlich mündet das **Hinnomtal** in das Kidrontal. Im Hinnomtal (Gehenna), das den Juden als Ort des Grauens galt, stand zur Zeit des Königs Joschija (639–609) ein Kultbild des semitischen Gottes Moloch, dem zu Ehren Kinder bei lebendigem Leibe verbrannt wurden. Am Südhang des Hinnomtales liegt das griechisch-orthodoxe Kloster des hl. Onuphrius (Aceldamakloster). Nachdem Jesus gekreuzigt war, bereute Judas den Verrat, warf die dreißig Silberlinge in den Tempel und erhängte sich. Da an dem Geld Blut klebte, wollten die Priester es nicht zum Tempelschatz tun, sondern kauften dafür den Töpferacker als Begräbnisplatz für die Fremden. Seitdem heißt der Töpferacker **Hakelda-mah** (›Blutacker‹; Mt 27,3–8). Auf dem Hakeldamah fand man jüdische Felsgräber aus den ersten nachchristlichen Jahrhunderten. Helena, die Mutter Konstantins des Großen, baute hier eine Kirche ›für das Begräbnis der Armen‹. Zur Zeit des Kreuzfahrerreiches gehörte der Acker den Johannitern, die hier die verstorbenen Pilger bestatteten.

Der Ölberg

Der östlich des Tempelbergs gelegene Ölberg (Farbt. 6), arabisch et-Tur (›der Berg‹), hebräisch Har HaZetim, ist Teil einer nordsüdlich verlaufenden Hügelkette, die im Norden mit dem Skopus (819 m) beginnt, sich in den Anhöhen el-Medbase (827 m) und Umm et-Tala (815 m) fortsetzt, dann den 809 m hohen Ölberg mit der Himmelfahrtskuppe erreicht und schließlich im Süden mit dem 744 m hohen Berg des Ärgernisses (arabisch Baten el-Hawa) ausschwingt. Die Himmelfahrtskuppe liegt etwa 120 m über dem Kidrontal und noch 65 m über dem Tempelberg. Der Ölberg oder Berg der Ölbäume hat seinen Namen von den uralten Olivenhainen, die zum Teil noch heute vorhanden sind. Er zählt zu den heiligsten Stätten der Christen und Juden. Im Garten Getsemani am Fuß des Ölberges hielt sich Jesus mit den Jüngern häufig auf, hier wurde er am Tag vor seinem Kreuzestod verhaftet. Vom Gipfel des Berges fuhr der Auferstandene zum Himmel. Die Juden haben am Westhang ihre älteste und größte Begräbnisstätte.

Der kürzeste Weg von der Altstadt zum Ölberg führt durch das Löwentor (Stephanstor). Vor der Brücke über den Kidron steht rechts die griechisch-orthodoxe **Stephanskirche,** dem Diakon der ersten christlichen Gemeinde und Märtyrer Stephanus geweiht. Jenseits der Brücke liegt linker Hand das **Mariengrab** (Abb. 9). Der schmucke Grabbaldachin oberhalb der zum Grab hinabführenden Treppen erinnert an den berühmten islamischen Juristen Mudjir ed-Din el-Hanabi. Die Treppen enden auf einem ummauerten Vorplatz. Durch ein schönes frühgotisches Portal aus der Kreuzfahrerzeit und über 47 fast 7 m breite Marmorstufen steigt man in die Grabanlage hinunter. Nach der Tradition starb Maria auf dem Zionsberg (vermutlich zwischen 50 und 54 n. Chr.) und wurde in einer Felsenhöhle des Kidrontales, das hier Joschafattal heißt, beigesetzt. In späterer Zeit entstandene Überlieferungen, Marias Grab liege in Ephesus (Westtürkei), wohin sie mit dem Apostel Johannes geflohen sei, ließen sich bis heute nicht bestätigen. Schon im 4. Jh. erhob sich über dem Grab der Maria eine Kirche, die 614 von den Persern zerstört, aber sofort wieder aufgebaut wurde. Die Kreuzfahrer fanden nur noch die Grabkrypta vor, die sie im Jahre 1112 restaurierten und erweiterten. Darüber errichteten sie eine Kirche, an die sich ein Kloster der Benediktiner von Cluny anschloß. 1187 ließ Sultan Saladin Kirche und Kloster niederreißen, verschonte aber die Krypta, weil auch die Moslems Maria, die Mutter des Propheten Isa (Jesus), verehren. 1363 erwarben die Franziskaner das Mariengrab; 1757 erzwangen die orthodoxen Griechen und Armenier die Übertragung der Stätte. Die Mariengrabkrypta hat die Form eines lateinischen Kreuzes. Im größeren Ostarm steht die kleine, aus dem Felsen gehauene Grabkapelle mit dem marmorverkleideten Bankgrab; rechts und links davon befinden sich eine islamische Gebetsnische und ein armenischer Altar. Auch der Altar im Westteil der Krypta ist armenisch. An die Treppe lehnen sich zwei Kapellen, in denen die Kreuzfahrerköniginnen Maria, Konstanze und Batilda (im Westen) sowie Melisande (im Osten) beigesetzt sind.

Rechts vom Mariengrabportal führt ein langer, offener Gang zur **Getsemanigrotte,** auch Verratsgrotte genannt. Hier wollte Jesus mit den Jüngern die Nacht vom Donnerstag zum

Mariengrab und Getsemanigrotte
1 Vorhof
2 Portal
3 Treppengewölbe
4 Kapelle mit den Gräbern Jojakims und Annas
5 Kapelle mit dem Grab des hl. Josef
6 früherer Zugang zur Kirche
7 Grabkrypta
8 Grab der Maria
9 islamische Gebetsnische
10 armenischer Altar
11 Getsemanigrotte

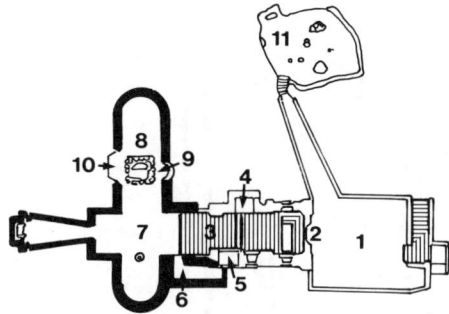

Freitag vor dem Paschafest des Jahres 30 n. Chr. verbringen, denn in der Paschanacht durfte kein frommer Pilger Jerusalem verlassen. Da das offizielle Stadtgebiet für die Pilgermassen aber zu klein war, erklärte das Synedrium die angrenzenden Bezirke, wie den Ölberg, als zum Stadtgebiet gehörig. Betanien, wo Jesus sonst zu übernachten pflegte, lag außerhalb dieses Bereichs. An jenem Donnerstag verriet Judas den Aufenthaltsort Jesu, der daraufhin von der Tempelwache verhaftet wurde (Mk 14,41–45; Joh 18,4–12). Die Grotte ist etwa 19 m lang, 10 m breit und bis zu 3,5 m hoch. Im 12. Jh. war sie mit der Marienkirche über dem Grab Mariens verbunden, Saladin ließ den Durchgang jedoch zumauern. Später erhielten die Jerusalemer Christen die Erlaubnis, einen eigenen Zugang zur Verratsgrotte zu schaffen. In frühbyzantinischer Zeit (4. Jh.) war der Fußboden mit Mosaiken ausgelegt, die später durch die Anlage von Gräbern fast vollständig zerstört wurden. Fresken, die die Kreuzfahrer im 12. Jh. erneuerten, schmückten die Wände. Die Getsemanigrotte gehört seit 1392 den Franziskanern. Die Altarbilder, Werke des Italieners Umberto Noni, berichten von Jesu Beten, vom Verrat des Judas und von Mariä Himmelfahrt.

Jenseits der Straße zum Ölberg liegt hinter einer hohen Mauer der **Garten Getsemani** (Gethsemane). Getsemani (hebräisch Gat Schemanim) bedeutet ›Ölkelter‹. Hier stand zur Zeit Jesu ein Gehöft mit einer größeren Olivenplantage. Jesus dürfte den Besitzer gekannt haben, denn dieser erlaubte es ihm, sich mit den Jüngern in den Gärten aufzuhalten und die Grotte (Getsemanigrotte) zu benutzen. Später war er auch bereit, die benachbarte Grotte für das Begräbnis der Maria zur Verfügung zu stellen (Mariengrab). Der Eingang zum Garten und auch zur Kirche der Nationen befindet sich am Weg, der zum Ölberg hinaufführt (der offizielle Eingang an der Straße nach Jericho ist meist verschlossen). In dem Garten stehen zwischen bunten Blumenbeeten einige uralte Ölbäume, die vielleicht schon um 70 n. Chr., als Titus bei der Belagerung Jerusalems alle Bäume bis zum Umkreis von 20 km abholzen ließ, aus den Wurzelstöcken der gefällten Bäume sprossen.

In der letzten Nacht vor der Kreuzigung befiel Jesus im Garten Getsemani Todesangst (Mt 26,36–44). Das Geheimnis dieser Angst hütet die **Kirche der Nationen** (Getsemani-kirche, Todesangstbasilika, Abb. 11). 1920 entdeckte der italienische Architekt A. Barluzzi

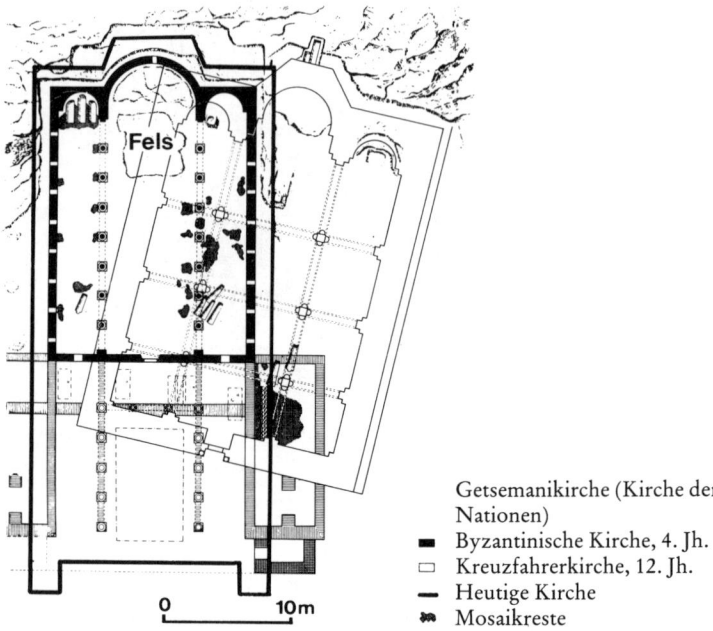

Getsemanikirche (Kirche der
Nationen)
■ Byzantinische Kirche, 4. Jh.
▢ Kreuzfahrerkirche, 12. Jh.
▬ Heutige Kirche
❀ Mosaikreste

beim Bau der heutigen Kirche die Fundamente einer byzantinischen Basilika, der ›ecclesia elegans‹ der Pilgerin Aetheria aus der Zeit um 380. Schon 1909 waren die Franziskaner, denen das Gartengrundstück seit 1681 gehört, auf die Grundmauern einer Kreuzfahrerkirche des 12. Jhs. gestoßen. Die byzantinische Kirche war 25,05 m lang, 16,35 m breit und endete in drei Apsiden (die dreiapsidiale Bauform begann sich in Palästina andernorts erst nach 450 durchzusetzen). Teile ihres wunderschönen Mosaikfußbodens (stilisierte Blumenmotive), der 2 m unter dem Boden des Kreuzfahrerbaus lag, sind unter schützendem Glas noch zu sehen. Vor der Hauptapsis erhebt sich ein flacher Felsen, der Felsen, auf dem Jesus in Todesangst zu seinem Vater gebetet haben mag. Der Kirche war ein von Gebäuden flankiertes Atrium vorgesetzt, dessen Mitte eine große Zisterne einnahm. Das Südgebäude lehnte sich an einen mit weißen Mosaiksteinen ausgelegten römischen Ölkelterraum an, der vielleicht schon den frühen Christen als Gedächtnis- und Gebetsstätte diente. Beim Einfall der Perser im Jahre 614 wurde die erste ›Kirche der Todesangst‹ zerstört. Die ›Kirche des Erlösers‹, wie die Kreuzfahrer die Getsemanikirche nannten, entstand im 12. Jh. Die Ost-West-Achse des wuchtigen dreischiffigen Baues mit einer Länge von 29,75 m und einer Breite von 17,70 m war gegenüber der byzantinischen Basilika um 13° nach Süden verschoben. Drei Felserhebungen in den drei Apsiden erinnern an das dreifache Gebet Jesu: »Vater, nicht mein, sondern dein Wille geschehe.« Bald nach dem Abzug der Kreuzfahrer verfiel die Kirche, und schon seit der Mitte des 14. Jhs. war nichts mehr von ihr zu sehen.

Die heutige Kirche der Nationen, deren Bau mit Spenden vieler Nationen finanziert wurde, entstand zwischen 1919 und 1924. Auf dem großartigen Giebelmosaik über dem Hauptportal erscheint Jesus als Mittler zwischen Gott und der Menschheit. Darunter steht ein Wort aus dem Hebräerbrief (5,7): »Als er auf Erden lebte, hat er mit lautem Schreien und unter Tränen Gebete und Bitten vor den gebracht, der ihn aus dem Tod retten konnte, und er ist erhört und aus seiner Angst befreit worden.« Die Portalsäulen tragen Statuen der vier Evangelisten. Den Giebel krönt das Kreuz, zu dem zwei Hirsche aufblicken: »Wie der Hirsch lechzt nach frischem Wasser, so lechzt meine Seele, Gott, nach dir« (Ps 42,2). Das im islamischen Stil gehaltene Dach besteht aus zwölf kleinen, mit Bleiplatten gedeckten Kuppeln. Die blaugrauen Alabasterfenster tauchen das Innere der Kirche in ein Dämmerlicht, das den Besucher in die Nacht des Gründonnerstags versetzt. Die zwölf Monolithsäulen aus rotbraunem Betlehem-Kalkstein symbolisieren die Ölbäume des Gartens. Die Kuppelmosaike schufen Künstler aus Mexiko, Chile, Brasilien, Argentinien (links); England, Spanien, Frankreich, Italien (Mitte); USA, Deutschland, Kanada, Belgien (rechts). Der von einem Schmiedeeisengitter abgetrennte Hochaltar steht auf dem nackten Felsen. Das Mosaik der Hauptapsis zeigt Jesus in einsamer Angst, aber dem Willen seines Vaters ergeben, die Mosaike der Seitenapsiden beschreiben den Verrat des Judas und die Gefangennahme.

Vom Garten Getsemani führen drei Wege zum Ölberg hinauf. Der nördliche, eine asphaltierte Fahrstraße durch ein Villen- und Gartengelände, verläuft jenseits der interessanten Stätten, der mittlere, der ›Treppenweg‹, ist ziemlich anstrengend. Der weniger beschwerliche südliche Weg windet sich zwischen den christlichen Stätten und dem riesigen Judenfriedhof empor. Die hohen Mauern zu beiden Seiten stören kaum, denn von überall hat man einen herrlichen Blick auf den Tempelberg, die gepflegten Parkanlagen der Ölbergkirchen und die im Sonnenlicht gleißende Steinwüste der jüdischen Gräber.

Oberhalb der Kirche der Nationen erhebt sich die **Maria-Magdalenen-Kirche** (Farbt. 5), 1885 von Zar Alexander III. zum Andenken an seine Mutter Maria Alexandrowna erbaut, deren Patronin Maria Magdalena war. Die im Stil des 16./17. Jhs. (russisches Barock) gehaltene Kirche wird von russisch-orthodoxen Nonnen betreut, die hier auch ein Pilgerhospiz unterhalten. Weit leuchten die sieben vergoldeten Zwiebeltürme mit je einem orthodoxen Kreuz auf der Spitze (der schrägstehende Querbalken ist das Symbol der Auferstehung). Das große Gemälde über der herrlichen Ikonostase, die der Russe Vereschagin schuf, zeigt Magdalena, die dem Kaiser Tiberius die Auferstehung Christi zu erklären versucht, weitere Bilder berichten aus dem Leben der Heiligen. Die Krypta birgt das Grab der Großherzogin Elisabeth Feodorowna, der Schwester der letzten Zarin, die 1918 mit der Zarenfamilie ermordet wurde; 1921 kamen ihre sterblichen Überreste nach Jerusalem.

Etwa 300 m weiter aufwärts erreicht man das Gelände der Franziskanerkapelle **Dominus Flevit** (lateinisch für ›Der Herr weinte‹; Abb. 16). Als Jesus am Palmsonntag den Ölberg hinunterritt, vom Volk umjubelt, weinte er beim Anblick Jerusalems, weil er den Untergang der Stadt kommen sah (Lk 19,41–44). Auf die Fundamente einer kleinen byzantinischen

Kirche des 6. Jhs. setzte der italienische Architekt A. Barluzzi einen Neubau in der Gestalt einer Träne, der 1955 geweiht wurde. Reliefs zeigen den weinenden Jesus, den brennenden Tempel und die Bestürzung der Jünger über die erfüllte Weissagung. Ein großes Bogenfenster öffnet sich nach Westen mit Blick auf den Tempelberg. Das Fensterglas läßt den Kelch des Leidens erkennen, der zum Kelch des Heils wurde. Die Dornenkrone führt zum Frieden, den stilisierte Ölbaumzweige andeuten. Vor dem Fenster steht der Altartisch. Im Fußboden sind noch Teile des byzantinischen Bodenmosaiks zu sehen. 1952 entdeckte der Franziskanerarchäologe P. Lemaire OFM auf dem Gelände der Dominus-Flevit-Kapelle eine große Grabanlage mit über tausend Vasen und Öllampen, mit Waffen und Skarabäen aus der späten Bronzezeit I (1550–1350). 1953–1955 untersuchte P. Bagatti OFM die Reste der alten Kirche und stieß dabei auf zahlreiche römische und byzantinische Gräber (2. Jh. v. Chr.–4. Jh. n. Chr.), die noch Sarkophage und Ossuarien mit aramäischen, hebräischen und griechischen Inschriften sowie christlichen Symbolen bargen.

Kurz bevor der Weg einen scharfen Knick nach Norden macht, finden sich die sogenannten **Prophetengräber,** wo die Propheten Haggai, Sacharja und Maleachi (6.–5. Jh. v. Chr.) ruhen sollen. Die Anlage, die im 4. und 5. Jh. für die Bestattung christlicher Pilger geschaffen wurde, besteht aus einer in den Fels gehauenen Rotunde mit zwei halbrunden Galerien und 28 Schiebestollen. Oberhalb der Prophetengräber steht das 5-Sterne-Hotel Intercontinental. Von dem Aussichtspunkt an der Straße hat man einen großartigen Blick auf Jerusalem (Farbt. 2). Der Weg führt am Benediktinerinnenkloster vorbei zur **Pater-Noster-Kirche** (Vaterunser-Kirche). An dieser Stelle soll Jesus seinen Jüngern das Gebet gelehrt haben (Lk 11,1–4; Mt 6,9–13). 1868 erwarb die französische Prinzessin Aurelie de la Tour d'Auvergne das Grundstück, das seit der Kreuzfahrerzeit als Stätte der Geburt des Vaterunsers gilt. 1874/75 entstand die heutige Kirche, die von französischen Karmeliterinnen betreut wird. An den Wänden der Vorhalle und des Kreuzganges sind Majolikaplatten mit dem Text des Vaterunsers in 64 Sprachen angebracht. Den deutschen findet man im südlichen Kreuzgang. In der Grabkapelle rechts vom Eingang ruht die Stifterin der Kirche.

1910 kamen bei Ausgrabungen zwischen der Pater-Noster-Kirche und dem Benediktinerinnenkloster Mauerreste der **Eleona** zum Vorschein. Die Eleona (›auf dem Ölberg‹) oder ›Ölbaumbasilika‹, die ›Kirche der Jünger und der Auferstehung‹, war neben der Grabeskirche und der Geburtsbasilika eine der drei Hauptkirchen der konstantinischen Ära. Auch hier gab eine heilige Grotte den Anlaß für den Bau eines Gotteshauses: die ›Grotte der Unterweisung‹, in der Jesus die Jünger in die Geheimnisse seiner Lehre einführte (Mt 24,3 ff). In der ersten Hälfte des 4. Jhs. ließ die Kaiserinmutter Helena die insgesamt etwa 70 m lange und 18,6 m breite Eleona errichten. Von Westen führten Treppen zu einem Portikus hinauf, an den sich ein 25 m langes, von Säulenhallen umgebenes Atrium anschloß. Eine rechteckige Zisterne nahm die Mitte des Atriums ein. Drei Portale öffneten sich zu der 29,5 m langen dreischiffigen Basilika, deren Chor genau über der Grotte lag. Die Kirche wurde im Jahre 614 von den Persern zerstört. Zwischen 1102 und 1106 stellten die Kreuzfahrer ein kleines Oratorium auf die Ruinen. Sie sahen an diesem Ort nicht mehr die Stätte der Unterweisung, sondern die Stätte, an der das Vaterunser entstand. Nach dem

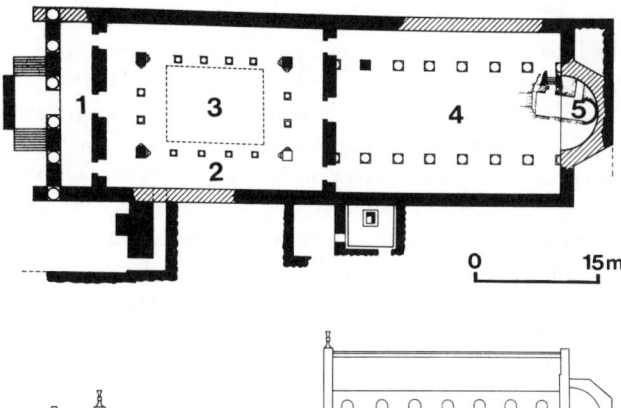

Eleona
1 Portikus
2 Atrium
3 Zisterne
4 konstantinische Basilika
5 Grotte der Unterweisung

Ersten Weltkrieg führten Dominikaner der Jerusalemer Bibelschule die Ausgrabungen zu Ende. 1927 wurde die Grotte der Unterweisung restauriert.

Am Südeingang des erstmals im 15. Jh. erwähnten arabischen Dorfes et-Tur liegt an der höchsten Stelle des Ölberges die Himmelfahrtsmoschee. Zwischen Minarett und Moscheehof erhebt sich innerhalb eines Mauerringes die **Himmelfahrtskapelle** (Chapel of the Ascension, Apg 1,9; Abb. 17), errichtet von den Kreuzfahrern um das Jahr 1152 über dem Stein mit dem ›Fußabdruck des Herrn‹, der noch heute unter einer Glasplatte gezeigt wird. Im Jahre 383 stand an dieser Stelle eine oktogonale Portikusanlage von 41 m Durchmesser. Südlich davon stießen Franziskanerarchäologen auf ein Martyrion, das die Pilgerin Melania um 438 erbauen ließ. Mehrere Klöster schlossen sich nach Süden und Westen an. 614 fielen die Bauten auf dem Ölberggipfel dem Persereinfall zum Opfer. Um 670 wurde das Oktogon wieder aufgebaut, 1009 durch Sultan el-Hakim aber wieder zerstört. Im 12. Jh. war der Himmelfahrtsschrein von einem stark befestigten Augustinerkloster umgeben. 1187 ließ Saladin das Kloster abreißen, den Schrein wandelte er in ein islamisches Heiligtum mit Moschee um. Die fränkische Himmelfahrtskapelle hat einen Durchmesser von 6,6 m. Der ursprünglich offene Bau wurde von schlanken Säulen mit großartigen Kapitellen (Abb. 19) getragen. Die Zwischenmauern und das schwere Kuppeldach stammen aus Saladins Zeit. An drei Stellen der hohen Umfassungsmauer sind noch gebündelte Halbsäulen des Kreuzfahreroktogons zu erkennen. Die Katholiken dürfen das Fest Christi Himmelfahrt in der Kapelle feiern, die östlichen Kirchen verrichten ihren Gottesdienst auf dem Hof.

Östlich der Himmelfahrtskapelle erhebt sich als weithin sichtbares Wahrzeichen des Ölberges der 60 m hohe **Glockenturm des russischen Frauenklosters,** das zwischen 1870 und 1880 entstand. Vom ›Russenturm‹ bietet sich ein einzigartiger Blick auf Jerusalem und die Judäische Wüste bis zum Toten Meer. Leider wird der Zutritt nur selten gestattet. **Viri Galilaei** am Nordende von et-Tur ist der Sitz des griechisch-orthodoxen Patriarchen von Jerusalem. Hier trafen sich 1964 Papst Paul VI. und der Patriarch Athenagoras.

Der Weg zum Berg Skopus über den Derekh Har HaZeitim (Mount of Olives Road) passiert das **Augusta-Viktoria-Hospital,** das Kaiser Wilhelm II. zu Ehren seiner Gemahlin stiftete. Auf dem 819 m hohen **Skopus** (Mount Scopus; der Name kommt vom hebräischen zofim = ›spähen‹) hatte Titus bei der Belagerung Jerusalems im Jahre 70 n. Chr. sein Hauptquartier eingerichtet. Heute befindet sich hier die alte **Hebräische Universität** (1925 eingeweiht), zu der auch das berühmte Hadassah-Universitätsklinikum gehört. Zwischen 1948 und 1967 war der Lehrbetrieb unterbrochen, weil der Skopus als israelische Enklave auf jordanischem Territorium keine Verbindung zum Mutterland hatte. Im Westen Jerusalems entstand damals die neue Hebräische Universität.

Von der Pater-Noster-Kirche aus führt eine schmale Straße in östlicher Richtung zum einstigen Dorf **Betfage** (›Haus der grünen Feigen‹), wo sich Jesus am Palmsonntag einen Esel lieh, auf dem er, vom Volk umjubelt, nach Jerusalem ritt (Mt 21,1–11). Zur Erinnerung daran bauten die Byzantiner im 4. Jh. eine Kapelle. Die Kreuzfahrer errichteten später zwei Wehrtürme, von denen einer als Kirche diente. Den Fels, von dem aus Jesus den Esel bestiegen haben soll, schnitten sie in Form eines Würfels aus dem Gestein und bemalten die Seitenwände. 1876 fand ein Bauer den mit mittelalterlichen Fresken bedeckten Felsblock. Die Franziskaner erwarben das Grundstück und bauten darauf 1883 eine neue Kirche. 1950 restaurierte der Italiener C. Vagarini die Fresken. Die Südseite des Steinwürfels zeigt Jesus mit den Geschwistern Lazarus, Marta und Maria, auf der Nordseite verfolgen Dorfbewohner das Losbinden der Eselin, auf der Ostseite schwenkt das Volk Palmwedel, die Westseite trägt den Namen Betfage und eine verstümmelte Inschrift. Vagarini schuf auch die Fresken im Innern der kleinen Kirche. Das Gemälde in der Apsis schildert Jesu Ritt durch das jubelnde Volk, die einfarbigen Fresken an den Seitenwänden ergänzen die Darstellung des Einzugs in Jerusalem. Seit der Zeit des Kreuzfahrerreiches zogen alljährlich am Palmsonntag Christen von Betfage über den Ölberg zur St.-Anna-Kirche. 1563 untersagten die Türken die Prozession; erst 1933 konnte der alte Brauch wieder aufgenommen werden.

Die Neustadt

Das Stadtgebiet von Jerusalem hat sich in den vergangenen Jahrzehnten stark ausgeweitet; vor allem im Westen entstanden zahlreiche neue Wohn- und Industrieviertel, das Regierungsviertel und die ausgedehnten Bereiche der Hebräischen Universität. Von den vielen öffentlichen Bauten und Anlagen können im Rahmen dieses Kunst-Reiseführers leider nur wenige beschrieben werden, obwohl gerade die modernen Gebäude oft architektonisch sehr reizvoll sind. Wir müssen uns auf jene Stätten beschränken, die für den Jerusalem-Besucher von besonderem Interesse sind.

Das **Rockefeller-Museum** außerhalb der Nordostecke der Altstadtmauer zählt zu den bedeutendsten archäologischen Museen der Welt. Es wurde 1927 von dem amerikanischen Industriellen John D. Rockefeller als Palestine Archaeological Museum gestiftet und ist heute dem Israel-Museum (vgl. S. 141) angeschlossen. Rundgang:

Eingangshalle: Archäologische Sonderausstellungen.

Südoktogon: Funde aus Bet She'an, z. B. Stele Sethos' I. (um 1318 v. Chr.), hethitisches Basaltrelief (14. Jh. v. Chr.), Statue Ramses' III. (12. Jh. v. Chr.).

Südgalerie: Kult- und Gebrauchsgegenstände, Schmuck und Schädel vom Paläolithikum bis zur Bronzezeit, darunter der Galiläa-Schädel (200000 v. Chr.), der Berg-Karmel-Mensch (100000 v. Chr.), ein modellierter Schädel aus Jericho (6000 v. Chr.), ein chalkolithisches Ossuarium in Form eines Pfahlhauses, der Zaum eines Hyksospferdes, ein ägyptisches Spielbrett mit Fayencefiguren und Elfenbeinwürfeln, die Mikal-Stele aus Bet She'an, ein hethitisches Kriegsbeil.

Südsaal: geschnitzte und bemalte Holzbalken und Täfelungen aus der Aqsa-Moschee (8. Jh.).

Zwischensaal: antike Münzen.

Westgalerie: Stuck- und Steinmetzarbeiten aus dem Omajjadenpalast in Khirbet el-Mafjir (8. Jh.).

Zwischensaal: Schmuck (18.–8. Jh. v. Chr.).

Nordsaal: Skulpturen aus der Kreuzfahrerzeit (12. und 13. Jh.), darunter die Friese vom Südportal der Grabeskirche.

Nordgalerie: anthropoider Terrakotta-Sarkophag (um 1100 v. Chr.), Elfenbeinschnitzereien aus Samaria (850 v. Chr.), zwei Lakhish-Briefe (6. Jh. v. Chr.).

Nordoktogon: Menora-Darstellungen des 1.–6. Jhs., Mosaik aus En Gedi (6. Jh.).

Innenhof: Sarkophage, Architekturteile, Statuen, Mosaike.

Unweit des Damaskustores führt die erste Querstraße der Nablus Road (Derekh Shekhem) zum **Gartengrab.** 1882 entdeckte hier der englische General Gordon ein typisches Felsengrab des 1. Jhs., das er für das wirkliche Grab Jesu hielt. In einem schädelähnlichen Felsen in der Nähe des Grabes sah er die Kreuzigungsstätte Golgota. Das noch hervorragend erhaltene Grab zeigt, wie das Grab Jesu einst ausgesehen haben könnte, auch wenn inzwischen erwiesen ist, daß es aus dem 4. Jh. stammt. Das Gartengrab wird vor allem von britischen und skandinavischen Protestanten verehrt.

An der Nablus Road liegt das Dominikanerkloster mit der **Stephanskirche.** Im Jahre 415 entdeckte man in Jerusalem die Reliquien des hl. Stephanus, des ersten Märtyrers der Christenheit. Daraufhin ließ Eudokia, die Gemahlin des Kaisers Theodosius II., eine Basilika errichten, die sie im Jahre 460, kurz vor ihrem Tod, weihte. 614 wurde das Gotteshaus ein Raub der Flammen. Die Kreuzfahrer erneuerten den Bau, der aber schon 1187 bei der Eroberung Jerusalems durch Saladin wieder zerstört wurde. 1881 erwarben französische Dominikaner das Ruinengrundstück und führten 1883 umfangreiche Grabungen durch, wobei die dreischiffige byzantinische Basilika zum Vorschein kam. Über den

Grundmauern bauten sie die jetzige Kirche, in der noch die schönen alten Bodenmosaike zu sehen sind. Im Klosterbereich entstand die berühmte ›École biblique‹, eine Akademie für biblische und archäologische Studien im Heiligen Land.

Auf der dem Kloster gegenüberliegenden Seite der Nablus Road zweigt die schmale Chaldean Street ab. Bevor sie in die Prophets Street (HaNevi'im) mündet, steht linker Hand ein Haus mit einem nahezu unbeschädigten **armenischen Bodenmosaik,** das 1894 bei Bauarbeiten entdeckt wurde. Es gehörte zu der ›Kapelle des hl. Polyeuktos‹, einer byzantinischen Grabkapelle aus dem 5. Jh. Aus einem Kantharos steigen Weinranken auf, die sich zu zahlreichen Medaillons winden. In den Medaillons sind Enten, Tauben, Adler, ein Papagei im Käfig und Fruchtkörbe dargestellt; zwei Pfauen flankieren den Krug. Eine armenische Inschrift am östlichen Rand des 8 × 4 m großen Mosaiks lautet: »Dem Andenken und Heil aller Armenier, deren Namen nur der Herr kennt.«

Nahe der Einmündung der Salah ed-Din Road in die Nablus Road befinden sich die **Königsgräber** (Tombs of the Kings, arabisch Kubur el-Muluk), die größte Grabanlage Jerusalems. Hier vermutete man die Gräber der Könige von Juda, bis der französische Archäologe F. de Saulcy 1863 herausfand, daß die zum Judentum konvertierte Königin Helena von Adiabene diese monumentale Anlage im 1. Jh. n. Chr. für sich und ihre Familie geschaffen hatte. Zur Besichtigung der Königsgräber sollte man eine Taschenlampe bei sich haben, denn ein Wächter ist nicht immer anwesend. Vom Vorhof führt eine 9 m breite, 25stufige Treppe zur Grabanlage hinab. Rinnen in der Felswand leiten das Regenwasser in zwei Zisternen. Links öffnet sich ein Portal auf den 26,5 × 26,5 m großen Haupthof. Die 12 m breite, loggiaähnliche Eingangshalle war von zwei Säulen gestützt. Ihren oberen Rand schmücken ein Architrav mit Blattornamenten und ein dorischer Fries mit Triglyphen, Akanthusblättern, Kränzen und Pinienzapfen. Die enge Öffnung zur unterirdischen

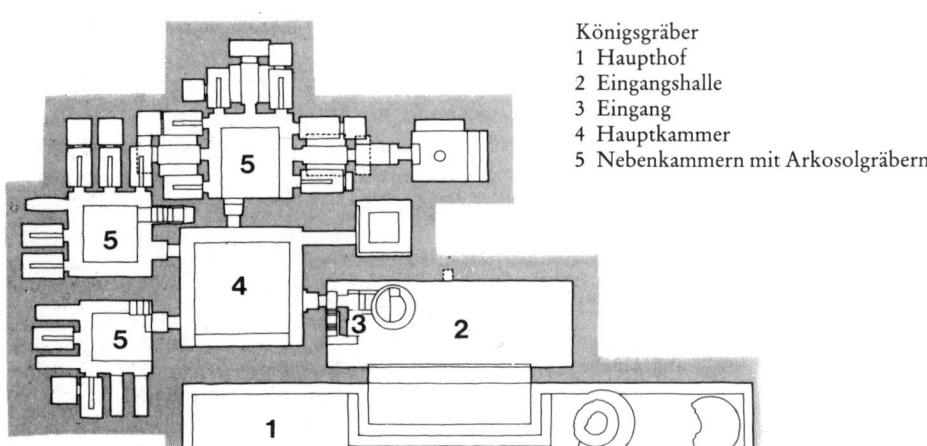

Königsgräber
1 Haupthof
2 Eingangshalle
3 Eingang
4 Hauptkammer
5 Nebenkammern mit Arkosolgräbern

Grabanlage war von einem Rollstein verschlossen; die Laufrille blieb unversehrt. Von der Hauptkammer zweigen mehrere Nebenkammern mit zahlreichen Arkosolgräbern ab. Die Sarkophage befinden sich heute im Pariser Louvre.

Im nördlichen Stadtteil Sanhedria, nahe der Rehov Shemu'el HaNavi, liegen am Nordrand eines Parks die **Sanhedringräber** (Gräber der Richter, Tombs of the Sanhedrin). Man betritt zunächst den 9,9 × 9,3 m großen, offenen Hof, der an drei Seiten von steinernen Sitzbänken umgeben ist. Die Ostwand schmückt eine großartige giebelgekrönte Portaleinfassung; das Grabportal selbst ziert wiederum ein Giebel. Akanthusblätter, Granatäpfel und andere Früchte füllen die beiden Tympana (Giebelfelder). In der ersten Kammer sieht man links zwei Reihen von Arkosolgräbern. Geradeaus und rechts zweigen mehrere kleinere Grabkammern auf verschiedenen Ebenen mit Kokim (Schiebestollengräbern) ab. Vermutlich wurden in dieser Katakombe bis zum Jahre 70 n. Chr. die Mitglieder des Hohen Rates (Sanhedrin, Synedrion) beigesetzt.

Etwa 1 km nordwestlich vom Damaskustor gelangt man in den armseligen, aber malerischen Stadtteil **Mea Shearim** (Abb. 22), das Zentrum der ultraorthodoxen Juden, die sich ab 1870 hier niederließen. Mea Shearim (›Hundert Tore‹) wurde nach Yemin Moshe (s. u.) das zweite jüdische Viertel außerhalb der Altstadtmauern. Die Neubürger errichteten schmale, mehrstöckige Häuser, die, eng aneinandergeschmiegt, kleinen Festungen gleichen. Eisentore oder schwere Gitter schützen die Eingänge; Fenster und Dachgärten gehen nach innen auf die kleinen Höfe. Die Bewohner dieses gettoähnlichen Viertels stammen vorwiegend aus Osteuropa und sprechen auch heute noch jiddisch, weil ihnen die hebräische Sprache für den Alltagsgebrauch zu heilig ist. Die Männer tragen knöchellange, schwarze Mäntel, darunter den gestreiften Kaftan, ferner schwarze Strümpfe und Schuhe sowie einen schwarzen, breitkrempigen Hut, oft auch den ›Streimel‹, die typische Pelzmütze aus Fuchsfell, zumindest aber die ›Kippah‹, die kleine Kappe. Lange ›Peies‹ (Peiyot, Schläfenlocken) kringeln sich bis auf die Schultern herab. Wenn sie zur Synagoge gehen – das tun sie mehrmals täglich –, haben sie den ›Talit‹, den weißen Gebetsschal mit Fransen, um den Hals gelegt. An Festtagen kleiden sie sich mit einem weißen Gewand und weißen Strümpfen. Die Frauen sind oft kahl geschoren; sie tragen auf der Straße eine Perücke und darüber meist noch ein Kopftuch. Die Einwohner von Mea Shearim sind arm; sie leben von winzigen Läden oder von Zuwendungen jüdischer Gemeinden der Diaspora und richten ihr Leben vollständig nach dem religiösen Gesetz aus. Nirgendwo sonst gibt es auf so engem Raum so viele winzige, von außen kaum erkennbare Synagogen und Yeshivot (Talmudlehrstätten), und fast in jeder der meist menschenleeren Gassen ertönen religiöse Gesänge. Viele besonders strenggläubige Bewohner erkennen den Staat Israel nicht an, denn das wahre Israel wird nach ihrer Meinung erst mit dem Messias kommen. Sie verweigern den Wehrdienst, lehnen die offizielle Währung ab und tragen ihre Streitigkeiten vor eigenen Gerichten aus. Die anderen Israelis belächeln die Fanatiker von Mea Shearim und lassen sie gewähren, solange sie nicht außerhalb ihres Viertels zu gewalttätigen Aktionen schreiten.

Die Besucher von Mea Shearim werden an den Grenzen des Viertels durch große Hinweistafeln in englischer Sprache zu anständigem Benehmen angehalten; die Kleidung sollte unauffällig sein, Ärmel haben die Ellenbogen, Röcke die Knie zu bedecken, Shorts sind verboten. Frauen sollten ihr Haar unter einem Kopftuch verbergen. Das Fotografieren von Einwohnern ist nur mit deren Genehmigung erlaubt. Wer am Sabbat oder einem Festtag mit dem Kraftfahrzeug durch Mea Shearim fährt, muß mit Steinwürfen rechnen.

Das Ge-Hinnomtal unterhalb der zum Jaffator hinaufführenden Straße Hativat Yerushalayim ist heute eine gepflegte Parkanlage (Mitchell Garden), an deren unterem Ende einst der ›Sultansteich‹ (Sultan's Pool) lag. Westlich des Tales erstreckt sich **Yemin Moshe,** das erste jüdische Viertel außerhalb der Altstadt, eine Gründung des britischen Financiers Moshe Montefiore um die Mitte des 19. Jhs. Die modernen, niedrigen Häuser beherbergen heute eine Künstlerkolonie mit mehreren Galerien. Auch die **Windmühle,** die an die westliche Heimat vieler jüdischer Einwanderer erinnert, ist eine Stiftung Montefiores. Sir Moshe Haim Montefiore (1784–1885), ein britischer Jude italienischer Herkunft, war mit den Rothschilds verschwägert und verwendete einen Teil seines Vermögens für den Bau jüdischer Siedlungen in Palästina und Ägypten. Nördlich der Windmühle führt eine Gasse von der König David-Straße (David HaMelekh) zum **Familiengrab Herodes' des Großen** (Tomb of Herod's Family), wo möglicherweise seine Frau Mariamme, deren Mutter Alexandra und sein ältester Sohn Antipater bestattet waren. Durch einen schmalen, abfallenden Gang, der mit einem Rollstein verschlossen werden konnte (der Stein ist noch vorhanden), gelangt man in die Grabanlage aus dem 1. Jh. v. Chr., die aus drei quadratischen und einer rechteckigen Grabkammer besteht, verbunden durch einen etwa 5 m hohen Mittelraum. Alle Räume sind sorgfältig mit Kalksteinquadern ausgekleidet.

Gegenüber dem King David Hotel, dem ersten Hochhaus in der Neustadt, erhebt sich der fast 50 m hohe, schöne Turm der **YMCA** (Young Men's Christian Association), die hier im Jahre 1928 ein internationales Kulturzentrum mit Konzertsaal, Kino, Bibliothek, Gebetsräumen und dem Herbert Clark-Museum (archäologische Exponate) gründete. Den Fußboden der Eingangshalle schmückt eine Kopie der berühmten Mosaikkarte von Madaba (Jordanien), der ältesten erhaltenen Landkarte von Palästina (6. Jh.). Vom Turm hat man einen großartigen Rundblick auf Jerusalem.

Am Sderot Ben Zvi steht in einer Senke unterhalb des Israel-Museums der festungsartige Bau des griechisch-orthodoxen **Kreuzklosters** (Monastery of the Cross, arabisch Deir el-Musalliba; Abb. 24). Nach einer Legende, die bis ins 4. Jh. zurückreicht, soll sich Lot nach seiner Flucht aus Sodom hier niedergelassen und einen Baum gepflanzt haben, aus dessen Holz das Kreuz Jesu geschnitten wurde (nach wissenschaftlichen Untersuchungen von Kreuzreliquien bestand das Kreuz aus Zedern- oder Pinienholz). Die früher einsam gelegene Senke nannten die Christen deshalb ›Tal des Kreuzes‹. Das Kloster wurde vermutlich von Helena, der Mutter Konstantins des Großen, gegründet und den georgischen Christen anvertraut. Die Blütezeit Georgiens im 12. und 13. Jh. wirkte sich auch auf die Entwicklung des Klosters aus. Im 14. und 15. Jh. führten die beständigen Bedrohungen des Mutterlandes durch Mongolen, Perser und Türken zu einem starken Zustrom georgischer Mönche. Im 17. Jh. ging das Kloster dann in griechisch-orthodoxen Besitz über. Im 18. Jh. entstand der Glockenturm und wurden die mächtigen Klostermauern restauriert. Von 1843–1903 diente das Kreuzkloster als theologische Hochschule. Die heutige Anlage geht auf einen Neubau aus dem 11. Jh. zurück. Aus dieser Zeit stammt auch die Klosterkirche, ein dreischiffiger Kuppelbau. Im Mittelschiff haben sich noch Bodenmosaike einer byzantinischen Kirche des 5./6. Jhs. erhalten. Der Chorraum ist mit Fresken aus dem 11.–16. Jh. geschmückt, die zumeist georgische Könige und Heilige darstellen. Ein Silberring bezeichnet die Stelle, an der der Baum des Kreuzes gestanden haben soll. Die wertvolle Sammlung altgeorgischer Handschriften befindet sich jetzt im griechisch-orthodoxen Patriarchat.

Das **Israel-Museum,** 1965 eröffnet, besteht aus vier Abteilungen: dem Schrein des Buches, dem Bezalel-Museum, dem Archäologischen Museum und dem Billy-Rose-Kunstgarten. Für eine Besichtigung sollte man mindestens drei Stunden einplanen. Der **Schrein des Buches** (Shrine of the Book) ist eine mit weißen Porzellanplatten belegte Kuppel (Farbt. 13), nachempfunden den Deckeln der Tonkrüge, in denen die berühmten Schriftrollen von Qumran gefunden wurden. Neben der weißen Kuppel erhebt sich eine mächtige schwarze Mauer. Weiß und Schwarz sollen den Kampf zwischen den Söhnen des Lichtes und den Söhnen der Finsternis symbolisieren, den Sieg der Heiligen Schrift über den Unglauben der Menschheit. In dem Schrein werden die ›Schriftrollen des Toten Meeres‹ gezeigt (als Kopie), darunter in der Mitte der Kuppel das Buch Jesaja, gekrönt von dem riesigen Griff einer Thorarolle. Im Untergeschoß und in den Gängen sind 15 Briefe des Bar Kochba, Familienurkunden aus dem 2. Jh., Handschriften aus Masada und En Gedi (1. Jh.) sowie Gebrauchs- und Kultgegenstände, Kleidung und Schmuck der Zeloten (1. Jh.) zu sehen.

Das **Archäologische und Biblische Museum Samuel Bronfman,** in mehreren miteinander verbundenen Pavillons untergebracht, zeigt Exponate vom Paläolithikum bis ins Mittelalter, darunter ein Stadttor von Hazor und das Allerheiligste des Tempels von Arad, die Gußform der kanaanitischen Göttin Aschera aus Nahariyya, eine Philistergöttin aus Ashdod, den ›Guten Hirten‹ und den ›Stein des Pontius Pilatus‹ aus Caesarea, Architekturteile und Bodenmosaike früher Synagogen sowie marmorne Altarschranken aus byzantinischen Kirchen. Das **Bezalel-Kunstmuseum** geht auf eine Sammlung jüdischer Kultgegenstände zurück, die Boris Schatz im Jahre 1906 der Öffentlichkeit übergab. Bezalel, der Sohn Uris, war der biblische Schöpfer der Bundeslade (Ex 31,1 ff). Herausragende Exponate dieser einzigartigen Sammlung sind die Bundeslade und die Holzreliefs von den Portalen der Maimonides-Synagoge in Kairo (11. Jh.) sowie die Rekonstruktion der Synagoge von Venedig (17. Jh.). Eine besondere Abteilung enthält Werke berühmter Maler und Graphiker vom 16. Jh. bis zur Gegenwart. Der **Billy-Rose-Kunstgarten** ist eine Schöpfung des Japaners Isamu Noguchi. Die Sammlung des Amerikaners Billy Rose bildete den Grundstock für dieses großartige Freiluftmuseum mit Skulpturen von Auguste Rodin bis Luciano Minguzzi (Abb. 27).

Nördlich des Israel-Museums beginnt das neue Regierungsviertel Qiryat Ben Gurion mit dem Bet HaKnesset, dem Gebäude der **Knesset** (israelisches Parlament), das 1966 seiner Bestimmung übergeben wurde. Wandteppiche und Bodenmosaik der Eingangshalle entwarf Marc Chagall, die Wand des Sitzungssaales gestaltete Dani Karavan. Zu bestimmten Zeiten finden Führungen statt. Gegenüber dem Haupteingang erhebt sich die 5 m hohe **Menora,** das Symbol des Staates Israel (Farbt. 14). Die Bronzeskulptur, ein Geschenk der britischen Labour Party, schuf der Engländer Benno Elkan. 29 Reliefs auf den sieben Armen des Leuchters zeichnen die Geschichte des jüdischen Volkes (von links): Jesaja verkündet das Wort Jahwes, Yohanan ben Zakkai gründet nach der Zerstörung Jerusalems in Yavne ein neues religiöses Zentrum, die Juden in Spanien, das Babylonische Exil; Esra, Hiob, der Talmud, das Hohelied; Davids Kampf gegen die Philister, Landung jüdischer Flüchtlinge, Abrahams Opfer; Mose auf dem Berg Sinai, die Gesetzestafeln, Rut, Ezechiel (Hesekiel), der Warschauer Aufstand, die Worte ›Höre Israel‹ (Anfang des jüdischen Glaubensbekenntnisses), israelische Siedler; Bar Kochba, Messiashoffnung, Jakobs Kampf mit dem Engel; Rabbi Hillel, Rabbi Hanina, die Kabbala, die Halacha (jüdisches Religionsgesetz); Jeremia, Makkabäerkriege, Gottesverehrung, Nehemia.

Die **Hebräische Universität** (The Hebrew University; Qiryat HaUniversita) ist ein Stadtteil für sich, mit Verwaltungsgebäude (1958, Carmi und Meltzer), Wise Auditorium (1957, Carmi und Meltzer), Nationalbibliothek (1961, Nadler und Pozner), Institut für Angewandte Physik (1958, Brutzkus), Synagoge (1957, Rau und Reznik), mit Williams-Planetarium, Studentenzentrum, Amphitheater, Stadion usw. Für Freunde moderner Architektur empfiehlt sich eine Rundfahrt durch den Campus unbedingt. Der Sderot Herzl führt zum **Herzl-Berg** mit dem Grab von Theodor Herzl (1860–1904), dem österreichisch-ungarischen Journalisten, der mit seiner Schrift ›Der Judenstaat‹ (1896) für die Gründung eines jüdischen Staates eintrat und dadurch den Anstoß zur Entstehung des Zionismus gab. Auf dem höchsten Punkt Jerusalems (889 m) bedeckt der schlichte Block aus schwarzem Granit die Gruft mit seinen sterblichen Überresten, die 1949 von Wien nach Jerusalem überführt wurden; in den Stein ist nur sein Name eingemeißelt (in Hebräisch). In der Nähe ruhen seine Familie und die israelischen Ministerpräsidenten Levi Eshkol († 1969) und Golda Meir († 1978). Das kleine Museum neben dem Haupteingang zeigt Herzls Wiener Arbeitszimmer mit originaler Einrichtung.

Im Süden führt eine Seitenstraße um den Herzl-Berg herum zum Har HaZikkaron (›Berg der Erinnerung‹) mit **Yad VaShem,** der bedeutendsten Gedenkstätte des jüdischen Volkes, dem monumentalen Mahnmal für die sechs Millionen Opfer des Nationalsozialismus (Abb. 28, 29). Yad VaShem bedeutet ›ein Denkmal und ein Name‹ und bezieht sich auf ein Wort des Propheten Jesaja: »Ihnen allen errichte ich in meinem Haus und in meinen Mauern ein Denkmal, ich gebe ihnen einen Namen, der mehr wert ist als Söhne und Töchter: Einen ewigen Namen gebe ich ihnen, der niemals ausgetilgt wird« (Jes 56,5). Yad VaShem besteht aus mehreren Bauten, in denen ein Holocaust-Archiv, ein Dokumentationszentrum, ein Forschungszentrum, eine Synagoge und ein Kunstmuseum mit Werken jüdischer KZ-Insassen untergebracht sind. Den Mittelpunkt des weiträumigen Komplexes bildet die mächtige ›Halle der Erinnerung‹, die unten aus groben Bruchsteinen und oben aus Beton aufgeführt ist. In den dunklen Steinboden sind die Namen der 22 größten Konzentrationslager eingemeißelt. Ein Ewiges Licht leuchtet vor einer Bronzeschale, die die Asche von Opfern aus jedem Lager enthält. Auf dem Vorplatz ragt die ›Säule der Erinnerung‹ 30 m hoch empor; an ihrer Spitze steht das Wort ›Zkhor‹ (›Erinnere Dich‹). Ergreifende Skulpturen, darunter ein Mahnmal für den polnischen Kinderarzt und Pädagogen Janusz Korczak, der Kinder aus dem Warschauer Ghetto freiwillig in den Tod begleitete, umrahmen die Gedenkstätte. In der ›Allee der Gerechten‹ ist jeder Nichtjude, der unter Einsatz seines Lebens Juden gerettet hat, durch einen immergrünen Johannisbrotbaum verewigt.

Qiryat Hadassah oberhalb des alten Dorfes En Kerem (vgl. S. 205) ist das medizinische Zentrum der Hebräischen Universität mit dem größten Klinikum des Nahen Ostens. Besondere Beachtung verdient hier die moderne **Synagoge des Hadassah-Klinikums** (1962 geweiht), ein Werk des amerikanischen Architekten Joseph Neufeld. Der einfache Rechteckbau, zu dessen Innenraum man mehrere Stufen hinabsteigen muß, wird von einem rechteckigen Aufbau mit den weltberühmten zwölf Glasfenstern von Marc Chagall gekrönt (Farbt. 15). Die Fenster symbolisieren die zwölf Stämme Israels. Auf der Nordwand erscheinen die Stämme Naftali, Josef und Benjamin, auf der Ostwand Ruben, Simeon und Levi, auf der Südwand Juda, Sebulon und Issachar, auf der Westwand Dan, Gad und Ascher. Vier Gruppen zu je drei Stämmen behüten also das Bethaus wie einst die Stämme Israels auf ihrer Wanderung durch den Sinai die Bundeslade. Die magischen Zahlen Drei und Vier ergeben in der Summe Sieben (die Tage der Woche und die Arme der Menora), als Produkt Zwölf (die Stämme Israels, aber auch die Tierkreiszeichen und die Tore des alten Jerusalem).

Etwa 1,5 km vor dem Hadassah-Klinikum zweigt eine Straße zum **Kennedy-Memorial** (Yad Kennedy) ab (Abb. 26; Hinweisschild). Die schmale, kurvenreiche Straße führt durch die Moschavim Ora und Amminadav und windet sich nach knapp 6 km empor zu der einsam inmitten der judäischen Berge gelegenen Gedenkstätte für den ermordeten amerikanischen Präsidenten John F. Kennedy († 1963). Die Halle hat die Form eines Baumstumpfes, der das allzu früh beendete Leben des Präsidenten symbolisiert. Jede Betonstrebe trägt das Wappen eines Staates der USA.

Auf dem Gelände des ›Holyland Hotel‹ befindet sich ein **Modell des antiken Jerusalem** (Abb. 25; Hinweisschild: Model of Ancient Jerusalem; Eintrittsgebühr). Hans Broch, der Eigentümer des Hotels, hatte die Idee und übernahm die Finanzierung, der bekannte Archäologe Michael Avi-Yonah konzipierte das Modell, die Bildhauer E. Scheffler und R. Brotze führten es 1965–1968 auf einer Fläche von 1000 m² im Maßstab 1 : 50 in Stein, Holz und Metall aus. Das Modell zeigt die Stadt im 1. Jh. n. Chr., zur Zeit des Zweiten Tempels von Herodes dem Großen, also zur Zeit Jesu. Ein großer Teil der Modellbauten war nur mit Hilfe von schriftlichen Quellen und Analogieschlüssen zu erstellen. Die eindrucksvolle Anlage wird aufgrund neuester archäologischer Befunde laufend ergänzt bzw. verändert.

Von Jerusalem nach Jericho

Betanien/'Eizariya

4 km östlich von Jerusalem liegt an der Straße nach Jericho, am Ostabhang des Ölberges, 'Eizariya, das neutestamentliche Betanien, der Ort der Auferweckung des Lazarus durch Jesus. Die bedeutende Pilgerstätte umfaßt die neue, auf den Resten von zwei byzantinischen und einem mittelalterlichen Sakralbau errichtete Lazaruskirche mit dem Grab des Lazarus und eine beachtenswerte Felsgrotte. Das Dorf zählt heute 2200 Einwohner.

Geschichte
Betanien (aus: Bet Ananeja = Haus Ananeja) zurückgeht, ist mit dem Ananeja identisch, in dem sich im späten 6. Jh. v. Chr. aus dem Babylonischen Exil zurückgekehrte Juden vom Stamm Benjamin niedergelassen hatten (Neh 11,32). Ausgrabungen im Westen des heutigen Dorfes brachten in der Tat Mauerreste und Keramikscherben aus persischer Zeit zum Vorschein. In Betanien hatte Jesus Freunde, die er mehrmals besuchte: die Geschwister Lazarus (eigentlich Eleasar = Gotthilf), Maria und Marta. Als Lazarus starb, riefen die beiden Frauen Jesus herbei, der seinen Freund wieder zum Leben erweckte (Joh 11). Sechs Tage vor dem Paschafest, das Jesus nicht mehr erleben sollte, kam er noch einmal nach Betanien, wo ihm Maria die Füße salbte, eine Ehrung, die sonst nur Toten zuteil wurde (Joh 12, 1–8). Schon im 4. Jh. wurde der Ort Lazarion (Lazarium) genannt, wie uns die Pilgerin Aetheria berichtete. Daraus entwickelte sich der heutige Ortsname 'Eizariya (el-'Azarije). 1868 kauften die Franziskaner mehrere arabische Häuser östlich der Moschee. 1949–1953 führten sie unter Leitung des Archäologen S. J. Saller OFM systematische Ausgrabungen auf dem Gelände der byzantinischen und fränkischen Kirchen durch.

Sehenswertes
Die heutige **Lazaruskirche** wurde 1952–1954 nach den Plänen des Architekten A. Barluzzi erbaut, und zwar über den Fundamenten älterer Kirchen, die bis in das 4. Jh. zurückreichen. Die erste Kirche war eine dreischiffige Basilika von 18 m Breite und etwa 35 m Länge. Die Mosaikfelder, die das Hauptschiff und die beiden Seitenschiffe schmückten, sind außergewöhnlich gut erhalten. Sie zeigen in leuchtenden Farben pflanzliche und geometrische Ornamente. Nachdem ein schweres Erdbeben diesen ersten Bau einstürzen ließ, entstand zu Beginn des 6. Jhs. ein zweiter, ebenfalls dreischiffig und 18 m breit, aber 13 m weiter nach Osten verschoben, weil der Platz zwischen Kirche und Lazarusgrab für die vielen Pilger nicht mehr ausreichte. Da die neuen Mauern dünner waren als die der ersten Kirche, fügten

1   St. Georgskloster im Wadi el-Kelt ▷

3 Jerusalem: Grabeskirche
◁ 2 Blick vom Ölberg auf Jerusalem
4 St.-Anna-Kirche

5   Kuppeln der russisch-orthodoxen Maria-Magdalenen-Kirche am Ölberg

6 Blick auf den Ölberg und den Garten Getsemani

7 Prozession in der Via dolorosa

8 Felsendom

9 Aqsa-Moschee

10 Damaskustor

11 und 12 Gräber des Abschalom (oben), des Zacharias und des Bene Hesir (unten) im Kidrontal

13 Schrein des Buches und Knesset

14 Die Menora vor der Knesset

15 Fenster von Marc Chagall in der Synagoge des Hadassah-Klinikums (›Stamm Benjamin‹)

16 Betlehem: Geburtskirche

17 Der 9000 Jahre alte Turm von Jericho

18 Mosaik im Omajjadenpalast von Khirbet el-Mafjir bei Jericho

19 Kloster Mar Saba in der Judäischen Wüste

20 Kana, der Ort des ersten Wunders Jesu

21 Nazaret: Verkündigungskirche

22 Tabgha: Kirche der Erscheinung des Auferstandenen am See Gennesaret

23 Hebron: Haram el-Khalil über der Höhle Machpela

24 Kafarnaum: Ruine der Synagoge

25 Tiberias-Hammat: Grab des Rabbi Meïr

26 Landschaft in Samaria (Westjordanland) ▷

27 Berg der Seligpreisungen

28 Nablus: Jakobsbrunnen

29 Bet Alfa: Bodenmosaik der Synagoge

30 Samaria: Augustustempel

31 Banyas: Pan-Heiligtum

32 Bet She'an: römisches Theater

33 und 34   Qumran: Höhlen der ›Schriftrollen vom Toten Meer‹ (links) und Ruinen des Essener-Klosters

35   Akko: Khan el-Umdan (›Säulenkarawanserei‹)

36   Haifa: Bahai-Schrein

37   Caesarea: römische Statue in der byzantinischen
     Geschäftsstraße

38   Ashqelon: römischer Sarkophag

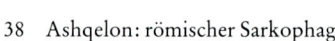

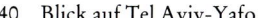

39   Caesarea: Kreuzfahrerstraße

40   Blick auf Tel Aviv-Yafo   41   Ramla: Weißer Turm

42 Mamshit/Kurnub: Pferdeställe

43 Negev: En 'Avedat bei Sede Boqer

44 Timna: Säulen Salomos

45   Tel Arad: Allerheiligstes des Jahwetempels

46   Im Wildreservat Hai-Bar (Negev)

47 Die Koralleninsel bei Elat (Rotes Meer)

48 Das Tote Meer

49 Masada: Blick auf Römerlager, Schlangenpfad und Palast

51 Im Tal von Timna ▷

50 Kreidefelsen von Rosh HaNiqra (›Leiter von Tyros‹)

52   Salzformationen im Toten Meer

53   Im Tal von Timna

54 Baumwollplantage am Rande der Judäischen Wüste

55 Blick auf die Golanhöhen

56–60   Vor der Klagemauer in Jerusalem

61   Araber mit Dromedar

62–64   In den Suqs von Jerusalem

die Baumeister starke Pilaster ein. Der Kirche setzten sie einen Portikus vor, der vermutlich auch das Atrium umschloß. An die Südseite des Atriums lehnte sich eine Kapelle. Die Kreuzfahrer verstärkten die Mauern der byzantinischen Kirche durch mächtige Strebepfeiler und erneuerten auch die vier Zentralpfeiler im Innern der Kirche, die die Kuppel trugen. Über dem Lazarusgrab errichteten sie eine weitere Kirche, von der nur noch Reste der Nord- und Südmauer erhalten sind, z. B. links vom heutigen Eingang zum Grab. Von der Krypta dieser Kirche, die die Araber im 14. Jh. in eine Moschee umwandelten, stammt noch das fränkische Spitzbogengewölbe. Hier steht auch ein Kenotaph des El-Uzer, des nachexilischen Reformators Esra (um 400 v. Chr.). Von der Krypta aus betraten die Pilger der Kreuzfahrerzeit das Grab des Lazarus. Südlich der beiden Kirchen entstand im 12. Jh. eine Benediktinerinnen-Abtei.

Die moderne Kirche wirkt mit ihrer strengen Kreuzform und den grauen Wänden wie ein Mausoleum. Sie besitzt keine Fenster, aber von der Kuppel her flutet das Licht nach unten und verklärt die vier halbmondförmigen Mosaikbilder an den Wänden der Kreuzarme. Links sieht man Jesus bei Marta und Maria, rechts steht Jesus am Grab des Lazarus, die Eingangswand zeigt Jesus im Hause Simons des Aussätzigen, und über dem Hochaltar, der aus grünem jordanischen Marmor besteht, tröstet Jesus die beiden Schwestern mit den Worten: »Ich bin die Auferstehung und das Leben«. In der Kuppel folgt der Spruch: »Wer an mich glaubt, wird leben, auch wenn er stirbt, und jeder der lebt und an mich glaubt, wird auf ewig nicht sterben« (Joh 11, 25/26). Zum Hof der **Moschee,** dem Atrium der ersten byzantinischen Kirche, führt eine schmale Treppe hinab. In der Südwand, in Richtung Mekka also, ist der Mihrab eingelassen, vor dem die Gläubigen unter freiem Himmel beten. Das Minarett wurde 1954 erneuert.

Nachdem den christlichen Pilgern der Zugang zum **Lazarusgrab** durch die Moschee verbaut war, erwirkten die Franziskaner im Jahre 1612 die Erlaubnis, einen neuen Zugang von der kleinen Gasse aus in den Felsen zu brechen. Diese Pforte ist nur 1,21 m hoch und 0,72 m breit. 24 stark ausgetretene Stufen führen zur Grabanlage hinunter. Der 3,35 × 3,20 m große Vorraum zeigt noch den alten Zugang von der Krypta aus, den die Moslems zumauerten. In einer Ecke steht ein alter Altar. In den Wandnischen brannten früher Öllampen bzw. Kerzen. Über drei Stufen und durch einen kurzen Gang gelangt man zur eigentlichen Grabkammer, die ursprünglich mit einer Steinplatte verschlossen war. Die Grabkammer mißt 2,45 × 2,30 m. Die Wände sind aus großen, behauenen Steinen gemauert und waren einst mit Marmorplatten ausgekleidet. Hinter der Wandmauerung befinden sich mehrere Bankbogengräber. In einem von ihnen lag Lazarus. Das Lazarusgrab befindet sich heute in moslemischem Besitz.

Nordwestlich der Grabstätte steht ein neues **Gotteshaus der melchitischen Kirche.** Die fast 10 m hohen, turmartigen Ruinen im Süden der heiligen Stätte gehören zur **Benediktinerinnen-Abtei,** die Königin Melisande im 12. Jh. stiftete. Die 4 m dicken Mauern sind nur grob gefügt und verraten die Eile, mit der man diese Wehrmauern errichtete. 400 m westlich vom Lazarusgrab wurde 1950 eine Höhle entdeckt, die sogenannte **Felsgrotte von Betanien,** ursprünglich eine Zisterne, die man später in ein Höhlenheiligtum umwandelte.

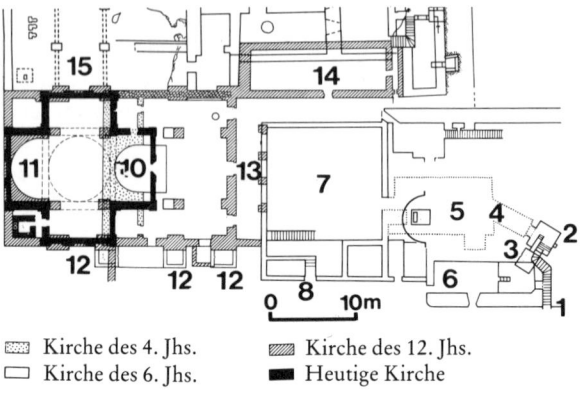

Bethanien: Kirche und Grab
des Lazarus
1 heutiger Eingang zum Lazarusgrab
2 Vorraum
3 Grabkammer
4 früherer Eingang zum Grab
5 Krypta-Moschee
6 griechische Kapelle
7 Hof der Moschee (früheres
   Atrium)
8 Eingang zur Moschee
9 Turm der heutigen Kirche
10 Apsis der Kirche (4. Jh.)
11 Apsis der Kirche (6. Jh)
12 Strebepfeiler der Kreuz-
    fahrerkirche
13 Portikus
14 byzantinische Kapelle
15 Franziskanerabtei

▨ Kirche des 4. Jhs. ▨ Kirche des 12. Jhs.
▭ Kirche des 6. Jhs. ■ Heutige Kirche

Dominikaner-Archäologen der Jerusalemer École Biblique et Archéologique fanden an den
Höhlenwänden zahlreiche hebräische, griechische und lateinische Inschriften, die hier
zwischen dem 4. und 7. Jh. von Pilgern angebracht wurden. Über eine aus dem Felsen
gehauene Treppe steigt man in die 5,4 m breite und 4 m tiefe Höhle hinab, deren Höhe
zwischen 3 m und 2,2 m schwankt. Ein Pfeiler teilt den breiten Eingang in zwei Hälften; er
sollte wohl kaum die Decke tragen, sondern den starken Pilgerstrom steuern. In islamischer
Zeit kamen immer weniger Pilger nach Betanien, so daß die Höhle wieder als Zisterne,
Lagerraum und Stall genutzt wurde.

Zwischen der Felsgrotte und dem Lazarusgrab lag das **alte Betanien,** von dem die
Archäologen Hausruinen, Weinkeltern und Zisternen fanden. Betanien war zur Zeit Jesu ein
wohlhabendes Dorf mit Olivenhainen, Feigenplantagen und Weingärten. Etwa 500 m
östlich vom Lazarusgrab besitzen die Griechisch-Orthodoxen ein **Kloster,** in dessen Kirche
sie den Ort der Begegnung Jesu mit Marta verehren (Joh 11, 20–27). Die Kirche wurde 1881
auf den Fundamenten älterer Kirchen erbaut, die bis in die byzantinische Zeit zurückreichen.

Wadi el-Kelt

Die 1963 fertiggestellte Autostraße nach Jericho schlängelt sich hinter 'Eizariya durch die
atemberaubende Bergwüste von Juda und fällt dabei auf einer Strecke von 28 km rund 1000
m in die Jordansenke ab. Kurz hinter **Ma'ale Adummin,** einer aufstrebenden Industriesied-
lung, beginnt die ›Blutsteige‹ (hebräisch Ma'ale Adummin; arabisch Tal'at ed-Damm), so

genannt »wegen des Blutes, das hier oft von den Räubern vergossen wird« (Hieronymus, um 347–420) oder vielleicht eher wegen der blutigroten Felsen, weshalb schon Josua den Ort ›Adummin‹ nannte (Jos 15, 7). Bald darauf sieht man rechts der Straße das Mauerviereck Khan el-Hathour, die **Herberge des barmherzigen Samariters** (Hinweisschild ›Inn of the good Samaritan‹). Das jetzige Gebäude entstand zwar erst im Jahre 1903, doch deuten antike Mauerreste im Hof des Anwesens darauf hin, daß hier schon zu Jesu Zeiten eine Herberge gestanden haben könnte. Jesus, der diesen Weg kannte, berichtete von einem Mann, der in der ›Blutsteige‹ von Räubern überfallen und halbtot geschlagen worden war. Ein vorbeiziehender Priester und auch ein Levit kümmerten sich nicht um den Schwerverletzten, erst ein Reisender aus Samaria versorgte dessen Wunden und brachte ihn auf seinem Reittier in die Herberge von Adummin (Lk 10, 29). **Qala'at ed-Damm**, die Ruine einer Kreuzfahrerburg in der Nähe des Khans, bewachte die wichtige Handelsstraße.

Nach einer kurzen Strecke weisen die Schilder ›Wadi Kelt‹ und ›St. George Monastery‹ auf eine Abzweigung hin, die seit uralten Zeiten durch das wildromantische, cañonartige **Wadi el-Kelt** (Wadi Qilt) nach Jericho führt (Abb. 30). Am Rand der steilen Schlucht zogen schon kanaanitische Karawanen entlang, David floh durch sie vor seinem aufsässigen Sohn Abschalom, hier hallte der Marschschritt römischer Kohorten von den gegenüberliegenden Felswänden wider. Auch Jesus kam auf seinem Weg nach Jerusalem durch das Wadi, das alle anderen Flußtäler westlich des Jordan an Großartigkeit und herber Schönheit übertrifft. An manchen Stellen rücken die Felswände so nahe zusammen, daß kein Sonnenstrahl den Fluß erreicht. Spätestens hier spürt man, warum das Wadi auch ›Tal des Todesschattens‹ genannt wird. Der Fluß wird von mehreren Quellen gespeist: Ain Farah, Ain Fawar, Ain Kelt. Herodes der Große leitete das ganzjährig reichlich fließende Wasser über tiefe Rinnen an den Felshängen entlang bis nach Jericho. Das Kanalsystem, das auf hohen Aquädukten wiederholt das Tal kreuzt, setzten die Engländer während der Mandatsverwaltung wieder instand.

Heutzutage wagt kaum mehr ein Tourist, den 8 km langen, felsigen Weg durch das Wadi bis nach Jericho hinabzufahren. Im Schrittempo holpert man mit dem Wagen von Stein zu Stein. Nach wenigen Kilometern erblickt man jenseits des Flusses, hoch über dem Abgrund, das **Wüstenkloster St. Georg** (Farbt. 1), auch Kozibakloster genannt (nach dem hl. Georg von Koziba, der gegen Ende des 7. Jhs. hier Abt war). Eine kleine Brücke führt über den Fluß. Schon in frühbyzantinischer Zeit lebten hier in zahlreichen Höhlen Mönche. Das Kloster selbst wurde um 480 zu Ehren der Jungfrau Maria gegründet, und zwar nach dem Protevangelium des Jakobus an der Stelle, wo der Engel dem ob seiner Kinderlosigkeit verzweifelten Hirten Jojakim die baldige Geburt seiner Tochter Maria verkündete. Nachdem im Jahre 614 die Perser Jerusalem erobert hatten, ermordeten fanatische Juden die Mönche, deren Gebeine – zu einem großen Haufen gestapelt – noch heute in einer Grotte zu sehen sind. Von da an blieb das Kloster unbewohnt; erst 1878–1901 bauten griechisch-orthodoxe Mönche es wieder auf. Die Anlage umfaßt mehrere Höhlenkirchen mit Resten byzantinischer Mosaike. Heute leben hier keine Mönche mehr; das Kloster ist ein reizvolles Museum der griechischen Gemeinde von Jerusalem.

Nabi Musa

Kurz vor dem Verlassen der Berge zweigt eine breite, neue Straße von der Schnellstraße in Richtung Süden ab. Sie führt nach Nabi Musa, dem bedeutenden moslemischen Wallfahrtsort am Übergang der Judäischen Wüste in die Jordansenke. Nabi Musa heißt ›Prophet Mose‹, und nach islamischer Tradition hat Mose hier seine letzte Ruhestätte gefunden. Wie eine Fata Morgana steigt die heilige Stätte mit ihren zahlreichen Kuppeln und dem hohen Minarett aus der trostlosen Wüstenlandschaft empor, umgeben von moslemischen Gräberfeldern (Abb. 32).

Von Nabi Musa aus sieht man jenseits des Jordan, inmitten der Berge von Moab, den 808 m hohen Gipfel des **Nebo,** den Mose erstiegen hatte, um das versprochene Land zu schauen. Danach starb er. »Man begrub ihn im Tal, in Moab, gegenüber Bet Pegor. Bis heute kennt niemand sein Grab« (Dtn 34). Sultan Saladin träumte, Allah habe die sterblichen Überreste des großen Propheten auf die westliche Jordanseite gebracht, und stiftete ein Weli. Um 1265 errichtete Sultan Baibars über dem Mose-Kenotaph eine Moschee. Im 15. Jh. bauten die Mamelucken neben der Moschee eine große Herberge mit rund 450 Räumen. Noch heute kommen alljährlich zwischen Mitte und Ende April bis zu 60 000 Pilger nach Nabi Musa, um in der Herberge oder in einer großen Zeltstadt zu kampieren und ihres ersten Propheten zu gedenken. Die heilige Stätte wurde vor kurzem sorgfältig renoviert. In einem Nebenraum der kleinen Moschee steht der Kenotaph des Mose, eingehüllt in eine schlichte, dunkelgrüne Decke (Abb. 31). Ein Wächter zeigt auch die Gasträume in der Herberge, in denen jeweils 50 und mehr Pilger übernachten, und die Toiletten, die nur aus Löchern im Fußboden bestehen.

Jericho

In der Jordansenke trifft die Schnellstraße von Jerusalem auf ein großes Straßendreieck. Geradeaus geht es zum Toten Meer (die Straße nach Amman, der Hauptstadt Jordaniens, ist gesperrt), über die Abzweigung nach Norden erreicht man nach 8 km die wasserreichste Großoase des Vorderen Orients mit der ›Palmenstadt‹ Jericho (Gesamtstrecke ab Jerusalem 36 km). Jericho (hebräisch Yeriho, arabisch Eriha) ist die älteste bisher bekannte Stadt der Erde und nach biblischen Berichten der erste Ort, den die Israeliten in dem verheißenen Land eroberten. Es besteht aus drei Städten verschiedener Perioden, die jeweils ungefähr 2 km voneinander entfernt liegen: dem 10 000jährigen Tel Yeriho (Tell es-Sultan), der hellenistisch-römischen Stadt Herodes' des Großen bei den Tulul Abu el-Alayik und der arabischen Neustadt Eriha inmitten ausgedehnter Orangen-, Bananen- und Dattelpalmpflanzungen. Dazu kommt der große Stadtteil 'Aqabat Jahr im Süden, der nach 1967 aus einem palästinensischen Flüchtlingslager hervorgegangen ist. Eine Besichtigung wert sind auch einige Orte in der näheren Umgebung von Jericho, vor allem der märchenhafte Winterpalast der Omajjaden in Khirbet el-Mafjir, die Synagoge von Na'aran, der Berg der

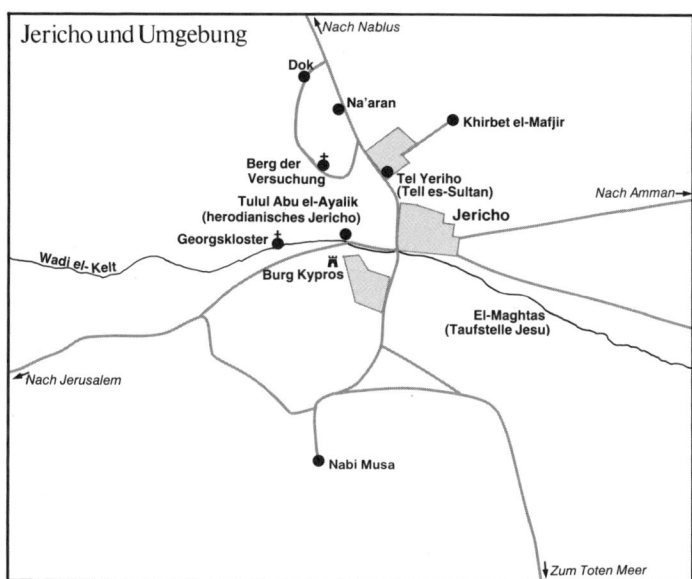

Jericho und Umgebung

Versuchung und die zur Zeit nicht zugängliche Taufstelle Jesu am Jordan. Die Herkunft des Namens Jericho ist ungeklärt. Vielleicht bedeutet er nichts anderes als ›Weg‹, weil die Stadt an einer der wichtigsten Karawanenstraßen des Altertums lag, oder er kommt vom hebräischen ›Rih‹ (= Duft), wegen der vielen Balsamstauden, die dort wuchsen. Vermutlich hängt der Name aber mit dem altsemitischen Mondgott Jarach zusammen.

Geschichte
Die frühesten Siedlungsspuren in Jericho gehen bis auf das 10. Jahrtausend v. Chr. zurück. Damals ließen sich Jäger und Sammler der Kulturstufe des Protoneolithikums bzw. des Natoufien (Natufian) an der wasserreichen Quelle Ain es-Sultan (Elischaquelle) nieder, um Viehzucht zu betreiben und erste zaghafte Versuche der Bodenbestellung zu wagen. Am Nordende des Tell es-Sultan entdeckten Archäologen ein 6,50 × 3,50 m großes, rechteckiges Gebäude aus dieser Zeit, mit Bruchsteinmauern auf einem 30 cm starken Lehmfundament. Zwei 75 cm hohe, durchbohrte Steinblöcke könnten kultischen Zwecken gedient haben. Um 7000 v. Chr. – möglicherweise noch früher - war Jericho bereits eine Stadt, die erste, die wir kennen, mit Steinmauern, mindestens einem Turm und Verteidigungsgraben. Seine Bewohner hatten durch den Handel mit Salz, Schwefel und Asphalt, gewonnen aus den reichen Vorkommen am Toten Meer, aber auch durch den Verkauf landwirtschaftlicher Erzeugnisse beachtlichen Wohlstand erlangt. Die Stadt, in der bis zu 3000 Menschen gelebt haben mögen, beherrschte eine der wenigen Straßen, die von Osten nach Westen führten und den Jordan nördlich des Toten Meeres überquerten. Jericho war – 4000 Jahre vor den

ägyptischen Pyramiden – bereits »ein differenziertes Gemeinwesen mit einer gut funktionierenden kommunalen Organisation« (K. Kenyon). Die Wohnhäuser dieser ältesten Stadt zeigen einen runden oder halbrunden Grundriß. Töpferei und Metallverarbeitung waren noch nicht bekannt. Im ersten Jahrtausend ihres Bestehens wurde die Stadt zweimal zerstört und wieder aufgebaut.

Im späten 7. Jahrtausend ließ sich eine neue Bevölkerungsgruppe in Jericho nieder. Diese unbekannten Eroberer bauten rechteckige Lehmziegelhäuser, bei denen sich mehrere Räume um einem Hof gruppierten und deren Wände und Fußböden innen fein verputzt und rötlich oder gelblich bemalt waren. Tonstatuetten, die man in einem größeren, länglichen Gebäude mit halbrunden Nischen fand, weisen auf die Verehrung einer Fruchtbarkeitsgöttin hin. Unter dem gestampften Fußboden eines anderen Hauses kamen zehn menschliche Schädel zum Vorschein, die frühe Künstler mit Gips überzogen und lebensecht modelliert hatten. Sehr wahrscheinlich dienten diese Schöpfungen dem Ahnenkult. Um 5500 wurde die Stadt aus unbekannten Gründen von ihren Bewohnern verlassen.

Neue Siedler erschienen gegen 4500 v. Chr. Sie beherrschten bereits die Herstellung von Töpferwaren mit schönen rotlinigen Verzierungen, standen ansonsten aber auf einer niedrigeren kulturellen Stufe. Ihre quadratischen Steinhäuser waren zur Hälfte in den Boden gebaut, ihre Feuersteingeräte grob gearbeitet. Spätere Eroberer bauten wieder Ziegelhäuser auf Steinfundamenten. Um 4000 v. Chr. wurde Jericho erneut aufgegeben. Nach 3100 v. Chr. ließen sich wiederum Siedler im Stadtgebiet nieder, vielleicht Amoriter. Um 2900 erhielt das frühbronzezeitliche Jericho eine mächtige Mauer aus Lehmziegeln und Holzbalken. Nach siebzehnmaligem Wiederaufbau in den folgenden 600 Jahren wurde sie um 2300 v. Chr. endgültig zerstört. Eine meterdicke Ascheschicht im südlichen Mauerabschnitt zeugt von einem erbitterten Kampf.

Um 1900 v. Chr. übernahmen Kanaaniter Jericho. In der Hyksoszeit wurde die inzwischen auf über 4 ha erweiterte Stadt von einem mächtigen Wall umgeben, den eine Ziegelmauer krönte. Der Wall mit Mörtelböschung und Steinverkleidung widerstand den neuen Belagerungstechniken (Sturmbock) besser als die Lehmziegelmauer. Trotzdem wurde Jericho um 1550 v. Chr. von dem ägyptischen Pharao Ahmose erobert und eingeäschert. Fast zweihundert Jahre blieb Jericho eine Trümmerstätte, bis nach 1400 v. Chr. eine neue Stadt erstand, die aber schon um 1325 v. Chr. wieder verlassen wurde.

Die im 13. vorchristlichen Jahrhundert einwandernden Israeliten unter ihrem Anführer Josua fanden eine unbedeutende Ortschaft mit verfallenen Wehranlagen vor. Weder Posaunenklänge noch Feldgeschrei dürften nötig gewesen sein, um die ›Mauern einer mächtigen Königsstadt‹ zum Einsturz zu bringen (Jos 6,20). Josua verfluchte das Stadtgebiet von Jericho, und tatsächlich blieb die Trümmerstätte für lange Zeit unbewohnt. Jericho gehörte fortan zum Stammesgebiet der Benjaminiter. Im 9. Jh. v. Chr. baute ein gewisser Hiël, vermutlich ein hoher Beamter des Königs Ahab von Israel, die Stadt wieder auf (1 Kön 16,34). Zwar fanden die Archäologen keine Stadtmauer aus der Ära Ahab, aber immerhin einige Gebäudereste. In dieser Zeit kam der Prophet Elija mit seinem Schüler Elischa nach Jericho (2 Kön 2,4). Das 7. Jh. v. Chr. ist lediglich durch Tonscherben belegt.

578 v. Chr. eroberten Nebukadnezars Truppen Jerusalem; Zidkija (Zedekia), der letzte König von Juda, floh nach Jericho. In den ›Niederungen von Jericho‹ nahmen ihn die Babylonier gefangen, blendeten ihn und führten ihn zusammen mit der israelitischen Oberschicht ins Babylonische Exil. Nachdem die Perser das neubabylonische Reich übernommen hatten, kehrten im Jahre 538 v. Chr. 345 Juden mit ihren Familien nach Jericho zurück (Esra 2,34). Ob sie sich wieder auf dem Tell es-Sultan niederließen oder schon an dem nahen Wadi el-Kelt wissen wir nicht.

161 v. Chr. befestigte Bakchides, Feldherr des Seleukidenkönigs Demetrios I., das neue Jericho (1 Makk 6,50). Einige Jahre darauf eroberten die Makkabäer die Stadt. Zwei Festungen, die ›Türme Threx und Taurus‹, bewachten den Eingang zum Wadi el-Kelt, durch das die Straße nach Jericho führte. Als die Römer im Jahre 63 v. Chr. Palästina unterwarfen und die Kohorten Trajans, eines Truppenführers des Pompejus, nach Jericho marschierten, flohen die Einwohner in die umliegenden Berge; Trajan zog in die verlassene Stadt ein. Marcus Antonius schenkte das reiche Jericho samt Oase seiner Geliebten, der ägyptischen Königin Kleopatra, die die Stadt an Herodes den Großen verpachtete. Nach Kleopatras Selbstmord 30 v. Chr. übereignete Octavian Jericho dem König ganz. Herodes baute die Stadt zu einem luxuriösen Kurzentrum mit riesigen Parkanlagen, künstlichen Teichen, Amphitheater und Hippodrom aus. Zu beiden Seiten des Wadi el-Kelt entstand ein prächtiger Winterpalast, den er zu seinem Lieblingsaufenthalt erkor. Hier starb er im Jahre 4 v. Chr. Im Hippodrom von Jericho warteten in der Todesstunde 15000 gefangene Juden auf ihre Hinrichtung; Herodes' Schwester ließ sie jedoch frei.

Nach der Beisetzung des Herodes im Herodeion bei Betlehem machte sich einer seiner Sklaven zum König von Jericho. Als Herodes' Sohn Archelaos daraufhin die Stadt angriff, setzte der Sklave den Palast in Brand und kam in den Flammen um. Archelaos baute die Anlage wieder auf, erweiterte die Stadt nach Osten hin und schuf ein großzügiges Bewässerungssystem für die riesigen Pflanzungen. Der griechische Geograph Strabon (63 v. Chr. – 20 n. Chr.) sah die Ebene am Wadi el-Kelt »angefüllt mit Wohnungen« und reich »an vielen Fruchtbäumen«. Er schwärmte von dem einzigartigen »Palmenwald« von Jericho, der eine Ausdehnung von 100 Stadien hatte, und von dem »Balsamgarten«, der das kostbare, als Arznei hochgeschätzte Balsamharz lieferte (Geographika XVI, 2,40). Auch Jesus hinterließ in Jericho seine Spuren. Hier bekehrte er den reichen Zollpächter Zachäus (Lk 19,2), hier heilte er den blinden Bartimäus (Mk 10,46). 70 n. Chr., gegen Ende des ersten jüdischen Krieges, wurde Jericho von römischen Truppen verwüstet und verlor jede Bedeutung. Die überlebenden Bewohner schufen jedoch einen neuen Stadtteil, der sich allmählich flußabwärts in Richtung des heutigen Eriha ausdehnte. In byzantinischer Zeit war Jericho sogar Bischofssitz. Sechs Kirchen und eine Synagoge konnten bis jetzt lokalisiert werden.

614 kamen die Perser nach Jericho. 627 ließen sich hier zahlreiche Juden nieder, die Mohammed aus Arabien vertrieben hatte. 638 überschwemmten dann die Truppen des Kalifen Omar das Land. Am Wadi el-Kelt bauten sie eine Festung. Unter den Omajjaden war Jericho eine Bezirkshauptstadt, die hauptsächlich vom Handel mit Indigo und Zucker

lebte. Auch die Kreuzfahrer betrieben hier später Zuckermühlen, bis Saladin 1187 die Stadt eroberte. Die Mamelucken und die Osmanen ließen Jericho verfallen. 1871 zerstörte ein Großbrand das Dorf. Zwei Jahre später versteigerte die türkische Regierung das Staatsland an den Tulul Abu el-Alayik. Juden aus Jerusalem nannten das Höchstgebot, aber die Regierung lehnte ab, weil sie eine jüdische Besiedlung der Oase vermeiden wollte.

In den 20er Jahren verteilte die englische Mandatsverwaltung das Staatsland an Araber, die das Land an Juden weiterverkauften. Die arabischen Aufstände des Jahres 1936 zwangen die Juden jedoch zum Wegzug. Nach dem Bau der Autostraße nach Jerusalem blühte Jericho wieder auf. Wohlhabende Araber errichteten in der klimatisch günstig gelegenen Oasenstadt luxuriöse Wohnsitze, in denen sie die Winter verbrachten. 1940 lebten hier etwa 4000 Menschen. Als Jericho 1948 zu Jordanien kam, siedelten sich zahlreiche moslemische Flüchtlinge aus dem neuen Staat Israel an; die ärmeren Familien wurden in Lagern untergebracht. 1964 zählte die Stadt 13 000 Einwohner, 57 000 weitere lebten in den Lagern der Umgebung. Nach der Besetzung des Westjordanlandes durch die Israelis im Jahre 1967 schmolz die Einwohnerzahl auf 7000.

Tel Yeriho (Tell es-Sultan), das frühe Jericho
Am Nordwestrand des heutigen Jericho, unter dem eiförmigen Tel Yeriho, ruhen die Überreste der ältesten Stadt der Erde. Der durchschnittlich 17 m und maximal 21,5 m hohe Hügel mißt 307 × 161 m und bedeckt eine Fläche von rund 4,6 ha. Schon 1869 trieb der englische Pionier-Captain Charles Warren Schächte in den Tell, verfehlte aber den berühmten Turm um einen Meter und fand nichts von Bedeutung. Auch die Untersuchungen der deutschen Archäologen E. Sellin und C. Watzinger 1907–1909 brachten nur dürftige Ergebnisse. Erst die größeren Grabungen, die der britische Bibelarchäologe John Garstang 1930–1936 für den Palestine Exploration Fund durchführte, offenbarten die neolithische Vergangenheit Jerichos. 1952–1957 legte dann die Londoner Archäologin Kathleen M. Kenyon im Auftrag der British School of Archaeology mehrere Schnittgräben quer durch den Tell und stieß auf die ältesten Stadtbefestigungen der Menschheit und auf ein protoneolithisches Heiligtum.

Imposante Relikte aus alter Zeit wird der Tourist vergeblich suchen, doch seinen aufmerksamen Blicken werden sich an der senkrechten Wand des ostwestlichen Stichgrabens die Siedlungsschichten aus acht Jahrtausenden erschließen. Am eindrucksvollsten ist **der älteste Turm der Menschheit** (Farbt. 17), ein aus Steinblöcken geschichteter Rundturm, Teil der mächtigen Verteidigungsanlagen aus der Zeit um 7000 v. Chr. Der 9 m hohe, hervorragend erhaltene Turm hat einen Durchmesser von 9,80 m (unten) bzw. 8,50 m (oben). In seinem Innern führt eine 22stufige Steinplattenwendeltreppe zum Dach empor. Vor dem Turm verlief die 2 m dicke und 6 m hohe Steinmauer, die ursprünglich noch erheblich höher war. Das neolithische Jericho bedeckte nur eine Fläche von 225 × 70 m, das frühbronzezeitliche maß bereits 270 × 100 m, und die mittelbronzezeitliche Stadt erreichte eine Ausdehnung von 290 × 160 m. Auch die früh- und mittelbronzezeitlichen Verteidigungsanlagen sind noch deutlich zu erkennen.

Am östlichen Fuß des Tells, jenseits der heutigen Straße, liegt die **Elischaquelle** (arabisch Ain es-Sultan), der Kristallisationspunkt des ältesten Jericho. Seit vielen Jahrtausenden sprudeln in jeder Stunde 27 000 Liter Wasser aus dieser größten Quelle des Oasengebietes hervor. Als der Prophet Elischa (Elisa) in der ersten Hälfte des 9. Jhs. v. Chr. nach Jericho kam, war das lebenswichtige Quellwasser offenbar verseucht. Bäume und Sträucher verkümmerten und trugen keine Früchte mehr, Fehlgeburten, Krankheiten und Sterbefälle häuften sich. Die Bewohner baten Elischa um Hilfe. Der Prophet schüttete Salz in die Quelle, und »das Wasser war wieder gesund« (2 Kön 2,19–22). »Von nun an verbreitete das Wasser reichen Kindersegen und Wohlstand, wie es in früherer Zeit Kinderlosigkeit und Hungersnot verschuldete« (Jüd. Krieg IV, 8,3).

Tulul Abu el-Alayik, das herodianische Jericho
Das Jericho der hellenistisch-römischen Zeit, von dem Josephus wegen seiner »paradiesischen Umgebung« und seiner »besonders schönen und üppig wuchernden Gärten« als »Geschenk Gottes« schwärmte (Jüd. Krieg IV, 8,3), erstreckte sich auf beiden Seiten des Wadi el-Kelt, das 2 km südwestlich des Tel Yeriho aus einer engen Schlucht des judäischen Wüstengebirges tritt. Man biegt nördlich der Brücke über das Wadi nach Westen ab (kein Hinweisschild), fährt an Gartengrundstücken vorbei und erreicht nach 2,5 km die Ausgrabungsstätte (Abb. 33). 1909–1911 führte E. Sellin erste Untersuchungen der Tulul (Plural

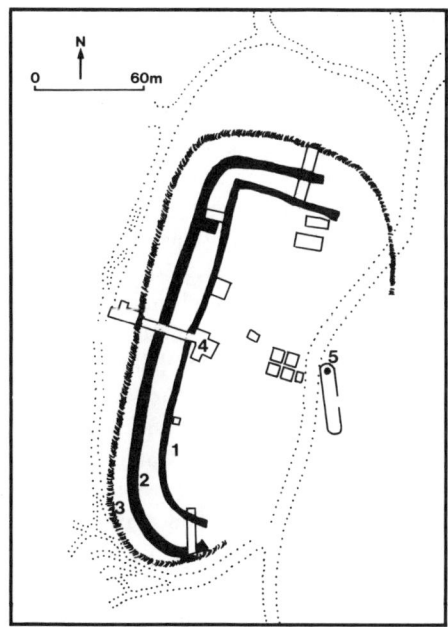

Jericho: Tel Yeriho (Tell es-Sultan)
1 neolithische Mauer
2 frühbronzezeitliche Mauer
3 mittelbronzezeitliche Mauer
4 Rundturm
5 Elischaquelle

185

von Tell) durch. 1950–1951 legten die beiden Archäologen J.L. Kelso und J. B. Pritchard für die American School of Oriental Research in Jerusalem das zentral gelegene Palastviertel frei. 1973 setzte der Jerusalemer Archäologe Ehud Netzer die Grabungen fort; er entdeckte den Winterpalast der Hasmonäerkönige.

Der **Hasmonäerpalast** auf dem Tell 2 nördlich vom Wadi el-Kelt hatte eine Ausdehnung von etwa 50 × 50 m. Seine Mauern erreichen noch heute eine Höhe von 6 m und zeigen innen Reste von Stuckarbeiten und Fresken. Mittelpunkt des Palastes war ein großer Hof. Westlich vom Palast erhob sich neben einem 34 × 20 m großen und 4 m tiefen Doppelteich ein Pavillon. Das Wasser für den Teich wurde von der Quelle Ain Duk über einen 6 km langen Aquädukt herangeführt. Bodenproben ergaben, daß die Badeanlage von Bäumen, Ziersträuchern und Blumenrabatten umgeben war. Hier genossen die Hasmonäerkönige von Alexander Jannäus (103–76) bis Antigonos (40–37) das milde Winterklima, und auch Herodes wohnte anfangs in diesem Palast. Vermutlich wurde 35 v. Chr. in dem Teich der 16jährige Hohepriester Aristobul, Schwager des Herodes und Liebling der Juden, ertränkt (vgl. S. 135).

Etwa um 30 v. Chr. baute sich Herodes auf dem gegenüberliegenden Ufer des Wadi einen eigenen, 86 m langen und 46 m breiten Palast. Empfangssaal, Wohnräume und Bäder umschlossen an drei Seiten einen großen, fast quadratischen Hof, der im Süden den Blick zur Jordanebene frei ließ. In späteren Jahren gab Herodes einen noch prächtigeren **Palast über dem Nordufer** des Wadi in Auftrag. Das 85 × 35 m große Gebäude enthielt ebenfalls einen großen, mit Marmor ausgelegten Empfangssaal, eine römische Badeanlage und zahlreiche kleinere Wohnräume. Ein 5,6 m breiter Eingang führte in die 29 m lange und 19 m breite, offene Empfangshalle, die an drei Seiten von Säulengängen umschlossen war. Das Mittelfeld der Halle schmückte ein kunstvolles Mosaik. Säulen, Marmorplatten und Mosaik sind leider verloren, doch kann man die entsprechenden Eindrücke im Mörtelfundament noch deutlich erkennen. An die Empfangshalle schloß sich ein Hof an, der an drei Seiten von korinthischen Säulen umgeben war. Die vierte Seite bildete eine Apsis. Östlich davon lagen die Thermen mit Frigidarium (Kaltbad), Caldarium (Warmbad) und anderen Badeeinrichtungen. Das runde Frigidarium hatte einen Durchmesser von 8 m; Statuen schmückten die vier halbrunden Nischen. Die Wände bestanden aus netzartig gefügtem Mauerwerk (opus reticulatum), einer zwar typisch römischen, im Orient jedoch einmaligen Bauweise.

Vom Palast führte ein schnurgerader Weg über eine Brücke, die das Wadi überquerte, und über eine 50 m lange, auf Pfeilern ruhende Treppe zu einer Villa auf der Spitze des Tell 1 empor. Die Villa, von der nur noch die Fundamente erhalten sind, hatte einen quadratischen Grundriß mit einem kreisrunden Innenraum. Westlich vom Verbindungsweg dehnte sich eine herrliche, 113 m lange **Gartenanlage** aus, die an beiden Schmalseiten von Säulengängen eingefaßt war. Eine in 50 rechteckige und halbkreisförmige Nischen gegliederte Mauer schloß den Garten nach Süden hin ab. In der Mitte bildete die Mauer eine große Exedra, eine halbkreisförmige Terrassenanlage mit Treppenaufgang, Sitzreihen und zahlreichen Blumenkübeln. Ob diese Anlage womöglich als intimes Theater diente, ist ungeklärt. Östlich vom Verbindungsweg lag ein 90 × 42 m großer Teich. Das Wasser für die Teiche und für die

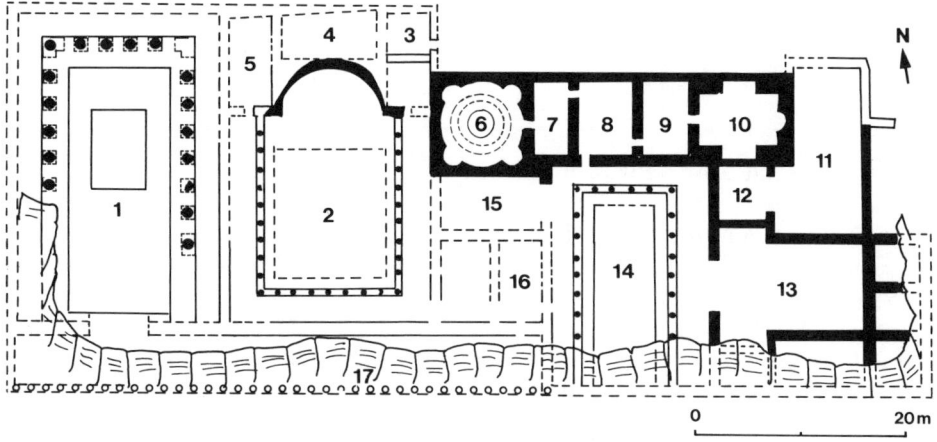

Jericho: Nordpalast des Herodes
1 Empfangshalle 2 Westhof 3 Nordeingang 4 kleiner Empfangsraum 5 Lagerraum 6–12 Thermen 6 Frigidarium 7 Tepidarium 8 Apoditerium 9 Tepidarium 10 Caldarium 11 Heizung 12 Holzlager 13 großes Triclinium (Speisesaal) 14 Osthof 15 kleines Triclinium (?) 16 Südeingang (zur Brücke) 17 Portikus

riesigen Obstplantagen und üppigen Palmenwälder, die nach Josephus eine Fläche von mehr als 45 km² bedeckten, ließ Herodes über fünf Aquädukte aus dem Gebirge heranführen. Zwei Leitungen kamen von der 12 km entfernten Quelle Ain Fara und drei von der Quelle Ain Kelt. Alle fünf endeten in dem riesigen Becken Birket Musa (175 × 145 m), aus dem das Wasser für die verschiedensten Verwendungszwecke verteilt wurde.

Eriha, das neue Jericho
Das heutige Jericho ist eine kleine reizvolle Oasenstadt mit schattigen Straßen, eleganten Villen, gut besuchten Cafés und zahlreichen Gartenrestaurants, in denen man vorzüglich speisen kann. Auf dem Markt erhält man fast das ganze Jahr über frische Datteln, Bananen, Apfelsinen und Mangofrüchte. Die wenigen Gebäudereste aus byzantinischer und mameluckischer Zeit lohnen nicht die Suche. Zu den Resten der alten Synagoge (5. oder 6. Jh.) gehört ein relativ gut erhaltener Mosaikboden mit der Darstellung eines Thoraschreines und eines siebenarmigen Leuchters mit Schefar (Horn) und Feststrauß. Die hebräische Inschrift darunter lautet: ›Friede für Israel‹.

Burg Kypros

Auf der Südseite des Wadi el-Kelt, am Austritt des Flusses aus dem jüdischen Bergland, ragt der Tell el-’Aqabe empor. Auf seinem Gipfel lag einst die Burg Kypros, eine der mächtigsten Festungen Herodes’ des Großen. Sie hatte die Straße zu bewachen, die von den Ländern östlich des Jordan über Jerusalem zur Mittelmeerküste führte. Von dem stolzen ›Adlernest‹ sind heute nur noch die Ruinen eines 20 × 20 m großen Gebäudes sowie Teile einer Umfassungsmauer zu sehen.

El-Maghtas, die Taufstelle Jesu

Vor seinem ersten Auftreten in Galiläa kam Jesus von Nazaret an den Jordan, um sich von Johannes dem Täufer taufen zu lassen (Mt 3,13). »Damals strömten die Leute von Jerusalem und ganz Judäa und aus der ganzen Jordangegend zu Johannes hinaus; sie bekannten ihre Sünden und ließen sich im Jordan von ihm taufen« (Mt 3,5/6). An welcher Stelle dies geschah, ist nicht mehr feststellbar. Die Tradition sieht den Ort der Taufe Jesu beim griechisch-orthodoxen **Johanneskloster,** dem Prodromos, von den Arabern Deir Mar Hanna genannt. (Von Jericho gelangt man hierher auf einer ca. 8 km langen Nebenstraße, die in südöstlicher Richtung zum Jordan führt, zur Zeit allerdings militärisches Sperrgebiet ist.) Schon in den ersten nachchristlichen Jahrhunderten zogen die Gläubigen an diese Stelle des Flusses, um sich taufen zu lassen. Im 4. Jh. siedelten sich dann vermutlich die ersten Mönche am Westufer des Jordan an, um den Pilgern Schutz und Unterkunft zu bieten. Der byzantinische Kaiser Anastasios (491–518) stiftete den Mönchen eine Kirche und gewährte ihnen eine jährliche finanzielle Hilfe. Kaiser Justinian (527–565) stiftete eine Zisterne, die noch heute vor dem Klostereingang zu sehen ist. Im 7. Jh. befestigten jüdische Flüchtlinge aus den arabischen Ländern die Anlage; seither nennen die Araber sie auch Kasr el-Jehud (Judenburg). Im Jahre 1882 wurde das Kloster auf den byzantinischen Fundamenten neu erbaut. Die schweren Erdbebenschäden des Jahres 1927 sind inzwischen behoben.

Vom Kloster aus führt ein etwa 700 m langer Weg zum 30–60 m tiefen, von Buschwerk und Bäumen überwucherten Hochwasserstreifen (ez-Zor). Bei der Mündung des Wadi el-Charrar gab es eine uralte Furt durch den hier etwa 30 m breiten Fluß, die seit der Jahrhundertwende allerdings nicht mehr passierbar ist, weil der Wasserspiegel des Toten Meeres inzwischen um etwa 3 m gestiegen ist, so daß der Jordan in Höhe des Johannesklosters heute eine Tiefe von 4–6 m erreicht. Stufen führen vom hohen Ufer zum Fluß hinab. 1933 bauten die Franziskaner südlich vom Johanneskloster eine Kapelle. Daran schließt sich ein noch unbebautes Grundstück der Armenier an. Es folgen in kurzen Abständen eine Kirche der Syrer und eine Kapelle der Kopten.

Etwa 8 km flußaufwärts liegt die berühmte Roranije-Furt, einst die Hauptverbindung zwischen den ostjordanischen Gebieten und Jerusalem. Im Ersten Weltkrieg baute der britische Feldmarschall Edmund Allenby hier eine Brücke, die **Allenby Bridge,** die die Araber seit 1948 Hussein-Brücke nennen. Palästinenser mit Wohnrecht im Westjordanland dürfen sie in beiden Richtungen passieren, für Pkw-Touristen ist der Grenzübergang gesperrt. 1963 bauten die Jordanier wenige Kilometer vor der Mündung des Jordan in das Tote Meer die Abdullah-Brücke, die bald zur wichtigsten Verbindung zwischen Jerusalem und dem Ostjordanland wurde. Sie ist zur Zeit geschlossen.

Der Omajjadenpalast von Khirbet el-Mafjir

3 km nördlich von Jericho liegen jenseits des Wadi Nu'eima die eindrucksvollen Ruinen des Omajjadenpalastes von Mafjir. Der Name der Ausgrabungsstätte, Khirbet el-Mafjir (Khirbet = arabisch für Ruine), taucht häufig auch als Khirbat al-Mafjar, Chirbat al-Mafdjar, Qirbat al-Mafyar o. ä. auf; Hinweisschilder tragen die Aufschrift ›Qasr Hisham, Omnad Palace‹.

Geschichte

Der Palast wurde in der Regierungszeit des Kalifen Hischam Ibn Abd el-Malik (724–743) erbaut, und zwar vermutlich von seinem Neffen Walid (Oualid), dem späteren Kalifen Walid II. (743–744). Unter Hischam, dem zwölften Kalifen aus der in Damaskus residierenden Dynastie der Omajjaden, entstanden zahlreiche palastartige Landsitze, die Mittelpunkt riesiger landwirtschaftlicher Güter waren und zugleich als Winteraufenthalt für die Verwandten des Kalifen und für hohe Würdenträger dienten. Die Umgebung von Jericho eignete sich für eine solche Anlage besonders, weil die Winter in der Talsenke des Toten Meeres außerordentlich mild und trocken sind. Die Bauarbeiten begannen vermutlich im Jahre 742 und waren noch nicht ganz vollendet, als 746 ein gewaltiges Erdbeben den Gebäudekomplex teilweise zerstörte. Im Jahre 750 wurden dann die Omajjaden von der Dynastie der Abbasiden abgelöst, die die Güter verfallen ließ, weil die landwirtschaftlichen Produkte wegen des unterbrochenen Mittelmeerhandels und wegen des Nachlassens der Pilgerströme keine Abnehmer mehr fanden. Wüstensand deckte die Ruinen zu, und was der Sand frei ließ, verwendeten die Bewohner von Jericho für den Bau ihrer Häuser. 1937 entdeckten britische Archäologen den Palast, gruben ihn aus und rekonstruierten ihn so gut wie möglich.

Der Palast

Khirbet el-Mafjir ist eines der großartigsten Beispiele frühislamischer Palastarchitektur, das deutlich die Entwicklung aus der Villa rustica, dem Landsitz römischer Aristokraten, zeigt. Eine 160 × 130 m große, kastellartige Anlage mit runden und halbrunden Türmen umschließt einen großen Vorhof mit überdachtem Wasserbecken und den eigentlichen Palast mit Wohn- und Repräsentationsräumen, einer Moschee und dem großartigen Bad. Die Mauern und Türme hatten kaum eine Verteidigungsfunktion, sie sollten den Komplex lediglich einrahmen und den Besucher beeindrucken. Den Palast umgaben Gärten und Parks, die sich über eine Länge von fast 2 km erstreckten und von einer hohen Außenmauer eingefaßt waren. Das Wasser wurde über Kanäle und Aquädukte von Quellen am Fuß der Berge Duyuk und Na'aran herangeführt (das Teilstück eines Aquädukts bei der Synagoge von Na'aran ist noch zu sehen).

Man betritt die Ausgrabungsstätte durch das Haupttor im Süden, das einst Teil einer schönen, zweistöckigen Toranlage war. Säulenhallen mit steinernen Sitzbänken umgaben den Vorhof. In seiner Mitte befindet sich ein quadratisches **Wasserbecken,** ursprünglich von

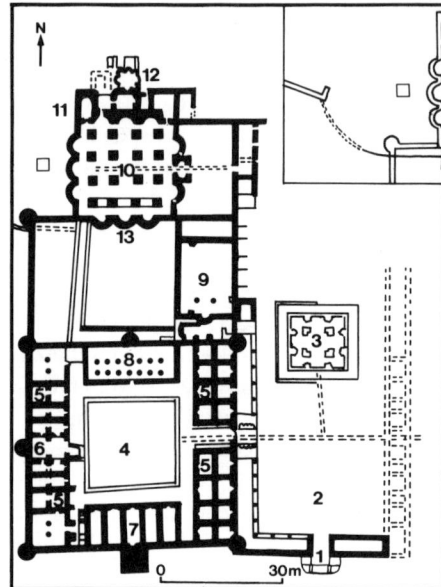

Khirbet el-Mafjir: Omajjadenpalast
1 Haupttor
2 Vorhof
3 Wasserbecken
4 Palasthof
5 Wohntrakt für Gäste und Bedienstete
6 Audienzraum; darunter kleines Bad
7 kleine Moschee
8 Madjlis (Repräsentationssaal)
9 Moschee
10 Bad
11 intimer Ruheraum
12 Caldarium
13 Wasserbecken (Frigidarium)

einer achtseitigen Arkade gerahmt und von einer Kuppel bedeckt, ein Pavillon gewissermaßen, mit einem Springbrunnen darin. Vom Vorhof geht es weiter in den fast quadratischen Innenhof des eigentlichen **Palastes** (Abb. 34), den einst zweigeschossige Bogengänge einfaßten. In der Mitte des Hofes haben die Restauratoren ein Maßwerkfenster aufgestellt, das zum Obergeschoß des Palastes gehörte (Abb. 38). (Möglicherweise ist das Maßwerk, das in der Baukunst der Gotik eine große Rolle spielte, eine Schöpfung des Frühislam.) Der West- und der Osttrakt bestanden aus je zwei Reihen von Wohnräumen für Gäste und Bedienstete. Der größere Raum im Westen war wohl für Audienzen vorgesehen; im Keller darunter entdeckten die Ausgräber ein kleines Bad mit Steinbänken und Mosaiken. Die Wohnräume der fürstlichen Familie lagen im Obergeschoß. Den Südtrakt bildeten fünf lange, schmale Räume; der mittlere diente als kleine Moschee, deren Mihrab in den mächtigen Außenturm ragte. Dieser quadratische Turm an der Kiblamauer könnte ein Minarett gewesen sein, das dann zu den frühesten Moscheetürmen überhaupt zählen dürfte. Nördlich vom Innenhof liegt ein zweischiffiger Saal, ein Madjlis, also der offizielle Repräsentationssaal, mit einer halbrunden Nische für den empfangenden Fürsten oder den Ehrengast. An den östlichen Wohntrakt schließt sich eine größere **Moschee** an, die außer dem Haupteingang im Norden einen schmalen Zugang von den Privatgemächern hatte.

Den nördlichen Abschnitt der Palastanlage nimmt das wohl schönste und prächtigste **Bad** der islamischen Frühzeit ein. Es besteht aus einer 40 × 40 m großen, quadratischen Halle, in deren Südteil Stufen in das ausgemauerte Schwimmbecken führen. Die ganze Halle ist mit einem zum Teil noch recht gut erhaltenen, geometrisch gemusterten Mosaik ausgelegt. In der Nordwestecke führt eine Tür in einen intimen Ruheraum mit absidialem Abschluß, der wegen seiner Stuckarbeiten zum Prunkvollsten gehört, was die omajjadische Baukunst hervorgebracht hat. Der herrliche Mosaikboden (Farbt. 18) zeigt einen Orangenbaum, von dem zwei Gazellen Blätter zupfen, während eine dritte von einem Löwen angefallen wird. Neben dem Ruheraum lag das Warmbad, dessen Hypokaustenheizung noch vorhanden ist. Daneben befanden sich die Toiletten. In das Bad gelangte man vom Wohnbereich durch einen langen Gang; der großartige Haupteingang öffnet sich dagegen zum Vorhof hin. Das Bad war ein Ort der Konversation, des geselligen Beisammenseins. Hier wurde getrunken und gesungen, hier ließ man sich von Musikern, Dichtern und Tänzerinnen unterhalten.

Die Omajjaden, die das islamische Weltreich begründeten, setzten sich großzügig über das im Koran angedeutete, verbindlich allerdings erst später festgelegte Gebot der Bildlosigkeit hinweg. So schmückten fast lebensgroße Stuckfiguren den Repräsentationssaal und das Bad. Üppige Frauenskulpturen mit entblößtem Oberkörper füllten im Wechsel mit Männerbildnissen die Nischen des Badehauses. Die kostbarsten der herrlichen Stuck- und Steinmetzarbeiten von Khirbet el-Mafjir, darunter eine Büste des Kalifen Hischam und die großartige Kuppel des Ruheraumes, befinden sich heute im Rockefeller-Museum von Jerusalem.

Der Berg der Versuchung

Nordwestlich vom Tel Yeriho erhebt sich der 348 m hohe Djebel Qarantal, ein steil aus der Jordanebene aufragender, kahler Felskegel, der seit dem 12. Jh. als ›Berg der Versuchung‹ gilt. Nachdem Johannes der Täufer Jesus im Jordan getauft hatte, zog sich dieser in eine der Höhlen des Djebel zurück und fastete 40 Tage. »Dann trat der Versucher an ihn heran und sagte: Wenn du Gottes Sohn bist, so befiehl, daß aus diesen Steinen Brot wird. Jesus aber antwortete: In der Schrift heißt es: Der Mensch lebt nicht vom Brot allein, sondern von jedem Wort, das aus Gottes Mund kommt« (Mt 4,1). Im Jahre 340 errichtete der hl. Chariton vor der traditionellen Höhle in der Felswand eine Kapelle und auf dem Berggipfel das Kloster Douka. Noch im 14. Jh. lebten in den Höhlen des Djebel Mönche. Sie nannten den Berg Mons Quarantana (lateinisch: Berg der vierzig [Fastentage]), woraus der arabische Name Djebel Qarantal entstand. 1874 kauften die Griechisch-Orthodoxen den Berg von der türkischen Regierung und bauten zwischen 1895 und 1905 das **Kloster Qarantana,** das auf halber Höhe an der Felswand zu kleben scheint.

Um zum Kloster zu gelangen, folgt man links vom Tel Yeriho der Straße nach Ramallah und biegt nach etwa 1 km bei dem Hinweisschild ›Monastery of Temptation (Quarantana)‹ ab. Am Fuß des Djebel Qarantal kann der Wagen auf einem kleinen Parkplatz stehen bleiben. Bis zum Kloster hat man etwa 15 Minuten aufzusteigen. Die Mönche zeigen dem Besucher die Höhle, in der Jesus 40 Tage gebetet und gefastet haben soll; sie ist heute von einer Kapelle umschlossen. Ein schmaler, offener Gang führt zu den Zellen unmittelbar am Steilhang.

Eine halbe Stunde braucht man, um über einen steilen Pfad den Gipfel zu erklimmen (Genehmigung erforderlich, da israelische Militärzone!). Auf dem etwa 100 × 40 m großen Gipfelplateau erhob sich einst die hellenistische **Festung Dok** (hebräisch Duyuk; das aramäische ›Dok‹ bedeutet ›Höhle‹). Reste von Säulentrommeln und ionischen Kapitellen sind noch zu erkennen. In der Festung, die der makkabäische Befehlshaber von Jericho als Residenz erbaut hatte, wurde im Jahre 135 v. Chr. der Hohepriester Simeon (Simon), der Begründer der Hasmonäerdynastie, mit seinen beiden Söhnen Judas und Mattatias von seinem Schwiegersohn Ptolemaios ermordet (1 Makk 16,11). Simeons Sohn Johannes, der sich in Gazara aufhielt, entging dem Anschlag und trat als Johannes Hyrkanos I. die Nachfolge seines Vaters an. Er zog mit Truppen nach Dok, wagte aber keinen Angriff, weil sich seine Mutter in der Hand der Mörder befand, und gab schließlich die Belagerung auf. Ptolemaios brachte die alte Frau trotzdem um und floh ins Ausland. Später bezog Herodes der Große Dok in sein Festungssystem ein. Die Byzantiner bauten an der Stelle der Festung die Kirche Laura von Duka, von der nur noch einige Bauteile zeugen, darunter zwei Chorschrankenpfeiler. Zur Zeit des Königreiches Jerusalem unterhielt der Templerorden hier oben ein Kastell und wohl auch eine Kapelle. Vor dem Ersten Weltkrieg begannen die Griechisch-Orthodoxen mit einem Kirchenneubau, der aber nach Ausbruch der russischen Revolution aus finanziellen Gründen wieder eingestellt werden mußte.

Wer die Mühe des Aufstiegs auf den Berg der Versuchung nicht scheut, wird zwar keine bemerkenswerten Ruinen vorfinden, dafür aber mit einem einzigartigen Rundblick über die Gebirgswüste Juda bis zum Ölberg bei Jerusalem und über die üppigen Pflanzungen des Jordantals belohnt.

Die Synagoge von Na'aran

Nach kurzer Weiterfahrt auf der Straße in Richtung Ramallah biegt man bei dem Schild ›Duyuk‹ links in eine Zypressenallee ein, die vor einem arabischen Gartenlokal mit Swimmingpool endet. Der Wirt zeigt gern die am Rande des Wadi Duyuk liegenden Relikte einer Synagoge aus dem 6. Jh., die vermutlich im 7. Jh. zerstört wurde. Im Kriegsjahr 1917 hatten englische Offiziere die Ruinen entdeckt, als nach dem Einschlag einer Granate Teile eines Mosaiks zum Vorschein gekommen waren. 1919 untersuchte die École biblique et archéologique française von Jerusalem die Stätte und legte die Fundamente einer großen Synagoge und einen interessanten Fußboden frei, der 1971 konserviert und mit einem Schutzdach versehen wurde. Der Synagoge waren ein vieleckiger Hof mit einem Altar und eine Eingangshalle vorgelagert; zwei Reihen zu je sechs Säulen mit quadratischen Basen teilten den 22 × 15 m großen Innenraum in drei Schiffe. Der Boden war mit schlichten schwarzweißen Mosaiken ausgelegt, das Mittelschiff mit einem heute leider stark beschädigten, vielfarbigen **Mosaik** in der Größe 15 × 5 m. Das erste Feld ist mit Rauten, Sechs- und Achtecken gemustert und mit Medaillons geschmückt, die naive Tier- und Pflanzendarstellungen enthalten, das zweite zeigte die zwölf Tierkreiszeichen, den Sonnenwagen und die

Symbole der Jahreszeiten. Das dritte Feld läßt die bisher älteste Darstellung eines biblischen Themas in der jüdischen Kunst vermuten; erhalten ist allerdings nur die hebräische Inschrift, die sich auf Daniel in der Löwengrube bezieht. Im vierten Feld sah man die Bundeslade, flankiert von zwei siebenarmigen Leuchtern, an denen gläserne Lampen hingen. Die wertvollsten Teile des Mosaiks kamen in das Rockefeller-Museum in Jerusalem. Geblieben sind lediglich zwei Tierdarstellungen (Gazellen?).

Westlich von Jerusalem

Jib / Gibeon

Hinter Giv'at Shaul zweigt eine Straße in Richtung Latrun ab, auf der man nach wenigen Kilometern das arabische Dorf Jib (el-Djib) erreicht. Auf dem von Obstgärten und Weinpflanzungen bedeckten Hügel über der Siedlung glauben die Archäologen, das Gibeon der Bibel, das ›Bordeaux des alten Israel‹, gefunden zu haben.

Geschichte
Nachdem Jericho und Ai zu Beginn der Landnahme von Josua erobert und eingeäschert worden waren, wußten die Bewohner der kanaanitischen Stadt Gibeon, daß sie das nächste Ziel des israelitischen Angriffs sein würden. Um ihr Leben und ihr Eigentum zu retten, griffen sie zu einer List: Ihre Anführer begaben sich in zerschlissenen Kleidern und Schuhen in das nahe Lager der Israeliten, erzählten Josua, daß Jahwes Ruhm sie aus einem fernen Land hierher geführt hätte, und boten ihm einen Unterwerfungsvertrag an. Josua willigte ein. Als die Israeliten jedoch drei Tage darauf zum Angriff auf Gibeon ansetzten, merkten sie, daß die Gibeoniter sie überlistet hatten. Josua wollte seinen Vertragseid dennoch nicht brechen und ließ ihnen Leben und Eigentum, bestrafte sie aber wegen der List mit Zwangsarbeiten. So waren die Einwohner von Gibeon die ersten Kanaaniter, die sich den Israeliten unterworfen hatten (Jos 9). Als die benachbarten kanaanitischen Könige von Jerusalem, Hebron, Jarmut, Lachisch und Eglon erfuhren, daß die Gibeoniter zu den Israeliten übergelaufen waren, entsandten sie Truppen, um den Verrat zu rächen. Josua eilte mit seinem Heer ebenfalls nach Gibeon, wo er die Kanaaniterkoalition besiegte und bis in die Küstenebene (Tal von Ajalon) verfolgte (Jos 10,12). Gibeon lag fortan im Gebiet des Stammes Benjamin und wurde eine Levitenstadt (Jos 21,17).
Nach Sauls Tod um das Jahr 1004 v. Chr. zeichnete sich zum ersten Mal die Rivalität zwischen Nord- und Südstämmen ab. Die Nordstämme erhoben Sauls einzigen noch lebenden Sohn Eschbaal (Isbaal) zum König von Israel, die fast das ganze Land beherrschenden Philister strebten dagegen eine Teilung der Stämme an und unterstützten daher die Wahl ihres Lehensnehmers David zum König über Juda. Am ›Teich von Gibeon‹ trafen sich die

Abgesandten der beiden Könige, um ihre Zwistigkeiten beizulegen. Da sie zu keiner Einigung kamen, vereinbarten Abner, der Heerführer Eschbaals, und Joab, der Heerführer Davids, ein Kampfspiel zwischen je zwölf Männern. Doch es wurde kein Spiel, denn die Männer stießen sich sofort gegenseitig die Schwerter in den Leib. Daraufhin fielen beide Parteien übereinander her, und es kam zu einem schweren Handgemenge, bei dem sich Davids Leute als überlegen erwiesen, aber keinen eindeutigen Sieg errangen (2 Sam 2,12). So herrschte noch viele Monate Krieg zwischen Nord und Süd, bis König Eschbaal ermordet wurde und alle Stämme David zum König von ganz Israel salbten. Von David verlangten die Gibeoniter Genugtuung, weil sein Vorgänger Saul sie verfolgt und damit den von Josua geleisteten Vertragseid gebrochen hatte. David lieferte ihnen daraufhin sieben Männer aus dem Hause Saul aus, die sie hinrichteten (2 Sam 21).

Bevor König Salomo das große Zentralheiligtum in Jerusalem schuf, brachten die Israeliten ihrem Gott Jahwe in zahlreichen Höhenheiligtümern (Kulthöhen) Schlacht- und Rauchopfer dar. Eines der angesehensten Heiligtümer lag in Gibeon, wo auch einige Zeit das ›Offenbarungszelt‹ (Stiftshütte) stand, mit dem Bronzealtar davor (2 Chr 1,3). Als Salomo eines Tages im Heiligtum von Gibeon opferte, erfuhr er im Traum, daß ihm der Herr ein so weises und verständiges Herz geben werde, daß niemand ihm gleich komme, weder vor noch nach ihm (1 Kön 3,4). Aus Gibeon stammte Hananja, der politische Gegner des Propheten Jeremia. Er rief das Volk zum Widerstand gegen die Babylonier auf (Jer 28,1), wogegen sich Jeremia nicht durchzusetzen vermochte. König Zedekia (Zidkija) erklärte schließlich die Unabhängigkeit Judas, woraufhin Nebukadnezars Truppen das Reich auslöschten. 589 v. Chr. fiel auch Gibeon, und seine Bewohner wurden nach Babylon deportiert. In der Perserzeit kehrten 95 gibeonitische Familien aus dem Exil zurück und beteiligten sich am Wiederaufbau Jerusalems (Neh 3,7). Unter den Römern und Byzantinern war Gibeon nur noch ein unbedeutendes Dorf. Die Araber nannten es el-Djib und bewahrten so den Namen des biblischen Gibeon.

Archäologie: 1838 glaubte der amerikanische Bibelarchäologe Edward Robinson, in dem Hügel von el-Djib das alte Gibeon wiederentdeckt zu haben. In den 90er Jahren fand der in Jerusalem lebende Schweizer Ingenieur Schik den Tunnel, der von der Stadt zur Quelle am Fuß des Hügels hinabführte. Zwischen 1956 und 1962 untersuchten amerikanische Forschungsteams der Universität Pennsylvania unter James B. Pritchard das Wasserversorgungssystem, wobei sie u. a. auf zahlreiche Krughenkel mit dem Stempel ›Gibeon‹ stießen, was die Ansicht Robinsons bestätigen könnte. Bewiesen ist die Identität der Ausgrabungsstätte mit dem biblischen Gibeon aber noch immer nicht.

Die Ausgrabungsstätte
Den interessantesten Abschnitt der Ausgrabungsstätte stellt das **Wasserversorgungssystem** des biblischen Gibeon dar (Abb. 35). Innerhalb der Stadtmauern befand sich ein riesiger, runder Wasserspeicher, vielleicht der berühmte ›Teich von Gibeon‹, der schon in kanaanitischer Zeit (12. Jh. v. Chr.) entstanden sein dürfte. Er ist 10,80 m tief und durchmißt 11,80 m;

3000 Tonnen Kalkstein mußten die Gibeoniter dafür aus dem Berg schlagen. Eine in die Teichwand gehauene Treppe mit 79 Stufen führte zum Grund des Brunnens hinab. Weil das Regenwasser für die Versorgung der wachsenden Bevölkerung wohl nicht mehr ausreichte, trieben die Gibeoniter im 9. oder 8. Jh. v. Chr. von der Sohle der Zisterne einen fast 50 m langen und 2 m hohen Stollen mit 93 Stufen zu einer Quelle hinab, die 13,60 m unterhalb der Sohle am Fuß des Hügels entspringt und noch heute von den Dorfbewohnern benutzt wird. Öllampen in den Nischen der Stollenwand beleuchteten die heute schlüpfrigen und stark abgenutzten Stufen.

In der Nähe des ›Teiches‹ entdeckten die Archäologen 63 ovale, im Schnitt 2 m tiefe und 2 m durchmessende **Weinkeller,** die aus dem Felsboden gebrochen waren und in denen insgesamt mehr als 110 000 Liter Wein gelagert werden konnten. Die Temperatur in den Kellern übersteigt selbst in den heißen Sommermonaten niemals 18° Celsius, eine für Rotwein ideale Lagertemperatur. Der Wein wurde in großen Tonkrügen aufbewahrt. In einem der Keller fanden die Ausgräber einen Krug, der fast 45 Liter faßte. 56 abgebrochene Krughenkel verraten uns in der Schrift des 7. Jhs. v. Chr. die Namen der einstigen Weinbergbesitzer und auch den Ortsnamen Gibeon. In unmittelbarer Nähe der Weinkeller kamen Weinkeltern, Gärungsbecken und sogar eine Abfüllanlage zum Vorschein.

Qubeiba/Emmaus

Von Jib führt eine schmale, aber landschaftlich reizvolle Straße über Biddu (hier rechts abbiegen) nach dem 3 km entfernten Qubeiba, das nach heute vorherrschender Meinung das Emmaus des Lukas-Evangeliums gewesen sein könnte.

Geschichte
Es war am Ostersonntag nach der Kreuzigung, als zwei Jünger von Jerusalem nach Emmaus zogen. Die beiden waren Kleopas, der dort ein Haus besaß, und sein Sohn Simeon (Simon), der später Bischof von Jerusalem wurde. Auf dem Weg gesellte sich ein Fremder zu ihnen, den Kleopas zum Abendessen in sein Haus einlud. Beim Brechen des Brotes erkannten die beiden Jünger, daß der Fremde der auferstandene Jesus war (Lk 24,13). Bis heute blieb die Frage, wo das Emmaus des Lukas lag, unbeantwortet, denn wir kennen drei Orte im näheren Umkreis von Jerusalem, für die mehr oder weniger gute Argumente sprechen: Qubeiba, Amwas (Nikopolis; vgl. S. 197) und Abu Ghosh (vgl. S. 203).

Hieronymus gab in seiner lateinischen Bibelübersetzung Vulgata (um 400), der zuverlässige griechische und auch hebräische Handschriften zugrunde lagen, eine Entfernung von 60 Stadien (etwa 11 km) an (Lk 24,13). In Lukas 24,33 heißt es: »Noch in derselben Stunde brachen sie (die beiden Jünger) auf und kehrten nach Jerusalem zurück, und sie fanden die Elf und die anderen Jünger versammelt.« Nun sind 60 Stadien eine realistische Entfernung für eine Rückkehr nach Jerusalem am selben Abend, Hieronymus identifizierte Emmaus jedoch mit Amwas (Nikopolis), und dieser Ort liegt 176 Stadien (= etwa 35 km) von der Hauptstadt entfernt. Auch der Kirchenhistoriker Eusebius († um 339) sah in Amwas das Emmaus der Jünger. Und wirklich findet man in mehreren Handschriften, so im griechischen Codex Sinaiticus (um 450), zwar nicht die Angabe von 176, aber immerhin von 160 Stadien (= etwa 30 km), eine Strecke, die die Jünger nach dem Abendessen nicht mehr bewältigt haben dürften. Was ist nun des Rätsels Lösung? Qubeiba-Emmaus lag abseits der großen Pilgerstraße von Jaffa nach Jerusalem, wohingegen Nikopolis-Amwas eine blühende Stadt mit einer großen Christengemeinde war. Was lag also näher, als die 60 Stadien durch einen kleinen Abschreibefehler in 160 zu verändern? Dem Theologen Origenes (185–253/54) wird diese für die Pilger erfreuliche Manipulation zugeschrieben. Die Kreuzfahrer entdeckten die Widersprüche in den Schriften und verlegten Emmaus in das heutige Dorf Abu Ghosh, das ebenfalls an der Pilgerstraße lag, dafür aber die ursprünglichen 60 Stadien von Jerusalem entfernt. Aufgrund kritischen Quellenstudiums entstand schließlich – ebenfalls in der Kreuzfahrerzeit – die Tradition der Begegnung für Qubeiba. (Der arabische Ortsname Qubeiba bedeutet ›kleine Kuppel‹; die alte Bezeichnung Emmaus ging verloren, nachdem Vespasian den Ort um 70 n. Chr. völlig zerstört hatte.)

Sehenswertes

Die Kreuzfahrer errichteten in Qubeiba eine Kirche, vermutlich über den Fundamenten einer byzantinischen Basilika. Sie bezogen auch ein antikes Haus in den Kirchenbau mit ein; vielleicht handelte es sich um das Haus des Kleopas. 1861 erwarb die Gräfin Pauline de Nikolay das Grundstück und schenkte es den Franziskanern. 1900 baute der deutsche Architekt W. Hinterkeuser die **Kirche** (Abb. 36) im Stil des 12. Jhs. wieder auf, wobei er die alten Mauerteile, die Apsiden und auch die Grundmauern des Wohnhauses in den Kirchenraum integrierte. Im nördlichen Seitenschiff, dem ›Haus des Kleopas‹, erinnert ein Altar an das Ereignis des Brotbrechens. Unter einer Holzverschalung sind die breiten Grundmauern des römischen (?) Hauses zu sehen. Der Fußboden des Kirchenraumes ist mit Carrara-Marmor ausgelegt. Eine Freskenmalerei über dem Hauptaltar stellt das biblische Geschehen dar.

1906 wurde das **Franziskanerkloster** errichtet. Im Zweiten Weltkrieg unterhielten die Engländer hier ein Internierungslager für italienische Franziskaner, die ihre Gefangenschaft nutzten, um zwischen 1940 und 1944 umfangreiche Ausgrabungen auf dem Klostergelände durchzuführen. Dabei kamen eine gepflasterte römische Straße sowie Mauerreste hellenistischer, römischer, byzantinischer und vor allem fränkischer Häuser zum Vorschein. Fast jedes der schmalen fränkischen Reihenhäuser besaß einen Vorder- und einen Hintereingang. Das erste Haus hinter der Kirche beherbergt ein kleines Freilichtmuseum mit interessanten Funden aus dem Mittelalter, darunter eine Ölpresse und Teile einer Bäckerei.

Auf dem bewaldeten Hügel im Westen des Dorfes liegt **Bet Emmaus,** ein Altenheim des Deutschen Vereins vom Heiligen Lande unter Leitung deutscher und österreichischer Salvatorianerinnen. Deutsche Borromäerinnen unterhalten am Ostende des Dorfes ein Gästehaus mit Café und eine Apotheke.

Latrun

An der Einmündung der Landstraße von Tel Aviv in die Schnellstraße nach Jerusalem (27 km) liegt inmitten üppiger Obstplantagen und Weinhänge das imposante, von Westen her weithin sichtbare **Kloster** Latrun, das 1927 von französischen Trappisten erbaut wurde. Das Kloster selbst bietet wenig Sehenswertes; zu besichtigen sind nur die Kirche und der Klostergarten mit einigen spätantiken und frühchristlichen Architekturteilen. Am Klostereingang gibt es die bekannten Weine und Spirituosen von Latrun zu kaufen.

Oberhalb des langgestreckten Klosterbaus stand einst die Tempelritterburg **Toron des Chevaliers,** die im 12. Jh. die Pilger- und Heeresstraße von Jaffa nach Jerusalem zu sichern hatte und zugleich das uralte Schlachtfeld, das Tal von Ajalon (Ayyalon), beherrschte. Bei den Arabern hieß die Burgruine el-Torun, woraus sich schließlich Latrun entwickelte. Die Pilger des 15. Jhs. glaubten, in dem Namen Latrun ein Castellum Boni Latronis (›Kastell des guten Diebes‹) zu erkennen, womit sie an den reuigen Straßenräuber erinnerten, der neben Jesus am Kreuz starb (Lk 23,40). Von der Burg sind nur noch das Westtor und einige Mauerteile erhalten.

Die Höhe von Latrun besaß noch in jüngster Vergangenheit große strategische Bedeutung, denn neben dem Kloster errichteten die Briten in der Mandatszeit ein Polizeifort. 1948 verschanzten sich die Araber erfolgreich hinter den Klostermauern, das daraufhin unter jordanische Herrschaft gelangte. Heute ist Latrun Teil des von Israel besetzten Westjordanlandes.

Amwas/Emmaus

Der ehemalige arabische Ort Amwas (Imwas), das Emmaus der Makkabäer und vielleicht auch das Emmaus des Lukas-Evangeliums (vgl. Qubeiba, S. 195), liegt 1 km nördlich des Klosters Latrun an der Autobahn Tel Aviv – Jerusalem.

Geschichte

Der Ortsname ›Amwas‹ ist aus ›Emmaus‹ entstanden, das sich wiederum vom hebräischen ›Hammat‹ (›heiße Quellen‹) ableitet. Tatsächlich fand man im quellenreichen Ortsgebiet zwei Quellen, aus denen zwar kein heißes, aber doch spürbar warmes Wasser sprudelt. Vor Emmaus besiegte Judas Makkabäus die Streitkräfte des seleukidischen Feldherrn Gorgias (1 Makk 4,3). Bakchides, Heerführer des Seleukiden Demetrios I., baute den Ort zu einer Festung aus (1 Makk 9,50). 40 v. Chr. pfändete Cassius, einer der Mörder Caesars, die Einwohner der Stadt, weil sie ihm nicht die geforderte Abgabe leisten wollten (Jüd. Altert. XIV, 11,2). Nach dem Tode Herodes' des Großen im Jahre 4 v. Chr. vernichteten jüdische Freiheitskämpfer bei Emmaus eine römische Kohorte; Varus, Statthalter von Syrien, legte den Ort daraufhin in Schutt und Asche (Jüd. Altert. XVII, 10, 7 und 9). Obwohl der Ort völlig zerstört war, zogen Wasserreichtum und überaus fruchtbare Äcker neue Siedler an, und schon bald lebte in Emmaus eine große christliche Gemeinde. Im Jahre 221 erwirkte Sextus Julius Africanus, ein einflußreicher christlicher Historiker, bei Kaiser Elagabal die Erhebung zur Stadt, die zur Erinnerung an den Sieg der Römer über die Juden in Nikopolis (›Siegesstadt‹) umbenannt wurde. Julius Sextus' Freund, der griechische Theologe Origenes (185–253/54), sah im christlichen Nikopolis das biblische Emmaus.

Archäologie: 1875 erwarben die französischen Karmeliterinnen von Betlehem das Ruinengrundstück und veranlaßten erste archäologische Untersuchungen. 1882 fand man in Amwas einen Abakus, der vermutlich zur Säule einer frühen Synagoge gehörte. Die Steinplatte trug die griechische Inschrift ›Ein Gott‹ und in hebräisch ›Gelobt sei sein Name‹. 1924–1930 führten Dominikaner der Jerusalemer Bibelschule unter Leitung von L.-H. Vincent OP systematische Ausgrabungen durch. Heute unterhalten die Patres von Betharram ein Kloster in Amwas.

Sehenswertes
Am Südrand der ehemaligen Ortschaft Amwas sind unterhalb des französischen Instituts für biblische Archäologie die sorgsam restaurierten Reste dreier Kirchen und einer römischen Villa zu sehen. Die Villa, von der nur geringe Fundamentreste zeugen, stammt aus der Zeit um 200 n. Chr. Vielleicht ging sie aus dem Haus des Kleopas hervor, das im 1. und 2. Jh. als

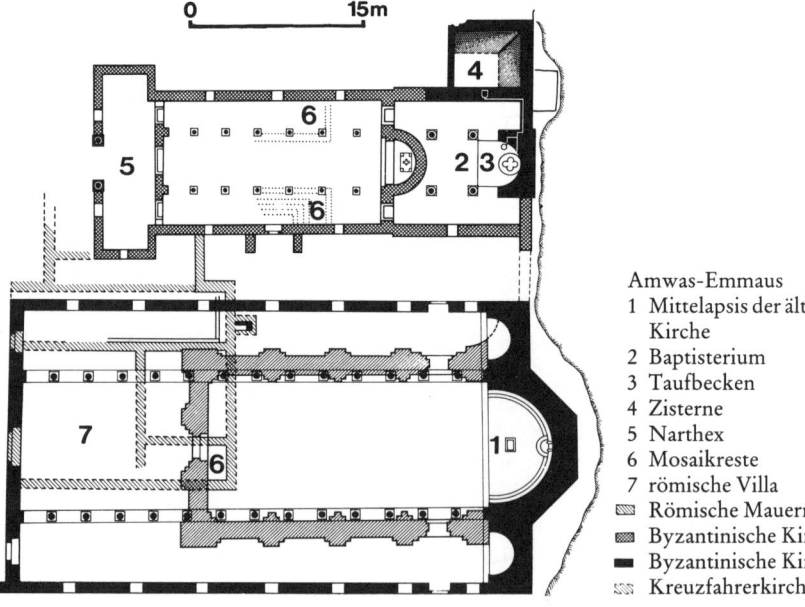

Amwas-Emmaus
1 Mittelapsis der ältesten Kirche
2 Baptisterium
3 Taufbecken
4 Zisterne
5 Narthex
6 Mosaikreste
7 römische Villa
▨ Römische Mauerreste, 2. Jh.
▨ Byzantinische Kirche, 3.–5. Jh.
▬ Byzantinische Kirche, 6. Jh.
▨ Kreuzfahrerkirche, 12. Jh.

Versammlungsstätte der frühen Christen diente. Über der Villa entstand im 3. oder 4. Jh. eine 46,5 × 24,5 m große, dreischiffige **Basilika,** deren drei Apsiden allerdings auf das späte 5. Jh. hinweisen; offenbar hatte man die Basilika kurz vor ihrer Zerstörung im Samariteraufstand des Jahres 529 umgebaut. Die Apsiden, vor allem die Südapsis, sind noch gut erhalten. Die Wände bestehen aus mächtigen, zum Teil über 2 m langen und 0,8 m hohen Steinblökken. Die wuchtige Hauptapsis läßt noch den Synthronos, den Bischofsthron und die Altarfläche erkennen. Der Kirchenboden war mit Mosaikfeldern geschmückt, die teilweise von der römischen Villa, vielleicht auch aus römischen Thermen stammten. Zur ersten Kirche gehörte ein separates Baptisterium. Das ursprünglich runde Taufbecken lag in der Apsis. Später erhielt es die Form eines Kreuzes mit abgerundeten Ecken und war über zwei Marmorstufen zu betreten. Das Wasser kam aus einer großen Zisterne. Vier Säulen stützten das Dach des Baptisteriums.

Justinian I. (527–565) beauftragte nach der Niederschlagung des Samariteraufstandes den Abt Sabas mit der Wiederherstellung der zerstörten Kirchen im Heiligen Land. Da das meiste Geld naturgemäß den wichtigeren Heiligtümern zugute kam, blieben Emmaus nur noch Mittel für einen kleineren Neubau, der parallel zur alten Kirche errichtet wurde. Diese 26 m lange und 14 m breite dreischiffige Kirche hatte nur eine Apsis, die in das unmittelbar anschließende alte Baptisterium hineingebaut wurde. Dem Eingang war ein 18 m breiter Narthex vorgesetzt. Von der justinianischen Kirche, die im 7. Jh. in eine Moschee umgewandelt wurde, sind nur noch bescheidene Reste – die Mauerfundamente und die Säulenbasen – zu sehen.

Im 12. Jh. setzten die Kreuzfahrer in das Mittelschiff der ersten Basilika einen kleinen Neubau, ohne die verbliebenen Ruinen zu entfernen; vermutlich kamen ihnen Zweifel an der Identität des Ortes mit dem Emmaus des Lukas-Evangeliums. Die nur 23 m lange einschiffige **Kreuzfahrerkirche** ist in den Seitenmauern noch deutlich zu erkennen. Die alte Hauptapsis diente auch den Franken als Altarraum. 1834 stürzten die Gewölbebogen der inzwischen verfallenen Kreuzfahrerkirche zusammen.

Tel Gezer

10 km östlich von Ramla beherrscht der große, eindrucksvolle Stadthügel von Gezer das weite Tal von Ajalon (Ayyalon). Das Geser der Bibel kontrollierte die Küstenebene mit der alten Handels- und Heeresstraße von Ägypten nach Syrien und besonders die Abzweigung nach Jerusalem durch das Ajalon-Tal. Gezer war eine der stärksten kanaanitischen Festungen und eine der sechs bedeutendsten Städte Kanaans. Auf dem Tell sind Stadtmauern von der Frühen Bronzezeit bis in die hellenistische Zeit, eine Toranlage Salomos, eine großartige Massebenreihe und das Wasserversorgungssystem der Kanaaniter und Israeliten zu sehen. Berühmt wurde Gezer durch den Fund eines Bauernkalenders aus der Zeit Salomos. Man erreicht den Tell entweder vom Kibbuz Gezer aus oder über die Straße Ramla – Bet Shemesh.

Geschichte

Die Besiedlung des Hügels von Gezer (Geser) begann in der Frühen Bronzezeit (um 3100 v. Chr.). Aus der Mittleren Bronzezeit (2100–1600) stammt eine Massebenreihe, die Gezer als religiöses Zentrum Kanaans bestätigen könnte. Erstmals erwähnt wurde die Stadt in der Liste der von Thutmosis III. (1490–1436) eroberten Siedlungen. In den Archiven von Echnatons Hauptstadt Achet-Aton sind 11 ›Briefe‹ enthalten, in denen sich die Vasallenkönige von Gezer über benachbarte Rivalen beschwerten und vom Pharao Vorteile zu erlangen suchten. Gezer wurde auch auf der Siegesstele des Pharaos Merenptah (1223–1203), dem ›Feßler von Gezer‹, als ›gepackt‹ gemeldet. Merenptah hatte im fünften Jahr seiner Regierung, also um das Jahr 1218 v. Chr., einen Feldzug nach Palästina angeführt. Josua besiegte bei der Landnahme König Horam von Gezer (Jos 10,33; 12,12) und wies den Stadtstaat den Leviten zu (Jos 21,21). Später gehörte Gezer zum Gebiet des Stammes Efraim, wobei die Stadt selbst aber in den Händen der Kanaaniter blieb (Jos 16,10; Ri 1,29). Im 11. Jh. v. Chr. eroberten die Philister Gezer und bauten es zur Angriffsbasis gegen die Israeliten aus. Auch König David vermochte die Stadt nicht zu bezwingen, obwohl er »die Philister (im ganzen Gebiet) zwischen Gibeon und der Gegend von Gezer« schlug (2 Sam 5,25; 1 Chr 14,16; 20,4). Auf einem Beutezug in das Land der Philister äscherte Pharao Scheschonk I. (950–925) Gezer ein und gab die Stadt bzw. das, was von ihr übriggeblieben war, König Salomo als Brautgeschenk. Salomo hatte eine Tochter des Pharaos zur Frau genommen, um sein Reich gegen das mächtige Ägypten abzusichern. Er baute Gezer wieder auf (1 Kön 9,15).

734 v. Chr. eroberte der Assyrerkönig Tiglatpileser III. auf seinem Kriegszug nach Gaza auch Gezer (assyrisch Gazru). Ein heute verschollenes Relief, das im Königspalast von Ninive gefunden wurde, zeigte die Belagerung der Stadt durch assyrische Truppen. Zu einiger Bedeutung gelangte Gezer erst wieder in persischer Zeit, in der es zur Satrapie Judäa gehörte. 160 v. Chr. befestigte der Seleukidenfeldherr Bakchides die jetzt Gazara (Gazera, Gazeron) genannte Stadt. 142 v. Chr. baute Simon der Makkabäer sie mit Hilfe von Kriegsgefangenen zu einem seiner stärksten Stützpunkte aus. Einer der unglücklichen Zwangsarbeiter ritzte die Worte in die Mauer: »Über Simons Palast möge Feuer kommen, sagt Pampras«. Simons Sohn Johannes residierte hier als Statthalter seines Vaters, als dieser in Jericho ermordet wurde. Von Gezer aus zog er als Johannes Hyrkanos I. in Jerusalem ein. Die Römer machten Gezer 57 v. Chr. zu einer Verwaltungshauptstadt, ein Rang, der schon nach wenigen Jahren an Amwas überging. In byzantinischer Zeit war Gezer Bischofssitz. Im Jahre 1177 errangen die Kreuzfahrer unter König Balduin IV. in der Nähe einen großen Sieg über Saladin. Der alte Name lebte bei den Arabern als Tell el-Djeser (el-Jazar) fort.

Archäologie: 1878 identifizierte Charles Clermont-Ganneau, französischer Konsul in Jerusalem und Amateurarchäologe, anhand der Felsinschriften rings um den Tell das biblische Gezer. 1902–1905 und 1907–1909 führte der Palestine Exploration Fund unter dem irischen Archäologen R. A. S. Macalister systematische Ausgrabungen durch. Macalister entdeckte das salomonische Stadttor, das er irrtümlich als ›Makkabäerburg‹ bezeichnete, weil er darin hellenistische Keramik vorgefunden hatte. 1934 untersuchte A. Rowe den Tell, 1965–1973 arbeitete hier ein Archäologenteam des American Hebrew Union College of Cincinnati unter G. E. Wright und William G. Dever.

Die Ausgrabungsstätte
Bisher haben die Archäologen 30 Siedlungsschichten freigelegt, die vom Beginn der Bronzezeit (etwa 3100 v. Chr.) bis ins 8. Jh. v. Chr. die Existenz einer mächtigen Stadt dokumentieren. Da die Ausgrabungen noch andauern, ist die Ausgrabungsstätte für den Tourismus noch wenig erschlossen. Nirgendwo anders lassen sich die **Stadtmauern** der verschiedenen Bauperioden so gut miteinander vergleichen wie in Gezer. Die sogenannte Mittlere Mauer wird der Frühen Bronzezeit (3. Jahrtausend v. Chr.) zugeordnet, die Innere Mauer mit einem Dreifachtor stammt aus der Mittleren Bronzezeit II c (1600 v. Chr.), der Hyksos-Periode also. Sie hatte ein 15 m breites Bruchsteinfundament und war bis in 8 m Höhe mit Erdreich zu einem Wall aufgeschüttet, der jedem ägyptischen Sturmbock standhalten konnte. Die Neigung des Glacis betrug – man kann das heute noch sehen – etwa 45°. Den Ägyptern blieben somit nur zwei Möglichkeiten, eine Hyksosstadt zu erobern: durch Aushungern der Verteidiger oder durch Aufbrechen der Tore (Thutmosis III. griff die Städte immer bei den besonders gefährdeten Toranlagen an). Die Äußere Mauer schließlich entstand unter ägyptischer Oberherrschaft in der Späten Bronzezeit (1550–1200). Sie war niedriger als die beiden Vorgänger und nur noch 3,50 m breit. Im 10. Jh. v. Chr. ergänzte Salomo sie durch einen neuen Torbau nach dem Sechskammer-System. Dieses sogenannte Zangentor hatte er von phönikischen Festungsarchitekten übernommen und auch in Hazor und Megiddo eingebaut. Der salomonische Torbau war 19 m lang, 16,20 m breit und von zwei Türmen im Abstand von 5,50 m flankiert. Das Tor selbst hatte eine lichte Weite von 4,20 m. Die Lücken zwischen Torbau und der vorhandenen kanaanitischen Mauer verband Salomo durch eine 5,40 m breite Kasemattenmauer mit 1,60 m dicken Wänden; außerdem verstärkte er die alte Mauer durch Türme von rechteckigem Grundriß. Die halbkreisförmigen Bastionen sind vermutlich den Makkabäern zuzuschreiben, die ebenfalls die weit über tausendjährigen Mauern verwendeten.

An der höchsten Stelle der Stadt erhebt sich eine Reihe von zehn Stelen, gewaltigen, aufrechtstehenden megalithischen Steinblöcken (Abb. 37). Diese sogenannten **Masseben** gehörten zu einer mittelbronzezeitlichen Begräbnisstätte (20.–17. Jh. v. Chr.) und waren bis zur israelitischen Zeit Mittelpunkt eines ›Höhenheiligtums‹. Ein monolithischer Trog konnte als Fundament für eine nicht mehr vorhandene Massebe gedeutet werden. Der Zeit um 1600 v. Chr. gehören zahlreiche **Wohnhäuser** im Umkreis des ›Höhenheiligtums‹ an.

Wie Hazor, Megiddo und Jerusalem besaß auch Gezer ein eindrucksvolles **Wasserversorgungssystem,** das vermutlich die Kanaaniter in der Mitte des 2. Jahrtausends v. Chr. errichteten. Von einem etwa 8 m tiefen Schacht führt ein im Durchschnitt 7 m hoher, 4 m breiter und 66,75 m langer Gang steil abwärts bis zur Höhlenquelle. Der Wasserspiegel in der ungefähr 30 m langen Höhle liegt 28,80 m unter der Erdoberfläche. Der Wassertunnel ist noch nicht restauriert und daher für Besucher nicht zugänglich.

Der ›Bauernkalender‹ von Gezer

Im Gegensatz zu anderen Ausgrabungsstätten in diesem Lande hat man in Gezer zahlreiche **Inschriften** gefunden, darunter mehrere althebräische im Felsgestein rings um den Tell, die zur Identifizierung des Ortes beigetragen haben: ›Grenze von Gezer‹. Weitere Schriftdokumente sind die **Gezer-Scherbe** mit protosinaitischer Schrift aus dem Anfang des 2. Jahrtausends v. Chr., Keilschrifttafeln aus der Amarnazeit und der neuassyrischen Periode sowie der berühmte **Bauernkalender von Gezer.** Bei diesem Kalender, einer 7,5 × 10 cm großen Kalksteinscherbe, handelt es sich um das einzige bekannte Dokument der althebräischen Schrift aus der Zeit König Salomos. Er zählt die landwirtschaftlichen Arbeiten auf, die im Jahreslauf zu besorgen sind: zwei Monate Ernte, zwei Monate Winteraussaat, Monat der Flachsernte, Monat der Gerstenernte, Monat zur Ernte aller anderen Früchte, zwei Monate Rebenbeschneidung, Monat des Sommerobstes. Der 1908 von Macalister entdeckte Kalender, der wohl nur eine Schreibübung darstellte, befindet sich heute im Archäologischen Museum von Istanbul.

In Gezer wurde auch eine **Tonscherbe mit drei Hieroglyphen** gefunden, die als eines der frühesten Beispiele für die Buchstabenschrift gilt. Eine geöffnete Hand (hebräisch: kaf), eine Zunge (hebräisch: laschon) und ein Haus (hebräisch: bajit) ergeben die drei Konsonanten K, L und B, was nach der semitischen Konsonantenschreibweise Kaleb bedeutet (Kaleb ist das Eponym für den Sippenverband der Kalebiter, eines israelitischen Volksstammes). Die seit 1965 ausgegrabenen Funde, darunter herrliche ägyptische und ägäische Keramik, drei goldene Hyksosringe, ein spätbronzezeitlicher Dolch, sind im Rockefeller-Museum von Jerusalem untergebracht.

Das etwa 9 km lange **Tal von Ajalon** (Emeq Ayyalon) am Fuß des Tel Gezer war seit alters ein ideales Schlachtfeld. Bis hierher verfolgte Josua nach seinem Sieg bei Gibeon die Truppen der kanaanitischen Koalition (Jos 10,12), hier kämpften Ägypter, Philister, Assyrer, Seleukiden, Makkabäer, Araber, Kreuzfahrer, hier siegte 1917 der englische General Allenby über die Türken. Der das Tal durchziehende Ayyalon-Fluß führt nur im Winter Wasser.

Abu Ghosh

12 km westlich von Jerusalem liegt an der Autobahn nach Tel Aviv das große arabische Dorf Abu Ghosh mit einer Kreuzfahrerkirche, die neben der Annenkirche von Jerusalem als schönstes Beispiel mittelalterlicher Sakralarchitektur im Heiligen Land gilt.

Geschichte
Die Quelle von Abu Ghosh war schon im 6. Jahrtausend v. Chr. Kristallisationspunkt einer neolithischen Siedlung. In ihrer Nähe lag das biblische Kirjat-Jearim (Jos 9,17), eine Stadt der gibeonitischen Kanaaniter. Im dortigen Haus des Abinadab bewahrten die Israeliten die von den Philistern zurückgegebene Bundeslade (vgl. S. 107) auf (1 Sam 7,1). Nach der Zerstörung Jerusalems im Jahre 70 n. Chr. richteten die Römer bei der Quelle ein Veteranenlager der X. Legion ein (Jüd. Krieg VII, 6,6). Im 2. Jh. legten sie über der Quelle einen großen Wasserspeicher an und bald darauf in einem Abstand von 35 m einen zweiten.

Die Byzantiner wandelten den Ortsnamen Kirjat-Jearim (›Dorf des Waldes‹) in Cariathiarim um und bauten auf der Anhöhe eine Kirche. In islamischer Zeit stand bei der Quelle eine große Karawanserei, die um das Jahr 800 ein drittes Wasserreservoir erhielt. 1099 sammelte sich in Abu Ghosh das Kreuzfahrerheer vor seinem Sturm auf Jerusalem. Die Kreuzfahrer sahen in dem Ort das Emmaus des Neuen Testaments, wo der auferstandene Jesus zwei seiner Jünger traf (Lk 24,13; vgl. Qubeiba-Emmaus S. 195), und errichteten hier zur Sicherung der Straße nach Jaffa das Château Fontenoid (›Brunnenschloß‹). Über das zweite römische Wasserreservoir setzten sie das Refektorium, der Troßhof bedeckte die islamische Zisterne, und über der Quelle bauten sie um 1142 eine Kirche. In der Quellkrypta soll 1220 Franz von Assisi gebetet haben. Die Araber nannten den Ort später Qarit el-Enab (›Ort der Trauben‹). Über dem Troßhof errichteten sie eine Moschee, in der sie ihren Propheten Useir (den biblischen Esra) verehrten. Die übrige Anlage diente als Karawanserei, wobei die Kirche jahrhundertelang als Stall für Reit- und Lasttiere benutzt wurde. Die Quelle hieß nun Ain el-Tut (›Mauerquelle‹). Um 1770 ließ sich hier der aus dem Hedschas eingewanderte Beduinenscheich Abu Ghosh nieder, der dem Dorf seinen Namen gab. Er erhielt von der türkischen Regierung den Auftrag, die Pilgerstraße zu sichern und durfte dafür Wegezoll erheben. Dieses Privileg genoß seine Familie bis 1830.

1899 kaufte der französische Staat die Kirche und übergab sie den Benediktinern, die auf dem Grundstück ein kleines Kloster gründeten. 1907 ließ der französische Konsul Marquis de Vogue das Bauwerk gründlich restaurieren. Seit 1956 gehört die Kirche den Lazaristen. Abu Ghosh ist heute ein großes Dorf mit 2000 moslemischen Einwohnern. Zwei neue israelische Siedlungen in der Nachbarschaft bewahren die alten Namen: das 1952 gegründete Jugenddorf Qiryat Ye'arim (vom biblischen Kirjat-Jearim) und der seit 1920 bestehende Kibbuz Qiryat Anavim (vom arabischen Qariet el-Enab).

Archäologie: 1923 und 1944 legten Benediktiner auf dem Gelände der Kreuzfahrerkirche Reste aus römischer, arabischer und fränkischer Zeit frei. 1950 stieß Jean Perrot von der

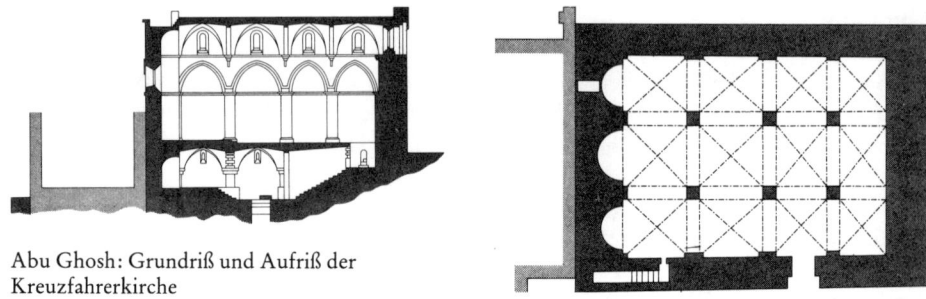

Abu Ghosh: Grundriß und Aufriß der
Kreuzfahrerkirche

Mission française d'Archéologie en Israel im Ortsbereich von Abu Ghosh auf Schichten des
präkeramischen Neolithikums. 1967–1968 setzte Perrot seine Untersuchungen im Auftrag
des französischen Zentrums für Forschung und Wissenschaft fort. Abu Ghosh gilt als eine
der wichtigsten vorgeschichtlichen Fundstätten Israels.

Sehenswertes

Die **Kreuzfahrerkirche** wurde um 1142 als dreischiffige Basilika im frühgotischen Stil
erbaut. Dicke, festungsartige Mauern, in die zum Teil Steine aus römischer und früharabi-
scher Zeit verbaut wurden, umschließen den 20 × 16 m großen Kirchenraum. Die Nordwand erreicht eine Stärke von 2,8 m, die Westwand sogar 3,7 m. Sechs schwere, quadratische
Pfeiler und sechs an die Wand gesetzte Halbpfeiler tragen das nach oben spitz zulaufende
Kreuzrippengewölbe. Die drei Schiffe laufen im Osten in Apsiden aus. Die Wandfresken
sind kaum mehr zu erkennen, so daß die Kirche einen fast trostlosen Eindruck hinterläßt.
Neben dem Eingang im Norden wurde ein Stein in die Kirchenwand eingelassen, dessen
Inschrift ›Vexillatio Leg(ionis) Fre(tensis)‹ auf das Veteranenlager der X. Legion hinweist. In
der 14,2 × 7,5 m großen Krypta, die ebenfalls mit drei Apsiden abschließt, entspringt die
Quelle. Im Hof der Kirche steht der mächtige Steinsarkophag eines Johanniterritters.
Östlich des Baus sind noch Reste der arabischen Karawanserei zu sehen.

Oberhalb des Dorfes erhebt sich weithin sichtbar das Standbild der Muttergottes mit dem
Jesuskind. Die Statue gehört zur Kirche **Notre Dame de l'Arche d'Alliance** (Unsere liebe
Frau von der Bundeslade), was daran erinnert, daß im nahen Kirjat-Jearim die Bundeslade
der Israeliten stand, bevor David sie nach Jerusalem überführte (1 Sam 7,1). Die weiße
Kirche wurde 1924 von den französischen St.-Joseph-Schwestern über einer byzantinischen
Kirche des 5. Jhs. erbaut. Reste des alten Mosaikbodens sind noch zu sehen.

En Hemed/Aqua Bella

Über die Abfahrt En Hemed der Autobahn Jerusalem – Tel Aviv erreicht man das idyllische
Ausflugsziel Aqua Bella (lateinisch für ›Schönes Wasser‹), von den Israelis En Hemed

(›Quelle der Anmut‹) genannt, ein Picknickgelände in einem Hain von Granatapfelbäumen und Terebinthen, inmitten von Wiesen und Bächen (Eintrittsgebühr). Eine Quelle, deren kristallklares, wohlschmeckendes Wasser sich über zahlreiche Bäche und winzige Teiche verteilt, war wohl der Grund dafür, daß hier zu Beginn des 12. Jhs. ein kleines Nonnenkloster entstand, das allerdings schon 1187, nach der Schlacht von Hattin, geräumt werden mußte. Geblieben ist eine fast quadratische Klosterruine, die so gut wie möglich restauriert wurde und von den Arabern seit Jahrhunderten *Deir el-Benat* (›Frauenkloster‹) genannt wird. Um einen 13 × 6 m großen Hof waren Hallen angeordnet, deren Bestimmung nicht mehr eindeutig angegeben werden kann. Die 19 × 5 m große Halle im Osten diente vermutlich als Kapelle; sie war mit Kreuzrippengewölben bedeckt. Die Zellen der Nonnen lagen im Obergeschoß. Am Sabbat kommen zahlreiche Jerusalemer Familien nach En Hemed, um den Zauber dieses schönen Ortes zu genießen.

En Kerem/Ain Karim

En Kerem, ein ländliches Dorf in einer Talmulde am Westrand Jerusalems, gilt nach christlicher Tradition als Geburtsort Johannes' des Täufers. Heute ist es ein Vorort der Großstadt Jerusalem, bedrängt von modernen Wohnhochhäusern. Das hebräische En Kerem wie auch das arabische Ain Karim bedeuten ›Quelle des Weinberges‹. Der Ort besteht seit der Mittleren Bronzezeit I (2150–1900) und war auch zur Zeit Jesu bewohnt. Erstmals erwähnt der Prophet Jeremia (um 650–580) den Namen Bet-Kerem (Jer 6,1). Als Geburtsort Johannes' des Täufers wird En Kerem seit byzantinischer Zeit verehrt. Theodosius nennt um 530 zwar keinen Namen, zählt aber den Ort, »wo die hl. Elisabet, die Mutter Johannes' des Täufers, wohnte«, zu den bedeutenden Wallfahrtszielen in Palästina. Um 638 wird Ain Karim als Stätte der Verkündigung und der Geburt des Täufers im Georgischen Festkalender aufgeführt.

Sehenswertes
In En Kerem erinnern zwei heilige Stätten an die Ereignisse des Evangeliums. Am südlichen Berghang erhebt sich inmitten hoher Zypressen die **Kirche der Heimsuchung,** des Besuches der Maria (Visitatio Mariae). Hier stand das Haus, in das sich Elisabet, die Frau des Tempelpriesters Zacharias, in den letzten Monaten ihrer Schwangerschaft zurückgezogen hatte, und in das ihre Kusine Maria aus Nazaret kam, um ihr in den Wochen vor und nach der Niederkunft beizustehen. 1679 kauften die Franziskaner das Grundstück. 1861 restaurierten sie die Reste der Kreuzfahrerkirche, 1938–1946 begannen sie mit dem Bau der heutigen Kirche, die Barluzzi 1955 vollendete. Das bunte Mosaik der Eingangsfassade stellt Marias Reise nach En Kerem dar. In ihrem unteren Teil bewahrt die Kirche Fundamente und Mosaike einer byzantinischen Basilika sowie Reste von Wohnhäusern aus herodianischer Zeit, darunter einen alten Ziehbrunnen. Drei moderne Fresken zeigen die Erscheinung des Engels Gabriel, der Zacharias im Tempel von Jerusalem die Geburt eines Sohnes verkündet,

die Begegnung der beiden Frauen Maria und Elisabet sowie den Kindermord im benachbarten Betlehem. Die Oberkirche ist allein Maria gewidmet. Das Altarbild zeigt Maria, die Gottesträgerin, umjubelt von Himmel und Erde. Die fünf Fresken der Südwand erläutern die Bedeutung Marias als Gottesgebärerin, als Zuflucht der Bedrängten, als Gnadenvermittlerin, als Hilfe der Christen und als unbefleckt Empfangene. Teile der Apsis stammen von der Kreuzfahrerkirche (12. Jh.). Auf Majolikaplatten im Vorhof der Kirche ist das Magnifikat, Marias Lobgesang, in vielen Sprachen niedergeschrieben: »Meine Seele preist die Größe des Herrn...« (Lk 1,46–55).

Jenseits des Tales steht auf einem Felsplateau über einer Grotte die **Johanneskirche,** umgeben von einer festungsartigen Klosteranlage der Franziskaner. Seit byzantinischer Zeit wird diese Stelle als Geburtsort des Täufers verehrt. 1621 erwarben die Franziskaner das Grundstück und errichteten zwischen 1675 und 1690 über den Fundamenten älterer Gotteshäuser die heutige Kirche, die 1885 restauriert wurde. Vom linken Seitenschiff führen mehrere Stufen zur Geburtsgrotte hinab. Die Decke zeigt noch den nackten Fels, die Wände sind mit marmornen Flachreliefs geschmückt, die aus dem Leben des Täufers berichten. Unter dem Portikus der Kirche fand man im Jahre 1895 Fundamente und ornamentale Bodenmosaike einer dreischiffigen byzantinischen Kapelle. Nördlich schloß sich eine zweite mosaikgeschmückte Kapelle an, die der Franziskanerarchäologe S.J. Saller OFM 1941 freilegte. Den Chorboden dieser Kapelle bedeckt ein schönes Mosaik mit Pfauen, Rebhühnern und einer großen Raute, deren Mitte eine griechische Inschrift einnimmt: »Seid gegrüßt, ihr Märtyrer Gottes.« Ferner stieß Saller auf die Reste der byzantinischen Hauptkirche. Kirche und Kapellen dürften aus dem 5. bzw. 6. Jh. stammen.

In der Mitte des Dorfes spendet die **Marienquelle** noch immer köstliches Trinkwasser.

Betlehem – Herodeion – Hebron – Lakhish

Rahels Grab

Am Ortseingang von Betlehem liegt rechts der Straße Qever Rahel, das Grab Rahels, eines der bedeutendsten jüdischen Heiligtümer im Heiligen Land (Abb. 42). Es wird besucht von jüdischen, aber auch moslemischen Frauen, die keine Kinder bekommen können oder eine schwere Geburt befürchten (Rahel war viele Jahre kinderlos geblieben und bei der Geburt ihres zweiten Sohnes Benjamin gestorben). Zwar gilt es als erwiesen, daß Rahel, Jakobs Ehefrau, auf dem Weg nach Betlehem unweit von Rama – also nördlich von Jerusalem – starb, doch verlegte die Überlieferung schon in alttestamentlicher Zeit das Grab an die uralte Straße von Jerusalem nach Hebron (Gen 35,19).

Das Grab wird heute von einem kleinen, würfelförmigen, weiß getünchten Gebäude bedeckt, von dem wohl noch Teile aus dem 1. oder 2. Jh. n. Chr. stammen. 1622 setzten die

Türken dem Bau eine Kuppel auf. 1841 entstanden die Arkaden, die den Eingang bilden, und ein Gebetsraum neben dem Grab. Auf dem Kenotaph hinter dem Gebetsraum steht in hebräischer Schrift der Spruch: »Ein Geschrei ist in Rama zu hören, bitteres Klagen und Weinen. Rahel weint um ihre Kinder, denn sie sind nicht mehr« (Jer 31,15). Diese Worte bezog der Evangelist Matthäus auf den Kindermord von Betlehem (Mt 2,18).

Bei Bauarbeiten in der Nähe von Rahels Grab wurde 1904 ein **Aquädukt** ausgegraben, der in der Zeit des römischen Kaisers Septimius Severus (193–211) entstand und Jerusalem mit Trinkwasser versorgte.

Betlehem

Kaum 10 km südlich von Jerusalem liegt inmitten einer hügeligen Gartenlandschaft mit Weinbergen und unzähligen uralten Olivenbäumen Betlehem (arabisch Beit Lahm), die Geburtsstadt Davids und Jesu, eine der bedeutendsten Pilger- und Touristenstätten des Heiligen Landes. Betlehem ist ein relativ ruhiges Städtchen, das nur zur Zeit der weihnachtlichen Pilgerströme zu erwachen scheint. Seine 20 000 christlichen und moslemischen Einwohner – mit den Vororten Beit Jala und Beit Sahur sind es etwa 36 000 – leben von Ackerbau, Schafzucht, Handwerk und Handel, vor allem aber vom Fremdenverkehr. Von der Straße nach Hebron biegt man kurz hinter Rahels Grab nach Betlehem ab und folgt dem Schild ›Church of Nativity‹ bis zum Manger Square im Stadtzentrum, wo man in unmittelbarer Nähe der Geburtskirche den Wagen abstellen kann.

Geschichte
Um 1360 v. Chr. schrieb der Fürst Abdihipa von Urusalimmu (Jerusalem) mehrere Briefe an den Pharao Amenophis IV. (Echnaton), in denen er sich über die Verunsicherung des Landes durch semitische Nomaden beklagte. In einem der Briefe erwähnte er Betlehem, das damals Bit ilu lachama (›Haus der Göttin Lachama‹, einer kanaanitischen Fruchtbarkeitsgöttin) hieß und »eine Stadt des Landes Jerusalem« war. Aus Bit ilu lachama entwickelte sich der aramäische Name Bet laham (›Haus des Brotes‹). In Betlehem, Hauptort der Landschaft Efrat (›Fruchtbarkeit‹), wurde gegen Ende des 11. Jhs. v. Chr. David geboren. In seiner frühen Regierungszeit hielten die Philister die Stadt vorübergehend besetzt (2 Sam 23,14), später bezog Rehabeam, König von Juda (um 930–910), sie in sein Festungssystem ein (2 Chr 11,6). Gegen 700 v. Chr. war Betlehem nach dem Bericht des Propheten Micha die kleinste unter den Städten Judas (Mi 5,1), Joschija (Josia), König von Juda (639–609), führte es aber noch in seiner Gauliste (Jos 15,59). Danach blieb der Ort über Jahrhunderte unerwähnt. Die weitere Geschichte Betlehems ist eng mit der Geburtsgrotte Jesu und der darüber erbauten Kirche verknüpft.

Im Jahre 7 v. Chr. ordnete Kaiser Augustus in Palästina einen Census an, eine Art Volkszählung zur Aufnahme des Personenstandes und zur Erfassung des Grund- und Hauseigentums, um die Steuereintreibung zu erleichtern. Dazu muße Josef, der in Nazaret

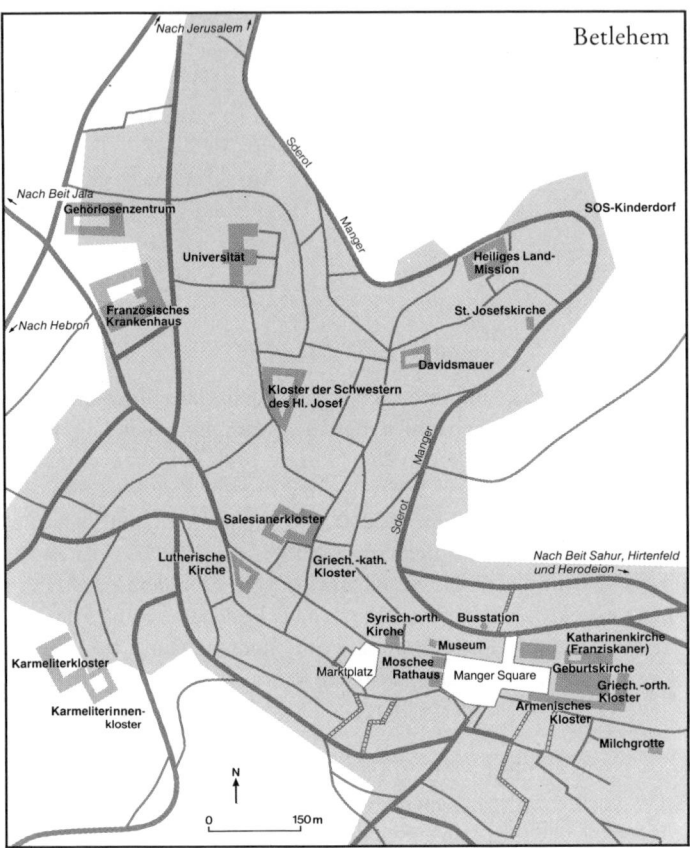

lebte, in seinem Geburtsort Betlehem erscheinen. Maria, seine Verlobte, hatte ihn nach römischer Vorschrift zu begleiten (Lk 2,1). Da Josef weder in einer Herberge noch im vollbelegten Hause seiner Verwandten für sich und die hochschwangere Maria eine Bleibe finden konnte, zogen sich die beiden in die zum Hause gehörende Höhle zurück, in der üblicherweise das Vieh und die Vorräte untergebracht waren. (Noch heute sind viele palästinensische Häuser vor eine Höhle gebaut, die oft sogar mit in den Wohnbereich einbezogen wird.) In dieser Höhle gebar Maria Jesus, nach dem heutigen Stand der Forschung also im Jahre 7 v. Chr., nach römisch-katholischer Tradition in der Nacht zum 25. Dezember des Jahres 5 v. Chr., nach griechisch-orthodoxer am 6. und nach armenischer am 18. Januar des Jahres 4 v. Chr.

Die Höhle der Geburt Jesu wurde wohl schon im späten 1., sicher aber im 2. nachchristlichen Jahrhundert verehrt. Nachdem Kaiser Hadrian den zweiten jüdischen

Aufstand (132–135 n. Chr.) niedergeworfen hatte, ließ er über allen jüdischen und auch christlichen Stätten – die Christen setzte er den Juden gleich – heidnische Heiligtümer errichten. Mit der Geburtsgrotte verbanden die Römer fortan den Adoniskult, um mit der Verehrung des Geliebten der Venus jede Erinnerung an Christus auszulöschen. Doch die Christen vergaßen ihren Heiland und die Stätten seiner Geburt nicht; die Tradition lebte, wie Origenes (um 185–254), der bedeutendste Theologe der frühen griechischen Kirche, berichtete, sogar unter den ›Heiden‹ der Umgebung fort. 326 n. Chr. begann Kaiser Konstantin der Große, unter dem im Jahre 313 das Toleranzedikt von Mailand erlassen worden war, mit dem Bau einer fünfschiffigen Basilika über der Geburtsgrotte, und bald strömten unzählige christliche Pilger nach Betlehem. Im Samariteraufstand des Jahres 529 ging die Kirche Konstantins in Flammen auf. Kaiser Justinian I. schlug den Aufstand nieder, baute die Basilika im Jahre 540 wieder auf und gab ihr das heutige Aussehen. Als 614 die Perser in Palästina einfielen, zerstörten sie alle Kirchen und Klöster des Landes, nur die Geburtskirche in Betlehem ließen sie unbehelligt. Den Grund hierfür erfahren wir aus einem Brief der Jerusalemer Synode aus dem Jahre 836: »Als die Perser alle Städte... zerstört hatten und nach Bethlehem kamen, sahen sie mit Erstaunen die Bilder der Magier aus Persien... Aus Hochachtung und liebender Ehrfurcht vor ihren Vorfahren verehrten sie die Magier und verschonten die Kirche.« Bei den Magiern, die ihnen solche Ehrfurcht eingeflößt hatten, handelte es sich um die orientalisch gekleideten Heiligen Drei Könige auf einem Mosaik an der Kirchenfassade.

640 marschierten die Truppen des Kalifen Omar in Betlehem ein. Omar verrichtete in der Südapsis, die nach Mekka weist, sein Gebet, denn der Islam verehrt in Jesus den Propheten Isa. Dieser Teil der Kirche blieb fortan den Moslems vorbehalten, und so diente die Geburtskirche zwei Weltreligionen als gemeinsame Stätte der Religionsausübung. Omar und seine Nachfolger waren tolerante Herrscher, so daß der Strom christlicher Pilger nach Betlehem von Jahr zu Jahr wuchs. Das änderte sich, als 1071 die Seldschuken, ein türkisches, zum Islam übergetretenes Reitervolk, die Herrschaft in Palästina übernahmen. Die Lage der Christen im Heiligen Land verschlechterte sich, die Pilgerreisen wurden immer gefährlicher, der Handel zwischen den westlichen Ländern und dem Orient kam zum Erliegen. Die Zeit der Kreuzzüge begann. Als sich das Kreuzfahrerheer im Jahre 1099 westlich von Jerusalem zum Sturm auf die Heilige Stadt sammelte, baten christliche Einwohner, die einen seldschukischen Angriff befürchteten, die Ritter um den Schutz Betlehems. In der Weihnachtsnacht des folgenden Jahres wurde hier Balduin I., ein Bruder des inzwischen verstorbenen Gottfried von Bouillon, zum ersten König von Jerusalem gekrönt. Nach seinem Tod 1118 übernahm Balduin II. ebenfalls in Betlehem die Königswürde seines Vaters. 1187, nach der Schlacht bei Hattin, kam mit dem größten Teil des Heiligen Landes auch Betlehem unter die Herrschaft des Sultans Saladin. Die Priester mußten die Geburtskirche räumen, durften jedoch bereits vier Jahre später wieder zurückkehren. 1229 gelang es Kaiser Friedrich II., durch Vertrag mit dem Sultan el-Malik el-Kamil Betlehem, Jerusalem, Nazaret und einige andere Städte für die Christen zurückzugewinnen, aber schon 1244 übernahmen die Ajjubiden-Sultane die Geburtsstätte Jesu wieder.

Unter den Mamelucken verfielen die christlichen Bauten Betlehems, die Stadt sank zur Bedeutungslosigkeit herab. 1479 drohte das Zedernholzdach der Geburtskirche einzustürzen und wurde notdürftig ausgebessert.

Als im Jahre 1516 die osmanischen Türken nach Betlehem kamen, zählte der Ort nur noch etwa 100 Einwohner. Niemand nahm daher Anstoß, als die Türken die Marmorplatten von den Wänden der Geburtskirche rissen, um sie für ihre Jerusalemer Bauten zu verwenden. 1646 entfernten sie sogar das Zinndach und schmolzen aus dem Material Gewehrkugeln. Doch insgesamt verbesserte sich unter den Osmanen die Lage der Christen, und 1670 machten sich griechisch-orthodoxe Mönche an die Wiederherstellung der Kirche. Im 18. Jh. begann der Streit zwischen den Griechisch-Orthodoxen, den Katholiken und den Armeniern um den Besitz der Geburtskirche und der darunter gelegenen Grotten. Der Konflikt artete in tätliche Auseinandersetzungen aus, so daß osmanische Polizei das Heiligtum schützen mußte. 1757 gelang es der türkischen Regierung, den Streit vorübergehend zu schlichten, indem sie jeder Konfession den Teil der Kirche zusprach, den diese faktisch in Besitz hatte. 1834 tobten in Betlehem schwere Kämpfe zwischen Christen und Moslems; Ibrahim Pascha, Vizekönig von Ägypten, stellte sich auf die Seite der Christen und legte das Moslemviertel in Schutt und Asche. Noch im selben Jahr zerstörte ein schweres Erdbeben die restlichen Häuser der Stadt und verursachte große Schäden an der Kirche. 1840 kehrten die Türken wieder zurück, und bald brach der alte Streit um die Besitzverhältnisse in der Geburtskirche erneut aus. Die Griechisch-Orthodoxen trennten 1842 durch eine hohe Mauer den Chor vom Langhaus, um ihre Ansprüche gegenüber den Katholiken zu festigen (der britische General Allenby ließ die Mauer 1917 wieder abreißen.)

In der Folgezeit gewannen die europäischen Staaten in Palästina allmählich stärkeren Einfluß. Die türkischen Behörden erlaubten es den christlichen Gemeinschaften, Kapellen, Kirchen und Klöster, Krankenhäuser und Schulen zu errichten. Die Zahl der Einwohner stieg von 3300 im Jahre 1845 auf 8200 im Jahre 1900 und auf 11 000 im Jahre 1912. 1920, nach dem Zusammenbruch des Osmanischen Reiches, gelangte Betlehem wie ganz Palästina unter britische Mandatsverwaltung, 1948 kam es zu Jordanien. 1963 zählte die Stadt rund 60 000 meist christliche Bewohner, 1967, als Betlehem von den Israelis besetzt wurde, schmolz die Zahl auf 14 000.

Die Geburtskirche

Das Herzstück Betlehems ist die ehrwürdige Geburtskirche (Farbt. 16), ein wuchtiger, festungsartiger Bau, der die einstige Schönheit der spätrömischen Basilika Konstantins und der byzantinischen Kirche Justinians kaum mehr erahnen läßt. Auf drei Seiten drängen sich mächtige Klostergebäude heran: im Norden das Franziskanerkloster mit der Katharinenkirche, im Südosten das griechisch-orthodoxe und im Südwesten das armenische Kloster. Der Vorplatz im Westen war das einstige Atrium, das Peristyl der konstantinischen Basilika, 26 m breit und vermutlich 73 m lang. Sein Mosaikboden lag 1,64 m unter dem heutigen Vorhof. Zwei Stufen führten zu einer 3,90 m breiten, ringsum laufenden Säulenhalle hinauf, von der man über zwei weitere Stufen zu den drei Eingängen gelangte. Justinian setzte vor den

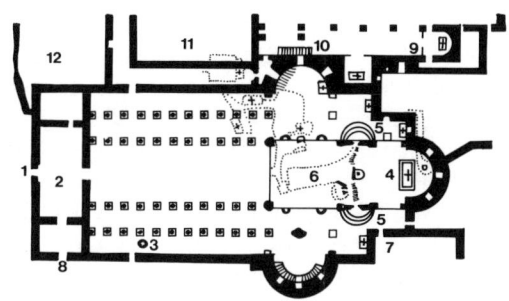

Betlehem: Geburtskirche
1 Portal 2 Narthex 3 Taufbecken
4 Hochaltar 5 Eingang zur Geburtsgrotte
6 Geburtsgrotte 7 griechisches Kloster
8 armenisches Kloster 9 Katharinenkirche
10 Eingang zur Hieronymus-Grotte
11 Kreuzgang 12 Eingang zum Franziskanerkloster

Kirchenraum einen Narthex und verzichtete auf das Atrium, von dem heute noch einige Säulen und Basen zeugen.

Von der großartigen justinianischen Fassade sind nur noch die Umrisse des einst 5,50 m hohen und knapp 3 m breiten Hauptportals zu erkennen (Abb. 40). Ein mit zwei Voluten verzierter Türsturz krönte das Tor, durch das einst Kaiser und Kalifen, Pilger aus dem Orient und Okzident schritten, um in frommer Andacht der Geburt Jesu zu gedenken. Die Kreuzfahrer verkleinerten das nunmehr von einem Spitzbogen gerahmte Portal, um 1500 schrumpfte es auf eine Höhe von 1,20 m und eine Breite von 79 cm. Die Fremdenführer behaupten, daß man es vor dem Ansturm der Türken verkleinert habe, um diese daran zu hindern, hoch zu Roß in die Kirche zu reiten. Wahrscheinlicher aber ist, daß die Christen hofften, den festungsartigen Bau so besser verteidigen zu können, zumal sie auch die beiden Nebenportale links und rechts vom ›Tor der Demut‹ zumauerten. ›Tor der Demut‹ nennen die Betlehemiten dieses Tor, weil sich der Besucher beim Eintreten bücken muß: »Mach dich klein, stolzer Mensch, willst du zu Gott treten, der für dich ein kleines Kind geworden ist!« Eine schwere Stützmauer verdeckt die Fassade neben dem heute von drei mächtigen Steinquadern umfaßten Eingang. Das Mosaik, das die Kirche vor der Zerstörungswut der Perser bewahrt hatte, ist nicht mehr vorhanden. Am mittleren Durchgang vom Narthex zum Innenraum der Kirche sind noch Reste einer Holztür zu erkennen, die armenische Künstler im Jahre 1227 schnitzten.

Nun stehen wir in der fünfschiffigen Basilika Konstantins (Abb. 39), die Eusebius (265–339), Bischof von Caesarea, wie folgt beschreibt: »An das 33 m lange und 10 m breite Hauptschiff schließen sich auf beiden Seiten je zwei Nebenschiffe an. Die Decke wird von 40 Säulen getragen, und der Fußboden ist mit kostbarem Mosaik ausgelegt. Am Ende des Hauptschiffes steht ein achteckiger Zentralbau von 18 m Durchmesser. Wie ein Baldachin überdeckt dieser die tiefer gelegene Grotte.« Nach archäologischen Untersuchungen maß der fünfschiffige, fast quadratische Hauptraum 27 × 26,30 m. Justinian ließ ihn um 2,80 m verlängern. Vier Reihen zu je zehn Säulen teilten den Hauptraum der konstantinischen Basilika in ein breites Mittelschiff und doppelte Seitenschiffe. Justinians Architekten mußten wegen der Verlängerung eine Säule pro Reihe hinzufügen. Die Monolithsäulen aus rötlichem Kalkstein stammen aus einem Steinbruch bei Betlehem und tragen korinthische

Kapitelle, die ursprünglich vergoldet waren. Die Gesamthöhe der Säulen beträgt 5,47 m. Die »golden flammenden Säulen« (Sophronios um 610) könnten noch auf die erste Basilika zurückgehen, wurden aber angehoben und leicht versetzt wieder aufgestellt. Im Jahre 1130 bemalte man sie mit Heiligenbildern, die inzwischen fast völlig verblaßt sind. Nur hier und da erkennt man bei genauerem Hinsehen den Schimmer eines Antlitzes, auf den Schäften der nördlichen Säulenreihe z. B. die Heiligen Makarius, Antonius, Eutyches, Leonhard und Catald von Irland, auf denen der südlichen Säulenreihe die Heiligen Theodosius, Stefan, Knut IV. (König von Dänemark) und Olaf (König von Norwegen). Im äußeren rechten Seitenschiff steht ein steinernes Taufbecken aus dem 6. Jh., das sich einst in einem außerhalb der Basilika gelegenen Baptisterium befand.

Das überhöhte Mittelschiff wird durch Obergaden erhellt. Hier sind noch große Flächen mit unterschiedlich gut erhaltenen goldgrundigen Mosaiken zu sehen, die einst die beiden Fensterwände schmückten. Der byzantinische Kaiser Manuel Komnenos hatte im Jahre 1169 Basileios und Ephremos aus Konstantinopel mit der Ausgestaltung beauftragt. Zwischen den Fenstern schwebten hohe Engelsgestalten, den Blick zur Grotte gerichtet, unter den Fenstern zog sich ein Fries symbolhafter Darstellungen der ersten sieben ökumenischen Konzilien, der ersten vier Provinzialkonzilien und der beiden Synoden von Karthago und Laodicaea entlang. Die untere Reihe über dem Architrav zeigt die Vorfahren Jesu, auf der Südwand nach Matthäus, auf der Nordwand nach Lukas. Einigermaßen gut erhalten sind lediglich die Mosaikfelder der Konzilien von Nicaea (325), Konstantinopel (381), Chalkedon (451) und Ephesus (431) sowie die Porträts von Jakob, Mattan, Eleasar, Eliud, Achim, Zadok und Azor (Südwand). Die Konzilien sind alle nach dem gleichen Schema dargestellt: Zwei Halbbogen verbinden drei Säulen, wodurch jeweils zwei Felder entstehen. In jedem Feld steht ein Lesepult, geschmückt mit kostbaren Antipendia, darauf das Evangelienbuch. Zu beiden Seiten des Pultes brennt je ein Leuchter oder hängt je ein Weihrauchfaß. Darüber sind die Felder mit griechischen Inschriften gefüllt, links mit historischen Angaben, rechts mit den vom Konzil beschlossenen Glaubenslehren. Den Raum zwischen den Darstellungen schmücken phantasievolle Pflanzenornamente. Durch quadratische Öffnungen im heutigen Steinplattenbelag erkennt man den 75 cm tiefer gelegenen Mosaikboden der konstantinischen Kirche. Der Boden zeigt schachbrettartige Ornamente und war bei seiner Entdeckung mit Asche und verkohltem Holz bedeckt, wahrscheinlich den Resten des Dachstuhls, der beim Samariteraufstand des Jahres 529 in Flammen aufgegangen war.

Die Architekten Justinians verwendeten das Mauermaterial der konstantinischen Basilika für den Bau der zweiten Geburtskirche. Der Dachstuhl ist heute offen wie im konstantinischen Bau, da die prächtige Sternendecke schon vor langer Zeit herabstürzte. Der fünfschiffige Hauptraum mündet im Osten in eine Dreikonchenanlage (Chor und Querhaus mit halbrunden Abschlüssen), die Justinian an der Stelle des Oktogons über der Geburtsgrotte errichten ließ. Zum Oktogon Konstantins führte eine 5 m breite Treppe 60 cm hinauf, seine Seiten waren 7,80 m lang. Die Absiden Justinians schmückten Szenen aus dem Neuen Testament. Nur noch zwei Fragmente sind schwach zu erkennen: die Ereignisse am

Palmsonntag und Jesus erscheint vor dem hl. Thomas. Im nördlichen Teil stehen die armenischen Altäre der Jungfrau Maria und der Heiligen Drei Könige. Der Altar der Beschneidung im Süden und der Hauptaltar hinter der mächtigen Ikonostase (Ikonenwand aus dem Jahre 1764) im Osten gehören den Griechisch-Orthodoxen. In der Mitte der Ikonostase gibt die prächtige ›Königstür‹ an hohen Festtagen den Blick zum Hauptaltar frei.

Zu beiden Seiten des Chors führt durch marmorne Spitzbogenportale mit Bronzetüren aus der Kreuzfahrerzeit je eine Treppe in die 12,30 m lange und zwischen 3 und 4 m breite **Geburtsgrotte** hinab (Abb. 40). Die beiden Treppen treffen sich vor dem Geburtsaltar am apsisartigen östlichen Ende der Grotte. Die Wand über dem Altar zeigt Spuren eines Mosaiks aus dem 12. Jh., das die Geburt Jesu darstellte. Unter dem Altar ist ein silberner Stern in den Marmorboden eingelassen; er trägt die Inschrift ›Hic de Virgine Maria Jesus Christus natus est‹ (Hier wurde von der Jungfrau Maria Jesus Christus geboren). Es handelt sich hierbei um eine 1852 von Sultan Abd ul-Medschid I. gestiftete Kopie (der Originalstern wurde 1847 gestohlen). Fußboden und Wände der von zahlreichen Ampeln ausgeleuchteten Grotte sind mit Marmor verkleidet, das Deckengewölbe ist gemauert, feuerhemmende Asbestvorhänge sollen eine Wiederholung des Brandes von 1869 verhindern. Die Grotte erhielt erst im Laufe der Zeit ihre heutige rechteckige Form, wie sie vor knapp 2000 Jahren

Betlehem: die Geburtsgrotte um 1839

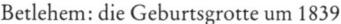

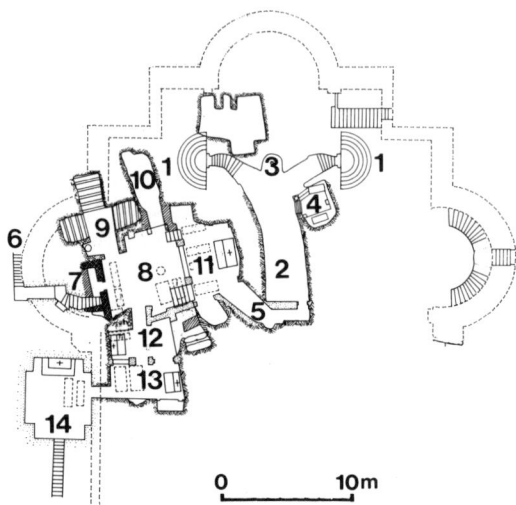

Betlehem: Grotten unter der Geburtskirche
 1 Eingang zur Geburtsgrotte
 2 Geburtsgrotte
 3 Geburtsaltar
 4 Krippengrotte
 5 Durchgang (meist gesperrt)
 6 Eingang zur Hieronymus-Grotte
 7 vorkonstantinischer Gewölbebogen
   und konstantinisches Fundament
 8 Große Grotte
 9 Grotte mit Arkosolgräbern und Altar
   der Unschuldigen Kinder
10 Grotte der Unschuldigen Kinder
11 Altar des hl. Josef
12 Grotte des Eusebius, der Paula und
   der Eustochium
13 Hieronymus-Grotte mit Kenotaph
14 Zelle des hl. Hieronymus

aussah, wissen wir nicht. Auf jeden Fall war der Zugang einst ebenerdig. In der Basilika
Konstantins konnten die Pilger vom Oktogon aus durch eine kreisrunde Öffnung hinunter-
blicken; der Eingang lag damals westlich der Grotte. Drei Stufen führen von der Geburtsgrotte in die anschließende, etwa 3 m lange und 1,80 m breite **Krippengrotte** hinab, wo die
Hirten das Kind anbeteten (Lk 2,8–20). Vor der Ostwand steht der Altar der Heiligen Drei
Könige; ihm gegenüber ist die Krippe (Futtertrog) – wie in Höhlenställen üblich – in den
Felsen gehauen und heute mit Marmor ausgelegt. Auch hier sind die Wände mit Asbest
überzogen. Um den Besitz der beiden Grotten führten die christlichen Gemeinschaften
heftige Fehden. Seit 1757 gehört die Geburtsgrotte den Griechisch-Orthodoxen, die
Armenier dürfen hier ihren Gottesdienst abhalten. Die Katholiken müssen sich dagegen mit
der Krippengrotte begnügen.

Die Geburtsgrotte ist seit dem 12. Jh. an ihrem westlichen Ende durch einen Gang mit
weiteren Grotten verbunden, die teilweise schon im 7. Jh. v. Chr. oder sogar noch früher
bewohnt waren bzw. als Begräbnisstätten dienten. Heute werden sie von den Franziskanern
betreut. Der Durchgang ist meist gesperrt, nur vom rechten Seitenschiff der Katharinenkirche gelangt man über eine Treppe in diesen Bereich. Die Treppe, an deren unterem Ende
Archäologen einen vorkonstantinischen Gewölbebogen und Fundamentmauern des Oktogons freilegten, mündet in die **Große Grotte,** deren etwa 5 m langer und 2,40 m breiter
Südteil seit 1621 die Kapelle des hl. Josef bildet. Ein Gemälde über dem Altar stellt dar, wie
der schlafende Josef vom Engel zur Flucht nach Ägypten aufgefordert wurde. Der nackte
Fels an der Decke zeigt ein Kreuz mit dem griechischen Monogramm Christi. Die Große
Grotte dürfte also schon in byzantinischer Zeit benutzt worden sein; sie hatte einen
unmittelbaren Zugang von oben. Vor dem Altar entdeckte man vier Felsengräber und in der
Ost- und Westwand Arkosolgräber (Nischengräber). Im Osten schließt sich an die Große

Grotte die **Grotte der Unschuldigen Kinder** an, die dem Gedächtnis des Kindesmordes von Betlehem geweiht ist. Herodes der Große soll nach Jesu Geburt die Tötung aller Knaben bis zu zwei Jahren in Betlehem und Umgebung befohlen haben, um das Jesuskind, den ›neugeborenen König‹, zu beseitigen. 1962 entdeckten Archäologen bei Restaurierungsarbeiten nordöstlich der Großen Grotte eine kreuzförmige Grotte mit drei Arkosolgräbern, die wie Futterkrippen gestaltet sind. Hier stellten die Franziskaner einen Altar der Unschuldigen Kinder auf. Die mächtige Säule vor dieser Grotte stand ursprünglich weiter südlich als Stütze für die Fundamentmauer des konstantinischen Oktogons. Westlich der Großen Grotte führt ein kurzer Gang zu den **Hieronymus-Grotten.** Hieronymus aus Dalmatien war von 382 bis 385 Ratgeber des Papstes Damasus. Bald nach dessen Tod ging er nach Bethlehem, gründete 389 ein Kloster und vollendete hier seine lateinische Bibelübersetzung, die Vulgata, die noch heute als offizieller Bibeltext der katholischen Kirche dient. In der vorderen Grotte ruhten die Gebeine des Eusebius von Cremona, des Schülers und Nachfolgers von Hieronymus, und der Römerinnen Paula und Eustochium, die in Betlehem zwei Klöster und ein Pilgerhospiz gegründet hatten. Von der hinteren Grotte, die ein Kenotaph und einen Altar des hl. Hieronymus enthält, führt ein Gang nach Norden in die Zelle des Hieronymus, einen 6 × 4 m großen, in den Fels gehauenen Raum, wo der Kirchenlehrer gelebt und gearbeitet haben soll. Sein letzter Wille, in der Nähe der Geburtsstätte Jesu zu ruhen, wurde nur bis zur Ankunft der Kreuzfahrer respektiert; im 13. Jh. kamen seine Gebeine nach S. Maria Maggiore in Rom.

Weitere Sehenswürdigkeiten in Betlehem
Nördlich schließt sich an die Geburtskirche die **Katharinenkirche** der Franziskaner an, zwischen 1881 und 1888 über einem Kloster der Kreuzfahrerzeit errichtet, das wiederum auf den Fundamenten des Klosters der hl. Paula stand. 1950 legten die Franziskaner den benachbarten Kreuzgang aus fränkischer Zeit frei und stellten ihn weitgehend wieder her. 1975 modernisierten sie die Katharinenkirche. Alljährlich in der Weihnachtsnacht wird hier die berühmte Mitternachtsmesse gelesen, die Glocken der Katharinenkirche tragen dann die frohe Botschaft über Radiowellen in die ganze Welt. Für Besucher ist der Glockenturm gesperrt. Man kann aber den Turm des **griechisch-orthodoxen Klosters** südöstlich der Geburtskirche besteigen, um von dort einen einzigartigen Blick über Betlehem bis zu den Bergen von Moab zu genießen.

Südlich des Vorhofes erhebt sich der wuchtige Komplex des **armenischen Klosters,** das auch die südliche Säulenhalle des konstantinischen Atriums mit einschließt (zwei in die Mauer eingebaute Säulen sind vom Vorhof aus deutlich zu erkennen). Das Kloster soll seine heutige Gestalt schon vor den Kreuzzügen erhalten haben. Wesentliche Bauteile stammen aus byzantinischer, aber auch aus fränkischer Zeit. Die Mönche zeigen einen Gewölbesaal mit byzantinischen Säulen, in denen schon der hl. Hieronymus Vorlesungen gehalten haben soll. Hunderte von Graffiti an den Klosterinnenwänden zeugen vom Besuch unzähliger Pilger, deren Pferde und Maultiere einst in den Kellergewölben untergebracht wurden. Blaue Kacheln mit armenischen Ornamenten schmücken die Wände der Klosterkirche. Die drei Altäre mit Holzschnitzarbeiten armenischer Künstler dürften aus dem 13. Jh. stammen. Vom Dach des Klosters kann man das bunte Treiben auf dem Manger Square beobachten.

Der **Manger Square** (Kikar Manger = ›Krippenplatz‹) ist das belebte Zentrum Betlehems. Im Osten erheben sich die mächtigen Mauern der Geburtskirche mit den angrenzenden Klöstern, im Westen ragt das schlanke Minarett der modernen Omar-Moschee empor, daneben steht das schmucke neue Rathaus von Betlehem, im Süden ducken sich unter Arkaden Cafés und Andenkenläden. 150 m westlich vom Manger Square erreicht man den **Marktplatz,** auf dem arabische Bauern aus der Umgebung frühmorgens und an Samstagen ihre Waren anbieten. In den kleinen Gassen ringsum verkaufen Händler und Handwerker geschnitzte Devotionalien aus Olivenholz, feingearbeiteten Perlmuttschmuck und hübsche Stickereien. 500 m nördlich des Marktplatzes liegt oberhalb der Sderot Manger (Krippen-straße, Manger Street) die **Davidsmauer** (Bivar Daud, King David's Wells), bekannt auch als ›Davids Zisternen‹, über die die Bibel berichtet. »David hielt sich damals in der Bergfestung auf, und ein Posten der Philister lag in Betlehem. Da bekam David großen Durst, und er sagte: Wer bringt mir Wasser aus der Zisterne am Tor von Betlehem? Da drangen drei seiner tapfersten Männer in das Lager der Philister ein, schöpften Wasser aus der Zisterne am Tor von Bethlehem, nahmen es mit und brachten es David. Doch er wollte es nicht trinken, sondern goß es für den Herrn als Trankopfer aus und sagte: das sei fern von mir, Herr, daß ich so etwas tue. Ist es nicht sozusagen das Blut der Männer, die unter Lebensgefahr hingegangen sind? Darum wollte er es nicht trinken« (2 Sam 23,14–17).

Vom Manger Square aus gelangt man über die Milk Grotto Street zur **Milchgrotte** (Chapel of the Milk Grotto, von den Arabern Mogharet es Sitti Marjam genannt), über der die Franziskaner 1494 ein Kloster errichteten (auf den Fundamenten einer Kirche aus dem 4. Jh.). Heute erhebt sich hier eine kleine Kapelle, die die Franziskaner im Jahre 1872 mit Hilfe einheimischer Steinmetzen erbauten. Man erreicht die magisch ausgeleuchtete Grotte über eine sechzehnstufige Treppe. Hier soll sich die Heilige Familie vor den Häschern des Herodes versteckt haben. Farbige Plastiken und Gemälde erinnern an die Ereignisse nach der Geburt. Die Legende berichtet, daß beim Säugen des Kindes einige Milchtropfen auf das Gestein fielen. Seit vielen Jahrhunderten brechen christliche und auch moslemische Pilgerinnen Stückchen des weißen Kalksteins aus dem Boden, zerreiben das Gestein und geben das Pulver in ihre Nahrung, da es nach dem Volksglauben stillenden Müttern zu mehr Milch verhelfen soll. Noch vor wenigen Jahren boten geschäftstüchtige Händler die ›Milch Marias‹ in kleinen Kügelchen an.

In Betlehem sind nahezu alle Richtungen der östlichen und westlichen Christenheit vertreten. Neben den bereits erwähnten Orthodoxen, Armeniern und Franziskanern unterhalten auch die ägyptischen Kopten, die Syrisch-Orthodoxen, die Salesianer, die Karmeliter, die Schwestern des hl. Josef sowie andere Gemeinschaften und Orden eigene religiöse Stätten. Wilhelm II. stiftete 1898 eine lutherische Kirche. Erwähnung verdienen weiter das französische Krankenhaus, die Universität von Betlehem, ein Rehabilisationszentrum für Gehörlose und das unter deutscher Leitung stehende SOS-Kinderdorf im Norden der Stadt.

Die Umgebung von Betlehem

Im Westen schließt an Betlehem die kleine christlich-arabische Stadt **Beit Jala** an, heute ein Ortsteil von Betlehem und eine beliebte Sommerfrische. Berühmt ist der Ort wegen seiner köstlichen Aprikosen, seiner reizvollen Webereien und seiner kraftvollen Steinmetzarbeiten. Für seine 8000 Einwohner hat Beit Jala vier Kirchen, darunter die griechisch-orthodoxe des hl. Nikolaus und eine lutherische. Seit 1853 befindet sich hier auch das Seminar des römisch-katholischen Patriarchats von Jerusalem. Etwas außerhalb der Ortschaft liegt Talitha Qumi, ein Mädcheninternat unter deutscher Leitung. Die Straße nach Westen führt weiter zum 923 m hohen Har Gillo, auf dem möglicherweise das biblische Gilo lag, aus dem Ahitofel, der Berater Davids, stammte (2 Sam 15,12). Hier legten Archäologen der hebräischen Universität von Jerusalem 1978 eine dörfliche Siedlung aus der Zeit um 1200 v. Chr. frei, die von Mitgliedern des Stammes Juda gegründet worden war. Ferner stießen sie auf Reste eines befestigten Turmes aus dem 8. bis 7. Jh. v. Chr. Von der Spitze des Har Gillo bietet sich ein herrlicher Blick auf Jerusalem und Betlehem.

Im Osten grenzt an Betlehem die kleine Stadt **Beit Sahur,** heute ein Vorort inmitten von Olivenhainen, bewohnt von etwa 8000 Menschen (vorwiegend christliche Araber). Beit Sahur war schon in prähistorischer Zeit bewohnt. Irgendwo jenseits der Olivenhaine sammelte einst die schöne junge Witwe Rut aus Moab auf dem Felde des reichen Bauern Boas Ähren. Boas verliebte sich in Rut und heiratete sie. Einer ihrer Urenkel war König David. Das Buch Rut gilt als eines der reizvollsten Bücher des Alten Testaments; Goethe nannte es »das lieblichste kleine Ganze«. Die römisch-katholische Kirche von Beit Sahur entstand im Jahre 1859 und wurde 1951/52 vollständig erneuert. In ihrer Nähe stehen die neue griechisch-katholische Kirche und eine große Schule unter Leitung der Salvatorianerschwestern.

Jenseits von Beit Sahur erstreckt sich nach christlicher Tradition das **Hirtenfeld** (Shepherds' Field), auf dem der Engel den Hirten erschien, um ihnen die Geburt Christi zu verkünden (Lk 2,8). Die genaue Stelle der Erscheinung ist natürlich nicht bekannt, und so besitzen die Griechisch-Orthodoxen und die Franziskaner ungefähr 500 m voneinander entfernt inmitten einer idyllischen Landschaft, die die Araber Sijar el-Ghanam (›Schafstall‹) nennen, je eine Stätte der Verehrung. Leider hat auch hier in den letzten Jahren eine rege Bautätigkeit eingesetzt, so daß sich die weiten Weideflächen allmählich mit Wohnhäusern füllen. Die zeltförmige **Engelskapelle** der Franziskaner (Abb. 43), 1953/54 von dem italienischen Architekten Barluzzi erbaut, erhebt sich auf einer kleinen Anhöhe. Über dem Eingang schwebt ein bronzener Engel. Fresken über den drei Nischenaltären zeigen die Verkündigung der Weihnachtsbotschaft, die Huldigung der Hirten an der Krippe und ihre Heimkehr aus Betlehem. Die geräumige Hirtenhöhle hinter der Kapelle mag wohl schon vor 2000 Jahren den Schäfern als Unterschlupf gedient haben. In der Nähe der Kapelle legten Archäologen 1859 die Ruinen einer Kirche und eine große landwirtschaftliche Klosteranlage frei, beide im 4. Jh. erbaut und im 6. Jh. erneuert. Nach der Zerstörung durch die Perser wurde das Kloster aufgegeben. Eine Tafel mit der italienischen Inschrift ›Campo dei Pastori. PP Francescani‹ (Abb. 44) weist auf das Hirtenfeld der Bibel hin.

Die südlich der Engelskapelle gelegene **griechisch-orthodoxe Kirche** blickt auf eine mindestens ebenso alte Tradition zurück. Im 4. Jh. bauten die Byzantiner eine Felsenhöhle zu einer Krypta aus und bedeckten den Boden mit einem vielfarbigen Mosaik. Etwa 100 Jahre später erweiterten sie die Höhle und errichteten darüber eine Kapelle. Im 6. Jh. trat an ihre Stelle eine prächtige Basilika mit korinthischen Säulen aus weißem Marmor. Nach der Zerstörung durch die Perser im Jahre 614 entstand eine neue Basilika, umgeben von einer hohen Mauer und vier Verteidigungstürmen. Als dieser Bau im 11. Jh. in Trümmer sank, wurde die Stätte aufgegeben. Im 16. Jh. nahmen griechische Mönche das Ruinenfeld wieder in Besitz und restaurierten die Grotte. 1972 begannen Archäologen mit der Erforschung des Areals. Vor wenigen Jahren erstand unweit der Hirtengrotte eine neue orthodoxe Kirche.

Mar Saba

Ein besonders reizvoller Abstecher führt von Betlehem über das Hirtenfeld (Shepherds' Field) zum Kloster des hl. Sabas (Farbt. 19) inmitten der atemberaubenden judäischen Gebirgswüste (Abb. 45). Die schmale Straße passiert das **Kloster des hl. Theodosius** (Deir Dosi), im Jahre 476 von dem aus Kappadokien (Kleinasien) stammenden Theodosius gegründet, der Mönche unterschiedlicher Riten aufnahm und ihnen getrennte Kapellen für die Feier der Liturgie nach eigenem Brauch zur Verfügung stellte. Das Kloster wurde im Laufe der Jahrhunderte mehrmals zerstört und wiederaufgebaut. Die heutige Anlage erstellten griechisch-orthodoxe Mönche gegen Ende des 19. Jhs. Die 1952 restaurierte Kirche steht über einer Grottenkrypta, in der die Gebeine des Heiligen und der bei verschiedenen Überfällen umgekommenen Mönche ruhen. Hier wird auch die Höhle gezeigt, in der nach der Tradition die Weisen aus dem Morgenland auf ihrem Rückweg von Betlehem übernachteten (Mt 2,12).

Gleich hinter dem Theodosiuskloster liegt das arabische Dorf **Ubeidiya** (›Ort der Diener‹), dessen Bewohner von türkischen Bediensteten der umliegenden Klöster abstammen. Hier gabelt sich die Straße. Rechts gelangt man in das Zentrum des Dorfes, links führt ein holperiger Fahrweg zum 7 km entfernten **Kloster Mar Saba,** das sich in der cañonartigen Kidronschlucht versteckt.

Geschichte

In byzantinischer Zeit zogen sich immer mehr Mönche in die Einsamkeit der judäischen Berge zurück. Sie bevorzugten die fast unzugänglichen Höhlen am Rande der Flußläufe, nicht allzuweit von den christlichen Zentren Jerusalem und Betlehem entfernt. Im 5. Jh. ließ sich Sabas aus Kappadokien, ein berühmter Theologe, in einer der Höhlen des Kidrontales nieder. Da ihm viele Glaubensbrüder folgten, gründete er um das Jahr 483 ein Kloster. Auf einer Reise nach Byzanz bewegte er Kaiser Justinian I. zum Wiederaufbau der zerstörten Geburtskirche von Betlehem. Der hl. Sabas starb 532 im Alter von 93 Jahren; sein Grab im Kloster Mar Saba entwickelte sich zur Wallfahrtsstätte. (Im 12. Jh. brachten Kreuzfahrer die sterblichen Überreste des Heiligen nach Venedig; 1965 gab Papst Paul VI. sie als Geste der Versöhnung zwischen Lateinern und Griechen an das Kloster zurück.) Die Anlage wurde mehrmals zerstört (614 durch die Perser, 636 durch die Araber), aber immer wieder aufgebaut. Gegen 710 zog sich Johannes von Damaskus, ebenfalls ein großer Theologe und Repräsentant der Christen am Hofe der Kalifen, der sich energisch gegen die Ideen der Ikonoklasten (Bilderstürmer) und gegen abweichende theologische Strömungen wandte, in das Kloster zurück. 1834 wurde der Bau durch ein Erdbeben schwer beschädigt. Seit 1840 förderte das russische Zarenhaus seine Erneuerung. Heute lebt hier nur noch ein Dutzend Mönche, deren einzige Zugeständnisse an die moderne Zeit ein Jeep und ein Funkgerät sind.

Das Kloster
Schon von weitem sieht man den wuchtigen Wachtturm des Klosters und den außerhalb der hohen Mauern gelegenen Frauenturm. Frauen dürfen das Kloster selbst nicht betreten (Männer nur mit Erlaubnis des griechisch-orthodoxen Patriarchats in Jerusalem); vom Frauenturm haben sie jedoch einen wunderbaren Blick auf den verschachtelten Gebäude-komplex und die 180 m tiefe Kidronschlucht (Wadi en-Nar). In der Mitte des Hofes steht ein kleiner Kuppelbau, das alte Grabmal des hl. Sabas. Eine Grotte daneben ist dem hl. Nikolaus geweiht. In einer anderen Grotte bewahren die Mönche in Vitrinen die Schädel der im 7. Jh. massakrierten Glaubensbrüder auf. Die Hauptkirche (Katholikon) wurde um 500 erbaut und im 17. Jh. erneuert. Im Kirchenraum, der reich mit Wandmalereien und Ikonen geschmückt ist, ruhen seit 1965 die Gebeine des hl. Sabas. Die Zelle des hl. Johannes von Damaskus und die Grotte, die der hl. Sabas bis zum Bau des Klosters bewohnte, sind weitere Stationen der Führung durch die verwirrende Anlage, die im 6. Jh. bis zu 5000 Mönche beherbergt haben soll.

Das Herodeion

Wie ein drohender Vulkan erhebt sich 11 km südöstlich von Betlehem, mitten im judäischen Bergland, der 758 m hohe, weithin sichtbare Bergkegel des Herodeion (Herodion, Herodium), der das Umland um etwa 100 m überragt (Abb. 48). Herodes der Große ließ auf diesem Berg, den die Araber Djebel Furadis (›Berg des kleinen Paradieses‹) nennen, eine Burg errichten, die er später zu seinem Mausoleum bestimmte. Die europäischen Pilger des 15. und 16. Jhs. bezeichneten die Bergfestung als ›Frankenberg‹. Das Herodeion erreicht man am besten über Betlehem – Beit Sahur.

Geschichte
Herodes, Enkel eines zum Judentum konvertierten Edomiters, war 46 v. Chr. zum Präfekt der von Rom kontrollierten Provinz Galiläa ernannt worden. Als es 40 v. Chr. zum Krieg zwischen Rom und dem Partherreich kam, stellten sich die Juden auf die Seite der Parther,

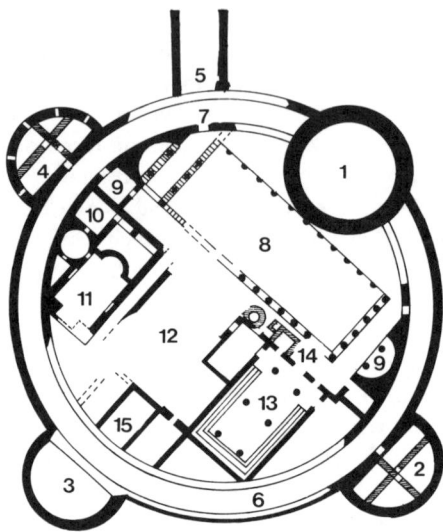

Herodeion
1 Ostturm
2 Südturm
3 Westturm
4 Nordturm
5 Treppenaufgang
6 Wehrumgang
7 Empfangssaal
8 Garten mit Peristyl
9 Exedra
10 Wachstube
11 Thermen
12 kreuzförmiger Palasthof
13 Triclinium; später Synagoge
14 Miqve (Ritualbad)
15 byzantinische Kapelle

die so Jerusalem erobern konnten. Dem romtreuen Herodes, der dort zu Besuch weilte, gelang es jedoch, im Schutz der Nacht mit seiner Familie und seiner Leibwache die Stadt zu verlassen. Südlich von Betlehem, am Fuße des späteren Herodeion, stellten ihn seine Verfolger, und es kam zu einem verzweifelten Kampf, aus dem Herodes siegreich hervorging (er mußte allerdings weiterfliehen bis zur Feste Masada am Toten Meer). Nachdem Herodes mit Hilfe der Römer zum König von Judäa ausgerufen worden war, schuf er an den Grenzen seines Reiches ein Netz von neun Festungen, darunter auch das Herodeion. Jede dieser Trutzburgen konnte sich durch Feuer- und Rauchsignale mit mindestens einer Nachbarfestung verständigen. Ursprünglich war der Djebel ein Zwillingshügel. Herodes ließ den Gipfel des Osthügels abtragen und mit der so gewonnenen Erde den Westhügel erhöhen. »Er umgab die Spitze mit runden Türmen und errichtete innerhalb der Mauern so kostbare königliche Paläste, daß nicht nur das Innere der Gebäude einen glänzenden Anblick bot, sondern auch die Außenmauern, Zinnen und Dächer mit verschwenderischem Reichtum überschüttet waren. Von fern her leitete er mit großen Kosten reichlich Wasser heran und legte den Aufgang mit 200 Stufen aus schneeweißem Marmor an. Denn der Hügel war außerordentlich hoch und dabei ganz von Menschenhand aufgeworfen. Er errichtete ferner am Fuß auch noch andere Palastbauten, die für den Bedarf der Hofhaltung und die Unterbringung der Freunde Raum hatten, so daß die Feste in Anbetracht ihrer vollständigen Ausstattung den Eindruck einer Stadt machte, in Anbetracht ihrer Ausdehnung aber nur den einer königlichen Schloßanlage« (Jüd. Krieg I, 21, 10).

Als Herodes im Jahre 4 v. Chr. nach 34jähriger Herrschaft in Jericho sein Ende kommen fühlte, bestimmte er das Herodeion zu seiner Grabstätte. Er wußte, daß die Juden den Tod des verhaßten Königs, des edomitischen Sklaven Roms, wie sie ihn nannten, mit einem Freudenfest feiern würden, und ließ daher 15000 von ihnen im Hippodrom von Jericho einsperren. Sofort nach seinem Ableben sollten sie von Bogenschützen getötet werden, damit das ganze Volk über seinen Tod weine. Als er gestorben war, setzte sich Salome jedoch über die Verfügung ihres Bruders hinweg und ließ die Verhafteten frei. Herodes wurde, seinem Wunsch entsprechend, in der Bergfestung Herodeion beigesetzt – wie Josephus berichtet, in einem außerordentlich prachtvollen Trauerzug.

Das Grab des Herodes hat man bis heute nicht gefunden; wahrscheinlich wurde es in den Wirren des ersten jüdischen Krieges ausgeraubt und zerstört. Zwischen 66 und 70 diente das Herodeion als Stützpunkt der Zeloten, den sie jedoch nach dem Fall Jerusalems im Juli 70 ohne wesentlichen Widerstand aufgaben. Im zweiten jüdischen Krieg (132–135) hatte Bar Kochba hier sein letztes Hauptquartier, bevor er sich auf der Bergkuppe Khirbet el-Jehud (Judenruine) beim Dorf Battir südwestlich von Jerusalem verschanzte und im Kampf getötet wurde. Bald nach der Niederschlagung des Aufstandes stationierten die Römer im weitgehend zerstörten Herodeion eine Garnison. Im späten 5. Jh. richteten byzantinische Mönche in den Palastthermen ein Kloster ein. Im kreuzförmigen Innenhof des Palastes bauten sie eine kleine Kirche. 1962–1967 führte der Franziskanerarchäologe P. Virgilio Corbo auf dem Gipfel des Berges systematische Ausgrabungen durch.

Die Ausgrabungsstätten

Die Burg des Herodes (Abb. 46) hatte einen kreisförmigen Grundriß mit einem Durchmesser von etwa 62 m. Sie war von einem doppelten Mauerring umschlossen, dessen Außenmauer ringsum in eine steil abfallende Böschung überging. Im Nordosten führte eine Treppe zum einzigen Tor empor, durch ein 4,50 m hohes und 3 m breites, gewölbtes Portal gelangte man in den 5 × 5 m großen Torraum und von dort durch einen schmaleren Eingang in das Innere der Burg. Vier Türme verstärkten die Doppelmauer. Der mächtige, runde **Ostturm** – seine Mauern sind fast 3 m dick – erreicht heute noch eine Höhe von 15,70 m. Er bildete eine Festung für sich, in die sich die Verteidiger zurückziehen konnten, wenn die übrige Burg bereits in den Händen der Belagerer war. Eine Zisterne und zwei Getreidesilos im Kellergeschoß ermöglichten es, eine längere Belagerungszeit durchzustehen. Im Süden, Westen und Norden erhob sich je ein halbrunder Turm. Der nördliche Halbturm ist bis zum dritten Stockwerk erhalten.

Der Gang zwischen der äußeren und inneren Ringmauer war 3,50 m breit. Die innere Mauer umschloß eine Fläche von rund 2000 m². Die östliche Hälfte dieses Areals nahm ein **Garten** ein, der an drei Seiten von Säulenhallen umgeben war; seine Ostseite begrenzte eine mit Halbsäulen geschmückte Mauer. Im Norden und Süden endete der Garten in zwei prächtigen Exedren. Für die gärtnerischen Anlagen wurde Terra rossa, eine besondere nährstoffreiche Erde aus der Shefela-Ebene, herbeigeschafft. Die westliche Hälfte der Burgfläche war den eigentlichen Palastbauten vorbehalten. Ein kreuzförmiger Innenhof bildete das Zentrum. Nördlich davon lagen die **Thermen.** Das 5 m hohe Kuppeldach des Tepidariums hat als einzige Decke des Palastbezirks dem Druck der 10 m hohen Trümmerschicht standgehalten. Den Südteil des Palastes beherrschte das 10 × 15 m große **Triclinium** mit den dazugehörigen Räumen; vier Säulen stützten die Holzdecke. Das Triclinium wurde von späteren Bewohnern in eine Synagoge umgewandelt, deren Ostseite das rituelle Bad (Mikwe) einnahm. Die Wohnräume lagen in den Obergeschossen. Alle Wände der Palastbauten waren innen verputzt und mit Fresken versehen, die Säulen mit Stuck und gefärbtem Mörtel überzogen. Leider konnten aus den Trümmern nur Fragmente der Wandgemälde geborgen werden.

Die **Bauten am Fuße des Herodeion** werden seit 1973 von den Franziskanern untersucht. Bisher entdeckten sie einen Gebäudekomplex von 170 × 110 m mit einem 70 m langen, 45 m breiten und 4 m tiefen Wasserbecken, in dessen Mitte sich ein Rundbau von 13 m Durchmesser erhob (das Wasser wurde aus den Quellen von Artas südlich Betlehems herangeführt). Ferner legten sie eine 110 × 60 m große Terrasse frei, an die ein unterirdischer Saal von 100 × 7 m grenzte (er könnte als Unterbau für einen königlichen Palast gedient haben). Unweit davon befand sich das fast 400 m lange Hippodrom. Nördlich der Straße nach Betlehem stießen die Ausgräber auf eine weitere Terrasse von 500 m Länge und 25 m Breite, deren Bestimmung noch ungeklärt ist.

Die Teiche Salomos

An der Straße nach Hebron weist 5 km hinter Betlehem das Richtungsschild ›Solomon's Pools‹ nach links zu den Teichen Salomos (Berekhot Shelomo), die man nach wenigen hundert Metern erreicht (Abb. 47). Die Teiche, drei riesige, von Palmen und Pinien umsäumte offene Zisternen, speichern das Wasser der umliegenden Quellen. Den Bau der Reservoire schreibt die Überlieferung König Salomo zu, denn im Buch Kohelet 2,6 läßt ein unbekannter Dichter des 3. vorchristlichen Jahrhunderts den König sagen: »Ich legte Wasserbecken an, um aus ihnen den sprossenden Baumbestand zu bewässern.« Eine der vier Quellen heißt **Ain Etam** (›Quelle von Etam‹). Dazu schreibt Josephus (Jüd. Altert. VIII, 7,3): »Der König begab sich täglich bei Sonnenaufgang aus der Stadt, er selbst in weißem Gewande und den Wagen lenkend. Das Ziel der Fahrt war ein zwei Schoinen (= 12,6 km) von Jerusalem entfernter Ort, der Etam hieß und reich an schönen Gartenanlagen und Quellen war.« Eine zweite trägt den Namen **Ain Sahleh** (›versiegelte Quelle‹). Ihr Wasser hilft nicht nur, die drei Becken zu füllen, sondern verwandelt seit Urzeiten das enge Tal östlich davon in einen Garten von üppiger Fruchtbarkeit. Vielleicht war dies jener ›verschlossene Garten‹, den Salomo in seinem Hohenlied (4,12) besingt: »Ein verschlossener Garten ist meine Schwester Braut, ein verschlossener Garten, ein versiegelter Quell.« Am Ende des Tales liegt nämlich eine kleine Ortschaft, die die Araber **Artas** nennen, und Artas leitet sich aus dem lateinischen Wort Hortus (›Garten‹) ab, aus Hortus Conclusus, dem ›verschlossenen Garten‹. Im Jahre 1901 gründeten hier argentinische Nonnen, die Schwestern Unserer Lieben Frau von Hortus Conclusus, das Kloster Santa Maria del Huerto, das Kloster des verschlossenen Gartens.

Soweit wir heute wissen, legte Herodes der Große die beiden oberen Teiche an, um Jerusalem und die neue Festung Herodeion mit Wasser zu versorgen. Der römische Statthalter Pontius Pilatus restaurierte die Wasserleitung nach Jerusalem mit Tempelgeldern, weshalb ihn die Juden beim Kaiser verklagten. Im 12. oder 13. Jh. kam das dritte Becken hinzu. Die drei Teiche sind hintereinander und in unterschiedlicher Höhe angeordnet. Der obere Teich bedeckt eine Fläche von 116 × 70 m, der mittlere ist 129 m lang und ebenfalls 70 m breit, der untere mißt 177 × 64 m und hat ein Fassungsvermögen von maximal 170 000 m^3 (!). Noch heute wird die Bevölkerung von Jerusalem und Betlehem über ein Rohrsystem aus diesen vielfach ausgebesserten und umgebauten Reservoiren versorgt.

Vor den Teichen Salomos wacht **Qala'at el-Buraq**, ein kleines, ziemlich verfallenes türkisches Kastell aus dem 16. Jh., dessen Besatzung das Wasserversorgungssystem zu bedienen und zu schützen hatte.

Hebron

37 km südlich von Jerusalem liegt in fast 1000 m Höhe das biblische Hebron, von den Juden Hevron (von hebräisch Hever = ›Zusammenschluß‹), von den Arabern el-Khalil (arabisch für ›Freund‹ [Allahs]) genannt. Als Stadt der Patriarchen Abraham, Isaak und Jakob und als Ort, wo David zum König gesalbt wurde, ist Hebron für die Juden neben Jerusalem, Zefat und Tiberias eine der vier heiligen Städte, die Moslems verehren hier die Gräber der drei Erzväter (Propheten) und ihrer Frauen. Die Höhle Machpela mit den Gräbern der Patriarchen schützte Herodes der Große durch eine mächtige Mauer, die heute als eines der großartigsten Beispiele herodianischer Baukunst gilt. Hebron, heute die bedeutendste Stadt des südlichen Westjordanlandes, liegt an der uralten Straße, die, von Syrien kommend, südlich des Sees Gennesaret den Jordan überquert, parallel zur Mittelmeerküste Jerusalem erreicht und weiter durch das judäische Bergland und über Be'er Sheva nach Ägypten führt. Die Stadt zählt 38 500 Einwohner, deren Haupteinnahmequelle die Landwirtschaft (Weinbau und Obstplantagen), das Töpferhandwerk und die Glasindustrie (berühmte rauhe, farbige Glaswaren) sind.

Geschichte
Hebron wurde sieben Jahre vor der Hyksoshauptstadt Auaris, dem biblischen Zoan, gegründet (Num 13,22), also um das Jahr 1727 v. Chr., in der Mittleren Bronzezeit. Der Legende nach war es die Hauptstadt der Enakiter, jener vorgeschichtlichen Riesen, die die Urbevölkerung des Landes gebildet haben sollen. Als Abraham von Ägypten nach Kanaan zurückkehrte, ließ er sich mit seiner Sippe und seinen Herden in Mamre bei Hebron nieder, das damals Kirjat Arba (›Stadt der Vier‹) hieß und möglicherweise der Hauptort eines Vierstädtebundes war (auch der spätere Name Hevron deutet auf ein Städtebündnis hin). Abraham erwarb die Höhle Machpela, um darin seine verstorbene Frau Sara zu bestatten (Gen 23,17). Die Höhle diente ihm und seiner Sippe fortan als Familiengruft.

Hebron um 1839

Zu Beginn der Landnahme im 13. Jh. v. Chr. übernahmen die Kalebiter aus dem Negev die Stadt und ihre Umgebung. Sie gingen später im Stamm Juda auf, der Hebron zu seiner Hauptstadt machte. Nach dem Tode Sauls wurde David in Hebron zum ›König über das Haus Juda‹ gesalbt und bald danach, um 1004 v. Chr., zum König über das gesamte Volk Israel. David residierte hier mehr als sieben Jahre, bis er Jerusalem erobert hatte, das er zum Mittelpunkt aller Stämme machte. Hebron blieb Hauptstadt Judas. Als David seinen Sohn Salomo zum Thronfolger bestimmte, erhob sich sein drittgeborener Sohn Abschalom gegen ihn und machte sich in Hebron zum König von Juda. (Abschalom, Sohn der aramäischen Prinzessin Maacha, hatte vor Jahren seinen Halbbruder Amnon, Davids Erstgeborenen, umgebracht, nachdem dieser seine Schwester Tamar entehrt hatte, und Davids zweiter Sohn Kilab war inzwischen verstorben. Abschalom war damit in die Stellung des Thronanwärters aufgerückt.) Der Staatsstreich, der König David zeitweilig in eine gefährliche Situation brachte, wurde blutig beendet. Davids Heerführer Joab tötete eigenhändig den Aufrührer (2 Sam 15–18).

Rehabeam, etwa 930–910 König von Juda, baute Hebron zu einer starken Festung aus. 589 v. Chr. zerstörten neubabylonische Truppen die Stadt und verschleppten die Bevölkerung. Nach 587 v. Chr. ließen sich hier Adomiter nieder, die von den Nabatäern aus ihrem Stammland östlich der Arava-Senke verdrängt worden waren. In der Achämenidenzeit blieb Hebron außerhalb der persischen Provinz Juda; es gehörte zum Königreich Edom, dem Idumäa hellenistischer Zeit. 163 v. Chr. eroberte Judas Makkabäus Hebron und schleifte die Festungsanlagen (1 Makk 5,65). Herodes der Große (37–4), selbst ein Idumäer, baute die Stadt großzügig aus. 67 n. Chr., im ersten jüdischen Krieg gegen Rom, erstürmte Cerealius, ein römischer Truppenkommandeur unter Vespasian, die Mauern Hebrons; er ließ alle bewaffneten Einwohner töten und äscherte die Stadt ein. Von da an war Hebron nur noch ein großes Dorf.

Im 6. Jh. errichtete Kaiser Justinian über der Höhle eine Basilika. Neben den Christen lebten damals auch viele Juden in dem Ort, den die Byzantiner Abromios nannten. Unmittelbar nach der Eroberung Palästinas in der ersten Hälfte des 7. Jhs. wandelten die Moslems die Kirche in eine Moschee um, denn auch sie verehren die Patriarchen. Abraham (arabisch Ibrahim), genannt Khalil Allah (›Freund Gottes‹) oder Khalil er-Rahman (›Freund des Barmherzigen‹), war der Ahnherr Mohammeds, des letzten und vollkommensten der Propheten. Die Stadt nannten sie anfangs Hebrun, seit dem 10. Jh. dann Masjad Ibrahim el-Khalil (›Ort Ibrahims, des Freundes [Allahs]‹), kurz el-Khalil. Im Jahre 1100 eroberten die Kreuzfahrer Hebron, machten aus der Moschee wieder eine Kirche und gaben der Stadt den Namen Castel St. Abraham. Neben der Machpelahöhle errichteten sie das ›Praesidium ad sanctum Abraham‹, dem als erster der Ritter Gérard d'Avesnes vorstand. 1168 wurde die Stadt Bischofssitz. Nach der Schlacht bei den Hörnern von Hattin (1187) fiel Hebron wieder an die Moslems, auch wenn Richard Löwenherz es 1192 für kurze Zeit zurückgewinnen konnte. Die Mamelucken erneuerten die Moschee, die neben dem Felsendom in Jerusalem (Haram esh-Sharif) als einziges Heiligtum Palästinas die Haramswürde (Haram el–Khalil) erhielt (Haram = arabisch für Schrein, Heiligtum). Sie bauten in Hebron weitere Moscheen, außerdem Koranschulen, Volksküchen, Hospize, Mühlen usw. Hebron wurde eine blühende Stadt; moslemische Pilger strömten aus allen Teilen der islamischen Welt zu den Gräbern ihrer Propheten.

Im 16. Jh. kamen spanische Juden auf der Flucht vor Pogromen auch nach Hebron. Sie führten die Glasbläserei ein und erkauften sich sogar das Recht, sich bis auf eine gewisse Entfernung (7. Stufe der Außentreppe) den heiligen Grabstätten nähern zu dürfen. Zusammenstöße mit den Moslems im 17. und 18. Jh. führten allerdings zur Abwanderung vieler Juden. Am Ende des 19. Jhs. ließen sich größere Gruppen osteuropäischer Juden in Hebron nieder. 1929 kam es zu den bis dato schwersten Auseinandersetzungen, die mit der Evakuierung der jüdischen Bevölkerung durch britische Truppen endete. Den Angriff der Moslems auf die jüdischen Stadtteile, bei dem 67 der rund 600 Juden Hebrons ums Leben kamen, soll der Großmufti von Jerusalem, Mohammed Amin el-Husseini, angeordnet haben – jener Großmufti, der ab 1941 den Kampf der Araber gegen Großbritannien vom Deutschen Reich aus organisierte.

Ab 1948 gehörte Hebron zum Königreich Jordanien. 1960 rissen die Jordanier die baufälligen Hütten rings um den Haram ab und öffneten die heilige Stätte auch für

Nichtmoslems. 1967 besetzten israelische Truppen das Westjordanland; Hebron wurde nicht verteidigt. Auf einem Hügelrücken am nordöstlichen Stadtrand wächst seit 1972 die neue jüdische Siedlung Qiryat Arba (benannt nach dem biblischen Kirjat Arba), wo sich inzwischen fast 8000 ultraorthodoxe Juden niedergelassen haben, die eine rege Industrie betreiben. 1980, nach der Ermordung des moslemischen Bürgermeisters, brachen in Hebron offene Feindseligkeiten aus, die erst nach Einschreiten von UN-Truppen beigelegt werden konnten. Seitdem ist Qiryat Arba eine Stadt hinter Stacheldraht, bewacht von israelischem Militär.

Haram el-Khalil

Beherrschender Mittelpunkt des heutigen Hebron ist der wuchtige Bau über der Höhle Machpela, der Haram el-Khalil, die Gruft der Familie Abrahams (Farbt. 23). Nach dem Tode Saras kaufte Abraham das Grundstück mit der Höhle, das damals östlich der Stadt lag, für 400 Silberstücke von dem hethitischen Kaufmann Efron und bestattete hier den Leichnam seiner Frau. In der Höhle wurden danach auch Abraham selbst, sein Sohn Isaak mit dessen Frau Rebekka und sein Enkel Jakob mit dessen Frau Lea beigesetzt. Herodes errichtete um den heiligen Bezirk eine mächtige, 2,65 m dicke, unten glatte, oben mit Lisenen geschmückte Mauer, die eine Fläche von 53,8 × 28,6 m umschließt und die noch heute hervorragend erhalten ist. Der zinnenbewehrte Mauerabschluß stammt aus mameluk-

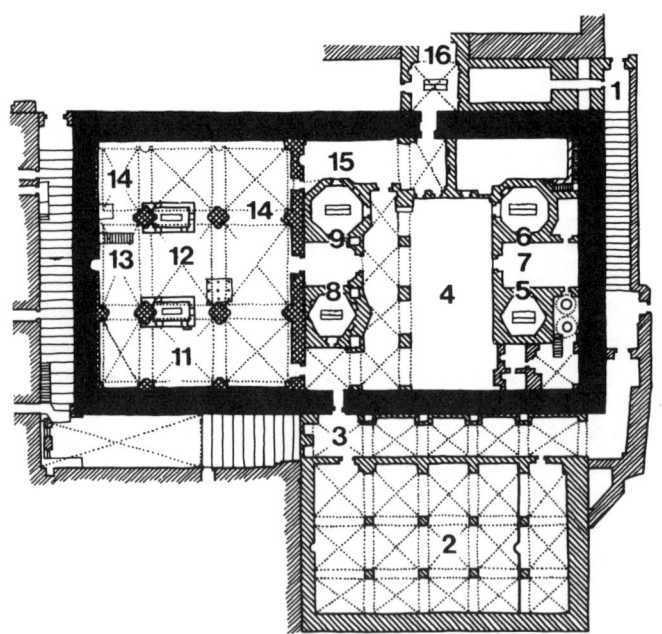

Hebron: Haram el-Khalil

1 Eingang
2 Jawuliya (Djaulije)-Moschee
3 Eingang zum Haram
4 Hof
5 Kenotaph Leas
6 Kenotaph Jakobs
7 Synagoge
8 Kenotaph Saras
9 Kenotaph Abrahams
10 Ibrahim-Moschee (einstige Kreuzfahrerkirche)
11 Kenotaph Rebekkas
12 Kenotaph Isaaks
13 Mihrab und Mimbar
14 Öffnung zur Höhle
15 Frauenmoschee
16 Kenotaph Josefs

kischer Zeit (13./14. Jh.). Von den ursprünglich vier quadratischen, 12 m hohen Minaretten sind noch zwei vorhanden. Ein Treppenaufgang im Norden führt zum Eingang an der nordöstlichen Langseite, an die sich die mameluckische Jawuliya (Djaulije)-Moschee (1318–1320) anschließt. Den Mittelteil des dreischiffigen Bauwerks krönt eine Kuppel.

Im Hof des Haram el-Khalil stehen vier Mausoleen mit den Kenotaphen von Abraham, Sara, Jakob und Lea. Die polygonalen Mausoleen Abrahams und Saras unter dem überdachten Teil des Hofes entstanden bereits in frühislamischer Zeit, die Kenotaphe wurden im 14. Jh. von mameluckischen Künstlern aus farbigem Marmor gearbeitet und in reich bestickte Decken gehüllt. Die Gräber der Patriarchen und ihrer Frauen sollen sich nach der Tradition genau unterhalb der Kenotaphe befinden. Im Jahre 1215 drangen Kreuzfahrer in die Höhle ein und öffneten die Gräber. Die sterblichen Überreste der Patriarchenfamilie waren angeblich gut erhalten. Die Kreuzfahrer verschlossen die Gräber wieder und mauerten den Eingang zur Höhle zu, die seit Sultan Baibars' Verbot, also seit 1266, nicht einmal mehr von den Wächtern des Heiligtums betreten werden darf. Der Raum zwischen den Mausoleen Jakobs und Leas dient heute als Synagoge.

Vom Hof aus gelangt man in die Hauptmoschee, die Ibrahim-Moschee, die als Basilika unter Kaiser Justinian entstand und 638 von den Omajjaden übernommen wurde. Um 1115 gaben die Kreuzfahrer dem Bauwerk seine heutige Gestalt (Kreuzrippen der Seitenschiffe), im 14. Jh. restaurierten die Mamelucken es. Der dreischiffige Innenraum ist 28 m breit und 24 m lang; vier Säulen tragen die Decke. In der Mitte der Südostseite befindet sich der Mihrab. Rechts daneben steht der wundervoll geschnitzte Mimbar (Kanzel), den Sultan Saladin angeblich im Jahre 1191 hier aufstellen ließ, bei dem es sich aber möglicherweise um ein Werk des 16. Jhs. handelt. Weiter rechts vermutet man unter alten Bodenfliesen einen der Eingänge zur Höhle. Zwei Kenotaphe aus dem Jahre 1331 erinnern an die Gräber Isaaks und Rebekkas. Links vor dem Mittelausgang zum Hof gestattet eine vergitterte Öffnung im Fußboden einen Blick in die dunkle Machpelahöhle. Im Westen lehnt sich an die Hauptmoschee ein breiter Gang, der als Frauenmoschee dient. Unter den Teppichen soll auf dem Boden der Abdruck von Adams Fuß zu erkennen sein (nach altjüdischer Überlieferung hatten sich Adam und Eva nach ihrer Vertreibung aus dem Paradies in Hebron niedergelassen). Eine Tür öffnet sich vom Gang zu einem quadratischen Raum außerhalb der herodianischen Mauer. Der dort befindliche Sarkophag enthält nach islamischer Tradition die Gebeine Josefs (nach jüdischer Tradition wurde Josef in der Nähe von Sichem bestattet).

An den Haram el-Khalil schließt sich der **Suq** an, das orientalisch-lärmende Marktviertel, wo sich vor allem frühmorgens Bauern, Handwerker und Beduinen, aber auch Juden aus dem nahen Qiryat Arba treffen. Weiterhin empfiehlt sich ein Spaziergang zum **Tel Rumeida** (Djebel er-Rumede), der Stätte des alttestamentlichen Hebron, die archäologisch noch wenig erforscht ist. Inmitten uralter Olivenhaine bei der Quelle von En Judeida (Ain el-Djedide) trifft man auf Reste der Hasmonäerstadt (um 130 v. Chr.) und auf Ruinen byzantinischer Bauten. Von hier oben bietet sich ein herrlicher Blick auf den Haram el-Khalil und auf das heutige Hebron.

Mamre

Abraham hatte nach der Rückkehr aus Ägypten sein Nomadenzelt »bei den Eichen von Mamre in Hebron« aufgeschlagen. Dort baute er dem Herrn einen Altar (Gen 13,18), und dort erschien ihm der Herr (Gen 18,1). Der Ort dieses Geschehens ist umstritten. Manches weist auf die Stelle etwa 2 km westlich der Machpela hin, an der seit 1871 ein griechisch-orthodoxes Kloster mit zugehöriger Herberge liegt. Auf dem Klostergelände steht ein uralter Baum, die ›Abrahamseiche‹ (hebräisch Eshel Avraham) oder ›Eiche der Ruhe‹ (arabisch Balut es-Sebat bzw. Ballut es-Sibta), die 600 Jahre alt sein soll. Allerdings wird dieser Ort erst seit dem 16. Jh. als Wohnstätte Abrahams verehrt.

Dagegen glaubt der deutsche Archäologe F. Mader, die heilige Stätte etwa 4 km nördlich des Stadtkerns von Hebron bei Bet Ilanim (Ramat el-Khalil = arabisch für ›Höhe des Freundes‹) gefunden zu haben, 400 m vor der Einmündung der Straße von Qiryat Arba in die Straße Hebron – Jerusalem (Abb. 49). 1831 berichteten Pilger von einem großen Mauerviereck, das Mader 1926–1928 untersuchte. Das aus mächtigen Steinquadern bestehende Mauerwerk gehörte zu einer Umfassungsmauer aus herodianischer Zeit, die einen 65 × 48,5 m großen Bezirk umschloß. Die Anlage wurde 70 n. Chr. zerstört. Kaiser Hadrian baute die Mauern nach Ende des zweiten jüdischen Krieges (135) unter Verwendung der herodianischen Bossenquader wieder auf und errichtete darin einen Tempel für Merkur. Die wuchtigen Mauern und der Gott des Handels schufen gute Voraussetzungen, um hier einen Sklavenmarkt einzurichten, auf dem die gefangenen Anhänger Bar Kochbas zu niedrigsten Preisen verkauft wurden. Im 4. Jh. baute Konstantin der Große in der östlichen Hälfte der Umfriedung eine dreischiffige Basilika in der Form eines Breithauses. Ein Narthex verband sie mit dem Atrium, das den Brunnen und die Eiche Abrahams umschloß. Im 7. Jh. wurde die Kirche von den Persern zerstört. Unter den Fundamenten des herodianischen Baus stieß Mader auf Bauteile und Fußbodenplatten, die weit in vorchristliche Jahrhunderte zurückreichen. In der Südwestecke des Heiligtums legte er einen (heute restaurierten) Brunnen mit zahlreichen Weihgaben aus den verschiedensten Epochen frei, aus dem vielleicht schon Abraham das Wasser für seine Herden schöpfte. Freie Stellen im ältesten Plattenbelag und Überreste uralter Terebinthenwurzeln deuten möglicherweise auf die in der Bibel genannten ›Eichen‹ hin, bei denen es sich in richtiger Übersetzung um Pistazienbäume (Terebinthen) handelte. An diesem einst schattigen Brunnen könnten auch – wie behauptet wird – Maria und Josef auf ihrer Flucht nach Ägypten gerastet haben.

Tel Maresha und Bet Guvrin

Abseits der üblichen Reiserouten erwarten uns zwei touristische Leckerbissen: der Tel Maresha (arabisch Tell Sandahannah) mit seinem in der Welt wohl einzigartigen Höhlensystem und die byzantinisch-fränkischen Relikte von Bet Guvrin. Beide Stätten liegen an der Straße von Hebron nach Ashqelon, 23 km von Hebron und 36 km von Ashqelon entfernt.

Geschichte von Maresha

Der alte kanaanitische Ort Maresha (Maresa) wurde als Muhraschti schon in den Amarna-briefen (14. Jh. v. Chr.) erwähnt. Nach der Landnahme gehörte er zum Stammesgebiet der Judäer (Jos 15,44). Gegen 920 v. Chr. baute König Rehabeam von Juda neben 14 anderen Städten auch Maresha zu einer Festung aus (2 Chr 11,8). Sie beherrschte den Zugang von der philistäischen Küstenebene zum südlichen judäischen Hochland. Asa, 907–867 König von Juda, verstärkte die Befestigungen und schlug vor den Toren der Stadt eine ägyptische Streitmacht unter Führung des Äthiopiers Serah (2 Chr 14,10), des Befehlshabers der ägyptischen Garnison von Gerar (südlich von Gaza), der im Auftrag von Pharao Osorkon I. (929–893) Juda erobern sollte. Aus Maresha stammte Elieser, der Sohn Dodawas, der dem König Joschafat von Juda (868–847) prophezeite, daß die Handelsflotte, die dieser gemeinsam mit König Ahasja von Israel (852–851) in Ezjon-Geber baute, niemals das Land Ofir erreichen werde, weil der Herr die Zusammenarbeit mit den (Nord-)Israeliten mißbillige. Und in der Tat zerschellte die vereinte Flotte kurz nach ihrem Auslaufen (2 Chr 20,36).

Der Prophet Micha weissagte um 700 v. Chr. den Untergang Mareshas (Mi 1,15), denn er ahnte, daß das Schicksal des Nordstaates Israel bald auch den Südstaat Juda treffen würde. 587 v. Chr. wurde der Ort auch tatsächlich von den Babyloniern zerstört. Nach der Deportation der Juden in das Babylonische Exil ließen sich Edomiter aus dem südlichen Ostjordanland in Maresha nieder, das auch in persischer Zeit eine edomitische (idumäische) Stadt blieb. Unter den Diadochen wurde Maresha hellenisiert, sein Name änderte sich in Marissa (Marisa). Seit 312 v. Chr. wechselte die Stadt mehrfach ihren Besitzer; abwechselnd herrschten Seleukiden und Ptolemäer. Im 3. Jh. v. Chr. avancierte Marissa zum Hauptort der Provinz Idumäa. 259 v. Chr. reiste ein gewisser Zenon als Beauftragter des ptolemäischen Finanzministers Apollonios durch Palästina und schrieb einen Brief an den Verwaltungschef von Marissa, der als Zenon-Papyrus berühmt wurde. Gegen 250 v. Chr. gründeten phönikische Kaufleute aus Sidon unter ihrem Anführer Apollophanes, Sohn des Sesmaios, in der Stadt eine Handelskolonie.

Im Jahre 163 v. Chr. griff Judas Makkabäus Marissa vergeblich an (1 Makk 5,66; 2 Makk 12,35). Erst um 110 v. Chr. gelang es dem Hasmonäer Johannes Hyrkanos I., die Stadt zu erobern und ihren edomitischen Bewohnern den jüdischen Glauben aufzuzwingen (Jüd. Altert. XIII, 9,1). 63 v. Chr. stellte der Römer Pompejus die Unabhängigkeit Marissas wieder her (Jüd. Altert. XIV, 4,4), 56 v. Chr. erneuerte sein Legat Gabinius die Befestigungen (Jüd. Altert. XIV, 5,3). 47 v. Chr. kam die Stadt auf Befehl Caesars wieder zu Judäa. Um 40 v. Chr. wurde das damals mächtige Marissa von den Parthern endgültig zerstört (Jüd. Altert. XIV, 13,9).

... von Bet Guvrin

37 v. Chr. befestigte Herodes der Große das benachbarte Bet Guvrin, das seit rund 600 Jahren ein Vorort von Maresha/Marissa gewesen war und sich nun zu einer bedeutenden Stadt entwickelte. Anfangs hatte der Ort den Namen Baithogabra (›Haus der Riesen‹)

getragen, wohl wegen der gewaltigen Höhlen, die man als Wohnstätte prähistorischer Riesen, der biblischen Anakim, ansah. Unter Kaiser Septimius Severus (193–211) nannte sich die Stadt Lucia Septimia Severina; der Kaiser verlieh ihr das Ius Italicum und den Beinamen Eleutheropolis (›freie Stadt‹), was bedeutet, daß ihre Bürger weitgehende Steuerfreiheit genossen.

In byzantinischer Zeit wurde Bet Guvrin Verwaltungshauptstadt des größten Bezirks von Palästina, der sich vom Toten Meer bis Gaza erstreckte. Im 4. Jh. hatte es einen eigenen Bischof, der am ersten ökumenischen Konzil in Nicaea (325) teilnahm. Eusebius (265–339) erwähnte in seinem Onomastikon das alte Maresha als verlassen, Bet Guvrin dagegen als Heimat christlicher Märtyrer, die unter Kaiser Diokletian (284–305) ihr Leben ließen. 639 wurde Bet Guvrin von den Arabern erobert. 1134 bauten die Kreuzfahrer hier die Burg Gibelin, die zusammen mit den Burgen Ibelin und Blanchegarde das Königreich Jerusalem gegen Angriffe von dem fatimidischen Brückenkopf Askalon (Ashqelon) zu schützen hatte. 1135 wurde Gibelin dem Orden der Hospitaliter anvertraut, 1187, nach der Niederlage von Hattin, mußte es sich den Truppen Saladins ergeben. Bald danach kam die Burg wieder in fränkischen Besitz, ging aber 1244 an die Mamelucken verloren. Die Araber nannten den Ort Beit Jibrin (Gibrin), was vielleicht eine Umwandlung des alten Namens Bet Guvrin ist, vielleicht aber auch auf den islamischen Heiligen Nebi Jibrin hindeutet, der hier sein Grab fand. Im Mittelalter war auch die Bezeichnung Beit Jibril (›Haus Gabriels‹) geläufig. 1551 schufen osmanische Türken die Befestigungsanlagen im Nordwesten des Ortes. 1949 gründeten israelische Siedler auf den Ruinen des verlassenen arabischen Dorfes den Kibbuz Bet Guvrin.

Archäologie: 1838 identifizierte der Amerikaner E. Robinson das alte Maresha; 1900 führte der Palestine Exploration Fund systematische Grabungen durch und untersuchte zahlreiche Grabkammern, die allerdings bereits von Grabräubern geplündert und von Bilderstürmern beschädigt worden waren. 1921–1924 legten französische Archäologen die Fundamente und Bodenmosaike von zwei christlichen Kirchen und einer Synagoge in Bet Guvrin frei, 1962 entdeckten sie ein einzigartiges System von 44 miteinander verbundenen Höhlen. Weitere Grabhöhlen wurden 1972 geöffnet.

Sehenswertes
Führungen durch Bet Guvrin und Maresha veranstaltet der örtliche Kibbuz. Die Ausgrabungen auf dem Tel Maresha brachten die **hellenistische Stadt** mit Tempel und Agora zum Vorschein, die eine Fläche von etwa 2,4 ha bedeckte und die typische Stadtplanung des griechischen Baumeisters Hippodamos von Milet zeigt: rechtwinklig angelegte Straßen um ein öffentliches Zentrum. Rings um den Tell hat man bis heute 63 Kalksteinhöhlen entdeckt, die als Grabstätten, Wohnungen oder Steinbruch dienten. Der Westhang des Siedlungshügels von Maresha birgt eine 32 m lange und 2,3 m breite, von zwei hallenartigen Höhlen gekreuzte Grabhöhle mit 1906 Nischen für Ascheurnen, die aus dem 2. Jh. v. Chr. stammen. Weil sie wie ein Taubenschlag anmutet, nennt man sie Columbarium (lateinisch für:

›Taubenschlag‹). In den beiden ersten nachchristlichen Jahrhunderten waren Columbarien eine typisch römische und frühchristliche Gemeinschaftsgrabanlage. Die Araber haben dem Columbarium den Namen Araq es-Suq (›Markthöhle‹) gegeben, da sie in den vielen Nischen kleine Verkaufsläden eines Suqs (Basars) sehen.

Im Tal östlich des Tells befinden sich zwei **Grabhöhlen**, die aus dem 3. oder 2. Jh. v. Chr. stammen. Die eine (Grabkammer 1), bei den Arabern ›Khirbet ez-Zemmar‹ genannt, hat einen T-förmigen Grundriß und enthält 44 Grabnischen. Man betritt sie durch eine große Vorhalle, an deren linker Seite vermutlich ein Altar stand. Ein Tor wird von zwei roten Wandpfeilern flankiert, die mit großen, schwarzen Amphoren, langen Girlanden und Rosetten unter den Kapitellen bemalt sind. Gleich dahinter bewacht der dreiköpfige Kerberos, der Höllenhund, den Eingang zur Unterwelt. Die Wände schmücken wunderbare Wandmalereien, die leider zum großen Teil stark verwittert sind. Wir sehen hier Amphoren, Bäume, Vögel, eine Jagdszene. Diese Höhle offenbart die Freude an der Darstellung der Natur im Zeitalter des Hellenismus. Zoologische und botanische Handbücher waren damals sehr in Mode, Alexandria besaß den ersten Zoologischen Garten der Welt. Eine der vielen Inschriften an den Wänden weist auf den phönikischen Gott Baal hin.

Besonders eindrucksvoll wirkt eine **Gruppe von 44 Höhlen,** die durch ein Labyrinth von Gängen und Stollen miteinander verbunden sind. Diese Höhlen, die einen Durchmesser zwischen 6 und 30 m haben, wölben sich wie riesige Glocken zu einer Höhe von 9–12 m empor. Durch eine Öffnung an der Spitze dringt Tageslicht, oft sogar die Sonne, was ein einzigartiges Spiel von Licht und Schatten hervorruft. Man nimmt an, daß die Höhlen im Paläolithikum (Altsteinzeit) bewohnt waren. Die Phöniker benutzten sie als Steinbruch für den Ausbau ihres Hafens in Askalon. Die obere Gesteinsschicht besteht aus hartem, die untere aus weichem Kalkstein. Die Phöniker bevorzugten das leichter zu bearbeitende weiche Gestein, und so entstand die Glockenform der Höhlen. An den Wänden kann man an vielen Stellen Spuren des systematischen Abbaus sehen. Zu erkennen sind auch Kreuze, die byzantinische Mönche in das gelbweiße Gestein ritzten.

Auf dem Weg von Tel Maresha nach Bet Guvrin kommt man an den Ruinen der **Kreuzfahrerkirche St. Anna** vorbei, die die Araber Khirbet Sandahannah (›Ruine von St. Johannes‹) nennen. Die Franken errichteten sie in der Mitte des 12. Jhs. über dem Mittelschiff einer Basilika des 4 Jhs., eben der Johanneskirche, wobei sie die beiden Seitenschiffe als Ruine beließen. Die Apsis der Kreuzfahrerkirche ist noch gut erhalten. Im Jahre 1192 nahm Richard Löwenherz hier am Gottesdienst teil.

Westlich der Straße nach Ashquelon finden sich beim Kibbuz Bet Guvrin Reste der **Kreuzfahrerburg Bet Gibelin,** von den Arabern el-Qal'a (›die Burg‹) genannt. Die Kreuzfahrer setzten sie in die Nordwestecke der byzantinischen Stadt. Die Burgkapelle bestand aus einer langen Halle, die in einer Apsis endete. Säulen mit byzantinischen Kapitellen tragen das Kreuzrippengewölbe; die Säulen stammen offensichtlich aus Ruinen früherer Kirchen. Von der Halle aus erreicht man einen großen Raum mit Tonnengewölbe und ein noch begehbares Treppenhaus, das zum oberen Stockwerk führte. Am Ende der Halle gewährt ein großes Fenster den Blick auf den einstigen Burghof. Bis 1948 lebte in der

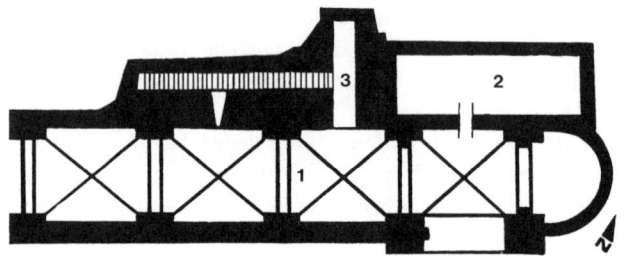

Bet Guvrin: Kapelle der
Kreuzfahrerburg Bet Gibelin
1 Halle der Kapelle
2 Raum mit Tonnengewölbe
3 Treppenhaus zum oberen
  Stockwerk

Kapelle eine arabische Familie. In einem Nebengebäude steht noch ihre große Ölpresse. Von einer **byzantinischen Kirche** aus der Zeit um 500 blieb ein großartiges Fußbodenmosaik erhalten: Aus einer Amphore ranken sich Weinreben zu Kreisen, in denen sich zwei Hirsche und verschiedene Wildvögel tummeln. Im oberen Teil halten zwei Pfauen eine Girlande. Die griechische Inschrift darüber verrät: »Ich habe das Haus Christi, des Gesamtherrschers, mit Mosaiken geschmückt. Der Fußboden und der Eingang sollen an seinen Schüler, den demütigen Priester Obadianos den Sanften erinnern.« Karge Mauerreste stammen von einer **Synagoge** aus dem 3. Jh. Die interessantesten Funde werden im Rockefeller-Museum, Jerusalem, aufbewahrt.

Nicht nur Kirchen und Synagogen waren in byzantinischer Zeit mit Mosaiken geschmückt, sondern auch viele Wohnhäuser reicher Familien. Ein großartiges Beispiel hierfür bildet das **Haus der Mosaike** aus dem 4. Jh., ein feudales Landhaus auf der Spitze des Hügels von Bet Guvrin. Im Mittelfeld des 9,5 × 5 m großen Mosaiks waren in achteckigen Tafeln jeweils ein wildes und ein zahmes Tier dargestellt, z.B. ein Leopard mit einer Antilope, eine Löwin mit einem Widder, ein Hirsch mit einem Hund, ein Bär mit einem Eber. In vier Medaillons erkennt man die Symbole der Jahreszeiten. Die Randleiste zeigte Jagdszenen. Leider sind nur kleine Teile des Mosaikbodens in situ geblieben; die schönsten Mosaike kamen in das Israel-Museum und das Rockefeller-Museum in Jerusalem.

Tel Lakhish/Lachisch

8 km südwestlich von Bet Guvrin erhebt sich inmitten ausgedehnter Pfirsichpflanzungen der Tel Lakhish (arabisch Tell ed-Duwer), die Stätte des mächtigen biblischen Lachisch, des ›israelitischen Troja‹. Lachisch wurde vor allem berühmt durch die erschütternden Nachrichten, die Vorposten in den letzten Tagen des Reiches Juda an den Stadtkommandanten richteten (Lachisch-Briefe). Sehenswert sind die israelitische Doppelmauer mit Toranlage, der Palast der persischen Hyparchen und der sogenannte Sonnentempel. Man läßt den Wagen im nahen Moshav Lakhish und ersteigt den Tell über die Rampe, die vor dem alten Stadttor endet.

Geschichte

Die frühesten Siedlungsspuren auf dem Tel Lakhish fand man in chalkolithischen Höhlen (4. Jahrtausend v. Chr.). In der Frühen Bronzezeit II (2850–2600) entstand auf dem Hügel eine städtische Siedlung (Schicht IX), die die Hyksos um 1700 v. Chr. mit einer gewaltigen Umwallung und einem tiefen Verteidigungsgraben umgaben. In der ersten Hälfte des 16. Jhs. v. Chr. wurde Lachisch vermutlich von ägyptischen Truppen zerstört (Schicht VIII). Seit dem Vorstoß des Pharaos Thutmosis III. in der Mitte des 15. Jhs. v. Chr. stand der Stadtstaat Lachisch unter ägyptischer Oberherrschaft. Damals errichteten die Kanaaniter auf einer Aufschüttung des alten Hyksosgrabens einen Tempel. In der Amarnazeit (14. Jh. v. Chr.) war auch Lachisch an antiägyptischen Umtrieben beteiligt. In einem Brief an seinen Oberherrn Echnaton verteidigte sich König Zimridu (um 1375–1340) gegen den Vorwurf der Untreue. In dieser Korrespondenz taucht erstmals der Name ›Lachisch‹ auf. Gegen 1300 v. Chr. wurde die aufsässige Stadt von den Truppen des Pharaos Sethos I. in Trümmer gelegt (Schicht VII). Rund 100 Jahre später schloß sich König Jafia von Lachisch einem Bund der Amoriterkönige (Amoriter = Kanaaniter) an, um gemeinsam gegen die eindringenden Israeliten vorzugehen (Jos 10,3). Die Israeliten unter Josua besiegten jedoch die vereinigten Amoriter, und bald darauf brachte Josua Lachisch in seine Gewalt (Schicht VI) und tötete alle Bewohner (Jos 10,32).

Erst unter König David (um 1004–968) scheinen sich Israeliten vom Stamme Juda in dem Stadtgebiet niedergelassen zu haben. Auf den Fundamenten eines kanaanitischen Gebäudes bauten sie einen Palast (Schicht V). Rehabeam, um 930–910 König von Juda, umgab die Stadt mit einem doppelten Mauerring, um sie vor Angriffen der benachbarten Philister zu schützen (2 Chr 11,9). Lachisch war nun die stärkste Festung im Südwesten des Reiches und sogar größer als Jerusalem und Megiddo (Schicht IV). 786 v. Chr. floh König Amazja vor einer Verschwörung aus Jerusalem nach Lachisch, wurde dort aber von seinen Verfolgern aufgespürt und erschlagen (2 Kön 14,19). 701 v. Chr. belagerten die Assyrer unter

Rekonstruktion des antiken
Lachisch

233

persönlicher Führung ihres Königs Sanherib die Stadt (Schicht III) und eroberten sie (2 Kön 18,14). Von hier aus befehligte Sanherib die weiteren Operationen gegen die übrigen Städte Judas. In seinem Palast in Ninive am Tigris fand der britische Archäologe A. H. Layard ein Steinrelief, das die Belagerung von Lachisch beschreibt, und am Stadtrand von Lachisch stießen die Ausgräber auf ein Massengrab (Grab 120) aus dieser Zeit mit nahezu 2000 menschlichen Skeletten. Eine Epidemie während der Belagerung Jerusalems zwang Sanherib zum Rückzug nach Ninive.

Zur Zeit des Königs Joschija (639–609) war Lachisch wieder judäisch (Schicht II). 588 v. Chr. marschierten die Babylonier unter ihrem König Nebukadnezar II. in Juda ein und nahmen eine Stadt nach der anderen. Schließlich leisteten nur noch drei Städte erbitterten Widerstand: das kleinere Aseka, das mächtige Lachisch und die Hauptstadt Jerusalem. Von dieser Situation berichten die berühmten Lachisch-Briefe, die sogenannten Ostraka von Lachisch, mit schwarzer Tusche beschriebene Tonscherben, die in einem Raum der gewaltigen Toranlage gefunden wurden. Außenposten, die hinter den feindlichen Verbänden die Nachrichtenverbindung zwischen den belagerten Städten aufrechterhielten, hatten die Meldungen an den Kommandanten von Lachisch gerichtet. Zunächst fiel Aseka, bald darauf (587 v. Chr.) ging Lachisch in Flammen auf, ein Jahr später, 586 v. Chr., wurde Jerusalem erobert. In der Perserzeit blühte die Stadt noch einmal auf; in dem wiederhergestellten Palast des judäischen Distriktgouverneurs residierte nun ein persischer Hyparch. Aus dem Exil heimgekehrte Juden bauten sich ihre Häuser wieder auf (Neh 11,30). Aber die neue Stadt bedeckte nur noch einen Bruchteil des alten Areals (Schicht I). Im 2. Jh. v. Chr. war Lachisch lediglich ein kleines Dorf im Schatten der benachbarten Bezirkshauptstadt Maresha (Marissa).

Archäologie: 1932–1938 führte die britische Wellcome-Marston Archaeological Research Expedition to the Near East unter Leitung von James Lesley Starkey systematische Ausgrabungen auf dem Tell ed-Duwer durch. Sie fand neun Siedlungsschichten, entdeckte 1935 im Schutt eines Wachraumes der Toranlage 18 Ostraka und später an anderer Stelle drei weitere (sie befinden sich heute im British Museum, London). 1938 wurde Starkey von Arabern ermordet; die Forschungsexpedition brach daraufhin ihre Arbeit ab. 1967–1968 forschte der israelische Archäologe Yohanan Aharoni auf dem Tell, 1973 begann David Ussischkin von der Universität Tel Aviv mit Grabungen größeren Umfanges, die bis heute noch nicht abgeschlossen sind.

Die Ausgrabungsstätte

Auf dem Tel Lakhish (Tell ed-Duwer) sind ansehnliche Ruinen freigelegt worden, ansehnlich zumindest für den, der mit etwas Phantasie Mauerreste zu deuten vermag. Da ist die rund 1500 m lange **Doppelmauer** Rehabeams, die ein Gebiet von etwa 7,5 ha Größe umschloß. Die äußere Stadtmauer hatte eine Stärke von 4 m, die innere von 6 m. An der Nordwestecke der Stadt ist noch einer der mächtigen viereckigen Stützpfeiler vorhanden, die auch auf dem Relief aus Sanheribs Palast dargestellt sind (das Relief befindet sich heute im

British Museum, London). An einigen Stellen der Mauer erkennt man noch von assyrischen Belagerungsmaschinen (Sturmböcken) geschlagene Durchbrüche. Besonders eindrucksvoll wirkt die gewaltige, 27 m breite **Toranlage,** deren mehrstöckige Außenmauer durchschnittlich 7 m stark ist. Über eine mehr als 100 m lange, von Süden ansteigende Rampe längs der Westmauer (der Angreifer bot hier also seine vom Schild nicht geschützte rechte Seite dar) kam man zum Außentor, mußte dann scharf rechts einbiegen und die Wachstuben und Torbefestigungen passieren, bevor man das schmalere Innentor erreichte. Deutlich ist auch der Abwasserkanal zu sehen, der unter dem gepflasterten Torweg nach außen führte.

Der **Palast** des persischen Hyparchen, auf einer kleinen Anhöhe in der Mitte der Stadt gelegen, entstand um 400 v. Chr., vermutlich auf den Grundmauern älterer Paläste. Das mindestens zweistöckige Gebäude öffnete sich nach Norden auf einen großen, von zahlreichen Räumen (darunter einem Bad) umgebenen Hof. An dieser Stelle könnte schon König Jerobeam residiert haben, denn die unteren Schichten bargen einen großen Palast aus dem 10. Jh. v. Chr., der auf einer künstlichen Plattform errichtet worden war. Der sogenannte **Sonnentempel** ist ein hellenistischer Bau aus dem 2. Jh. v. Chr. Darunter fanden die Ausgräber ein israelitisches Höhenheiligtum (Kulthöhe). Ein schlichtes Tongefäß zur Aufnahme von Speiseopfern und eine dreizinkige Eisengabel sind der Zeit um 900 v. Chr. zuzuordnen.

Um 1500 v. Chr. errichteten die Kanaaniter auf einer Auffüllung des westlichen Wehrgrabens einen Tempel, der heute wegen seines Standortes **Grabentempel** genannt wird. Der Tempel, der möglicherweise dem Mondgott geweiht war, entwickelte sich zwischen dem 15. und 13. Jh. v. Chr. in drei Bauphasen von einer knickachsigen Herdhaus- zur Langhausanlage. Der Kultraum hatte eine Größe von etwa 10 × 5 m; der Altar befand sich im Süden, der

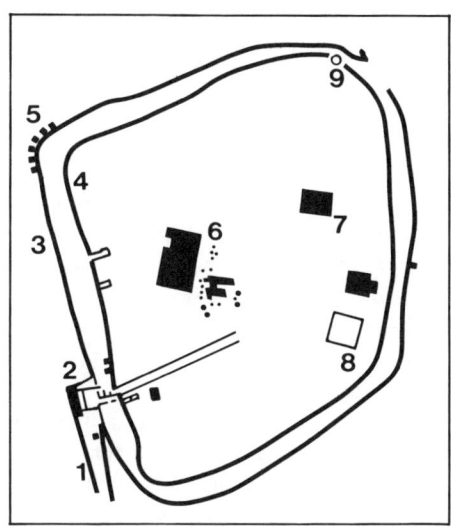

Tel Lakhish
1 Rampe
2 Toranlage
3 Außenmauer
4 Innenmauer
5 Stützpfeiler
6 Palast des persischen Hyparchen
7 Sonnentempel
8 Zisterne
9 kanaanitischer Brunnen

Eingang mit Sichtblende im Norden. Der zweite Tempel (um 1400 v. Chr.) war doppelt so groß und erhielt Anbauten; seine Innenwände trugen eine Holzverkleidung und Elfenbeinschnitzereien. Gegen 1335 v. Chr. bestand der Tempel aus vier Räumen, deren südlichster und größter vielleicht das Sanktuarium darstellte. Ein Podium war vor die Südwand gesetzt, davor stand der steinerne Altar. Auf Wandbänken stellten die Kanaaniter ihre Opfergaben ab: Vasen, Schalen, Alabastergefäße, Elfenbeinarbeiten, Tonstatuetten, Rollsiegel, Skarabäen. (Die Gaben, die teilweise aus Ägypten stammen bzw. ägyptischen Einfluß verraten, sind im Rockefeller-Museum, Jerusalem, zu sehen.) Der Tempel wurde um 1220 v. Chr. zerstört, vermutlich unter Pharao Merenptah (1224–1204), und nicht wiederaufgebaut. Im Grabentempel fand Starkey einen Dolch aus dem 18. oder 17. Jh. v. Chr. mit vier Buchstaben des ältesten Alphabets, von dem auch Teile auf der ›Gezer-Scherbe‹ und auf der ›Sichem-Platte‹ auftauchen. Im dritten Grabentempel kamen Gefäße mit Schriftzeichen des weiterentwickelten Alphabets zum Vorschein.

In der Nordostecke der Stadt stießen die Ausgräber auf einen 40 m tiefen **Brunnenschacht** aus kanaanitischer Zeit. Die riesige **Zisterne** im Südosten hatte eine Seitenlänge von etwa 22 m und war 27 m tief; sie wurde nie vollendet.

Von Jerusalem zum See Gennesaret

Nablus/Sichem/Shekhem

Nablus, mit 45000 Einwohnern die größte arabische Stadt im Westjordanland, gilt als das Zentrum des palästinensischen Nationalismus und wird daher immer wieder von Aufruhr und Anschlägen erschüttert. Es ist die Nachfolgestadt des biblischen Sichem (Shekhem), das auf dem benachbarten Tell Balata ausgegraben wurde. Das alte Sichem wie das neue Nablus schmiegen sich in das Tal zwischen den Bergen Garizim und Ebal (das hebräische Wort ›Shekhem‹ bedeutet ›Nacken‹, weil die Stadt die beiden Berge gleichsam auf ihren Schultern zu tragen scheint). Von der großen Vergangenheit Sichems zeugen eindrucksvolle Stadtmauern aus der Hyksoszeit, zwei kanaanitisch-israelitische Tore und der größte bisher bekannte Baaltempel. Am Stadtrand empfiehlt sich ein Besuch des Jakobsbrunnens und des Josefsgrabens. Wer etwas Zeit erübrigen kann, sollte den Garizim besteigen, den heiligen Berg der Samariter (Samaritaner), den ›Berg des Segens‹, um von der alten Kultstätte den herrlichen Blick auf die Bergwelt Efraims und auf das heutige Nablus zu genießen.

Geschichte
An der Kreuzung zweier uralter Karawanenstraßen, die von Ägypten nach Syrien und von Mesopotamien zum Mittelmeer führten, entstand schon im 4. Jahrtausend v. Chr., also im Chalkolithikum, eine Siedlung von Halbnomaden. In den Ächtungstexten der 12. Dynastie war auch Sichem Gegenstand ägyptischer Verwünschungen. Um 1850 v. Chr. brand-

Nablus um 1880

schatzte Pharao Sesostris III. die strategisch wichtige Stadt, deren Bewohner Hivviter waren, also zu den nichtsemitischen, wohl indoiranischen Hurritern gehörten. Mit den Hyksos dürfte im 18. Jh. v. Chr. auch Abraham in das Land gekommen sein. Unter der Orakeleiche von Sichem erschien ihm der Herr und sprach: »Deinen Nachkommen gebe ich dieses Land« (Gen 12,6/7). Sein Enkel Jakob ließ sich mit seinem Stamm vor Sichem nieder; er kaufte von den Söhnen des hiesigen Königs ein Stück Land, auf dem er seine Zelte aufschlug und einen Altar errichtete (Gen 33,19). Dieses Landstück dürfte sich über das ganze Tal südlich der Stadt bis zur Karawanenstraße erstreckt haben. Man nannte es später den ›Jakobsacker‹. Eines Tages verliebte sich einer der Söhne des Königs in Jakobs Tochter Dina, und bald war der Ehevertrag zwischen dem König und Jakob geschlossen. Die Sichemiter erkannten darin alle Bedingungen der Israeliten an, sie wollten ihren gesamten Besitz mit ihnen teilen und waren sogar bereit, sich beschneiden zu lassen. Alles schien in bester Ordnung zu sein. Am dritten Tag aber, als die Männer von Sichem wegen der Beschneidung an Wundfieber litten, überfielen Jakobs Söhne Simeon und Levi mit ihren Knechten die Stadt, töteten alle Männer, plünderten die Häuser und entführten die Frauen und Kinder (Gen 34). Jakob konnte wegen dieses Vorfalls nicht in Sichem bleiben und zog weiter nach Bet-El, um dort einen Altar zu errichten. Zuvor aber forderte er von seinen Leuten die Übergabe aller fremden Götter, d. h. jener Dinge, die ein Jude weder zum Leben noch für seinen Glauben benötigte, also von Schmuck, kostbarer Kleidung usw. Er vergrub die ›fremden Götter‹ unter der Eiche (Terebinthe) bei Sichem (Gen 35,4).

Die Hyksosherrschaft in der zweiten Hälfte der Mittleren Bronzezeit, also im 18. und 17. Jh. v. Chr., brachte Sichem den Höhepunkt seiner Entwicklung. Zwar wurde es 1650 v. Chr. zerstört, aber sofort wieder aufgebaut und mit stärkeren Mauern umgeben, die man in den folgenden Jahrzehnten immer weiter ausbaute. Alle Verteidigungsanstrengungen der Städte Kanaans waren jedoch nutzlos, als Pharao Thutmosis III. um 1468 v. Chr. mit einer unvorstellbar großen Streitmacht und mit modernsten Belagerungsmaschinen das Land überrollte. Nachdem das mächtige Megiddo gefallen war, zerbrach das Städtebündnis, und so wurde auch Sichem eine leichte Beute der Ägypter. Nach der Zerstörung durch Thutmosis' Truppen erstand Sichem bald wieder, aber kleiner als zuvor. Als die Ägpyter im 14. Jh. v. Chr. ihre Garnisonen aus Kanaan zurückzogen, versuchte Lab'aju, der kanaanitische König von Sichem, die umliegenden Stadtstaaten zu einem größeren, unabhängigen Staatsgebilde zusammenzufassen. Daß das nicht ohne Zwang und kriegerische Auseinandersetzungen geschehen konnte, beweisen die Klagen der benachbarten Könige, Klagen, die jedoch ungehört in den Archiven des Pharaos Echnaton verschwanden (Amarnabriefe).

Bei der Landnahme wurde das Königreich Sichem dem Stamm Manasse zugeteilt (Num 26,31), es unterwarf sich vermutlich freiwillig. In Sichem vollzog Josua den Zusammenschluß der Stämme (Jos 8,30; 24), und für lange Zeit blieb der Ort das Zentrum der Stämmeamphiktyonie. Nach Josuas Tod begannen die Israeliten, ihren Gott zu verleugnen; sie errichteten in Sichem einen Tempel für Baal und vermischten sich mit den Kanaanitern (Ri 2,11). Dem Baaltempel entnahm Abimelech, der Sohn des Richters Gideon (Jerubbaal), das Geld zum Anwerben einer Bande, die seine 70 Brüder ermorden sollte. Da seine Mutter eine kanaanitische Sichemitin war, ließ er sich zum König von Sichem salben (Ri 9), womit er die erste israelitische Monarchie begründete. Seine Untertanen bereuten die Wahl jedoch bald und erhoben sich gegen den König. Abimelech schlug zurück. Er tötete alle Einwohner von Sichem, zerstörte die Stadt und streute Salz über sie, die Burg steckte er in Brand. »So kam auch die ganze Besatzung der Burg von Sichem um, etwa tausend Männer und Frauen« (Ri 9,22). Wohl mehr als ein Jahrhundert verging, bis die Stadt wieder besiedelt wurde.

Nach dem Tode Salomos um 930 v. Chr. trafen sich die Stammesältesten in Sichem, um einen neuen König zu wählen. Dabei vollzog sich die Teilung des Reiches (1 Kön 12). Jerobeam, der König des Nordreiches Israel, erhob Sichem zu seiner Hauptstadt (1 Kön 12,25), aber schon 926 v. Chr. fiel Pharao Scheschonk I. (Sisak) in das Land ein und zerstörte den Ort. Jerobeam hatte seine Residenz rechtzeitig in das ostjordanische Pnuel verlegt. Baësa, der 905 v. Chr. Jerobeams Sohn Nadab gestürzt hatte, machte Tirza zur Hauptstadt von Nordisrael, und Omri verlegte die königliche Residenz 881 v. Chr. nach Samaria. Sichem war fortan nur noch eine Kleinstadt, auch wenn es die Bedeutung eines religiösen Zentrums behielt. Die Toleranz der mit dem phönikischen Herrscherhaus von Tyros verschwägerten Omriden und der starke Einfluß der kanaanitischen Bürgerschaft führte auch in Sichem zu religiösen Veränderungen, die der Prophet Hosea (etwa 750–722) anprangerte (Hos 6,9).

722 v. Chr. eroberten die Assyrer das Nordreich Israel und deportierten einen großen Teil der Bevölkerung nach Mesopotamien. Dafür siedelten sie assyrische Kolonisten an, und so entstand im Laufe der Zeit eine Mischbevölkerung aus Israeliten, Kanaanitern und Assyrern, die nach der Hauptstadt des Nordreiches Samariter genannt wurde. Den Verfall des Assyrerreiches gegen Ende des 7. Jhs. v. Chr. nutzte Joschija, König von Juda, um die assyrische Provinz Israel unter seine Herrschaft zu bringen. Er beseitigte den Jahwetempel auf dem Garizim (2 Kön 23,19), denn nur der Tempel von Jerusalem galt als rechtmäßiges Heiligtum der Juden. Sichem verlor nun auch seine Bedeutung als Kultzentrum. Als Kyros, der persische Großkönig, in allen unterworfenen Ländern Religionsfreiheit versprach, kehrten bald nach 539 v. Chr. viele Juden aus dem Babylonischen Exil zurück. In Jerusalem begannen sie mit dem Wiederaufbau des Tempels, aber ihnen fehlten tüchtige Handwerker. Da erboten sich die Samariter, den Jerusalemer Juden zu helfen, doch diese lehnten jegliche Verbindung zu dem ihrer Meinung nach kultisch unreinen Mischvolk ab, und so gründeten die Samariter einen eigenen Kult in Anknüpfung an die uralten jüdischen Traditionen. Sie pflegten den mosaischen Glauben in seiner ursprünglichen Form; nur den Pentateuch, also die fünf Bücher Mose, und das Buch Josua ließen sie gelten. Ihr Zentralheiligtum auf dem Garizim lebte wieder auf. Der alte Streit zwischen Nord- und Südisrael führte 445 v. Chr. auf Betreiben des Judäers Nehemia zur Trennung zwischen Samarien und Juda. Damit waren die Samariter nicht nur glaubensmäßig, sondern auch politisch isoliert. Alexander der Große siedelte 332 v. Chr. die Bevölkerung der Hauptstadt Samaria nach Sichem um, das bald wieder zu einer großen, blühenden Stadt wurde, die Samariter erneuerten den Tempel auf dem Garizim. Diese Blütezeit währte bis ins 2. vorchristliche Jahrhundert.

Samaritanischer Pentateuch (Darstellung von 1880)

Unter dem Diadochen Antiochos IV. Epiphanes (175–164) begann das Kesseltreiben gegen die Samariter, das schließlich zur fast völligen Liquidierung dieser jüdischen Religionsgemeinschaft führte. Antiochos ließ das Heiligtum auf dem Garizim abreißen und an dessen Stelle einen Tempel für Zeus Xenios errichten (2 Makk 6,12). 128 v. Chr. zerstörte der orthodoxe Hasmonäerfürst und Hohepriester Johannes Hyrkanos I. die Stadt Sichem so gründlich, daß sie nie wieder besiedelt wurde; die überlebenden Bewohner ließen sich im benachbarten Sychar nieder. (Der Name Sychar ist möglicherweise eine aramäische Umformung von Sichem; er lebt in dem heutigen Dorfnamen Askar fort.) 63 v. Chr. machte der Römer Pompejus Sychar/Sichem zur Hauptstadt einer unabhängigen samaritischen Provinz. Nach den Ergebnissen neuester Ausgrabungen dürfte Sychar damals ein ziemlich großer und reicher Ort gewesen sein. Die Samariterin, die Jesus am Jakobsbrunnen traf, lebte hier.

35 n. Chr. ließ Pontius Pilatus auf den Hängen des Garizim zahlreiche Samariter niedermetzeln, weil sie dort nach heiligen Geräten gesucht hatten. Pilatus kostete diese Bluttat seine Stellung als Prokurator: Die Samariter klagten ihn vor Vitellius, dem Legaten von Syrien, an; Pilatus wurde abberufen und vermutlich zum Selbstmord gezwungen (Jüd. Altert. XVIII, 4, 1 und 2). Während des ersten jüdischen Krieges im Jahre 67 n. Chr., verschanzten sich die Samariter auf ihrem heiligen Berg. Die V. römische Legion stürmte die Stellungen und tötete alle 10600 Verteidiger (Jüd. Krieg III, 7,32). 72 n. Chr. gründete Titus bei dem Dorf Mabarta (Mabarata = aramäisch für ›Paß‹) auf der Paßhöhe zwischen dem Garizim und dem Ebal die Veteranensiedlung Flavia Neapolis, das heutige Nablus (›Flavia‹ erinnerte an seinen Vater Flavius Vespasianus, und das griechische ›Neapolis‹ bedeutet ›Neue Stadt‹). Nach dem Bar-Kochba-Aufstand, dem zweiten jüdischen Krieg gegen die Römer, baute Kaiser Hadrian auf dem Garizim einen Jupitertempel. 244 n. Chr. erhielt Flavia Neapolis den Rang einer Colonia.

Im 5. und 6. Jh. waren die Samariter ständigen Verfolgungen durch die Byzantiner ausgesetzt, was mehrere blutige Aufstände auslöste, die fast alle von Neapolis aus auf das ganze Land übergriffen. Dabei wurden zahllose Christen umgebracht und viele Kirchen zerstört. Am schlimmsten war der Aufstand des Jahres 521, bei dem die Samariter in Neapolis, das inzwischen eine große Christengemeinde hatte, auch den Bischof töteten. 529 gelang es Kaiser Justinian, die Revolte brutal niederzuschlagen, aber erst 556 herrschte wieder Frieden im Lande, nachdem fast alle Samariter getötet, in die Sklaverei verkauft, in die arabischen Länder geflohen oder zum Christentum übergetreten waren.

636 kamen die islamischen Araber, die die Stadt Nablus nannten (von Neapolis), im Jahre 1100 erschienen die Kreuzfahrer. Um 1150 befestigte Königin Melisende, die Witwe des Königs Fulk, die Stadt gegen ihren Sohn Balduin III. Dieser zwang sie aber, sich von allen politischen Geschäften zurückzuziehen, und überließ ihr Nablus als persönliches Eigentum. Melisende stattete das ›Neapel der Kreuzfahrer‹ mit verschiedenen großen Kirchen aus. 1187 fiel Nablus wieder in die Hände der Araber, die die Kirchen in Moscheen umwandelten. 1242 überfielen die Tempelritter die Stadt, 1260 wurde sie von den Mongolen gebrandschatzt. Im 16. Jh. machten die osmanischen Türken Nablus neben Jerusalem, Gaza und

40 Betlehem: Portal der Geburtskirche

41 Halle der Geburtskirche

◁ 39 Geburtsgrotte

42 Rahels Grab

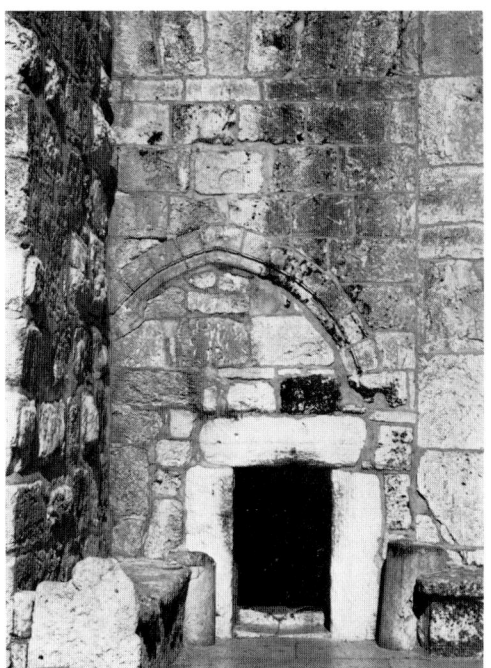

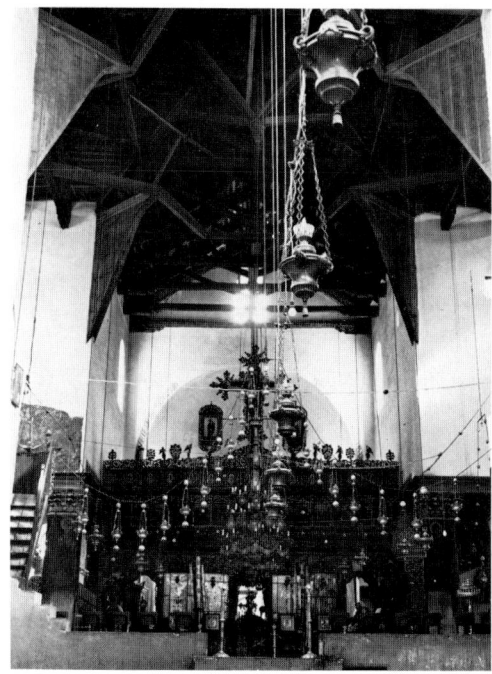

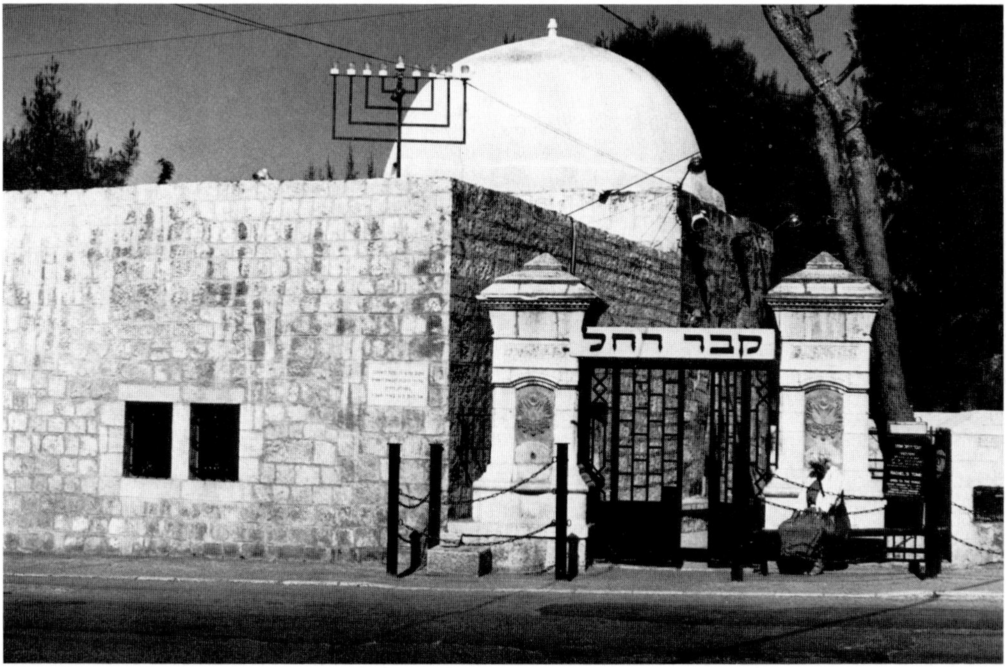

43 Hirtenfeldkirche bei Betlehem

44 Emblem der Franziskaner auf dem Hirtenfeld

45 Judäische Wüste bei Mar Saba

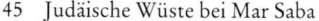

46 Herodeion: Palast des Herodes

47 Artas: Teiche Salomos

48 Bergkegel des Herodeion

49 Mamre bei Hebron: Brunnen Abrahams

50 und 51 Nablus/Sichem: kanaanitisches Stadttor (oben) und Tempel des Baal-Berit

52 Bet Alfa: Mosaik in der Synagoge

53 Samaria: römische Marktbasilika

54 Bet She'an: römisches Theater und Tell

55   Tiberias-Hammat: Mosaik der Synagoge

56   Blick auf Nazaret ▷

57   Kreuzfahrerburg Belvoir

58–60   Nazaret, Verkündigungskirche: Westfassade (oben), Portal (unten links) und Kuppel

61   Nazaret: Marienbrunnen

62   Berg Tabor: Verklärungskirche

63 und 64   Taborkirche: Detail der Fassade und Inneres

65   Korazim: Synagoge

66 und 67 Tabgha: Felsen in der Primatskapelle (oben) und Mosaik in der Brotvermehrungskirche

68 Kafarnaum: Synagoge

Zefat zu einer der vier Bezirkshauptstädte in Palästina. 1936 brach hier der große arabische Aufstand gegen die britische Mandatsregierung aus, 1948 kam die Stadt zu Jordanien, 1967 wurde sie von den Israelis besetzt.

Archäologie: 1913/14 begann der deutsche Archäologe E. Sellin auf dem Tell Balata, der Stätte des biblischen Sichem, mit ersten Grabungen, die er 1926 fortsetzte und 1934 abschloß. 1959–1962 führten weitere Forschungen der amerikanischen Drew-McCormick Expedition unter G. Ernest Wright zu genaueren Erkenntnissen. Reiche Funde aus der Zeit der Hyksos bis zur hellenistischen Periode vermitteln heute ein lebendiges Bild der Geschichte des alten Sichem.

Tell Balata

Unterhalb des heutigen Dorfes Balata liegt die Ausgrabungsstätte von Sichem (Shekhem). Der Name Balata erinnert an die Eiche (Terebinthe) bei dem biblischen Ort, denn Eiche heißt auf aramäisch ›Ballut‹. Das bronze- und das eisenzeitliche Sichem bedeckte eine Fläche von ungefähr 230 × 150 m. Die gewaltige **Hyksosmauer** (17. Jh. v. Chr.) ist noch bis zu einer Höhe von 10–15 m erhalten. Sie wurde aus unbehauenen zyklopischen Blöcken gefügt und mit Erdreich abgeschrägt. Das dreifach gegliederte **Hyksostor** im Nordwesten der Stadt besaß vier Torkammern und maß 18 × 20 m. Das mächtige **Osttor** (Abb. 50), gebildet von zwei hintereinanderliegenden Toren und flankiert von zwei je 7 × 15,50 m großen Türmen,

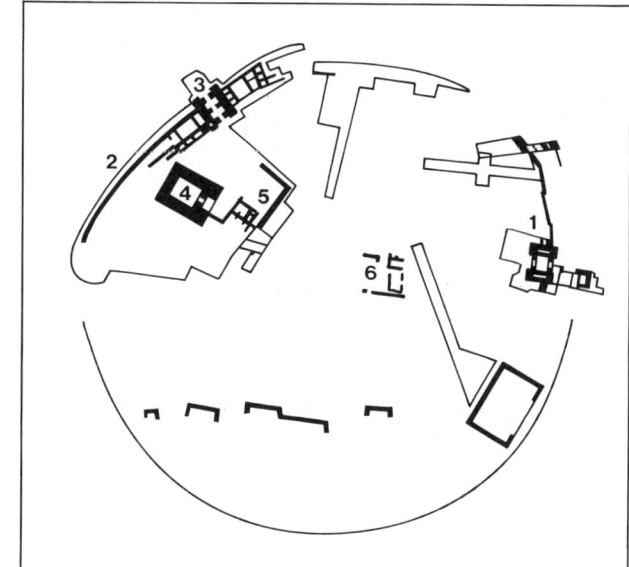

Nablus/Sichem/Shekhem:
Tell Balata
1 Osttor (15. Jh. v. Chr.)
2 Hyksosmauer (17. Jh.
  v. Chr.)
3 Hyksostor
4 Baal-Berit-Tempel (16. Jh.
  v. Chr.)
5 Hyksospalast
6 israelitische Wohnhäuser

ist ein besonders eindrucksvolles Beispiel kanaanitischen Festungsbaus. Die Toranlage war – zumindest in Friedenszeiten – nicht für Fahrzeuge passierbar, da fünf Stufen in das tiefer gelegene Stadtgebiet führten. Von den Ägyptern zerstört, wurde sie unter König Jerobeam erheblich schwächer wiederaufgebaut. Auf der Akropolis im Nordwesten der Stadt entstand um 1600 v. Chr. ein 26 × 21 m großer, festungsartiger **Tempel** mit über 5 m dicken Wänden, der vermutlich dem El-Berit oder Baal-Berit, dem kanaanitischen Stadtgott von Sichem, geweiht war (Abb. 51). Seinen Eingang flankierten zwei Türme. Zweimal drei Säulen stützten das Dach. Ein Steinblock mit einer Vertiefung trug wahrscheinlich das Kultbild des ›Bundesgottes‹. Jerobeam wandelte den Tempel in einen Kornspeicher um. Interesse verdienen weiter die Fundamente eines Hyksospalastes aus dem 17. Jh. v. Chr., die Mauerreste israelitischer Wohnhäuser aus dem 9.–7. Jh. v. Chr. und die Ruinen eines Samariterhauses aus dem 3. Jh. v. Chr.

Der Jakobsbrunnen

Etwa 500 m südöstlich vom Tell Balata trifft man an der Straße zum Jordantal, in jenem Terrain, das Jakob einst von den Söhnen des Königs von Sichem erwarb, auf den Jakobsbrunnen (›Jacob's Well‹, arabisch Bir Ja'qub; Farbt. 28), den Jakob für seine Familie und seine Herden grub (Joh 4,12). Am Jakobsbrunnen bat Jesus eine Samariterin um einen Schluck Wasser, woraufhin sie erwiderte: »Wie kannst du als Jude mich, eine Samariterin, um Wasser bitten?« (Joh 4,9). Hier zeigt sich deutlich der jahrhundertealte Gegensatz, die Feindschaft zwischen Juden und Samaritern, die Jesus zu überwinden suchte. Über die Identität des Jakobsbrunnens gibt es heute keinen Zweifel mehr, denn er ist weit und breit der einzige Schöpfbrunnen.

Unter Kaiser Konstantin verbanden die Christen von Neapolis den Brunnen mit einem Baptisterium, und um 380 errichteten sie über dem Brunnen eine kreuzförmige Kirche. (Wahrscheinlich kam schon damals der alte Brunnenrand als Reliquie nach Konstantinopel). 529 fiel die Kirche dem großen Samariteraufstand zum Opfer, Justinian I. erneuerte sie (der gallische Bischof Arkulf erstellte um 670 sogar eine grobe Grundrißskizze). Um 1150 erbauten die Kreuzfahrer über dem Brunnen eine dreischiffige Kirche, die zu einer Benediktinerinnenabtei gehörte. Sie erhöhten den Kirchenboden, so daß der Brunnen nunmehr von der Krypta unter der Apsis des Mittelschiffs zu erreichen war. Zwei Treppen führten vom Hauptschiff in die Krypta hinab.

Nach der islamischen Eroberung verfiel die Kirche, die Ruine diente als Steinbruch. Nur die Krypta mit dem Brunnen blieb erhalten und war nach wie vor das Ziel unzähliger Pilger. 1885 erwarben orthodoxe Griechen das Gelände, und 1903 begannen sie mit dem Neubau eines Gotteshauses, das im Grundriß genau dem Kreuzfahrerbau entspricht. Der Erste Weltkrieg verhinderte die Vollendung, die Kirche steht heute im Rohbau ohne Dach. Die 6,65 m lange und 2,90 m breite Krypta ist restauriert. Über eine Stufe betritt man den Brunnenraum, den ein Tonnengewölbe bedeckt. Der blockförmige Brunnenabschluß mit der Schöpfanlage hat eine Öffnung von nur 47 cm, nach unten erweitert sich der Schacht aber bis zu einer Breite von 2,5 m. In etwa 19 m Tiefe trifft der Schöpfeimer auf den

Wasserspiegel, eine Wasserader, die vom Berg Garizim zum Wadi Far'a verläuft. Der Schacht erreicht insgesamt jedoch eine Tiefe von 32 m, nach neueren Untersuchungen sogar von fast 50 m. Das Wasser, das schon Jakob und auch Jesus getrunken haben mögen, schmeckt köstlich.

Das Josefsgrab

Jakob hatte das bei Sichem erworbene Land seinem Lieblingssohn Josef hinterlassen, und Josef vergaß dieses Erbe nie, als er in Ägypten Karriere machte. Bevor er starb, nahm er seinen Brüdern den Eid ab, ihn auf seinem Acker bei Sichem zu bestatten, und als deren Söhne nach vielen Jahren mit Josua in das verheißene Land zogen, begruben sie Josefs Gebeine auf dem Grundstück, das den Nachkommen Josefs gehörte (Jos 24,32). Die Tradition kannte schon in den ersten nachchristlichen Jahrhunderten die Lage des Josefsgrabes, das uns heute etwa 200 m östlich vom alten Sichem (Tell Balata) gezeigt wird. So berichtet der Pilger von Bordeaux im Jahre 333: »Dort (bei Sichem) ist ein Monument, wo Josef beigesetzt ist auf dem Landgut, das ihm sein Vater Jakob gab.« Zu Beginn des 5. Jhs. errichteten die Byzantiner über dem Grab eine Kirche, die später verfiel und nie mehr erneuert wurde. 1852 fand Edward Robinson nur noch »eine Einhegung von beworfenen Mauern« vor, »ohne Dach, und mit einer Tür auf der Nordseite«. Heute gleicht das Josefsgrab (›Tomb of Joseph‹) einem moslemischen Weli, einem Heiligengrab. Innerhalb der Einfriedung steht seit 1868 ein kleiner, aus Bruchsteinen gemauerter Bau mit einem Kuppeldach. Alles wirkt sehr gepflegt. In der Mitte des weißgetünchten Raumes befindet sich der Sarkophag Josefs, bedeckt mit einem dunkelblauen Tuch. Die niedrigen, ebenfalls mit Tuch verkleideten Säulenstümpfe an beiden Enden sind nach samaritischer Tradition die Kenotaphe für Manasse und Efraim, die Stammväter jener Stämme, die die Samariter als ihre Vorfahren betrachten. Israelisches Militär beaufsichtigt die heilige Stätte.

Der Berg Garizim

Südlich von Sichem/Nablus erhebt sich der 881 m hohe Garizim (Gerizim), den die Araber Djebel et-Tor nennen. Er bildet zusammen mit dem gegenüberliegenden Berg Ebal (Eval, Djebel Islamije), dem mit 940 m höchsten Berg Samariens, die Eingangspforte zum Tal von Sichem. Zwischen Garizim und Ebal versammelte Josua, der Anordnung Mose folgend, die zwölf Stämme, um das Volk zu segnen und den Fluch zu sprechen (Dtn 27,12; Jos 8,33). Der Garizim ist ein massiger Gebirgsstock, der von Westen her allmählich ansteigt und im Osten seine höchste Erhebung erreicht, um dann 400 m steil zur Ebene el-Machna hin abzufallen. Mose befahl dem Volk, nach Überschreiten des Jordan auf dem Garizim einen Altar zu errichten (Dtn 27,4), denn nach Mose war der Garizim der Berg des Segens, der Ebal aber der des Fluches. Warum baute dann Josua den Altar auf dem Ebal (Jos 8,30)? Das erklärt man heute so: Als die Samariter um 332 v. Chr. auf dem Garizim ihr Zentralheiligtum errichteten, waren die Juden empört, denn der Garizim galt ihnen als heiliger Berg. So vertauschten sie kurzerhand die Attribute der beiden Berge und korrigierten später, im 2. Jh. v. Chr., auch den Text des 5. Buches Mose, indem sie ›Ebal‹ statt ›Garizim‹ schrieben.

Die heilige Stätte des Garizim war seit alten Zeiten eine kleine Erhebung auf dem Nordhang des Berges, die die Araber Tell er-Ras nennen. Ausgrabungen brachten hier die Fundamente eines Tempels zum Vorschein, bei dem es sich vermutlich um den Zeustempel (Jupitertempel) Hadrians handelt. Der Tempel erhob sich über einer 22,5 m langen, 14 m breiten und 1,5 m hohen künstlichen Plattform. Die sorgfältig behauenen Steine stammen von einem Vorgängerbau, dem Tempel der Samariter, den diese unter Alexander dem Großen im Jahre 332 v. Chr. errichtet hatten und der von Johannes Hyrkanos, Hasmonäerfürst und Hoherpriester in Jerusalem, zerstört worden war. Die Samariter bauten den Tempel nie mehr auf, der Garizim blieb aber bis auf den heutigen Tag ihr heiliger Berg. Noch im 4. Jh. n. Chr. richteten die Samariter ihre Synagogen nicht nach Jerusalem aus, sondern zum Garizim. Den Zeustempel umgab ein 60 × 40 m großer Temenos, ein Hof mit 1,8 m dicken Mauern. Der Tempeleingang lag im Norden, wo eine etwa 600 m lange Treppe von Neapolis heraufführte. Reste einiger in den Fels geschlagener Stufen sind noch zu erkennen. Hadrians Tempel wurde erst im 4. Jh. abgerissen. Im Jahre 484 ließ der byzantinische Kaiser Zenon auf dem Gipfel des Garizim eine Marienkirche errichten. Den oktogonalen Bau von 37 m Länge und 30 m Breite umgab Kaiser Justinian 529 mit einem rechteckigen Kastell, um ihn vor Angriffen der aufständischen Samariter zu schützen. Der deutsche Archäologe A. M. Schneider legte 1950 die Reste der Marienkirche und des Kastells frei.

Als um die Mitte des 10. Jhs. die Christengemeinde von Nablus erlosch, verfiel auch die Kirche. Die Araber errichteten auf den Fundamenten des nordöstlichen Kastellturms ein Heiligengrab, den Weli des Scheich Abu Ghanem, eines Freundes von Saladin. Westlich des Weli begehen die Samariter zur Osterzeit noch heute ihr Paschafest, genau nach den Vorschriften des Mose (Ex 12). Am Vorabend des Feiertages ziehen sie in weißen Gewändern zum Gipfel empor. Über einer schmalen, 2,15 m langen Furche schlachten sie sieben Lämmer, richten sie vorschriftsmäßig her und braten sie an Spießen über dem ›Altar‹, einer Grube mit Holzkohlenglut. Nach dem Mitternachtsgebet legen sie die gegarten Lämmer auf riesige Platten und verzehren das Fleisch. Im Morgengrauen verbrennen sie alles, was von dem Opfermahl übrig geblieben ist: Fell, Knochen, Klauen, Gedärm. Der Opferplatz ist heute eingezäunt, selbst eine Tribüne für Zuschauer fehlt nicht. Und mancher Tourist wird (fälschlich) meinen, daß die biblische Opferzeremonie, die sonst nirgendwo in ihrer jüdischen Urform begangen wird, zu einem folkloristischen Spektakel herabgesunken sei.

Die Stadt Nablus

Das heutige Nablus, eine Seifensieder-, Korbmacher- und Konditorenstadt, bietet keine besonderen Sehenswürdigkeiten. Bunte Häuser an engen Gassen bilden den Stadtkern, prächtige Villen bedecken die Hänge des Ebal und des Garizim. Auch die beiden großen Moscheen Kebir und Nasser lohnen keine Besichtigung. Dagegen birgt die **Synagoge** im samaritischen Stadtteil Haret es-Samira einen kostbaren Schatz: eine Thorarolle aus dem 2. Jh. n. Chr. Selbst wenn jene Wissenschaftler recht haben, die behaupten, daß das Schriftstück aus dem 10. oder 11. Jh. stammt, ist es doch erstaunlich, daß sie alle Kriege und Wirren des Mittelalters und der Neuzeit, Feuersbrünste und Erdbeben überstanden hat. Die Synagoge wurde nach dem schweren Erdbeben von 1927 in den 30er Jahren neu erbaut. Das Oberhaupt der winzigen samaritischen Gemeinde, die in Nablus nur rund 250 Mitglieder zählt – rund 200 weitere Samariter leben in Holon bei Tel Aviv –, führt den Titel Hoherpriester.

Sebastije/Samaria

Etwa 12 km nordwestlich von Nablus, 1 km östlich der Straße nach Nazaret, liegt inmitten von Hügeln eine sanfte Bergkuppe mit dem arabischen Dorf Sebastije (Sebastiya). Hier fanden Archäologen das alte Samaria (hebräisch Shomron), die einstige Hauptstadt des Nordreiches Israel, die Residenz der Könige Omri und Ahab, die ›stolze Krone Efraims‹. Herodes baute Samaria zu einer großen und prunkvollen Stadt aus, der er den Namen Sebaste (Augusta) gab. Der Palast der israelitischen Könige, einige Bauwerke aus hellenistischer Zeit, vor allem aber die Reste der römischen Stadtanlage hinterlassen einen unauslöschlichen Eindruck. Hierher verlegte die Tradition das Grab Johannes des Täufers, das in einer Krypta der einstigen byzantinisch-fränkischen Johanneskirche gezeigt wird.

Sebastije/Samaria: das Grab von Johannes dem Täufer um 1880

Geschichte

876 v. Chr. kaufte Omri, der König des Nordstaates Israel, den Berg Schemer und gründete darauf seine neue Hauptstadt, die er nach diesem Berg Shomron (griechisch Samaria) nannte (1 Kön 16,24). Samaria ist also eine relativ junge Stadt und dazu die einzige größere, die von den Israeliten gegründet wurde. Archäologische Untersuchungen haben nur geringe Spuren einer älteren Besiedlung (seit etwa 1200 v. Chr.) ergeben. Omris Sohn Ahab (871–852) baute Samaria zu einer würdigen Residenz aus. Seine Frau Isebel, eine phönikische Prinzessin, brachte den Baalkult an den Hof, dessen Mittelpunkt ein phönikisch-kanaanitischer Tempel zu Ehren des tyrischen Gottes Melkart war (1 Kön 16,32). Um angesichts der assyrischen Bedrohung endlich Frieden mit Juda zu schließen, verheiratete Ahab 868 v. Chr. seine Schwester Athalja mit dem judäischen Kronprinzen Joram. In Ahabs Zeit dürften die heftigen Angriffe des Propheten Elia gegen den Baalkult und den König, der die fremde Religion duldete, stattgefunden haben. Ahab selbst glaubte an Jahwe, tolerierte aber auch den Glauben der in Samaria lebenden einflußreichen Kanaaniter und Phönikier. Die ständigen Kämpfe mit den Aramäern werden Ahab wohl bewogen haben, die Anschuldigungen Elias nicht überzubewerten, denn owohl die Gefahr aus Assyrien nicht zu übersehen war, zerfleischten sich Aramäer und Israeliten. Meistens tobte der Krieg im Ostjordanland, gelegentlich standen die Truppen Arams aber auch vor den Toren Samarias. Zuweilen mußten die Aramäer den Israeliten Handelsrechte in Damaskus einräumen, zuweilen gründeten aramäische Kaufleute Handelsniederlassungen in Samaria. Entscheidende Schlachten fanden niemals statt.

Um 845 v. Chr. betrieb der Prophet Elischa, ein Schüler des Elia, den Sturz der Omridendynastie. Er salbte den jahwetreuen Befehlshaber der Streitwagen, Jehu, zum König, der daraufhin den bisherigen Herrscher Joram und dessen Mutter Isebel tötete. Jehu ließ den Baaltempel in Samaria einäschern und die gesamte heidnische Priesterschaft ermorden. Samaria blieb Hauptstadt des Reiches Nordisrael. 841 v. Chr. erkaufte sich Jehu mit jährlichen Tributzahlungen an Assur eine gewisse Selbständigkeit. Noch Tiglatpileser III. (745–727) zählte König Menahem von Israel (746–737) zu seinen Vasallen (2 Kön 15,19). Trotz der erheblichen Zahlungsbelastungen entwickelte sich Samaria zu einer reichen Stadt mit prunkvollen Bauten. Schon 760 v. Chr. tadelte der Prophet Amos das hiesige lasterhafte Leben und verkündete nahendes Unheil (Am 3,9). Der Prophet Hosea (etwa 750–722) wetterte gegen den Verfall des Jahweglaubens, gegen die Opfer auf Kulthöhen und unter Eichen, gegen die Orakel der Aschera, die Tempelprostitution und das goldene Kalb von Samaria (Hos 8), der Prophet Micha (etwa 740–690) weissagte göttliche Rache (Mi 1,6), und auch Jesaja (etwa 730–705) ahnte eine düstere Zukunft (Jes 28,1).

736 v. Chr. ermordete der Offizier Pekah König Pekahja (737–736) und machte sich zum König von Israel (2 Kön 15,25). Zusammen mit den Aramäern und Judäern wollte er das assyrische Steuerjoch abschütteln, König Ahas von Juda verweigerte jedoch die Zusammenarbeit, weil er die Aussichtslosigkeit einer Auflehnung gegen das noch immer mächtige Assyrerreich erkannte. Als Israel und Aram seinen Widerstand gewaltsam zu brechen begannen, rief Ahas Tiglatpileser III. zu Hilfe. 732 v. Chr. schlugen die Assyrer die

israelitisch-aramäische Koalition und besetzten beide Reiche mit Ausnahme eines kleinen Gebietes um Samaria. Ein Jahr später stürzte ein gewisser Hosea (nicht zu verwechseln mit dem Propheten) König Pekah und wurde von den Assyrern als abhängiger Vasallenkönig in Samaria bestätigt. Nach dem Tode Tiglatpilesers im Jahre 727 v. Chr. verbündete sich Hosea mit den Ägyptern. Die Assyrer unter Šalmanassar V. begannen daraufhin 724 v. Chr. mit der Belagerung der Hauptstadt Samaria, und bald darauf fiel Hosea in ihre Hände. Die Stadt hielt sich noch drei Jahre gegen ein vermutlich kleines Truppenkontingent, denn Šalmanassar hatte in den vier Jahren seiner Regierungszeit alle Hände voll zu tun, um das Weltreich wieder zu festigen. Kurz nachdem Sargon II. König von Assur geworden war, ergab sich Samaria. Damit endete die Geschichte des Nordreiches Israel, das nun in die vier assyrischen Provinzen Megiddo, Dor, Gilead und Samaria (assyrisch Samerina) zerfiel. Die Assyrer deportierten die israelitische Oberschicht nach Mesopotamien und Medien und siedelten dafür eine neue Führungsschicht aus Babylon, Kuta und Hamath in Samaria an, dessen Statthalter fortan den Titel Rab Alani (›Herr der Städte‹) trug. Samaria blieb eine befestigte Stadt, aber ihre assyrische Oberschicht hatte nicht die Kraft, die Provinzkapitale zu neuer Blüte zu erwecken.

Unter den Persern erhielt die Provinz eine gewisse Selbständigkeit zurück und umfaßte nun auch Juda. Die vor allem nach den Pogromen von 452 v. Chr. aus dem Exil zurückkehrenden Judäer begannen mit dem Wiederaufbau und der Befestigung Jerusalems. Sanballat I. (etwa 446–434), Statthalter von Samaria, sah darin eine Bedrohung seiner Hauptstadt und verbot die Aufbauarbeiten, die Judäer aber wandten sich an den königlichen Mundschenk Nehemia, der von Artaxerxes I. die Genehmigung zum Weiterbau erwirkte. Artaxerxes ernannte Nehemia 445 v. Chr. zum Statthalter in Jerusalem und trennte damit Juda von Samaria. Neben die politische Trennung trat auch die religiöse, da die Juden die Bevölkerung Samariens, die Samariter, als ein unreines Volk betrachteten (vgl. S. 239f.). Sanballat errichtete auf dem Berg Garizim bei Sichem/Nablus das Zentralheiligtum der Samariter, gewissermaßen als Pendant zum Jerusalemer Tempel, der inzwischen neu erstanden war. Sanballat III. (etwa 340–332) beteiligte sich an der Eroberung von Tyros durch Alexander den Großen und erhielt dafür die Genehmigung, auf dem Garizim einen Tempel zu bauen. Auf dem Rückzug aus Ägypten zerstörte Alexanders Truppenführer Perdikkas jedoch die Stadt, wohl um einen Aufstand niederzuschlagen. Sanballat kam dabei ums Leben, die Bewohner wurden nach Sichem umgesiedelt. Dafür gründete Perdikkas in Samaria eine Kolonie makedonischer Kriegsveteranen. 107 v. Chr. bezwang Johannes Hyrkanos nach einjähriger Belagerung Samaria. Er »zerstörte die Stadt von Grund auf, und ließ sich von reißenden Gebirgsbächen überströmen. Hierdurch wurde sie derartig unterwühlt, daß sie in die Schluchten hinabstürzte und kaum noch den Anblick einer Stadt darbot« (Jüd. Altert. XIII, 10,3).

57–55 v. Chr. baute der römische Konsul Aulus Gabinius die Stadt wieder auf. 38 v. Chr. hielt sich Herodes, damals Präfekt von Galiläa, in Samaria auf und heiratete hier Mariamme, die Enkelin des Königs Hyrkan II. und ›letzte Makkabäerin‹. 30 v. Chr. erhielt er die Stadt von Octavian, seit einem Jahr Alleinherrscher über das Imperium Romanum, geschenkt, und begann ihren großzügigen Ausbau. Als Octavian 27 v. Chr. zum Augustus (griechisch Sebastos) erhoben wurde, nannte Herodes die neue Stadt seinem Gönner zu Ehren Sebaste (hier ließ er übrigens die beiden Söhne aus seiner Ehe mit Mariamme, Alexander und Aristobulos, erdrosseln). Das herodianische Sebaste entwickelte sich zu einer großen und schönen Stadt, deren Mauern die Fläche von fast 80 ha umschlossen. Auf der Akropolis entstand ein Augustustempel. In der ›Stadt Samariens‹, wie das Neue Testament Sebaste nennt, wirkten Simon Magus, Begründer der Gnosis, einer religions-philosophischen Lehre, der Diakon Philippus und die Apostel Petrus und Johannes.

Die beiden jüdischen Aufstände von 66–70 und 132–135 dezimierten die Bevölkerung von Sebaste so stark, daß die prächtige Stadt schnell zerfiel. Um 200 gab der Kaiser Septimius Severus ihr den Status einer Colonia mit dem offiziellen Namen Lucia Septimia Severa Sebaste, konnte aber damit den weiteren Niedergang nicht aufhalten. Das benachbarte, von Titus gegründete Neapolis (heute Nablus) übernahm die führende Rolle in Samarien. Zwar hatte Sebaste in byzantinischer Zeit einen eigenen Bischof, doch schon Eusebius († 339) fand nur noch ein verträumtes Städtchen vor. 362 ließ Kaiser Julian Apostata (= ›der Abtrünnige‹) die Kirchen auf der Akropolis niederreißen und die christlichen Gräber verwüsten. Unter Theodosius I. (379–395) erstand über den Gräbern eine Basilika, die Johannesbasilika, in der als kostbarste Reliquie das Haupt des Täufers aufbewahrt wurde. 614 fiel die Kirche dem Persersturm zum Opfer. Die Kreuzfahrer bauten sie schöner und größer wieder auf, die Araber wandelten sie nach 1187 in eine Moschee um. 1483 berichtete Johann Graf zu Solms: »Die Statt Samaria ist zu solchem elend kommen, daß sie in warheit ist worden ein Krautgart.« In dem Namen des heutigen arabischen Dorfes Sebastije (Sebastiya) lebt das alte Sebaste fort.

Archäologie: 1908–1910 führte ein amerikanisches Forschungsteam der Harvard Universität unter G. A. Reisner, S. S. Fisher und D. G. Lyon erste Grabungen auf der Akropolis von Samaria/Sebaste durch, 1931–1933 und 1935 setzte die anglo-amerikanische Joint Expedition unter J. W. Crowfoot die Arbeiten fort. 1965/66 arbeiteten Archäologen der jordanischen Altertümerverwaltung in Samaria. Weitere Grabungen stoßen auf den Widerstand der einheimischen Bevölkerung, deren Häuser und Äcker den größten Teil des Stadtareals bedecken.

Die Ausgrabungsstätte
Ein geräumiger Parkplatz mit Restaurant und Andenkenverkauf erwartet Sie am römischen Forum oberhalb des Dorfes Sebastije. Sie befinden sich hier bereits inmitten der antiken Stadt, die in israelitischer Zeit bei einer Ausdehnung von rund 400 × 200 m eine Fläche von 6 ha einnahm. In hellenistischer Zeit verdoppelte sich das Areal der Stadt auf etwa 12 ha, unter Herodes dem Großen schwoll es auf fast 80 ha an. Das 128 × 72,5 m große **Forum,** Marktplatz und Mittelpunkt des öffentlichen Lebens, entstand vermutlich unter Herodes und wurde im späten 2. Jh. n. Chr. erneuert. Säulenhallen umschlossen den weiten Platz, auf den bequem ein Fußballfeld passen würde. An die Westseite lehnte sich die **Marktbasilika**

aus der Zeit des Septimius Severus (um 200; Abb. 53). Zwei korinthische Säulenreihen teilten das 68 × 32 m große Bauwerk in drei Schiffe. Steinplatten bedeckten den Boden des Mittelschiffs, den der beiden Seitenschiffe schmückten Mosaike. Von der Basilika stehen noch die Grundmauern, eine Exedra im Norden und mehrere Säulen. Das **israelitische Stadttor** südlich der Basilika stammt aus dem 9. Jh. v. Chr. und wurde vermutlich von König Ahab erbaut.

Auf dem Weg zur Akropolis kommt man an einem wuchtigen hellenistischen **Rundturm** vorbei. Das aus Binderreihen errichtete Festungswerk, das etwa 12 m durchmißt, ist dem 4. oder 3. Jh. v. Chr. zuzuordnen. Das römische **Theater** gehört der späteren Kaiserzeit an. Sein Zuschauerraum mit 14 gut erhaltenen Sitzstufen schmiegt sich an den Nordhang der Akropolis. Vom Bühnenhaus sind nur noch geringe Mauerreste vorhanden. Auf der höchsten Stelle der Akropolis errichtete Herodes der Große um 25 v. Chr. zu Ehren seines vergöttlichten Gönners den **Augustustempel,** von dem heute nicht mehr allzu viel zu sehen ist (Farbt. 30). Aus einem etwa 70 m langen, trapezförmigen Vorhof führte eine 25 m breite Monumentaltreppe zum eigentlichen Tempel empor, einem 35 × 24 m großen Bau auf einem 4 m hohen Podium, das mit Bauschutt der hellenistischen Stadtanlage gefüllt war. Die Treppe fügte wohl Septimius Severus anläßlich von Restaurierungsarbeiten hinzu. Vor ihr stand der große Altar, in dessen Nähe die Archäologen den 3 m hohen Torso einer Kolossalstatue des Kaisers fanden.

Unter dem Podium stießen die Ausgräber auf den **Palast des Königs Omri,** der im Stil der frühorientalischen Hausanlage gehalten war (kleinere und größere Höfe wurden von Sälen und Zimmern umschlossen). Omris Sohn und Nachfolger Ahab, der erfolgreichste und zugleich umstrittenste König Israels, erweiterte den Palast seines Vaters. Er schuf das berühmte ›Elfenbeinhaus‹ (1 Kön 22,39) und lebte darin mit seiner phönikischen Gattin

Samaria
1 römische Stadtmauer
2 Westtor
3 Kolonnadenstraße
4 Läden
5 Forum
6 Marktbasilika
7 israelitisches Stadttor
8 römisches Theater
9 hellenistischer Rundturm
10 Akropolis
11 Augustustempel
12 Paläste der Omriden
13 Johanneskirche
14 Koretempel
15 Stadion
16 Johanneskirche
   (Nabi-Jahia-Moschee)

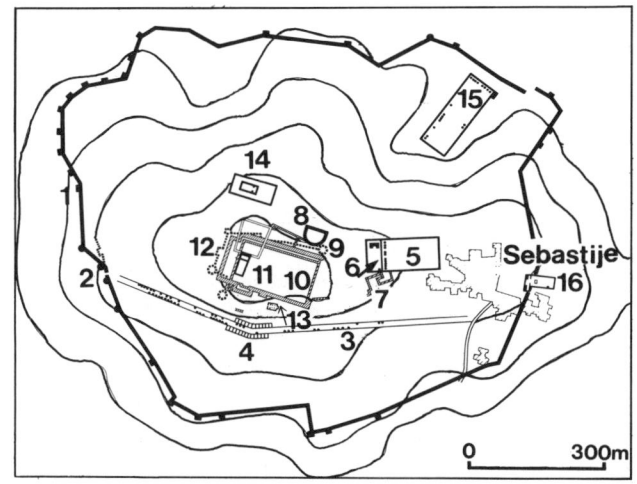

Isebel, die hier – vielleicht unter dem Tempel des Augustus – ihr Baalheiligtum hatte. Ahabs Palast konnte durchaus mit den Palästen der assyrischen Großkönige konkurrieren, wohl nicht in der Größe, aber in der Kostbarkeit der Ausstattung. Wundervoll gearbeitete **Elfenbeinschnitzereien** schmückten die Räume und die Möbel. »Ihr liegt auf Betten aus Elfenbein«, erzürnte sich Amos (6,4). Die Ausgräber fanden viele hundert Bruchstücke flacher, geschnitzter Elfenbeinplatten, die Ahab aus fernen Ländern bezog. Die einzigartigen Arbeiten lassen Elemente ägyptischer, syrischer, phönikischer und mitannischer Kunst erkennen. Die Pilaster in den Repräsentationsräumen trugen Kapitelle protoionischen Stils. In einem Gebäude des Palastes von Ahab fanden sich zahlreiche **Ostraka** aus der Zeit um 800 v. Chr., mit Tinte beschriebene Tonscherben, Quittungen über Öl- und Weinlieferungen der königlichen Güter. 1963 entdeckte der Archäologe P. W. Lapp 75 Tonkrüge mit Papyri, die u. a. Aufzeichnungen über zu erhebende Steuern enthielten. Im nördlichen Teil des Palasthofes stießen die Ausgräber auf ein gemauertes **Wasserbecken** von 10 m Länge, 5,20 m Breite und 90 cm Tiefe. Vielleicht handelte es sich dabei um den ›Teich von Samaria‹, in dem der blutverschmierte Streitwagen des Ahab gewaschen wurde, nachdem der König im Kampf gegen die Aramäer gefallen war. »Als man im Teich von Samaria den Wagen ausspülte, leckten Hunde sein Blut, und Dirnen wuschen sich darin ...« (1 Kön 22,38). Der ganze Palastkomplex war von einer etwa 2,5 m breiten **Kasemattenmauer** umgeben, deren sorgfältig behauene Bossenquader in Läufer-Binder-Technik verlegt waren und ein erstaunlich hohes Niveau der Steinmetzkunst verraten. Auch hier wirkten wohl phönikische Baumeister.

Nördlich vom Augustustempel entstand unter Septimius Severus ein **Koretempel**. Kore (griechisch für ›Mädchen‹) ist der Beiname der Persephone, der Göttin der Unterwelt, Tochter des Zeus und der Demeter. Ihre jährliche Rückkehr aus dem Hades zur Oberwelt versinnbildlichte das Wiedererwachen der Natur im Frühling. Der Tempel, von dem nur noch die Fundamente vorhanden sind, erhob sich in einem 95 × 45 m großen, von Säulenhallen eingefaßten Temenos. Eine Inschrift lautet: »Gott ist Eins; groß ist Kore, die Unbezwungene.«

Südlich der Akropolis verlief zwischen West- und Osttor eine 1700 m lange, von rund 600 Säulen gesäumte **Kolonnadenstraße,** eine Geschäftsstraße aus der Zeit des Septimius Severus (im mittleren Abschnitt unterhalb der Akropolis sind die Läden und Wohnräume noch zu sehen). Je zwei Räume gehörten wohl zusammen, denn von den jeweils nächsten beiden trennte sie eine 1 m dicke Wand. Auf der Nordseite waren die Geschäftshausreihen einstöckig, auf der Südseite, zumindest teilweise, zweistöckig. Das **Westtor** am Ende der Kolonnadenstraße entstand in hellenistischer Zeit, wurde von Herodes dem Großen erneuert und erhielt seine letzte Gestalt um 200 n. Chr. Zwei mächtige Rundtürme, der nördliche davon auf hellenistischen Fundamenten, schützten den Zugang. Jeder von ihnen hatte oben vier Räume, in denen wahrscheinlich die Torwache untergebracht war. An die Türme schloß sich die **Stadtmauer** an, die mit einer Länge von 3700 m das römische Sebaste umschloß. Nördlich vom Tor sind noch Teile der hellenistischen Stadtmauer zu erkennen. Eine zweite Kolonnadenstraße verlief nördlich der Akropolis und endete am Forum.

In einer Mulde des nordöstlichen Stadtbereichs lag das **Stadion,** ein langgezogenes, rechteckiges Peristyl mit überdachten Säulengängen. Die Laufstrecke entsprach genau dem klassischen Stadion (= 186 m). Heute ist die herrliche Anlage von Oliven-, Feigen- und Johannisbrotbäumen umgeben. Am Südhang der Akropolis steht die Ruine einer kleinen **byzantinischen Kirche,** die zwischen dem 5. und dem 7. Jh. erbaut wurde und der ›Auffindung des Hauptes Johannes des Täufers‹ geweiht war. Sie wurde von den Kreuzfahrern erneuert, verfiel aber in den folgenden Jahrhunderten. Vorhanden sind noch Teile der Apsis und Bruchstücke von Pfeilern, die die Holzkuppel der Vierung trugen. Links vom Altar führen Stufen in eine gewölbte Krypta, an deren östlichem Ende man über einer Nische Reste eines römischen Freskos erkennen kann. Das Fresko stellt die Hinrichtung des Täufers und die Auffindung des Hauptes dar.

Im heutigen Dorf Sebastije steht außerhalb der römischen Stadtmauer die Ruine der **Johanneskirche.** Im 4. Jh. bauten die Byzantiner an dieser Stelle über römischen Gräbern eine Kirche, von der sich einige Steinschichten in den unteren Lagen der Nordmauer bewahrt haben. Sie gehörte zu einem griechisch-orthodoxen Kloster, dessen Fundamente unter den Häusern von Sebastije ruhen. Zwischen 1150 und 1160 errichteten die Kreuzfahrer auf den Ruinen eine 48 × 23 m große Basilika, die zu den schönsten und prächtigsten Kirchen im Heiligen Land zählte und nur von der Grabeskirche in Jerusalem übertroffen wurde. Das Gotteshaus war »mit Gold und Silber ausgelegt und mit kostbaren Tuchen behängt«. Die zahlreichen Pilger brachten so viele Spenden, daß mit einem Teil der Gelder die Kirche auf dem Berg Zion unterstützt werden konnte. Neben der Johannesbasilika standen der Bischofspalast und ein großes Kloster. Pfeiler mit vorgesetzten Säulen grenzten die drei Schiffe der Basilika voneinander ab. Einige Pfeilerbündel und Gurtbögen sowie ein Teil der Westfassade blieben erhalten. Der alte Chor ist seit dem 14 Jh. mit einem Dach von acht Kuppeln überwölbt und dient noch heute als Moschee. Die moslemischen Araber nennen sie Nabi Jahia (›Prophet Johannes‹), denn auch sie verehren den Täufer. In der Mitte des offenen Kirchenschiffes steht ein Kuppelbau über einer Grabkrypta. Ein kleinerer lehnt sich an die Wand des Kirchenschiffes. 20 Stufen führen nach unten in eine Krypta mit einem gewöhnlichen Römergrab aus dem 2. oder 3. Jh., das von einer Basalttür abgeschlossen wurde. Sechs Nischen ordnet die christliche wie auch die islamische Tradition den Gräbern des Propheten Elischa (unten links), des Täufers Johannes (unten Mitte), des Propheten Obadja (unten rechts) sowie den Eltern des Täufers, Zacharias und Elisabet (oben), zu. Die mittlere obere Nische soll das Haupt des Täufers verwahrt haben.

Die Verehrung des Täufergrabes ist seit dem 4. Jh. bezeugt. Hieronymus (um 347–419) erwähnt die Stätte, »wo die Gebeine Johannes' des Täufers beigesetzt sind«. Johannes wurde im Jahre 29 n. Chr. in der Festung Machärus (östlich des Toten Meeres) hingerichtet. Die Geschichte von Salomes Tanz vor ihrem Stiefvater Herodes Antipas und der Enthauptung des Täufers erzählt Markus (6,21). Wie die sterblichen Überreste des Johannes nach Sebaste kamen, ist schwer zu erklären. Möglicherweise verwechselte die Tradition Herodes Antipas mit seinem Vater Herodes dem Großen, der häufig in seiner Stadt Sebaste residiert hatte, und verlegte die Enthauptung aus der fernen Landschaft Peräa in das nahe Samarien.

Bet Alfa

7 km vor Afula, einer kleinen, modernen Einwandererstadt (20 000 Einwohner), biegt man in Richtung Bet She'an ab und erreicht nach etwa 13 km den Kibbuz Hefzi Bah mit den berühmten Mosaiken der Synagoge von Bet Alfa.

Geschichte

Die Synagoge, die im Gegensatz zu denen von Kafarnaum, Korazim und Bar'am der sogenannten späteren Bauart zugeordnet wird, entstand zu Beginn des 6. Jhs., vermutlich unter Kaiser Justin I. (518–527). Sie gehörte zu einem wohlhabenden Dorf mit dem Namen Bet Alfa, der in islamischer Zeit als Beit Ilfa fortlebte. Schon wenige Jahre nach seiner Fertigstellung wurde das Bauwerk durch ein Erdbeben zerstört. Die Trümmerschicht bewahrte die Mosaike vor ihrer Vernichtung durch Bilderstürmer. (Die Bestrebungen fanatischer jüdischer Gruppen, den mosaischen Geboten entsprechend alle bildlichen Darstellungen aus den Synagogen zu entfernen, entwickelten sich im 7. Jh. parallel zur christlichen Bilderstürmerei. Diese asketischen Strömungen, denen unzählige Werke der römisch-byzantinischen Epoche zum Opfer fielen, sind wohl als Teil eines Selbstreinigungsprozesses angesichts des erwachenden Islam zu verstehen.)

In der Nähe des verlassenen arabischen Dorfes Beit Ilfa gründeten jüdische Siedler 1921 den Kibbuz Bet Alfa. Im Jahr darauf schufen jüdische Einwanderer aus Deutschland und der Tschechoslowakei den benachbarten Kibbuz Hefzi Bah, dessen Gebiet das Terrain des alten Bet Alfa umfaßte. Beim Ausheben eines Bewässerungskanals stießen die Siedler von Hefzi Bah im Jahre 1928 auf die Mosaiken der alten Synagoge. Der israelische Archäologe Eleazar L. Sukenik legte sie im Auftrag der Hebräischen Universität, Jerusalem, frei. Heute sind die kostbaren Fußböden von einem schützenden Museum umgeben.

Die Synagoge

Die Synagoge war ein 27,70 m langer und 14,20 m breiter dreischiffiger Bau mit einer Mittelapsis im Süden. In der um drei Stufen erhöhten Apsis stand der Thoraschrein. Zwei Pfeilerreihen trugen die Frauenempore, die über eine Treppe vom westlichen Anbau zu erreichen war. Im Gegensatz zu den frühen Synagogen lagen die drei Eingangsportale der Synagoge von Bet Alfa im Norden. Der Portikus war als Narthex in den Bau integriert. Die Synagoge wirkte dadurch sehr massig und verlor an architektonischem Reiz. Die Frauenempore über den beiden Seitenschiffen setzte sich als Verbindung über dem Narthex fort. Vor dem Bau lag ein 12,50 × 9 m großes Atrium, ein ummauerter Hof mit einem Eingang im Westen.

Der Fußboden des gesamten Synagogenkomplexes war mit **Mosaiken** ausgelegt. Geometrische Muster (Quadrate, Rhomben, Oktogone, Teppichmuster usw.) bedeckten Atrium, Narthex und die beiden Seitenschiffe. Nur im westlichen Seitenschiff sind sie bemerkenswert gut erhalten, während sich im Hof, im Narthex und im östlichen Seitenschiff nur noch Fragmente finden. Das eindrucksvollste Mosaik schmückt den Fußboden des 10 × 5,30 m

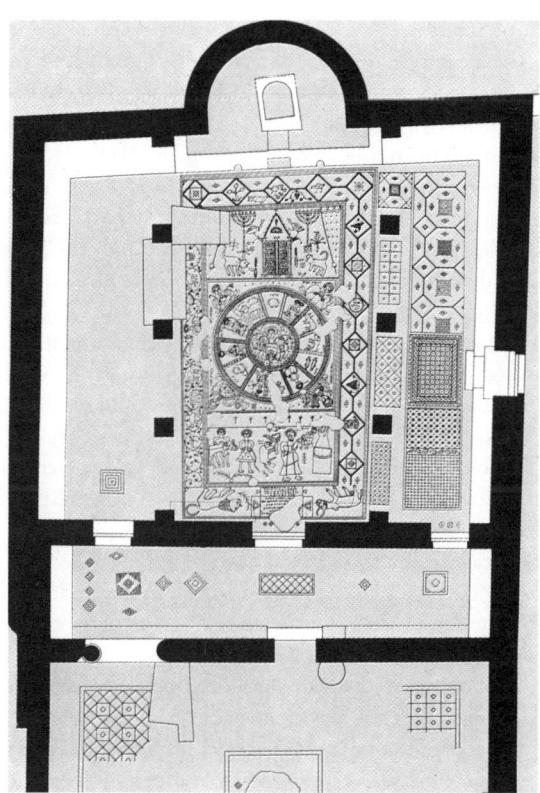

Bet Alfa: Grundriß der Synagoge mit dem berühmten Bodenmosaik

großen Hauptschiffes (Farbt. 29, Abb. 52). Es wird von einem breiten umlaufenden Rand mit geometrischen Mustern, Ranken, Tier- und Pflanzendarstellungen eingefaßt. Gleich hinter dem Mittelportal weist eine griechische Inschrift auf die Schöpfer der Mosaike hin, auf Marianos und seinen Sohn Hanina, die auch das Leontis-Mosaik im nahen Bet She'an schufen. Die stark beschädigte aramäische Inschrift darunter besagt, daß der Mosaikboden in der Herrschaftszeit des Kaisers Justin I. entstand. Zu beiden Seiten der Inschriften erkennt man einen Löwen und einen Stier.

Das große Mosaik bestand aus drei Feldern. Das vordere (nördliche) beschreibt die Opferung des Isaak (Gen 22): Rechts steht ein quadratischer Altar, aus dessen runder Vertiefung Flammen emporzüngeln. Abraham, der als zentrale Figur die ganze Höhe des Mosaikfeldes einnimmt, hebt mit der Linken seinen kleinen Sohn Isaak auf den Altar, in der Rechten hält er das Schlachtmesser. Sein graugesprenkelter Bart läßt ihn als betagten Mann erscheinen. Er trägt ein langärmeliges Hemdkleid mit doppelten Manschetten und darüber ein langes, ärmelloses Obergewand mit Zierborten, dazu eine Art Turban (Heiligenschein?)

und Schuhe. Die Hände des Knaben sind nach vorn gebunden; die Haare stehen ihm vor Angst zu Berge. Über den beiden Figuren liest man ihre Namen. Aus einer Wolke tritt zwischen Sonnenstrahlen die Hand des Engels hervor und weist auf Abraham: »Strecke (deinen Arm) nicht aus!« In der Mitte des Bildes ist der Widder, den Abraham an Stelle seines Sohnes opfern soll, an den Baum gebunden. Nach dem biblischen Text hatte er sich mit den Hörnern im Gestrüpp verfangen, aus Raummangel haben ihn die Künstler senkrecht dargestellt. »Und siehe, ein Widder!« steht daneben. Links warten die beiden kraushaarigen Knechte mit dem Esel, der gesattelt ist und eine Schelle um den Hals trägt. Der eine Knecht hält den Zügel des Tieres und in der anderen Hand einen Lederriemen, der wohl als Peitsche diente.

Ein Streifen mit roten und schwarzen Palmen leitet zum Mittelfeld über, das den Zodiak mit den zwölf Tierkreiszeichen rings um den frontal abgebildeten Sonnengott Helios in der Quadriga darstellt. (Der Tierkreis, Sinnbild für das Werden und Vergehen des Jahres, galt im Volksglauben schon seit alters her als sichtbares Zeichen für die Existenz Gottes.) Hinter Helios erkennt man Mond und Sterne. In den vier Ecken symbolisieren vier Frauenköpfe die Jahreszeiten: links oben den Frühling, links unten den Sommer, rechts unten den Herbst, rechts oben den Winter. Das hintere (südliche) Feld zeigt die Bundeslade bzw. den Thoraschrein. Zwei Vögel erklimmen den Giebel, von dem das ewige Licht leuchtet, zwei siebenarmige Leuchter (Menorot) flankieren den Schrein. Daneben sehen wir Feststräuße, Schaufeln, Hörner, Palmzweige, Zitrusfrüchte und zwei Löwen. Die Löwen sind Sinnbilder des Stammes Juda, mit der Schaufel gab der Opfernde Räucherwerk auf die Glut des Altars, das Schofar (Widderhorn) erklang bei allen feierlichen Handlungen (es wird noch heute im jüdischen Gottesdienst verwendet).

Das große Mosaik von Bet Alfa offenbart uns in bäuerlich-naiver und dennoch ausdrucksstarker Weise den mosaischen Glauben: die Opferbereitschaft der Stämme Israel und Gottes Eingreifen zur Errettung seines Volkes, das sichtbare Walten der himmlischen Kräfte und den Kultus der Synagoge, die an die Stelle des zerstörten Tempels von Jerusalem trat. Die Bewohner von Bet Alfa, zumeist einfache Bauern, zogen dabei eine leicht verständliche Darstellung der wichtigsten Inhalte ihres Glaubens der in jener Zeit sonst üblichen, technisch vollkommenen Nachahmung großer byzantinischer Meister vor.

Etwa 1 km weiter in Richtung Bet She'an liegt der Nationalpark **Gan HaShelosha**, der ›Garten der Drei‹, der an drei jüdische Siedler erinnert, die 1938 von Arabern getötet wurden. In den Teichen und Wasserfällen am Fuß des Berges Gilboa kann man auch im Winter baden, weil heiße Quellen das Wasser erwärmen (die Araber nennen den Park el-Sakhne = ›der Warme‹).

Bet She'an

Von Bet Alfa sind es 8 km bis Bet She'an (Beit Shean, Bet Schean), das am Westrand der Jordansenke 115 m unter dem Meeresspiegel inmitten einer ungewöhnlich fruchtbaren

Landschaft mit zahlreichen Seen liegt. Am Nordrand der modernen Kleinstadt (etwa 13 000 Einwohner) erhebt sich der schroff ansteigende, trostlos kahle Tell el-Husn, von dem aus Ägypter, Kanaaniter und Philister einst den Zugang von der Jesreel-Ebene zum Jordan sowie die uralte Karawanenstraße entlang des Flusses beherrschten. Nach dem Talmud war Bet She'an die Schwelle zum Garten Eden (Eruwin 19a). Die wichtigsten Sehenswürdigkeiten des Ortes sind das größte römische Theater Israels, die vier ägyptisch-kanaanitischen Tempel auf dem Tell el-Husn und die mosaikenreiche byzantinische Klosterruine auf dem Tell el-Mastaba.

Geschichte

Die frühesten Siedlungsspuren auf dem Tell el-Husn, dem ›Hügel der Stärke‹, reichen bis in das späte Chalkolithikum (etwa 3400–3100) zurück. Die damaligen Siedler bauten winzige Hütten aus plankonvexen, luftgetrockneten Lehmziegeln (Schicht XVIII und XVII). Im Übergang zur Frühen Bronzezeit entstanden apsidiale Häuser aus plangeformten Ziegeln (Schicht XVI). In den Schichten XV–XIII (2850–2150) entdeckten die Ausgräber Lehmziegelhäuser auf Steinfundamenten. Die Schichten XII und XI werden der Mittleren Bronzezeit I und IIa (2150–1750) zugeordnet und enthielten außer Keramikscherben keine nennenswerten Überreste. Auch die Hyksoszeit (Mittlere Bronzezeit IIb und c, 1750–1550) ist nur mit geringen Spuren vertreten (Schicht X). Bedeutend wurde Bet She'an (›Tempel des Gottes Schahan‹) wohl erst in der Späten Bronzezeit (1550–1200). Schahan (Shaan) war ein ursprünglich mesopotamischer Schlangengott, den die Kanaaniter hier verehrten (in der Tat fand man auf dem Tell el-Husn merkwürdige Kultgeräte mit aufgesetzten Schlangen).

Die Ägypter erkannten schon frühzeitig die strategische Bedeutung der Stadt am Ausgang des Harod-Tales, das die Jesreel-Ebene mit der Jordansenke verbindet. Thutmosis III. (1490–1436) gründete hier nach der Eroberung Kanaans eine Garnison und baute die Stadt zu der wohl stärksten ägyptischen Festung im Lande aus (Schicht IX und VIII). In den Tempeln und Stelen der folgenden Jahrhunderte zeigt sich eine einzigartige Verschmelzung kanaanitischer und ägyptischer Stilelemente. Amenophis III. (1402–1364) errichtete in der Nordwestecke der Stadt mit Blick zur Jesreel-Ebene eine mächtige Zitadelle (Schicht VII), Sethos I. (1305–1290) stationierte in Bet She'an Söldner zahlreicher unterworfener Völker (Schicht VI). Fast alle großen Pharaonen verewigten sich in Bet She'an durch den Bau eines Tempels, nur Ramses II. (1290–1224), der größte Bauherr Ägyptens, beschränkte sich auf sein Reich am Nil. Dafür ließ Ramses III. (1184–1153) gleich zwei Tempel errichten (Schicht V). Danach verloren sich allmählich die ägyptischen Einflüsse; Bet She'an entwickelte sich wieder zu einer rein kanaanitischen Stadt.

Bei der Landnahme durch die Israeliten kam Bet She'an zum Stamm Issachar, später aus unbekannten Gründen zum Stamm Manasse (Jos 17,11). Diese Zuteilung war jedoch rein theoretisch, denn der Stadtstaat blieb in der Hand der Kanaaniter (Jos 17,16) und die Israeliten mußten sich noch über Generationen mit den umliegenden Bergen begnügen (Ri 1,27). In der ersten Hälfte des 11. Jhs. v. Chr. drangen die Philister in die kanaanitisch-israelitischen Territorien vor, unterwarfen fast ganz Kanaan bis zur Jesreel-Ebene und eroberten dabei auch Bet She'an. Um 1020 v. Chr. begann Saul seinen Kleinkrieg gegen die Besatzer. Gegen 1004 v. Chr. kam es in der Jesreel-Ebene beim Berg Gilboa zum Zusammenstoß mit dem vortrefflich geschulten Söldnerheer der Philister. Die Israeliten wurden vernichtend geschlagen, Sauls Söhne Jonatan, Abinadab und Malkischua fielen, Saul selbst stürzte sich verzweifelt in sein Schwert. Die Philister enthaupteten seinen Leichnam und nagelten ihn und die Leichen seiner Söhne an die Mauern der nahen Garnisonsstadt Bet She'an (1 Sam 31,1). In ergreifenden Worten besingt ein Lied aus dem verlorengegangenen ›Buch des Aufrechten‹ den Heldentod Sauls und seines Sohnes Jonatan (2 Sam 1,19–27)

David (etwa 1004–968) vertrieb die Philister und schuf ein starkes Israel, in Bet She'an und den anderen großen Städten blieben die Kanaaniter aber weiterhin ihre eigenen Herren. Dies änderte sich wohl erst unter Salomo (etwa 968–930), der Bet She'an mit Megiddo, Taanach, Jokneam und anderen Orten dieser Gegend zu einem Verwaltungsbezirk zusammenfaßte. Bet She'an gehörte zu den letzten kanaanitischen Städten, die die Israeliten ihrer Herrschaft unterstellten. In der Zeit des Nordstaates Israel war Bet She'an nur noch ein unbedeutendes Dorf (Schicht IV), ebenso unter den Assyrern, Babyloniern und Persern.

In hellenistischer Zeit erwachte Bet She'an unter dem Namen Skythopolis (›Stadt der Skythen‹) zu neuem Leben. Die Skythen, ein kriegerisches, aber auch kunstfertiges Nomadenvolk iranischen Ursprungs, gründeten um 700 v. Chr. im Don-Donau-Raum ein mächtiges Reich, das rund 500 Jahre lang bestand. Um 626 v. Chr. drangen sie, den Verfall des syrischen Weltreiches nutzend, über Syrien nach Palästina vor und bedrohten Ägypten. Pharao Psammetich I. (663–609) zog ihnen entgegen und bewog sie durch reiche Geschenke zur Umkehr (Herodot I, 105). Der Skythensturm hatte sich also schnell wieder gelegt, aber etliche Gruppen der kühnen Eroberer blieben im Land. Ob die Gründung von Skythopolis im 3. Jh. v. Chr. auf sie zurückgeht, ist zweifelhaft. Vermutlich löste eine Abteilung skythischer Reiterei, die unter Ptolemaios II. Philadelphos (282–246) in Bet She'an stationiert war, den Neuaufbau aus. Als Judas Makkabäus 163 v. Chr. mit seinen Freischärlern die Stützpunkte der Seleukiden in Palästina angriff, kam er auch nach Skythopolis. Er ließ es jedoch unbehelligt, weil die heidnischen Einwohner gute Kontakte zur hiesigen jüdischen Gemeinde unterhielten (2 Makk 12,29).

Im ausgehenden 2. Jh. v. Chr. wurde Skythopolis von Johannes Hyrkanos I. erobert, 63 v. Chr. kamen die Römer. Pompejus faßte Skythopolis mit neun anderen Städten (Abila, Dion, Gadara, Gerasa, Hippos, Kanatha, Pella, Philadelphia und Raphana) zur Dekapolis zusammen, einem von Rom abhängigen, nach innen aber freien Zehnstädtebund, der gewissermaßen als Gegengewicht zum hasmonäischen und nabatäischen Reich fungieren sollte. Im 1. Jh. n. Chr. war Skythopolis die größte Stadt des Bundes und zeitweise auch dessen Hauptstadt. Eine rund 5 km lange Mauer umgab den Ort, der sich rings um den alten Siedlungshügel weit ausgedehnt hatte (Schicht III). Eine hochentwickelte Landwirtschaft in dem wasserreichen Umland und eine blühende Textilindustrie brachten großen Wohlstand.

In byzantinischer Zeit entstanden in Skythopolis mehrere Kirchen, die Stadt wurde Bischofssitz (frühes 4. Jh.; Schicht II). Nach der arabischen Eroberung im Jahre 636 nannte man sie in Abwandlung des alten Namens Beisan. Auch in der Kreuzfahrerzeit war der Ort bewohnt, aber die Franken verlegten den Bischofssitz in das größere Nazaret. 1183 kam das Städtchen wieder unter islamische Herrschaft. Im 14. Jh. hatte Beisan eine jüdische Gemeinde. Rabbi Ashtori haParhi verfaßte hier im Jahre 1322 das erste Werk über die Geographie Palästinas in hebräischer Sprache. Um 1400 erbauten die moslemischen Bewohner auf dem Tell eine kleine Moschee. Vor dem Zweiten Weltkrieg zählte Beisan etwa 3000 vorwiegend arabische Einwohner. Im Krieg von 1948 verließen sie den Ort, der sich seitdem zu einer modernen jüdischen Stadt entwickelt.

Archäologie: 1921 begann die University of Pennsylvania unter Leitung von C. S. Fisher, A. Rowe und G. M. FitzGerald auf dem 40 m hohen Tell el-Husn mit Ausgrabungen größeren Umfanges. Bis 1933 hatten die Archäologen 18 Siedlungsschichten vom Chalkolithikum bis zur Gegenwart in einer Gesamtstärke von 22 m untersucht und auf dem benachbarten Tell el-Mastaba Mosaikböden eines byzantinischen Klosters aufgedeckt. 1959–1961 legte der israelische Archäologe Shimon Appelbaum das römische Theater frei, 1962 schloß Avraham Negev die Arbeiten seines Vorgängers ab. Die archäologischen Forschungen auf dem riesigen Areal des hellenistisch-römischen Skythopolis dauern an.

Die Stadt Bet She'an

Das moderne Bet She'an umfaßt im Süden und Westen Teile der antiken Stadt Skythopolis. Die Hauptstraße Sha'ul Hamelech (Shaul Street, König-Saul-Straße) beginnt am Stadtpark, der ein kleines **Freilichtmuseum,** ein Lapidarium, enthält. Ganz in der Nähe liegt das **Serail,** ein türkisches Verwaltungsgebäude aus dem Jahre 1905 mit einem Portal aus antiken Säulen. Das **Museum** neben der kleinen Moschee zeigt interessante Funde aus jüngeren Ausgrabungen, darunter das reizvolle Leontis-Mosaik. Südlich der Hauptstraße finden sich einige Reste des römischen **Hippodroms,** nördlich von ihr führt eine Straße zum römischen Theater.

Das römische Theater

Das römische Theater, südlich des hoch aufragenden Tell el-Husn im Tal des Baches el-Melab gelegen, gilt als der besterhaltene antike Theaterbau Israels (Farbt. 32). Es wurde wohl schon im 1. vorchristlichen Jahrhundert erbaut und unter Kaiser Septimius Severus (193–211) erweitert. Seit dem Ende des 3. Jhs. fanden keine Aufführungen mehr statt; erst im 6. Jh., vermutlich unter Justinian I. (518–527), setzte man das Theater wieder instand und stattete es mit modernsten technischen Finessen aus. Eine Wasserleitung aus der nahen Quelle Ain el-Melab läßt vermuten, daß hier auch Naumachien (Wasserspiele) zu sehen waren. Das Bühnenhaus ist rund 90 m breit. Im weiten Halbrund der Cavea (Zuschauerraum) konnten etwa 8000 Zuschauer den Darbietungen folgen. Eine Praecinctio (= Umgang) teilte sie in zwei Ränge. Der untere mit 15 Sitzreihen war in den Hang gegraben, der obere ruhte auf Substruktionen. Von den neun Vomitorien (= Ausgänge), die von der Praecinctio in einen inneren Umgang führten, zweigten kurze Gänge ab, die jeweils in einem kleinen Kuppelraum endeten. Diese architektonische Extravaganz, deren Bestimmung noch unbekannt ist, stellt eine einmalige Besonderheit im römischen Theaterbau dar. Ovale Vertiefungen in der Seitenwand der Praecinctio sorgten für eine verbesserte Akustik. Die vorderste Sitzreihe, aus Marmor bestehend, war den Ehrengästen vorbehalten, sie konnte durch eine einsetzbare Balustrade von den darüberliegenden Sitzstufen abgeteilt werden. Von den oberen Reihen aus blickten die Zuschauer auf die großartige Kulisse des wuchtigen Stadthügels. Hinter dem Proszenium (Bühne) versteckte sich ein gewölbter Gang, das Hyposzenium. In seinem östlichen Teil entdeckten die Ausgräber einen Altar zu Ehren der Göttin Tyche.

Das Theater war ungewöhnlich gut ausgestattet. Die dreitürige Scaenae frons (= Bühnenrückwand) bestand aus zwei Stockwerken mit korinthischen Säulen. Die Wandflächen schmückten polychrome Mosaiken aus quadratischen, rhombischen, drei- und vieleckigen Elementen sowie Akanthusranken und symbolische Menschen- und Tiergestalten. Zwei kreisrunde Treppentürme flankierten das Bühnenhaus. Von den Türmen aus wurde die raffinierte Bühnenmaschinerie bedient, die das Herabschweben und Verschwinden von Göttern und Heroen ermöglichte. Zwei Seitenhallen verbanden das Bühnenhaus mit dem Zuschauerraum. In der westlichen kamen Fragmente einer Marmorstatue aus dem 1. Jh. v. Chr. zum Vorschein, die vermutlich den Hermes Psychopompos darstellte. An die Westseite des Theaters wurde im 4. Jh. eine **byzantinische Kirche** angebaut, die aber bei der Erneuerung des Theaters im 6. Jh. wieder weichen mußte.

In der Nähe des Theaters fanden die Ausgräber das Bodenmosaik einer vornehmen **Villa,** die einem gewissen Kyrios Leontis gehörte, einem reichen Juden aus Alexandria. Das aus dem 5. Jh. stammende Mosaik, das sich heute im Museum von Bet She'an befindet, zeigt in naiver Darstellung Odysseus bei den Sirenen und den Gott des Nils auf einem Krokodil. Die Gestalter dieses Werkes, Marianos und sein Sohn Hanina, schufen auch die berühmten Mosaike in der Synagoge von Bet Alfa (vgl. S. 268f.). Zwischen dem Theater und dem Tell el-Husn verlief eine römische **Kolonnadenstraße** mit zahlreichen Läden; einige Säulen und Mauern am Südwestfuß des alten Stadthügels stehen, umgeben von alten Feigenbäumen, noch aufrecht.

Tell el-Husn

Auf dem schroff ansteigenden, kahlen Tell el-Husn lag das biblische Bet She'an (Abb. 54). Zu sehen sind heute nur noch spärliche Mauer- und Fundamentreste von vier ägyptischen Tempeln, die zwar nicht mit den riesigen und wunderbar erhaltenen Tempelanlagen in Ägypten konkurrieren können, aber wegen ihrer historischen Bedeutung und der Verschmelzung mit kanaanitischen Traditionen höchstes Interesse verdienen. Die Tempel kamen unter einem hellenistisch-römischen Dionysostempel zum Vorschein, der von einer byzantinischen Rundkirche und einer um 1400 entstandenen kleinen Moschee überbaut war. An dieser Stelle läßt sich also über rund 3000 Jahre die Kontinuität eines heiligen Ortes verfolgen.

Der erste ägyptische Tempel von Bet She'an, der **Tempel Thutmosis' III.,** wurde gegen 1450 v. Chr. erbaut. Er war dem kanaanitischen Gott Mekal (Mikal), dem ›Herrn von Bet

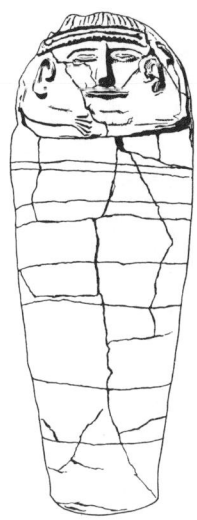
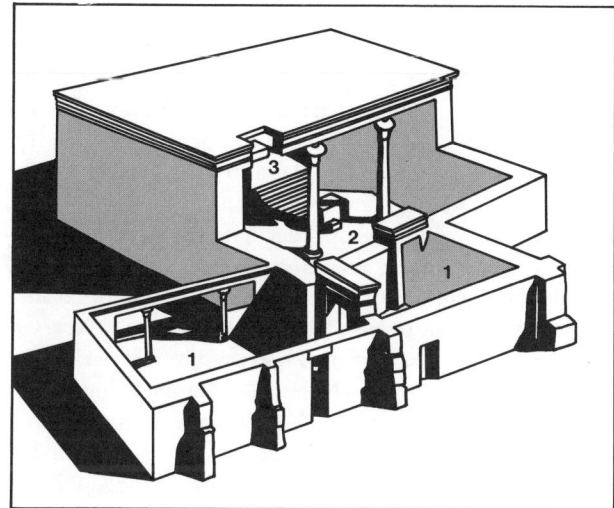

Bet She'an: anthropoider Terrakottasarkophag (links) und Rekonstruktion des Tempels Sethos' I.
(1 Vorräume   2 Altar   3 Allerheiligstes)

She'an‹, geweiht. Hervorragend erhalten hat sich sein großer Stufenaltar, wo noch immer die heilige Steinsäule steht, eine Massebe, von der man annahm, daß ein Gott in ihr wohne (Schicht IX). In dem Tempel fand man eine 28 cm hohe **Gedenkstele** aus Kalkstein, die ein Ägypter für seinen Vater aufgestellt hatte (sie befindet sich heute im Jerusalemer Rockefeller Museum). Sie zeigt Vater und Sohn, wie sie dem Stadtgott Mekal huldigen. Der **Tempel Amenophis' III.** entstand in der ersten Hälfte des 14. Jhs. v. Chr. Daneben stießen die Ausgräber auf ein repräsentatives Gebäude, das vermutlich als Residenz des ägyptischen Statthalters diente (Schicht VII).

Der **Tempel Sethos' I.** aus der Zeit um 1300 v. Chr. ist in seiner Anlage noch gut zu erkennen. Man betrat das Heiligtum durch zwei Vorräume im Süden. In der Mitte der Tempelhalle stand ein Altar, hinter dem sieben Stufen in das Allerheiligste emporführten. Diese Erhöhung weist auf kanaanitische Einflüsse hin, denn sie ist im ägyptischen Tempelbau nicht üblich. Der blau eingefärbte Fußboden zeigte die lebensgroße Darstellung eines Falken mit den Symbolen Ober- und Unterägyptens (Schicht VI). In diesem Tempel kam die **Siegesstele Sethos' I.** ans Tageslicht, eine 2,42 m hohe Basaltplatte, die zeigt, wie der Pharao dem falkenköpfigen Gott Re-Harachte eine Opfergabe überreicht; der Hieroglyphentext beschreibt den Feldzug des Königs gegen die Koalition kanaanitischer Könige. Die Stele gehört heute zum Bestand des Jerusalemer Rockefeller-Museums.

Der **Tempel Ramses' III.** stammt aus dem frühen 12. Jh. v. Chr. und war noch um 1000 v. Chr., also zur Zeit Davids, in Gebrauch. Es handelte sich dabei um einen Doppeltempel, dessen beide Teile ein Hof verband. Der südliche Tempel erhob sich unmittelbar über dem Tempel Sethos' I., war aber um etwa 90° von diesem abgewinkelt. Seine Halle, die eine Fläche von etwa 15 × 9 m bedeckte, war von kleineren Nebenräumen flankiert; sechs Säulen sützten das Dach. Fünf Stufen führten zum Altar im Osten empor. Vermutlich war dies der ›Tempel des Dagon‹ (1 Chr 10,10), jenes von den Philistern verehrten Gottes der Fruchtbarkeit, des Getreides. Der nördliche Tempel war einschließlich seiner 1,5 m dicken Mauern etwa 15,5 × 11,5 m groß. Auch bei ihm lag der Eingang im Westen und der Altar im Osten. Er könnte der ›Tempel der Astarte‹ (Aschtoret) gewesen sein, der ›Herrscherin des Himmels und Führerin aller Götter‹, jener Göttin, der die Philister die Rüstung des toten Saul als Weihegabe darbrachten (1 Sam 31,10). In der Nähe des Tempeleingangs fanden die Ausgräber eine **Statue von Ramses III.**, der um 1190 v. Chr. den Ansturm der ›Seevölker‹ auf Ägypten abwehrte und die Philister, die wohl stärkste Seevölkergruppe, in der südlichen Küstenebene Kanaans ansiedelte. (Die Statue befindet sich heute im Rockefeller-Museum von Jerusalem). In der Tempelhalle stand einst eine 37 cm hohe **Stele der Astarte** oder der Göttin Antit (Anat), der Göttin des Krieges, aber auch des Lebens und der Fruchtbarkeit (das semitische Wort En oder Ain für Quelle hängt mit ihrem Namen zusammen). (Die Stele ist heute im Besitz des Pennsylvania-Museums von Philadelphia.)

Erwähnenswert ist weiter das **Westtor der Zitadelle von Ramses III.**, die von einer Doppelmauer umgeben war. Zwei weit vorstehende Türme, neben denen sich jeweils zwei weitere, freistehende Türme erhoben, flankierten den 2,5 m breiten Eingang. Im Gebiet des Tell el-Husn wurde außerdem eine 92 cm hohe und 72 cm breite basaltene **Löwenstele** aus dem 15 Jh. v. Chr. gefunden, die den Kampf eines Löwen mit einem Hund darstellt (heute im Rockefeller-Museum, Jerusalem). Der Hund symbolisiert den Wächter der Stadt, der den Löwen, das Sinnbild für die Pest, das drohende Unglück, schließlich vertreibt. Zwei heute im Archäologischen Museum von Aleppo (Syrien) ausgestellte **bemalte Tonscherben**, die wohl von Krügen stammen, geben die lebensnah gestalteten Profile eines Kanaaniters und einer Kanaaniterin wieder (um 1300 v. Chr.). Ein **Skarabäus**, heute im Rockefeller-Museum (Jerusalem), zeigt Ramses II. beim Bogenschießen (13. Jh. v. Chr.).

Jenseits des Flusses Harod, gegenüber dem Tell, wurde ein früheisenzeitlicher Friedhof mit **anthropoiden Terrakottasarkophagen** entdeckt, die heute im Rockefeller-Museum (Jerusalem) zu sehen sind. Auf den Tondeckeln am oberen Ende der 1,85 m langen Sarkophage sind die Gesichter der Verstorbenen naturalistisch oder stilisiert abgebildet. Einige Köpfe tragen die charakteristisch gerippte Kopfbedeckung (Federschmuck) der Philister, wie wir sie von ägyptischen Darstellungen her kennen. Diese ›Philistersärge‹ scheinen die Anwesenheit einer philistäischen Besatzung im 11. Jh. v. Chr. zu bestätigen, allerdings fand man in Bet She'an bisher noch kein Stück jener herrlichen Keramik, die die Philister aus der Ägäis mitgebracht hatten und die vor allem in den südpalästinensischen Küstenstädten gefunden wurde (Keramik vom Typ späthelladisch IIIc mit ägyptischen, phönikischen und kanaanitischen Einflüssen). Die Philister hatten die Terrakottasärge von den Ägyptern übernommen, die vor allem im Nildelta darin ihre Toten zu bestatten pflegten.

Das Kloster der Edelfrau Maria

Auf dem Tell el-Mastaba, dem nördlichen Nachbarhügel des Tell el-Husn, erbauten eine adlige Dame namens Maria und ihr Sohn Maximus im Jahre 567 ein Kloster, das wegen seiner großartigen Mosaike berühmt wurde. Heute ist der Bau eine Ruine, die Mosaikböden werden durch ein Schutzdach gesichert. Man erreicht das Kloster (Hinweisschild ›Monastery of Lady Maria‹) von der nördlichen Umgehungsstraße aus, indem man ein kleines Industriegebiet durchfährt und an dessen Ende links abbiegt. Der Eingang führt in einen großen, trapezförmigen Hof, dessen Boden ein etwa 16 × 10 m großes Mosaik mit hellenistischen Motiven schmückt. Ein Medaillon in der Mitte zeigt Helios, den Sonnengott, und Selene, die Mondgöttin, umgeben von den zwölf Monaten, die von Männern und Frauen symbolisiert werden (Januar: nicht erkennbar; Februar: Mann mit geschulterter Hacke und einem Setzling in der Hand; März: Soldat im Mantel; April: Mann mit Ziege und Melkeimer; Mai: Frau mit Blumen im Arm; Juni: Mann mit Fruchtkorb; Juli: Mann mit Getreidegarbe; August: nicht erkennbar; September: Mann mit Korb und Weintrauben; Oktober: Mann mit Pflanztuch; November: Pilger; Dezember: Sämann). Den Rest des Bodens bedecken kleine Rhomben, Quadrate und Achtecke, in denen verschiedene Früchte und Tiere sowie ein Jäger zu sehen sind.

Der Raum links vom Hof ist ebenfalls mit einem Mosaik ausgelegt, dessen griechische Inschrift auf die Entstehungszeit verweist. Der dem Eingang gegenüberliegende Raum birgt ein Mosaik mit verschiedenen Motiven: Da ranken Weinreben aus einem Krug, ein Jäger geht auf Pirsch, ein Neger führt ein Kamel, ein Winzer liest Trauben, ein Mann spielt mit einem Hund, ein anderer führt einen Esel usw. Auch den Vorraum zur Kirche schmückt ein Mosaik. Eine griechische Inschrift am Kircheneingang ehrt die beiden Stifter Maria und Maximus. In der kleinen Kirche sehen wir ein Mosaik mit zwei sich anblickenden Pfauen, den Symbolen der Unsterblichkeit.

Der Mosaikboden der **samaritischen Synagoge** in der Nähe des Klosters befindet sich heute im Israel-Museum von Jerusalem. Er zeigt die Bundeslade unter einem von Säulen getragenen Baldachin. Links und rechts davon stehen zwei siebenarmige Leuchter mit Schofar (Horn) und Schaufel. Die Mauerreste sind nur für die Wissenschaft von Interesse.

Belvoir/Kokhav HaYarden

13 km nördlich von Bet She'an zweigt von der Route nach Tiberias eine schmale, asphaltierte Straße zum 6 km entfernten Kokhav HaYarden ab, einem 530 m hohen Felsen an der Westseite der Jordansenke. Oben steht man vor den restaurierten Ruinen einer der größten Kreuzfahrerburgen des Nahen Ostens. Überwiegend aus schwarzem Basalt erbaut, muß die Burg, die niemals bezwungen werden konnte, einen drohenden Anblick geboten haben.

Geschichte

Auf dem hoch über dem Jordan aufragenden Felsplateau lag vermutlich das biblische Jarmut, die Levitenstadt des Stammes Issachar (Jos 21,29). Zur Zeit des Zweiten Tempels, also im 1. vor- und im 1. nachchristlichen Jahrhundert, wurden hier die von Jerusalem ausgehenden Feuersignale weitergeleitet, die den Neumond und die hohen Feste ankündigten. Die Stadt hieß damals Gerofina, wahrscheinlich auch Agrippina, nach der Gemahlin des Kaisers Claudius. Gleich zu Beginn des jüdischen Aufstandes im Jahre 66 n. Chr. wurde eine hiesige Trutzburg der Zeloten von den Römern erobert und zerstört. 1138–1140 ließ König Fulk (Foulques) von Anjou auf dem strategisch wichtigen Felsplateau an der Straße von Syrien nach Gaza und Ägypten eine kleinere Burg errichten, die er einem gewissen Seigneur Ivo Velos unterstellte, der sie La Coquette (französisch für ›die Eitle‹) nannte. 1168 kaufte der Johanniterorden das Plateau und baute die Anlage innerhalb von fünf Jahren zur mächtigsten Festung im Heiligen Land aus. Wegen des herrlichen Ausblicks auf das Jordantal und die transjordanischen Berge hieß die Burg, die als Grenzfeste das christliche Königreich vor Einfällen aus dem Osten zu schützen hatte, fortan Belvoir. Die Araber gaben ihr den Namen Kochab el-Hawa (= ›Stern des Windes‹), woraus sich das hebräische Kokhav HaYarden (›Stern des Jordan‹) entwickelte.

Nach der Schlacht von Hattin im Jahre 1187 eroberte Saladin alle Kreuzfahrerburgen in Palästina, nur das mächtige Belvoir hielt noch 18 Monate stand. Saladin leitete die Angriffsoperationen in den letzten Monaten persönlich. Er ließ einen Stollen unter den nordöstlichen Hauptturm treiben und brachte ihn dadurch teilweise zum Einsturz. Aber die Festung blieb uneinnehmbar; erst lange nachdem Jerusalem gefallen und kein Entsatz durch fränkische Truppen mehr zu erwarten war, gaben die Verteidiger auf. Saladin hatte ihnen sicheren Abzug nach Tyros zugesichert, und so verließen 1189 die letzten 50 Ritter und 400 Soldaten Belvoir. Saladin setzte die Burg sofort wieder instand. Erst 1219, als sich der fünfte Kreuzzug ankündigte, schleiften die Araber die wichtige Feste, damit sie nicht in die Hand der Kreuzfahrer fiele. Als die Christen im Jahre 1240 wieder im Besitz von Belvoir waren, verzichteten sie auf den Wiederaufbau. Belvoir wurde 1966/67 systematisch ausgegraben und bis heute weitgehend restauriert.

Die Ausgrabungsstätte

Die Kreuzfahrerburg Belvoir (Abb. 57) bedeckt eine Fläche von 140 × 100 m; sie hatte die Form eines Fünfecks. Die beiden Seiten im Osten sicherte der Steilabfall zum Jordantal, die im Norden, Süden und Westen ein 20–25 m breiter Graben, der 12 m tief in den Felsgrund gehauen war. Sieben Türme verstärkten die 3 m dicke Burgmauer; der Eckturm im Nordosten war besonders mächtig und hoch. Für die Verteidigungsanlagen verwendeten die Kreuzfahrer auch älteres Baumaterial, darunter Steinquader mit hebräischen Steinmetzzeichen, die aus einer Synagoge (3. Jh.) des jüdischen Städtchens Kochava stammen. Das **Haupttor** der Burg lag in der Südostecke. Es entsprach den neuesten Erkenntnissen der damaligen Festungsarchitektur. Eine gegenläufige Rampe führte am Rande des Steilabhangs im Osten zu ihm hinauf. Das Tor selbst war zusätzlich durch ein winkeliges System von leicht zu verteidigenden Durchgängen gesichert. Von einem Vorbau konnten die Ritter siedendes Öl auf die Angreifer gießen. Ein schmaler Gang führte unterhalb des Tores zum Graben. Drei Ausfallpforten und mehrere unterirdische Gänge, die erst weit hinter dem

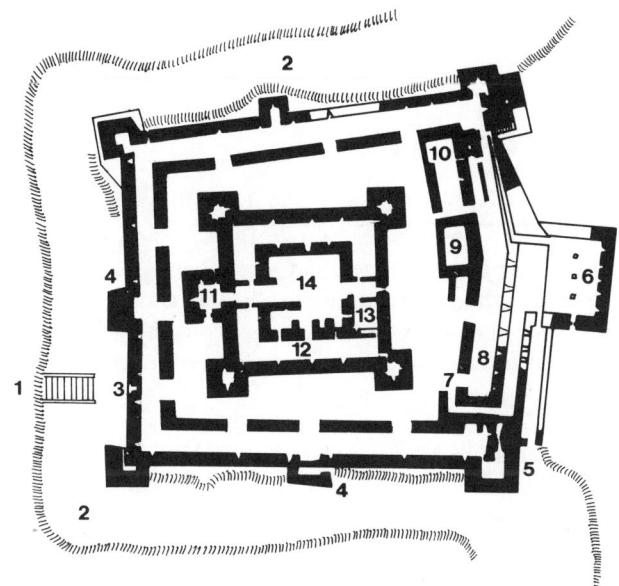

Kreuzfahrerburg Belvoir
1 moderne Fußgängerbrücke
2 Wehrgraben
3 Westtor
4 Ausfalltor
5 Haupteingang zur Burg
6 Ostturm
7 Toranlage
8 Gewölbebauten (Ställe, Magazine usw.)
9 Zisterne
10 Badehaus
11 Haupttor des Donjon
12 Speisesaal
13 Küche
14 Innenhof des Donjon

Belagerungsring endeten, ermöglichten eine offensive Verteidigung, was Saladin mehrmals schmerzlich zu spüren bekam.

An die Innenseite der Burgmauer hatten die Kreuzfahrer geräumige **Gewölbe** gesetzt, die als Ställe, Magazine, Arsenale, Truppenunterkünfte und Werkstätten dienten. In der Nordostecke der Mauer entdeckten die Ausgräber einen Schmiedeofen. Kern der Kreuzfahrerburg war ein gewaltiger **Donjon,** eine quadratische Innenburg mit vier Ecktürmen und einem Tortum im Westen. Er bildete eine selbständige Festung, die noch monatelang weiterverteidigt werden konnte, falls der Feind die äußere Anlage bezwungen haben sollte (dazu ist es allerdings nie gekommen). Im Erdgeschoß befanden sich Vorratsräume, Zisternen, Küche, Backstube und ein Speisesaal, im Obergeschoß wohnten die Ritter. Der Westtrakt enthielt eine Kapelle mit Glockenturm. In den Trümmern fand man drei Skulpturen, darunter einen Engel als Symbol des Evangelisten Johannes. Sie stammen offensichtlich aus der Kapelle und zählen zu den eindrucksvollsten Kunstwerken der Kreuzfahrerzeit; heute sind sie im Israel-Museum von Jerusalem zu bewundern. Der Innenhof des Donjon war vermutlich überdacht. Im äußeren Hof finden sich eine 500 m^3 fassende Zisterne und die Reste eines Badehauses.

Tiberias – Nazaret – Berg Tabor

Tiberias/Teverya

Tiberias (hebräisch Teverya), eine Gründung des Herodes Antipas, ist eine malerisch am Westufer des Sees Gennesaret gelegene Kleinstadt mit 28 000 Einwohnern, ein Ferienort für die kühlere Jahreszeit, berühmt wegen seiner warmen Heilquellen. Es gilt als eine der vier heiligen Städte der Juden. Sehenswert sind vor allem die Grabstätten berühmter Rabbis und das große Bodenmosaik der Synagoge von Tiberias-Hammat, das schönste und künstlerisch wertvollste der erhaltenen Synagogenmosaike.

Geschichte

An der Stelle des biblischen Hammar-Rakkat, einer Stadt des israelitischen Stammes Naftali (Jos 19,35), gründete Herodes Antipas, ein Sohn Herodes' des Großen, im Jahre 17 n. Chr. eine neue Stadt, die er zu Ehren seines Gönners, des römischen Kaisers Tiberius, Tiberias nannte. Er ließ sie im späthellenistischen Stil jener Zeit erbauen, mit Akropolis, Forum und Stadion. Kolonnaden schmückten die Straßen, und die ganze Stadt war von einer starken Mauer umgeben. Wohl um 27 n. Chr. verlegte Herodes Antipas die Residenz seiner Tetrarchie Galiläa und Peräa in die neue Stadt am See Gennesaret. Da bei den Bauarbeiten der Friedhof von Hammar (Hammat) eingeebnet worden war, galt Tiberias den gesetzestreuen Juden als unrein; auch Jesus, ein Untertan des Tetrarchen, mied den Ort. Nur mit Mühe gelang es Antipas, seine prächtige Hauptstadt mit Einwohnern zu füllen. »Tiberias ward von zusammengelaufenem Volk bewohnt, worunter sich auch viele Galiläer und gezwungene Ankömmlinge befanden, die mit Gewalt dort angesiedelt wurden, obwohl sie zum Teil den besseren Ständen angehörten. Auch die Bettler, die im ganzen Lande aufgefangen wurden, sowie viele, von denen es noch nicht einmal feststand, ob sie Freie waren, erhielten hier Wohnungen zugewiesen und bekamen mancherlei Vorrechte. Um sie an die Stadt zu fesseln, ließ Herodes ihnen Häuser bauen und Ländereien zuteilen, da es ihm wohlbekannt war, daß ihnen nach jüdischen Vorschriften das Wohnen daselbst nicht gestattet war« (Jüd. Altert. XVIII, 2,3).

Um 32 verstieß Herodes Antipas seine Frau, eine Tochter des in Petra residierenden mächtigen Nabatäerkönigs Aretas IV., um seine Schwägerin Herodias zu heiraten. Die Priesterschaft war empört, Johannes der Täufer mußte seine öffentliche Kritik mit dem Tode bezahlen. Die Nabatäer marschierten nach Tiberias, um die Verstoßung der Prinzessin zu rächen; mit Mühe retteten römische Legionen Antipas vor der Gefangennahme. Als Herodias im Jahre 39 ihren Mann überredete, sich um die Königswürde zu bewerben, war das Maß voll: Kaiser Caligula verbannte das Ehepaar nach Lugdunum (Lyon) in Gallien. Die Tetrarchie des Antipas fiel seinem Schwager, dem jüdischen König Agrippa I., zu, der als geschickter Taktiker bald auch Samarien und Judäa seinem Herrschaftsbereich unterord-

Tiberias um 1880

nete. Nach seinem Tode im Jahre 44 stellten die Römer das ganze Land unter Prokuratoren. Agrippas Sohn Agrippa II., König in Caesarea Philippi, erwarb das Vertrauen seiner Herren und erhielt die Stadt im Jahre 61 von Nero, der sie damit politisch von Galiläa trennte. Agrippa II. und seine Schwester Berenike statteten den Königspalast von Tiberias prunkvoll aus – er erhielt sogar eine goldene Kuppel.

Bei Ausbruch des jüdischen Aufstandes gegen die Römer im Jahre 66 befestigte Josef ben Mattatias (Flavius Josephus) die Stadt, die sich aber schon ein knappes Jahr darauf den Truppen des Vespasian ergab. Agrippa II. blieb auf der Seite der Römer und verlegte die Hauptstadt Nordpalästinas im Jahre 70 nach Zippori. Um die Mitte des 2. Jhs. kam der große Rabbi Simeon Bar Yochai aus Zefat nach Tiberias, um in den Thermen von Hammat sein Rheuma zu heilen. Nach seiner Genesung erklärte er die Stadt für ›gereinigt‹ und ermöglichte es damit den aus Jerusalem und Judäa vertriebenen Juden, sich hier ohne Gewissensbisse niederzulassen. Gegen Ende des 2. Jhs. verlegte das Sanhedrin, der Hohe Rat der Juden, seinen Sitz von Zippori (Sepphoris) nach Tiberias, von Yavne über Bet Shary (Bet She'arim) kam die berühmte Gesetzesschule. Tiberias entwickelte sich damit zum religiösen Zentrum des Judentums. Die Juden nannten die Stadt Teverya und leiteten den Namen vom hebräischen Tabur (›Nabel‹) ab, denn Teverya war für sie der ›Nabel der Welt‹. Hier vollendete der große Rabbi Jehuda haNassi um 200 die Mischna, hier entstand im 3. und 4. Jh. die Gemara, ein Kommentar dazu, der zusammen mit der Mischna den

Jerusalemer Talmud bildete. In dieser Zeit lebten in Tiberias fast 40000 Juden, denen 15 Synagogen zur Verfügung standen.

Im 4. Jh., also in konstantinischer Zeit, erbaute Josef von Tiberias, ein zum Christentum konvertierter Jude, in Tiberias und anderen Städten Galiläas zahlreiche Kirchen. Die Stadt wurde Bischofssitz, blieb aber trotz starker christlicher Einflüsse eine jüdische Gelehrtenstadt. Bevor Hieronymus gegen Ende des 4. Jhs. in Bethlehem mit seiner berühmten Bibelübersetzung ins Lateinische (Vulgata) begann, nahm er in Tiberias bei Rabbi Bar Anina Unterricht im Hebräischen. Im 6. Jh. vereinheitlichte die Rabbinerschule von Tiberias den hebräischen Text des Alten Testaments zur sogenannten Masora (›Tradition‹) und stellte durch Vokalpunktationen, Akzente und Kommentare die noch heute gültigen Regeln für die Aussprache der hebräischen Schrift auf. 614 fielen die Perser in Palästina ein und zerstörten gemeinsam mit den Juden die Kirchen und Klöster des Landes. 629/30 vertrieb der byzantinische Kaiser Herakleios I. die Perser und nahm an den Juden grausame Rache. 636 fiel Tiberias kampflos in die Hände der Araber. Die Rabbiner gingen nach Jerusalem, zum Teil sogar nach Babylon. Tiberias hatte aufgehört, der geistig-religiöse Mittelpunkt der Juden zu sein.

749 zerstörte ein schweres Erdbeben etwa 30 Synagogen, fast alle Wohnviertel und die römischen Bäder, aber Juden und Araber bauten die Stadt sofort wieder auf. Als Tubariya wurde Tiberias/Teverya das blühende Zentrum Galiläas, dessen Haupteinnahmequellen Fischerei und Landwirtschaft bildeten. Dazu kamen die nach wie vor berühmten Heilquellen, die die Emire mit herrlichen Badehäusern ausstatteten. 1033 wurde Tiberias erneut von einem schweren Erdbeben heimgesucht. Die neue Stadt erstand weiter nördlich auf dem Gebiet der heutigen Altstadt. 1099 erschienen die Kreuzfahrer unter dem Normannenfürsten Tankred, die Moslems und Juden flohen aus Galiläa. Tankred befestigte die Stadt und machte sie zum Mittelpunkt seines Fürstentums Galiläa. Der Fürst und seine Nachfolger lebten in größerer Pracht als die Könige in Europa. 1187, als Sultan Saladin gegen die Franken marschierte, war Eschiva von Bures, Gräfin von Tripolis und Fürstin von Galiläa, die Herrin in Tiberias. Am 2. Juli fiel die Stadt nach kaum einstündigem Kampf, die Gräfin zog sich mit einer kleinen Besatzung in die Burg zurück. Am 4. Juli vernichtete Saladin bei den Hörnern von Hattin das Heer der Franken (vgl. S. 285), am Tag darauf übergab die Gräfin die Burg. Saladin erlaubte ihr, sich mit ihrem gesamten Hofstaat nach Tripolis zu begeben. 1240 kam Tiberias nach langwierigen Verhandlungen wieder unter christliche Herrschaft. 1244 brandschatzten Reiterhorden choresmischer Türken die Stadt, und am 17. Juni 1247 eroberte ein ägyptisches Heer Tiberias.

Seit der Zeit Süleymans des Prächtigen (1520–1566) ließen sich wieder Juden in der heiligen Stadt nieder. Die spanisch-jüdische Emigrantin Beatriz de Luna, Donna Gracia genannt, erwirkte vom Sultan die Erlaubnis, Juden aus Spanien und Portugal in Tiberias ansiedeln zu dürfen. 1561 erhielt ihr Neffe Juan Mendez (Joao Miguez), nach seiner Rückkehr zum Judentum Josef haNassi genannt, Tiberias und sieben umliegende Dörfer als Lehen. Tiberias sollte nach seinen Vorstellungen die Hauptstadt eines halbautonomen jüdischen Staates unter osmanischer Oberhoheit werden. Er befestigte die Stadt, pflanzte

Maulbeerbäume zur Seidenerzeugung und baute eine umfangreiche Textilindustrie auf. Unter Selim II. fiel Don Josef in Ungnade, und alle seine Pläne wurden zunichte. (Immerhin gilt seine Tätigkeit als frühestes Beispiel einer systematischen Neuansiedlung von Juden im Heiligen Land.) Im Laufe der folgenden Jahrzehnte verließen immer mehr Juden Tiberias; die Stadt verfiel. Erst 1738 holte der Drusenemir Dahir el-Omer wieder Juden hierher. Dahir beherrschte von Akko aus ganz Galiläa. In Tiberias erneuerte er die Stadtmauern und die Festung nördlich der heutigen Altstadt. 1765 kamen zahlreiche jüdische Auswanderer aus Polen. Der nächste Förderer der Stadt war Ibrahim Pascha, 1829–1840 Vizekönig von Ägypten, der Tiberias zum luxuriösesten Badeort des Orients machte. Selbst die schweren Schäden, die das Erdbeben von 1837 anrichtete, waren bald wieder behoben. Ende des 19. Jhs. lebten rund 5000 Juden in der Stadt, also etwa ein Viertel aller Juden in Palästina. Sie kamen aus der Türkei, aus Polen und aus Litauen. 1940 zählte Tiberias 12 000 Einwohner, je zur Hälfte Juden und Araber. Am 19. April 1948, also wenige Wochen vor der Unabhängigkeitserklärung des Staates Israel, verließen die letzten Araber die Stadt.

Die Stadt Tiberias

Das moderne Tiberias zieht sich von der Altstadt aus die Hänge nach Westen und nach Norden hinauf. In der **Altstadt** findet man wegen der zahlreichen schweren Erdbeben nur noch wenige alte Gebäude, die am schwarzen Basalt, dem für Galiläa typischen Baumaterial, leicht zu erkennen sind. An der Uferstraße laden zahlreiche Bars und Restaurants zur Einkehr ein. Hier entdeckt man noch kleinere Abschnitte der **Stadtmauer,** die der Drusenemir Dahir el-Omer 1738 errichten ließ. Auch die mittelalterliche Kreuzfahrerfestung, die heute ein Kunstzentrum beherbergt, wurde von dem Emir weitgehend restauriert. Das **Städtische Museum,** in einer ehemaligen Moschee untergebracht, zeigt Funde verschiedener Epochen aus Tiberias und Umgebung. Das **Franziskanerkloster St. Peter** besitzt einen schönen Kreuzgang; die dreieckige Apsis der Klosterkirche erinnert an den Bug des Fischerbootes Petri. Am Altstadtpier beginnen und enden Bootsfahrten nach En Gev am gegenüberliegenden Ufer des Sees und nach Kafarnaum.

Etwa 250 m nordwestlich vom Postamt liegen die Gräber der großen Rabbis, denen Tiberias den Ruf einer der vier heiligen Städte der Juden verdankt. Die eindrucksvollste Anlage ist das **Grab des Maimonides.** Maimonides, eigentlich Rabbi Moshe ben Maimon, kurz Rambam genannt, war ein berühmter jüdischer Philosoph und Arzt, der 1135 im spanischen Cordoba geboren wurde. Wegen der Pogrome ging Maimonides' Familie 1148 nach Fez (Marokko). 1165 kam er nach Kairo, wo er das geistliche Oberhaupt der ägyptischen Juden und zugleich Leibarzt am Hofe Saladins wurde. Sein Werk ›More Nevuchim‹ (›Führer der Unschlüssigen‹), eine Synthese von aristotelischer Philosophie und jüdischer Gesetzesreligion, blieb nicht ohne Einfluß auf die mittelalterliche Religionsphilosophie von Albertus Magnus und Thomas von Aquin. Maimonides weilte auch in Hammat und empfahl, das warme Quellwasser zu trinken. Bevor er 1204 in Kairo starb, verfügte er seine Bestattung in der heiligen Stadt Tiberias. Übrigens verehren auch die Moslems sein Grab.

Der **Kenotaph des Jochanan ben Sakkai** erinnert an den großen Rabbi, der nach der Zerstörung Jerusalems im Jahre 70 in Yavne eine theologische Schule gründete und auch den Sitz des Sanhedrin, des Hohen Rates der Juden, dorthin verlegte. Das weithin sichtbare weiße Mausoleum am westlichen Berghang ist das **Grab des Rabbi ben Akiba,** eines Anhängers des Bar Kochba, der nach der Niederwerfung des Aufstandes im Jahre 137 von den Römern in Caesarea bei lebendigem Leibe gehäutet wurde. Zum Grab fährt man auf der Straße in Richtung Nazaret bis zur Polizeistation von Tiberias und biegt dort nach links in das moderne Wohnviertel am Hang ab.

Auf der vorspringenden Bergnase Kasr el-Bint auf halbem Weg zwischen der Altstadt von Tiberias und Hammat liegt das **Grab des Abu Huria** († 677), eines Gefährten Mohammeds. Hier befand sich, 175 m über dem See, die **Akropolis** des Herodes Antipas mit dem reich geschmückten Palast des Tetrarchen. Als die Juden zu Beginn des Aufstandes im Jahre 66 die Regierungsgewalt an sich gerissen hatten, ließ Josephus, Oberbefehlshaber der Rebellen in Galiläa, alle Bilder und Skulpturen im Palast zerstören. In den Feldern sieht man noch Reste der Palast- und Stadtmauern, der Zisternen und des Stadions. Die Stadt des Antipas und sein Palast sind bislang archäologisch noch kaum erforscht worden.

Tiberias-Hammat (Hamme Teverya).
Die **Thermen** von Tiberias gelten als die ältesten der Welt; der Legende nach soll König Salomo sie geschaffen haben. Da die Quellen von Hammat (Hammar; von hebräisch ham = ›warm‹) damals nur kaltes Wasser spendeten, befahl Salomo einer Schar Teufel, das Wasser mit Hilfe des Höllenfeuers zu erhitzen, damit es seine Heilkraft voll entfalte. Er wußte, daß die Teufel ihre Arbeit nach seinem Tode einstellen würden; deshalb machte er sie taub, damit sie nie etwas von seinem Ableben erführen. Und in der Tat heizen die Teufel noch heute so kräftig wie zu Salomos Zeit. Die 18 radioaktiven, schwefelhaltigen Quellen fördern täglich rund 250 000 Liter 60°C heißes Wasser, das sich hervorragend zur Behandlung von Rheumatismus, Gelenk- und Wirbelsäulenerkrankungen sowie von Erkrankungen des Nervensystems und der Atemwege eignet. Die Thermen bestehen aus einer älteren, im Jahre 1833 von Ibrahim Pascha erneuerten und einer modernen, am Seeufer errichteten Anlage. Das Lehman Building, ein kleines Museum galiläischer Volks- und Sakralkunst, bildet den Eingang zum archäologischen Park von ›Hamath Tiberias‹. Mittelpunkt dieser Zone ist das großartige Bodenmosaik einer **Synagoge,** die 1962 von M. Dothan freigelegt wurde. Schon gegen Ende des 1. Jhs. n. Chr. stand hier ein größeres öffentliches Gebäude, von dem ein Raum damals als Bet- und Versammlungsstätte gedient haben könnte; in der Mitte des 2. Jhs. wurde es zerstört. Ende des 3. oder Anfang des 4. Jhs. entstand über den Ruinen eine 15 × 13 m große Synagoge in Breithausform. Drei Reihen zu je drei Säulen teilten die Gebetshalle in ein breites Mittelschiff und drei Nebenschiffe. Der ursprüngliche Haupteingang lag an der westlichen Schmalseite; später, wohl im 4. Jh., wurde er an die Nordseite verlegt. Der Fußboden erhielt ein Mosaik, der Thoraschrein stand in einem erhöhten Nebenraum, einer Verlängerung des Mittelschiffs.

Das **Bodenmosaik** (Abb. 55) hat sich noch fast vollständig erhalten. Während die Nebenschiffe geometrisch gemustert sind, ist das Mittelschiff mit herrlichen figürlichen Darstellungen geschmückt. Die griechische Widmungsinschrift am Eingang erinnert u. a. an den Stifter der Synagoge, einen gewissen Severus, Sohn des Oberhaupts des Sanhedrin (Hohen Rats). Zwei Löwen, Symbole des Stammes Juda, bewachen den Eingang. Das Hauptmosaik zeigt den Sonnengott Helios, umgeben von den zwölf Tierkreiszeichen (leider hat eine später eingefügte Mauer einen Teil des Mosaiks zerstört). Die vier Ecken füllen Frauenbüsten, Personifizierungen der Jahreszeiten. Auf dem Südteil des Mosaikbodens findet sich der Thoraschrein mit zwei siebenarmigen Leuchtern, Widderhörnern, Palmenzweigen, Weihrauchschaufeln und Zitrusfrüchten abgebildet. Die Thematik ist mit der in vielen anderen Synagogen der frühen Periode identisch; sie entspricht der späthellenistischen Tradition in Syrien-Palästina. Die Darstellung verbindet heidnische Motive mit Gegenständen des jüdischen Kultes und zeigt im Gegensatz zum Mosaik von Bet Alfa eine besonders hohe künstlerische Qualität. Die Synagoge wurde im 5. Jh. vermutlich durch ein Erdbeben zerstört. Ein dreischiffiger basilikaler Neubau mit Mittelapsis trat an ihre Stelle, den die Byzantiner um 630 einäscherten. Eine letzte Synagoge erstand im 8. Jh.

Den Park beherrscht das mächtige **Kuppelgrab des Rabbi Meïr** (Farbt. 25). Dieser Rabbi Meïr (›Bringer des Lichts‹), Erleuchter der Weisen, auch Ba'al haNes (›der Wundertäter‹) genannt, lebte im 2. Jh. Er stammte aus Kappadokien (östliches Kleinasien) und galt als gefürchteter Rhetoriker und berühmter Kommentator des Gesetzes. Neben Jehuda haNassi war er einer der Verfasser der Mischna. In dem großen Mausoleum steht sein Marmorsarkophag. Eine Mauer trennt den Raum in einen sephardischen und einen ashkenasischen Teil, so daß jede der beiden Gemeinschaften eine Hälfte des Sarkophages besitzt. Ein Besuch der Grabstätte soll schon vielen Frauen geholfen haben, ihren Wunsch nach einem Kind zu erfüllen. Die gleiche Wirkung schreibt man übrigens einer Löwenstatue bei den älteren Thermen zu: Araberinnen, die sich auf diesen Löwen setzten, sollen bald darauf schwanger geworden sein. Schließlich soll das warme Quellwasser weibliche Sterilität beheben.

Die Hörner von Hattin/Qarne Hittim

Rund 4 km westlich von Tiberias, oberhalb der heutigen Straße nach Nazaret, erheben sich im untergaliläischen Bergland die Hörner von Hattin (Qarne Hittim = ›Weizenhörner‹), die beiden ochsenhornförmigen Gipfel eines 326 m hohen Vulkans (Farbt. 54). Auf diesem Berg entschied sich im Jahre 1187 das Schicksal des Kreuzfahrerreiches Jerusalem.

Geschichte
1186 hatte Rainald von Châtillon, Herr des Ostjordanlandes (Oultrejourdain), eine riesige arabische Karawane, die mit kostbaren Waren durch sein Gebiet zog, überfallen und damit das Waffenstillstandsabkommen zwischen Christen und Moslems verletzt. Sultan Saladin forderte Schadenersatz und sofortige Freilassung der Gefangenen; Rainald lehnte ab, König

Guido konnte sich gegenüber seinem Lehnsmann nicht durchsetzen. Diesen Vorfall nahm Saladin zum Anlaß, am 1. Juli 1187 mit dem größten Heer, das er bis dahin befehligt hatte, südlich des Sees Gennesaret den Jordan zu überschreiten. Er besetzte Tiberias mit Ausnahme der Burg und schlug sein Lager in den wasserreichen Auen am Ostfuß der Hörner von Hattin auf. Die Kreuzfahrer zogen mit 1200 Rittern, 2000 einheimischen Berittenen und 10000 Mann Fußvolk von Sepphoris (heute Zippori) über die baumlosen Hügel Untergaliläas dem moslemischen Heer entgegen und ließen sich am Abend des 3. Juli, von Hitze, Durst und pausenlosen Überfällen geplagt, auf dem Plateau zwischen den beiden Kratergipfeln von Hattin, hoch über Saladins Lager, nieder. Noch in der Nacht schloß Saladin den Ring um das königliche Heer; am nächsten Morgen, dem 4. Juli, griff er an. Der arabische Chronist Ibn el-Athir berichtete:

»Am Samstagmorgen ritten die Moslems in Schlachtordnung aus ihrem Lager. Auch die Franken rückten vor, aber schon geschwächt durch den Durst, der sie quälte. Von der einen wie der anderen Seite begann der Kampf mit Wut. Die moslemische Linie schoß eine Wolke von Pfeilen, ähnlich einer Wolke von Heuschrecken. Die Pfeile richteten große Verwüstung unter den christlichen Reitern an. Das christliche Fußvolk hatte sich in Vormarsch gesetzt, um an den See zu kommen und dort Wasser zu schöpfen. Saladin eilte sogleich, sich ihnen in den Weg zu stellen, die Moslems mit Stimme und Gebärde anfeuernd... Das christliche Heer war in einer furchtbaren Lage. Da der Boden, auf dem es kämpfte, mit Heidekraut und trockenem Gras bedeckt war, legten die Moslems Feuer daran und entfachten einen gewaltigen Brand. So vereinigte sich alles gegen die Christen, der Rauch, die Hitze des Feuers, die des Tages und die des Kampfes. Als sie schließlich sahen, daß es keine Rettung gab, stürzten sie sich mit solchem Ungestüm auf die Moslems, daß man ihnen ohne die Hilfe Allahs nicht hätte widerstehen können. Bei jedem Angriff jedoch verloren sie Leute und schwächten sich; endlich wurden sie von allen Seiten eingekreist und auf einen benachbarten Hügel zurückgedrängt, nahe bei dem Weiler Hattin. Dort versuchten sie, einige Zelte aufzustellen und sich zu verteidigen... Der König hatte auf dem Hügel bald nur mehr hundertfünfzig der tapfersten Reiter um sich. Die Tapferen, die um ihn waren, warfen sich auf uns und trieben die Moslems bis zum Fuß des Hügels zurück. ›Macht, daß der Teufel lügt!‹ schrie Saladin den Soldaten zu und faßte in seinen Bart. Bei diesen Worten stürzte sich unser Heer auf den Feind und trieb ihn wieder auf den oberen Teil des Hügels. So ging das mehrmals hinab und hinauf. Plötzlich sank die Standarte des Königs. Sogleich stieg Saladin vom Pferd, warf sich vor Allah nieder und dankte ihm unter Freudentränen. Alle Christen, die sich noch auf dem Hügel befanden, wurden gefangengenommen. Außer dem König waren dort sein Bruder Fürst Gottfried, Reinald, der Herr von Krak, der Herr von Gebaïl, der Sohn des Honfroi, der Großmeister der Templer und mehrere Spitalritter und Tempelritter. Wer die Zahl der Toten sah, glaubte nicht, daß es Gefangene gab, und wer die Gefangenen sah, glaubte nicht, daß es Tote gab. Niemals seit ihrem Einfall in Palästina hatten die Franken eine solche Niederlage erlitten.«

Saladin schlug Rainald von Châtillon eigenhändig den Kopf ab, weil dieser niemals eine Vereinbarung mit dem Sultan eingehalten hatte. Der König und die Barone wurden nach

Damaskus gebracht und später gegen hohe Lösegelder freigekauft, das Fußvolk kam auf den Sklavenmarkt. In den folgenden Monaten eroberte Saladin alle Burgen und Städte Palästinas; am 2. Oktober 1187 fiel auch Jerusalem in seine Hand.

Die Stätte

Es ist schon ein eigenartiges Gefühl, in glühender Sommerhitze über die Stoppeläcker der Qarne Hittim zu gehen, auf den glitzernden See im Osten zu blicken und zu wissen, daß sich hier vor 800 Jahren Tausende von Männern im Namen Christi bzw. Mohammeds gegenseitig abschlachteten. Am Nordwestfuß des Gipfels haben die Drusen ihr großes Heiligtum, ein Weli mit dem Sarkophag des Nabi Shu'eib. Nabi Shu'eib nennen die Drusen ihren ersten und größten Propheten Jitro (Jethro), den Schwiegervater des Mose. In einem Nebenraum steht der Sarkophag der Zippora (Sephora), der Tochter des Jitro und Frau des Mose. Alljährlich treffen sich hier vom 26. bis 28. April Tausende von Drusen bei einem Volksfest, um ihren wichtigsten Feiertag zu begehen.

Kafr Kanna/Kana

An der Straße von Tiberias nach Nazaret liegt – 8 km vor Nazaret – inmitten von Oliven- und Granatapfelhainen die kleine Stadt Kafr Kanna (Farbt. 20), die heute etwa 8000 Einwohner zählt, davon 2500 Christen und 5500 Moslems. Auf der Hochzeit zu Kana wirkte Jesus sein erstes Wunder, indem er Wasser in Wein verwandelte (Joh 2,1–11). Zwei Kirchen erinnern an dieses Wunder: eine römisch-katholische und eine griechisch-orthodoxe.

Kana um 1880

Geschichte

Viele Gründe sprechen zwar dafür, daß das Kana des Evangelisten 9 km nordwestlich von Kafr Kanna lag, in der Ruinenstätte Khirbet Kana, aber im 17. Jh. lokalisierten die Franziskaner das Wunder in dem an der Pilgerstraße zum See Gennesaret gelegenen Ort Kafr Kanna, der eigentlich Kafr Kenna (›Dorf der Schwiegertochter‹) hieß. Beide Orte waren bereits in römischer Zeit besiedelt, Kana (Khirbet Kana) sogar schon seit 1200 v. Chr. Zur Zeit Jesu war dieses Kana sogar bedeutender als Nazaret. 1641 erwarben die Franziskaner in Kafr Kanna ein Grundstück neben der Moschee. 1879 gelang es ihnen endlich, die inzwischen verfallene Moschee zu kaufen, an deren Stelle sie das Hochzeitshaus vermuteten. Beim Bau der heutigen Kirche entdeckten die Franziskaner vorbyzantinische Säulen, Kapitelle, Friese und unter dem Fußboden der Moschee eine aramäische Mosaikinschrift. Alle diese Relikte stammen vermutlich aus einer judenchristlichen Kirche des 3. Jhs. Daß Kafr Kanna in jener Zeit auch eine rein jüdische Gemeinde besaß, bewies die Synagoge, die 600 m nordwestlich des Ortes, auf dem Hügel Karm er-Ras, zum Vorschein kam. Nach dem 3. Jh. geriet die christliche Tradition wohl in Vergessenheit, denn Reste byzantinischer oder fränkischer Kirchen fanden sich in Kafr Kanna nicht.

Sehenswertes

Die **Franziskanerkirche** in der Mitte des Ortes wurde 1883 geweiht. Den Innenraum beherrscht die 5,2 × 4,9 m große Krypta, über der sich eine hohe, rote, weithin sichtbare Kuppel wölbt. Die Krypta war ursprünglich wohl der Kellerraum eines Privathauses; vor ihrem Altar steht die Replik eines antiken jüdischen Steinkruges, die an das Wandlungswunder erinnern soll. Das Altarbild zeigt die Anwesenheit Marias bei dem Wunder. Außerhalb der Krypta führen Treppen zum Chor hinauf. Die Wandgemälde des Kirchenraumes behandeln die Heiligung der Ehe: Jesus auf der Hochzeit zu Kana (Mitte), Einsetzung der Ehe im Paradies (links) und die vorbildliche Ehe von Tobias und Sara (rechts). Die Katholiken von Kafr Kanna feiern das Fest des ersten Wunders alljährlich am zweiten

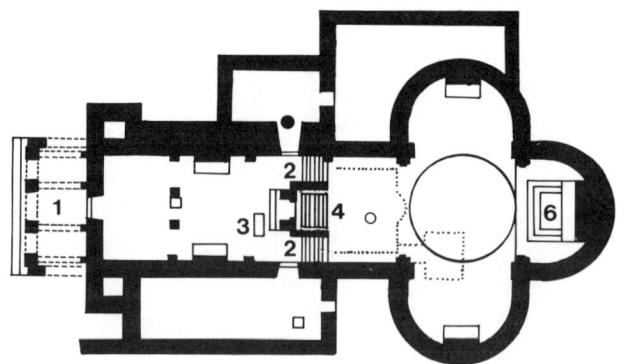

Kana: Franziskanerkirche
1 Eingang der Kirche
2 Treppen zum Chor
3 hebräische Inschrift
4 Treppe zur Krypta
5 Krypta
6 Hauptaltar

Sonntag nach Epiphanias, also im Januar. Schräg gegenüber der Franziskanerkirche steht die **griechisch-orthodoxe Kirche** aus dem Jahre 1566, die ebenfalls über dem Hochzeitshaus errichtet worden sein soll. Die Griechen zeigen zwei Weinkrüge, die jedoch kaum älter als 300 Jahre sind.

Am Ortsausgang im Norden befindet sich die moderne **Bartholomäuskapelle** der Franziskaner. Bartholomäus alias Natanaël war ein Jünger Jesu und stammte aus Kana. Als er zum ersten Mal mit Jesus zusammentraf, sagte dieser: »Da kommt ein echter Israelit, ein Mann ohne Falschheit.« Und Natanaël antwortete mit dem berühmten Bekenntnis: »Rabbi, du bist der Sohn Gottes, du bist der König von Israel!« (Joh 1,47 und 49). In den Andenkenläden von Kafr Kanna wird ›Wein aus Kana‹ angeboten, weißer und roter, lieblich, süffig, erzeugt und abgefüllt im Trappistenkloster Latrun.

Nazaret

Am Nordrand der Jesreel-Ebene, in einem Seitental der Berge Galiläas versteckt, liegt das malerische Nazaret (Abb. 56), in dem der Engel Gabriel Maria die Geburt eines Sohnes verkündigte, in dem Jesus seine Kindheit und Jugend verbrachte und aus dem er schließlich

Nazaret um 1880

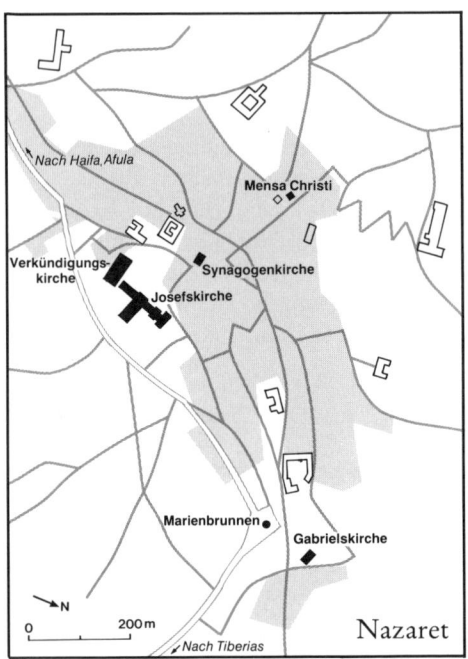

vertrieben wurde, weil kein Prophet in seiner Heimat anerkannt wird (Lk 4,24). Der Name Nazaret, offiziell Nazerat, arabisch En-Nasra, kommt vom hebräischen nasar (= ›wachen‹). Da der 10 km von der uralten Via Maris entfernte Ort nie eine strategische Bedeutung besaß und erstmals in dem Evangelium des Markus, also um 70 n.Chr., erwähnt wird (Mk 1,9), bezeichnet man Nazaret als ›Wächterin‹ des verborgenen Lebens Jesu.

Nazaret ist heute mit etwa 45000 Einwohnern die größte arabische Stadt innerhalb der Staatsgrenzen Israels. Die Mehrheit der Araber sind Christen fast aller Konfessionen. Zu den besonderen Sehenswürdigkeiten zählen die Verkündigungkirche über dem Haus Marias, die Josefskirche über dem Wohnhaus der Heiligen Familie, die Synagogenkirche, die Mensa Christi, die Gabrielskirche und der Marienbrunnen.

Geschichte
Der Stadtkern von Nazaret um die Verkündigungskirche war schon im 3. Jahrtausend v. Chr. bewohnt. Aus dem 3. und 2. Jahrtausend stammen 60 Höhlenwohnungen, die zum Teil drei Stockwerke tief und durch Gänge miteinander verbunden waren. Zwei Felsgräber gehören der Mittleren Bronzezeit (18.–17. Jh. v. Chr.) an; in ihnen fand man als Grabbeigabe einen ägyptischen Skarabäus, der vermutlich der 17. Dynastie zuzuschreiben ist. Die in den Fels gehauenen Getreidesilos wurden den darin vorgefundenen Krügen, Öllampen und

Gläsern nach zu urteilen von etwa 900 v. Chr. bis 600 n. Chr. benutzt. Felsgräber verraten uns auch, daß in Nazaret seit etwa 200 v. Chr. eine jüdische Gemeinde existierte. Von den 23 Gräbern sind 18 sogenannte Kokim (Schiebestollen).

Zur Zeit Herodes' des Großen (37–4 v. Chr.) lebte in Nazaret eine junge Frau mit Namen Maria, die mit dem Zimmermann Josef verlobt war. Eines Tages verkündete ihr der Engel des Herrn die Geburt eines Sohnes, den sie Jesus nennen sollte (Lk 1,31). In Betlehem gebar sie das Kind. Vor den Verfolgungen des Herodes mußte die Heilige Familie fliehen, nach dessen Tod kehrte sie nach Nazaret zurück. »Das Kind wuchs heran und wurde kräftig; Gott erfüllte es mit Weisheit, und seine Gnade ruhte auf ihm« (Lk 2,40). Nachdem Jesus im Jahre 28, also im Alter von 35 Jahren, von Johannes dem Täufer im Jordan getauft worden war, zog er in Galiläa von Ort zu Ort, um in den Synagogen zu lehren (Lk 4,15). Überall fand er Anerkennung, nur in Nazaret waren die Leute empört und jagten ihn aus seiner Heimatstadt (Lk 4,28).

Nach der Zerstörung Jerusalems durch den römischen Feldherrn Titus im Jahre 70 kamen viele Juden nach Galiläa und auch nach Nazaret. Der Zustrom verstärkte sich nach dem Bar-Kochba-Aufstand (132–135), als Kaiser Hadrian den Juden das Verbleiben in Jerusalem und ganz Judäa unter Todesstrafe verbot. In Nazaret ließ sich die 18. der 24 Priesterordnungen des ehemaligen Tempels von Jerusalem nieder; Nazaret wurde somit eine Priesterstadt. Über Jahrhunderte blieb es eine jüdische Siedlung, obwohl sich dort auch eine kleine Judenchristengemeinde entwickelte. Die Fremdenfeindlichkeit der vorwiegend jüdischen Einwohner verhinderte lange einen Kirchenbau, und so entstand die erste byzantinische Basilika, die Verkündigungskirche, erst zu Beginn des 5. Jhs. (mit Sicherheit vor dem Jahre 427). Spätestens um 460 war Nazaret bereits eine Bischofsstadt. Im Jahre 614 zog der Perserkönig Chosroës II. plündernd durch Palästina; die Juden schlossen sich ihm an und »halfen den Persern, die Kirchen zu zerstören und die Christen zu morden« (Eutychii Annales, cp. 212). 629/30 besiegte Kaiser Herakleios I. die Perser und nahm an den Juden Palästinas furchtbare Rache; Nazaret war fortan eine christliche Stadt. Die Kreuzfahrer fanden 1099 nur noch die Ruine der byzantinischen Basilika vor und errichteten an ihrer Stelle eine neue Kirche von außergewöhnlicher Pracht. Nur die Verkündigungsgrotte hatte alle Zerstörungen fast unversehrt überstanden. Sie war den Kreuzfahrern heilig und wurde daher mit besonderer Liebe ausgestattet. Um 1125 avancierte Nazaret zum Sitz eines Erzbistums.

1187 besetzte Saladin Nazaret, schonte die christlichen Stätten, wies aber alle Priester aus der Stadt. Schon vier Jahre später erwirkte jedoch Robert Walter, Bischof von Salisbury, von Saladin die Erlaubnis, wieder lateinische Priester in Nazaret einzusetzen. 1212–1241 und 1244–1249 stand die Stadt unter islamischer Herrschaft, 1251 kehrte der Erzbischof nach Nazaret zurück. 1254 feierte König Ludwig IX. (›der Heilige‹) in Nazaret das Fest der Verkündigung. 1263 zerstörte dann der Mameluckensultan Baibars die Verkündigungskirche und alle christlichen Einrichtungen der Stadt. 1295 entstand die Legende, daß Engel das Wohnhaus der Heiligen Familie von Nazaret nach Loreto getragen hätten (noch heute ist das ›Heilige Haus‹ in der Kirche des italienischen Wallfahrtsortes Ziel unzähliger Pilger).

1620 erlaubte Fakhr ed-Din, Emir der Drusen und Freund der Medici, die Rückkehr der Christen; 1730 genehmigten die Türken den Franziskanern den Neubau einer Kirche. Da die Bauzeit sechs Monate nicht überschreiten durfte, stellte der Orden in großer Eile einen kleinen Notbau quer über die Grotte, die man zu einer Krypta umgestaltete. 1954 wurde der Notbau abgerissen, um einem würdigen Neubau Platz zu machen. Diese einmalige Gelegenheit nutzten Franziskaner-Archäologen, um das ganze Gelände um die Verkündigungsgrotte eingehend zu untersuchen. Die heutige Verkündigungskirche wurde 1969 geweiht. 1957 gründeten Juden auf einem Berg östlich der Altstadt von Nazaret eine Siedlung, der sie 1962 den Namen Nazerat Illit (›Obernazaret‹) gaben. Heute zählt dieser Vorort bereits 24 000 Einwohner.

Archäologie: 1892–1908 legte der Franziskaner-Archäologe P. Prosper Viaud OFM die dreischiffige Josefskirche aus der Kreuzfahrerzeit frei, 1895 begann P. Benedict Vlaminck OFM mit der archäologischen Erforschung der Verkündigungsgrotte, wobei er das berühmte Kononmosaik und den alten Zugang zum Martyrion fand. In den Jahren 1907–1909 erforschte Viaud den südlichen Teil der Verkündigungskirche und grub unter den Gebäuden des Franziskanerklosters. 1954–1965 brachte P. Bellarmino Bagatti OFM die Ausgrabungen unter der Verkündigungskirche zum Abschluß.

Die Verkündigungskirche

Die Verkündigungskirche von Nazaret (Farbt. 21), mit der Archäologen, Baumeister und Geistlichkeit eine großartige Verbindung zwischen Historie und Glauben geschaffen haben, dokumentiert 1800 Jahre Kirchenarchitektur über einer heiligen Höhlenstätte so anschaulich und beeindruckend wie wohl kein anderes Bauwerk. An ihrer Stelle stand das Haus der Maria mit der Vorratsgrotte dahinter, hier verkündete ihr der Engel: »Fürchte dich nicht, Maria; denn du hast bei Gott Gnade gefunden. Du wirst ein Kind empfangen, einen Sohn wirst du gebären: dem sollst du den Namen Jesus geben« (Lk 1,30 und 31).

Den heutigen Bau führte der italienische Architekt Giovanni Muzio 1960–1969 aus. Das blockartige Bauwerk wurde aus Kalksteinquadern errichtet, die eine auflockernde Struktur aus waagerecht verlaufenden Lagen rötlichen Sandsteins erhielten. Die giebelförmige Eingangsfassade im Westen (Abb. 58) zeigt Reliefs der Verkündigung: links oben den Engel Gabriel, rechts oben Maria, darunter die vier Apostel Matthäus, Markus, Lukas und Johannes mit ihren Symbolen Mensch, Löwe, Stier und Adler. Die Inschrift (in Latein) lautet: »Der Engel des Herrn hat Maria verkündet, daß das Wort Fleisch geworden ist und in uns gewohnt hat« (Joh 1,14). Die bronzene Christusstatue auf dem First schuf der Italiener Angelo Biancini. Je ein turmartiger Abschluß zu beiden Seiten und die schießschartenartigen Fenster geben der Fassade das Aussehen einer mittelalterlichen Festung. Die drei Westportale (Abb. 59) sind ein Werk des Münchener Bildhauers Roland Friedrichsen. Auf dem 4,5 m hohen und 3 m breiten Mittelportal sieht man Darstellungen von Christi Geburt, die Flucht nach Ägypten, den jugendlichen Jesus, die Taufe im Jordan, die Bergpredigt und die Kreuzigung; das linke Portal hat den Sündenfall, das rechte die Erlösungsprophetie zum

Thema. Auf der Südfassade steht das Gebet ›Salve regina‹, das vermutlich Bischof Aimar von Le Puy im 11. Jh. verfaßte: »Sei gegrüßt, o Königin, Mutter der Barmherzigkeit; unser Leben, unsere Wonne und unsere Hoffnung, sei gegrüßt! Zu dir rufen wir verbannte Kinder Evas; zu dir seufzen wir trauernd und weinend in diesem Tal der Tränen. Wohlan denn, unsere Fürsprecherin, wende deine barmherzigen Augen uns zu, und nach diesem Elend zeige uns Jesus, die gebenedeite Frucht deines Leibes! O gütige, o milde, o süße Jungfrau Maria!« Die Bronzetüren des Südportals, ein Werk des amerikanischen Bildhauers Frederic Shrady, zeigen Szenen aus dem Leben der Maria. Die beiden Seitentüren mit Bildern des auf Maria bezogenen Hohenliedes schuf der italienische Künstler G. Mucchi, die Marienstatue über dem Portal stammt von dem Italiener F. Verocco. Die Architekten gliederten das Bauwerk in eine Unterkirche und eine Oberkirche. Vom Westportal aus gelangt man durch eine Vorhalle zunächst in die Unterkirche mit den Resten der Vorgängerbauten und der Verkündigungsgrotte. Die darüberliegende Oberkirche repräsentiert die Gegenwart.

Die frühesten Spuren am Ort der Verkündigungskirche – zahlreiche Grotten, Silos, Zisternen, Ölpressen und Weinkeltern, die nördlich der Kirchenmauer unter einer terrassenartigen Überdachung zu sehen sind – stammen aus herodianischer Zeit. Die Verkündigungsgrotte war damals eine übliche Vorratshöhle, die mit Sicherheit zu einem kleinen Wohnhaus gehörte. Hier könnte Maria, die Mutter Jesu, gelebt haben, denn schon im 2. Jh. unterhielten die Judenchristen, vielleicht Verwandte ihrer Familie, an dieser Stelle eine **Kultstätte.** Das 2 × 2 m große, in den Felsboden geschlagene Becken, zu dem sieben Stufen hinunterführen, diente ursprünglich als Weinkelter. Im 2. Jh. verband man es mit einer Zisterne und verwendete es als Taufbecken. Die Beckenwände sind wasserdicht verputzt und mit zahlreichen Sgraffiti (Kreuze, Schiffe, Pflanzen) ausgeschmückt.

Der Schutt, den die Ausgräber aus dem Becken schaufelten, bestand aus Bauteilen einer **Synagogenkirche** des 3. Jhs. Die Säulenbasen, Kapitelle und Fenstergesimse erinnern an die frühen Synagogen Galiläas, nur war dieses Bauwerk eben dem Marienkult geweiht. Auf

Nazaret: Verkündigungskirche
1 Verkündigungsgrotte
2 Säule Mariens
3 Säule des Erzengels Gabriel
4 Martyrion
5 Kononmosaik
6 Christusmonogramm
7 Taufbecken
8 Engelskapelle
9 Pfeiler der Kreuzfahrerkirche
10 Höhlen und Getreidesilos des
   alten Nazaret
▭ Synagogenkirche, 3. Jh.
▨ Byzantinische Basilika, 5. Jh.
▭ Kreuzfahrerkirche, 12. Jh.
▭ Notbau, 18. Jh.
■ Heutige Kirche

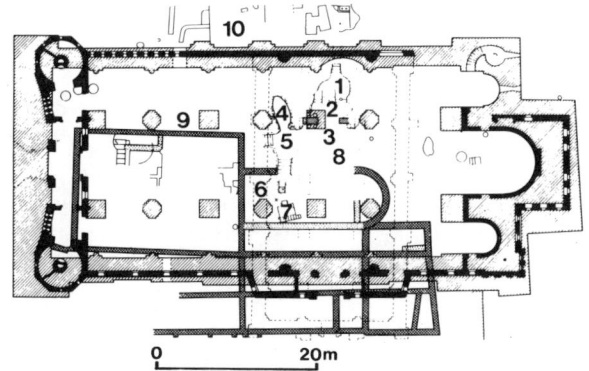

einer Säulenbasis entdeckten die Archäologen die griechische Inschrift XE MAPIA (Chaire [Ave] Maria = ›Sei gegrüßt, Maria‹), die älteste bekannte inschriftliche Erwähnung des Namens der Mutter Jesu. Zwei kurze Treppen führten zum Vorraum der Verkündigungsgrotte hinab. Eine kleine, sackartige Nebengrotte, heute 4,25 m lang, 2 m breit und 1,75 m hoch, wurde von den Judenchristen als Martyrion (Märtyrerkapelle) benutzt. An der linken Felswand stand die ›Mensa Martyrum‹, die der Feier der Eucharistie und der Agape diente, ein steinerner Tisch, der von Felsengestein und Mauerwerk gestützt wurde. Die rechte Felswand schmückte eine symbolische Darstellung des Paradieses. Ein griechische Inschrift in dorischem Dialekt erinnert an den Nazarener Konon, der um 250 in Magydas in Pamphylien (Kleinasien) den Märtyrertod erlitt (die Christin Valeria kam im 3. Jh. aus Pamphylien nach Nazaret, um hier des Konon zu gedenken).

Über der Synagogenkirche, von der noch eine doppelte Steinreihe der Südmauer erhalten blieb, erstand zu Beginn des 5. Jhs. eine **byzantinische Basilika** mit einem etwa 20,5 × 16 m großen, vorgelagerten Atrium. Die Südmauer der Synagogenkirche bildete das Fundament für den südlichen Stylobat des Hauptschiffes, das 19,5 m lang und 8 m breit war und im Osten mit einer Apsis abschloß. An das südliche, 15,35 m lange und 2,85 m breite Seitenschiff lehnte sich ein Kloster an; der rechteckige Raum östlich des Schiffes war die Sakristei. Das nördliche Seitenschiff, von dem die Ausgräber kaum mehr Reste fanden, endete vor den beiden Grotten, die also außerhalb der Basilika lagen. Das Hauptschiff war mit einem Mosaikboden ausgelegt, der das alte Taufbecken der Judenchristen verbarg. Ein Fragment des Bodens zeigt uns das **Christusmonogramm** in seiner Urform. Es entstand aus dem judenchristlichen Symbol des Sterns (»Ein Stern geht in Jakob auf«, Num 24,17), der sich im Laufe der Zeit zu einem griechischen Chi wandelte, und dem griechischen Rho (P) als Geheimzeichen für Jesus. Chi und Rho bilden die Anfangsbuchstaben des griechischen Wortes Christos (›der Gesalbte‹). Das Christusmonogramm war auf das Martyrion ausgerichtet. Für den Vorraum zur Grotte stiftete der Jerusalemer Diakon Konon (nicht identisch mit dem pamphylischen Märtyrer!) einen 3,6 × 3,4 m großen, geometrisch gemusterten Mosaikboden (**Kononmosaik**), an den im Osten die 2,7 × 7,7 m große Engelskapelle angrenzt. Hier, unmittelbar vor dem Eingang zur Verkündigungsgrotte, müßte das Haus Marias gestanden haben, aber die Archäologen fanden keine Spuren eines Mauerwerks.

Die **Verkündigungsgrotte**, ungefähr 7 m lang, 6 m breit und 3 m hoch, wird heute von einem Kupferbaldachin bedeckt, den der Belgier C. Colruyt schuf. Das umlaufende Kupferband zeigt eine Verkündigungsszene und die Worte »Ave Maria, gnadenvolle – Er ist Mensch geworden durch den Heiligen Geist – Aus Maria der Jungfrau«. Als die Franziskaner 1620 das Grottenareal erwarben, schufen sie als erstes eine unterirdische Verbindung zwischen ihrem Kloster und der Verkündigungsgrotte, um von den Moslems ungesehen die heilige Stätte betreten zu können. Zeitweise steht der enge Treppengang auch Besuchern zur Verfügung. Man betritt dann die Grotte in der Josefskapelle, wo sich der Altar der Flucht nach Ägypten befindet. Ein schmaler Durchlaß öffnet sich zur Verkündigungskapelle mit dem Verkündigungsaltar. Die beiden Säulen rechts vom Durchgang zur Engelskapelle, vermutlich byzantinischen Ursprungs, fügten fränkische Baumeister ein, um die Tragfähigkeit der dünnen Felsdecke zu verstärken, da unmittelbar darüber einer der mächtigen Pfeiler der Kreuzfahrerkirche aufsetzte. Die nördliche Säule wird Mariensäule genannt, die südliche Gabrielssäule. Nach der Tradition zeigen sie den Standort der Jungfrau und des Erzengels bei der Verkündigung an. In der Engelskapelle steht im Westen der Gabrielsaltar und im Osten der Jojakimaltar.

Die etwa 70 m lange und 30 m breite **Kreuzfahrerkirche,** im Jahre 1106 fertiggestellt, umschloß mit ihren drei Schiffen die gesamte byzantinische Basilika nebst Atrium und Verkündigungsgrotte. Sechs Pfeiler hatten einen quadratischen, sechs einen sechzehneckigen Grundriß. Den östlichen Abschluß bildeten drei Apsiden, wo jeweils ein Altar stand. Von der nördlichen Seitenapsis aus führte eine Treppe in dem mächtigen Mauerwerk zu den oberen Räumen. Die Nordwand der heutigen Unterkirche und die drei Apsiden stammen noch von dem Kreuzfahrerbau. In der Nordapsis hängen zwei Reliefs in Betonguß: Anna mit Maria und Jesus auf den Armen und Jojakim mit seinen Schafen. Im Museum der Verkündigungskirche stehen einige schöne, zum Teil noch unvollendete Kapitelle des 12. Jhs., herrliche Beispiele burgundischer Kunst, die der unbekannte Künstler beim Herannahen Saladins im Jahre 1187 im Boden vergrub. Der im Jahre 1730 von den Franziskanern errichtete **Notbau** erhob sich quer über den Ruinen der Kreuzfahrerkirche. Er war 22 m lang und 17 m breit und hatte allein die Verkündigungsgrotte zu beschirmen. Die Felsendecke der Grotte wurde mit Marmorplatten ausgelegt und als Altarraum benutzt. Eine breite Treppe führte zur Verkündigungsgrotte hinab.

Die 1969 nach fast zehnjähriger Bauzeit fertiggestellte fünfte Verkündigungskirche, die etwa 68 × 29 m mißt, ruht auf den Fundamenten der Kreuzfahrerkirche, ihre Mauern aber sind wesentlich schmaler als die mächtigen Wände des mittelalterlichen Bauwerks. Die Unterkirche befindet sich auf dem Niveau der byzantinischen Kirche. Sieben Stufen führen zu einem achteckigen Platz hinunter, der die ältesten Stätten des Marienkultes umfaßt und der Verkündigungsgrotte sowie dem Martyrion vorgelagert ist. Zwei große Wendeltreppen in den beiden Türmen der Westfassade verbinden die Unterkirche mit der **Oberkirche.** Das Treppengeländer der Südtreppe schmückt ein Holzrelief des Pilgers von Piacenza, der 570 nach Nazaret kam. Neben ihm stehen der Ritter Tankred, der Erbauer der Kreuzfahrerkirche, und Franz von Assisi. Die farbenfrohen Fenster aus Glasinkrustationen schuf P. A. Farina OFM, Florenz. Das Holzrelief am Geländer der Nordtreppe, die meist verschlossen ist, zeigt Papst Paul VI. vor der Grotte. Eine große, achteckige Öffnung gibt den Blick auf die Unterkirche und auf die heilige Stätte der Verkündigung frei. Über der Öffnung wölbt sich bis zu einer Höhe von 57 m, 40 m über der Oberkirche, die 18 m breite Kuppel (Abb. 60), die einer nach unten geöffneten Lilie gleicht. Die Lilienblüte, das Sinnbild der Reinheit, das alte Mariensymbol, hat 16 Blütenblätter, von denen jedes aus zwei abgewinkelten Flächen besteht, so daß sich insgesamt 32 Flächen ergeben. In der jüdischen Zahlenmystik wird die 32 als Summe aus den 22 Buchstaben des hebräischen Alphabets und den zehn Befehlen Gottes bei der Schöpfung der Welt erklärt. Das Ebenbild Gottes ist der

Mensch, das Spiegelbild von 32 die 23. Und genau 23mal erscheint auf jeder Blattfläche das M, für Maria, die Gottes Sohn, den Messias, gebar.

Der Schweizer Yoki Aerbischler schuf die farbigen Glasfenster des hohen, achteckigen Kuppeltambours. Den Turmkegel tragen acht Betonpfeiler, an denen 14 Keramikarbeiten des Italieners Biancini die Stationen des Kreuzweges wiedergeben. Der Fußboden der Oberkirche besteht aus Marmorintarsien. Die Darstellungen aus der katholischen Marienlehre entwarf der Italiener Adriano Alessandrini; Wappen jener Päpste, die sich mit der Lehre auseinandersetzten, verbinden sie. Das 150 m² große Wandmosaik des Chorraumes ist ein Werk des bekannten Sizilianers Salvatore Fiume. Christus, im roten Gewand des Hohenpriesters, lädt mit ausgebreiteten Armen die Menschen ein, zu ihm zu kommen. Neben ihm steht der zweifelnde Petrus, im Hintergrund thront Maria. Vorn rechts erkennt man die fünf Päpste Benedikt XV., Pius XI., Pius XII., Johannes XXIII. und Paul VI. Zu beiden Seiten des allsehenden Auges und der Geistestaube steht das seit dem Konzil von Konstantinopel (381) gültige Glaubensbekenntnis: »Ich glaube an eine, heilige, katholische und apostolische Kirche.« Die Chorfenster schuf Max Ingrand. Der Hochaltar aus rötlichem Marmor hat die Form einer Barke und trägt einen von C. Colruyt gestalteten Tabernakel.

Die Franziskuskapelle links vom Chor zeigt Graffiti des Italieners Baruzzi: an der Decke die Vision des hl. Franziskus, den Hintergrund beherrscht das Jerusalemkreuz, das Symbol der Kreuzfahrer und Franziskaner, links pflegt der hl. Franziskus einen Aussätzigen, rechts sieht man zwei Pilger, die Nazaret besuchten: König Ludwig IX. den Heiligen (1252) und Papst Paul VI. (1964). Die Sakramentskapelle rechts vom Chor ist mit Fresken des Spaniers Pereiro ausgestaltet. Da erscheinen Kirchenlehrer und Märtyrer der West- und Ostkirche, und da sehen wir die historische Umarmung von Papst Paul VI. und dem griechisch-orthodoxen Patriarchen Athenagoras auf dem Ölberg (1964). Die bis zur umlaufenden Galerie 7 m hohen Wände der Oberkirche sind mit modernen Mariendarstellungen aus aller Welt geschmückt.

Die Haupteingänge zur Oberkirche, deren Bronzetüren der Niederländer N. Steenbergen gestaltete, liegen an der Nordseite. Die trapezförmige Terrasse davor schützt die Siedlungsreste des alten Nazaret. Das moderne, fast oktogonale Baptisterium ist eine Schöpfung des deutschen Künstlerehepaares Bernhard Hartmann (Bronzearbeiten) und Irma Rochelle (Keramik), das große Glasfenster arbeitete Max Ingrand.

Die Josefskirche

100 m nördlich der Verkündigungskirche steht die im Jahre 1914 geweihte Josefskirche, der Tradition nach an der Stelle, an der Josef sein Wohnhaus und seine Werkstatt hatte, in der Jesus das Zimmermannshandwerk erlernte. Im 17. Jh. bauten die Franziskaner eine kleine Kapelle, nachdem hier schon ein Kreuzfahrerbau und möglicherweise auch eine byzantinische Kirche gestanden hatten. Der gallische Bischof Arkulf erwähnte nämlich um 670 zwei große Kirchen in Nazaret: die Verkündigungskirche und die ›Kirche der Ernährung‹ (auch Haus der Nahrung, Haus des heiligen Josef oder Haus der Heiligen Familie genannt), die auf

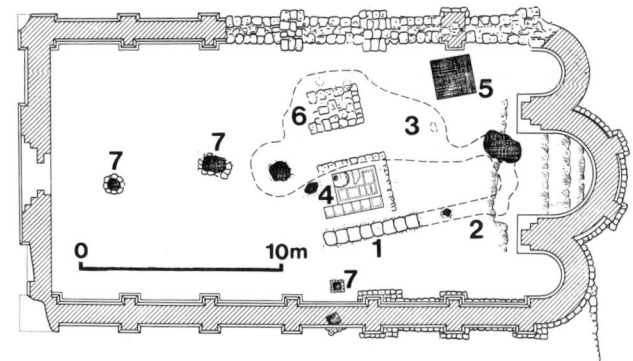

Nazaret: Josefskirche
1 alte Treppe
2 Felskorridor
3 Grotte
4 Taufbecken
5 Vertiefung
6 Pfeilerfundament der
   byzantinischen Kirche
7 Zisternen

0   10m

Gewölben über Josefs Haus erbaut worden war. Zahlreiche Öl- und Weinpressen, Silos, Zisternen und Vorratsgrotten aus der Zeit Jesu bezeugen eine intensive landwirtschaftliche Nutzung des fruchtbaren Ackerlandes dieser Gegend. Die 29 × 16,2 m messende Kreuzfahrerkirche des 12. Jhs., von deren Säulen bzw. Pfeilern nichts mehr vorhanden ist, besaß wohl nur ein einziges Portal im Westen und vermutlich zweimal fünf Pfeiler; drei Apsiden schlossen sie nach Osten hin ab. Im Mittelschiff entdeckten die Ausgräber ein 2 × 2 m großes und ebenso tiefes Taufbecken, in das sieben Stufen hinabführten. Es war mit Mosaikfeldern ausgelegt, Marmorplatten verkleideten die Beckenwand. Der schwarze Basaltstein im Boden symbolisierte den Felsen Christus (1 Kor 10,4).

Südlich vom Taufbecken führt eine schmale Treppe in eine 9–10 m lange, 4–5 m breite und über 2 m hohe Felsgrotte hinab, die Licht und Luft durch zwei Öffnungen in der Felsdecke erhielt. Ursprünglich diente sie als Vorratsraum, der Mosaikboden und Graffiti an den Wänden beweisen jedoch, daß hier in den ersten nachchristlichen Jahrhunderten eine Kultstätte der Judenchristen bestand. Beim Betrachten der Grundrißzeichnung fällt auf, daß das Taufbecken, die schmale Treppe, eine quadratische Vertiefung im Nordosten und eine Pfeilerbasis genau parallel zueinander verlaufen, aber etwa 25° von der Kreuzfahrerkirche abweichen. Daraus wäre zu schließen, daß die byzantinische Kirche bzw. die judenchristliche Kultstätte anders ausgerichtet war als der Kreuzfahrerbau.

Sonstige Sehenswürdigkeiten

Etwa 200 m nördlich der Verkündigungskirche steht inmitten des Basarviertels die **Synagogenkirche**, eine Gebetsstätte der griechisch-katholischen Melchiten. Im Inneren zeigt man die Reste jener Synagoge, in der der Jesusknabe das Lesen gelernt und als Erwachsener gepredigt haben soll (den Zugang bildet eine besondere Tür links vom Kirchenportal). Die bescheidenen Überbleibsel dieses Baus – etwa 80 Steine und einige Säulenbasen – dürften allerdings aus dem 6. Jh. stammen, denn im Jahre 570 erwähnte ein Pilger eine kleine Kirche, die die Byzantiner den Juden zur Verfügung gestellt hatten. Die These, daß an dieser Stelle zur Zeit Jesu tatsächlich die Synagoge von Nazaret stand, ist noch nicht bewiesen.

Die 1861 erbaute Franziskanerkirche **Mensa Christi** soll an der Stelle stehen, an welcher der auferstandene Christus zum letzten Mal mit seinen Jüngern beim Abendmahl zusammensaß. Ein hervorspringender, behauener Felsblock bildet den Tisch.

Nazarets einzige Quelle entspringt westlich der griechisch-orthodoxen **Gabrielskirche** in einer 10 m unter der Erdoberfläche gelegenen Höhle, von wo aus ein 17 m langer Aquädukt das Wasser an die Oberfläche leitete. Noch heute finden wir die alte Brunnenöffnung in einer Krypta unterhalb des Altars der Gabrielskirche, erreichbar über sechs Stufen. Am Rand des marmornen Brunnendeckels stehen die stark verwitterten Worte: »Gegrüßt seist du, Maria, der Herr ist mit dir.« Nach dem Protevangelium des Jakobus, das der griechisch-orthodoxen Tradition zugrunde liegt, fand nämlich die Begegnung der Maria mit dem Erzengel Gabriel nicht in ihrem Haus statt, sondern an diesem Brunnen. Eine Kirche an der Quelle erwähnte erstmals der russische Abt Daniel im Winter 1106/07. Es handelte sich dabei um einen vermutlich nach 630 errichteten Rundbau, der um die Mitte des 8. Jhs. zerstört und später von den Kreuzfahrern erneuert wurde. 1335 berichtete der Pilger Jakob von Verona, daß die Kirche des Erzengels Gabriel eine Ruine sei. Die Griechen erbauten im Jahre 1767 die heutige Gabrielskirche, die griechische Verkündigungskirche. Ihre großartige Ikonostase stammt noch aus dem Gründungsjahr. Der ursprüngliche Zugang zum Brunnen lag im östlichen Hofraum der Kirche; 18 Stufen sind noch vorhanden.

Als das Quellwasser bei der Gabrielskirche zu versickern drohte, baute man im Jahre 1862 eine 150 m lange Wasserleitung von der Quelle zur Straße nach Tiberias. Noch vor wenigen Jahren trafen sich am **Marienbrunnen** (The Virgin's Fountain; Abb. 61) nach Sonnenuntergang Frauen und Mädchen, um Wasser zu schöpfen, wie das vor 2000 Jahren Maria tat. Heute steht der Brunnen fast unbeachtet am Rande der verkehrsreichen Straße und spendet kein Wasser mehr. Das kostbare Quellwasser (15000 Liter täglich) wird in modernen Zisternen aufgefangen und in das Wasserleitungsnetz eingespeist.

Berg Tabor/Har Tavor

21 km nordöstlich von Afula erhebt sich im Nordosten der Jesreel-Ebene als höchster Berg Untergaliläas der 588 m hohe, kuppelförmige Tabor (hebräisch Tavor; arabisch Djebel et-Tur von aramäisch Tor = ›Berg‹), der ›hohe Berg‹ oder ›Berg der Verklärung Jesu‹ (Mt 17,1–9; Mk 9,2–10; Lk 9,28–36). Heute erinnern zwei Kirchen an das biblische Geschehen: die Verklärungskirche der Franziskaner und die Eliaskirche der Griechisch-Orthodoxen. Vom Berggipfel aus genießt man die wohl schönste Aussicht auf den Norden Israels.

Geschichte
Im 2. Jahrtausend v. Chr. besaßen die Kanaaniter auf dem Berg eine Kultstätte des Baal. Der Kult des Baal Tabor verbreitete sich schon früh über den östlichen Mittelmeerraum, so auch bei den Griechen, die Baal als Zeus Atabyrios (Itabyrios) übernahmen (Atabyrion ist der griechische Name für Tabor). Daß noch im 8. Jh. v. Chr. auf dem Tabor der Baalkult

gepflegt wurde, empörte den Propheten Hosea (Hos 5,1). Ramses II. (1290–1224) zählte die Stadt auf dem Gipfel zu seinen Eroberungen. Bei der Landnahme bildete der Tabor die Grenze zwischen den Stämmen Scbulon, Issachar und Naftali (Jos 19,12; 22,34). Nach jahrelanger Unterdrückung durch die Kanaaniter sammelten sich hier die waffenfähigen Männer Israels und zogen auf Weisung der Richterin Debora in die Jesreel-Ebene, wo sie unter dem Heerführer Barak die Truppen des Sisera schlugen (Ri 4). Ihr Sieg wird in einem der schönsten Siegeslieder Israels, dem Deboralied, besungen (Ri 5). 217 v. Chr. entriß der Seleukide Antiochos III. die Stadt Itabyrios auf dem Tabor den Ptolemäern und stationierte dort eine Garnison. Um 100 v. Chr. wurde der Ort von dem Makkabäerkönig Alexander Jannaios erobert. Auch zur Zeit Jesu dürfte das Gipfelplateau bewohnt gewesen sein. Flavius Josephus umzog die 1200 × 400 m große Stadt zu Beginn des ersten jüdischen Aufstandes (66 n. Chr.) innerhalb von 40 Tagen mit einer Mauer, als jedoch die Römer anrückten, mußten sich die Bewohner wegen Wassermangels ergeben (Jüd. Krieg IV, 1,8).

Die christliche Tradition der Verklärung Jesu (s. u.) bezeugte erstmals Kyrillos, Bischof von Jerusalem, im Jahre 348. Ein noch früherer Zeuge könnte Origenes (232) gewesen sein, doch bezweifelt man seine Urheberschaft an der Schrift ›Selecta in Psalmos‹. Die Evangelisten beschrieben den Ort der Verklärung nicht näher, sie sprechen lediglich von einem

Berg Tabor um 1880

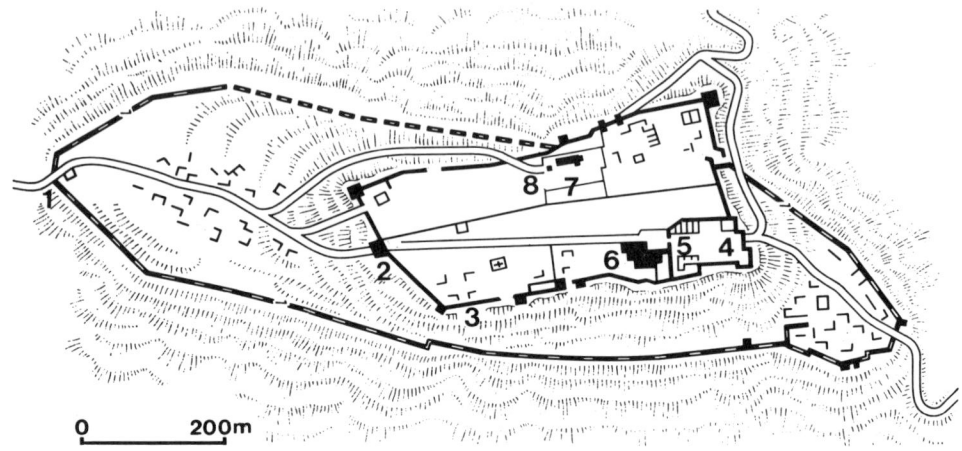

Berg Tabor
1 Mauer des Flavius Josephus 2 Tor der Winde 3 arabische Mauer 4 Verklärungsbasilika
5 Benediktinerabtei (12. Jh.) 6 Franziskanerkloster 7 griechische Eliaskirche 8 Höhle des Melchisedek

›hohen Berg‹. Seit dem 4. Jh. bestiegen unzählige Pilger den Tabor, der bald zu den
wichtigsten heiligen Stätten des Christentums zählte. 518 wurde sogar ein ›Bischof des
heiligen Berges Tabor‹ erwähnt, und um 570 sah der Pilger von Piacenza hier »drei
Basiliken«. Im Jahre 614 hinterließen die Perser auf dem Gipfelplateau ein Trümmerfeld.
   1101 gründeten Benediktinermönche, die im Gefolge der Kreuzfahrer in das Heilige Land
gekommen waren, auf dem Tabor ein großes Kloster, das sie mit massiven Mauern
umgaben. 1183 plünderten Saladins Truppen das griechische Nonnenkloster auf der
Nordseite des Plateaus, konnten aber nicht die starken Befestigungen der Benediktiner
durchbrechen. Erst nach der Schlacht von Hattin (1187) mußten die Mönche weichen. Im
Jahre 1211 baute Malik el-Khamil, Sultan von Damaskus, den Gipfel zu einer mächtigen
Festung aus, die als eine so ernste Bedrohung des verbliebenen Kreuzfahrerstaates angesehen
wurde, daß sie einen der Anlässe für den fünften Kreuzzug bildete. Durch den 1229
zwischen Kaiser Friedrich II. und dem Sultan geschlossenen Friedensvertrag gelangte auch
der Berg Tabor wieder unter die Herrschaft der Christen. 1263 zerstörte der Mameluckensultan Baibars alle christlichen Gebäude auf dem Berg. 1631 gelang es den Franziskanern,
mit Genehmigung des Drusenemirs Fakhr ed-Din auf dem Tabor ein neues Kloster zu
gründen. Wenig später ließen sich auch die Griechen hier nieder; eine Mauer trennte fortan
die griechische Hälfte des Plateaus im Norden von der lateinischen im Süden. Heute
repräsentieren zwei Kirchen die beiden christlichen Glaubensrichtungen: eine griechisch-
orthodoxe aus dem Jahre 1911 und eine römisch-katholische aus dem Jahre 1924.

Sehenswertes

12 km hinter Afula biegt man von der Straße zum See Gennesaret nach links ab, fährt durch das arabische Dorf **Dabburiya** und erklimmt dann auf enger, kurvenreicher Straße den Tabor (der Höhenunterschied zum Tal beträgt etwa 450 m). Kurz vor dem **Tor der Winde** (arabisch Bab el-Hawa), an dessen Stelle das Damaskustor der fatimidischen Stadtmauer stand, zweigt eine Nebenstraße zum griechischen Kloster mit der Eliaskirche ab (s. u.). Hinter dem Tor der Winde befindet man sich bereits auf lateinischem Territorium. Die Straße endet auf einem Parkplatz vor dem Franziskanerkloster. Innerhalb des ummauerten Klosterbezirks finden sich noch der Kapitelsaal und das Refektorium der alten Benediktiner-abtei aus der Kreuzfahrerzeit. Am östlichen Ende des Plateaus steht auf den Fundamenten der Kreuzfahrerkirche und byzantinischer Bauten die neue **Verklärungsbasilika** (Abb. 62–64), die der italienische Architekt Antonio Barluzzi in den Jahren 1921–1924 nach dem Vorbild syrischer Kirchen des 5. Jhs. schuf. Links und rechts des Eingangsportals treten zwei quadratische Fassadentürme hervor, deren Fenster mit volutenförmigen Umrahmun-gen geschmückt sind. Zwei Säulen stützen den giebelgekrönten Portalbogen, der die Vorderfront der beiden Türme verbindet. Weitgespannte Bögen trennen die beiden Seitenschiffe vom leicht erhöhten Hauptschiff, wo eine breite Treppe zu einer offenen Krypta hinabführt. Altar und Apsis stammen aus byzantinischer Zeit.

Die Halbkuppel der neuen Apsis zeigt ein eindrucksvolles Mosaik der 20er Jahre, das die Verklärung Jesu darstellt: »Jesus stieg mit Petrus, Johannes und Jakobus auf einen Berg, um zu beten. Und während er betete, veränderte sich das Aussehen seines Gesichtes, und sein Gewand wurde leuchtend weiß. Und plötzlich redeten zwei Männer mit ihm. Es waren Mose und Elija; sie erschienen in strahlendem Licht und sprachen von seinem Ende, das sich in Jerusalem erfüllen sollte« (Lk 9,28–31). Der Verklärung bediente sich Gott, um den Jüngern, den Zeugen dieses Geschehens, seine Gegenwart kundzutun und ihnen zu zeigen, daß Jesus als sein »geliebter Sohn« der göttlichen Welt zugehört. Die Verklärung (leuch-tende Gesichter, weiße Kleider und Lichtgestalten) spielt in der altjüdisch-apokalyptischen Literatur eine große Rolle. Die beiden Fassadentürme stehen auf Kapellen byzantinischen Ursprungs. Die nördliche ist Mose, die südliche Elija (Elias) geweiht. Mit der Krypta für Jesus sind das die »drei Hütten«, die Petrus bauen wollte, »eine für dich, eine für Mose und eine für Elija« (Lk 9,33). Von der arabischen Eckbastion hinter der Kirche hat man einen einzigartigen Rundblick: im Osten die Jordansenke und die Golanhöhen, im Süden die riesige Jesreel-Ebene und die Berge Samariens, im Westen das nahe Nazaret und der Karmel, im Norden die Berge Obergaliläas mit dem schneebedeckten Hermon dahinter.

Die griechisch-orthodoxe **Eliaskirche** (Elijakirche) wurde 1911 auf den Fundamenten einer Kreuzfahrerkirche erbaut, die sich wiederum über einem byzantinischen Gotteshaus, vielleicht dem ältesten auf dem Tabor, erhob. Zwei Apsiden und der Mosaikboden stammen aus fränkischer Zeit, in der Mitte sieht man noch ein byzantinisches Mosaikstück im Boden. Im Westen lehnt sich an die Eliaskirche die **Höhle des Melchisedek** an. Melchisedek (›König der Gerechtigkeit‹) war nach Genesis 14,18 zur Zeit Abrahams Priesterkönig von Salem (Jerusalem). Die vielfach verzweigte Höhle wurde sorgfältig restauriert.

Rund um den See Gennesaret

See Gennesaret/Yam Kinneret

Der 21 km lange und bis zu 13 km breite See Gennesaret (Genezareth) ist ein Teil des großen palästinensischen Einbruchsgrabens, der sich in Nordsüdrichtung vom Hermon über die Jordansenke, das Tote Meer und die Arava bis hinunter zum Roten Meer erstreckt. Heute heißt der See wie im hebräischen Alten Testament Yam Kinneret (›See von Kinneret‹), was sich auf die bedeutende kanaanitische Stadt Kinneret am Nordwestufer bezieht, die wiederum nach der kanaanitischen Gottheit kn(r)t benannt wurde. Die Bibel bezeichnet die kleine, fruchtbare Ebene zwischen Magdala und dem Tell el-Oreme als Ginnesar (von Kinneret), weshalb Flavius Josephus vom See Gennesar bzw. Gennesaret spricht (Jüd. Krieg II, 20,6; III, 10,7). Im Neuen Testament lesen wir den Namen See Gennesaret nur ein einziges Mal (Lk 5,1), denn die Evangelisten nannten ihn zumeist Galiläisches Meer oder Tiberiassee. Für die Araber gilt er als das ›Auge Allahs‹.

Der See liegt 209 m unter dem Spiegel des Mittelmeeres und ist somit der tiefstgelegene Süßwassersee der Erde. Seine größte Tiefe beträgt 44 m. Während Nord- und Südufer flach auslaufen, wird er im Osten und Westen von Bergen begrenzt, im Osten von den Golanhöhen, im Westen vom galiläischen Bergland. Der See Gennesaret war schon im Altertum wegen seines Fischreichtums bekannt. Auf keinen Fall sollte man es versäumen, in einem der zahlreichen Fischrestaurants (Tiberias, En Gev, Tabgha usw.) den besonders delikaten Petrusfisch, eine Buntbarschart, zu bestellen. Im Maul eines solchen Fisches fand der Fischer Simon Petrus eine Tetradrachme, mit der er für sich und Jesus die Tempelsteuer bezahlte (Mt 17,27).

Die Vegetation am See ist subtropisch. Der Winter kennt keinen Frost, der Sommer bringt Temperaturen um 40° C. Josephus schwärmte: »Die Üppigkeit des Bodens erlaubt jede Art von Bepflanzung, und die Einwohner bauen tatsächlich auch alles an, zumal das wohltemperierte Klima den verschiedensten Gewächssorten entgegenkommt. Der Nußbaum, der mehr als alle anderen Pflanzen eine kühle Witterung braucht, gedeiht dort herrlich und in großer Menge. Neben ihm wächst die Palme, die der Hitze bedarf, ebenso der Feigenbaum und der Ölbaum, denen ein milderes Klima zuträglich ist. Man möchte fast glauben, die Natur trage dort einen Wettstreit aus, um mit aller Mühe sämtliche denkbaren Gegensätze an einem einzigen Platz zu konzentrieren; oder man könnte von einem edlen Wetteifer der Jahreszeiten sprechen, von denen jede es dieser Gegend in besonderem Maße recht machen will. Nicht nur die verschiedensten Obstsorten gedeihen dort, so verschieden, daß sie kaum vereint vorstellbar sind, sondern der Boden schafft auch alle Voraussetzungen für eine langdauernde Erntezeit und für reife Früchte. Weintrauben und Feigen, die königlichsten Früchte, kann man zehn Monate lang ohne Unterbrechung ernten, die anderen Früchte sogar während des ganzen Jahres« (Jüd. Krieg III, 10,8).

See Gennesaret um 1880

Am dicht besiedelten Nordwestufer des Sees, zwischen Magdala und Betsaida, wirkte Jesus. Hier fand er unter den Fischern seine ersten Jünger, hier heilte er Kranke, hier lauschte das Volk seinen Worten. Noch heute legen die Fischer im Morgengrauen ihre Netze aus, während tagsüber Ruderer auf dem See trainieren und Windsurfer die kleinste Brise nutzen. Nachmittags wird der See gefährlich, denn dann fegen starke Böen unberechenbar über das Wasser.

Seit der Eröffnung der Straße auf dem ehemals syrischen und inzwischen annektierten Ostufer im Jahre 1978 ist es möglich, den ganzen See zu umfahren. Die 59 km lange Strecke erlaubt eine Besichtigung der bekannten Orte und Pilgerstätten Tiberias, Tabgha (Siebenquell), Kafarnaum, Betsaida, Kursi, En Gev und Deganya mit Bet Yerah. 5 km nördlich von Tiberias (vgl. S. 280) passiert man zunächst die spärlichen Relikte von **Migdal** (Magdala), des Geburtsortes der Maria Magdalena (Lk 8,1–3), und nach weiteren 5 km die Reste des Omajjadenpalastes von **Khirbet el-Minje** (hebräisch Horvat Minnim). Kurz dahinter, auf dem 81 m hohen **Tell el-Oreme** (hebräisch Tel Kinnorot), lag einst Kinneret, eine der bedeutendsten Städte der frühen Bronzezeit (3. Jahrtausend v. Chr.).

Tabgha/Siebenquell

Etwa 700 m östlich vom Tell el-Oreme bedecken hohe Eukalyptusbäume das Gelände des Siebenquells. Auf einem 250 m langen Uferabschnitt am West- und Südfuß des Kalkhügels von Schech 'Ali, des ›Berges der Seligpreisungen‹, entspringen hier sieben Quellen, im Griechischen Heptapegon genannt, woraus sich der arabische Name Tabgha (Tabigha) entwickelte. Die Franziskaner sagen Septem Fontes, und die Israelis bezeichnen die Gegend als En Sheva, was ebenfalls ›sieben Quellen‹ bedeutet. Am Siebenquell geschah das Wunder der Brotvermehrung (Joh 6,1–15), und hier erschien Jesus den Jüngern zum dritten Mal nach seiner Auferstehung von den Toten (Joh 21). Die Brotvermehrungskirche mit den schönsten Bodenmosaiken des Heiligen Landes und die Kirche der Erscheinung des Auferstandenen sind heute die sichtbaren Zeugnisse der alten Tradition.

Die Brotvermehrungskirche
Erinnern wir uns: Jesus fuhr zum Ostufer hinüber, in eine einsame Gegend, um mit seinen Jüngern allein zu sein. Aber das Volk eilte ihm mit Booten voraus, und als er am jenseitigen Ufer ankam, warteten schon 5000 Menschen auf ihn. Er lehrte sie bis zum Abend, dann baten die Jünger ihn, die Menschen wegzuschicken, damit sie sich etwas zu essen kaufen könnten. Doch Jesus nahm fünf Gerstenbrote und zwei gesalzene Fische, sprach ein Dankgebet und teilte Brote und Fische aus. »Und alle aßen und wurden satt« (Mk 6,42). Dies ereignete sich zu der Zeit, als Pilatus kurz vor dem Paschafest auf dem Jerusalemer Tempelberg eine Gruppe galiläischer Pilger niedermetzeln ließ, weil er einen Aufstand befürchtete. Die empörten Galiläer scharten sich nun um Jesus, von dem sie erwarteten, daß er sie im Kampf gegen die verhaßten Römer anführen werde.

Als es im 3. und 4. Jh. für die Pilger immer gefährlicher wurde, das einsame Ostufer zu bereisen, verlegte man das Wunder der Brotvermehrung kurzerhand auf das Westufer in die Gegend des Siebenquells. Aetheria berichtet von ihrer Pilgerreise durch das Heilige Land (381–384): »Dort am Meere ist eine Ebene mit viel Gras und Palmen und daneben sieben Quellen, die reichlich Wasser liefern. In dieser Ebene hat der Herr mit fünf Broten und zwei Fischen das Volk gespeist. Der Stein, auf den der Herr das Brot legte, ist zu einem Altar gemacht.« Damit wurde erstmals eine christliche Kirche in Galiläa erwähnt.

1887 erwarb der ›Deutsche Verein vom Heiligen Lande‹ (damals noch ›Verein vom Heiligen Grabe‹) den Uferstreifen vom Tell el-Oreme bis zum Siebenquell. Schon die ersten Siedler, zwei Bayern und zwei Westfalen, stießen auf Mauerreste, die die Archäologen P. Karge und Z. Biever im Jahre 1911 als Relikte der von der Pilgerin Aetheria beschriebenen Kirche identifizieren konnten. Als A. E. Mader und A. M. Schneider 1932 die Ausgrabungen im Auftrag der Görres-Gesellschaft und des Deutschen Vereins vom Heiligen Lande fortsetzten, entdeckten sie die herrlichen Bodenmosaike, mit denen der Bau ausgelegt war. 1936 kamen bei Restaurierungsarbeiten die Fundamente einer älteren Kirche zum Vorschein, die der Franziskaner-Archäologe S. Loffreda OFM 1970 anläßlich einer erneuten Restaurierung der Mosaike untersuchte.

Die erste Brotvermehrungskirche ließ vermutlich Josef, Graf von Tiberias, um 350 im Auftrag Konstantins des Großen errichten. Die einschiffige Kirche war 9,5 m breit und mit Apsis 18,1 m lang, ihre 80 bis 95 cm dicken Mauern ruhten auf gestampfter Erde. Vor der 2,6 m tiefen Apsis stand der ›Heilige Stein‹, auf den Jesus die Brote gelegt haben soll. Der 1 m

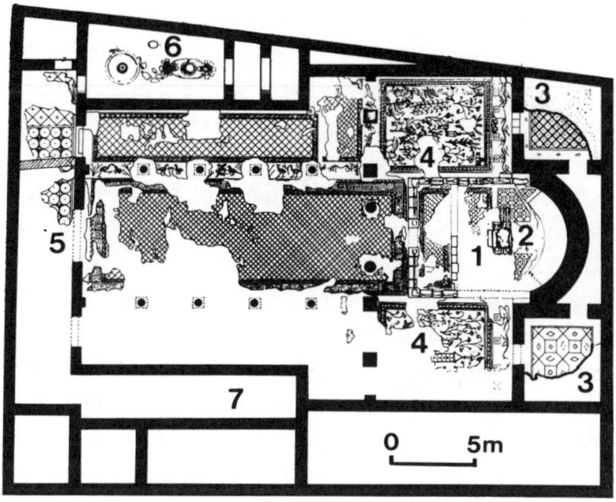

Tabgha: Brotvermehrungskirche
1 Brot- und Fisch-Mosaik
2 Heiliger Stein
3 Sakristeien
4 Mosaike
5 Narthex
6 frühere Wirtschaftsräume
7 früheres Kloster

lange und 57 cm breite, unbehauene Kalksteinfindling diente den frühen Christen als Altar. Diese erste Kirche fiel dem schweren Erdbeben des Jahres 419 zum Opfer. Um die Mitte des 5. Jhs. entstand über den Trümmern ein 56 m langer und 24–33 m breiter, in der Richtung um 28° nach Norden verschobener Neubau, dessen Grundriß von den damals üblichen Basiliken völlig abwich. Der Kirche war ein Atrium in der Form eines ungleichmäßigen Vierecks vorgelagert, in dessen Mitte ein Reinigungsbrunnen von etwa 5 m Durchmesser plätscherte. Über einen 3,3 m breiten Narthex betrat man das fast 13 m lange dreischiffige Langhaus, an das sich das 18,7 m breite Querschiff (Transept) mit einer nordsüdlich verlaufenden Pfeiler- und Säulenreihe anschloß. Auf den mächtigen Pfeilern – ein Pfeilerpostament ist noch in situ vorhanden – ruhte die Westhochwand des Transeptes. Anfangs spannte sich ein kühner Bogen zwischen den beiden Mittelpfeilern, nach seinem Einsturz wurde der mittlere Teil der Hochwand durch zwei Marmorsäulen gestützt. Zu beiden Seiten der Apsis befanden sich Sakristeien, die durch einen Chorumgang miteinander verbunden waren. Klosterräume umgaben die Kirche; im Norden lagen die Wirtschaftsräume mit Ölpresse und Weinkelter. Die schräg verlaufende Nordmauer der Anlage ist möglicherweise einem römischen Bauwerk zuzuschreiben, einem Bad vielleicht, von dem einige marmorne Architekturteile im Kirchenbau wiedergefunden wurden. Das 6 × 9 m große Presbyterium und die Sakristeien waren von Chorschranken abgeteilt. An die Apsisrundung schmiegte sich eine 1,1 m breite Presbyteriumsbank. Vor der Apsis stand der Choraltar, der sich auf vier 1 m hohen Altarsäulen über dem ›Heiligen Stein‹ erhob (den Stein hatten die Architekten aus den Trümmern der ersten Kirche geborgen und nach hier verlegt).

Die ganze Kirche war mit Mosaiken ausgelegt. Gleich vor dem Altarstein sieht man das berühmte **Brot-und-Fisch-Mosaik** (um 480; Abb. 67): Aus einem Korb ragen vier runde, mit Kreuzen gezeichnete Brote hervor (wer es genau wissen will: das fünfte Brot befindet sich darunter). Links und rechts davon liegt je ein Fisch, der gedrungenen Form nach wohl ein Petrusfisch (vgl. S. 302). Zwei Doppelrauten schließen das Mosaik zu beiden Seiten ab. Der Boden des Mittelschiffs ist teppichartig mit einem Rautennetz bedeckt, und die Seitenschiffe trugen einen Schmuck aus geometrischen Mosaikmustern. Die wohl **schönsten Mosaike des Heiligen Landes** aber finden wir im nördlichen und südlichen Querschiff (je 6,5 × 5,5 m). In höchster Vollendung sind hier in späthellenistisch-römischem Stil Wasservögel in einer Sumpflandschaft wiedergegeben. Da sehen wir Kormorane, Reiher, Störche, Ringelgänse, Wildenten, Wasserhühner, Höckerschwäne, Pfauen inmitten von Schilf, Papyrus und Lotusgewächsen. Bei dem dargestellten Turm könnte es sich um den nahen Tannur Ejjub handeln, den ›Ofen Hiobs‹, einen Wasserturm über der östlichsten Quelle, die warmes, radioaktives Wasser spendet. Auf dem stark beschädigten Mosaik im südlichen Querschiff erkennen wir ein Nilometer, einen Wasserstandsmesser, wie er im Nildelta üblich war und wohl auch im See Gennesaret Verwendung fand. Dem fast vollständig erhaltenen Nordmosaik ist es kaum anzusehen, daß jahrhundertelang ein Bach darüberströmte, bevor die Archäologen es unter einer dicken Bauschuttschicht entdeckten.

Das große Erdbeben von 551, das die Kirche völlig einstürzen ließ, bewahrte die Mosaikböden vor dem Zugriff der Bilderstürmer. Die Kirche wurde zwar wiederaufgebaut, ging aber schon 614 beim Einfall der Perser in Flammen auf. Im Jahre 670 fand der gallische Bischof Arkulf nur noch Trümmer vor. 1936 überbaute man die Ausgrabungsstätte mit einer einfachen Hallenkirche, die vor allem die kostbaren Mosaike schützen sollte, 1956 errichteten deutsche Benediktiner neben der Brotvermehrungskirche eine kleines Kloster. 1982 ersetzte der Deutsche Verein vom Heiligen Lande den Schutzbau durch eine neue Kirche im byzantinischen Stil. 50 m östlich der Brotvermehrungskirche entspringt die wasserreichste Quelle des Siebenquell-Gebietes, **Ain et-Tabgha,** auch Birket 'Ali ed-Daher genannt. Sie wurde in byzantinischer Zeit von einem flachen polygonalen Wasserturm eingefaßt, dessen größter Durchmesser 22,8 m beträgt. Ain et-Tabgha dürfte mit der von Flavius Josephus erwähnten ›Quelle von Kafarnaum‹ identisch sein.

Die Grotte der Seligpreisungen

Nördlich der Straße nach Kafarnaum liegt am Hang die Grotte der Seligpreisungen. Über ihr erhob sich vom 4. Jh. an die kleine **Kirche der Bergpredigt,** die zu einem Kloster gehörte. Im 5. oder 6. Jh. erneuert, fiel sie im 7. Jh. dem Persereinfall zum Opfer und wurde danach nicht wieder aufgebaut. 1935 untersuchte der Franziskanerarchäologe B. Bagatti die Ruine. Die aus schwarzem Basalt erbaute Kapelle war gerade 4,5 × 7,2 m groß, die Länge des Atriums betrug lediglich 2,65 m. Reste ihres Mosaikbodens befinden sich heute im Garten von Kafarnaum. Die quadratische Sakristei an der Nordseite wurde aus dem ansteigenden Felsen herausgehauen.

Kirche der Erscheinung des Auferstandenen (Primatskapelle)

Am Ufer des Sees erhebt sich auf einem kleinen Felsvorsprung die Kirche der Erscheinung des Auferstandenen, auch Primatskapelle oder kurz Peterskirche genannt (Farbt. 22). Nach

Jesu Kreuzigung waren die Jünger wieder nach Galiläa zurückgekehrt. Eines Abends fuhr Petrus mit ihnen hinaus auf den See zum Fischen. Sie schufteten die ganze Nacht, aber kein Fisch ging ins Netz, und so kehrten sie im Morgengrauen mißmutig zurück. Beim Siebenquell rief ihnen ein Unbekannter vom Ufer aus zu, sie sollten ihr Netz nochmals auswerfen. Sie taten dies und konnten es wegen der vielen Fische nicht wieder einholen. Da wußten sie, daß der Unbekannte der auferstandene Jesus war. Jesus hatte bereits ein Feuer entfacht, als die Jünger das Netz an Land zogen. Nachdem sie gegessen hatten, fragte Jesus seinen Jünger Petrus dreimal: »Simon, Sohn des Johannes, liebst du mich mehr als diese?« Und Petrus antwortete jedesmal »Ja, Herr.« Und dreimal erwiderte Jesus: »Weide meine Schafe« (Joh 21,1–17). Die dreimalige Wiederholung vor Zeugen entsprach dem orientalischen Brauch, ein Recht formell zu übertragen. Jesus hatte damit das Primat, seine Nachfolge in der geistlichen Führung der Christenheit, an Petrus übertragen.

Noch heute gehört die Bucht bei der Primatskapelle zum fischreichsten Platz am Westufer des Sees. Auf dem etwa 10 × 15 m großen Plateau, auf dem Jesus die Jünger erwartete, wurden im Laufe der Jahrhunderte sechs Kirchen errichtet, die der Erscheinung des Auferstandenen und der Übertragung des Primats an Simon Petrus geweiht waren. Den Mittelpunkt dieser Kirchen bildete ein Felsen (Abb. 66), die Mensa Domini (›Tisch des Herrn‹). Das erste Gotteshaus entstand im ausgehenden 4. Jh. Die Pilgerin Aetheria besuchte es zwischen 381 und 384 und beschrieb auch die Steinstufen, die zum See hinunterführten (von dieser etwa 2 m breiten Treppe sind heute noch fünf Stufen vorhanden). Die zweite Kirche wurde im 5. Jh. errichtet und vermutlich beim Persersturm von 614 zerstört. Ihre 1,45 m starken Mauern bildeten das Fundament für alle nachfolgenden Bauten. Sie besaß drei Eingänge: das Hauptportal im Westen, ein Nebenportal an der Nordseite und einen Eingang im Süden in unmittelbarer Nähe der Treppe zum See. Der dritte Bau wurde um die Wende vom 7. zum 8. Jh. ausgeführt, den vierten, den der russische Abt Daniel um 1106 erwähnte, errichteten die Kreuzfahrer. Zu ihm sollen die sogenannten ›Throne der Apostel‹ gehören, etwa 1,5 m hohe und 90 cm breite, herzförmig behauene Steine, die aus dem flachen Wasser ragen und wahrscheinlich Basen für Stützpfeiler waren. Diese Kirche stand nur wenige Jahre und wurde bald durch einen Neubau ersetzt, der im Jahre 1263 der Zerstörungswut des Mameluckensultans Baibars zum Opfer fiel. Erst 1934 errichteten die Franziskaner die sechste Kirche, den heutigen Bau aus schwarzen Basaltsteinen.

Der Berg der Seligpreisungen

Tabgha liegt am Fuß des Hügels von Schech ’Ali, der den See Gennesaret um rund 100 m überragt. Hierhin verlegt die Tradition die Bergpredigt Jesu, die große Rede über die wahre Gerechtigkeit, die von den Seligpreisungen eingeleitet wird. Der Berg, auf dem Jesus lehrte, entspricht dem Sinai des Alten Bundes. In den 30er Jahren erbaute der Italiener Barluzzi im Auftrag der ›Italienischen Gesellschaft zur Unterstützung der Missionen‹ auf diesem ›Berg

der Seligpreisungen‹ eine Kirche (Farbt. 27), die man mit dem Wagen von der Straßenab-
zweigung nach Rosh Pinna bei der Jugendherberge Kare Deshe erreicht (etwa 2 km;
Hinweisschild ›Hospize of the Beatitudes‹). Das von Kolonnaden umgebene Oktogon und
das zugehörige Hospiz (Ospizio Monte di Beatitudine) inmitten eines gepflegten Parks
werden von Franziskanerinnen betreut. Auf die acht Wände des Oktogons, über dem sich
die hohe Kuppel wölbt, sind in lateinischer Sprache die Seligpreisungen (nach Mt 5,3–10)
geschrieben:

»Selig, die arm sind vor Gott; denn ihnen gehört das Himmelreich. Selig die Trauernden;
denn sie werden getröstet werden. Selig, die keine Gewalt anwenden; denn sie werden das
Land erben. Selig, die hungern und dürsten nach der Gerechtigkeit; denn sie werden satt
werden. Selig, die Barmherzigen; denn sie werden Erbarmen finden. Selig, die ein reines
Herz haben; denn sie werden Gott schauen. Selig, die Frieden stiften; denn sie werden Söhne
Gottes genannt werden. Selig, die um der Gerechtigkeit willen verfolgt werden; denn ihnen
gehört das Himmelreich.« Die Kuppel selbst zeigt die neunte Seligpreisung (Mt 5,11–12):
»Selig seid ihr, wenn ihr um meinetwillen beschimpft und verfolgt und auf alle mögliche
Weise verleumdet werdet. Freut euch und jubelt: Euer Lohn im Himmel wird groß sein.«

Eine Inschrift auf dem Boden erwähnt das Gründungsjahr der Kirche »XV Italica Gens«
(= im 15. Jahr des italienischen Volkes). Gemeint ist hier das 15. Jahr der faschistischen Ära
Italiens, also das Jahr 1938. Die Kirche ist aus einheimischem schwarzen Basalt erbaut. Für
die Bögen und den Kuppeltambour verwendete man weißen Nazaret-Kalkstein, die Säulen
bestehen aus römischem Travertin. Die Kolonnaden bieten herrliche Ausblicke auf den See
Gennesaret.

Kafarnaum/Kapernaum

Am Nordufer des Sees Gennesaret liegt an landschaftlich reizvoller Stelle, umgeben von
hohen, schattigen Eukalyptusbäumen, das Ausgrabungsgebiet des neutestamentlichen
Kafarnaum (Kapernaum, Kefar Nahum), der wichtigsten Wirkungsstätte Jesu. Hier legten
Archäologen die wohl schönste Synagoge Galiläas, eine byzantinische Basilika über dem
Haus des Petrus und ein Wohnviertel aus der Zeit Jesu frei.

Geschichte
Kafarnaum hieß zur Zeitenwende Kefar Nahum (›Dorf des Nahum‹), was dem griechischen
Kapharnaum der Evangelisten entspricht. Nahum war ein jüdischer Prophet, dessen Grab
man in diesem Ort verehrte. Als hier im 3. Jh. der berühmte Rabbi Tanhum ben Kanilai
starb, wurde der Ortsname in Tanhum umgewandelt, woraus sich das arabische Talhum
bzw. Telhum entwickelte. Aus Telhum machten die europäischen Pilger wiederum einen
Tell Hum, obwohl es in Kafarnaum keinen Tell (Siedlungshügel) gibt. Heute lautet der
offizielle israelische Name wieder Kefar Nahum.

Kafarnaum wird weder im Alten Testament noch in anderen Quellen vorchristlicher Zeit erwähnt. Die untersten Siedlungsschichten zeigen, daß der Ort im 2. Jh. v. Chr. entstand. Bekannt wurde er jedoch erst durch die Schriften der Evangelisten, die über das Wirken Jesu in diesem Teil Galiläas berichteten: Jesus kam nach Kafarnaum, weil man ihn in seiner Heimatstadt Nazaret nicht verstehen wollte. »Kein Prophet wird in seiner Heimat anerkannt« (Lk 4,24). Hier predigte er häufiger als in jeder anderen Stadt, hier gab er mehr Zeichen seiner Allmacht als anderswo. Am Seeufer von Kafarnaum gewann er seine ersten Jünger, die Fischer Simon (genannt Petrus), Andreas, Jakobus und Johannes (Mt 4,18), hier heilte er die fieberkranke Schwiegermutter des Petrus (Mk 1,29) und das sterbende Kind des Synagogenvorstehers Jaïrus (Mk 5,21), den Besessenen (Mk 1,23) und den Mann mit der verdorrten Hand (Lk 6,6). In der Synagoge von Kafarnaum hielt Jesus seine große Rede vom Brot des Lebens: »Ich bin das Brot des Lebens; wer zu mir kommt, wird nie mehr hungern, und wer an mich glaubt, wird nie mehr Durst haben . . . Wer glaubt, hat das ewige Leben« (Joh 6,35 und 47). Als Jesus erkennen mußte, daß seine Mühen vergeblich waren, daß er in Kafarnaum nur wenig Glauben fand, verfluchte er den Ort: »Und du, Kafarnaum, meinst du etwa, du wirst bis zum Himmel erhoben? Nein, in die Unterwelt wirst du hinabgeworfen« (Mt 11,23).

Kafarnaum war zur Zeit Jesu ein relativ großer Ort, der sich über einen Kilometer am Seeufer entlangzog. Er besaß einen kleinen Fischerhafen, eine Zollstation und einen Militärposten. Der nur 4 km entfernte Jordan bildete die Grenze zwischen dem Galiläa des Herodes Antipas und der Gaulanitis des Philippos, der Fischfang auf dem See und der Warenverkehr über die Grenze waren zollpflichtig. Möglicherweise gab es schon damals eine Brücke über den Jordan oder zumindest eine Furt, die es zu bewachen galt. Die beiden jüdischen Aufstände gegen Rom überstand Kafarnaum recht gut, denn es war zu unbedeutend und außerdem nicht befestigt, so daß es einer Zerstörung durch die römischen Legionen entging. Im 2. Jh. wuchs der Ort durch den Zustrom von Juden aus Jerusalem und anderen Städten, die Kaiser Hadrian vertrieben hatte. Die Juden erneuerten ihre Synagoge, die Judenchristen trafen sich im Hause des Petrus. Im 4. Jh. stand Kafarnaum so in Blüte, daß eine neue Synagoge aus weißem Kalkstein erbaut werden konnte; das Haus des Petrus erhielt eine hohe Umfassungsmauer. Unter den Byzantinern nahm die Zahl der Christen zu, und in der ersten Hälfte des 5. Jhs. wurde über dem Hause des Petrus eine achteckige Kapelle errichtet. Nach der islamischen Eroberung im 7. Jh. ging die Einwohnerzahl Kafarnaums immer mehr zurück. Im 13. Jh. schrieb der Pilger Burchardus: »Die einst berühmte Stadt Kafarnaum bietet heute einen traurigen Anblick. Sie zählt nur sieben arme Fischerhütten.« 1485 berichtete der Franziskaner Suriano: »Diese Stadt ist ganz zerstört und unbewohnt.« 1894 erwarben die Franziskaner das Gebiet des Tell Hum, des einstigen Kafarnaum. Sie bauten westlich des Petrushauses ein kleines Kloster und widmeten sich fortan der Betreuung und Erforschung der wichtigsten Wirkungsstätte Jesu.

Neben dem Franziskanerkloster befindet sich ein schattiger Parkplatz. Die Ausgrabungsstätte ist nur wenige Meter vom See und dem kleinen Hafen entfernt, in dem Ausflugsboote aus Tiberias anlegen.

Die Synagoge

Die Synagoge von Kafarnaum gilt neben der von Dura-Europos (syrisches Euphrattal) als ältester erhaltener und zugleich schönster jüdischer Sakralbau (Farbt. 24; Abb. 68). 1667 entdeckte der französische Jesuit P. Nau die Ruine, die er jedoch für eine Kirche hielt. Arabische Hirten wiesen ihn darauf hin, daß er sich im alten Kafarnaum befinde. Der Amerikaner E. Robinson untersuchte 1838 das Gebiet von Tell Hum und erkannte in der größten Ruine eine Synagoge, bezweifelte aber, daß Tell Hum mit Kafarnaum identisch sei. Erst der Engländer Charles Wilson identifizierte den Ort als das neutestamentliche Kafarnaum und legte die Synagoge zusammen mit Anderson 1865/66 teilweise frei. Seiner Ansicht nach stammte der Bau aus der Zeit Jesu. Nachdem die Franziskaner das Ruinenfeld 1894 erworben hatten, bedeckten sie die Ruinen mit Schutt und Erde und legten darüber einen Obstgarten an. Nach langen Verhandlungen mit dem Orden erhielten Heinrich Kohl und Carl Watzinger 1905 die Genehmigung, im Auftrag der Deutschen Orient-Gesellschaft systematische Ausgrabungen durchzuführen. Es gelang ihnen, eine genaue Vorstellung vom einstigen Aussehen der Synagoge zu bekommen. Den Bau datierten sie in die Wende vom 2. zum 3. Jh. Die Franziskaner setzten die Arbeit der deutschen Archäologen fort und konnten die Synagoge in den zwanziger Jahren teilweise rekonstruieren. Die Untersuchungen der Franziskanerarchäologen P. Virgilio Corbo und Stanislao Loffreda in den Jahren ab 1968 zeigten, daß sie erst in der zweiten Hälfte des 4. Jhs. erbaut worden war und mindestens einen Vorgängerbau hatte. Künftigen Forschungen wird es vorbehalten bleiben, jene Synagoge zu finden, die der Hauptmann von Kafarnaum errichten ließ (Lk 7,5) und in der Jesus »lehrte wie einer, der (göttliche) Vollmacht hat, nicht wie die Schriftgelehrten« (Mk 1,22).

Die Synagoge von Kafarnaum geht – wie fast alle frühen Synagogen Galiläas – auf das antike Versammlungshaus zurück, auf die basilikale Halle. Eine 3,30 m breite Freitreppe mit 13 Stufen führte zu einer 25 m langen Terrasse vor der Hauptfassade im Süden. Zwei Löwen

Kafarnaum:
Rekonstruktion der Synagoge

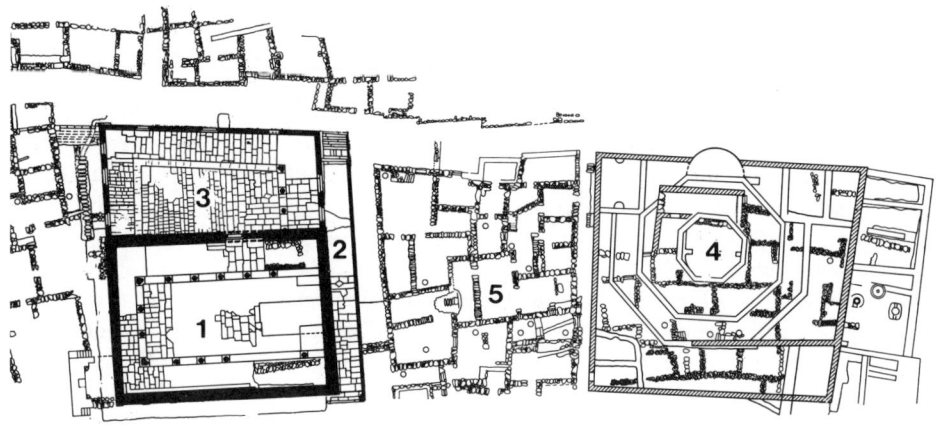

Kafarnaum
1 Synagoge   2 Terrasse   3 Atrium   4 Haus des Petrus   5 Wohnhäuser (2. Jh. v. Chr.–4. Jh. n. Chr.)

bewachten die beiden Enden der Terrasse. Der 24,40 m lange und 18,65 m breite Bau lag auf einer leichten künstlichen Erhöhung; seine Mauern waren aus sorgfältig behauenen, blendend weißen Kalksteinblöcken gefügt, die von weither herangeschafft werden mußten. Eine umlaufende Sima gliederte ihn deutlich in zwei Stockwerke. Schlichte Pilaster teilten die Wände unterhalb der Sima in Felder. Eckpilaster und zwei Frontpilaster bildeten auf der Hauptfassade ein großes Mittelfeld, in dem das 1,77 m breite Hauptportal saß, und zwei Seitenfelder mit je einer kleineren Nebentür von 1,20 m Breite. Die Stürze der drei Portale waren reich mit figürlichen Darstellungen sowie Pflanzen- und Bandornamenten geschmückt. Da der mosaische Glaube figürliche Darstellungen verbietet, wurden Tierfiguren und Eroten im 7. Jh. als anstößig empfunden und weggemeißelt. Über das Hauptportal spannte sich ein 8 m breites Halbbogenfenster mit einer von Adlern getragenen Muschelrosette als Schlußstein. Darüber befand sich ein rechteckiges Fenster, gerahmt von vier kleinen Säulen und einer oder zwei Konchen. Ob die beiden Fenster über den Nebentüren wie das Giebelfenster gestaltet oder völlig schmucklos waren, ist umstritten.

Den Innenraum der Synagoge gliederten Säulenreihen in ein Mittelschiff von 8 m, zwei Seitenschiffe von je 3,60 m und einen nördlichen Umgang von 2,30 m Breite. Die 60 cm durchmessenden Säulen, deren Schafthöhe 3,70 m betrug, standen auf einem 10 cm hohen Stylobat und etwa 1 m hohen kubischen Sockeln; sie hatten attische Basen und 70 cm hohe korinthische Kapitelle (die vier Säulen an der Rückseite des Mittelschiffes sind wieder aufgerichtet worden). Sie trugen an drei Seiten eine den Frauen zugedachte Empore, die nur über eine Außentreppe im Nordwesten zu erreichen war. Der untere Raum blieb den Männern vorbehalten. Auf den Säulen der Empore ruhte der Dachstuhl. An den Wänden der Seitenschiffe liefen steinerne Sitzbänke von 55 cm Breite und 45 cm Höhe entlang. Die Seitenwände im Untergeschoß waren schmucklos, die im Obergeschoß durch Pilaster mit korinthischen Kapitellen gegliedert; darüber zog sich ringsum ein Fries. Östlich lehnte sich an den Synagogenbau ein etwa 13 × 24 m großes Atrium mit drei Säulenhallen an, das von Norden, Süden und von der Synagoge aus zugänglich war.

Im Garten sind mehrere Architekturteile der Synagoge aufgestellt, auf denen man das Pentagramm, das Hexagramm, die Menora, die Bundeslade auf einem vierrädrigen Wagen sowie aramäische und griechische Inschriften erkennt. Außerdem wurden hier zwei Mosaikböden aus Kana in die Erde gelassen.

Das Haus des Petrus

1921–1926 grub der Franziskanerpater Gaudentius Orfali das Wohnviertel südlich der Synagoge aus und stieß dabei auf drei konzentrisch verlaufende, achteckige Grundmauern. Die bis zu einer Höhe von 1,60 m freigelegten Mauern gehörten zum Oktogon einer byzantinischen Basilika des 5. Jhs. Dem ca. 16,50 m durchmessenden Zentralbau war an fünf Seiten ein Portikus vorgesetzt, dessen hohen Architrav acht schlanke ionische Säulen mit Volutenkapitellen trugen. An die drei östlichen Seiten des Oktogons lehnten sich zwei durch einen schmalen Gang miteinander verbundene Sakristeien. An die Stelle des Ganges trat später eine Apsis mit einem in den Boden gelassenen Taufbecken. Der Zentralbau war massiv gemauert; acht etwa 4 m weite Rundbogen durchbrachen die Wände. Vermutlich bedeckte ihn eine Kuppel, die auf einem Tambour ruhte. Den Fußboden schmückte ein schönes, geometrisch gemustertes Mosaik aus blauen, gelben, roten und weißen Steinchen. Im inneren oktogonalen Ring entdeckten die Ausgräber das Mosaikbild eines radschlagenden Pfaues.

Unter dem Oktogon stießen die Ausgräber auf ein Haus, das mit einer Fläche von 7 × 6,50 m erheblich größer war als die benachbarten Wohnhäuser. Es könnte im 2. Jh. als die Gemeindekirche der Judenchristen von Kafarnaum gedient haben, denn in seiner Südwestecke fand man den in den Putz geritzten Namen ›Petrus‹ (in griechischer Schrift) und die Darstellung eines Fischerbootes. Der Fußboden war mit Basaltplatten gepflastert. Darunter kamen acht weitere Fußbodenschichten zum Vorschein, die bis in das 1. Jh. v. Chr. zurückreichen. Das Haus war also über lange Zeiten als Versammlungsstätte benutzt worden, und es gilt heute als sicher, daß sich hier einst auch Simon Petrus und Jesus aufhielten und daß hier schon bald nach Jesu Kreuzigung eine Stätte der Verehrung des Apostels Petrus entstand. Im Laufe der Zeit bezog man die benachbarten Häuser in den Kirchenbezirk mit ein, um 350 erhielt das Gemeindezentrum eine Umfassungsmauer. Inzwischen bedeckt ein modernes Schalendach das Haus des Petrus, um es vor Witterungseinflüssen zu schützen.

Die umliegenden winzigen und ärmlichen **Wohnhäuser,** in denen man noch die Feuerstellen, Eingänge und Höfe erkennt, stammen aus der Zeit vom 2. Jh. v. Chr. bis zum 4. Jh. n. Chr. Die Mauern waren aus grob gehauenen Basaltsteinen ohne Mörtel zusammengefügt, mit Kieseln vom Seeufer ausgefüllt und mit Lehm gedichtet.

Korazim

Etwa 3 km nördlich von Kafarnaum liegen auf einer schattenlosen, mit Gebäudetrümmern übersäten vulkanischen Bergterrasse die Überreste der Stadt Korazim und ihrer kulturgeschichtlich interessanten Synagoge. Das schwarze Vulkangestein vermittelt selbst bei strahlendem Sonnenschein ein Gefühl unendlicher Trostlosigkeit. Die Ausgrabungsstätte ist von der Hauptstraße Tiberias – Zefat aus zu erreichen. Man zweigt 6 km nördlich von Tabgha zum Moshav Almagor ab und fährt noch etwa 2 km bis zum Parkplatz vor dem archäologischen Bereich. Schon von weitem sind die restaurierten Wohnhäuser und die Stadtmauer zu sehen.

Geschichte

Korazim oder Chorazin (in der Literatur auch Chorasin, Chorozain, Corozain oder Kerazim geschrieben), das arabische Khirbet Keraze, war schon im Neolithikum bewohnt, worauf eine Dolmennekropole und megalithische Wohnhäuser hinweisen. Eine Quelle und der fruchtbare Vulkanboden mögen wohl der Anlaß für die Siedlungsgründung gewesen sein. Um die Zeitenwende entwickelte sich das Dorf zu einer kleinen Stadt, die nur der Talmud und die Evangelien des Matthäus und des Lukas erwähnen. Korazim war neben Betsaida und Kafarnaum eine der drei Städte, denen Jesus vorwarf, seine Lehre nicht annehmen zu wollen (Mt 11,20–24). Nach dem zweiten jüdischen Krieg (132–135) ließen sich zahlreiche aus Jerusalem vertriebene Juden in Galiläa nieder und brachten auch Korazim einen gewissen Wohlstand. Um die Wende vom 2. zum 3. Jh. errichteten die Einwohner eine große Synagoge, die wie alle Häuser der Stadt aus Blöcken schwarzen Basalts bestand. Korazim und seine Synagoge wurden vermutlich um das Jahr 300 durch ein schweres Erdbeben zerstört. Eusebius (†339), Bischof von Caesarea, erwähnt den Ort in seinem Onomastikon als Trümmerstätte.

Erst viele Jahrhunderte später ließen sich neue Siedler in Korazim nieder. Im 16. Jh. bestand hier eine jüdische Gemeinde, später war das Dorf nur noch von Moslems bewohnt. Sie verließen Korazim nach der Proklamation des Staates Israel im Jahre 1948. Der arabische Name Khirbet Keraze (›Ruinen von Korazim‹) erinnert noch an die alte jüdische Stadt.

Archäologie: 1814 konnte der englische Wissenschaftler Keith das alte Korazim identifizieren, was sein Landsmann R. Richardson 1818 bestätigte. 1905 untersuchten die deutschen Archäologen H. Kohl und C. Watzinger die Synagoge, die 1926 freigelegt wurde. 1962 nahm der israelische Archäologe Z. Yeivin die Grabungen wieder auf und widmete sich besonders dem umliegenden Stadtgebiet.

Die Synagoge

Korazim bedeckte eine Fläche von etwa 6 ha und war in vier Stadtteile gegliedert. Auf dem höchsten Punkt am Westrand der Terrasse erhob sich die Synagoge (Abb. 65) über die umliegenden Wohnhäuser. Von dem inzwischen weitgehend restaurierten Bau, der sich

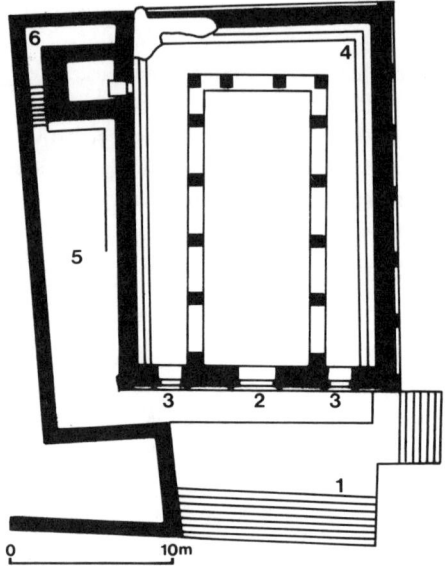

Korazim: Synagoge
1 Treppenaufgang
2 Haupteingang
3 Seiteneingänge
4 Sitzbänke
5 Hof
6 Aufgang zur Frauenempore

kaum von den anderen frühen Synagogen Galiläas unterscheidet, sind noch die etwa 23 × 17 m messenden Fundamente, der Fußboden und zahlreiche Architekturteile erhalten. An seiner Südseite, also in Richtung Jerusalem, befanden sich die drei Eingänge, die über eine schmale Terrasse zu erreichen waren. Drei Säulenreihen trennten das Mittelschiff von den beiden Seitenschiffen und vom nördlichen Umgang. An den Seiten der Halle waren basaltene Sitzbänke aufgestellt, darunter der im Jahre 1926 gefundene ›Stuhl des Mose‹, wohl der Ehrensitz für den Schriftgelehrten (Mt 23,2). Der 56,5 × 73 × 56 cm große Stuhl, aus einem einzigen Basaltblock gehauen, entstand im 3. Jh. und gehört heute zur Sammlung des Israel-Museums in Jerusalem. Sein einziger Schmuck ist eine Rosette auf der Rückenlehne. Die Frontseite der Sitzfläche trägt die aramäische Inschrift: »Zum guten Andenken an Judan, Sohn des Jischmael, der diese Stoa errichtet hat und ihre Treppen. Für sein Werk möge er seinen Teil haben unter den Gerechten.«

   Die Synagoge von Korazim beeindruckt vor allem durch ihren Skulpturenschmuck, der bescheidener im Material, etwas naiver in der Ausführung, aber lebendiger ist als der Schmuck der benachbarten Synagoge von Kafarnaum. Da erscheinen auf einem Fries Kentauren, Szenen von der Weinlese und Weinbereitung sowie ein Medusenhaupt. Naturalistisch gestaltete Vögel und Flügelpferde tragen Girlanden, Kränze mit Adlern und Tauben schmückten die Wände. Alle diese Darstellungen sind außergewöhnlich gut erhalten, vermutlich weil die Synagoge zusammengestürzt war, bevor die Bilderstürmer ihr zerstörerisches Werk beginnen konnten.

Betsaida

Bevor der Jordan in den See Gennesaret mündet, überqueren zwei Behelfsbrücken den Fluß (Einbahnverkehr!). Knapp 2 km östlich davon biegt eine Straße zum Park HaYarden (Jordanpark) ab. Das Naturschutzgebiet umfaßt zum Teil auch den Siedlungshügel et-Tell (= der Hügel), auf dem das Betsaida der Evangelisten vermutet wird, der Geburtsort der Apostel Petrus, Andreas und Philippus, wo Jakobus und Johannes mit ihrem Vater eine kleine Fischfabrik betrieben.

Geschichte

In byzantinischer Zeit war die Lage des biblischen Ortes noch bekannt, denn um 530 berichtete der Pilger Theodosius: »Von Kafarnaum sind es 6 Meilen bis Betsaida« (sechs byzantinische Meilen entsprechen ungefähr 9 km, eine Entfernung, die auf et-Tell paßt, wenn man berücksichtigt, daß die damalige Straße über eine Brücke nördlich von Betsaida führte). Der Name Betsaida (›Fischhausen‹) weist darauf hin, daß der Ort am See lag, und tatsächlich bildete der See Gennesaret vor 2000 Jahren hier eine Bucht, die bis et-Tell reichte und erst allmählich von den Ablagerungen des Jordan aufgefüllt wurde (deshalb ist es auch so schwierig, die beiden Behelfsbrücken im weichen Deltaboden durch eine massive Brücke zu ersetzen). Daß sich Betsaida zugleich am Jordan befand, wissen wir von Flavius Josephus (Jüd. Krieg III, 10,7) und aus dem Jerusalemer Talmud (Schekalim IV, 2), und zwar auf der Ostseite, denn es gehörte zur transjordanischen Tetrarchie des Philippus, und der Jordan bildete die Grenze zur Tetrarchie des Herodes Antipas (Jüd. Altert. XVIII, 2,1).

Gleich nach dem Tode Herodes' des Großen im Jahre 4 v. Chr. erhob sein Sohn Philippus »den Flecken Betsaida, der am See Gennesar lag, zum Range einer Stadt« und nannte sie nach der Tochter des Kaisers Augustus Julias (Jüd. Altert. XVIII, 2,1). Julia war in dritter Ehe mit dem Feldherrn und späteren Kaiser Tiberius verheiratet, wurde aber im Jahre 2 v. Chr. von Augustus wegen ihres sittenlosen Lebenswandels in die Verbannung geschickt. Dennoch behielt die Stadt ihren Namen bei, den sogar der Pilger Arkulf (670) noch kannte. Der Tetrarch Philippus hielt sich gern in Julias auf, das an der wichtigen Via Maris lag, und ließ sich hier sogar ein prächtiges Mausoleum errichten, in dem er im Jahre 34 beigesetzt wurde.

Seit den Kreuzzügen geriet die Lage von Betsaida in Vergessenheit. Vor dem Sechstagekrieg (1967) hatte der Beduinenstamm der Tellauiye, in dessen Namen man das alte Julias wiederzuerkennen glaubt, auf dem et-Tell seinen Hauptsitz.

Die Ausgrabungsstätte

Der 25 m hohe **Tell** bedeckt eine Fläche von 25 ha. Die archäologischen Untersuchungen, bislang noch nicht in Form systematischer Grabungen durchgeführt, haben nur spärliche Ergebnisse gebracht, weder das Grabmal des Philippus noch die Kirche, die der Pilger Willibald um 725 besucht hatte, sind zum Vorschein gekommen. Man sieht lediglich ein Stück der alten Stadtmauer im Nordosten des Tells. 1981 stellten Benediktiner auf dem et-Tell, 20 m südlich der Straße, die zum Jordanpark führt, einen **Memorialstein** auf, der an die

Heilung des Blinden durch Jesus erinnert (Mk 8,22–26). In den Stein sind verschiedene Zeichen eingemeißelt, darunter das sogenannte Regenbogenkreuz, das die drei Bünde versinnbildlicht, die Gott mit den Menschen geschlossen hat: Der Regenbogen steht für den Bund mit Noah, die zwölf Zacken des Kreuzes für den mit den Stämmen Israel, und das Kreuz selbst symbolisiert den neuen Bund durch Jesus Christus. Links davon ist Isais Reis (›Sproß des Jesse‹), ein judenchristliches Symbol, zu erkennen. Ein müdes und ein strahlendes Auge erinnern an die Heilung des Blinden. Im Jordanpark sind zwei restaurierte arabische **Wassermühlen** aus dem 18. Jh. zu besichtigen.

Etwa 1,5 km nördlich von et-Tell fand man auf einer niedrigen Kuppe des östlichen Jordanufers die Reste der kleinen, schlichten **Synagoge von ed-Dikke** aus dem 3. Jh. Sechs Säulen und zwei Wandpfeiler stützten die obere Galerie des 12 × 15,5 m großen Gebäudes.

Jordan/HaYarden

Der rund 260 km lange Jordan (hebräisch HaYarden) ist der größte und bekannteste Fluß des Heiligen Landes. Er durchfließt das tiefstgelegene Tal unserer Erde, das sich gegen Ende des Tertiär, wohl vor etwa zwei Millionen Jahren, durch ein Einbrechen der Erdkruste bildete. Im Huletal, das früher der große, flache, inzwischen trockengelegte Hulesee bedeckte, vereinigen sich die drei Quellflüsse des Jordan, die alle im Gebiet des schneebedeckten Großen Hermon (bis 2814 m hoch) entspringen: Nahal Dan, Nahal Hermon und Nahal Snir (Hazbani). Die Stelle des Zusammenflusses liegt ungefähr 400 m über dem Mittelmeer. Bis zu seiner Mündung in das Tote Meer fällt der Fluß um 916 m, was ihm seinen Namen ›Yarden‹ (›fällt [vom Dan] herab‹) gab (die Araber nennen ihn el-Urdunn). Der Jordan durchströmt den See Gennesaret (Yam Kinneret), nimmt den Yarmuk, seinen größten Nebenfluß, auf und mäandert dann gemächlich dem Toten Meer zu. Im 105 km langen Jordantal, el-Ghor genannt, erreicht der Fluß eine Länge von fast 200 km. Da sich der Jordan bis zu 40 m tief in die Mergelschichten eingenagt hat, wird trotz eines subtropischen Klimas Landwirtschaft nur dort betrieben, wo Nebenflüsse oder starke Quellen eine Bewässerung des Bodens ermöglichen. Sonst gleicht die Senke einer Steppenlandschaft, in der Koloquinten, Zizyphusbäume und der Sodomsapfel gedeihen. Lediglich das 500–1000 m breite Überschwemmungstal, die untere Terrasse, zeigt eine dichte Vegetation.

Der Jordan war Schauplatz wichtiger religiöser Ereignisse: Nördlich von Jericho überschritt Josua mit den Stämmen Israels den Fluß, um das von Jahwe verheißene Land in Besitz zu nehmen (Jos 1–4), und ebenfalls bei Jericho wurde Jesus von Johannes getauft (Mk 1,9).

Kursi/Gergesa

5 km nördlich von En Gev, an der Abzweigung nach Afiq, haben Archäologen eine byzantinische Klosterkirche (Abb. 70) ausgegraben, die vom 5. bis 8. Jh. an die Heilung

eines Besessenen durch Jesus erinnerte (Mk 5,1). Der Ort des Geschehens lag am See Gennesaret bei dem kleinen Fischerhafen Gergesa, der zum Gebiet von Gadara, einer Stadt der hellenistischen Dekapolis, gehörte.

Geschichte

Seine Blütezeit erlebte das Kloster, das aus einem befestigten Hospiz für die vielen Pilger jener Zeit und einer großen Kirche bestand, vom Ende des 5. bis zur Mitte des 6. Jhs. Bei der persischen Invasion im Jahre 614 wurde es schwer in Mitleidenschaft gezogen, und bald darauf beeinträchtigte die arabische Eroberung die Pilgerreisen, wodurch die wichtigste Einnahmequelle für Kursi versiegte. Gegen Ende des 7. Jhs. mußten die Mönche das Kloster aus unbekanntem Grund verlassen; als Willibald, der spätere Bischof von Eichstätt, in den Jahren 724/726 nach Kursi kam, fand er nur noch Ruinen vor. 1970 stießen Arbeiter beim Bau der Straße längs des Ostufers am Ausgang des Wadi es-Samak auf byzantinische Ruinen. 1971 begannen Archäologen mit den Ausgrabungen.

Sehenswertes

Das Kloster war von einer 0,9 m starken und 2–3 m hohen Steinmauer umgeben, die ein Areal von etwa 145 × 123 m begrenzte. Die Mitte der Anlage nahm die 45 m lange und 23,5 m breite **Kirche** ein, die in den vergangenen Jahren hervorragend restauriert wurde. Vom Haupteingang im Westen gelangt man durch einen kleinen Vorhof in das mit Basaltplatten ausgelegte Atrium, das an drei Seiten von Säulenhallen umgeben war und eine mächtige Zisterne bedeckte. Von der östlichen Säulenhalle, die den Narthex bildete, führten drei Portale in den Kirchenraum, den zwei Reihen von je sechs Säulen in drei Schiffe teilten. Das Hauptschiff endete in einer großen Apsis mit dem gemauerten Synthronos im Hintergrund. Der Altarraum war etwa 4 m in das Hauptschiff vorgezogen. Die Seitenschiffe endeten in rechteckigen Räumen, dem Prothesis im Norden und dem Diakonikon, das als Baptisterium diente, im Süden. An der Ostwand des Baptisteriums ist noch das kleine, aus

Kursi: Klosterkirche
 1 Eingang
 2 Vorhof
 3 Atrium
 4 Zisterne
 5 Narthex
 6 Eingang zur Krypta
 7 Kapelle
 8 Kirchenraum
 9 Chor
10 Prothesis
11 Baptisterium
12 Diakonikon
13 Wirtschaftsräume
14 Hof mit Ölpresse

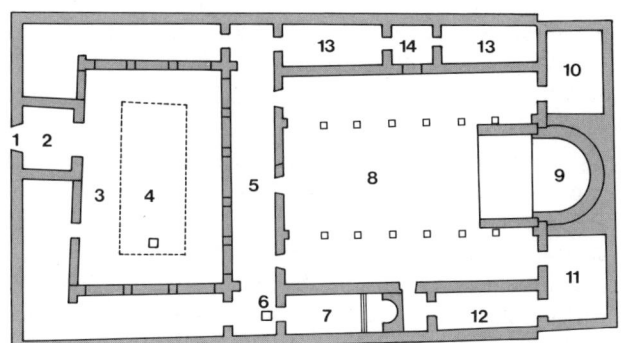

Ziegeln gemauerte Taufbecken zu erkennen. Den Fußboden der Kirchenräume schmückten Mosaikfelder, von denen sich in den Seitenschiffen, im Prothesis und im Baptisterium noch Teile erhalten haben, auch wenn zur Zeit der Bilderstürmer alle figürlichen Darstellungen herausgerissen wurden. Eine Mosaikinschrift im Fußboden hinter dem Mittelportal nennt Stephanos, den Abt des Klosters, als Initiator für den Umbau der Kirche im Jahre 585. An die Nord- und Südwand der Kirche waren je zwei langgestreckte Räume mit gemeinsamem Mittelhof angebaut. Sie dienten zum Teil als Kapellen. Im nördlichen Mittelhof ist die Rundung einer Ölpresse zu erkennen. Vom Narthex aus führt eine Treppe zur Krypta hinab. In den Grabkammern fanden die Archäologen noch unberührte Skelette.

Der **Ort** Kursi/Gergesa lag 500 m nordwestlich vom Kloster am Ufer des Sees. Keramikfunde bezeugen eine kleine Ortschaft schon für die römische Zeit. Eine halbkreisförmige Mole aus mächtigen Basaltblöcken schützte den Fischerhafen vor den gefürchteten Westwinden. Sie ist nur bei niedrigem Wasserstand zu sehen.

Hammat Gader

9 km von der Südspitze des Sees Gennesaret entfernt, liegt in den Schluchten des Yarmuk, eines Nebenflusses des Jordan, das reizvollste Thermalbad Israels. Die Straße nach Hammat Gader (arabisch el-Hama) zweigt bei Ma'agan am Südufer des Sees Gennesaret ab und führt kilometerweit durch Bananenplantagen. Dann schlängelt sich die Straße in Serpentinen zur Yarmukschlucht hinab, begleitet von einem hohen doppelten Drahtzaun, der die jordanische Grenze markiert.

Geschichte
Schon vor 3500 Jahren, wahrscheinlich aber noch früher, suchten Menschen in den bis zu 52°C heißen Mineralquellen von Hammat Gader Heilung von ihren Gebrechen. (Hammat Gader bedeutet die ›heißen Quellen von Gadara‹, einer Stadt der hellenistischen Dekapolis, deren Ruinenstätte jenseits der Grenze liegt.) Im 2. Jh. machten die Römer die Quellteiche zum Mittelpunkt eines exklusiven Badeortes, den der griechische Historiker Eunapios (etwa 345–420) als zweitgrößtes Heilbad des Imperium Romanum nach Baiae (bei Neapel) nannte. Im 5. Jh. verglich die Römerin Auducia den besonderen Reiz und die Üppigkeit der Landschaft von Hammat Gader in einem 16zeiligen Gedicht mit dem Garten Eden. Im 7. Jh. erneuerten die Omajjaden die Badeanlagen, die bis dahin ununterbrochen in Betrieb waren. Vom 9. Jh. an ließ das Interesse an den Heilquellen nach, und die Anlagen verfielen. Dennoch berichteten Reisende des Mittelalters, wie der arabische Geograph el-Muqdas im 10. Jh. und der jüdische Gelehrte Ashtori HaParchi im 13. Jh., von den therapeutischen Wirkungen der Quellen. 1977 begannen benachbarte Kibbuzim mit der Wiederherstellung der Badeanlagen von Hammat Gader. Noch im selben Jahr erschienen die ersten Badegäste. Archäologische Untersuchungen sind seit 1979 im Gange.

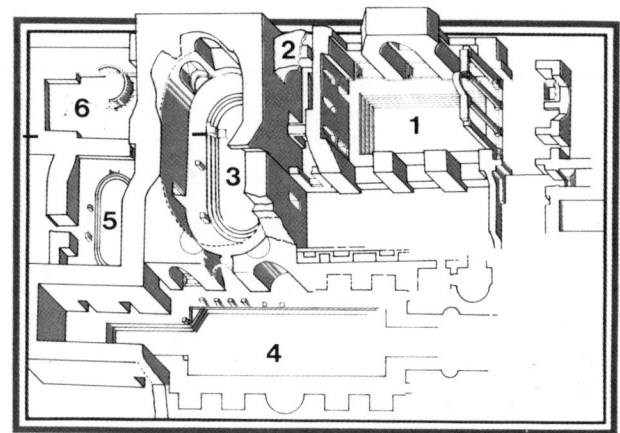

Hammat Gader: römische
Thermen
1 Tepidarium
2 Aussätzigenbad (›Lepers'
  Pool‹)
3 Caldarium
4 Frigidarium
5 kleines Caldarium
6 Quellteich Ma'ayan
  Hagehinom (52° C)

Sehenswertes

Für einen Besuch von Hammat Gader sollte man Zeit und – sofern man ein gesundes Herz hat – auch Badezeug mitnehmen. Hammat Gader ist nicht mit einem Heilbad europäischen Stils zu vergleichen, es handelt sich um eine geschlossene Parkanlage (Eintrittsgebühr) mit großem, schattigem Parkplatz, Restaurant, Badeteichen, Liegewiesen, Picknickplätzen und viel Sehenswertem. Den Mittelpunkt der weiträumigen und sehr gepflegten Parkanlage bildet der große **Badeteich** mit dem angeschlossenen Badehaus (überdachtes Becken). Eine Quelle neben dem Badehaus spendet das mineralhaltige, leicht radioaktive, 42° C heiße Wasser, das vor allem bei rheumatischen Beschwerden hilft. Hinweistafeln machen darauf aufmerksam, daß hier Kreislaufkranke nur nach ärztlicher Anweisung baden dürfen und die Badedauer für Gesunde 20 Minuten nicht überschreiten sollte. Ein beliebter Anziehungspunkt ist der kleine Wasserfall am unteren Ende des Badeteiches, unter dessen heißen Fluten Jüdinnen in Bikinis und Araberinnen in langen, bunten Gewändern Heilung von ihren Gebrechen suchen.

Stufen führen zu einem Hügel hinauf, der einen einzigartigen Ausblick auf den jordanischen Teil der Yarmukschlucht (Abb. 71) und auf die Gileadberge gewährt (Fotografierverbot). Die **Eisenbahnbrücke** rechter Hand gehörte zur Bahnlinie Haifa – Damaskus, die im Jahre 1905 von den Türken eröffnet, 1946 aber im Yarmuktal von der Haganah (vgl. S. 55) unterbrochen wurde. Der Hügel birgt die Reste einer **Synagoge** aus dem 5. Jh., die damals Treffpunkt jüdischer Badegäste aus ganz Palästina war. Sie wurde 1932 von E. Sukenik entdeckt und untersucht. Erhalten blieb der Mosaikboden mit geometrischen Mustern, Tier- und Pflanzendarstellungen.

Die **römischen Bäder** von Hammat Gader zählen zu den besterhaltenen Thermen der Welt. Beim Haupteingang im Südwesten lagen wohl die Apodyteria, die Umkleideräume, die man bislang noch nicht ausgegraben hat. Das **Tepidarium** (Lauwasserbad) hinter der

Vorhalle stellte den prächtigsten Teil der Thermen dar. Das hohe Portal wurde aus den Originalbauteilen restauriert. Mächtige Pfeiler zu beiden Seiten des Bades trugen das 14 m hoch aufragende Dach; in den Mauernischen der Südwand standen erotische Skulpturen. Im Tepidarium fanden jene orgiastischen Feste statt, die den Römern den Kuraufenthalt noch angenehmer gestalteten. Das schmale Bad zwischen Tepidarium und Caldarium ist das **Aussätzigenbad** (Lepers' Pool). Der Pilger Antoninus von Piacenza berichtete darüber im Jahre 570: »Nachts wird heißes Wasser in das kleine, schmale Bad eingelassen, Kerzen werden angezündet, betäubende Düfte erfüllen den Raum. Dann werden die unglücklichen Kranken, die kein anderer Badegast jemals zu Gesicht bekommt, hineingeführt und gebadet. Anschließend legen sie sich hier zur Ruhe und versinken in einen Heilschlaf.« Das ovale **Caldarium** (Heißwasserbad) besaß eine außergewöhnlich luxuriöse Ausstattung. Aus der benachbarten, 52° C heißen Quelle, der heißesten von Hammat Gader, wurde das mineralhaltige Wasser durch Tonröhren in das Becken geleitet. Sechs Marmorlöwen am Rand spendeten kaltes Wasser, so daß das Bad immer richtig temperiert war. Leider wurden die Löwen im 7. oder 8. Jh. von moslemischen Bilderstürmern entstellt. Von dem riesigen **Frigidarium** (Kaltwasserbad) wurde erst ein Teil freigelegt und restauriert. Zwischen dem Frigidarium und dem Quellteich befindet sich noch ein kleines, ovales **Caldarium.** In der Ostecke der Anlage entspringt die 52° C heiße Quelle **Ma'ayan Hagehinom** (›Höllenbad‹), von den Arabern Ain Makleh (›Röstquelle‹) genannt. Vier weitere Quellen im Bereich von Hammat Gader haben Temperaturen zwischen 28° und 42° C.

Weithin sichtbares Wahrzeichen von Hammat Gader ist das weiße Minarett einer **Moschee,** in der heute nicht mehr zu Allah gebetet wird. Man plant, diesen Bau umzuwandeln in ein archäologisches Museum für die zahlreichen Funde aus römisch-byzantinischer Zeit, darunter über 5000 Münzen und Hunderte von herrlichen Glas- und Keramikwaren. Das kaum mehr erkennbare **römische Theater,** das sich an einen künstlichen Hügel anlehnte und 1500 Zuschauer aufnahm, ist heute ein Freigehege für Gazellen, Steinböcke, Wildschafe usw. Schließlich sei noch der **Alligator-Park** mit Hunderten freilebender Florida-Alligatoren erwähnt – ein einmaliges Erlebnis.

Deganya

Aus einem Landarbeiterlager der Kinneret-Farm am Ausfluß des Jordan aus dem See Gennesaret ging im Jahre 1910 der erste Kibbuz hervor. Deganya wird seitdem ›Mutter der Kibbuzim‹ genannt. Eine intensive Landwirtschaft hat aus der weiten Ebene zwischen Jordan und Yarmuk, auf der früher Schafe und Ziegen weideten, einen einzigen Garten mit Bananen- und Zitrusplantagen, Wein- und Gemüsepflanzungen geschaffen. In dieser Ebene entschied sich am 20. August 636 das Schicksal des Vorderen Orients, als arabische Truppen unter dem Kalifen Omar I. das Heer der Byzantiner schlugen. Bei Deganya überschritt Sultan Saladin im Jahre 1187 den Jordan, um bei den Hörnern von Hattin das Kreuzfahrerheer zu vernichten, was schließlich zum Untergang des christlichen Königreiches Jerusalem führte.

Tel Bet Yerah

Westlich der Jordanbrücke erhebt sich am Südufer des Sees Gennesaret der mächtige Tel Bet Yerah, der mit einer Fläche von etwa 20 ha zu den größten Siedlungshügeln Israels zählt.

Geschichte
Bet Yerah (Beth Jerach, arabisch Khirbet el-Kerak) wird weder in der Bibel noch in den Annalen der ägyptischen Pharaonen erwähnt, obwohl es sich um eine sehr bedeutende kanaanitische Stadt handelte. Der Name Bet Yerah (›Haus des Mondes‹) läßt auf einen Mondkult der frühen Bewohner schließen. Die vier ältesten der insgesamt 23 Siedlungs-schichten reichen bis in die Frühe Bronzezeit I (3100–2850) zurück; dieser Periode werden ein Apsishaus und eine Stadtmauer aus luftgetrockneten Ziegeln zugeschrieben. In der Frühen Bronzezeit III und IV (2600–2150) verstärkte man die Mauer durch zwei parallel laufende Mauerwerke. Während der Jordan bis dahin westlich von Bet Yerah floß, hoben die Bewohner im Osten ein zweites Flußbett aus, so daß die Stadt nun gut gesichert gleichsam auf einer Insel lag (das ursprüngliche Flußbett im Westen ist heute verlandet). In dieser Periode, aus der ein basaltenes Stadttor im Süden und ein gewaltiger Silo stammen, erlebte die Stadt ihre Blütezeit. Bei den Ausgrabungen entdeckte man eine bislang unbekannte Art von Töpferwaren, die sogenannte Khirbet-Kerak-Keramik (Bet Yerah-Ware), die – wie sich bei späteren Forschungen herausstellte – im Mittleren Osten weit verbreitet war. Typisch für diese Keramik sind große, glänzende Schalen, innen rot und außen schwarz, oft mit schmückenden Riefelungen versehen. Der Mittleren Bronzezeit I (2150–1900) gehören eine gepflasterte Straße und eine Töpferwerkstatt an. Danach blieb Bet Yerah viele Jahrhunderte unbewohnt, bis sich in persischer Zeit (538–332) einige Siedler auf dem Tell niederließen. Im 3. Jh. v. Chr. gründete Ptolemaios II. Philadelphos an der Stelle des alten Bet Yerah eine Stadt, die er nach seiner Schwester Philotereia nannte. Es entstand die 1,5 km lange Stadtmauer, die auf einem massiven Fundament von 5–6 m Breite und 4 m Höhe ruhte (der Aufbau aus luftgetrockneten Ziegeln ist nicht mehr vorhanden) und durch rechteckige und runde Türme verstärkt wurde. Die Römer nannten die Stadt vermutlich Sennabris (Jüd. Krieg III, 9,7) und hinterließen hier ein kleines Kastell. Aus spätrömischer Zeit stammen eine Synagoge und Thermen. Die byzantinische Periode ist durch eine dreischiffige Kirche repräsentiert.

In den Jahren 1952/53 und 1963/64 führte das Oriental Institute der Universität Chicago unter P. Delougaz Ausgrabungen auf dem Tell durch.

Sehenswertes

Das Ausgrabungsgelände liegt im Park von Oha'lo, einem Schulungsheim und Tagungsort der Histadrut. Am Südrand des Tells sind noch Reste der frühbronzezeitlichen **Stadtmauer** und das Mauerwerk der hellenistisch-römischen Stadt zu erkennen. Das archäologisch interessanteste und zugleich umstrittendste Bauwerk von Bet Yerah ist jedoch der sogenannte Silo im Norden des Tells, eine 30 × 40 m große Anlage aus dem 3. Jahrtausend v. Chr. Erhalten hat sich lediglich ein Basaltpflaster mit kreisrunden, weiten Vertiefungen, die durch Trennwände in je vier Abteilungen unterteilt waren. Welchen Zwecken dieses Bauwerk diente, ist noch nicht geklärt. Einige Archäologen sehen darin ein Mondheiligtum, die meisten halten es jedoch für ein öffentliches Magazin. In besonders gutem Erhaltungszustand befinden sich die **Thermen** aus dem 4.–5. Jh. Das Frigidarium (Kaltbad) war mit Marmorplatten verkleidet und besaß in der Mitte ein kleines, überdachtes Badebecken. Vielfarbige, vergoldete Mosaike schmückten das Kuppeldach. An den Wänden standen Bänke. Eine L-förmige Hypokaustenanlage verrät die Lage des Caldariums (Warmbad) und des Tepidariums (Abkühlraum). Zwei Badewannen an den Wänden waren mit Marmorplatten ausgelegt. Das Wasser kam über einen etwa 8 km langen Aquädukt aus dem quellenreichen Yavne'el-Tal im Westen Bet Yerahs.

Nördlich des kanaanitischen Silos legten die Ausgräber ein römisches **Kastell** aus dem 3. Jh. mit vier Ecktürmen frei. Zwei weitere Türme flankierten das Tor an der Südseite. Im Hof errichtete die jüdische Gemeinde im 5. oder 6. Jh. eine 20 × 33 m große basilikale **Synagoge,** die nach Jerusalem ausgerichtet war. Die Überreste des Bodenmosaiks lassen

Taufstelle im Jordan um 1839

Pflanzen, Löwen und Vögel erkennen, auch einen Menschen und ein Pferd. Das Relief einer Säulenbasis zeigt verschiedene Kultgegenstände: Menora, Schofar, Lulav und Etrog. Im Nordteil des Siedlungshügels kam eine **byzantinische Kirche** zum Vorschein. Der 12 × 13 m große, dreiapsidiale Bau entstand im 5. Jh. und war mit Atrium, Narthex und separatem Baptisterium versehen. Im Jahre 529 erhielt die Kirche unter Justinian I. ihre letzte Gestalt, bei der arabischen Invasion wurde sie zerstört.

Nördlich der Jordanbrücke zweigt eine Nebenstraße nach Bitanya zum ›Pilgrim Baptismal Site Yardemit‹ ab, zur **Taufstelle im Jordan** (Abb. 72). Der Name Bitanya erinnert an das Betanien am Rande des Wadi el-Charrar jenseits des Jordan, wo Johannes taufte. Da die traditionelle Taufstelle Johannes des Täufers nicht zugänglich ist (militärische Sperrzone), hat das israelische Touristikministerium 1981 einige hundert Meter südlich des Sees Gennesaret kurzerhand eine neue ›Taufstelle‹ mit allen Annehmlichkeiten (Parkplatz, bequemer Zugang, Geländer im Fluß, Souvenirshop, WC usw.) eingerichtet. Heute vollziehen hier viele Pilgergruppen das Sakrament der christlichen Taufe.

Nordgaliläa

Zefat / Safed

Zefat, nordwestlich vom See Gennesaret am Westhang des Har Kanaan gelegen, ist der Hauptort Obergaliläas. Im 16. Jh. galt die vierte der Heiligen Städte des Talmud (neben Jerusalem, Hebron und Tiberias) als die ›Stadt der Mystiker und Kabbalisten‹, als geistiges und religiöses Zentrum der Juden. Heute ist Zefat (auch Tsefat, Zepath, Zfat, Safed, Safad, Safat oder Saphet geschrieben) wegen seiner Höhenlage (800–1000 m) ein beliebter Sommerkurort und wegen seiner malerischen Altstadt ein vielbesuchtes Touristenziel. Die Stadt zählt 16 000 ausschließlich jüdische Einwohner. Sehenswert sind vor allem die alten Synagogen und das orientalische Künstlerviertel, der berühmte ›Malerwinkel von Galiläa‹.

Geschichte
Der ägyptische Pharao Thutmosis III. (1490–1436) erwähnte in seiner Liste der eroberten Städte Kanaans auch Saft, das möglicherweise mit Zefat identisch war (der archäologische Beweis hierfür steht noch aus), Flavius Josephus nannte Sepph (Zefat) in seinem Werk ›Der jüdische Krieg‹ (II, 20, 6). Josephus, damals ein knapp 30jähriger Rabbiner namens Josef ben Mattatias, war zu Beginn des jüdischen Aufstandes gegen Rom im Jahre 66 n. Chr. zum Oberbefehlshaber der Rebellenarmee in Galiläa ernannt worden und befestigte mehrere Städte und strategisch wichtige Höhen, darunter auch Zefat. Der Ort war auch zur Zeit des Bar-Kochba-Aufstandes (132–135) jüdisch. Hier wurde der große Rabbi Simeon Bar Yochai († 170), ein Anhänger Bar Kochbas, begraben. Ihm wird das Buch Zohar (›Glanz,

Helligkeit‹), das Grundwerk der Kabbala, zugeschrieben, das allerdings erst 1270, also über tausend Jahre später, Moses de Leon († 1305) in Spanien verfaßte. In der talmudischen Periode (3.–5. Jh.) war Zefat (tsafo = hebräisch für ›Ausguck‹) einer der Orte, die vor großen Festtagen die von Jerusalem ausgehenden Feuersignale weitergaben.

Um 1100 gehörte Zefat, von den Kreuzfahrern Safed genannt, mit Galiläa zum Herrschaftsbereich des Normannenfürsten Tankred. 1102/03 errichtete Hugo von St. Omer auf dem Hügel HaMetzuda eine kleine Burg, die König Fulk (Foulques) von Anjou um 1140 vergrößerte. 1157 konnte sich König Balduin nach seiner Niederlage gegen Nur ed-Din, den Sultan von Damaskus, mit knapper Not nach Safed retten. 1167 gab König Amalrich I. die Burg den Tempelrittern, denen gemeinsam mit den anderen Ritterorden die Verteidigung des fränkischen Königreichs Jerusalem oblag. Nach der Schlacht von Hattin (1187) konnte sich die Feste von Safed noch fast ein ganzes Jahr halten; erst nach zweimonatiger schwerer Beschießung ergaben sich die Tempelherren schließlich am 6. Dezember 1188 den Truppen Saladins. Als Kaiser Friedrich II. einen Kreuzzug ins Heilige Land vorbereitete, schleiften die Moslems im Jahre 1219 die Festung bis auf den Grund, um einen etwaigen Wiederaufbau zu erschweren. 1240 vermittelten die Tempelritter ein Bündnis zwischen den Franken und Ismail von Damaskus gegen Sultan Ajjub von Ägypten, wofür sie als Dank die Stadt Safed erhielten. Den Neubau einer modernen Festung lehnte der Großmeister der Templer wegen der hohen Kosten zunächst ab, erst Benoit d'Alignan, Bischof von Marseille, der als Pilger ins Heilige Land gekommen war, konnte ihn durchsetzen. Nach zweieinhalb Jahren hatte man die gewaltige Wehranlage, die vor allem Schutz vor Angriffen aus Damaskus bieten sollte, fertiggestellt. Sie bedeckte eine Fläche von über 4 ha, konnte also eine größere Streitmacht aufnehmen, war aber auch für die Verteidigung durch eine kleine Besatzung geeignet.

1266 griff der Mameluckensultan Baibars die Festung Safed an, die als uneinnehmbar galt. 2000 Flüchtlinge, Christen und auch Juden, hatten hinter den Mauern Schutz gesucht. Als die Vorräte nach drei Wochen aufgebraucht waren, boten die Templer die Übergabe der Festung an. Baibars sagte ihnen freien Abzug zu, ließ jedoch nach der Übergabe sämtliche Tempelritter und alle Christen, die sich weigerten, zum Islam überzutreten, enthaupten, darunter auch die Nonnen des St.-Jakobs-Klosters von Safed. Als Baibars 1267 in Safed die Abgesandten der Franken, die einen Waffenstillstand erbitten wollten, empfing, waren die Festungsmauern mit über 1000 Schädeln hingerichteter Christen ›geschmückt‹. Baibars erneuerte die Verteidigungsanlagen und machte Safed zur Hauptstadt des Bezirks Galiläa. Unter den Mamelucken wurde der Ort wegen seiner Gewürze, Früchte und des feinen Olivenöls berühmt.

Im 14. und 15. Jh. entwickelte sich in Safed, von den Juden Zefat genannt, eine ansehnliche jüdische Gemeinde. Das Grab des Rabbi Simeon Bar Yochai, inzwischen zu einer heiligen Stätte geworden, zog viele Gläubige von fern und nah an. Als die spanische Inquisition durch das Vertreibungsedikt vom 31. März 1492 den größten jüdischen Exodus aller Zeiten auslöste, kamen zahlreiche Sephardim, wie die spanischen Juden genannt wurden, nach Palästina, wo sie sich in Jerusalem und Hebron, vor allem aber in Galiläa

Zefat/Safed um 1880

niederließen. Zefat, das in jener Zeit eine größere Anziehungskraft ausübte als das damals unbedeutende Jerusalem, gedieh im 16. Jh., unter den Osmanen, zu einer der reichsten Städte Palästinas. Sultan Süleyman II. der Prächtige (1520–1566) machte es neben Jerusalem, Nablus und Gaza zur Hauptstadt eines autonomen Sandschak (= türkischer Verwaltungsbezirk). Die Osmanen förderten die jüdischen Gemeinden, die immer mehr Zustrom aus Spanien, Nordafrika und Italien erhielten. Gegen 1550 wohnten in Zefat bereits 12 700 Juden und in den umliegenden Dörfern nochmals rund 10 000. Mit den Sephardim kamen auch zahlreiche Moghrebim (Maghrebiner) ins Land, von den Christen aus Spanien vertriebene Moslems. Sie wurden im Lauf der Zeit erbitterte Feinde ihrer einstigen jüdischen Landsleute.

Zefat erlebte aber nicht nur eine wirtschaftliche Blütezeit, sondern entwickelte sich durch den Zuzug zahlreicher schon in Spanien berühmter Rabbiner zu einem geistigen und religiösen Mittelpunkt der Juden in aller Welt. »In Zefat atmet man die reinste Luft des Heiligen Landes, und es gibt keinen besseren Ort, um die Tiefen und Geheimnisse der Thora zu verstehen«, schrieb damals ein Rabbiner. Rabbi Yosef Caro (Josef Karo) schuf um 1560 den Shulhan Arukh (= ›der gedeckte Tisch‹), das Gesetzbuch der orthodoxen Juden, das Rabbi Isserles aus Krakau später durch sein Werk Mappa (= ›Tischtuch‹) ergänzte. Rabbi Ya'akov Beirav (Jakob Berab) versuchte gegen den Widerstand der Jerusalemer Rabbiner,

Titelblatt der 1565 veröffentlichten Erstausgabe
von Rabbi Yosef Caros Werk ›Shulhan Arukh‹

den Sanhedrin, den Hohen Rat, nach Zefat zu holen. Er gründete eine theologische
Hochschule, an der so berühmte Rabbis wie der aus Jerusalem stammende Izhak Luria
(Isaak Luria, 1534–1572) jüdische Mystik lehrten und die Kabbala interpretierten. Die
Kabbala (hebräisch für ›Überlieferung‹) entstand zu Beginn des 13. Jhs., als sich provenzali-
sche Juden gegen den nüchternden Talmudismus zu wehren begannen. Diese neue
religionsphilosophische Bewegung erfaßte bald auch die Juden Italiens und Spaniens. Die
Lehre der Kabbala beschäftigt sich mit dem mystischen Sinn des Alten Testaments und der
talmudischen Religionsgesetze. Luria, den man auch ›Ari‹ nannte (von Adonenu Rabbenu
Isaak = ›unser Herr und Meister Isaak‹; zudem bedeutungsgleich mit ›der Löwe‹), verband
die Vorstellung von einer organischen Einheit zwischen physischem und metaphysischem
Sein mit einer Messias- und Erlösungsträumerei, was gewissermaßen einen Verfall der
ursprünglichen Kabbala bedeutete.

1563 begann in Zefat die erste Buchdruckerpresse des Orients zu arbeiten. 1578 wurde das
erste Buch in hebräischer Sprache gedruckt, ein Kommentar des Buches Ester von Rabbi
Yom Tow Za'alon. Im 17. Jh. verschlechterte sich die Lage der Juden in Galiläa. Zefat geriet
unter die Herrschaft des Paschas von Damaskus, der die jüdischen Gemeinden mit hohen
Abgaben belegte und dadurch viele Juden zur Auswanderung zwang. 1738 und 1769 wurde
Zefat von schweren Erdbeben heimgesucht, 1742 raffte eine Pestepidemie einen großen Teil
der Bevölkerung dahin. Zwischen 1776 und 1778 füllten größere Gruppen polnischer Juden
das verwaiste Zefat. 1799 besetzte Napoleon die Stadt, 1830 schlug Ibrahim Pascha von
Ägypten hier sein Hauptquartier auf. 1833 erhoben sich die Drusen, eine islamische Sekte,
gegen ihn und plünderten Zefat. 1837 fielen ganze Stadtviertel einem schweren Erdbeben

zum Opfer, 4000 Menschen wurden unter den Trümmern begraben. Drei Jahre darauf brachte ein neues Erdbeben weitere Häuserzeilen zum Einsturz; das wirtschaftliche und geistige Leben der Stadt erlosch.

Gegen Ende des 19. Jhs. zählte Zefat nur noch 12 000 Einwohner, davon weniger als die Hälfte Juden. 1916 forderte eine Typhusepidemie 3000 Menschenleben. Nach den arabischen Aufständen von 1920, 1929 und 1936 lebten nur noch 1800 Juden unter rund 12 000 Moslems. 1948 wurden alle Araber ausgewiesen. Das moderne Zefat gibt sich nach wie vor traditionsbewußt.

Sehenswertes

Inmitten der Stadt erhebt sich der 834 m hohe Hügel HaMetzuda (= ›die Zitadelle‹) mit spärlichen Resten der gewaltigen **Kreuzfahrerfestung,** deren Mauern 850 m lang und von mindestens sieben Türmen verstärkt waren. Hier stand auch das Bollwerk, das Josephus Flavius 66 n. Chr. während des Aufstandes gegen die Römer errichtete. Heute bedeckt ein gepflegter Park mit Zedern, Zypressen und Pinien die einstigen Wehranlagen. Ein Denkmal erinnert an die Gefallenen von 1948. Den Hügel umgürtet die Hauptstraße von Zefat, die Rehov Yerushalaim (Jerusalem-Straße). Auf einer Terrasse steht die **Davidka,** eine kleine, selbstgebastelte Kanone, die am 14. Mai 1948 durch ihren gewaltigen Donnerschlag die Araber aus Zefat vertrieb. Der **Kikar HaMeguinim** ist der kleine Markt von Zefat.

Die jüdische **Altstadt** westlich des HaMetzuda bewahrt mehrere interessante Synagogen (Abb. 73, 74) aus dem 16. Jh. Die Versammlungshäuser sind außerhalb der Gebetsstunden meist verschlossen; die Shamashim (Küster) zeigen sich jedoch bereit, Besucher einzulassen. Die Synagogen von Zefat sehen von außen recht unscheinbar aus; sie unterscheiden sich kaum von anderen Häusern. Ihre Fassaden sind vorwiegend schmucklos, und auch die Gebetshallen beeindrucken durch ihre Schlichtheit. Dagegen wurden die Thoraschreine oft verschwenderisch und kunstvoll ausgestaltet. Die pastellfarbenen Innenwände der Hallen sind vielfach mit naiven Fresken bedeckt. Schmale, gepolsterte Sitzbänke laden zum Beten, Meditieren und Studium der kostbaren Bücher ein, die in Wandregalen bereitstehen.

Das älteste und zugleich schönste der jüdischen Bethäuser ist die **sephardische HaAri-Synagoge,** erbaut neben einer Grotte, in der die Rabbis zu meditieren pflegten. Man betritt das Gebäude über einen kleinen, von hohen Mauern umgebenen Hof, in dem Orangen- und Zitronenbäume blühen. Eine geschmückte Portalwand öffnet sich zu einem Vorraum, der in die nach Süden ausgerichtete und von zwei Gewölbedecken überdachte Haupthalle führt. Die drei Fenster der Halle bieten einen herrlichen Blick auf die Bergwelt um Zefat. Hier soll Ari oft gesessen und Ausschau auf den Erlöser gehalten haben. Die reiche Einrichtung aus geschmiedetem Eisen und geschnitztem Holz stammt aus späterer Zeit. Die Synagoge wurde mehrmals verändert, behielt aber den ursprünglichen Bauplan bei. Vor einigen Jahren erlebte sie eine gründliche Restaurierung. Die **ashkenasische HaAri-Synagoge** entstand einige Jahre nach dem Tod des Rabbi und wurde nach dem großen Erdbeben von 1837 wiederaufgebaut. Der Haupteingang ist von reich geschmückten Fenstern gekrönt. Den Thoraschrein an der Südwand der Gebetshalle schuf ein osteuropäischer Holzschnitzer aus

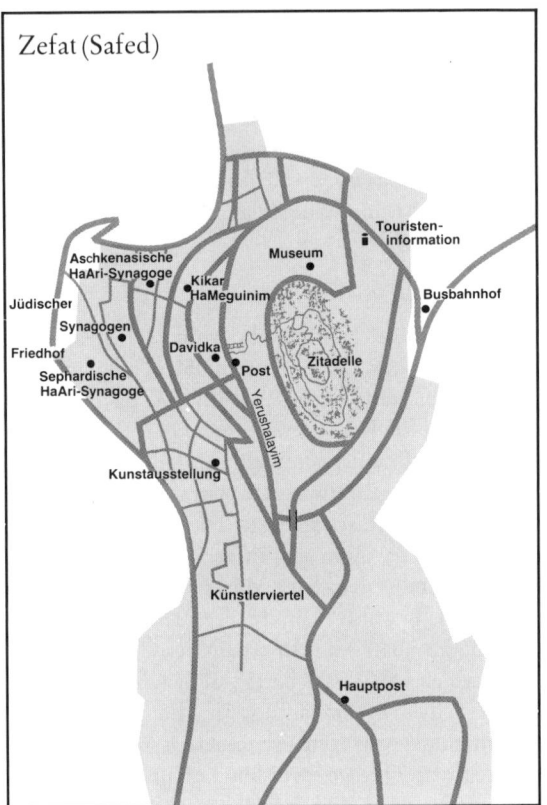

Kolomea, Ukraine, gegen Ende des 19. Jhs. Verschlungene Schneckenmuster umrahmen den Schrein. Aus dem Maul eines mythischen Fisches (oder Drachen) züngeln lange Flammen, die Blumenornamente durchdringen. Eine hebräische Inschrift über dem Türsturz lautet: »Wie unsagbar heilig ist dieser Ort, die Synagoge des großen Meisters HaAri, gepriesen sei sein Name.«

Weitere besuchenswerte Gebetshäuser sind die Caro-Synagoge, die HaAlsheh-Synagoge, die Bena'a-Synagoge und vor allem die **Abouav-Synagoge,** deren Name auf den großen Rabbi Isaak Abouav (Aboab; 1433–1493) zurückgeht. Das Gebäude, das nach dem Erdbeben von 1837 mit Ausnahme der Südmauer neu errichtet wurde, steht in einem kleinen Hof mit schattenspendenden Pinien. Die Mittelkuppel ist in lichten Farben mit jüdischen Symbolen, Palmen, Feigenbäumen und Inschriften reich geschmückt. An das Synagogenviertel schließt sich im Westen der alte **jüdische Friedhof** an, auf dem nach Aussage des Rabbi Ari im Lauf der Jahrhunderte doppelt so viele Israeliten begraben wurden, wie einst aus Ägypten ausgewandert waren. Die reine Luft von Zefat lasse die Seele jedes hier

Verstorbenen sogleich in den Garten Eden fliegen. Wir finden hier die Gräber von Izhak Luria (Ari; † 1572) und seines Lehrers Moshe Cordovero (Ramak; † 1570), von Ya'akov Beirav († 1546), Yosef Caro († 1575), Shelomo Alkavets († 1584), Moshe Alsheich († 1600) und anderen.

Südlich des Hügels HaMetzuda erstreckt sich das **Künstlerviertel** (Qiryat Hazaiarim) mit seinen krummen, malerischen Gassen und Treppenwegen. In den schönen arabischen Häusern leben und schaffen heute jüdische Maler und Bildhauer aus Polen, Litauen, Deutschland und den USA. In einer ehemaligen Moschee stellen sie gemeinsam ihre Werke aus. Noch weiter südlich trifft man auf **Benat Hamid**, das Grab des Emirs Muzaffar ed-Din Musa aus dem Jahre 1372, und wenige Meter weiter auf die **Djame el-Ahmar**, die ›Rote Moschee‹, ein mameluckisches Bauwerk, das 1275 von Baibars errichtet wurde.

Der 950 m hohe **Berg Kanaan** ist heute ein Ortsteil im Osten von Zefat, eine Sommerfrische mit modernen Hotels und Pensionen. Von hier oben aus hat man einen herrlichen Blick auf Zefat, auf das Meronmassiv, die mit 1208 m höchste Erhebung in Galiläa, und auf den fernen See Gennesaret.

Tel Hazor

23 km nördlich von Tiberias, westlich der Straße nach Qiryat Shemona, erhebt sich das mächtige Plateau des Tel Hazor (arabisch Tell Waqqas oder Tell el-Qedah), die Ruinenstätte der einstigen Hauptstadt aller kanaanitischen Königreiche, die im 14. und 13. Jh. v. Chr. zu den größten Städten des Orients gehörte und unter den Israeliten eine bedeutende Festung war.

Geschichte

Hazor (hebräisch für Gehöft), auch Hatsor oder Chazor geschrieben (akkadisch Hasura), entstand in der Frühen Bronzezeit III (um 2500 v. Chr.) an der uralten Handels- und Militärstraße zwischen Ägypten und Mesopotamien, der berühmten Via Maris römischer Zeit. Um 1850 v. Chr. wurde Hazor erstmals in den ägyptischen Ächtungstexten (vgl. S. 15) erwähnt, und auch in den sogenannten Mari-Dokumenten, einem syrischen Tontafelarchiv des ausgehenden 18. Jhs. v. Chr., fand man den Namen der Stadt, die ihren Wohlstand dem Handel mit Zinn verdankte. Unter den Hyksos, die um 1650 v. Chr. mit ihren schnellen, pferdebespannten Streitwagen Ägypten unterworfen hatten, war Hazor eine der stärksten Festungen Kanaans. Im 16. Jh. v. Chr. nahm die Einwohnerzahl so gewaltig zu, daß die Stadt bald auch das tiefer gelegene, ausgedehnte Plateau ausfüllte. Seit Thutmosis III. (1490–1436) wurde Hazor häufig in den Annalen der ägyptischen Pharaonen genannt. Aus den Amarnabriefen, dem Schriftwechsel zwischen Echnaton und seinen vorderasiatischen Vasallenfürsten in der Mitte des 14. Jhs. v. Chr., erfahren wir, daß der König von Hazor, ebenfalls ein Vasall der Ägypter, fast ganz Nordkanaan beherrschte. Und wir hören die Klagen über zunehmende Überfälle durch die Habiru, bei denen es sich vermutlich um

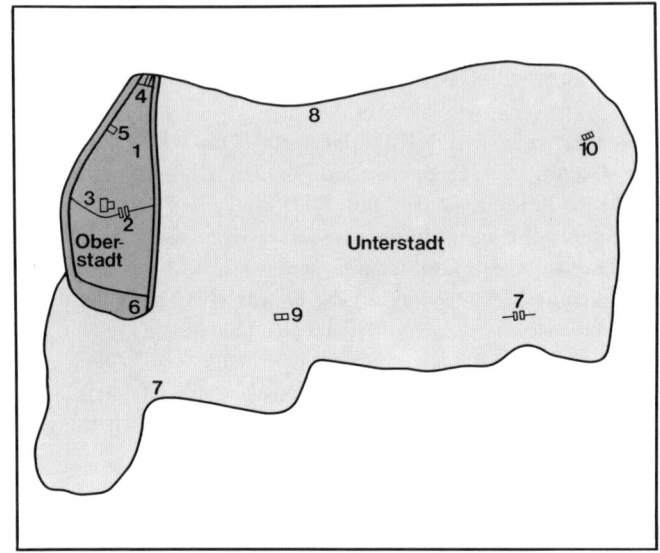

Tel Hazor
1 Stadt Salomos
2 Mauer und Tor
  Salomos
3 Pfeilergebäude Ahabs
4 Zitadelle
5 Wasserversorgungs-
  system
6 Bastion
7 Tore der Unterstadt
8 kanaanitisches Heilig-
  tum (14. Jh. v. Chr.)
9 kanaanitischer
  Doppeltempel
  (14./13. Jh. v. Chr.)
10 kanaanitischer Tempel
  (12. Jh. v. Chr.)

Israeliten handelte. Ihre höchste Blüte erlebte die Stadt im 14. und 13. Jh. v. Chr. Gegen 1230 v. Chr. kam es an den ›Wassern von Merom‹, dem heute trockengelegten Hulesee nördlich von Hazor, zum Zusammenstoß zwischen den Stämmen Israels unter Josua und den vereinigten kanaanitischen Heeren unter Jabin, dem König von Hazor. Die Kanaaniter wurden vernichtend geschlagen, Hazor ging in Flammen auf. Die 40 000 Einwohner wurden getötet oder in die Sklaverei geführt (Jos 11,1–14).

In den folgenden Jahrhunderten blieb Hazor eine Trümmerstätte; lediglich in der einstigen Oberstadt ließen sich israelitische Halbnomaden in bescheidenen Behausungen nieder. Erst König Salomo (etwa 968–930) erbaute auf dem höher gelegenen Teil des Haupthügels wieder eine befestigte Stadt, die Omri (881–871) und Ahab (871–852), Könige des Nordstaates Israel, über den ganzen Haupthügel erweiterten. Die weitläufige Unterstadt blieb dagegen für immer unbewohnt. 733 v. Chr. eroberten die Assyrer unter Tiglatpileser III. Hazor und vernichteten es; die Bewohner verschleppten sie nach Assur. Gegen Ende des 8. oder zu Beginn des 7. Jhs. v. Chr. kamen einige israelitische Siedler in die Oberstadt zurück. Zu Beginn des 6. Jhs. v. Chr. erbauten die Neubabylonier, die inzwischen die Assyrer abgelöst hatten, eine Zitadelle. In der Folgezeit war Hazor Sitz der babylonischen, persischen und hellenistischen Gouverneure von Galiläa.

Archäologie: Der Engländer J. L. Porter identifizierte 1875 die Lage des alten Hazor auf dem Tell Waqqas. 1928 begann John Garstang, Direktor der Abteilung ›Altertümer‹ der britischen Mandatsverwaltung von Palästina, im Auftrag der Universität Liverpool mit ersten Ausgrabungen auf dem Tell. Die systematische Erforschung des alten Hazor in vier Grabungskampagnen von 1955 bis 1958 und von 1968 bis 1969 leitete der israelische Generalleutnant und Archäologe Yigael Yadin. Dabei wurden 21 Siedlungsschichten aufgedeckt. Die Archäologen untersuchten nicht das ganze Stadtgebiet – das wäre viel zu kostspielig gewesen –, sondern konzentrierten sich auf einige Stellen, die eine große Ausbeute an wissenschaftlichem Material erwarten ließen.

Die Oberstadt

Hazor bestand aus der flaschenförmigen, 600 m langen und bis zu 200 m breiten Oberstadt und der nördlich und östlich davon gelegenen Unterstadt, die eine Ausdehnung von etwa 1000 × 700 m hatte. Die markantesten Ruinen finden wir in der Mitte der Oberstadt (Ausgrabungsabschnitt A), im etwa 20 × 30 m messenden **Pfeilergebäude** (Abb. 75) aus der Zeit des Königs Ahab. Zwei Reihen monolithischer Pfeiler, viereckig, roh behauen und durchschnittlich 2 m hoch, trugen das Obergeschoß. Garstang hielt das Gebäude für einen der berühmten Pferdeställe Salomos, aber von den Pfeilern führten Mauern zu den Außenwänden, so daß kleine, zellenartige Räume entstanden. In Verbindung mit den hier gefundenen Vorratskrügen läßt dies den Schluß zu, daß das Pfeilergebäude ein Vorratshaus war. Nach Norden schließt sich ein weiterer Bau an, der aus zwei Hallen bestand. Auf dem gepflasterten Fußboden lagerten die Getreidevorräte für Ahabs Garnison. Unter dem Pflaster entdeckten die Ausgräber einen älteren Bau mit zahlreichen Räumen, der als Kaserne gedient haben könnte.

Südwestlich des Vorratshauses sieht man die Grundmauern zweier **Wohnhäuser,** die durch das gewaltige Erdbeben des Jahres 763 v. Chr. zerstört wurden. Säulen und Wände stehen noch immer schief. Die herabgestürzte Decke hatte die Wohnungseinrichtung, darunter kunstvolle Elfenbein- und Knochenschnitzereien, unter sich begraben. Unmittelbar östlich des Pfeilergebäudes stieß Yadin auf die Kasemattenmauer und das Haupttor der Stadt Salomos. Die **Kasemattenmauer** bestand aus 8–10 m langen und 2,50 m breiten Räumen; die Außenmauer war ungefähr 1,50 m, die Innenmauer etwas mehr als 1 m dick. Der **Torbau** mit seiner 4,20 m breiten, gepflasterten Durchfahrt, besaß sechs Kammern, die als Wachstuben dienten, und zu beiden Seiten des Eingangs je einen vorgesetzten Turm.

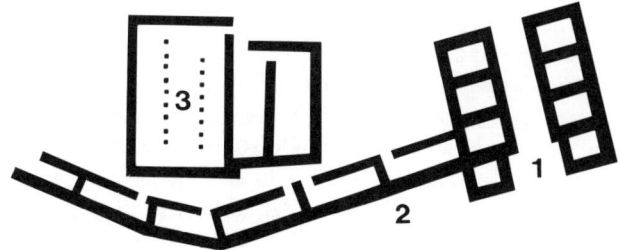

Tel Hazor
1 Toranlage Salomos
2 Kasemattenmauer Salomos
3 Pfeilergebäude Ahabs

Unter dem Torbau und dem südlich anschließenden Teil der Kasemattenmauer kam der **Palast des Königs Jabin** zum Vorschein. Deutlich ist die breite Treppe zu erkennen, die zu ihm führte.

Die Westecke der Oberstadt, die Flaschenmündung gewissermaßen, nimmt die **Zitadelle Ahabs** ein (Ausgrabungsabschnitt B). Da der Hügel hier am steilsten abfällt, brauchte keine Mauer davorgesetzt zu werden. Von dem Bauwerk, das eine Fläche von 25 × 21 m bedeckte und bis zu 2 m dicke Mauern hatte, sehen wir heute nur noch das Kellergeschoß. Vor der Nordwestecke des Gebäudes führte eine Treppe zum oberen Stockwerk; den Eingang schmückten zwei protoionische Kapitelle. Im Laufe der Jahrhunderte folgten der Zitadelle Ahabs noch weitere acht Festungsanlagen bzw. Gouverneurspaläste. Noch 1936, während der Araberaufstände, baute der britische Colonel Teggart an dieser Stelle einen Bunker. Nördlich der Zitadelle ersetzten zwei etwa 13 × 13 m große Verwaltungs- bzw. Wohngebäude die Mauer, südlich lehnte sich ein weiterer Verwaltungsbau an. An der Ostseite der Anlage begann die Stadtmauer. Ahab hatte die Kasemattenmauer Salomos mit Steinen auffüllen lassen und sie dadurch widerstandsfähiger gemacht. Zu Beginn des 8. Jhs. v. Chr. verstärkte sich die drohende Gefahr aus Assyrien. Der Gouverneur von Hazor erkannte, daß die Zitadelle und die nur halb so starken Wände der Verwaltungsgebäude einem Ansturm nicht standhalten würden, und errichtete deshalb rings um die Zitadelle eine massive Mauer. Da diese wegen des Steilhanges teilweise den Platz der Verwaltungsbauten einnahm, wurden östlich der Zitadelle zwei neue errichtet. Vor die strategisch wichtige Nordwestecke der Mauer setzte er einen separaten Turm, der eine Fläche von 10 × 7 m einnahm und aus zwei Kammern bestand.

Die Nordostecke der Oberstadt am ›Flaschenboden‹ (Ausgrabungsabschnitt G) war mit einer vorgeschobenen **Bastion** versehen, die den Zugang zur Oberstadt bewachte. In der starken Nordmauer erkennt man eine Ausfallpforte mit Quadersteinpfosten, die außen mit Bruchsteinen und innen mit Ziegeln verschlossen war, was auf den unmittelbar bevorstehenden Angriff der Assyrer hindeutet. Innerhalb der Bastion hob man einen tiefen Silo aus dem Boden, um Getreide lagern zu können. Tiglatpileser griff die Oberstadt von Osten her an. Die Bastion wurde dabei so gründlich zerstört, daß teilweise nur noch die Fundamente zu erkennen sind. Die Ausgräber fanden eine 1 m dicke Aschenschicht vor, vermischt mit verkohlten Balken und rauchgeschwärzten Steinen.

Nahe der Südmauer der salomonischen Stadt stießen die Archäologen auf ein gewaltiges **Wasserversorgungssystem** (Ausgrabungsabschnitt L). Hier waren die Baumeister Ahabs 40 m tief durch Felsgestein bis zum Grundwasserspiegel vorgestoßen. Eine breite, gegenläufige Rampe im Eingangsbau endet vor einem 19 × 15 m weiten Schacht. 3 m breite, an den Schachtwänden entlanglaufende Stufen führen 30 m hinab und gehen dann in einen 25 m langen, 4,50 m hohen und 4 m breiten Tunnel über, der über Stufen nochmals 10 m abfällt und in einem etwa 5 m breiten Wasserbecken endet. Die Breite der Treppen läßt darauf schließen, daß das Wasser mit Eseln emporgeholt wurde. Die eindrucksvolle Anlage vermittelt eine Vorstellung von den technischen Fähigkeiten und den geologischen Kenntnissen der israelitischen Baumeister des 9. vorchristlichen Jahrhunderts.

Die Unterstadt

Die Unterstadt auf dem ausgedehnten Plateau nördlich des Tells war im Osten von einem Abhang gesichert, im Norden und vor allem im Westen bedurfte sie eines künstlichen Schutzes. Dafür hob man im 16. Jh. v. Chr. einen gewaltigen Graben aus und häufte den Boden zu einem **Wall.** Um diesem eine besondere Festigkeit zu verleihen, errichtete man zuerst eine mächtige Kasemattenmauer aus luftgetrockneten Ziegeln und füllte die Kasematten mit Bruchsteinen, Kieseln und Stampferde. Gegen diesen Kern schüttete man schichtweise unterschiedliche Erdarten und glättete dann dieses ›Sandwich-Glacis‹, das nunmehr jedem Sturmbock zu widerstehen vermochte, mit einer Lage gestampfter Kreide. Im Ausgrabungsabschnitt K wurde in einer Senke das **Tor der Unterstadt** freigelegt. Die älteste Toranlage entstand wie der Wall im 16. Jh. v. Chr., bis zur Eroberung durch die Israeliten folgten noch vier weitere. Die späteren Anlagen bestanden aus einem Torhaus mit drei Pilasterpaaren, die die Durchfahrt auf 3 m begrenzten, und einem großen Turm mit Doppelräumen. Das mehrstöckige Torhaus war aus luftgetrockneten Ziegeln ausgeführt und ruhte auf einem Steinfundament. Eine zusätzliche Sicherheitsmaßnahme bildeten die beiden steilen, von Mauerwerk gestützten Rampen, die von Norden und Süden zum Tor hinaufführten, wo die Wagen scharf rechts bzw. links in die Einfahrt abbiegen mußten. Eine weitere, völlig identische Toranlage fand das Archäologenteam im Ausgrabungsabschnitt P, den die heutige Straße durchschneidet.

Der Ausgrabungsabschnitt C vermittelte den Archäologen sehr wichtige Erkenntnisse, ist aber für den Touristen nur wenig ergiebig. Neben Wohnhäusern aus dem 18. bis 13. Jh. v. Chr. entdeckte Yadin hier ein **kanaanitisches Heiligtum** des 14. Jhs. v. Chr. mit mehreren 22 bis 55 cm hohen Stelen (hebräisch Mazzebot) und einer sitzenden Basaltstatue. Eine der Stelen zeigt als Flachrelief zum Gebet erhobene Hände und darüber Symbole des Mondes (vermutlich war der Tempel dem Mondgott geweiht). Im Ausgrabungsabschnitt F stieß Yadin auf ein weiteres **Heiligtum** aus dem 14. und 13. Jh. v. Chr. Ein etwa 5 Tonnen schwerer Altarstein war offenbar für Trankopfer bestimmt. Auch hier umschlossen zahlreiche Wohnhäuser den Tempel. Darunter fanden die Ausgräber mehrere Grabhöhlen mit einer Fülle von Beigaben ägyptischer, mykenischer, zyprischer und kanaanitischer Herkunft. Unter einem quadratförmigen Tempel des 15. Jhs. v. Chr. kam ein großer **Doppeltempel** zum Vorschein, der 46 × 23 m maß und bis zu 3 m starke Mauern hatte. Ein ähnlicher Bau in Assur, der ersten Hauptstadt Assyriens, war dem Sonnengott Schamasch und der Mondgöttin Sin geweiht; möglicherweise verehrte man im Hazor des 16. vorchristlichen Jahrhunderts dieselben Götter. Unter den Fundamenten des Doppeltempels erstreckt sich im gewachsenen Fels ein ausgedehntes **Tunnelsystem,** von dem man nicht sagen kann, ob es zur Entwässerung des Stadtbezirks diente oder Teil einer riesigen Nekropole war.

Der Ausgrabungsabschnitt H zeigt die Fundamente eines **Tempels** aus der Zeit kurz vor der Eroberung durch die Israeliten. Die Orthostatenumrandung des Allerheiligsten und ein basaltener Räucheraltar mit dem Symbol des hethitischen Wettergottes weisen auf enge Beziehungen zum Hethiterreich im Norden hin. Die Anlage des Heiligtums (Vorhalle,

Haupthalle und Allerheiligstes) entspricht genau dem Tempel Salomos in Jerusalem, was nicht verwundert, da wir aus der Bibel wissen, daß Salomo phönikische Architekten mit dem Bau beauftragte. Der Tempel von Hazor hatte drei Vorgänger, die bis in das 16. Jh. v. Chr. zurückreichen.

Die Funde aus Hazor sind im Israel-Museum, Jerusalem, und im Hazor-Museum des benachbarten Kibbuz Ayyelet HaSahar ausgestellt.

Das Hule-Naturreservat

15 km nördlich von Rosh Pinna zweigt nach Osten eine Nebenstraße ab zur ›Huleh Nature Reserve‹, dem ersten und bedeutendsten der rund 200 Naturschutzgebiete Israels, das wohl zu den schönsten der Welt zählt.

Geschichte

Vor etwa 20000 Jahren blockierten von den Golanhöhen herabströmende Lavamassen im südlichen Huletal den Jordan, so daß ein großer See mit weiten Sumpfflächen entstand, auf denen sich im Lauf der Zeit eine artenreiche Fauna und Flora entwickelte. Bis zum Mittelalter identifizierte man mit diesem Hulesee die ›Wasser von Merom‹, wo Josua bei der Landnahme eine Koalition der Kanaaniter besiegte (Jos 11,5). Flavius Josephus sprach vom Semechonitischen See, als er die vernichtende Niederlage der Israeliten gegen die Könige Kanaans beschrieb (Jüd. Altert. V, 5, 1). In der Mischna- und Talmud-Zeit (1.–5. Jh.) hieß der See Mei Meron. Der Wasserabfluß war reguliert, die fruchtbaren Landflächen wurden intensiv bebaut. Nach der arabischen Invasion versumpfte das Land wieder, Moskitos machten es unbewohnbar. Um 1833 ließ Ibrahim Pascha einen Abfluß sprengen, um den Wasserablauf zu beschleunigen. Im Huletal siedelte er ägyptische Bauern an, die hier Papyrus pflanzten und Wasserbüffel züchteten. Nachdem sich Ibrahim 1840 wieder aus Palästina zurückgezogen hatte, breiteten sich die Sümpfe erneut aus.

1883 gründeten jüdische Einwanderer aus Polen im südlichen Huletal den Moshav Yesud HaMa'ala. Sie kämpften verzweifelt gegen Versumpfung und Malaria, aber alle Bemühungen blieben erfolglos, auch die des Barons Rothschild, der 1890 einen Wald von wasserziehenden Eukalyptusbäumen anpflanzen ließ. 1934 erwarb der Jewish National Fund das Huletal und begann mit der Trockenlegung von 6000 ha Sumpfland, aber erst zwischen 1951 und 1958 gelang die Rekultivierung des gesamten Tals. Das Flußbett des Jordan wurde begradigt, vergrößert und mit zwei Entwässerungskanälen verbunden, ein Teil des Wassers wurde über die Landeswasserleitung abgepumpt. Der See verschwand, das Tal bot nun bestes Ackerland und viele ergiebige Fischteiche für neue Siedlungen. Nur ein Gebiet von 315 ha bei Yesud HaMa'ala an der Südwestecke der früheren Sümpfe wurde in seinem ursprünglichen Zustand belassen und 1964 zum Naturschutzgebiet erklärt.

Sehenswertes

Vor dem Eingang zum Naturpark (Eintrittsgebühr) dehnt sich der Horshat HaMeyasdim (Founders' Wood) aus, der Eukalyptuswald Rothschilds. Es empfiehlt sich, ein Fernglas und vor allem Zeit mitzubringen, um die einzigartige Tier- und Pflanzenwelt dieses letzten ›Paradieses‹ des Heiligen Landes zu beobachten. Am Eingang stehen schattige Park- und Picknickplätze zur Verfügung. Das ganze Areal kann von einem Beobachtungsturm aus überblickt werden. Ansonsten ist der Besucher gehalten, nur die markierten Pfade zu benutzen. In zwei ausgedehnten Teichen (35 und 20 ha) mit unzähligen Seerosen tummeln sich Enten, Reiher, Ibisse, Kormorane, Störche und viele andere Wasservögel, im Frühling und Herbst dazu Tausende von Pelikanen. Durch die Papyrusdickichte (80 ha) und Feuchtwiesen (140 ha) streifen Biber, Wildkatzen, Wildschweine und zahllose Sumpfvögel, in den 40 ha großen Schilfgebieten leben ganze Herden von Wasserbüffeln. Kaltes Jordanwasser und warmes Wasser aus den nahen Einanquellen lassen eine einzigartige Vielfalt an Wasser- und Sumpfpflanzen gedeihen.

Tel Dan

9 km östlich von Qiryat Shemona hat die israelische Nature Reserve Authority den Siedlungshügel der biblischen Stadt Dan (Lais, Lajisch, Lesem) und das urwaldähnliche Quellgebiet des Flusses Dan zu Füßen des schneebedeckten Hermon in einem einzigartigen Park zusammengefaßt.

Geschichte

Schon in den ägyptischen Ächtungstexten des 19. Jhs. v. Chr. wurde die Stadt Lais erwähnt, später erschien sie auch in der Liste der von Thutmosis III. (1490–1436) eroberten Städte Palästinas. Zu Beginn des 11 Jhs. v. Chr. vertrieben die Philister den israelitischen Stamm Dan aus seinem Siedlungsgebiet westlich von Jerusalem. Die Daniter zogen daraufhin nach Norden und ließen sich in der überaus fruchtbaren Landschaft zwischen Hermon und Hulesee nieder, nachdem sie die friedlichen Bewohner kurzerhand ausgerottet hatten. Sie bauten das von ihnen zerstörte Lais wieder auf und machten es unter dem Namen Dan zum Hauptort ihres Territoriums (Ri 18,27–29). Dan war die nördlichste Stadt Israels, denn »von Dan bis Beerscheba« erstreckte sich nunmehr das Einflußgebiet der Israeliten (Ri 20,1; 1 Sam 3,20). Auf ihrem Zug nach Norden hatten die Daniter im Gebirge Efraim einem gewissen Micha ein metallenes Gottesbild geraubt, das sie im Tempel von Dan aufstellten (Ri 18,13–31). Nach der Spaltung des Reiches Israel wurde Jerobeam I. (um 930–908) König des Nordstaates. Um auch die religiöse Trennung von den Südstämmen zu vollziehen, ließ er zwei goldene Stiere gießen, von denen er je einen als Gottessymbol in den uralten Heiligtümern von Bet El und Dan aufstellte. Das Volk zog nun »bis nach Dan, vor das eine Kalb« (1 Kön 12,26–30). Als Kalb verhöhnten die Propheten diese Götzenbilder, die ihrer

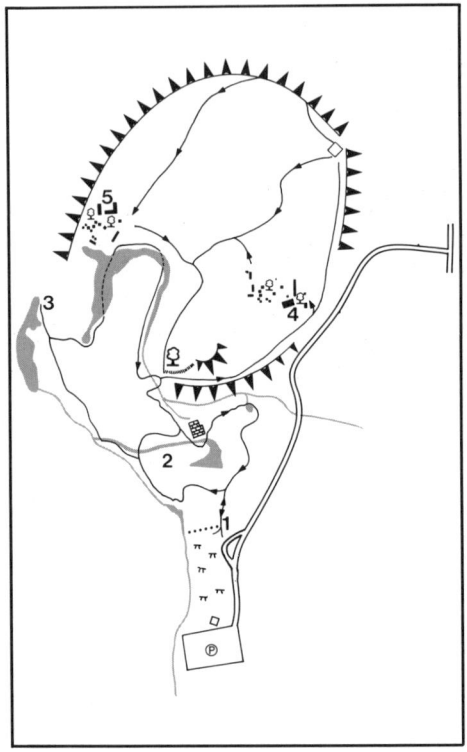

Tel Dan
1 Eingang
2 byzantinischer Kanal
3 Dan-Quellen
4 israelitisches Stadttor
5 israelitisches Heiligtum (?)

Vorstellung vom unsichtbaren Jahwe widersprachen (Hos 13,2). Die Grenzstadt Dan hatte im 9. Jh. v. Chr. unter den ständigen Kriegen zwischen Israel und Aram sehr zu leiden (1 Kön 15,20). 732 v. Chr. endete mit dem Einmarsch der Assyrer die Geschichte der Stadt.

Sehenswertes
Tel Dan zählt zu den reizvollsten Naturreservaten Israels (Eintrittsgebühr). Beim Erfrischungspavillon am Parkplatz beginnen Rundwege über 15 bzw. 45 Minuten. Man sollte unbedingt den längeren Weg wählen, durch einen Urwald am rauschenden Dan, dem größten der drei Quellflüsse des Jordan. Der abenteuerliche Pfad führt auf Bohlen oder Steinplatten über unzählige Bäche und Rinnsale, auf schmalen Stegen über Teiche bis zum paradiesischen Quellsee am Fuße des alten Siedlungshügels. Baden ist streng verboten (Trinkwasser!), das Wasser wäre bei einer gleichbleibenden Temperatur von 14,5° C wohl auch zu kalt. Jährlich strömen aus dieser größten Karstquelle des Nahen Ostens 220 Millionen m³ Wasser. Von seinem Quellfluß Dan hat übrigens der Jordan seinen Namen, denn Jordan bedeutet nichts anderes als ›kommt vom Dan‹ (die hebräische vokallose

70 Kursi/Gergesa: byzantinische Klosterkirche
◁ 69 Akko: Krypta des hl. Johannes
71 Tal des Yarmuk bei Hammat Gader

72   Bitanya: Taufstelle im Jordan

73 und 74   Zefat: Inneres und Thoraschrein der Abouav-Synagoge

75   Tel Hazor: Pfeilergebäude

76   Montfort: Tor der Kreuzfahrerburg   77   Bar'am: Synagoge

78 Akko: Kiosk vor der Jezzar-Moschee   79 Jezzar-Moschee

80 Blick auf Haifa

81 Jaffa: St. Peterskloster

82 Tel Aviv: Hauptsynagoge

83 Tel Aviv: im modernen Stadtzentrum

84 und 85   Megiddo: Schumacher-Graben mit dem heiligen Bezirk der Kanaaniter (oben) und Rundaltar der
Frühen Bronzezeit

86–88 Bet She'arim: Eingang zur Katakombe 14 (oben links), Adlersarkophag (oben rechts) und Muschelsar-
       kophag

89–91 Caesarea: Aquädukt Herodes' des Großen (oben), Haupteingang zur Kreuzfahrerstadt (unten links) und Kapitell aus der Kreuzfahrerzeit

92 und 93   Lod: Baibarsbrücke (links), Georgskirche und El-Khadr-Moschee

94   Mazor: römisches Mausoleum

95 Ashqelon: Isis mit dem Herosknaben

96 Be'er Sheva: Abrahamsbrunnen

97 Ashqelon: Kreuzfahrermauer mit römisch-byzantinischen Säulen

98   Shivta: Türsturz

99   Im Tal von Timna

100   Timna: Hathor-Tempel

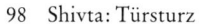

101   Tel Arad: Blick auf die israelitische Zitadelle

102   Avedat: große Weinkelter

103 Elat

104 En Gedi: Mosaik der Synagoge

![image]()

105   Mamshit/Kurnub: Treppenaufgang zum ›Martyrion‹

108   Armenischer Priester und Teeverkäufer ▷

106 und 107   Masada: Nordpalast des Herodes

Schreibweise YRD und DN ergibt Yarden = Jordan). 15 m hohe syrische Eschen, Taboreichen, Lorbeerbäume, Pistazienbäume und riesige Myrtenbüsche hüllen das Reservat in ein märchenhaftes Dunkel. Am Aufgang zum Tell liegt der verkohlte Stumpf eines 2000 Jahre alten Pistazienbaumes.

Auf dem 25 ha großen und etwa 20 m hohen Siedlungshügel von Dan, den die Araber **Tell el-Qadi** (= ›Richterhügel‹) nennen, graben seit 1965 israelische Archäologen. Freigelegt wurden Mauerwerk aus der Frühen und der Mittleren Bronzezeit, also aus dem 3. und 2. Jahrtausend v. Chr., und, im Süden des Hügels, die Überreste eines mächtigen Stadttores aus dem späten 10. Jh. v. Chr. Von dem Tor führt eine gepflasterte Straße zur Oberstadt hinauf. Sie endet vor einer 18,7 × 18,2 m großen, von breiten Stufen umgebenen Plattform, die wohl ein israelitisches Heiligtum barg; vielleicht stand hier gar das Goldene Kalb des Jerobeam.

Banyas/Caesarea Philippi

13 km östlich von Qiryat Shemona entspringt am Fuß einer mächtigen Grotte der Banyas (auch Nahal Hermon genannt), der zweitgrößte Quellfluß des Jordan. An dieser Stelle lag das hellenistische Paneas, aus dem in römischer Zeit die Tetrarchenhauptstadt Caesarea Philippi hervorging.

Geschichte
Die Quelle des Banyas war schon in kanaanitischer Zeit, vielleicht auch noch früher, mit dem Heiligtum einer Naturgottheit verbunden, an deren Stelle in hellenistischer Zeit der griechische Gott Pan trat. Die Stadt, die hier entstand, und auch der Fluß wurden nach diesem Gott Paneas genannt. Bei Paneas siegte im Jahre 198 v. Chr. Antiochos III. über die Ptolemäer, wodurch er Palästina und Phönikien für das Seleukidenreich gewann. Kaiser Augustus schenkte das Gebiet südlich des Hermonberges Herodes dem Großen, der dem Imperator aus Dankbarkeit neben der Quellgrotte »einen weißen Marmortempel errichtete« (Jüd. Krieg I, 21, 3). Herodes' Sohn Philippus (4. v. Chr. – 34 n. Chr.) erhob Paneas zur Hauptstadt seiner Tetrarchie Nordtransjordanien und gab ihr den Namen Caesarea Philippi.

In Caesarea Philippi sprach Jesus zu Simon Petrus jene Worte, die zum Fundament für Kirche und Papsttum wurden: »Du bist Petrus (griechisch für ›Stein, Fels‹), und auf diesen Felsen werde ich meine Kirche bauen, und die Mächte der Unterwelt werden sie nicht überwältigen. Ich werde dir die Schlüssel des Himmelreiches geben; was du auf Erden binden wirst, das wird auch im Himmel gebunden sein, und was du auf Erden lösen wirst, das wird auch im Himmel gelöst sein« (Mt 16,13–20). Petrus († 64 oder 67 in Rom) wurde der erste Papst, der erste Träger des Primats.

Agrippa II. (53–94) baute die Stadt glanzvoll aus und nannte sie Kaiser Nero zu Ehren Neronias (offiziell Caesarea Philippi Neronis). Seit dem 4. Jh. war Caesarea Philippi, jetzt

Banyasquelle um 1880

wieder als Paneas bekannt, Bischofssitz. Die Moslems nannten die Stadt später Banias. Von 1129–1132 und von 1139–1157 gehörte der Ort unter dem Namen Belinas zum fränkischen Königreich Jerusalem.

Sehenswertes

Das Stadtgebiet des alten Paneas / Caesarea Philippi / Belinas wurde bislang archäologisch kaum erforscht. Dagegen lohnt ein Besuch der Banyasquelle, die ein beliebtes Ausflugs- und Wallfahrtsziel der Drusen ist (große Park- und Picknickplätze). Ursprünglich entsprang der Banyasfluß in der großen **Pangrotte** oberhalb der Quellteiche. »Hier steigt ein Berg in eine schwindelnde Höhe auf, und neben der unten am Berg befindlichen Schlucht öffnet sich eine düstere Grotte, in der sich ein Abgrund in unermeßliche Tiefe hinabsenkt, der mit stehendem Wasser angefüllt ist. Will man mit dem Senkblei die Tiefe ausloten, so reicht keine noch so lange Schnur aus. An den äußeren Rändern der Grotte, ganz unten, entspringen die Quellen; einige sind der Ansicht, es handle sich um die Jordanquellen« (Jüd. Krieg I, 21, 3). Ein Erdbeben blockierte die Quelle, so daß der Fluß nun unterhalb der Grotte aus den Felsen tritt und sich in mehrstufigen Teichen sammelt.

Rechts der Pangrotte wurden in hellenistisch-römischer Zeit mehrere **Nischen** kunstvoll in die hohe, graurote Felswand gehauen (Farbt. 31). Darin standen Statuen des bocksfüßigen Pan und anderer Natur- und Quellgottheiten. Über einigen Nischen sind griechische

Inschriften zu erkennen. Links der Grotte führt ein steiler Pfad zu einem Weli empor, in dem die Drusen El-Khadr, den ›grünen‹ Propheten, verehren. In der Kreuzfahrerzeit stand hier eine Kapelle, die dem hl. Georg geweiht war. Von dem weißen Tempel des Herodes sind noch einige Marmorsteine zu sehen.

Qal'at Nimrud / Subeibe

Hinter Banyas schlängelt sich die kurvenreiche Straße in das Drusengebiet der Golanhöhen empor. Nach etwa 1 km zweigt eine schmale Nebenstraße zum Moshav Newe Ativ (8 km) ab, dem einzigen Wintersportplatz des Heiligen Landes (Skilifte und Skischule). 2 km oberhalb der Abzweigung sieht man linker Hand auf einem schmalen Felsrücken die Ruinen von Qal'at Nimrud (= ›Burg des Nimrod‹), der mächtigen Kreuzfahrerburg Subeibe, deren Aufgabe es war, die besonders gefährdete Nordostgrenze des Königreiches Jerusalem zu sichern.

Geschichte
Unzählige Sagen ranken sich um den biblischen Städtegründer und großen Jäger Nimrod, einen Urenkel Noahs, der über Babylonien herrschte. So erzählen die Drusen, Nimrod habe auf dem hoch über Banyas gelegenen Plateau eine riesige Burg erbaut, von der aus er seine Pfeile in den Himmel schoß, um Gott seine Macht zu beweisen. Der Allmächtige aber sandte eine Fliege, die durch Nimrods Nase in dessen Gehirn kroch und dort so lange nagte, bis der eitle König unter furchtbaren Schmerzen starb. Daraufhin übernahm die Fliege (hebräisch Zebub) die Herrschaft über die Burg, die fortan Zubeiba (Subeibe) hieß. Qal'at Subeibe bedeutet also ›Fliegenburg‹.

Im Jahre 1126 hatten die Assassinen hier einen festen Stützpunkt. Bei den Assassinen (arabisch für ›Haschischesser‹) handelte es sich um eine islamische Sekte, die aus Persien stammte und aus den schiitischen Ismaeliten hervorgegangen war. Ihre außergewöhnliche Grausamkeit – sie verübten zahlreiche religiös bzw. politisch motivierte Morde – veranlaßte die Herrscher von Damaskus, gegen sie vorzugehen, woraufhin die Assassinen die Burg 1129 den Christen übergaben, damit sie nicht in die Hände ihrer Verfolger gerate. König Balduin II. übertrug Qal'at Subeibe einschließlich der zugehörigen Stadt Banyas als Lehen dem fränkischen Grafen Renier de Brus, der die Burg vergrößerte und verstärkte. Aber schon 1132 wurde sie von Tadsch el-Mulk Bursi, dem Atabeg von Damaskus, erobert. 1139 kam sie wieder in den Besitz der Franken. 1157 belagerte Sultan Nur ed-Din die Burg Subeibe vergeblich, doch 1164 mußte sie nach nochmaliger Belagerung kapitulieren. 1219 ließ el-Muazzam, Emir von Damaskus, die Anlage schleifen, damit sie den vordringenden Truppen des Fünften Kreuzzuges nicht als Basis für einen Angriff auf Damaskus dienen konnte. 1228–29 bauten die Moslems Qal'at Subeibe wieder auf, 1239–40 verstärkten sie die Wehranlagen, und 1260 ließ Sultan Baibars die strategisch wichtige Burg von Grund auf erneuern. Danach verlor Qal'at Subeibe jede Bedeutung und verfiel.

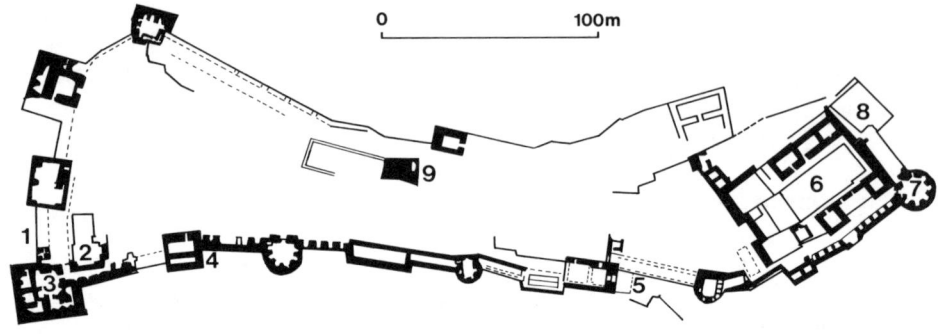

Qal'at Nimrud
1 heutiger Zugang 2 Zisterne 3 Südturm 4 Tor zur Unterburg 5 Haupttor 6 Donjon
7 Nordturm 8 Saal 9 Kreuzfahrerkapelle

Die Burg

Qal'at Nimrud (Subeibe) ist wegen seiner Lage auf den israelisch besetzten Golanhöhen touristisch noch nicht erschlossen, die Ruinen wurden bislang auch nicht restauriert. Vorsicht also beim Betreten der Gewölbe, Mauern und Türme! Die christlich-islamische Burg war 430 m lang und bis zu 150 m breit. Ihre stärksten Verteidigungswerke lagen im Nordosten, in Richtung Damaskus, und im Südwesten, wo sich der heutige Zugang befindet. Neben einer großen Zisterne führt eine überwölbte Rampe zum obersten Wehrstockwerk des wuchtigen, weit vorspringenden **Südturmes.** Darunter liegen noch zwei weitere Stockwerke mit Schießscharten.

Das **Tor zur Unterburg** im rechteckigen Turm östlich des Südturms ist kaum mehr zu erkennen. Der Zugang war durch eine Mauer mit schießschartenbestückten Nischen und durch einen stark vorspringenden Rundturm gesichert. Eine Doppeltreppe führt zur oberen Plattform, von der nur noch einige Kragsteine zeugen. Die 4 m dicken Mauern zwischen den Türmen sind sorgfältig aus mittelgroßem Buckelquaderwerk ausgeführt. Auch vom **Haupttor,** durch das man unmittelbar zur Oberburg gelangte, ist leider nur noch wenig zu sehen. Die Nordostecke der Burg nahm der wuchtige **Donjon** ein, eine Festung für sich, von schweren Türmen umgeben. Die äußerste Spitze der Burg bildete ein Rundturm, der, auf einer Felsnase stehend, fast völlig aus dem Mauerwerk heraustrat. An der steil abfallenden Westseite der Burg genügte eine schwächere, fast turmlose Mauer. Stärker war wieder die flachere Südwestseite gesichert, mit rechteckigen Türmen und einem breiten Graben. Hier begann ein **unterirdischer Gang,** der treppenförmig zum Wadi hinabführte. Auf dem Burghof sind noch geringe Spuren von Wohnbauten, Magazinen, Werkstätten, Ställen, Backstuben und Küchen zu erkennen. Grundmauern und achteckige Säulenbasen in der Mitte des Hofes erinnern an eine **Kreuzfahrerkapelle.**

Bar'am

23 km nordwestlich von Zefat erhebt sich oberhalb des Kibbuz Bar'am auf einer kleinen, aber markanten Bergkuppe nahe der libanesischen Grenze, inmitten einer der lieblichsten Landschaften des Heiligen Landes, die weitgehend restaurierte Ruine der Synagoge von Bar'am. Die Synagoge gilt als die am besten erhaltene des frühen Typs (2. oder 3. Jh. n. Chr.) und als wohl älteste Galiläas.

Geschichte
Die jüdische Tradition verlegte die Gräber des Propheten Obadja und der Königin Ester, die im 5. Jh. v. Chr. lebten, nach Bar'am; hier könnte also schon in persischer Zeit eine Ortschaft bestanden haben. Obadja ist als vierter der kleinen Propheten des Alten Testaments kaum bekannt; seine ›Vision‹ umfaßt nur 21 Verse. Dagegen hat Esters Geschichte schon manchen Dichter und Komponisten angeregt (Dramen von Racine und Grillparzer, Oratorium von Händel). Eigentlich hieß die schöne, junge Jüdin HaDassa (›die Myrte‹); Ester (›Stern‹) nannte sie ihr Vetter und Vormund Mordechai (Mardochai), der am Hof des persischen Großkönigs Artaxerxes I. (464–424) in Susa diente. Artaxerxes hatte seine Frau Waschti (Vasthi) verstoßen und Ester aus einer großen Anzahl junger Mädchen als neue Ehefrau erkoren. Er wußte allerdings nicht, daß sie eine Jüdin war. Mordechai stand bei Artaxerxes in großer Gunst, weil er vor Jahren eine Verschwörung gegen den König aufgedeckt hatte. Haman, der Wesir des Königs, haßte ihn deswegen, sann auf Rache und erwirkte schließlich einen königlichen Erlaß zur Ausrottung aller Juden im persischen Reich, die durch das Los (hebräisch Pur) auf den 14. Adar festgesetzt wurde. Ester enthüllte dem entsetzten Artaxerxes nun ihre jüdische Herkunft. Da ein Königserlaß unwiderruflich war, ließ der Herrscher ein zweites Dekret folgen, das den Juden erlaubte, sich ihrer Feinde zu erwehren. Haman wurde daraufhin gehenkt und Mordechai zu seinem Nachfolger als Wesir ernannt. Seither feiern die Juden in aller Welt am 14. Adar (Februar/März) das Purimfest, ein weltliches, oft geradezu karnevalistisches Freudenfest.

Historischer Hintergrund der biblischen Erzählung, des um 300 v. Chr. nach älteren mündlichen Überlieferungen entstandenen Buches Ester, ist der wachsende Einfluß der Lehren Zarathustras im Persien des 5. Jhs. Die Priester des Zoroastrismus forderten die Abschaffung aller fremden Religionen, insbesondere des Judentums. Es kam zu Ausschreitungen gegen die Juden, die nach dem Untergang des neubabylonischen Reiches nach Susa, in die Wirtschaftsmetropole des Achämenidenreiches, gezogen und dort zu großem Wohlstand und Einfluß gelangt waren. Die Pogrome wurden unter Artaxerxes zwar eingestellt, dennoch kehrten in dieser Zeit zahlreiche Juden nach Palästina zurück. Die Personennamen der Estergeschichte sind allerdings – bis auf den König – nicht historisch: Ester steht vermutlich für die babylonische Göttin Ischtar, Mordechai für den babylonischen Gott Marduk und Haman für den elamitischen Gott Humman. Die Geschichte symbolisiert also den uralten Kampf zwischen Gut und Böse, zwischen der babylonischen und der persisch-elamitischen Götterwelt, zwischen Juden, die aus Babylon nach Susa (in

Elam) gekommen waren und daher in Persien Babylonier genannt wurden, und der persischen Priesterschaft.

Nach dem Bar-Kochba-Aufstand (132–135) kamen viele Juden aus Jerusalem und Juda nach Galiläa und errichteten dort zahlreiche Synagogen, darunter eine besonders große und schöne in Bar'am. Simeon ben Jochai soll ihr Stifter gewesen sein. Bar'am gehört zu den wenigen Orten, die in alten Schriften nicht erwähnt sind; bekannt wurde die hiesige jüdische Gemeinde erst, nachdem Rabbi Samuel ben Simeon 1210 Bar'am besucht und über die große Synagoge berichtet hatte. Einige Jahrzehnte später beschrieb Rabbi Jacob sie. 1522 fand Rabbi Moses Basola hier sogar zwei Synagogen vor. 1762 wurde Bar'am zerstört und von seinen jüdischen Bewohnern verlassen. Im 19. Jh. ließen sich christliche Araber (Maroniten) in dem fortan Kafr Bir'im genannten Ort nieder. 1948 mußten sie die Siedlung aufgeben. 1949 wurde neben dem verlassenen Maronitendorf der Kibbuz Bar'am gegründet.

Die Synagoge

Bar'am hatte mindestens zwei **Synagogen.** Von der kleineren, die im Norden außerhalb des Ortes lag, finden sich keine Überreste mehr, von der größeren sind der untere Teil der Fassade mit den drei Portalen und die Säulenreihe der Eingangshalle sehr gut erhalten bzw. in den letzten Jahren restauriert worden (Abb. 77). Diese größere Synagoge stand auf der höchsten Stelle der Stadt. Sie maß 20 × 15,20 m (innen 18 × 13,20 m) und war aus sorgfältig behauenen Steinquadern gefügt (der harte, gelbe Kalkstein stammt aus dieser Gegend). Ihre Vorderfront war nach Süden, nach Jerusalem, ausgerichtet. Eine 5,60 m breite Säulenhalle beschattete die Eingangsterrasse, von der aus drei Portale im römischen Stil in die Gebetshalle führten. Der Sturz über dem Hauptportal zeigt zwei Genien, vielleicht auch Siegesgöttinnen, die einen Kranz tragen. Sie wurden von Bilderstürmern abgemeißelt und sind nur noch an ihren Konturen zu erkennen. Darüber spannt sich ein Weinrebenfries mit üppigen Trauben. Ein prachtvolles Halbbogenfenster schloß das Hauptportal nach oben ab. Die rechteckigen Fenster über den Seitenportalen waren von kleinen Schmuckgiebeln mit Rankenwerk gekrönt. Am Fensterbrett des Ostfensters steht in hebräischer Schrift: »Von Eleazar, dem Sohn Judans, gemeißelt.« Die Sima, auf der das Gebälk der Vorhalle ruht, setzte sich nach innen fort und entsprach in der Höhe den Innensäulen, so daß man vermuten darf, daß der Bau einen oberen Umgang besaß.

Der Innenraum der Synagoge war durch Säulenreihen in ein 6,20 m breites Mittelschiff, zwei Seitenschiffe von je 2,85 m und einen nördlichen Umgang von 2,15 m Breite gegliedert. An den beiden Längswänden, die auf einem vorspringenden Toichobat standen, zogen sich steinerne Sitzbänke entlang. Weitere Einzelheiten, die den oberen Teil der Fassade und den übrigen Baukörper betreffen, lassen sich nicht mit Sicherheit beschreiben, da die entsprechenden Bauteile fehlen; die Archäologen wissen aber, daß fast alle frühen Synagogen Galiläas nach einem ähnlichen Schema geplant waren, und so nehmen sie an, daß eine Tür im östlichen Seitenschiff die Synagoge mit einem Atrium verband und eine Außentreppe in der Nordwestecke zum oberen Stockwerk, zur Frauenempore, führte. Zu erwähnen sind weiter ein Löwenkopf, der vermutlich den Aufgang zur Eingangsterrasse schmückte, und Fragmente eines Frieses, der innerhalb von drei hakenkreuzförmigen Mäanderbändern die zwölf Tierkreiszeichen, Muscheln und Rosetten zeigt. Die Fragmente fand man in alten Hausmauern von Kafr Bir'im; sie befinden sich heute im Rockefeller-Museum in Jerusalem. Der Pariser Louvre besitzt das einzige Relikt der kleineren Synagoge, das Fragment eines Sturzes mit der hebräischen Inschrift: »Es sei Friede an diesem Ort und an allen Orten Israels. Josa der Levite, Sohn des Levi, hat diesen Sturz gemacht. Möge der Segen auf sein Werk kommen.«

Kaum 100 m von der Synagoge entfernt, steht am Rande des völlig zerstörten Dorfes die kleine, reizvolle **Maronitenkirche** aus dem 19. Jh. Sie wird von der Maronitengemeinde Haifa betreut, die hier an jedem Sonntag Gottesdienst verrichtet (bei den vor allem im Libanon starken Maroniten handelt es sich um eine mit Rom vereinigte Gruppe orientalischer Christen). Der Küster ist gern bereit, Sie durch das Innere zu führen und Ihnen den Schlüssel zum Kirchendach zu überreichen, von dem aus man einen schönen Ausblick hat. Er wird Tee und Raki (Anisschnaps) kredenzen und auf den interessanten Türsturz des Hauptportals hinweisen.

Montfort

23 km östlich von Nahariyya erheben sich auf einem Bergvorsprung des Nahal Keziv (arabisch Wadi Qurein), gut versteckt inmitten einsamer Berge, die Ruinen der Kreuzfahrerburg Montfort (›Starkenberg‹), die die Araber Qal'at Qurein nennen. Man erreicht sie am besten von der Straße aus, die nahe der libanesischen Grenze verläuft und 10 km nördlich von Nahariyya die Küste erreicht. Man biegt in den **Goren Natural Forest** ein und stellt den Wagen auf der ›Montfort Picnic Aerea‹ ab. Von hier bietet sich ein prächtiger Blick auf die Burg. Etwa zwei Stunden sind für den steilen Abstieg zum Wadi Keziv, den Aufstieg zur Ruine und den Rückweg einzukalkulieren. Der Weg ist gut gekennzeichnet.

Geschichte
Im 12. Jh. errichtete der französische Kreuzritter Graf Joscelin de Courtenay die kleine Burg Castellum Novum Regis, bald Mons fortis oder Montfort genannt, als Mittelpunkt seiner ertragreichen Güter. Später gelangten Burg und Ländereien in die Hand eines gewissen Jacques de Armigdale, Seigneur de Mandelée. 1187 eroberte Sultan Saladin die Burg, gab sie aber schon fünf Jahre darauf dem französischen Ritter zurück. 1229 kaufte der im Jahre 1198 in Akko gegründete Deutschritterorden den Besitz, im Jahr darauf verschaffte ein Sendschreiben des Papstes Gregor IX. an die christlichen Völker dem Orden finanzielle Hilfe, woraufhin der großzügige Ausbau von Montfort begann. Hauptaufgabe des befestigten Sitzes war es, die Versorgung der nahen Kreuzfahrerstadt Akko mit Lebensmitteln sicherzustellen. Rund 50 Ortschaften verwaltete die Burg Starkenberg, wie Montfort nun hieß. Möglicherweise residierte hier zeitweilig auch Hermann von Salza, der berühmte Hochmeister des Deutschritterordens und Freund Friedrichs II.

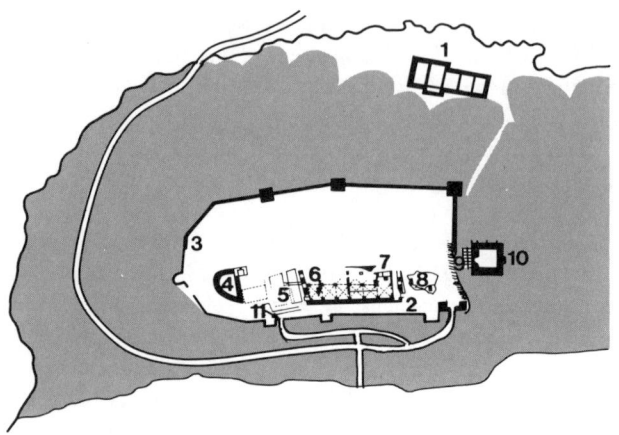

Montfort
1 Wassermühle der
  Deutschritter
2 Haupttor
3 Außenmauer
4 Bastion
5 Kapitelsaal
6 Ordenskapelle
7 Ritterunterkünfte
8 Bergfried
9 Burggraben
10 Turm (Donjon)
11 heutiger Eingang

1266 – kaum 35 Jahre nach Fertigstellung der Burg – belagerte Sultan Baibars das mächtige Montfort. Er konnte die Burg zwar nicht erobern, verwüstete aber die Felder und Dörfer des Ordens. 1270 mußten die Deutschritter von den Hospitalitern Land pachten, um ihr Herbstgetreide aussäen zu können. 1271 kam Baibars mit Belagerungsmaschinen und Mineuren zurück und ließ Stollen unter die Mauern treiben, um sie zum Einsturz zu bringen. Als die Ritter nach siebentägiger Belagerung keine Möglichkeit mehr sahen, die Burg zu halten, nahmen sie Verhandlungen auf und erwirkten den unbehelligten Abzug mit dem Ordensschatz und dem Archiv. Nur ihre Waffen mußten sie zurücklassen.

Montfort wurde seither nie wieder bewohnt. Die Jahrhunderte ließen die Mauern einstürzen und die Gebäude verfallen. 1926 legte das Metropolitan Museum of Art, New York, die Burganlage frei. Dabei kamen zahlreiche Waffen und Rüstungen der Deutschordensritter zum Vorschein. Wegen der einsamen Lage der Ruine, die ihre Verwendung als Steinbruch verhinderte, ist noch das gesamte Steinmaterial vorhanden, so daß es möglich wäre, die Kreuzritterburg Montfort eines Tages vollständig zu rekonstruieren.

Die Ruinenstätte

Die Burganlage von Montfort hat eine Ausdehnung von etwa 160 × 70 m. Von den großartigen frühgotischen Bauten ist ein Teil noch relativ gut erhalten (Abb. 76). Am hintersten Ende des Bergsporns, wo die Burg am schwierigsten zu verteidigen war, schlugen die Ritter einen tiefen Graben in den schwarzen Felsen und errichteten jenseits davon einen schweren, vermutlich quadratischen **Turm** (Donjon) auf einem schräg abfallenden Fundament (Talus). Er war mit der Burg durch eine Zugbrücke verbunden. Unter dem Turm ist noch einer der Stollen zu sehen, den die Mamelucken während der Belagerung unter das Mauerwerk getrieben hatten. Die Burg war von einer Quadersteinmauer mit viereckigen und runden Türmen umgeben. Der Haupteingang lag in der Südostecke nahe dem Graben.

Im Westen schob sich eine mächtige, halbrunde **Bastion** (Palas) in den Abhang vor. An sie lehnte sich ein 18 m hoher Turm, der noch seine ursprüngliche Höhe hat und eine herrliche Aussicht auf die umliegenden Berge und das Wadi bietet. Im Burginnern sehen wir einen Bergfried, die Quartiere der Ritter und Gefolgsleute, Werkstätten und mehrere Zisternen. Etwas tiefer liegt die 23 × 8 m große **Ordenskapelle** mit frühgotischen Spitzbogen und achteckigen Strebepfeilern. Daran schließt sich nach Westen der quadratische **Kapitelsaal** an, dessen gewölbte Decke ein einziger oktogonaler Pfeiler stützte. Im Kellergeschoß befinden sich die Pferdeställe, Magazine und Arsenale.

Im Wadi unterhalb der Burg steht noch immer eine **Wassermühle** (?) mit spitzbogigen Fenstern, die ebenfalls auf die Deutschritter zurückgeht; ein Damm leitete das Wasser aus dem kleinen Fluß her.

Nördliche Mittelmeerküste

Rosh HaNiqra

Rosh HaNiqra (›Höhlenkopf‹) ist ein weithin leuchtender, weißer Kreideberg, der steil zum Meer hin abfällt; er bildet die Grenze zum Libanon (Farbt. 50). Jede Handelskarawane und jede Armee, die den Küstenweg zwischen Syrien und Palästina wählte, mußte diese natürliche Sperre überwinden. Alexander der Große ließ auf seinem Marsch nach Ägypten Treppen in den Felsen schlagen, der seitdem auch die ›Leiter von Tyros‹ (lateinisch Scala Tyriorum, hebräisch Sulam Tsur) genannt wird. Über diese Treppen marschierten die Truppen der Seleukiden, die Legionen Roms und auch die Kreuzfahrer. Erst 1918 bauten die Engländer eine Straße über den Berg. 1942 stellten sie durch den Bau eines Tunnels eine Eisenbahnverbindung zwischen Haifa und Beirut her, die aber bereits 1947 von israelischen Widerstandskämpfern unterbrochen wurde, um das Eindringen arabischer Einheiten aus dem Libanon zu verhindern.

Eine Aussichtsterrasse (mit Restaurant) am Steilabbruch des Kreideberges bietet einen großartigen Blick auf die zerklüftete Küste. Seit 1968 führt eine Seilbahn von hier 102 m zum Meer hinab. Unten kann ein 200 m langes System von Grotten besichtigt werden, die das Meer im Laufe von vielen Jahrtausenden aus den weicheren Kreideschichten gewaschen hat. Je nach Sonnenstand und Wasserbewegung glitzert und leuchtet das Meer in den halboffenen Grotten in vielerlei Farben, wetteifernd mit dem Schwarzviolett, Rosa und Grün der algenüberzogenen Felsen.

Nahariyya

10 km nördlich von Akko gründeten aus Deutschland eingewanderte intellektuelle Juden im Jahre 1934 die landwirtschaftliche Siedlung Nahariyya, die sich seither zu einem der

schönsten und beliebtesten Seebäder Israels entwickelte und heute 28 000 Einwohner zählt. Von der Durchgangsstraße zweigt am Bahnhof die breite Hauptpromenade Sderot HaGa'aton zum Meer hin ab. In der Mitte der von Eukalyptusbäumen bestandenen Allee mit ihren gemütlichen Restaurants und Cafés sowie attraktiven Geschäften fließt gemächlich der Nahar Ga'aton, der dem Badeort den Namen gab (Nahar = hebräisch für ›Fluß‹). Unter Schellengeläut fahren bunte Pferdedroschken die Badegäste durch den freundlichen Ort, der noch immer als die ›deutscheste‹ Stadt Israels gilt. Die reizvolle Promenade Rehov HaMa'apilim zieht sich am breiten, feinsandigen Strand entlang. Ein großes Meerwasserschwimmbad ergänzt den durch Wellenbrecher geschützten kilometerlangen Badestrand.

Unweit des Schwimmbades entdeckten Bauarbeiter im Jahre 1947 einen **kanaanitischen Tempel** aus dem 15. Jh. v. Chr., der vermutlich der Fruchtbarkeitsgöttin Aschera (Astarte) geweiht war. In dem 6 × 11 m großen, dreiteiligen Heiligtum, dem eine Werkstatt für Votivgaben angeschlossen war, entdeckten die Ausgräber Hunderte von einzigartigen Kultgeräten und Weihgeschenken, die heute im Israel-Museum in Jerusalem zu bewundern sind. Dazu gehören ein Krug, dessen Hals die Form eines sitzenden Affen hat, ein Gefäß aus sieben Tassen, die wahrscheinlich Duftstoffe enthielten, und eine 22 cm lange und 7 cm breite Steinform, mit der Bronzefiguren der nackten Aschera gegossen wurden. Die Göttin trug eine hohe, kegelförmige und gehörnte Kopfbedeckung.

Lohame HaGeta'ot

Die Straße nach Akko begleitet ein mächtiger **Aquädukt,** der schon in römischer Zeit Trinkwasser von Kabri nach Akko (Ptolemaïs) leitete und um 1780 von Pascha Ahmed el-Jezzar erneuert wurde. 3 km nördlich von Akko hat der Kibbuz Lohame HaGeta'ot (›Kämpfer der Gettos‹) ein bemerkenswertes **Dokumentationszentrum** eingerichtet. Der Kibbuz wurde am 6. Jahrestag des Aufstandes im Warschauer Getto, also am 19. April 1949, von 200 Überlebenden aus 89 Konzentrationslagern gegründet. Das mehrstöckige Zentrum enthält die wohl größte Sammlung von Dokumenten über die nationalsozialistischen Konzentrationslager und den jüdischen Widerstand in Polen und Litauen.

Akko

23 km nördlich von Haifa liegt die alte Hafenstadt Akko, das hellenistisch-römische Ptolemaïs, das berühmte St. Jean d'Acre (Akkon) der Kreuzfahrer, das Akka der Araber und Türken. Akko ist heute ein Fischerhafen und Seebad mit einer betriebsamen orientalischen Altstadt und einer modernen Neustadt. Von den 36 000 Einwohnern sind 8000 Araber, die vorwiegend im historischen Kern der Stadt leben. Mächtige Verteidigungsanlagen, ein pittoresker, kleiner Hafen, zahlreiche Bauwerke des türkischen Rokoko und die von Menschen wimmelnden Basargassen machen die Reize des heutigen Akko aus. Sehenswert

sind vor allem die restaurierten Land- und Seemauern, die bezaubernde Ahmed-Jezzar-Moschee, die türkischen Karawansereien und die ›unterirdische‹ Kreuzfahrerstadt mit dem Refektorium (›Krypta‹) der Johanniter. Auch sollte man einen Bummel durch den Suq el-Abijad nicht versäumen und am Hafen ein Täßchen türkischen Mokka schlürfen.

Geschichte
Die kanaanitische Hafenstadt Akko wurde schon in den ägyptischen Ächtungstexten des 19. Jhs. v. Chr. und in den Listen der von Thutmosis III. (1490–1436) eroberten Städte erwähnt. Im 14. Jh. v. Chr. teilte der König von Akko dem ägyptischen Pharao Echnaton mit, daß er dem König von Jerusalem mit 50 Streitwagen ausgeholfen habe. Auf seinem Feldzug gegen die Hethiter besetzte Pharao Sethos I. (1305–1290) die Stadt. Ein Relief zeigt Akkos Eroberung durch Ramses II. (1290–1223). Zur Zeit der Landnahme wurde Akko dem Stammesgebiet Ascher zugeteilt, aber nie von den Ascheritern erobert (Jos 19,30; Ri 1,31). König Salomo (um 968–930) trat die Stadt mit ihrem Hinterland an das phönikische Tyros ab; die seemännisch erfahrenen Phöniker hatten schon früh den Wert des geschützten Hafens erkannt. 640 v. Chr. deportierte der Assyrerkönig einen Teil der Bevölkerung, was die weitere Entwicklung Akkos aber nicht beeinträchtigte. 532 eroberte Kambyses, Statthalter von Babylon und späterer Großkönig von Persien, auf seinem Ägyptenfeldzug die Stadt und baute sie zu einem Flottenstützpunkt gegen Ägypten aus.

332 v. Chr. zerstörte Alexander der Große Akko, das nach der Zerstörung von Tyros zur bedeutendsten Stadt an der palästinensisch-syrischen Küste aufstieg. Es erhielt sogar das Recht, eigene Münzen zu prägen. 312 v. Chr. machte der Diadoche Ptolemaios I. Soter die Stadt dem Erdboden gleich, sein Sohn Ptolemaios II. Philadelphos (285–246) baute sie aber in hellenistischem Stil prachtvoll wieder auf und gab ihr im Jahre 261 den Namen Ptolemaïs. 219 v. Chr. kam Ptolemaïs unter die Herrschaft der Seleukiden, bis der Verfall deren Reiches nach 162 v. Chr. die Unabhängigkeit brachte. 143 v. Chr. fiel der Makkabäer Jonatan, Bruder des Judas Makkabäus und Hoherpriester, einer Intrige zum Opfer: Er wurde von Diodotos Tryphon nach Ptolemaïs gelockt und hingerichtet, weil er wegen seines wachsenden Einflusses den um den Seleukidenthron kämpfenden Parteien zu gefährlich geworden war.

65 v. Chr. brachte Pompejus den Ort als ›Freie Stadt‹ unter römischen Einfluß; 48 v. Chr. landete hier Julius Caesar mit seinen Legionen. Auch Kleopatra VII. (47–30), die Geliebte von Caesar und Antonius, besuchte die Stadt. Im Jahre 30 v. Chr. empfing Herodes in Ptolemaïs seinen Gönner Octavian, den späteren Kaiser Augustus, und überreichte ihm als Zeichen seiner Treue 800 Talente. Später stiftete er der Stadt als glückliche Erinnerung an diesen Empfang ein Gymnasion (Jüd. Krieg I, 21, 11). Schon 60 n. Chr. bestand in Ptolemaïs eine Christengemeinde, die Paulus auf seiner Reise von Tyros nach Caesarea besuchte (Apg 21,7). 67 n. Chr. verlieh Kaiser Nero der Stadt den Status einer römischen Colonia (Colonia Claudia Ptolemaïs), und noch im selben Jahr zogen Vespasians Legionen von hier aus durch Galiläa, um den jüdischen Aufstand niederzuschlagen. Im Jahre 190 wurde Ptolemaïs als Bischofssitz erwähnt, und auch in byzantinischer Zeit war es eine blühende Hafenstadt.

636 kam Akka, wie die Araber die Stadt nannten, unter islamische Herrschaft und wurde Haupthafen der Omajjadenresidenz Damaskus. In den Werften Akkas entstand die Flotte, mit der die Omajjaden Zypern und Nordafrika eroberten. Im Jahre 1099 zog das Kreuzfahrerheer an der Hafenstadt vorbei, nachdem der Emir von Akka seine Unterwerfung zugesichert hatte, wenn Jerusalem fallen sollte. Da der Emir jedoch sein Wort nicht hielt, begann König Balduin im Frühjahr 1103 die Belagerung. Eine Flotte der Fatimiden brachte daraufhin Truppen und technisches Gerät, was den König zum Abzug veranlaßte. Erst im Mai 1104 gelang es den Christen, mit Unterstützung von 70 genuesischen Galeeren die Stadt nach 20tägiger Belagerung zur Übergabe zu zwingen. Akkon – wie Akka nun hieß – wurde Haupthafen des fränkischen Königreiches und trat damit an die Stelle des ungeschützten Hafens von Jaffa. Nach wie vor trafen hier auch die Karawanen aus Damaskus ein, deren Waren für den Westen bestimmt waren, und viele arabische Kaufleute blieben ansässig. Der erste westliche Stadtstaat, der in Akkon eine Niederlassung gründete und Handelsvorrechte erhielt, war Genua, danach bemühten sich weitere italienische Städte (Venedig, Pisa, Amalfi, Ancona, Florenz u. a.) um eigene Handelskontore. Im Jahre 1110 versuchten die Fatimiden, die Stadt zurückzuerobern, wurden aber mit Hilfe einer normannischen Flotte abgewiesen. Akkon entwickelte sich nun zur reichsten Stadt des Königreiches und zum Lieblingsaufenthalt der fränkischen Könige, die sich in Jerusalem nie besonders wohl fühlten. Auch immer mehr Juden ließen sich hier nieder. 1167 bestand die jüdische Gemeinde bereits aus 200 Familien.

1187 fiel Akkon dem Sultan Saladin kampflos in die Hände. Saladin baute die Befestigungsanlagen aus. 1189 wagte König Guido mit seinen verbliebenen Truppen die Belagerung der Stadt und verschanzte sich auf dem Hügel von Turon, dem heutigen Tel Akko. Er befand sich jedoch häufiger in der Rolle des Verteidigers als in der des Angreifers. Erst als der englische König Richard Löwenherz, der französische König Philipp II. August und der österreichische Herzog Leopold V. 1191 mit frischen Truppen und schweren Wurfgeschützen vor Akkon eintrafen (Dritter Kreuzzug), änderte sich die Lage. Am 12. Juli bot die Stadt die Übergabe an. Auf dem ›Verfluchten Turm‹, der mächtigen Eckbastei der Festung, pflanzten die beiden Könige ihre Banner auf. Als Herzog Leopold – der ja kein König war – seines danebensetzte, warf Richard es in den Graben. (Leopold rächte sich später, indem er König Richard auf dessen Rückreise in Österreich gefangensetzte.) Übrigens ließ Richard vor den Mauern der Stadt 2700 Sarazenen, für die er keinen ausreichenden Verkaufserlös erwartete, niedermetzeln. Akkon wurde Hauptstadt des nun kleineren Königreiches der Kreuzfahrer. Hier residierte der Hochmeister des Johanniterordens, der der Stadt den offiziellen Namen St. Jean d'Acre gab. Akkon wurde auch Sitz des lateinischen Patriarchats, da Jerusalem im islamischen Herrschaftsbereich verblieb. Richard Löwenherz ließ die stark beschädigten Verteidigungswerke erneuern.

1219 gründete Franz von Assisi in Akkon ein Kloster der Klarissinnen, das erste Franziskanerkloster im Heiligen Land. 1228 traf Kaiser Friedrich II. im Hafen von Akkon ein. Nach zähen Verhandlungen mit Sultan el-Malik el-Kamil erreichte er am 18. Februar 1229 die Rückgabe der christlichen Stätten und entsprechender Korridore zum Meer, ohne

Akko um 1839

einen einzigen Schwertstreich geführt zu haben. Die fränkischen Barone und die lateinische Kirche, die das ganze Heilige Land in ihrer Hand wissen wollten, waren jedoch über den Vertrag empört, und als sich Friedrich in Jerusalem die Krone des Kreuzfahrerreiches selbst aufs Haupt setzte, quoll der Zorn über. Am 1. Mai 1229 mußte der Kaiser mit seinen engsten Begleitern Akko heimlich verlassen, um nach Italien zurückzukehren, wo Papst Gregor IX. Friedrichs Sizilien bedrohte. Auf dem Weg zum Hafen bewarf ihn der Pöbel mit Eingeweiden und Kot. Im Jahre 1250, nach seinem erfolglosen Kreuzzug nach Ägypten, ging der französische König Ludwig IX. (›der Heilige‹) in Akkon an Land. Während seines vierjährigen Aufenthaltes in der Stadt ließ er die Befestigungen ausbauen und die im Norden neu entstandene Vorstadt von einer Mauer umschließen. Akkon hatte inzwischen 50 000 Einwohner. 1260 gründete die jüdische Gemeinde eine eigene Talmudschule. Die folgenden Jahrzehnte waren geprägt von ernsten Streitigkeiten zwischen den Ritterorden, von heftigen Intrigen und Rivalitäten zwischen den verschiedenen Handelsniederlassungen, die in getrennten Vierteln mit eigenen Befestigungen und Kirchen residierten.

1263 und 1266 griff der Mameluckensultan Baibars Akkon erfolglos an. 1285 ließen König Edward I. von England und Gräfin Alice de Blois die Befestigungen an der besonders gefährdeten Nordostecke der Mauer verstärken. 1290 ermordete neu eingetroffene Kreuzzugssoldateska zahlreiche moslemische Bürger der Stadt. Dieses Pogrom veranlaßte den Mameluckensultan el-Ashraf Khalil 1291 zum Angriff. 66 000 Reiter und 160 000 Mann Fußtruppen standen 800 Rittern und 14 000 Fußsoldaten gegenüber. Schon nach sechs Wochen, am 18. Mai 1291, nahmen die Angreifer die Stadt. Sie gingen rücksichtslos vor, machten kaum Gefangene und verfolgten die Verteidiger bis zum Hafen, wo sich nur die Wohlhabendsten und Einflußreichsten einen Platz auf den Schiffen erkaufen konnten. Die Ritterorden hielten ihre Festungen bis zum Einsturz, nur wenigen Rittern gelang die Flucht nach Zypern. Der Sultan ließ die Stadt systematisch zerstören. 40 Jahre später sah der deutsche Pilger Ludolf von Suchem inmitten der Trümmer nur noch zwei aufrechtstehende Kirchen.

Seit 1616 entwickelte sich Akka unter den Osmanen zu einem bescheidenen Seehafen. Der Drusenemir Fakhr ed-Din baute den Stadtkern auf der Halbinsel wieder auf und machte Akka zur Residenz seines Emirats. Um den Aufbau zu beschleunigen, holte der Freund der Medici europäische Kaufleute und Franziskaner nach Akka.

1749–1775 residierte der türkische Pascha Dahir el-Omer in Akka und umschloß den Ort, dessen Fläche kaum ein Drittel der Kreuzfahrerstadt einnahm, mit einer neuen Mauer. Sein Mörder und Nachfolger, der Bosnier Ahmed, den die Moslems wegen seiner Grausamkeit el-Jezzar (›der Schlächter‹) nannten, beherrschte 1775–1805 von Akka aus ganz Palästina und große Teile Syriens. Ahmed Jezzar bereicherte die Stadt durch zahlreiche Bauten, darunter die große, nach ihm benannte Moschee, die Zitadelle und mehrere Karawansereien. 1799 drang Napoleon auf seinem Ägyptenfeldzug bis Akka vor, das sich mit Hilfe der englischen Flotte trotz fast dreimonatiger Belagerung halten konnte. Anschließend setzte Ahmed die Verteidigungsanlagen wieder instand und verstärkte sie. 1833 verdrängte Ibrahim Pascha, Vizekönig von Ägypten, die Türken aus Palästina. 1840 beschoß die vereinigte englische, österreichische und türkische Flotte Akka und zwang Ibrahim dadurch zum Rückzug. Im späten 19. Jh. verlor die Stadt ihre Bedeutung als Haupthafen an Beirut und Haifa, weil das Hafenbecken für die großen Dampfschiffe nicht tief genug war. 1918 zählte Akka nur noch 8000 fast ausschließlich arabische Einwohner.

Am 17. Mai 1948 nahmen israelische Truppen Akka, das seitdem wieder seinen alten Namen Akko trägt. Im Norden und Westen der Stadt entstanden moderne jüdische Wohnviertel. Die Altstadt hat nach wie vor eine vorwiegend arabische Bevölkerung.

Sehenswertes

Das biblische Akko entdeckten die Archäologen auf dem **Tel Akko** (arabisch Tell es-Fukhar = ›Hügel der Tonscherben‹) am Stadion, etwa 1,5 km östlich der Altstadt. Der Siedlungshügel wird seit 1973 erforscht. Oberflächenfunde lassen schon heute darauf schließen, daß der Ort zwischen 2000 und 900 v. Chr. besiedelt war. Das hellenistische und römische Ptolemaïs lag an der Stelle der heutigen Altstadt. In byzantinischer und arabischer Zeit, während der

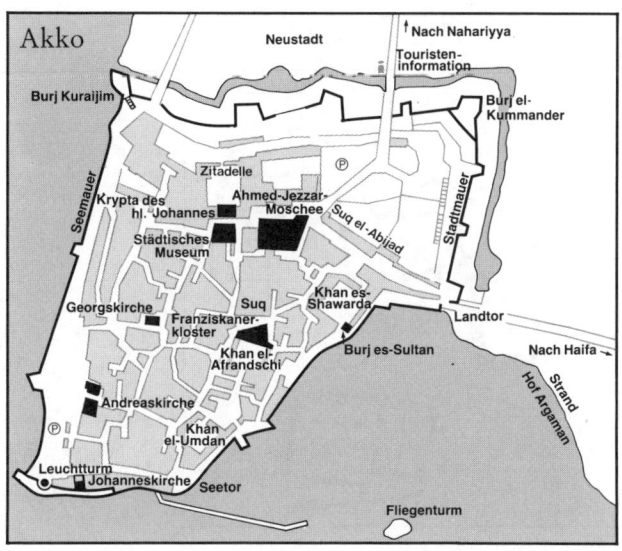

Kreuzzüge, vor allem aber seit dem 17. Jh., wurde es restlos überbaut, so daß kaum mehr damit zu rechnen ist, auf antike Funde zu stoßen (die Geschichte der Stadt läßt sich aber an den Prägungen der örtlichen Münzanstalt, die von etwa 330 v. Chr. bis 268 n. Chr. in Betrieb war, sehr genau verfolgen).

Die heutige **Altstadt** von Akko geht bis auf wenige Ausnahmen auf Pascha Ahmed Jezzar zurück, auf das späte 18. Jh. also. Die einst mächtige **Stadtmauer**, die sogar Napoleons Angriffen widerstand, wird heute von einer gepflegten Parkanlage begleitet. Ihr nordöstlicher Teil, auf dem man von der Weizmannstraße aus bis zum Landtor am Hafen (s. u.) entlangspazieren kann, stammt aus der Zeit des Ahmed Jezzar, der nordwestliche, wesentlich schwächere von Ahmeds Vorgänger Dahir el-Omer. Die Nordostecke der Mauer beherrscht die mächtige Bastion Burj el-Kummander – nicht zu verwechseln mit dem berühmten ›Verfluchten Turm‹ (Accursed Tower) der Kreuzfahrerstadt, der 1191 einem sechswöchigen Bombardement durch 92 Wurfmaschinen standgehalten hatte und der etwa 250 m weiter östlich zu suchen wäre (die Befestigungen des mittelalterlichen Akko sind heute von modernen Wohn- und Geschäftsvierteln überbaut).

Der Westen und Süden der Stadt waren durch das Meer und durch die gewaltige, noch heute beeindruckende **Seemauer** geschützt, die auf fränkischen Fundamenten ruht. Ihre Nordecke bildet der Burj Kuraijim (›Turm des Weinstockes‹), ihre Südspitze der Burj es-Sanjak, neben dem sich ein Leuchtturm aus dem 18. Jh. erhebt. Die Seemauer setzt sich auf der Südostecke über das sogenannte Seetor bis zum Landtor (Nikanor) fort. Der klotzige Burj es-Sultan vor dem Khan es-Shawarda ist das einzige fast vollständig erhaltene Festungsrelikt der Kreuzfahrer. Die frühere Hafenmole verlief bis zum Fliegenturm, einer

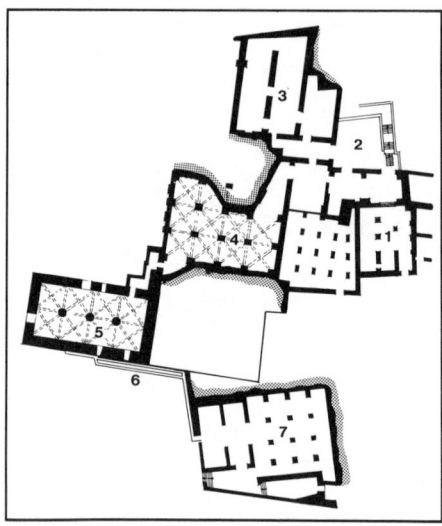

Akko: Kreuzfahrerstadt
1 Eingangshalle
2 Festungshof
3 Rittersäle
4 Verwaltungshallen
5 Krypta des hl. Johannes
6 Verbindungstunnel
7 Bosta

kleinen Seefeste mit Leuchtfeuer, deren Ruine heute einsam aus dem Wasser ragt. Der malerische kleine **Hafen,** in dem nur noch Fischerboote und gelegentlich ein paar Segeljachten vor Anker gehen, läßt nicht vermuten, daß im Mittelalter von hier aus ganze Handelsflotten in See stachen. Von den zahlreichen Cafés und Restaurants am Kai aus kann man den Fischern beim Netzeflicken zusehen.

Unter der Zitadelle (s. u.) befindet sich die sogenannte **Kreuzfahrerstadt,** das einstige Hauptquartier und Verwaltungszentrum des Johanniterordens. Die Ritter nannten den riesigen Gebäudekomplex »Manoir« (französisch für ›Burg‹). Der Rundgang durch die Hallen und Säle, die heute etliche Meter unter dem Straßenniveau liegen, führt zunächst durch zwei Hallen mit fränkischen Fundamenten und arabischen Aufbauten. In einem Teil der ›Rittersäle‹, die einst 500 m² groß und 8 m hoch waren, finden heute Konzerte statt. Die ›Verwaltungshallen‹ sind wahrscheinlich der älteste Bereich des Johanniterzentrums. Die sogenannte **Krypta des hl. Johannes** (Abb. 69) war im 12. und 13. Jh. das Refektorium des Ordens, vielleicht auch der Zeremoniensaal. Drei schwere Rundpfeiler von etwa 3 m Durchmesser tragen das frühgotische Spitzbogengewölbe. An der Südseite des einst 12 m hohen Saals führten drei Türen ins Freie. In der Ostwand sieht man drei Kamine. Zwei Lilienreliefs in der Nordost- und Südostecke erinnern an den Aufenthalt des französischen Königs Ludwig VII. im Jahre 1148. (Die Lilie war ursprünglich das Emblem Saladins. Ludwig soll das Symbol der Hoffnung und Reinheit nach Frankreich gebracht haben, wo es die Bourbonen – damals noch ein Herzogsgeschlecht – 30 Jahre später in ihr Wappen aufnahmen.) Zwischen dem westlichen und dem mittleren Stützpfeiler beginnt ein unterirdischer Gang, der zum Teil gemauert und zum Teil in den Felsen gehauen war. Er führte bis zur äußeren Stadtmauer im Norden und – schon seit persischer Zeit – bis zum Hafen im

Süden. Heute geht der Besucher nur bis zur 65 m entfernten **Bosta,** einer ursprünglich fatimidischen Karawanserei des 11. Jhs., die die Johanniter in ein Spital und eine Meldestelle für Pilger umwandelten.

1785 errichtete Ahmed Jezzar über dem Johanniterzentrum eine 40 m hohe **Zitadelle.** Da die türkischen Architekten den Kreuzfahrergewölben eine solche Last nicht zumuten wollten, füllten sie die Hallen und Säle mit Sandsäcken und Bauschutt (als der israelische Archäologe Zeev Goldmann vor einigen Jahren mit der Freilegung des mittelalterlichen Gebäudekomplexes begann, mußte er einige Räume bzw. Raumteile, z. B. in den Rittersälen, aus statischen Gründen zugeschüttet lassen). In der britischen Mandatszeit diente die Zitadelle als politisches Gefängnis, in dem zahlreiche jüdische Untergrundkämpfer gefangengehalten und einige auch hingerichtet wurden. Heute befindet sich hier das ›Israelische Heldenmuseum‹. Von der Terrasse der Zitadelle bietet sich ein schöner Rundblick über die Altstadt. Das **Städtische Museum** wurde im Hammam el-Basha (›Bad des Paschas‹) eingerichtet, einem bis 1947 in Betrieb befindlichen öffentlichen Bad, das Ahmed Jezzar 1780 nach türkischem Vorbild erbauen ließ. Das Museum zeigt in den ehemaligen, kleinen Badekabinen interessante Sammlungen arabischer, persischer und drusischer Volkskunst, alte Waffen und archäologische Funde.

Die **Ahmed-Jezzar-Moschee** (Abb. 78, 79) neben der Zitadelle, die größte der vier Moscheen von Akko, ließ der Pascha 1781/82 an der Stelle der Kreuzfahrerkathedrale zum hl. Kreuz errichten. Sie gilt als besonders schönes Beispiel des türkischen Rokoko, den der ›Schlächter‹ in der osmanischen Metropole Istanbul kennengelernt hatte. Als einzige Moschee in Israel besitzt sie eines jener hohen, schlanken Minarette, die für diesen Architekturstil typisch sind. Rechts vom Treppenaufgang zum Moscheehof steht ein winziger Rokoko-Kiosk. Der große Hof wird von kuppelbedeckten Arkadenhallen umschlossen, wo einst in kleinen Zellen islamische Theologiestudenten wohnten und arbeiteten. Vor der Moschee befindet sich ein reizvoller, eleganter **Reinigungsbrunnen.** Grazile Säulen tragen das kupferne Kuppeldach. Die Wände des Moscheeportikus schmücken kunstvoll bemalte Fliesen. Die Marmorsäulen ließ der Pascha aus den Ruinen von Caesarea herbeischaffen; sie stammen aus italienischen Steinbrüchen. Die Wandfliesen und Marmorintarsien des Innenraumes der Moschee sind in den Hauptfarben Blau und Braun gehalten. Ein kleines **Mausoleum** rechts vom Eingangsportikus enthält die Sarkophage von Ahmed Jezzar Pascha († 1804) und seinem Adoptivsohn und Nachfolger Suleiman Pascha († 1819).

Am Hafen liegen mehrere alte Karawansereien (Farbt. 35) mit Unterkünften für die Kaufleute und deren Begleiter (Obergeschoß) und mit Ställen für die Lasttiere (Untergeschoß). Der **Khan el-Afrandschi** (›Frankenkarawanserei‹), um 1600 von Fakhr ed-Din für europäische Kaufleute erbaut, ist die älteste Anlage dieser Art in Akko. Den hervorragend restaurierten **Khan el-Umdan** (›Säulenkarawanserei‹) ließ Ahmed Jezzar über einem mittelalterlichen Dominikanerkloster errichten, das in einem zugeschütteten Hafenbecken erbaut worden war. Die Granit- und Porphyrsäulen des Arkadenhofes stammen aus byzantinischen Hausruinen Caesareas. Das Nordtor des Khans krönt ein Uhrenturm, der

1906 anläßlich des Thronjubiläums von Sultan Abdul Hamid II. 1876–1918) geschaffen wurde und der einen herrlichen Blick auf Stadt und Bucht gewährt.

Der malerische **Suq el-Abijad** (›Weißer Markt‹), ein 100 m langer, kuppelbedeckter Markt, wurde 1750 von Dahir el-Omer gegründet und 1818 von Suleiman Pascha erneuert. Zu beiden Seiten der breiten Mittelstraße ziehen sich Arkaden mit Läden hin. Die griechisch-orthodoxe **Georgskirche** inmitten der Altstadt steht auf Fundamenten des 13. Jhs., die griechisch-katholische **Andreaskirche** wurde über der mittelalterlichen Kirche der hl. Anna, einer Templerkirche, errichtet. Die **Johanneskirche** am Südende der Altstadt erbauten die Franziskaner im Jahre 1737, vermutlich ebenfalls auf den Mauern einer Kirche des 13. Jhs. Das kleine **Franziskanerkloster** nördlich des Khans el-Afrandschi erhebt sich an der Stelle des Klarissinnenklosters, das Franz von Assisi 1219 gegründet hatte. 1291 verstümmelten die Nonnen ihre Gesichter, in der Hoffnung, von den eindringenden islamischen Truppen unbehelligt gelassen zu werden.

Westlich der Altstadt erstreckt sich längs der Bucht von Akko ein kilometerlanger Sandstrand, der **Hof Argaman** (›Purpurküste‹), mit modernen Hotels. Etwa 3 km nördlich von Akko liegen rechts der Straße nach Nahariyya hinter kunstvoll geschmiedeten Eisentoren die **Persischen Gärten von Bahji** (El-Bahja = ›die Genüsse‹). In einem Schrein ruht hier seit 1892 Baha-Ullah (›Glanz Gottes‹), der Begründer der Bahai-Religion (vgl. S. 479). Da seine neue Religion zu viele Anhänger fand, mußte Baha-Ullah von Teheran über Bagdad und Konstantinopel nach Adrianopel (Edirne) fliehen, bis ihn die Türken 1868 nach Akko verbannten. In dem Landhaus mit dem roten Dach verbrachte er seine letzten Jahre.

Haifa/Hefa

Haifa (hebräisch Hefa), das ›Tor Israels‹, die europäischste und mit 226 000 Einwohnern drittgrößte Stadt des Landes, zieht sich in eleganten Windungen von der Meeresküste die Hänge des Karmel hinauf. Die ›Stadt im Grünen‹ besitzt den größten Hafen Israels und eine beachtliche Industrie, eine Universität und die bedeutendste Technische Hochschule des Landes. Unvergeßlich bleibt für jeden Besucher der Blick von der Panoramastraße auf den Bahai-Schrein und über das Häusermeer der Unterstadt bis zum riesigen Dagon-Silo am Hafen (Abb. 80). Und nicht weniger faszinierend ist der Blick vom Schiff auf das funkelnde Lichtermeer des abendlichen Haifa.

Geschichte

Im heutigen Stadtgebiet von Haifa bestanden im Altertum zwei Siedlungen: Shiqmona (von hebräisch Shiqma = ›Sykomore‹, ein Maulbeerfeigenbaum) im Westen und Zalmona (Kalamon) im Osten. Shiqmona hatte seit dem 11. Jh. v. Chr. den schmalen Durchgang zwischen dem Kap Karmel und dem Meer zu bewachen. In hellenistischer Zeit hieß es Sykamion, woraus sich in byzantinischer Zeit der Name Sykaminos entwickelte. Zalmona, an der Mündung des Qishon auf dem Tell Abu Hawam gelegen, war im 14. Jh. v. Chr. vermutlich der Hafen der mächtigen Kanaaniterstadt Megiddo. Die Römer verlegten Hafen und Siedlung an die windgeschützte Westseite der Bucht (heute ist der Hügel abgetragen und mit Industrieanlagen überbaut). Den Namen ›Haifa‹ lesen wir erstmals im Talmud (3. Jh. n. Chr.). Möglicherweise ist er aus ›Hof Yafe‹ (= ›schöne Küste‹) entstanden. Als der griechische Geograph Skylax im 6. Jh. v. Chr. im Auftrag des persischen Großkönigs Darius die Küsten des Mittelmeeres bereiste, kam er auch in das zu Tyros gehörende phönikische Hefa, wobei allerdings unbekannt ist, ob dieses am Karmel lag. Im 4. Jh. waren Shiqmona und Haifa bereits miteinander verschmolzen. Im 7. Jh. brannten die Araber die blühende Glasbläser- und Fischerstadt nieder.

Erst im frühen 11. Jh. tauchte Haifa in den Berichten persischer Reisender wieder als Hafenstadt mit rühriger Schiffbauindustrie auf. 1084 bestand hier eine berühmte Talmud-schule. Als im Jahre 1099 das Kreuzfahrerheer nach Jerusalem zog, blieb die inzwischen stark befestigte Stadt zunächst unbehelligt. Ihre Einwohner waren hauptsächlich Juden, die Garnison bestand aus Ägyptern. Erst im Juli des Jahres 1100 erstürmten die Christen unter Dagobert und Tankred nach kurzer, heftiger Belagerung die Stadt; alle Juden und Moslems, denen die Flucht nach Akko oder Caesarea nicht gelang, wurden umgebracht. Bis zur Eroberung Akkos im Jahre 1104 war Haifa nach Jaffa der wichtigste Hafen des Königreiches Jerusalem. Die Christen wandelten übrigens seinen Namen in Cayphe oder Caife um, wobei sie wohl an Kajafas (Kaiphas), den Hohenpriester zur Zeit Jesu, dachten. 1155 gründete der Mönch Berlhold in Haifa den Karmeliterorden. 1187 fiel die Stadt an Saladin, 1191 marschierten die Kreuzfahrer unter Richard Löwenherz kampflos ein, nachdem Saladin die Mauern der Stadt hatte schleifen lassen.

1252 erneuerte Ludwig der Heilige die Befestigungen. Inzwischen bestand jedoch das christliche Königreich nur noch aus einem schmalen Küstenstreifen zwischen Jaffa und Akko. 1265 eroberte der Mameluckensultan Baibars Haifa, und nachdem Akko, der letzte große Stützpunkt der Christen im Heiligen Land, im Jahre 1291 gefallen war, vernichtete Baibars alles, was in Küstennähe an die Kreuzfahrer erinnerte, um ihnen jegliche Rückkehr unmöglich zu machen. Er holzte die Obstplantagen ab, brannte alle Dörfer nieder, zerstörte die Bewässerungskanäle, riß die Klöster auf dem Karmel ab und ermordete die Mönche. Die Karmeliter entkamen rechtzeitig nach Europa, wo ihr Orden zur Blüte gelangte. Von da an war Haifa nur noch ein unbedeutender Fischerort, zu dessen heiligen Stätten, der Höhle des Elija und dem Grab des Elischa, Juden wie Moslems pilgerten. Unter Pascha Dahir el-Omer, der den Weizenexport förderte, nahm die Hafenstadt im 17. Jh. wieder einen Aufschwung; der rege Handel zog viele Juden an. 1775 kam Haifa unter die Herrschaft des Paschas Jezzar, der seine Residenz Akko bevorzugte. Um diese Zeit kehrten die Karmeliter zurück und erhielten die Genehmigung, über der Grotte des Elija eine Kirche und ein Kloster zu errichten. 1799 pflegten sie Napoleons Verwundete. Nach dem Abzug Bonapartes ließ Jezzar das Kloster zerstören, aber schon 1827 errichteten die Karmeliter neue Gebäude.

Mit dem Aufkommen der Dampfschiffahrt wuchs Haifas Bedeutung als Hafenstadt. 1869 gründete die deutsche Tempelgesellschaft, eine religiöse Reformbewegung, hier eine eigene

Ansiedlung. Wegen des deutsch-türkischen Bündnisses genoß sie die Unterstützung des Deutschen wie des Osmanischen Reiches. 1898 kam Kaiser Wilhelm II. nach Haifa, um von hier aus eine Rundreise durch das Heilige Land zu unternehmen. 1904 wurde die Eisenbahnlinie Haifa–Damaskus eröffnet, was einen gewaltigen Aufschwung zur Folge hatte. Geschäfts- und Wohnviertel wuchsen die Hänge des Karmel empor, 1907 mußten die Hafenanlagen der Tempelgesellschaft erweitert werden. 1912 gründeten deutsche Juden das Technion, eine technische Hochschule. 1918 rückten englische Truppen in Haifa ein. Schon ein Jahr später wurde die Stadt an die Bahnlinie Kairo–Gaza–Lod angeschlossen. 1931 war die Einwohnerzahl auf 50 000 gestiegen, darunter 20 000 Moslems, 16 000 Juden und 14 000 Christen. 1933 erhielt Haifa einen modernen Überseehafen, 1934 den Anschluß an eine irakische Öl-Pipeline. Bei Gründung des Staates Israel im Jahre 1948 lebten hier bereits über 100 000 Juden, und in der Folgezeit kamen immer neue Einwandererscharen durch das ›Tor Israels‹. Die alten Stadtviertel wurden abgerissen, eine neue Stadt mit Gärten und breiten Boulevards entstand.

Heute ist Haifa trotz seiner vielen Industrieanlagen die »sauberste und grünste Stadt Israels«, eine »Stadt der Zukunft«, wie sie der Zionist Theodor Herzl schon im Jahre 1902 nannte. Haifa hat derzeit 226 000 Einwohner, darunter etwa 9000 Christen, 2000 Maroniten, 5000 Moslems sowie 3000 Drusen und Bahai.

Sehenswertes

Mittelpunkt von Haifa ist der unscheinbare Kikar Paris. Hier beginnt die 1,8 km lange **Carmelit Subway,** eine unterirdische Drahtseilbahn, die mit einer Steigung von 12% über vier Zwischenstationen zum 280 m hoch gelegenen Gan Ha'em (›Garten der Mutter‹) führt, einem hübschen Park mit einem kleinen Zoo. Beachtung verdient auch das **M.-Stekelis-Museum für Vorgeschichte** (Hatishbi Street 124) mit archäologischen Funden aus den Grotten des Karmel und Galiläas sowie einer biologischen Abteilung mit Dioramen der Flora und Fauna Israels. Das **Tikotin-Museum** (Hanassi Boulevard 89) beherbergt eine umfangreiche Sammlung japanischer Kunst (Gemälde, Grafiken, Keramik, Schmuck, Möbel usw.). Die nahe **Panoramastraße Yefe Nof** bietet großartige Blicke auf Stadt, Hafen und Meer. Das **Mané-Katz-Museum** (Yefe Nof Street 89) zeigt eine reichhaltige Kollektion jüdischer Maler und Bildhauer der Gegenwart. Am westlichen Ende des Yefe Nof, der den vornehmen Stadtteil Ramat Hatishbi durchquert, erreicht man den Sderot HaZiyyonut (Boulevard des Zionismus) mit dem **Garten der Skulpturen.** Dort stehen inmitten einer kleinen Parkanlage ausdrucksstarke Kinderskulpturen der Bildhauerin Ursula Malbin.

Dem Sderot HaZiyyonut weiter abwärts folgend, kommt man zum **Bahai-Schrein,** dem Wahrzeichen Haifas (Farbt. 36). Inmitten eines herrlichen persischen Gartens erhebt sich das strahlendweiße, von einer vergoldeten Kuppel gekrönte Mausoleum des Mirza Ali Mohammed el-Bab, des Märtyrer-Herolds der Bahai-Religion. Er wurde 1850 im Alter von 31 Jahren in Täbris, Persien, wegen seiner religiösen Lehren hingerichtet; sein Leichnam kam 1909 nach Haifa. Der heutige Bau, der zwischen 1948 und 1953 entstand, vereinigt europäische und orientalische Stilelemente. Die Mauern sind aus italienischen Chiampostei-

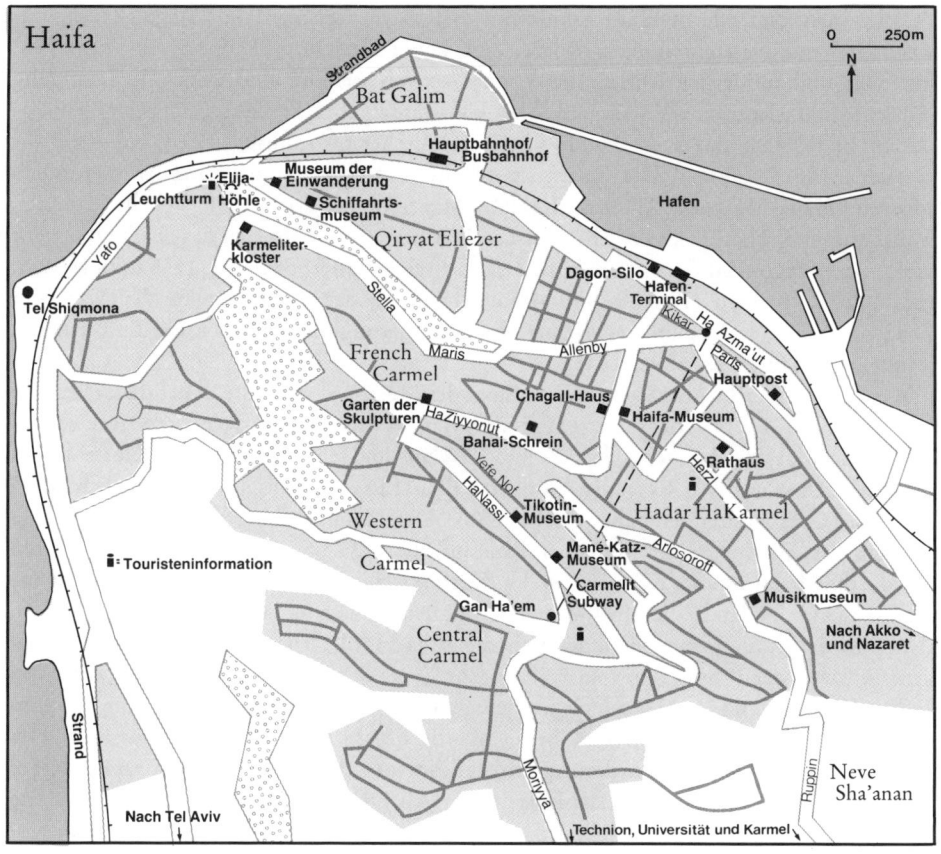

Haifa

0   250m

N

Bat Galim

Strandbad

Hauptbahnhof/
Busbahnhof

Museum der
Einwanderung

Elija-
Höhle

Leuchtturm

Schiffahrts-
museum

Hafen

Karmeliter-
kloster

Qiryat Eliezer

Yafo

Stella

Tel Shiqmona

Dagon-Silo

Hafen-
Terminal

Ha 'Azma'ut

Kikar

French
Carmel

Maris

Allenby

Paris

Hauptpost

Garten der
Skulpturen

Chagall-Haus

HaZiyyonut

Haifa-Museum

Bahai-Schrein

Yefe Nof

Rathaus

HaNassi

Herzl

Tikotin-
Museum

Hadar HaKarmel

Western

Carmel

Mané-Katz-
Museum

Arlosoroff

Touristeninformation

Carmelit
Subway

Gan Ha'em

Musikmuseum

Central
Carmel

Nach Akko
und Nazaret

Strand

Moriyya

Ruppin

Neve
Sha'anan

Nach Tel Aviv

Technion, Universität und Karmel

nen gefügt, die monolithischen Säulen bestehen aus rosafarbenem Bavenogranit. Die 12 000 Dachziegel wurden in den Niederlanden feuervergoldet. Ohne Schuhe nähert man sich auf Teppichen einer Tüllgardine, hinter der silberne Kandelaber und chinesische Vasen mit exotischen Blumensträußen auf kostbaren Perserteppichen stehen; von der Decke hängen prunkvolle Kristallüster herab. Hinter diesem Grabschmuck ist der Bab in einem abgeteilten Raum beigesetzt. Den märchenhaften Garten zieren bronzene Pfauen-, Adler und Blumen-skulpturen. (Öffnungszeit des Mausoleums: täglich 9–12 Uhr; Fotografierverbot.) Jenseits des Sderot HaZiyyonut wurde 1957 das im Stil griechischer Tempel errichtete **Bahai-Archiv** vollendet. In dem Garten stehen vier kleine, tempelartige Kenotaphe aus weißem Carrara-marmor für die engsten Familienangehörigen des Baha-Ullah, des 1892 verstorbenen und bei Akko beigesetzten Begründers der Bahai-Religion (vgl. S. 370).

Folgt man dem Sderot HaZiyyonut abwärts, so gelangt man am **Chagall-Haus** (mit wechselnden Kunstausstellungen) vorbei zum **Haifa-Museum** (Shabbetai Levi Street 26) mit alter und moderner Kunst. Im ersten Geschoß ist eine eindrucksvolle Sammlung jüdischer und islamischer Volks- und Sakralkunst untergebracht, das zweite zeigt Gemälde des 18. bis 20. Jhs., das dritte Funde aus kanaanitischer bis römischer Zeit, vor allem aus Caesarea und Shiqmona. Die Eintrittskarten berechtigen zum Besuch aller städtischen Museen (Haifa-Museum, Tikotin-Museum, Mané-Katz-Museum, M.-Stekelis-Museum, Musikmuseum, Nationales Seefahrtsmuseum). Am Hafen erhebt sich das größte Bauwerk Haifas, der **Dagon-Silo.** Der 69 m hohe, orientalisch gestaltete Speicher, 1955 fertiggestellt, faßt 100000 Tonnen Getreide und gehört damit zu den größten Silos der Welt. Im Erdgeschoß ist ein Museum eingerichtet, das die Lagerung und Verarbeitung des Getreides im Laufe der Jahrtausende zeigt.

Neben dem Leuchtturm Stella Maris (›Stern des Meeres‹) – das erste Leuchtfeuer brannte hier im Jahre 1821 – liegt am Hang des Kap Karmel die ausgedehnte Anlage des **Karmeliterklosters,** das zwischen 1827 und 1867 entstand (ein byzantinisches Kloster gab es hier wohl schon um 570). Es ist den Propheten Elija (Elias) und Elischa (Elisa) geweiht (Elija soll in der Grotte unter dem Chor gelebt haben). Den Hauptaltar der Kirche schmückt eine Marienfigur aus Zedernholz mit Porzellankopf, die 1836 von J. B. Caraventa geschaffen wurde: die Madonna vom Karmel. Vor der Klosterkirche erinnert eine Steinpyramide an die französischen Soldaten, die 1799 während Napoleons Feldzug in Haifa ihr Leben ließen. Am Fuß des Kap Karmel befindet sich die **Elija-Höhle,** auch ›Schule des Propheten‹ genannt, weil der Prophet hier im 9. Jh. v. Chr. seine Schüler unterrichtete. Sie wird von Juden, Christen und auch Moslems als heilige Stätte verehrt. In der Nacht vom 19. zum 20. Juli treffen sich Christen und Moslems vor der Höhle beim Mar-Elias-Fest. Das **Museum der illegalen Einwanderung und der Flotte** (Clandestine Immigration and Naval Museum) in unmittelbarer Nähe der Elija-Höhle (Allenby Boulevard 204) ist der Geschichte der illegalen Einwanderung während der britischen Mandatszeit und der Entwicklungsgeschichte der israelischen Flotte gewidmet. Das Motorschiff ›Af-'Al-Pi‹, Wahrzeichen dieses Museums, durchbrach im Jahre 1940 mit jüdischen Flüchtlingen aus Europa die britische Blockade. Nicht weit davon zeigt das **Schiffahrtsmuseum** (National Maritime Museum; Allenby Boulevard 198) zahlreiche Modelle, Karten, nautische Instrumente und archäologische Funde aus der Geschichte der mediterranen Seefahrt vom Altertum bis zur Gegenwart.

An der engsten Stelle zwischen Karmel und Meer schlägt die Brandung gegen den Tel Shiqmona (arabisch Tell el-Shemaq). Den kleinen Hügel hat man bisher nur bis zur Siedlungsschicht der hellenistischen Periode untersucht. Aus byzantinischer Zeit stammen wundervolle Mosaikböden, die zu einer sehr großen Synagoge gehörten und deren schönste Teile jetzt im Haifa-Museum untergebracht sind. Ein Leckerbissen für Freunde alter und exotischer Musikinstrumente ist das **Musikmuseum** (Museum of Music and Ethnology; Arlosoroff Street 23). Es enthält eine Sammlung von Instrumenten aus aller Welt, darunter auch antike, eine umfangreiche Fachbibliothek (Amly Library) und Aufnahmen jiddischer Volkslieder.

Das moderne Haifa dehnt sich immer weiter über den Karmel aus. Hier entstand in den 50er Jahren das neue **Technion,** die größte Technische Hochschule Israels. Die zahlreichen Institute, Studentenwohnheime und Sportplätze sind in einen Park von 120 ha Größe eingebettet. 1970 wurde noch weiter im Süden, an der Straße nach Isfiya, die **Universität** von Haifa eröffnet. Die Bauten auf dem 500 m hohen Kamm des Karmel, überragt von einem hohen, schlanken Turm, schuf der berühmte deutsch-brasilianische Architekt Oskar Niemeyer.

Der Karmel

Der Karmel (hebräisch Kerem El = ›Garten Gottes‹) ist ein etwa 20 km langer, 8 bis 10 km breiter und bis zu 552 m hoher Bergrücken aus Kreidekalk, der von Südosten nach Nordwesten allmählich ansteigt, um im Stadtgebiet von Haifa unvermittelt zum Meer hin abzufallen. Er trennt die Jesreel-Ebene von der Sharon-Ebene. »Dein Haupt gleicht dem Karmel ... wie schön bist du«, hauchte die junge Frau in König Salomos ›Lied der Lieder‹ ihrem Geliebten ins Ohr (Hld 7,6/7). Und schön ist der immergrüne Berg noch immer, sogar dort, wo der Mensch ihn mit modernen Stadtteilen verändert hat.

Schon im mittleren Paläolithikum zogen die Höhlen des wald- und wildreichen Karmel den Menschen an. Die interessantesten **prähistorischen Höhlen** entdeckte man 1931 am Nahal Me'arot unweit der Küstenstraße von Tel Aviv nach Haifa. In drei Höhlen (Tannur, Gamal und Gedi) fanden sich Relikte einer Zivilisation, die über 150 000 Jahre zurückreicht: Skelette von Menschen, die der Entwicklungsstufe des Neandertalers entsprechen, Sichelklingen und Fischspeere aus Feuerstein, Angelhaken aus Knochen, Steinschalen, Muschelhalsbänder usw., ferner die Knochen von über 60 Tierarten, darunter von Elefanten, Nashörnern und von einem Esel, der vor 60 000 Jahren lebte. In der Tannur- oder Tabun-Höhle (auch Ofenhöhle genannt, weil sie ein Rauchabzugsloch hat) lag ein Skelett aus dem Natufien (etwa 10 000 v. Chr.), die sogenannte ›Frau von Tabun‹, geschmückt mit einem Stirnband aus Steinperlen. Das Höhlengebiet von Me'arot Karmel ist heute ein Naturpark; die Funde werden im Rockefeller-Museum, Jerusalem, und in der vorgeschichtlichen Abteilung des Haifa-Museums gezeigt.

Der Karmel war zu allen Zeiten ein heiliger Berg, den Naturgöttern, später den westsemitischen Gottheiten Baal und Aschera und in hellenistisch-römischer Zeit dem Zeus bzw. Jupiter geweiht. Hier lebten die biblischen Propheten Elija und Elischa, hier konzipierte der griechische Philosoph Pythagoras einige seiner Lehrsätze, hier befragte der römische Feldherr und spätere Kaiser Vespasian das Orakel des unsichtbaren Gottes vom Karmel. In byzantinischer Zeit ließen sich in den Höhlen viele Eremiten nieder, und als das christliche Königreich Jerusalem im 13. Jh. nur noch einen schmalen Streifen der palästinensisch-syrischen Küste umfaßte, konzentrierte sich der Zustrom der Mönche auf den Karmel, wo zahlreiche Klöster entstanden (der Orden der Karmeliter war schon im Jahre 1155 gegründet worden).

3 km nördlich der Höhlen von Me'arot Karmel zweigt von der Küstenstraße eine Nebenstraße nach **En Hod** ab, einem verlassenen arabischen Dorf, aus dem jüdische Maler, Bildhauer und Literaten eine reizvolle Künstlerkolonie geschaffen haben. In einem kleinen Amphitheater finden an Sommerabenden Konzerte und Theateraufführungen statt. Die Straße längs des Karmelkammes führt von Haifa nach Isfiya und Daliyat el-Karmil, zwei großen Drusendörfern, deren prachtvoll bunte Wohnhäuser von einem gewissen Wohlstand zeugen. **Isfiya,** wo auch etliche christliche Araber leben, entstand an der Stelle des alten jüdischen Ortes Huseifa, der im 7. Jh. zerstört wurde. Im Ortszentrum von **Daliyat el-Karmil** reihen sich Läden mit orientalischen Waren aneinander. Da gibt es hauchdünne, lange Gewänder, Perlenvorhänge, gewebte Teppiche und Läufer, geometrisch gemusterte Eseltaschen, geschnitzte Holztischchen, Kupfer- und Messingarbeiten, jemenitische Gläser, Teeservice und vieles andere. Die Frauen tragen vielfach ein Tülltuch um den Kopf, die schnurrbärtigen Männer bedecken den Kopf mit der weißroten Keffije, einer Art Fes.

Etwa 2 km hinter Daliyat zweigt links eine 2 km lange, schmale Straße nach **Muhraqa** (arabisch für ›Ort des Verbrennens‹) ab. Hier soll der Prophet Elija die Priester des Baal zu einem Gottesurteil herausgefordert haben (1 Kön 18,16–46). Elija gewann und ließ die ›450 Propheten des Baal‹ am Ufer des nahen Qishon töten (auf dem Tell el-Qassis (›Priesterhügel‹) nahe der Qishonquelle zeigt man die Hinrichtungsstelle). Dieser Begebenheit ist das kleine Karmeliterkloster auf einer 482 m hohen, weithin sichtbaren Bergspitze geweiht. Es wurde im Jahre 1886 über den Trümmern einer älteren Kirche errichtet. Von der Klosterterrasse hat man eine herrliche Aussicht auf die Jesreel-Ebene bis zum Berg Tabor.

Megiddo

Am Ende des Hauptpasses von der südlichen Küstenebene in die Jesreel-Ebene (Emeq Yizreel) erhebt sich einer der größten und bedeutendsten Siedlungshügel des Heiligen Landes, der Tel Megiddo (arabisch Tell el-Mutesellim). Über 3000 Jahre, vom Neolithikum bis in die persische Zeit, beherrschte Megiddo, zeitweise die mächtigste Festungsstadt Kanaans, die wichtigste Handels- und Heeresstraße zwischen Ägypten und dem Zweistromland, die hier durch das Wadi Ara führt. Megiddo war auch das mythologische Harmagedon (= ›Berg von Megiddo‹) der Offenbarung des Johannes (16,16). Berühmt ist die heutige Ausgrabungsstätte vor allem wegen der Pferdeställe Ahabs, des eindrucksvollen Wasserversorgungssystems aus kanaanitisch-israelitischer Zeit und wegen ihrer einzigartigen Funde.

Geschichte
Erste Siedlungsspuren reichen bis in das ausgehende Neolithikum (vor 4000 v. Chr.) zurück. Im Chalkolithikum (4. Jahrtausend v. Chr.) entwickelte sich die jungsteinzeitliche Siedlung zu einem Dorf mit rechteckigen und apsidialen Lehmziegelhäusern (Schicht XX), aus dem

gegen 3000 v. Chr., also in der Frühen Bronzezeit I, eine befestigte Stadt entstand (Schicht XIX). Von dieser ersten Stadt, die auf den höheren, nordöstlichen Teil des Hügels beschränkt war, stammt ein kleines Heiligtum im Osten. Der Frühen Bronzezeit II (2850–2600 v. Chr.) gehört ein großer Rundaltar an. Eine Lehmziegelmauer auf mächtigem Steinfundament umgab die Stadt (Schicht XVIII–XVI). In der Frühen Bronzezeit III und IV (2600–2150 v. Chr.) entstanden im heiligen Bezirk drei kleinere Tempel (Schicht XV).

Nach seiner Zerstörung wurde Megiddo in der Mittleren Bronzezeit I (2150–1900 v. Chr.) erneut besiedelt, vermutlich von Kanaanitern (Schicht XIV). Die offensichtlich kleine Einwohnerschaft verehrte ihre Götter nur noch in einem der Tempel und schuf sich bescheidene Verteidigungsanlagen. In der Mittleren Bronzezeit IIa (1900–1750 v. Chr.) scheint sich die Stadt erholt zu haben. Auf dem alten Steinfundament errichtete man eine 2 m dicke Lehmziegelmauer, das nur für Fußgänger passierbare Stadttor erhielt einen den Zugang abknickenden Vorbau (Schicht XIII). Das Megiddo der Mittleren Bronzezeit IIb und c (1750–1550 v. Chr.) war eine große und mächtige Siedlung (Schichten XII–X). Noch im 18. Jh. v. Chr. umgaben die Hyksos die Stadt mit einem gewaltigen Erdwall und verbreiterten das Stadttor, um mit ihren schnellen, pferdebespannten Streitwagen hindurchfahren zu können. Ihr Palast unterschied sich von den Wohnhäusern der Kanaaniter nur durch seine Größe und durch sorgfältigere Ausführung (Schicht XI).

In der Späten Bronzezeit I (1550–1350 v. Chr.) wurde der Palast wesentlich vergrößert und mit einem Bad versehen. Um 1468 v. Chr. eroberte Pharao Thutmosis III. Megiddo, um die Macht der Hyksos in Kanaan zu brechen und den Landweg nach Syrien zu öffnen (Schicht IX). Seinen entscheidenden Sieg über die Hyksosfürsten in der Schlacht bei Megiddo ließ er in einer Inschrift im Amontempel von Karnak verewigen, die erstmals den Namen ›Megiddo‹ erwähnt. Unter den Amarnabriefen des 14. Jhs. v. Chr. (vgl. S. 17) fand man auch solche, in denen Biridja, der Vasallenkönig von Megiddo, seinen Oberherrn, den Pharao Echnaton, um militärische Unterstützung gegen die Habiru (Israeliten?) bat, die das Land zunehmend verunsicherten. Im heiligen Bezirk entstand damals ein neuer, 10 × 12 m großer Tempel (Schicht VIII). Im Tempel der Späten Bronzezeit II (1350–1130 v. Chr.) fanden die Ausgräber Gegenstände aus Gold und Lapislazuli, vor allem aber 200 großartige Elfenbeinschnitzereien (um 1140 v. Chr.). Bis etwa 1130 v. Chr. blieb die Stadt unter ägyptischem Einfluß und erreichte im 13. und 12. Jh. v. Chr. ihre höchste Blüte (Schicht VII).

Josua eroberte inzwischen das verheißene Land. An den ›Wassern von Merom‹ siegte gegen 1230 v. Chr. die israelitische Amphiktyonie über die Koalition der Kanaaniterkönige (Ri 5,19), alles Land wurde an die Stämme Israels aufgeteilt. Das Gebiet von Megiddo erhielt zunächst Ascher, dann Manasse (Jos 17,11; Ri 1,27), die Stadt selbst blieb aber wie die meisten anderen großen Orte im Besitz der Kanaaniter. Erst den Philistern gelang es, zur Jesreel-Ebene vorzustoßen und auch das mächtige Megiddo ihrer Herrschaft zu unterwerfen. Wahrscheinlich geschah das um 1130 v. Chr. Unter König David, der um das Jahr 1004 v. Chr. die Philister besiegte, wurde Megiddo dem Reich Israel einverleibt (Schicht V). Salomo vereinigte Megiddo mit weiteren Städten der Jesreel-Ebene zu seinem fünften

Meggido: Rekonstruktion
der salomonischen Toranlage

nordisraelitischen Gau (1 Kön 4,12) und ließ es als dessen Hauptstadt ausbauen und befestigen (1 Kön 9,15; Schicht IV b). Im Jahre 926 v. Chr. suchte Pharao Scheschonk I. (Sisak) auf seinem Beutezug durch Palästina auch Megiddo heim, was die Größe und Bedeutung der Stadt aber nicht mindern konnte.

Im 9. Jh. v. Chr. bauten die Könige Nordisraels, Omri und vor allem sein Sohn Ahab, Megiddo zu einer gewaltigen Festung mit noch stärkeren Mauern, mit Vorratshäusern, Pferdeställen und einem großartigen Wasserversorgungssystem aus (Schicht IV a). Inzwischen stießen aber die Assyrer unter Assurnasirpal II. (884–859) durch Syrien bis an das Mittelmeer vor und bedrohten nun auch Israel. 845 v. Chr. rief der Prophet Elischa den Offizier Jehu zum neuen König von Israel aus, um die Omridendynastie, die den Baalkult förderte, zu stürzen. Jehu fuhr mit seiner Streitwagentruppe nach Jesreel (heute Yizreel). Vor den Toren der Stadt tötete er den bisherigen König Joram und verwundete zugleich dessen Vetter Ahasja, den Herrscher von Juda, der gerade zu Besuch weilte. Ahasja floh noch bis Megiddo, wo er seinen tödlichen Verletzungen erlag (2 Kön 9,27). 841 v. Chr. sah König Jehu keine Möglichkeit mehr, sich der massiven Bedrohungen Assurs zu erwehren. Um das Reich zu retten, erkannte er die Oberhoheit von Šalmanassar II. an und verpflichtete sich zu hohen Tributzahlungen.

Unter Jerobeam II. (787–747) blühte Megiddo zum letzten Mal auf. Zwar drückten die jährlichen Tributzahlungen, aber eine lange Periode des Friedens brachte dennoch großen Wohlstand. In seinen letzten Regierungsjahren schuf Jerobeam den riesigen Getreidespeicher, in dem die Ausgräber das Siegel des Stadtoberhauptes fanden. Der Speicher deutet möglicherweise darauf hin, daß die Israeliten einen Aufstand gegen die Assyrer vorbereiteten. Unter König Pekach (736–732) war es dann soweit: Die Tributzahlungen wurden eingestellt. Aber Tiglatpileser III. schlug sofort zu und besetzte fast ganz Israel. 732 v. Chr. ging Megiddo in Flammen auf. Nach dem Abzug der Assyrer wurde die Stadt in alter Pracht wiederaufgebaut (Schicht III). Als Tiglatpileser 727 v. Chr. starb, versuchte Hosea, der letzte König des Nordstaates Israel, das Joch der Assyrer abzuschütteln, aber deren Herrscher Šalmanassar V. löschte den Staat Israel 723 v. Chr. endgültig aus. Megiddo sank in Trümmer. Zwar wurde die Stadt wiederaufgebaut, aber sie blieb unbefestigt und erlangte keine größere Bedeutung mehr (Schicht II).

Mit dem Niedergang des Assyrerreiches entstand in Palästina ein politisches Vakuum, das Joschija, König von Juda, kurzentschlossen ausfüllte, indem er die assyrischen Provinzen Samaria und Megiddo annektierte. Im Jahre 609 v. Chr. eilte ein großes Heer des Pharaos Necho durch Palästina, um noch vor den Neubabyloniern, die dem Assyrerreich gerade den Todesstoß versetzten, Syrien und Palästina zu besetzen. Bei Megiddo lockten sie Joschija in einen Hinterhalt und töteten ihn (2 Kön 23,29). Möglicherweise hatte Joschija versucht, die gewaltige Streitmacht der Ägypter am Durchzug durch das Wadi Ara zu hindern. Unter den Persern war Megiddo ein unbedeutendes Dorf (Schicht I), und im 4. Jh. v. Chr. wurde es vollends aufgegeben. Es lebte nur noch in dem mythologischen Begriff ›Harmagedon‹ weiter.

Die samaritischen Bewohner von Megiddo gründeten etwa 1 km südlich des Stadthügels einen neuen Ort: Kefar Otney. Nach der Niederschlagung des Bar-Kochba-Aufstandes (132–135) erbaute die VI. römische Legion hier ein Lager, das für die Sicherheit im nördlichen Palästina verantwortlich war. Im 4. Jh. erhielt die Stadt zu Ehren des Kaisers Maximinus, des Schwiegervaters von Konstantin dem Großen, den Namen Maximinopolis. Für die Bewohner blieb es aber Legeon, die Stadt der Legion, ein Name, der sich im arabischen Lajjun (el-Lejjun) erhalten hat. 1917 bezwang der englische General Allenby den von türkischen Truppen verteidigten Paß und entschied damit das Kriegsgeschehen im Nahen Osten; für seinen Sieg erhielt er den Titel ›Viscount Allenby of Megiddo‹. 1949 gründeten israelische Siedler bei dem verlassenen Dorf Lajjun den Kibbuz Megiddo.

Archäologie: 1903–1905 führte der in Haifa lebende deutsche Amateurarchäologe G. Schumacher im Auftrag des Deutschen Palästinavereins erste Ausgrabungen auf dem Tell el-Mutesellim durch. Er legte den nach ihm benannten Graben (Abb. 84) an der Ostseite des Tells an, der einen Blick in die frühesten Perioden Megiddos ermöglichte. 1925 kaufte die Rockefeller Foundation den Tell, um ihn Schicht für Schicht abzutragen, der häufige Wechsel der Ausgrabungsleiter verhinderte jedoch die Verwirklichung dieses Projektes. Den archäologisch interessierten Tourist mag das nicht stören, blieben doch so die eindrucksvollen Ruinen aus der Zeit Salomos und Ahabs bewahrt. Zwischen 1926 und 1939 erforschte das Oriental Institute der Universität Chicago unter C. S. Fisher, W. F. Albright, G. E. Wright, G. Loud, P. L. O. Guy u. a. den Tell, 1960, 1967 und 1971/72 grub der israelische Archäologe Yigael Yadin in Megiddo.

Die Ausgrabungsstätte
Der riesige Tell von Megiddo birgt 21 Siedlungsschichten mit mehreren Unterschichten. Es empfiehlt sich, vor Beginn des Rundganges durch die Ausgrabungsstätte das Museum neben

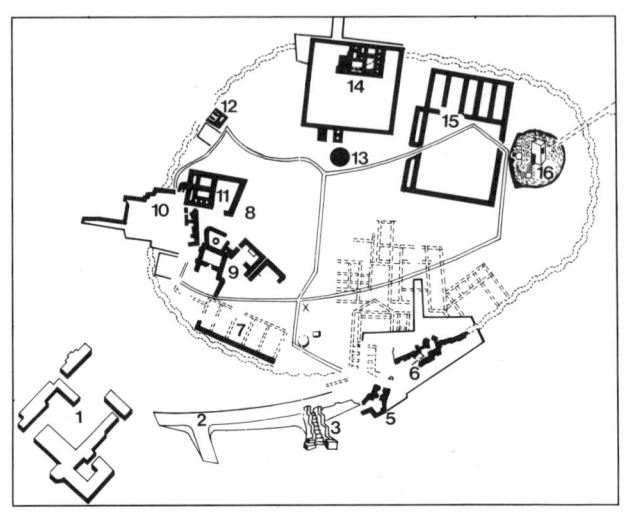

Megiddo

1 Museum 2 Rampe
3 Treppenaufgang 4 Stadttor
Salomos 5 kanaanitisches
Stadttor (15. Jh. v. Chr.)
6 kanaanitisches Stadttor
(18. Jh. v. Chr.) 7 Pferdeställe; darunter Zeremonienpalast Salomos 8 Schuma-
cher-Graben 9 kanaaniti-
scher Tempel 10 chalkolithischer Tempel 11 Haus des
›Befehlshaber der Wagen‹
(10. Jh. v. Chr.) 12 Gebäude
(10. Jh. v. Chr.) 13 Getreidesilo 14 Palast des Stadtoberhauptes 15 Pferdeställe
16 Wasserversorgungs-
system

dem Parkplatz zu besuchen. Es bietet wertvolle Informationen, darunter ein anschauliches Modell der Ausgrabungsstätte, und zeigt Funde der jüngeren Grabungskampagnen. Eine etwa 130 m lange Rampe führt zum **Nordtor** der Stadt, das Salomo auf den Fundamenten einer kanaanitischen Toranlage aus dem 15. Jh. v. Chr. errichten ließ. Das gigantische Tor, bestehend aus sechs Kammern und zwei Türmen, glich in seiner Konzeption fast völlig den salomonischen Stadttoren von Hazor und Gezer. Ein im rechten Winkel angeordnetes Vortor mit zwei Kammern diente der zusätzlichen Sicherheit. Die ganze Durchfahrt war gepflastert. Westlich davon stießen die Ausgräber auf je ein Tor aus dem 15. und dem 18. Jh. v. Chr. Die 8 m breite **kanaanitische Stadtmauer,** die die 300 × 225 m große Stadt umgürtete, ist noch in einer Höhe von 4 m erhalten. Die Stadt Salomos umgab eine **Kasemattenmauer** (diese Befestigungstechnik hatten die Baumeister des 10. Jhs. v. Chr. vermutlich von den Philistern übernommen). Auf ihre Fundamente setzte König Ahab im 9. Jh. v. Chr. eine massive Mauer mit regelmäßigen Vor- und Rücksprüngen.

Der heilige Bezirk der Kanaaniter lag im Osten, im ältesten Bereich der Stadt. Im sogenannten Schumacher-Graben (s. o.) erhebt sich auf einer elliptischen Plattform von etwa 10 m Länge der freistehende, aus kleineren Bruchsteinen konisch gefügte **Rundaltar,** der 1,25 m hoch ist und etwa 7 m durchmißt (Abb. 85). Er gehört der ausgehenden Frühen Bronzezeit (um 1900 v. Chr.) an und dürfte auf ältere Heiligtümer zurückgehen. An seiner Ostseite führen Stufen hinauf. Neben dem Rundaltar entstanden in der Mittleren Bronzezeit (2100–1550) drei schlichte **Tempel,** die verschiedenen Gottheiten geweiht waren. Zwei von ihnen sind eng benachbart und von gleichem Grundriß; sie könnten durchaus einen Doppeltempel für ein Götterpaar gebildet haben. Der dritte, der sogenannte Osttempel, gliederte sich in drei Teile: in die von vorspringenden Seitenwänden und zwei Säulen getragene Vorhalle, die Haupthalle des Heiligtums und das Allerheiligste mit einem Altar

(?), zu dem seitlich Stufen emporführen. Nach dem gleichen Schema bauten die phönikischen Architekten den großen Tempel Salomos in Jerusalem. Weiter östlich schließen sich die Fundamente eines noch älteren Tempels an, der der Schicht XIX angehört und schon im ausgehenden 4. Jahrtausend v. Chr. entstanden sein könnte, also in chalkolithischer Zeit.

Berühmt ist die Ausgrabungsstätte von Megiddo vor allem durch die **Pferdeställe,** die man ursprünglich König Salomo zuschrieb, die nach Yadins Forschungen aber wohl unter König Ahab entstanden. Ahab unterhielt eine Streitmacht von 2000 Wagen, die er gemeinsam mit den verbündeten Heeren in der Schlacht von Qarqar (853 v. Chr.) einsetzte. (Der Assyrerkönig Šalmanassar III. verlor diesen Kampf und mußte seinen Plan, Syrien und Palästina zu unterwerfen, für einige Jahre zurückstellen.) In Megiddo waren allein 450 Pferde in riesigen Ställen im Nordosten und Süden der Stadt untergebracht. Es handelte sich dabei um lange Hallen, die durch monolithische Kalksteinpfeiler in drei Schiffe geteilt wurden. Im 2,50 m breiten Mittelgang parkten die Streitwagen, in den Seitenschiffen befanden sich die Pferdeboxen. Die Pferde standen mit dem Kopf zum Mittelgang, angebunden an den Pfeilern (die Löcher für die Seile sind noch zu sehen), vor sich steinerne Futtertröge (einige sind in situ erhalten). Die fünf südlichen Ställe zu je 30 Boxen faßten 150 Pferde, die elf östlichen Ställe weitere 300. Unter den Südställen Ahabs entdeckte Yadin Gebäude aus salomonischer Zeit. Östlich davon kam ein 22 × 22 m großes Bauwerk zum Vorschein, das möglicherweise der **Palast** des Stadtoberhauptes war, die Residenz von Salomos Gouverneur Baana (1 Kön 4,12). Unter den Nordställen legten die Ausgräber den 600 m^2 großen **Zeremonienpalast** frei, in dem Salomo gewohnt haben mag, wenn er Megiddo besuchte. Der Hilani-Stil dieses Palastes verrät phönikisch-hethitischen Einfluß; Architekten aus Tyros könnten ihn entworfen haben. In der Mitte der Stadt wurde zu der Zeit des Königs Jerobeam II. ein riesiger **Getreidesilo** in den Boden gegraben. Er ist 7 m tief und durchmißt oben 11 m, unten 7 m. Zwei Treppen liefen an der gemauerten Wand hinab.

Das gewaltige **Wasserversorgungssystem** von Megiddo ist wohl das eindrucksvollste Relikt aus israelitischer Zeit. Südwestlich des Tell entsprang in einer Höhle eine reichlich fließende Quelle, zu der die Kanaaniter einen schmalen Gang mit Stufen getrieben hatten. Aber die Quelle lag außerhalb der Stadtmauer und war bei Belagerungen für die Verteidiger nicht erreichbar. Salomo ließ deshalb den Abhang hinab die sogenannte Galerie bauen, einen gut getarnten Gang, etwa 1 m breit und 2 m hoch, mit Futtermauern aus sorgfältig behauenen Quadersteinen im Binder-Läufer-Verband ausgekleidet. Die Galerie war von außen kaum zu erkennen und stellte nunmehr die einzige Verbindung zur Quelle her. Vermutlich entdeckten die Ägypter des Pharaos Scheschonk die Anlage dennoch, was die Verteidiger zur Aufgabe zwang. Ahabs Ingenieure trieben daher einen mächtigen Schacht fast 45 m in die Tiefe und von dessen Grund einen 70 m langen, waagerechten Tunnel bis zur Quellhöhle. Da der obere Teil des Schachtes durch lockere Siedlungsschichten führte, mußten sie die Wände mit Steinmauern stützen. Den unteren Teil schlugen sie durch den gewachsenen Fels. Sie verschlossen die Öffnung der Quellhöhle nach außen, um zu verhindern, daß die Belagerer das Wasser blockierten oder vergifteten. Schacht und Tunnel sind über Treppen und Stege für Besucher zugänglich.

Elfenbeinschnitzerei aus Megiddo (13. Jh. v. Chr.)

In der Nähe des Tells fand ein Schafhirt ein Fragment des Gilgamesch-Epos, der sumerischen Schöpfungsgeschichte, in akkadischer Fassung. Auch Tonmodelle der Leber kamen bei den Ausgrabungen zum Vorschein; sie dienten der altbabylonischen Wahrsage-kunst der Hepatoskopie. In einer Schatzkammer des Tempelbereichs und an anderen Stellen des Tells entdeckte man einzigartige **Kunstgegenstände,** die von der kanaanitischen bis zur israelitischen Epoche reichen: Goldgefäße, Lapislazulischmuck und vor allem Elfenbein-schnitzereien aus dem 13. Jh. v. Chr., ferner einen 36 cm hohen Bronzeleuchter (1000–800) mit einem weiblichen Dämon, der eine Doppelflöte bläst, ein Räuchergefäß aus Kalkstein, das mit Blüten und Blattornamenten bemalt ist, protoionische Volutenkapitelle (10. Jh. v. Chr.) auf Pfeilern, die einen Lebensbaum stilisieren und das Dach des Zeremonienpalastes stützten, und schließlich das Jaspis-Löwensiegel des Schema, des Stadtoberhauptes unter König Jerobeam II. (8. Jh. v. Chr.).

Bet She'arim

An die südöstlichen Abhänge des Karmel schmiegt sich die antike Stadt Bet She'arim (Beth Schearim), einst über viele Jahrzehnte das geistig-religiöse Zentrum der Juden, mit der bedeutendsten jüdischen Nekropole des 2. bis 4. Jhs. Nirgendwo sonst läßt sich die jüdische Gräberkunst besser kennenlernen als in den hiesigen Katakomben. Man erreicht Bet She'arim auf der Straße von Haifa nach Nazaret über eine Abzweigung bei Qiryat Tiv'on (Gartenstadt und Kurort mit 11 000 Einwohnern), von dem es etwa 1 km entfernt liegt.

Geschichte

Die jüdische Siedlung Bet She'arim entstand vermutlich schon im 1. oder gar im 2. Jh. v. Chr. Möglicherweise hieß der Ort damals Bet Shary. Flavius Josephus erwähnte in seiner Vita (24, 188) die damit identische Stadt Besara als Hauptort der Besitzungen Berenikes, einer Urenkelin Herodes' des Großen und Schwester des Königs Herodes Agrippa II. (53–93). Nach dem Bar-Kochba-Aufstand (132–135) ließen sich hier zahlreiche wohlhabende Juden nieder, die Kaiser Hadrian aus Jerusalem vertrieben hatte. Yavne, Sitz des Sanhedrin (Synedrion), des jüdischen Hohen Rates, und geistige Quelle des Aufstandes, war von den Römern eingeäschert worden. Seine führenden Rabbiner kamen nach Bet Shary, das sich nun zum religiösen Zentrum der Juden entwickelte und schließlich zum Sitz des Sanhedrin avancierte. Um 170 wurde der große Rabbi Jehuda haNassi (Judah haNasi) Oberhaupt des Sanhedrin (Nassi bedeutet ›Fürst, Patriarch‹). Er verfaßte in Bet Shary die Mischna, eine Sammlung der bis dahin ungeschriebenen religiösen Gesetze. Bet Shary wurde eine bedeutende Stadt, die bald den ganzen Hügel mit einer Fläche von rund 10 ha bedeckte. Die verstorbenen Gelehrten wurden in Katakomben unterhalb der Stadt beigesetzt. Nun wollten sich immer mehr Juden aus allen Teilen Palästinas und den umliegenden Ländern in der Nähe der großen Rabbis bestatten lassen, und so entstand bis zum 4. Jh. eine riesige Nekropole mit ausgedehnten Katakomben. Da jede Grabanlage durch ein steinernes Tor gesichert war, entwickelte sich aus Bet Shary der Name Bet She'arim (›Haus der Tore‹).

352 schlug Flavius Claudius Constantius Gallus, seit einem Jahr Caesar für den östlichen Reichsteil, einen jüdischen Aufstand in Galiläa nieder und zerstörte Bet She'arim. Zwei Jahre darauf wurde er auf Veranlassung des Kaisers Constantius II. (337–361) in den Westen gelockt und nach einem ordentlichen Gerichtsverfahren hingerichtet; Bet She'arim jedoch blieb eine Trümmerstätte. Die Byzantiner versuchten eine zaghafte Neugründung und errichteten an der Stelle der großen Synagoge eine Kirche. In islamischer Zeit erstand hier das Dorf Sheikh Abraik (Sheikh Burayk), dessen Name wohl auf einen moslemischen Heiligen zurückgeht. Möglich erscheint aber auch, daß Abraik eine Abwandlung des Namens Barak ist. Barak war der legendäre Heerführer der Prophetin Debora, der bei der israelitischen Landnahme ein Kanaaniterheer unter Sisera besiegte (Ri 4). Sheikh Abraik hieß die Gegend um Bet She'arim noch in den 30er Jahren.

Archäologie: 1936 entdeckte der Forstaufseher (hebräisch Shomrim) Alexander Zayd (Zaid), ein aus Sibirien stammender Jude, einen der Eingänge zur unterirdischen Nekropole, und zwar das linke Tor der Katakombe 20. Noch im selben Jahr begannen Archäologen unter Leitung von B. Mazar mit der Untersuchung; weitere Katakomben kamen zum Vorschein. (1938 fiel Zayd bei lokalen Kämpfen zwischen israelischen Siedlern und

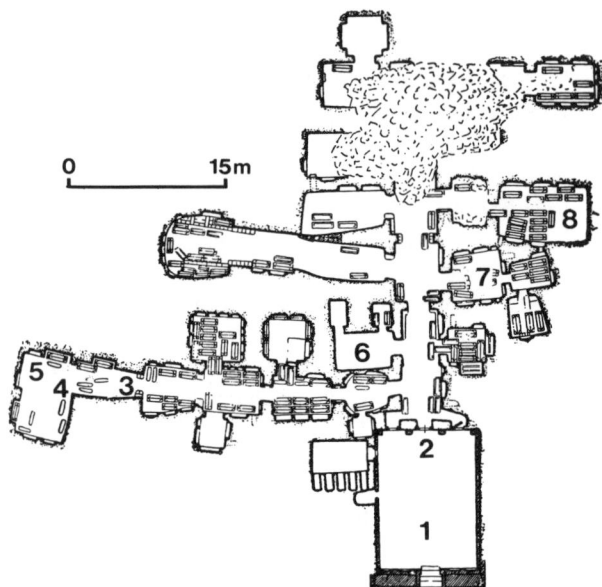

Bet She'arim: Katakombe 20
1 Vorhof
2 Eingang
3 Jagdsarkophag
4 Sarkophag der Tore
5 Löwensarkophag
6 Adlersarkophag
7 Maskensarkophag
8 Muschelsarkophag

moslemischen Arabern; sein Reiterstandbild erhebt sich heute weithin sichtbar auf dem höchsten Punkt von Bet She'arim.) Mazar betrieb die Forschungen in Bet She'arim bis 1940. 1953 nahm der Archäologe N. Avigad die Arbeiten im Auftrag der Israel Exploration Society wieder auf, Mazar setzte sie 1956–1959 fort. Seit 1960 leitet Avigad das Forschungsteam der Hebräischen Universität, Jerusalem.

Die Ausgrabungsstätte
Den Wagen läßt man am besten auf dem großen Parkplatz unterhalb der Nekropole in der Talsohle stehen. Die **Nekropole** von Bet She'arim besteht aus mindestens 26 Katakomben, in denen jeweils zwischen 40 und 400 Tote bestattet waren. Alle Katakomben besitzen Vorhöfe oder in die Felsen eingeschnittene Korridore; Steintüren verschlossen sie. Die Verstorbenen wurden in Sarkophagen aus Holz, Stein, Terrakotta und Blei beigesetzt. Wer sich keinen neuen leisten konnte, verwendete den alten Familiensarg, indem er die Gebeine des Toten in ein kleines Ossuarium (Knochenurne) umbettete (Zweitbestattung). Die Särge standen meist in kleineren oder größeren Seitenhöhlen oder in Nischen (Arkosolgräber). Gelegentlich setzte man die Toten auch unter dem Boden der Höhlen und Gänge bei. Sämtliche Sarkophage waren schon vor ihrer Entdeckung beraubt und vielfach auch beschädigt worden; die Archäologen fanden weder Gebeine noch irgendwelche Grabbeigaben.

Die Särge, aber auch die Kammerwände waren reich mit Reliefs und Zeichnungen geschmückt. Die Arbeiten der Steinmetze zeigen keine große Kunstfertigkeit, die Darstellungen sind volkstümlich, einfach, kindlich-naiv. Nur wenige Särge, offenbar Importstücke aus den phönikischen Küstenstädten, verraten die Hand erfahrener Meister. Diese Särge bestehen zumeist aus Marmor oder Blei, während die einheimischen Sargbauer den örtlichen Kalkstein bevorzugten. Bei den Motiven herrschen jüdische Symbole (siebenarmige Leuchter, Feststräuße, Widderhörner, Räucherschaufeln, Gewürzdosen, Thoraschreine usw.) vor, es gibt aber auch heidnische Darstellungen sowie Abbildungen von Menschen und Tieren, was auf die Liberalität schließen läßt, die vom 2. bis 4. Jh. n. Chr. in dem religiösen Zentrum Bet She'arim herrschte. Da sieht man römische Legionäre, kämpfende Gladiatoren, einen schwertschwingenden Reiter, Soldaten, die eine Menora tragen oder ein Pferd führen, ein Schiff, einen Frauenkopf, Amazonen, sogar Leda mit dem Schwan (Rockefeller-Museum, Jerusalem).

Die **Katakombe 20,** nahe am Parkplatz, ist der größte der bisher freigelegten Gräbergänge und der einzige, der zur Besichtigung freigegeben ist. Hinter dem 17 × 12 m großen Vorhof erhebt sich eine aus großen, glattbehauenen Quadersteinen gefügte arkadenförmige Fassade mit drei Portalen (der Eingang wurde 1957 aus den Trümmern restauriert). Die Kalksteintür des niedrigen linken Portals aus Monolithen ist so raffiniert bearbeitet, daß man eine eisenbeschlagene Holztür zu sehen glaubt. Wir betreten die Katakombe durch das Mittelportal und befinden uns in einer vielfach verästelten Grabanlage aus 26 Räumen, von denen allerdings nur 20 zugänglich sind. Die Katakombe, die vollständig aus dem weichen Kalkstein herausgehauen wurde, birgt rund 130 Kalksteinsärge. Von einer unbekannten Anzahl von Marmorsärgen blieben nur Bruchstücke erhalten; die schönsten Fragmente befinden sich im Rockefeller-Museum, Jerusalem, bzw. im örtlichen Museum. Die Sarkophage tragen Inschriften in griechischer, aramäischer, hebräischer und palmyrenischer Sprache. Diese verweisen auf die Herkunft der Verstorbenen, deren einbalsamierte Leichname aus Tyros, Sidon, Beirut, Byblos, Antiochia, Palmyra, aus Südarabien, Babylonien, Ägypten und Kleinasien nach Bet She'arim kamen.

Im Gang, der nach links abzweigt, steht ziemlich am Ende der ›Jagdsarkophag‹. An seiner Stirnseite ist eine Löwin abgebildet, die eine Gazelle jagt. Der ›Sarkophag der Tore‹ gleich dahinter zeigt an der Seitenwand ein viergetäfeltes Doppeltor, vielleicht die Bundeslade. Den Sarkophagdeckel schmücken Pflanzenbänder, geometrische Muster und eine zweihenkelige Vase. Auf dem ›Löwensarkophag‹ flankieren zwei Löwen eine Vase. Im ersten Raum links vom Hauptgang steht der ›Adlersarkophag‹ (Abb. 87). Auf der Stirnwand spreizt ein von einer Girlande gerahmter Adler seine Flügel, auf den Seitenwänden streiten sich zwei Löwen um einen Stierkopf, die Rückwand zeigt einen weiteren Stierkopf, der Sarkophagdeckel Adler und Stierköpfe. Im zweiten Raum rechts vom Hauptgang erkennt man den ›Maskensarkophag‹ mit der Darstellung eines bärtigen Mannes, der Zeus, Serapis oder der Verstorbene sein könnte. In der dritten Abzweigung nach rechts folgt der ›Muschelsarkophag‹, der am reichsten gestaltete Sarg der Nekropole (Abb. 88). Die Mitte des Sargdeckels schmückt eine große, emporstehende Muschel. Zwei weitere erkennt man an der Seitenwand; sie werden von je zwei Säulen getragen, zwischen denen links ein Vogel und rechts ein Löwe abgebildet sind. Auf dem Fries, der die beiden Muscheln verbindet, streiten sich zwei Löwen um einen Stier (Stierkopf). Links davon naschen zwei Vögel an einer Weintraube.

Die benachbarte **Katakombe 14** besitzt ebenfalls eine mächtige, dreitorige Arkadenfassade, die inzwischen weitgehend restauriert wurde (Abb. 86). Hier waren u. a. die Rabbis Simeon und Gamaliel, Söhne des berühmten Rabbi Jehuda haNassi, beigesetzt. Während die Archäologen die Särge der Söhne anhand der Inschriften identifizieren konnten, blieb der Sarg des berühmten Vaters bislang unauffindbar. Ein besonders reizvoller, in den Felsen eingeschnittener winziger Hof bildet den Eingang zur **Katakombe 13** (Staircase Catacomb). Eine Steintreppe verbindet ihre zwölf in drei verschiedenen Ebenen angeordneten Grabkammern. Die schweren Steintüren drehen sich noch immer in steinernen Angeln. Oberhalb der Katakomben dienten Höfe mit Steinbänken und auch ein Mausoleum (über Katakombe 11) den Zeremonien zum Gedächtnis der Verstorbenen. In der runden, unterirdischen Zisterne etwa 50 m nördlich der Katakombe 20 ist ein **Museum** mit Skulpturen, Architekturteilen und Sargfragmenten aus dem alten Bet She'arim untergebracht. Hier fanden die Ausgräber einen gewaltigen Glasrohling, etwa 3,30 × 2 × 0,45 m groß und 9 Tonnen schwer. Er diente vermutlich als Rohstoff für eine rührige Glasindustrie am Ort.

An der Straße oberhalb der Nekropole sieht man die 35 × 15 m messenden Fundamente der **Synagoge** von Bet She'arim. Sie wurde in der Mitte des 3. Jhs. aus Quadersteinen erbaut und ähnelt im Grundriß der Synagoge von Kafarnaum, dürfte jedoch erheblich größer und wohl auch prächtiger ausgestattet gewesen sein. Ein großer, offener Vorhof führte zum Eingang, der aus drei monumentalen Torbogen bestand. Die Fassade war Jerusalem zugewandt, also nach Südosten ausgerichtet. Den Chor am Nordende des Hauptschiffes hatte man erhöht. In der ersten Hälfte des 4. Jhs. wurden die Wände des dreischiffigen Bauwerks farbig verputzt und mit Marmorplatten verkleidet. Die **Ölpresse,** ungefähr 100 m östlich der Synagoge, stammt wohl aus der byzantinischen Periode. Sie bestand aus zwei Räumen. In der Mitte des hinteren Raumes war eine große Steinplatte mit kreisförmiger Rinne eingelassen. Zwei viereckige Löcher zu beiden Seiten der Rinne nahmen die beiden Holzpfosten auf, zwischen denen sich ein waagerecht eingefügter Balken bewegte. Auf den Mittelkreis stapelte man Säcke mit Oliven. Das Gewicht des Balkens drückte das Öl aus den Früchten, das durch die Rinne ablief und sich in einem runden Auffangbecken sammelte. Die dreischiffige **Basilika** wurde gegen Ende des 2. Jhs. errichtet und diente vermutlich als Gerichtssaal und Lehrhaus, vielleicht tagte hier auch der Sanhedrin. Von dem Bauwerk sind nur noch Fundamente vorhanden.

Südliche Mittelmeerküste

Zikhron Ya'aqov

Zikhron Ya'aqov, eine kleine Stadt an der Küstenstraße, etwa 33 km südlich von Haifa, ist besuchenswert wegen Rothschilds Grab inmitten der herrlichen Parkanlage von Ramat Hanadiv.

1882 kauften rumänische Juden das Sumpfland dieser Gegend, um hier Weizen anzubauen, aber es gelang ihnen nicht, das Land zu entwässern. 1884 kam ihnen Baron Edmond de Rothschild zu Hilfe. Nach umfangreichen Dränierungen konnten die Siedler Weinreben und Mandelbäume pflanzen und 1893 sogar den ersten israelischen Wein nach Europa exportieren. Rothschilds Vater Jakob (James) zu Ehren nannten sie ihre Siedlung Zikhron Ya'aqov (= ›Jakobs Denkmal‹). 1954 wurden die sterblichen Überreste von Edmond de Rothschild und seiner Frau von Frankreich nach Israel überführt und dem Wunsch des Barons entsprechend auf der Anhöhe Ramat Hanadiv (= ›Wohltäterhöhe‹) beigesetzt.

Die Straße zum **Grabe Rothschilds** zweigt am südlichen Ortseingang von Zikhron Ya'aqov nach Westen ab (2 km). Über die sehr gepflegte Parkanlage verteilen sich ein kleines Rundtheater, eine in Stein gemeißelte Landkarte, die die Aktivitäten Rothschilds verzeichnet, und eine Sonnenuhr. In der Mitte liegt das Mausoleum aus schwarzem Stein; in einer höhlenartigen Grabkammer hinter dem Mausoleum ruhen Baron Edmond (Binyamin) de Rothschild und seine Frau Adelaide (Ada).

Caesarea

Der öde, mit Ruinen und Trümmern übersäte Küstenstrich etwa auf halbem Weg zwischen Tel Aviv und Haifa läßt kaum mehr ahnen, daß hier einst die schönste und prächtigste Stadt lag, die Herodes der Große erbauen ließ: Caesarea Maritima. In der Römerzeit war Caesarea Residenz der römischen Prokuratoren von Judäa und Samaria und zeitweise der wichtigste Hafen Palästinas. Eine letzte Blüte erlebte die Stadt unter den Kreuzfahrern. Besonders sehenswert sind die mächtigen Kreuzfahrermauern Ludwigs IX., die besterhaltene Stadtbefestigung jener Zeit, der Kreuzfahrerhafen mit seinen verfallenen Molen, die riesigen Gewölbe der herodianischen ›Akropolis‹ mit den drei Apsiden der Pauluskathedrale, das Theater des Herodes, eine byzantinische Geschäftsstraße und die Aquädukte im Norden der Stadt.

Bei der Ortschaft Or 'Aqiva, 23 km nördlich von Netanya bzw. 40 km südlich von Haifa, verläßt man die Autobahn und erreicht nach 2 km Caesarea (Qesarya). Drei Parkplätze stehen zur Verfügung: beim Osttor der Kreuzfahrerstadt, südlich der Kreuzfahrerstadt am Meer und beim römischen Theater. Zahlreiche Restaurants, Erfrischungsstände und Andenkenläden verstecken sich in den Ruinen am alten Hafen.

Geschichte

Im 4. Jh. v. Chr. gründeten phönikische Kaufleute aus Sidon den befestigten Hafenplatz Migdal Sharshan (= ›Turm des Sharshan‹, des Königs von Sidon), den die Griechen Stratonos Pyrgos (= ›Stratonsturm‹) nannten. (Sowohl Sharshan als auch Stratonos gehen auf das phönikische 'abd aštart zurück, was ›Diener der Astarte‹, der phönikischen Venus, bedeutet). Gegen Ende des 2. Jhs. v. Chr. herrschte Zoilos, Tyrann der Nachbarstadt Dor, über die Stadt. Für 400 Goldtalente verkaufte er sie an den Hasmonäerkönig Alexander Jannaios. 63 v. Chr. wurde Stratonos Pyrgos römisch. Octavian, der spätere Augustus, schenkte das Gebiet im Jahre 31 v. Chr. seinem ergebenen Vasallen Herodes, der die einzige Hafenstadt seines Reiches zwischen 22 und 10 v. Chr. großzügig ausbaute. Augustus zu Ehren nannte er die schönste und prächtigste Stadt der syrisch-palästinensischen Küste Caesarea, genau Caesarea Maritima.

Welche ungeheure technische Leistung mit dem Ausbau des Hafens, der »größer als der (Hafen) Piräus« war, vollbracht wurde, beschrieb Flavius Josephus: Zum Schutz des Hafens ließ Herodes »gewaltige Felsstücke, von denen die meisten 50 Fuß (15,5 m) lang, 9 Fuß (2,8 m) hoch und 10 Fuß (3,1 m) breit waren, 20 Ellen (10 m) tief ins Meer versenken. Nachdem so die Tiefe ausgefüllt war, ließ er den über die Oberfläche des Wassers ragenden Teil des Dammes auf eine Breite von 200 Fuß (62 m) bringen. 100 Fuß (31 m) davon waren vorgebaut, um die Gewalt der Meeresfluten zu brechen. Der übrige Raum diente einer steinernen, rings um den Hafen laufenden Mauer als Unterlage und war mit sehr hohen Türmen versehen. Zahlreiche Gewölbe dienten den Schiffern als Herberge, und eine rund um den Hafen sich hinziehende Plattform bot den Besuchern reichlichen Raum zu Spaziergängen. Die Hafeneinfahrt lag gegen Norden, weil der Nordwind dort der mildeste von allen Winden ist. Zu beiden Seiten der Einfahrt befanden sich drei auf Sockeln ruhende kolossale Standbilder. Die Häuser am Hafen waren aus weißem Marmor, und die Straßen liefen alle parallel zum Hafen hin. Gegenüber der Hafeneinfahrt stand auf einer Anhöhe ein besonders großer und schöner Tempel des Caesars, und darin befand sich seine Kolossalstatue, die hinter ihrem Vorbild, dem olympischen Zeus, nicht zurückblieb, ebenso eine Statue der Göttin Roma, der Hera von Argos nachgebildet. Die übrigen Bauwerke, das Amphitheater, das Theater und die Marktplätze, gestaltete er alle so, daß sie dem Namen (der Stadt) entsprachen« (Jüd. Krieg I, 21, 5–8).

6 n. Chr. wurde Caesarea Hauptstadt der römischen Provinz Judäa und damit Residenz des Prokurators. 26–36 amtierte Pontius Pilatus, der im Jahre 30 über Jesus von Nazaret das Todesurteil fällte, als Prokurator. Er residierte in dem von Herodes erbauten Palast. In Caesarea lebte eine gemischte Bevölkerung, meist syrische Griechen und Römer, aber auch Juden. Der Diakon Philippus besaß hier ein Haus und gründete eine christliche Gemeinde, die schon bald 120 Mitglieder zählte. Petrus kam um 35 hierher und taufte den ersten Heiden, Cornelius, Hauptmann der Italischen Kohorte (Apg 10,1). »Von Würmern zerfressen« starb im Jahre 44 in Caesarea Herodes Agrippa I., ein Enkel des großen Herodes; er hatte den Jünger Jakobus hinrichten lassen (Apg 12,2). Unter dem Prokurator Felix (52–60) wurde Paulus zwei Jahre in Caesarea gefangengehalten, bevor man ihn zur

Aburteilung nach Rom brachte (Apg 27,1); er war wegen Beleidigung der Priesterschaft in Jerusalem verhaftet worden, unterstand als römischer Bürger aber nicht der jüdischen Gerichtsbarkeit.

Der ständige Streit zwischen Griechen und Juden über ihren Anteil an der Verwaltung der Stadt führte im Jahre 63 zu bürgerkriegsähnlichen Unruhen und blutigen Zusammenstößen, bei denen nach Josephus 20000 Juden umgekommen sein sollen (Jüd. Krieg II, 18, 1). Die römische Garnison unterstützte die Griechen. Das Pogrom von Caesarea war einer der Anlässe, die 66 zum ersten Aufstand der Juden gegen Rom führten. Herodes Agrippa II. und seine Schwester Berenike, die beide als romfreundlich galten, flohen aus ihrer Residenz Tiberias nach Caesarea, Vespasian, Neros Feldherr in Syrien, richtete hier sein Hauptquartier ein, von dem aus er die aufständischen Städte Galiläas besetzte. Am 1. Juli 69 riefen die syrischen Legionen Vespasian in Caesarea zum Kaiser aus. Nachdem er seinen Anspruch auf den Cäsarenthron in Rom durchgesetzt hatte, verlieh Vespasian der Stadt aus Dankbarkeit den Status einer Colonia (›Colonia Prima Flavia Augusta Caesarea‹) und machte sie zur Hauptstadt der ›Provincia Judaea‹. Caesarea unterstand einem römischen Senator.

Nach 135 wurde Caesarea Mittelpunkt der christlichen Gemeinden Palästinas; der hiesige Bischof führte in der Hierarchie der palästinensischen Bischöfe den Vorsitz. Auf der Synode von 195 wurde unter Bischof Theophilos die Feier des Osterfestes auf den Sonntag festgelegt. Mit Kaiser Severus Alexander (222–235) begann für das Land eine Zeit der Religionsfreiheit und des wirtschaftlichen Aufschwungs. Caesarea erlangte den Rang einer Metropolis mit dem offiziellen Namen ›Colonia Prima Flavia Augusta Felix Caesarea Metropolis Provinciae Syriae Palaestinae‹. 231 gründete Origines hier eine Theologenschule. Er schuf eine weltberühmte Bibliothek und stellte die ›Hexapla‹ zusammen, eine Bibelausgabe mit hebräischem Text, griechischer Umschrift und vier griechischen Übersetzungen. Von 314–339 war Eusebius, der ›Vater der Kirchengeschichte‹, Bischof von Caesarea. Zwischen 490 und 507 wurde hier der große Historiker Prokopios geboren, der u. a. eine Geschichte der Kriege Kaiser Justinians I. verfaßte. Caesarea zählte damals etwa 50000 meist christliche Einwohner und war mit einer Fläche von über 100 ha die größte Stadt des byzantinischen Palästina.

613 fielen die Perser in Palästina ein und drangen mit Unterstützung der Juden Galiäas plündernd und mordend bis Caesarea vor. 629 vertrieb Kaiser Herakleios I. sie, aber schon 639 nahmen die Araber die Stadt ein. Sie setzten die Befestigungen zwar wieder instand, wiesen dem nunmehr Qaisariya (Qesari) genannten Ort aber nur noch die Aufgaben einer unbedeutenden Bezirkshauptstadt zu. 1101, zwei Jahre nach der Eroberung Jerusalems, erstürmten die Kreuzfahrer unter König Balduin I. nach kurzer Belagerung die Stadt, die sie Césarée nannten. Sie richteten unter der Bevölkerung ein grausames Blutbad an. In der großen Moschee, in der sie Tausende von Arabern zusammentrieben und töteten, entdeckten sie den Heiligen Gral, einen kostbaren Pokal, aus dem Jesus beim letzten Abendmahl getrunken haben soll. Der Admiral der genuesischen Flotte, die wesentlichen Anteil an der Eroberung der Stadt hatte, brachte den ›Sacro Catino‹ (eine römische Schale aus grünem Glas) nach Genua, wo er seitdem in der Kathedrale San Lorenzo aufbewahrt wird. Der

Sagenkreis um den Gral, der seinem Besitzer irdisches und himmlisches Glück verleiht, geht vermutlich auf keltische Ursprünge zurück. Seine Entdeckung in Caesarea ließ die alten Sagen wieder aufleben und inspirierte die Troubadoure des Mittelalters zu ihren großen Dichtungen.

1187 besetzte Saladin die Stadt und zerstörte die alten Befestigungen, 1191 zog Richard Löwenherz in das verlassene Césarée ein und baute es wieder auf. 1218 erneuerten Gautier d'Avesnes und Jean de Brienne die Zitadelle. Schon zwei Jahre darauf ging die Stadt durch Unachtsamkeit der Verteidiger an el-Mu'azzam, König von Damaskus, verloren: Arabische Kundschafter waren durch einen unterirdischen Kanal ins Stadtinnere gedrungen und hatten den Angreifern die Tore geöffnet. Unter Kaiser Friedrich II. kam Césarée 1229 durch Vertrag wieder unter christliche Herrschaft. 1252–1254 ließ Ludwig IX. (›der Heilige‹) jene gewaltigen Mauern errichten, die uns noch heute beeindrucken. 1265 eroberte der Mameluckensultan Baibars das Caesarea der Kreuzfahrer; die Stadt fiel bereits am ersten Tag der Belagerung, die Zitadelle hielt sich noch sieben Tage. Der Sultan gewährte den Christen freien Abzug und schleifte die Befestigungen. 1291 zerstörte Sultan el-Ashraf Khalil Stadt und Hafenanlagen, um den Christen jegliche Möglichkeit einer erneuten Landung zu nehmen. Caesarea war fortan eine verlassene Trümmerstätte, die allmählich in Sand und Sümpfen versank.

Ende des 18. Jhs. verwendete der türkische Pascha Ahmed Jezzar die schönsten Säulen Caesareas für seine Bauten in Akko. 1884 siedelten die Türken moslemische Flüchtlinge aus Bosnien auf dem Gebiet der ehemaligen Kreuzfahrerstadt an. 1940 gründeten israelische Siedler südlich der Ruinenstätte den Kibbuz Sedot Yam (›Meeresfelder‹).

Archäologie:1873 untersuchten die Engländer C. R. Conder und H. H. Kitchener im Auftrag des Palestine Exploration Fund die Ruinen und zeichneten einen Plan der Stadt und Grundrisse der wichtigsten Bauwerke. Erste Suchgrabungen veranlaßte das Department of Antiquities. 1951 begann die israelische Antiken- und Museumsverwaltung mit systematischen Ausgrabungen. 1956 und 1962 legte M. Avi-Yonah im Auftrag der Hebräischen Universität von Jerusalem eine Synagoge im Judenviertel von Caesarea frei, 1959–1963 ein italienisches Team unter A. Frova das römische Theater. 1960 kamen die Befestigungen Ludwigs IX. zum Vorschein. Im selben Jahr erforschte eine Unterwasserexpedition unter E. A. Link das Hafengebiet. 1960–1963 führte der israelische Archäologe Avraham Negev Grabungen in der Kreuzfahrerstadt durch. 1963 wurden 28 Bogen des Hohen Aquäduktes aus dem Dünensand geschaufelt. Die archäologische Erforschung Caesareas ist noch lange nicht abgeschlossen. Die wichtigsten Funde befinden sich heute im Israel-Museum von Jerusalem.

Ausgrabungsstätte

Die eindrucksvollsten Überreste des alten Caesarea sind die **Mauern der Kreuzfahrerstadt.** Als Vorbild dienten ihnen die byzantinischen Mauern Konstantinopels, das damals die stärkste Stadtfestung der christlichen Welt war. Die Kreuzfahrermauern umschlossen ein

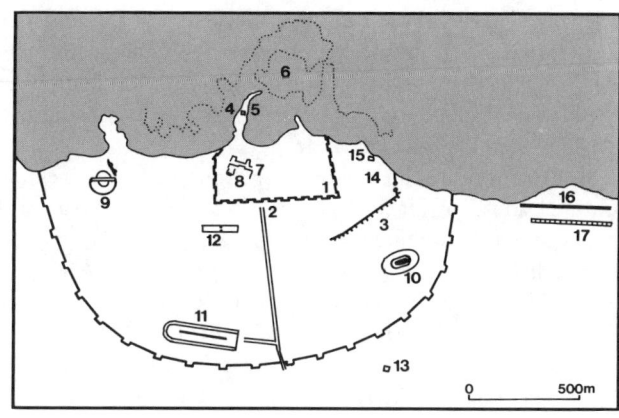

Caesarea
1 Mauern der Kreuzfahrer-
stadt 2 Haupttor
3 herodianische Stadtmauer
4 Zitadelle 5 Kreuzfahrerhafen 6 Hafen des Herodes
7 künstliche Akropolis
8 Kathedrale St. Paulus
9 Theater 10 Amphitheater
11 Hippodrom 12 byzanti-
nische Geschäftsstraße
13 Kirche Extra Muros
14 Stratonturm 15 Synagoge
16 Hoher Aquädukt 17 Tie-
fer Aquädukt 18 spätrömisch-
byzantinische Stadtmauer

trapezförmiges Terrain an der Hafenbucht, das etwa ein Achtel des römisch-byzantinischen Stadtgebietes einnahm, und haben eine Gesamtlänge von etwa 1200 m, wovon 650 m auf die Ostmauer und je 275 m auf die Nord- und die Südmauer entfallen. An die äußere Mauer von 4–6 m Höhe schloß sich ein (am Grund) 7 m breiter Graben an, aus dem mit einer Neigung von etwa 60° ein 8 m hoher, gemauerter Talus aufstieg, den wiederum eine ungefähr 10 m hohe Mauer krönte. Die Mauer folgte rhythmisch den Vor- und Rücksprüngen der Kurtinen und Bastionen. 16 Türme verstärkten sie, drei im Norden, neun im Osten und vier im Süden. Die Stadt hatte drei Tore. Das Haupttor befand sich im Osten. Die den Wehrgraben überspannende Brücke ruhte auf steinernen Bogen; die äußere Brückenhälfte bestand aus schweren Holzbohlen, die man im Verteidigungsfall leicht entfernen konnte. Das Haupttor selbst war ein hohes Torhaus mit Kreuzrippengewölben, das durch Vorkammern, einen winkelförmigen Torgang und einen starken Turm zusätzlich gesichert wurde (Abb. 90). Beim Nordtor führte eine kleine Zugbrücke mit einer einzigen Säule als Stütze über den Graben, und auch das Südtor besaß als Sicherung eine Zugbrücke. In der Südostecke und beim Haupttor kann man die Mauern besteigen und von oben aus die Stadt überblicken.

Die **herodianische Stadtmauer** umgab ein Gebiet, das etwa halb so groß war wie die spätere römisch-byzantinische Stadt. Im Norden konnten die Archäologen ein Teilstück dieser Mauer und zwei runde Tortürme von 10 m Durchmesser freilegen. Die **Zitadelle** der Kreuzfahrer am Hafen wurde inzwischen mit einem Restaurant überbaut; der 19 × 19 m große Donjon ist völlig zusammengefallen. Das heute sichtbare Hafenbecken war einst der **Kreuzfahrerhafen.** Mit Säulen und anderen Architekturteilen der antiken Stadt besserten die Kreuzfahrer die verfallenen Molen aus. Der **Hafen des Herodes,** Limen Sebastos (›Augustushafen‹) genannt, lag etwa 250 m weiter im Westen; er ist heute völlig vom Meer überspült. Eine 600 m lange Mole im Süden und Westen und eine 250 m lange Nordmole faßten das fast 15 ha große Hafenbecken mit seiner 10 bis 20 m breiten Einfahrt ein; gewaltige Steinblöcke waren den Molen als Wellenbrecher vorgesetzt. Die 10 m breite Hafenmauer stieg fast senkrecht vom Boden des Beckens auf. Daraus ist zu schließen, daß die Baumeister des Herodes längs des Beckens einen tiefen Graben aushoben, die Mauer setzten und dann den Erdwall, der das Wasser von der Baustelle fernhielt, wegräumten. Im Jahre 130 wurden die Hafenanlagen durch ein Erdbeben schwer beschädigt; seit dem 4. Jh. war nur noch ein Teil des alten Hafens benutzbar.

In Ermangelung einer natürlichen Anhöhe für Tempel und Palast errichtete Herodes der Große nahe dem Hafen aus gigantischen Gewölbesubstruktionen eine über 15 m hohe Terrasse, eine **künstliche Akropolis.** Ein etwa 300 m^2 großer Abschnitt der Gewölbe ist noch erhalten, aber wegen Einsturzgefahr gesperrt. Auf diese Terrasse setzte Herodes einen Tempel für Augustus und Roma sowie den königlichen Palast. Marmorreste der zerstörten Tempel- und Palastbauten fanden sich in den Befestigungswerken der Kreuzfahrer. In byzantinischer Zeit stand auf der Terrasse ein mächtiges Bauwerk mit Marmorbogen und kreuzgeschmückten Marmorkapitellen. Um einen zentralen Hof gruppierten sich zahlreiche größere und kleinere Räume. Im Westen lag eine große, polygonale Apsis. Da Kirchenapsiden stets nach Osten ausgerichtet waren, kann die Anlage auch kein kirchliches Bauwerk gewesen sein.

Ein zweites Bauwerk dieser Art erhob sich südlich der späteren Kreuzfahrermauer. An einen Säulenportikus im Osten schlossen sich kleinere Vorräume an, die sich zu einer großen Halle mit polychromen Bodenmosaiken öffneten. Die Mosaike wurden viermal erneuert. Auch hier war eine Apsis nach Westen orientiert; ihre Wände und die Kuppel schmückten Mosaike aus Glasfluß mit christlichen Motiven und der Inschrift »Willst du ohne Furcht vor der staatlichen Gewalt leben, dann tue das Gute, so daß du ihre Anerkennung findest« (Röm 13,3). Hier entdeckten die Ausgräber auch eine stark verwitterte Statue des Guten Hirten. Dieser Bau könnte die kirchliche Akademie oder gar die berühmte **Bibliothek von Caesarea** gewesen sein, die Origenes im 3. Jh. gegründet hatte. Den nördlichen Teil des Gebäudes entfernten die Kreuzfahrer beim Ausheben des Wehrgrabens.

An der Südkante der künstlichen Akropolis stehen noch Teile der **Kathedrale St. Paulus.** Die Kreuzfahrer errichteten sie auf den Fundamenten der großen Moschee, die sich ihrerseits vermutlich über einer byzantinischen Kirche erhob. Die Kathedrale mit ihrem mehr als 20 m langen Hauptschiff blieb unvollendet; ihr Gewicht war so gewaltig, daß ein Teil der Terrassengewölbe zusammenstürzte. Heute stehen noch die drei mächtigen Apsiden im Osten und vier Strebepfeiler der Westfassade. Die kleine **Moschee** am Hafen bauten bosnische Siedler Ende des 19. Jhs. Südlich der Kreuzfahrermauern kam ein **Mithräum,** ein Mithras-Heiligtum, zum Vorschein. Mithras war ein altindischer Lichtgott, Spender von Fruchtbarkeit, Frieden und Sieg. Über Persien kam der Mithrasglaube nach Kleinasien und Griechenland, seit dem 1. Jh. v. Chr. verbreitete er sich besonders unter den römischen Legionären.

Im Süden der Stadt erbaute Herodes ein freistehendes **Theater.** Die Cavea bestand im unteren Teil aus 13, im oberen aus fünf Sitzreihen, auf denen 5000 Zuschauer Platz fanden. Treppenaufgänge teilten den Zuschauerraum in gleich große Sektoren (Cunei). Der Ehrenplatz des Königs, später des Prokurators, lag in der Mitte. Die 30 m breite Orchestra hatte einen mit vielfarbigen geometrischen Ornamenten bemalten Estrich, der vierzehnmal erneuert wurde; zuletzt war sie mit Marmorplatten ausgelegt. Das Bühnenhaus, dessen Fassade eine halbrunde Exedra und quadratische Nischen gliederten, wurde im 4. Jh. abgerissen. Gleichzeitig erweiterte man die Orchestra durch ein großes Halbrund nach hinten, um Platz für Tierhetzen und Gladiatorenkämpfe zu erhalten, und rüstete das Theater für Naumachien (Wasserspiele) um, worauf ein großes Wasserreservoir hinweist. Das Bauwerk hatte jetzt eine Breite von 62 m und eine Länge von 95 m. Bei einer Ausbesserung der Treppen verwendeten die Architekten alte Steinquader. Einer davon schmückte einst das Gebäude, das der Prokurator Pontius Pilatus zu Ehren des Kaisers Tiberius (14–37) errichtet hatte; er trägt die einzige bekannte Namensinschrift jenes Mannes, der Jesus zum Tod am Kreuz verurteilte. Am Eingang des Theaters steht eine Kopie des Steines; das Original befindet sich im Rockefeller-Museum, Jerusalem. Im Jahre 404 verbot Kaiser Honorius die Gladiatorenkämpfe, bald danach wurde das Theater zu einer Zitadelle umgebaut. Im Westen erhielt es eine zusätzliche Mauer, die zwei runde Wehrtürme verstärkten. Das römische Theater ist heute weitgehend restauriert; im Sommer finden hier Konzerte im Rahmen des israelischen Musikfestivals statt. In der Nähe des Theaters entdeckten die Ausgräber eine kopflose **Statue der Artemis von Ephesus** aus dem 3. Jh. v. Chr. (heute im Israel-Museum, Jerusalem).

Nordöstlich der Stadt baute Herodes der Große ein (heute nur noch in spärlichen Relikten erhaltenes) **Amphitheater,** dessen Arena mit einer Länge von 95 m und einer Breite von 62 m selbst die des Kolosseums (86 × 54 m) in Rom übertraf. Hier dürfte Titus nach der Eroberung Jerusalems im Jahre 70 sein Siegesfest veranstaltet haben: »Mehr als 2500 betrug die Zahl derer (der gefangenen Juden), die teils in Tiergefechten, teils auf dem Scheiterhaufen, teils in Kämpfen miteinander zugrunde gingen« (Jüd. Krieg VII, 3, 1). Das 320 × 80 m große **Hippodrom** faßte rund 20 000 Zuschauer, die auf hohen, von Steinmauern gestützten Erdwällen im Osten, Süden und Westen saßen. Die 220 m lange und 4,20 m breite Spina bildete die Mittellinie des Rundkurses. An ihrem nördlichen Ende liegen drei mächtige, zugespitzte Säulen aus rotem Granit, die vermutlich das Ziel markierten. Ein 10 m hoher, zerbrochener Obelisk war wohl der Wendestein im Süden der Bahn, der große, quadratische Granitblock von 2,2 m Seitenlänge und 1,2 m Höhe inmitten der östlichen Bahn vielleicht der gefürchtete Taraxippos, der, in der Sonne spiegelnd, die Pferde zum Scheuen bringen sollte.

Hinter dem Parkplatz am Haupttor der Kreuzfahrerstadt trifft man auf eine 130 m lange **byzantinische Geschäftsstraße,** die zur einen Hälfte mit Marmorplatten aus römischen Gebäuden belegt war und zur anderen ein weißes Mosaikpflaster trug. Ein dreifaches Tor mit Stufen verband die verschieden gepflasterten und unterschiedlich hohen Straßenabschnitte, die von Läden und Werkstätten gesäumt waren. Zwei sitzende Statuen von Überlebensgröße flankierten das Tor. Da sie keine Köpfe mehr haben und keine Inschriften tragen, ist eine Identifizierung erschwert. Die 7 Tonnen schwere Statue aus rotem Porphyr könnte Kaiser Hadrian darstellen, die andere aus weißem Marmor, deren Ober- und Unterteil nicht zusammengehören, mag ein Kultbild des Zeus gewesen sein (Farbt. 37). Der

Bürgermeister Flavius Strategius legte die Straße im 6. Jh. an und nahm die beiden Statuen aus römischen Bauten des 2. oder 3. Jhs.

Nordöstlich der byzantinischen Stadt finden sich auf einer kleinen Erhebung die Reste einer Kirche aus dem 5. oder 6. Jh., die **Kirche Extra Muros** (lateinisch für ›außerhalb der Mauern‹). Ein Mosaik mit reizvollen Vogeldarstellungen, mit Obstbäumen und allerlei Getier am Rande schmückte den Kirchenraum (es befindet sich heute im Israel-Museum, Jerusalem). Nördlich der Kreuzfahrerstadt vermuten die Archäologen das Gebiet des phönikischen **Stratonturmes.** Hier lag seit alter Zeit das Judenviertel Caesareas. Die **Synagoge** in diesem Viertel stammt aus dem 3. Jh.; sie wurde in der zweiten Hälfte des 4. Jhs. zerstört. Man fand noch den Mosaikboden und zwei Kapitelle mit der Abbildung einer Menora. Das 18 m lange und 9 m breite dreischiffige Gebäude enthielt eine Mauer aus herodianischer Zeit, die schon Teil jener Synagoge gewesen sein könnte, von der der Aufstand des Jahres 66 gegen Rom ausging.

1 km nördlich der Kreuzfahrermauern ragen 28 Bogen des **Hohen Aquäduktes** (Abb. 89) aus den Sanddünen, mit dem Herodes Trinkwasser aus Quellen der südlichen Karmelausläufer über eine Entfernung von 12 km heranführte. Der Aquädukt überquerte auf niedrigen Bogen die sumpfige Küstenebene, durchbrach als Tunnel eine Hügelkette und wandte sich auf hohen Bogen zur Stadt. Die Spannweite der auf mächtigen Pfeilern ruhenden Halbbogen beträgt 4,25 m. Als Caesarea 6 n. Chr. Hauptstadt der römischen Provinz Judäa wurde, trat an der Seeseite eine zweite Rinne mit entsprechendem Unterbau hinzu. Der bis zu 6 m hohe Doppelaquädukt war 5 m breit. Zur Zeit Hadrians bauten die Stadtväter eine zweite Wasserleitung, den sogenannten **Tiefen Aquädukt.** Dazu stauten sie den Nahal Tanninim (›Krokodilfluß‹, weil hier noch im 19. Jh. Krokodile lebten) mit zwei Dämmen, um dem Wasser über eine Strecke von 10 km das nötige Gefälle zu geben. Der Aquädukt war am Anfang offen, wurde dann 1,9 m breit in den Felsen geschlagen und lief schließlich, um das Wasser vor Flugsand zu schützen, in einem geschlossenen gemauerten Kanal zur Stadt, wo sein Wasser hauptsächlich zur Bewässerung der ausgedehnten Gärten und Felder diente.

Netanya

32 km nördlich von Tel Aviv liegt an einem kilometerlangen, breiten Sandstrand Netanya, das größte Seebad Israels mit heute etwa 100 000 Einwohnern. 1928 legten junge Siedler aus Petah Tiqwa im heutigen Ortsbereich von Netanya erste Zitrusplantagen an und benannten den Ort nach Nathan Strauss, einem amerikanisch-jüdischen Philanthropen. In den 30er Jahren kamen belgische und niederländische Diamantenschleifer nach Palästina und begründeten in Netanya eine rührige Diamantenindustrie. Im Zweiten Weltkrieg wurde der Ort wegen seines milden Klimas Rekonvaleszenzzentrum für verwundete alliierte Soldaten. Nach dem Bau der Schnellstraße und einer Bahnlinie zwischen Tel Aviv und Haifa nahm Netanya einen starken Aufschwung.

Die von der Autobahn abbiegende Hauptstraße Rehov Herzl führt zum Meer und mündet in den Kikar HaAtzmaut, den touristischen Mittelpunkt der Stadt. Nördlich von diesem Platz bietet das zum Meer hin geöffnete moderne **Amphitheater** Vorstellungen verschiedenster Art. Die **Diamantenschleifereien** im Süden der Stadt (Rehov Yahalom) können besichtigt werden.

Herzliyya/Tel Arshaf

Die Stadt Herzliyya, 10 km nördlich von Tel Aviv, entwickelte sich in den 70er Jahren zu einem der modernsten Seebäder des Landes und zum ›Hollywood Israels‹. 1924 wurde der Ort als landwirtschaftliche Siedlung gegründet und nach Theodor Herzl (1860–1904), dem Begründer des Zionismus, benannt. Nach 1948 entstand in der östlichen Kernstadt eine rege Industrie, am kilometerlangen, breiten Sandstrand schossen luxuriöse Villen, Pensionen und Hotels in die Höhe. Im Stadtteil Pituah entstanden Film- und Fernsehstudios. Heute zählt Herzliyya 63 000 Einwohner.

Nördlich von Herzliyya erhebt sich im Stadtteil Reshef über die Küstenfelsen die **Moschee von Sidna Ali,** eines islamischen Heiligen, der in Saladins Heer gegen die Kreuzfahrer kämpfte. 500 m weiter nördlich (Zufahrt neben dem Rundfunk- und Fernsehsender Tel Aviv) findet man am Rande der Steilküste die Ruinen von **Tel Arshaf.** Die Kanaaniterstadt Arshaf leitete ihren Namen von »Reshef« ab, dem westsemitischen Gott des Feuers und des Lichtes. Als die Assyrer 701 v. Chr. bis zur Mittelmeerküste vorstießen, hieß die Stadt Rishpona. Die Griechen setzten Reshef ihrem Apollon gleich und nannten die Stadt im 4. Jh. v. Chr. Apollonia. Apollonia hatte sowohl in hellenistischer als auch in römischer Zeit eine erhebliche Bedeutung als Hafen. Im 7. Jh. erinnerten sich die Araber des ersten Namens und tauften das byzantinische Sozusa (›Erlöser‹) in Arsuf um. Nachdem die Kreuzfahrer im Jahre 1099 Jerusalem erobert hatten, wandten sie sich den noch immer islamischen Küstenstädten zu. Arsuf schickte, um den Frieden zu erhalten, Geiseln und ließ den Ritter Gerhard von Avesnes, einen Freund des Königs Gottfried, in seine Mauern. Als der König dennoch angriff, stellten die Moslems den Ritter auf die Zinnen. Gottfried aber brach den Ansturm nicht ab, und Gerhard wurde von zwölf Pfeilen seiner Landsleute durchbohrt. Die Stadt war jedoch nicht zu bezwingen, der König mußte die Belagerung aufgeben. Die Christen beschränkten sich nun darauf, Arsuf und die anderen Häfen auszuhungern; sie sperrten jeden Nachschub und vernichteten die Äcker. Als erste Stadt bot Arsuf im März 1100 die Kapitulation an. Als Zeichen ihres guten Willens schickten sie Gerhard von Avesnes, inzwischen von arabischen Ärzten geheilt, zu den Christen zurück. Der König war überrascht, seinen totgeglaubten Freund wiederzusehen, und gab sich mit Tributzahlungen zufrieden.

Arsuf blieb also islamisch und nahm bald darauf Verbindung zum fatimidischen Ägypten auf. Als die Stadt die Tributzahlungen einstellte und die Verkehrswege bedrohte, erschien im Frühjahr 1101 ein christliches Heer vor den Mauern. Mit Unterstützung eines genuesi-

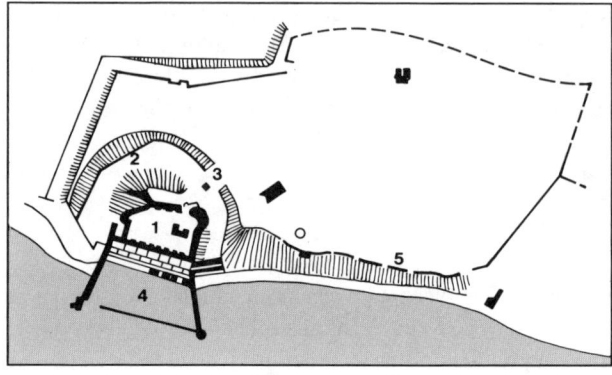

Arsur (Tel Arshaf)
zur Kreuzfahrerzeit
1 Zitadelle
2 Burggraben
3 Burgtor
4 Hafen
5 Seemauer

schen Geschwaders gelang diesmal die Eroberung der Stadt. Die Einwohner mußten Arsuf räumen und erhielten freies Geleit in das islamische Gebiet von Askalon. Aus Arsuf wurde Arsur (Arsour). 1191 errang Richard Löwenherz bei Arsur in der ersten großen offenen Feldschlacht seit Hattin einen Sieg gegen Saladin. 1251 schuf Ludwig der Heilige jene mächtigen Befestigungen, deren Kraft die gewaltigen, übereinandergetürmten Steinblöcke noch erahnen lassen. 1265 stand Sultan Baibars vor den Toren von Arsur, das von 270 Hospitaliterrittern verteidigt wurde. Die Mauern hielten den Belagerungsmaschinen des Sultans nicht stand; die Hospitaliter ergaben sich nach Zusicherung freien Abzugs. Baibars brach sein Wort und führte die Ritter in die Gefangenschaft.

1950 brachten umfangreiche Ausgrabungen Ruinen aus römischer und fränkischer Zeit zum Vorschein, darunter ein Amphitheater und Festungsanlagen der Kreuzfahrer. Im Meer ist noch die alte Mole des mittelalterlichen Hafens zu sehen.

Tel Aviv – Yafo

Tel Aviv – Yafo ist die wirtschaftliche und kulturelle Metropole des heutigen Israel; alle großen Unternehmen, Banken und Versicherungsgesellschaften haben hier ihre Zentrale. Auch viele Botschaften sind in Tel Aviv verblieben, das nach wie vor als die inoffizielle Hauptstadt Israels gilt. Die Doppelstadt, die aus dem alten, zum Teil noch malerischen Yafo und dem modernen, nüchternen Tel Aviv, der ›Stadt in Weiß und Grün‹, besteht, stellt wegen ihrer zahlreichen Sehenswürdigkeiten, dem vielseitigen Unterhaltungsangebot und den feinsandigen Stränden ein wichtiges touristisches Ziel dar. Während Yafo (Jaffa) über viele Jahrtausende gewachsen ist, wurde Tel Aviv in knapp 100 Jahren als erste rein hebräische Stadt des Landes planlos in die Sanddünen gebaut. Es präsentiert sich heute als ein Konglomerat von Geschäfts- und Wohnhäusern, die unter dem Druck der Einwandererströme möglichst schnell und billig erstellt werden mußten. Erst in den letzten Jahren versucht die Stadtverwaltung, das Bauchaos in der Innenstadt zu entwirren. Schöne Boulevards, großzügige Plätze und gepflegte Parks entstanden, architektonisch interessante Großbauten lockerten das Stadtbild auf (Abb. 83). Tel Aviv – Yafo zählt heute 327000 Einwohner, mit seinen Vorstädten Bene Beraq, Ramat Gan, Giv'atayim, Holon, Bat Yam u. a. sogar rund 1,5 Millionen, also ein gutes Drittel der israelischen Bevölkerung (Farbt. 40).

Geschichte
Yafo (Jafo; arabisch Jaffa) rühmt sich, die älteste Hafenstadt der Erde zu sein, denn nach der jüdischen Überlieferung wurde es von Jafet, dem dritten Sohn Noahs, gegründet, von dem auch der Name stammen soll. Plinius d. Ä. (23–79) gibt sogar das Entstehungsjahr an: 40 Jahre nach der Sintflut. Auf dem Tell von Jafo haben Archäologen Stadtbefestigungen der Hyksos entdeckt (Mittlere Bronzezeit, 1750–1550), im Gebiet der modernen Schwesterstadt Tel Aviv fanden sie sogar Siedlungsspuren aus dem Neolithikum (5. Jahrtausend v. Chr.) und dem Chalkolithikum (4000–3100). Nach der Karnakliste zählte Jafo zu den 113 Städten, die Thutmosis III. im Jahre 1468 v. Chr. eroberte. Allerdings war dem Pharao die Einnahme nur mit Hilfe einer Kriegslist gelungen, die Odysseus rund 250 Jahre später in ähnlicher Weise bei der Belagerung Trojas anwandte: Eine Karawane brachte 200 große Tonkrüge auf den Markt von Jafo. Kaum waren sie abgeladen, sprangen aus ihnen 200 Soldaten, die den inzwischen herbeigeeilten Ägyptern das Stadttor öffneten. Jafo wurde auch in den Amarnabriefen (14. Jh. v. Chr.) erwähnt, Ramses II. hinterließ im Jahre 1270 v. Chr. auf einem Bronzetor seinen Namen. Anschließend gelangte die Stadt unter die Herrschaft der Philister. Bei der Landnahme wurde sie dem Stamm Dan zugeteilt (Jos 19,46), aber vermutlich nie von den Israeliten besetzt.

Im 10. Jh. v. Chr. war Jafo unter dem Namen Yapu ein phönikischer Hafen. Über Yapu erhielt König Salomo das Bauholz aus dem Libanon für seinen Jerusalemer Tempel (2 Chr 2,15). In Jafo ging der Prophet Jona an Bord eines phönikischen Schiffes, um vor dem Auftrag Gottes, in Ninive, der Hauptstadt des Assyrerreiches, zu predigen, nach Tarshish (Südspanien) zu fliehen. Das Buch Jona (1,3–16) erzählt die Geschichte der vergeblichen Flucht, das Abenteuer Jonas mit dem Wal. In der zweiten Hälfte des 8. Jhs. v. Chr. befand sich Jafo wieder in den Händen der Ägypter. Die Krone Unter- und Oberägyptens trug damals der äthiopische Pharao Pianchi (751–716), und auch der Statthalter von Jafo war ein Äthiopier, der griechischen Sage nach ein König namens Kepheus. Seiner Frau Kassiopeia zuliebe nannte er die Stadt Iopeia, woraus in hellenistischer Zeit Joppe wurde. Im Jahre 702 v. Chr. eroberten die Assyrer die Stadt. Vom 6. bis 4. Jh. v. Chr. gehörte sie erneut den Phönikern, und wieder wurde hier Zedernholz aus dem Libanon für den Neubau des Jerusalemer Tempels umgeschlagen (Esra 3,7).

Seit Alexander dem Großen (332 v. Chr.) stand die Stadt unter hellenistischem Einfluß; die Ptolemäer verluden hier Weizen für Alexandria. In der ersten Hälfte des 2. Jhs. v. Chr. kam es in Joppe zu einem Pogrom: Die griechischen Einwohner luden die 200 Mitglieder der jüdischen Gemeinde zu einer Bootsfahrt auf dem Meer ein und versenkten die Schiffe. Um

Jaffa/Yafo um 1839

den Mord zu rächen, überfiel Judas Makkabäus den Hafen und verbrannte alle griechischen Schiffe; die Stadt selbst konnte er aber nicht erstürmen (2 Makk 12,3–7). Erst seinem Bruder Jonatan gelang einige Jahrzehnte später die Eroberung (1 Makk 10,76). 142 v. Chr. siedelte Simeon, Bruder und Nachfolger Jonatans, in Joppe Juden an und ließ die Stadt befestigen (1 Makk 14,34).

63 v. Chr. brachte Pompejus Joppe unter römische Herrschaft. Julius Caesar gab die Stadt den Juden zurück und unterstellte sie unmittelbar dem Hohenpriester (Jüd. Altert. XIV, 10, 6). Mit dem Ausbau von Caesarea als Haupthafen von Judäa durch Herodes den Großen verlor Joppe an Bedeutung. Nach der Absetzung des Archelaos, des Sohnes und Nachfolgers von Herodes, im Jahre 6 n. Chr. wurde es unter dem Namen Flavia Joppe Teil der römischen Provinz Judäa. 66 n. Chr., gleich zu Beginn des jüdischen Aufstandes, zerstörte der römische Legat Cestius Gallus die Stadt, die Einwohner kehrten jedoch zurück und führten von Joppe aus einen erfolgreichen Kaperkrieg gegen Rom. 68 n. Chr. erschien Cestius' Nachfolger Vespasian vor der kaum befestigten Stadt. Die Bewohner entwichen mit ihren Schiffen auf das Meer, wo ein gewaltiger Sturm die Flotte vernichtete. Über 4200

Leichen wurden ans Land gespült. Vespasian errichtete auf dem Stadthügel eine Zitadelle (Jüd. Krieg III, 9,2–4). Schon bald wurde Joppe wieder aufgebaut und hatte auch eine jüdische Gemeinde, die sogar den Bar-Kochba-Aufstand (132–135) überdauerte. Im 4. Jh. ließen sich babylonische Juden in Jafo nieder, zur gleichen Zeit residierte hier ein Bischof. Im Jahre 636 kam die Stadt unter die Herrschaft der Araber, die ihr den Namen Jaffa gaben. Mit der Gründung von Ramla als Hauptstadt des islamischen Palästina stieg auch wieder die Bedeutung des hiesigen Hafens.

Am 17. Juni 1099 liefen sechs christliche Schiffe in Jaffa ein, das von nun an für lange Zeit der wichtigste Nachschub- und Pilgerhafen der Kreuzfahrer bleiben sollte. 1187 fiel ganz Palästina an Saladin, doch schon 1191 nahm Richard Löwenherz beim erneuten Vordringen der Christen Jaffa kampflos ein und baute die Befestigungswerke wieder auf. 1192 stand Saladin abermals vor den Mauern der Stadt. Jaffa schien verloren, und die Verteidiger hatten sich bereits unter der Bedingung freien Geleits ergeben, doch die moslemischen Soldaten begannen zu plündern und zu morden. Der Sultan riet den Rittern daraufhin, sich in der Zitadelle zu verschanzen, bis er die Ordnung in der Stadt wieder hergestellt hätte. Inzwischen aber war Richard Löwenherz den Eingeschlossenen mit 50 Galeeren zu Hilfe gekommen. Die Besatzung nahm den Kampf wieder auf, Saladin befahl den Rückzug. 1198 tauschten die Kreuzfahrer Jaffa gegen Beirut ein, aber bereits sechs Jahre später war Jaffa wieder christlich. 1228 erneuerte Kaiser Friedrich II. die Befestigungen der Stadt, 1252 ließ König Ludwig IX. weitere Verstärkungen vornehmen. Am 7. März 1268 ging Jaffa nach nur 12stündiger Belagerung durch Sultan Baibars endgültig an den Islam verloren.

Jaffa, das sich wegen seiner ungeschützten Reede nicht besonders gut als Hafen eignete, blieb über Jahrhunderte ein kleiner, unbedeutender Fischerort, in dem nur gelegentlich ein Pilgerschiff festmachte. 1650 errichteten die Franziskaner ein Pilgerhospiz, um das sich allmählich eine wachsende Siedlung entwickelte. Am 3. März 1799 zerstörte Napoleon die Mauern der wiedererstandenen Stadt. 1807 wurde Aga Mahmud, wegen seiner Härte Abu Nabut (›Vater des Knüppels‹) genannt, Gouverneur des Bezirkes Gaza und etablierte seine Residenz in Jaffa. 1818 hatte Jaffa bereits 6000 Einwohner und entwickelte sich wieder zum Haupthafen des Landes, über den vor allem Baumwolle und Orangen verschifft wurden. Lateinische und griechische Christen wetteiferten miteinander im Bau von Kirchen, Klöstern und Herbergen.

1852 gründeten amerikanische Siedler am Westufer des Ayyalon im heutigen Stadtteil Shekhunat Montefiore eine Farm, von der sie schon nach wenigen Jahren von den Beduinen wieder vertrieben wurden (der Schriftsteller und Nobelpreisträger John Steinbeck ist ein Nachkomme dieser Siedler). 1878 legten ungarische Juden 14 km östlich des heutigen Tel Aviv Petah Tiqwa, die erste landwirtschaftliche Siedlung der Juden in Israel, an. 1887 und 1890 entstanden nördlich von Jaffa die jüdischen Siedlungen Newe Zedek und Newe Shalom, die allmählich zu Vorstädten heranwuchsen und 1910 unter dem Namen Tel Aviv (›Hügel des Frühlings‹) zusammengefaßt wurden. Dieser soll an Tell Abib, einen Ort des babylonischen Exils, und zugleich an die Vision des Propheten Ezechiel von der Auferwekkung Israels erinnern (Ez 3,15; 37,1–12). Nach dem Ersten Weltkrieg bildeten sich neue

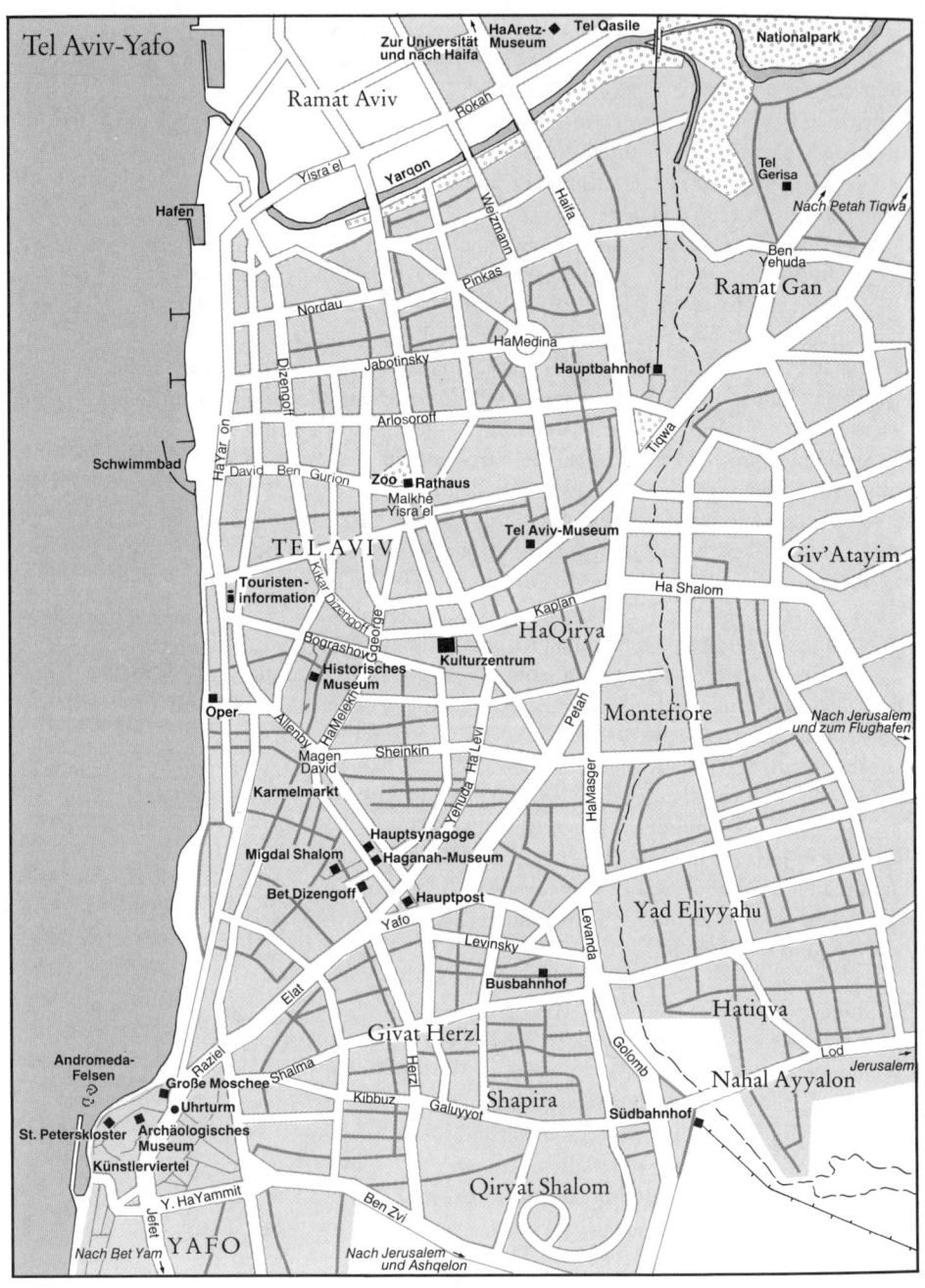

Tel Aviv-Yafo

Ramat Aviv

HaAretz-Museum ◆ Tel Qasile

Zur Universität und nach Haifa

Nationalpark

Hafen

Yisra'el

Yarqon

Roķah

Weizmann

Haifa

Tel Gerisa

Nach Petah Tiqwa

Ben Yehuda

Ramat Gan

Nordau

Pinkas

Dizengoff

Jabotinsky

HaMedina

Arlosoroff

Hauptbahnhof ■

Schwimmbad

HaYar ōn

David Ben Gurion

Zoo ■ Rathaus

Malkhé Yisra'el

Tiqwa

TEL AVIV

Tel Aviv-Museum ■

Giv'Atayim

Touristen-information ■

Kikar Dizengoff

Bograshov

Kaplan

Ha Shalom

HaQirya

Kulturzentrum ■

Historisches Museum ▲

Petaḥ

Montefiore

Nach Jerusalem und zum Flughafen

Oper ●

Allenby

HaMelakha

Magen David

Sheinkin

Yehuda Ha Levi

HaMasger

Karmelmarkt

Hauptsynagoge ▲

Migdal Shalom ◆

Haganah-Museum ◆

Bet Dizengoff ◆

Hauptpost ■

Yafo

Levinsky

Levanda

Yad Eliyyahu

Busbahnhof ■

Elat

Hatiqva

Givat Herzl

Golomb

Lod

Jerusalem

Andromeda-Felsen

Raziel

Shalma

Herzl

Kibbuz

Galuyyot

Shapira

Nahal Ayyalon

Große Moschee

● Uhrturm

St. Peterskloster ▲

Archäologisches Museum ▲

Künstlerviertel

Südbahnhof ■

Y. HaYammit

Jelet

YAFO

Ben Zvi

Qiryat Shalom

Nach Bet Yam

Nach Jerusalem und Ashqelon

Wohnviertel; immer schneller folgten die Einwanderungswellen aufeinander, und immer größer wurden sie. Als Reaktion darauf sperrten die Araber den Hafen und vertrieben alle Juden aus Jaffa. 1948 zählte Tel Aviv bereits 230 000 Einwohner, Jaffa nur 100 000. Am 14. Mai 1948 proklamierte David Ben Gurion in Tel Aviv die Unabhängigkeit Israels (in den Tagen davor waren fast alle arabischen Bewohner aus Jaffa geflohen). Tel Aviv wurde provisorische Hauptstadt des neuen Staates. 1950 erfolgte der Zusammenschluß zum heutigen Tel Aviv-Yafo.

Sehenswertes in Tel Aviv

Als Ausgangspunkt für eine Besichtigung Tel Avivs eignet sich der 140 m hohe, 37stöckige **Migdal Shalom** (Mizpe Shalom, Shalom Mayer Tower, ›Friedensturm‹), derzeit das höchste Gebäude Israels und des ganzen Nahen Ostens. Ein großes Warenhaus, ein Hotel und unzählige Büros sind hier untergebracht. Die Aussichtsplattform des Turmes, von der aus man an klaren Tagen bis zum Karmel und nach Jerusalem schauen kann, ist sonntags bis donnerstags von 10 bis 17 Uhr, freitags bis 15 Uhr und samstags von Sonnenuntergang bis 22 Uhr geöffnet (Eintrittsgebühr). In unmittelbarer Nähe des Migdal Shalom, an der Allenby Road/Ecke Rehov Ahad Ha'am, steht die **Hauptsynagoge** von Tel Aviv, 1923–1926 erbaut und 1970 renoviert (Abb. 81). Die **Allenby Road,** benannt nach Lord Allenby, der als Befehlshaber der britischen Streitkräfte in den Jahren 1917–1918 den Türken Palästina entriß, ist die Hauptgeschäftsstraße von Tel Aviv.

Das **Haganah-Museum** (Museum of the Israel Defence Forces) im Sderot Rothschild 23 erläutert Geschichte und Bedeutung der Haganah (›Selbstschutz‹), die nach dem Ersten Weltkrieg als militärische Organisation zum Schutz der jüdischen Siedlungen in Palästina gegründet wurde und 1948 den Kern der jungen israelischen Armee bildete. **Bet Dizengoff** im Sderot Rothschild 16 war das Wohnhaus des Bürgermeisters Dizengoff, in dem David Ben Gurion am 15. Mai 1948 den Staat Israel proklamierte. Heute ist hier ein Bibelmuseum (Bet Tanach) untergebracht. Folgen Sie nun der Allenby Road nach Norden bis zum Kikar Magen David (King David Square). Westlich davon erstreckt sich das Gassenviertel des **Karmelmarktes** (Suq HaKarmel), eines orientalisch anmutenden Marktes, wo vorwiegend Obst, Gemüse und Textilien angeboten werden. Das **Historische Museum** von Tel Aviv im Rehov Bialik 27 enthält zahlreiche Dokumente, die die Geschichte der Stadt erläutern.

Im Sderot Tarsat befindet sich das Kulturzentrum von Tel Aviv mit dem israelischen Nationaltheater **Habimah** (›die Bühne‹), das 1917 in Moskau als hebräisches Theater gegründet worden war und 1929 nach Israel kam, mit dem **Frederick-Mann-Auditorium** für Konzertveranstaltungen, erbaut von den Architekten Karmi und Meltzer, und dem **Helena-Rubinstein-Museum,** einer Abteilung des Tel Aviv-Museums, das wechselnde Ausstellungen zeitgenössischer Kunst zeigt. Der nahe **Sderot Dizengoff** gilt als eine der schönsten Geschäftsstraßen Tel Avivs; er führt in weitem Bogen zum Meer hin, um schließlich parallel zur Küste zu verlaufen. Unterbrochen wird der Boulevard vom Kikar Dizengoff, dem Mittelpunkt der City, mit schönen Brunnen und hohen Palmen.

Das **Tel-Aviv-Museum** (Sderot Shaul Hamelech 27) ist der bildenden Kunst der Moderne und der vergangenen vier Jahrhunderte gewidmet. Es enthält u. a. Werke von Pissarro, Degas, Rodin, Leger, Picasso, Kokoschka, Archipenko, Chagall, Ernst und Moore. Das Gebäude, 1971 nach Plänen von J. Yashar und D. Eytan erbaut, wird flankiert von der Zentralbibliothek (Sha'ar Zion) und dem obersten Gerichtshof von Israel. Einen großartigen Rundblick über das moderne Tel Aviv bietet die Aussichtsterrasse des zwölfstöckigen Rathauses. Der Kikar Malkhe Yisra'el (›Platz der Könige Israels‹) zu Füßen der City Hall ist an den Festtagen Purim und Yom Kippur Treffpunkt Tausender fröhlicher Israelis. Auf keinen Fall sollten Sie es versäumen, die prachtvolle **Küstenpromenade HaYarqon** mit ihren Hotels, Botschaften, dem Jachthafen Marina und den breiten Badestränden entlangzufahren. Die Hotelgiganten Dan und Hilton sowie das Gebäude der israelischen Fluggesellschaft El Al bestimmen die Silhouette der Millionenstadt.

Im nördlichen Stadtteil Ramat Aviv liegt jenseits des Nahal Yarqon das **HaAretz-Museum,** ein weiträumiger Komplex mit neun Sammlungen: Das Alphabet-Museum zeigt die Ursprünge und die Entwicklung der Schrift; das Museum für Ethnographie und Volkskunst ist der religiösen und weltlichen jüdischen Kunst gewidmet; das Glasmuseum veranschaulicht die Geschichte der Glasherstellung und -verarbeitung von der Späten Bronzezeit bis zur islamischen Periode; im Keramikmuseum ist u. a. eine rekonstruierte Wohnung aus der Zeit der Könige Israels zu sehen; das Kadman Numismatic Museum illustriert die Entwicklung des Münzwesens; das Museum der Wissenschaft und Technik enthält eine reichhaltige Sammlung aus den Bereichen Mathematik, Flugwesen, Energie und Transportwesen; der Nechushtan-Pavillon zeigt archäologische Funde aus den frühgeschichtlichen Kupferbergwerken von Timna; ein weiterer Pavillon ist der Verwendung von Werkzeugen und dem Einsatz von Energie durch den Menschen seit vorgeschichtlichen Zeiten gewidmet. Schließlich gehört noch das interessante Lasky Planetarium zum Komplex des HaAretz-Museums.

An den Museumsbereich grenzt die Ausgrabungsstätte **Tel Qasile** am Nordufer des Yarqon. Tel Qasile war im 12. und 11. Jh. v. Chr. die Stätte einer blühenden Philistersiedlung, deren damaliger Name aber unbekannt ist. Geschulte Augen erkennen noch die Wohnhäuser, Werkstätten und Schmelzöfen jener Zeit, aber auch drei Tempel philistäischer Gottheiten. In den zwölf Siedlungsschichten, die israelische Archäologen seit 1948 untersuchen und die eine fast ununterbrochene Besiedlung des Hügels vom 12. vorchristlichen Jahrhundert bis in das ausgehende Mittelalter (15. Jh.) dokumentieren, kamen auch Relikte aus der Ära König Salomos (10. Jh. v. Chr.) zum Vorschein, was die Möglichkeit eröffnet, daß die Libanonzedern für den Jerusalemer Tempel nicht in Yafo, sondern hier am Yarqon umgeschlagen wurden. Ergänzend sei noch der **Tel Gerisa** (Tell el-Jerish) erwähnt, der 2 km flußaufwärts am Südufer des Yarqon liegt. Er war schon um 2500 v. Chr. bewohnt und wurde gegen Ende des 10. Jhs. v. Chr. aufgegeben. Im Jahre 1799 beobachtete Napoleon von dem Tell aus den Übergang seiner Truppen über den Fluß, weshalb heute auch der Name ›Napoleonshügel‹ geläufig ist.

Vom HaAretz-Museum führt die HaUniversita in weitem Bogen zur **Universität** von Tel Aviv mit ihren modernen Bauten. Wer sich über die Geschichte der jüdischen Gemeinden in aller Welt seit der Zerstörung des Zweiten Tempels (70 n. Chr.) informieren möchte, erhält im hiesigen **Nahum-Goldman-Museum der jüdischen Diaspora** (Bet HaTefutsot) jede gewünschte Auskunft. Die Geschichte der Wanderungen des jüdischen Volkes wird hier mit den modernsten elektronischen und graphischen Mitteln dargestellt.

Sehenswertes in Yafo
Der Stadtteil Yafo (Jaffa) hat trotz vieler Neubauten und Sanierungsmaßnahmen noch immer die Atmosphäre einer alten arabischen Stadt bewahrt. Heute leben hier neben 70 000 Juden noch rund 10 000 Moslems und Christen. Den Wagen parkt man am besten in der Nähe des **alten Hafens,** der heute als Jacht- und Fischerhafen dient. Seit dem Mittelalter war Jaffa für die tiefgehenden Hochseeschiffe nicht mehr besonders geeignet, denn sie mußten weit vor den Klippen ankern und ihre Güter auf kleine Schiffe umladen. (1102 war der skandinavische Mönch Saewulf Zeuge, wie mehr als 20 Schiffe der Flotte, mit der er gereist war, im Sturm auf den Klippen zerschellten und über 1000 Pilger ertranken.) Am Ende der Mole ragt der bizarre **Andromeda-Felsen** aus dem Meer. An diesen Felsen hatte König Kepheus der Legende nach seine Tochter Andromeda anketten lassen, um sie einem Meeresungeheuer zu opfern. Ihre Mutter Kassiopeia hatte nämlich behauptet, sie sei schöner als die Nereiden. Die anmutigen Meernymphen beklagten sich daraufhin bei Poseidon, der in seinem Zorn ein Ungeheuer entsandte, um das Land des Königs zu verwüsten. Gerade als sich das Untier auf die unschuldige Prinzessin stürzen wollte, erschien Perseus, ein Sohn des Zeus und König von Mykene und Tiryns, befreite sie und nahm sie als seine Frau mit nach Griechenland. Die eitle Kassiopeia aber zieht seitdem als Sternbild über den nächtlichen Himmel, zumeist mit den Füßen nach oben, als immerwährende Strafe.

Die einstigen Hafenslums haben sich unter Gestaltung der israelischen Architekten Frenkel, Mendel und Yaar in ein malerisches **Künstlerviertel** verwandelt, mit zahlreichen Ateliers und Kunstgalerien, die zur Besichtigung und zum Kauf der ausgestellten Werke einladen. Das **St. Peterskloster** (Abb. 82) der Franziskaner wurde im 17. Jh. auf den Mauern einer Kreuzfahrerfestung erbaut und 1894 erneuert. Vom Hof aus erreicht man über eine Treppe zwei guterhaltene Säle der mittelalterlichen Zitadelle. In der kleinen, gewundenen Gasse, die vom St. Peterskloster zum alten Leuchtturm am Hafen führt, steht eine im Jahre 1730 entstandene Moschee. Unter ihr soll sich das Haus des Gerbers Simon befunden haben, in dem der Apostel Petrus längere Zeit lebte, nachdem er die Jüngerin Tabita wieder zum Leben erweckt hatte (Apg 9,36–43).

Die **archäologische Zone Gan HaPisga** auf einer Anhöhe beim Hafen ist der Kern des alten Jafo/Joppe/Jaffa. Hier entdeckten die Ausgräber ein Teilstück der 6 m dicken Hyksosmauer aus dem 18. vorchristlichen Jahrhundert, Überreste einer jüdischen Siedlung aus dem 5. Jh. v. Chr., Mauerwerk der Hasmonäer und römische Relikte. Die archäologische Zone ist heute eine gepflegte Parkanlage, von deren Höhe man vor allem am späten Nachmittag einen herrlichen Blick auf die Küstensilhouette von Tel Aviv hat. Das einsame

Minarett am Rande des Parks gehört zur Ahmediya-Moschee, die inzwischen abgerissen wurde. Das **Archäologische Museum** (Museum of Antiquities of Tel Aviv-Yafo), im ehemaligen Regierungspalast des osmanischen Gouverneurs Abu Nabut untergebracht, beherbergt eine sehenswerte Sammlung örtlicher Funde. Von besonderem Interesse sind die Venus von Jafo, eine Fruchtbarkeitsgöttin aus dem 5. Jahrtausend v. Chr., und eine Öllampe aus der Zeit der Kanaaniter (Anfang 3. Jahrtausend v. Chr.). Ebenfalls aus der Zeit des Abu Nabut stammt die **Große Moschee,** auch Mahmudiya-Moschee genannt. Einige ihrer Säulen ließ der Gouverneur aus den Ruinen von Caesarea und Ashqelon herbeischaffen; sie wurden bewußt verkehrt aufgestellt, so daß die alten Kapitelle als Säulenbasen fungieren. Beachtung verdient außerdem ein schöner Wandbrunnen im Stil des türkischen Rokoko. Der **Uhrturm** wurde 1906 zum 30jährigen Thronjubiläum des Sultans Abdul Hamid II. erbaut. Südlich der Großen Moschee beginnt der **Tändel- und Trödelmarkt** (Shuq HaPishpeshim), ein einzigartiger Flohmarkt, der täglich bis zum Sonnenuntergang geöffnet ist. In den engen, finsteren Gäßchen dieses Viertels mit seinen zahllosen kleinen Läden und Verkaufsnischen ist noch ein wenig vom Zauber des alten Orients zu verpüren.

Das Mausoleum von Mazor

An der Straße von der modernen Stadt Rosh Ha'Ayin nach Lod sieht man linker Hand das römische Mausoleum von Mazor. Der zweistöckige Bau wurde im 2. Jh. n. Chr. in der Form

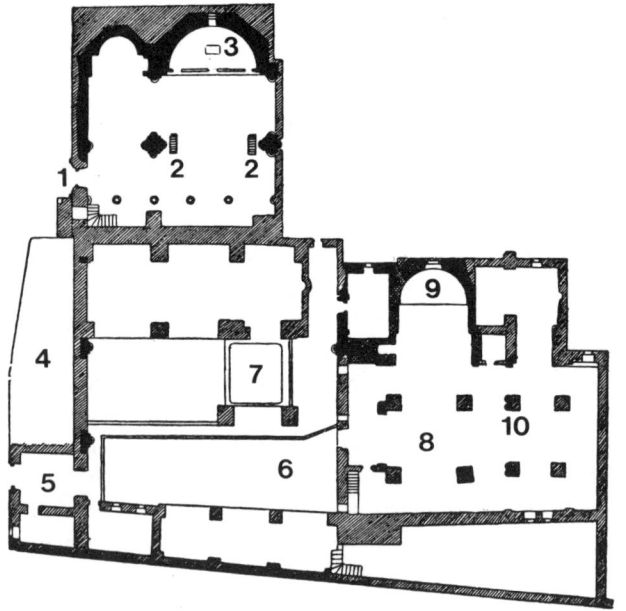

Lod: Georgskirche und El-Khadr-Moschee
1 Eingang zur Georgskirche
2 Treppen zur Krypta
3 Altar
4 Läden
5 Eingang zum Bereich der Moschee
6 Hof der Moschee
7 Reinigungsbrunnen
8 El-Khadr-Moschee
9 byzantinische Apsis
10 Säule mit griechischer Inschrift

eines Antentempels für einen unbekannten Römer errichtet. Zwei korinthische Säulen stützen den Architrav. Die Treppe zum oberen Stockwerk ist noch vorhanden, ebenso das Postament für den Sarkophag. Bei dem Mausoleum handelt es sich übrigens um das einzige römische Gebäude in Israel, dessen Dach noch erhalten blieb. Die Araber wandelten den Grabbau in eine Moschee um, die sie Nebi Yehia (›Prophet Johannes‹) nannten. Der Mihrab in der Südwand ist noch deutlich zu erkennen. Das Mausoleum liegt am Rande einer makkabäischen Nekropole, von der zahlreiche Schachtgräber zeugen.

Der Moshav Mazor wurde 1949 westlich des zerstörten arabischen Dorfes Muzeira gegründet.

Lod/Lydda

Lod, eine Stadt mit langer Geschichte, 22 km südöstlich von Tel Aviv gelegen, ist heute vor allem durch den bedeutendsten Flughafen Israels, den Ben Gurion Airport, bekannt. Die interessantesten Sehenswürdigkeiten von Lod sind die Grabstätte des hl. Georg, die von Christen wie von Moslems gleicherweise verehrt wird, und die Baibarsbrücke. Die Stadt zählt heute etwa 41 000 Einwohner, darunter 6500 Araber.

Geschichte

Lod gehörte zu den zahlreichen kanaanitischen Städten, die Pharao Thutmosis III. (1490–1436) eroberte. Nach der Landnahme erneuerte der Israelit Schemed vom Stamme Benjamin die Siedlung (1 Chr 8,12). Im 8. Jh. v. Chr. wurde Lod von den Assyrern zerstört und im 5. Jh., nach dem Babylonischen Exil, neu besiedelt (Esra 2,33; Neh 7,37; 11,35). 157 v. Chr., während des Makkabäeraufstands, mußte der Seleukidenherrscher Demetrios I. Soter die von den Griechen Lydda genannte Stadt an den Makkabäer Jonatan abtreten (1 Makk 11,34). 43 v. Chr. unterwarf der Römer Cassius, Caesarmörder und Statthalter von Syrien, den Ort, weil dieser seine maßlosen Geldforderungen zurückwies (Jüd. Altert. XIV, 11,2). Der Apostel Petrus besuchte die christliche Gemeinde von Lydda und heilte den gelähmten Aeneas (Apg 9,32–35). Nach Plinius (Naturgeschichte 5, 14, 70) und Josephus (Jüd. Krieg III, 3,5) war Lydda Hauptort einer Toparchie der Provinz Judäa. Im ersten jüdischen Krieg gegen Rom wurde es von Cestius Gallus niedergebrannt und an Vespasian übergeben (Jüd. Krieg II, 19,1; IV, 8,1). In Lydda wirkten so berühmte Rabbis wie Elieser ben Hyrkanus und Akiba. Unter Kaiser Septimius Severus (193–211) wurde die Stadt römische Kolonie mit dem offiziellen Namen Colonia Lucia Septimia Diospolis (›Gottesstadt‹); Lydda entwickelte sich zu einer blühenden Handelsmetropole, die im 4. Jh. sogar einen eigenen Bischof besaß. Im 7. Jh. kam Lydda unter islamische Herrschaft und hieß fortan El-Ludd.

Die Briten machten El-Ludd zur Hauptstadt eines Distrikts, dem die rivalisierenden Städte Jaffa und Tel Aviv angehörten. Seit 1948 trägt die lebendige Einwandererstadt wieder den biblischen Namen Lod.

Georgskirche und El-Khadr-Moschee

Mittelpunkt von Lod ist die Grabstätte des hl. Georg. Georg trat als junger Mann in die römische Armee ein, wurde in Kleinasien zum Christentum bekehrt und starb im Jahre 303 den Märtyrertod, weil er es abgelehnt hatte, dem vergöttlichten Kaiser Diokletian ein Opfer darzubringen. Sein Leichnam wurde in seinem Geburtsort Lydda beigesetzt. Schon früh machte ihn die Legende zum Drachentöter, zum unerschrockenen Bezwinger des Bösen. Dies geht vermutlich auf die griechische Sage zurück, nach der Perseus bei Jaffa die Königstochter Andromeda vor einem Meeresungeheuer errettete (vgl. S. 403). Im 4. oder 5. Jh. errichteten die Byzantiner über dem Grab des hl. Georg eine Kirche, die nach verschiedenen Zerstörungen (614 durch den Persersturm, 700 durch den Kalifen Abd el-Malik, zu Beginn des 11. Jhs. durch den Kalifen Hakim) immer wieder aufgebaut wurde. Zwischen 1150 und 1170 schufen die Kreuzfahrer eine neue Georgskirche, eine 30 m lange, dreischiffige Basilika mit zwei Reihen zu je fünf kreuzförmigen Pfeilern. 1180 berichtete der griechische Mönch Phokas: »In Lod steht eine mächtige Kirche des großen und heiligen Märtyrers Georg. Die Kirche ist langgestreckt, und vor der Hauptapsis, unter dem Altar, sieht man die Öffnung seines Grabes, das von weißem Marmor eingefaßt ist.« Nachdem die Kirche im Jahre 1191 unter Saladin schwer beschädigt worden war, ließ Richard Löwenherz sie in neuem Glanz erstehen. Der hl. Georg wurde zum Schutzpatron des Kreuzfahrerheeres und schließlich zum Nationalheiligen Englands.

Im 13. Jh. errichteten die Mamelucken über den Trümmern der unter Baibars zerstörten Basilika die El-Khadr-Moschee und eine Karawanserei. Unter dem Namen el-Khadr (›der Grüne‹) verehren auch die Moslems den hl. Georg, von dem sie – übrigens noch heute – erwarten, daß er am Jüngsten Tag bei Lod den Dämon Dadjal töten werde. Im 19. Jh. erwarben die Griechisch-Orthodoxen die Karawanserei, die im östlichen Teil des noch vorhandenen Nord- und Hauptschiffes der Kreuzfahrerkirche eingerichtet war, und bauten sie zur heutigen Georgskirche aus. Mehrere Architekturteile der mittelalterlichen wie auch der byzantinischen Basilika sind im Vorhof der Moschee und neben der Georgskirche zu sehen. Eine Säule in der Moschee trägt eine griechische Inschrift aus dem 5. Jh.

Beide Gotteshäuser liegen einträchtig beieinander, haben aber getrennte Eingänge (Abb. 93). Über dem Portal der Georgskirche zeigt ein Relief den drachentötenden Ritter St. Georg. Im Mittelteil des Hauptschiffes führen zwei Treppen zur Krypta hinab, in der der vermutlich leere Sarkophag des Heiligen steht. An der Ostwand der Kirche hängen die ›Ketten des hl. Georg‹, an die früher Geisteskranke gekettet wurden, damit St. Georg sie heile. Die El-Khadr-Moschee wurde 1983 restauriert; das schlanke, weiße Minarett, weithin sichtbares Wahrzeichen von Lod, stammt aus dem Jahre 1928 (der alte Turm war kurz zuvor bei einem Erdbeben eingestürzt). Die Altstadt von Lod rings um das Doppelheiligtum hat man inzwischen weitgehend abgerissen; sie wird durch Neubauten und Parkanlagen ersetzt.

Die Baibarsbrücke

Nördlich der Altstadt von Lod überquert die Straße den schmalen Fluß Ayyalon auf der Baibarsbrücke (Abb. 92), die im Jahre 1273 von den Mamelucken auf römischen Fundamenten erbaut wurde. Sie ist die älteste noch benutzbare Brücke Israels. Als Baumaterial verwendeten die moslemischen Architekten Steinblöcke einer Kreuzfahrerkirche. Über dem Spitzbogen sind auf beiden Brückenseiten Steintafeln mit einer arabischen Widmungsinschrift angebracht, die Sultan el-Malik ed-Dahar Rukh ed-Din Baibars als Erbauer nennt (an keinem anderen Bauwerk finden wir den vollen Namen von Baibars). Die Tafeln werden von je zwei Löwen, den Wappentieren des Sultans, flankiert. Der seit Josua berühmte Ayyalon (Ajalon; Jos 10,12) ist hier leider nur noch ein übelriechendes Gewässer.

Ramla

Im Südwesten von Lod schließt sich das etwa gleichgroße Ramla an, die einzige rein islamische Stadtgründung in Israel und eine noch immer orientalisch anmutende Stadt. Der Weiße Turm der Mamelucken, die Große Moschee, hervorgegangen aus einer Kreuzfahrerkirche, und die einzigartige Zisterne aus der Zeit Harun al-Raschids lohnen den Besuch.

Geschichte

Zwischen 715 und 717 gründete der Omajjadenkalif Suleiman, Bruder und Nachfolger des großen Walid, auf Sanddünen die Stadt Ramla (Ramle = arabisch für ›Sand‹), die bereits damals ihre heutige Ausdehnung erreichte. Moslems, Juden, Samariter und Christen strömten aus allen Teilen des Landes in die neue Hauptstadt, um hier Färbereien, Keramikmanufakturen und andere Industrien und Handwerke zu betreiben. Rund 300 Jahre blieb Ramla die Hauptstadt Palästinas, eine blühende Metropole an der großen Karawanenstraße von Ägypten nach Syrien und an der Pilgerstraße von Jaffa nach Jerusalem. Als das islamische Großreich zerfiel, begann jedoch der wirtschaftliche Abstieg. 1025 plünderten Beduinenstämme die Stadt. 1033 und 1067 wurde sie von schweren Erdbeben heimgesucht. Die Kreuzfahrer fanden 1099 nur noch Ruinen vor. Sie bauten Ramla kleiner und bescheidener wieder auf und errichteten die Johannesbasilika, die heutige Große Moschee. 1187 marschierten Saladins Truppen in Ramla ein, 1192 unterschrieb hier Richard Löwenherz den Vertrag, der dem Kreuzfahrerreich wenigstens noch den Küstenstreifen sicherte. 1267 erschienen die Mamelucken und bauten eine Moschee. Ramla gelangte wieder zu einem gewissen Wohlstand.

Im 17. Jh., unter den Türken, verlor Ramla jede Bedeutung; erst Ende des 19. Jhs. begann es sich wieder zu erholen. Während der arabischen Unruhen von 1936 verließen die Juden die Stadt, seit 1948 ließen sich hier wieder zahlreiche jüdische Einwanderer nieder. Heute zählt Ramla 42000 Einwohner, darunter 6000 Araber, viele davon Christen.

Sehenswertes

Das schönste Bauwerk von Ramla ist der **Weiße Turm** (Farbt. 41), erbaut um 1268 von dem Mameluckensultan Baibars und fertiggestellt im Jahre 1318 unter el-Nasir. Man erreicht ihn vom Rehov Herzl, der Hauptstraße des Ortes, über eine von Mimosen gesäumte Allee. Der

27 m hohe und fast quadratische Turm mit seinen sechs Stockwerken, deren Bogenfenster starke Einflüsse der Kreuzfahrerarchitektur verraten, heißt auch ›Turm der Vierzig‹, weil zu seinen Füßen nach islamischer Tradition 40 Gefährten Mohammeds, nach christlicher Überlieferung 40 Märtyrer beigesetzt sind. Von dem Turm, der als Wachtturm und zugleich als Minarett diente, bietet sich ein herrlicher Rundblick über Ramla und die üppigen Plantagen der Umgebung. 1799 stand hier Napoleon, und 1917 hatte hier der britische General Allenby einen Beobachtungsposten. Unterhalb des Turms erstreckt sich der 93 × 84 m große Komplex der **Weißen Moschee** (Djami el-Abiad). Der weiträumige Hof war im Westen, Norden und Osten von Arkaden eingefaßt und im Süden von dem langgestreckten Gebetssaal begrenzt. Dieser maß in der Grundfläche 90 × 12 m und hatte an seiner Nordseite 13 Eingänge. Der Hof bedeckt drei riesige Zisternen, die seit Suleimans Zeit über eine Wasserleitung von den Quellen bei Gezer gespeist wurden. Über schmale, ausgetretene Treppen kann man in die Zisternen hinabsteigen. Schöpföffnungen in den Gewölbedecken sorgen für ein geheimnisvolles Dämmerlicht. Im 17. Jh. dienten die inzwischen ausgetrockneten Reservoirs als Irrenanstalt, im 19. Jh. lebten hier Tanzende Derwische. In der Nordwestecke des Hofes liegt das Grab des Nebi Saleh, eines islamischen Heiligen, das am Freitag nach Ostern das Ziel Tausender moslemischer Pilger ist.

Die **Große Moschee** (Djami el-Kebir) am orientalisch betriebsamen Markt war früher die Kreuzfahrerkirche St. Johannes, die sich in der Obhut von Zisterziensermönchen befand.

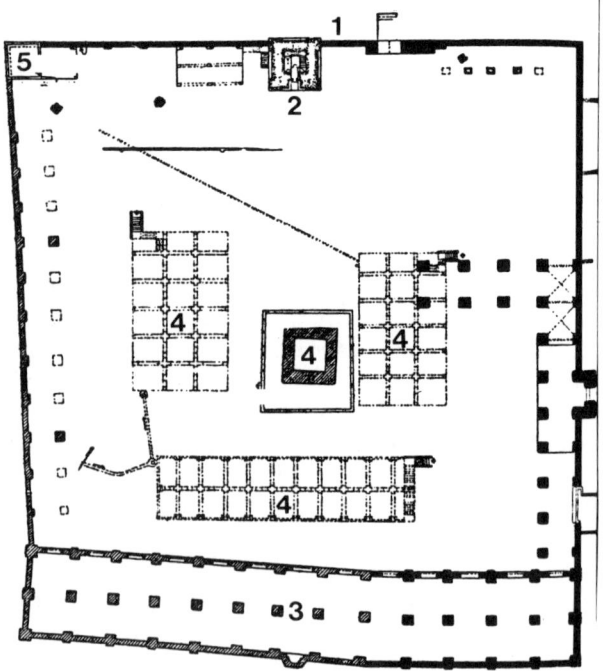

Ramla: Weiße Moschee
1 Eingang   2 Weißer
Turm   3 Moschee   4 Zisternen   5 Grab des Nebi Saleh

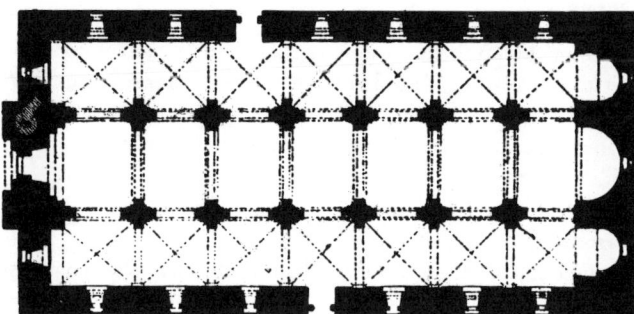

Ramla: Große Moschee,
die einstige Kreuzfahrer-
kirche St. Johannes

Die 48 × 24 m große dreischiffige Basilika des 12. Jhs. blieb bis heute im großen und ganzen unverändert, nur hat die einst herrliche Fassade ihren Schmuck verloren, und an die Stelle des quadratischen Glockenturms links vom marmornen Hauptportal ist ein hohes, rundes Minarett getreten. Den südlichen Seiteneingang haben die Moslems zugemauert, um dort den Mihrab einzurichten.

Durch eine Gasse, die östlich der Polizeistation vom Rehov Herzl abzweigt, führt der Weg zu den unterirdischen **Teichen der Helena**, einer gewaltigen Zisterne aus der Herrschaftszeit des großen Kalifen Harun al-Raschid (786–809). Christliche Pilger nannten sie nach der hl. Helena, der Mutter Konstantins des Großen und eifrigsten Bauherrin im Heiligen Land. Die Araber gaben der Zisterne den Namen Bir el-Unaizijja (›Ziegenteich‹), heute heißt sie Brekhat Hakeshatot (hebräisch für ›Arkadenteich‹). 15 im Wasser stehende Säulen tragen die sechs Kreuzgewölbe, von denen jedes in vier Zellen unterteilt ist. Jede der 24 Gewölbezellen hat an ihrem Scheitelpunkt eine Schöpföffnung. In diesem Bauwerk sehen wir die ältesten Spitzbogen, die erst Jahrhunderte später in die gotische Architektur Europas eingingen. Eine Treppe führt in die 9 m tiefe, 24 × 20,5 m große Zisterne hinab, in der man noch vor wenigen Jahren mit einem Boot umherfahren und sich in die Märchenwelt aus 1001 Nacht versetzen konnte.

Schließlich sei noch die **Josefskirche** erwähnt, die Josef von Arimatäa geweiht ist, jenem jüdischen Ratsherrn, der den Leichnam Jesu in seiner soeben vollendeten Grabstätte in Jerusalem beisetzen ließ (Mt 27,57). Die Kirche wurde von den Franziskanern, denen auch das benachbarte Kloster des hl. Nikodemus mit dem viereckigen Uhrturm anvertraut ist, wiederaufgebaut.

Ashqelon/Askalon

56 km südlich von Tel Aviv erstreckt sich zwischen der Fernstraße nach Gaza und dem Meer, inmitten von Zitrusplantagen und Parkanlagen, das weiträumige Ashqelon, einst eine bedeutende Stadt der Kanaaniter und der Philister, das Askalon der Griechen, Römer und Byzantiner, das Escalon der Kreuzfahrer, das Asqalan der Araber, gelegen an der uralten

Handels- und Heeresstraße zwischen Ägypten und Syrien. Heute ist Ashqelon eine moderne, aufstrebende Industriestadt und vor allem ein beliebtes, sonnensicheres Seebad mit kilometerlangem Sandstrand. Feinschmecker schätzen die Schalotte, auch Askalonzwiebel genannt, eine kleine, sanftaromatische Lauchknolle, die die Kreuzfahrer unter dem Namen Escallion nach Europa brachten und die unter Kennern als die edelste aller Zwiebeln gilt.

Geschichte

Ausgrabungen auf dem Tell el-Khadra haben bewiesen, daß Ashqelon schon in neolithischer Zeit, also zwischen 7500 und 4000 v. Chr., besiedelt war. Im 19. Jh. v. Chr. erwähnen die ägyptischen Ächtungstexte die kanaanitische Stadt, die trotz mehrerer Befreiungsversuche immer wieder die Oberhoheit der Pharaonen anerkennen mußte. Aus der Amarnazeit (14. Jh. v. Chr.) kennen wir einen Briefwechsel des Vasallenkönigs von Ashqelon mit dem ägyptischen Herrscher. Ein Flachrelief im Palast Ramses' II. in Karnak zeigt die Eroberung der aufständischen Stadt durch die Ägypter im Jahre 1280 v. Chr., und auch auf der Siegesstele des Pharao Merenptah (1224–1204) ist sie aufgeführt. Ab dem 12. Jh. v. Chr. gehörte Ashqelon (neben Ashdod, Ekron, Gat und Gaza) dem Fünfstädtebund der Philister an, vielleicht war es zeitweise sogar dessen Hauptstadt. Die Israeliten bemühten sich vergeblich, die Philister zu unterwerfen, sie mußten im Gegenteil lange Zeit die Oberhoheit des ›Seevolkes‹ anerkennen. Die Feindschaft zwischen Israel und den Philistern fand ihren Ausdruck in der biblischen Erzählung von Simson (Samson) (Ri 13–16). Unerfüllt verhallten die Verwünschungen der Propheten: »Aschkelon wird verstummen« (Jer 47,5), »Ich vernichte ... den Zepterträger von Aschkelon« (Am 1,8), »Aschkelon wird eine Wüste« (Zef 2,4).

Die Könige von Ashqelon verstanden es meisterhaft, sich fremden Eroberern anzupassen, und so überstand die Stadt ohne größeren Schaden die assyrischen Vorstöße der Jahre 734 und 701 v. Chr., den Überfall der Skythen um 626 v. Chr., die nach der Plünderung des berühmten Ischtartempels wieder abzogen (Herodot I, 105), und auch die Besetzung durch Alexander den Großen im Jahre 332 v. Chr. Längst hatten sich die Philister mit anderen Volksgruppen vermischt; seit persischer Zeit war Ashqelon eine phönikische Stadt. Unter den Ptolemäern und den Seleukiden entwickelte sich das hellenistische Ashqelon durch den Zuzug griechischer Gelehrter zu einem geistigen Zentrum des Ostens (einer der größten von ihnen, Antiochos von Ashqelon, wurde der Lehrer Ciceros). Die Stadt erlangte erstmals für lange Zeit ihre Unabhängigkeit und sogar das Recht, eigene Münzen zu prägen. Im 2. Jh. v. Chr. stellte sich Ashqelon unter den Schutz der Römer, um der Zerstörungswut der Makkabäer zu entgehen. Herodes der Große stiftete seinem Geburtsort Ashqelon, das nie zu seinem Reich gehörte, »großartige Bäder und Brunnen, ferner außerordentlich kunstreich ausgestattete, gewaltige Kolonnaden« (Jüd. Krieg I, 21,11). Nach seinem Tod im Jahre 4 v. Chr. schenkte Kaiser Augustus Herodes' Schwester Salome den Palast von Ashqelon (Jüd. Krieg II, 6,3). Im 4. Jh. war Ashqelon Bischofssitz. 638 wurde es von den Arabern besetzt und zu einer stark befestigten Hafenstadt ausgebaut.

Nach Gründung des Königreiches Jerusalem durch die Kreuzfahrer im Jahre 1099 war Ashqelon über ein halbes Jahrhundert der wichtigste Stützpunkt der Fatimiden in Palästina. Wegen der von hier ausgehenden ständigen Bedrohung des Reiches, besonders der Pilgerstraße von Jaffa nach Jerusalem, zogen die Kreuzfahrer um Ashqelon einen Ring von Blockadeburgen. Erst im Jahre 1153 gelang es ihnen unter König Balduin III., die mächtige Stadt nach siebenmonatiger Belagerung zu nehmen. 1187 fiel Ashqelon kampflos an Saladin, von 1192 bis 1247 war es noch einmal christlich. Unter den Mamelucken übernahm Gaza die Rolle Ashqelons, das allmählich verfiel. Als im Jahre 1517 die Türken ins Land kamen, war die Stadt bereits vergessen.

1951 gründeten jüdische Einwanderer aus Südafrika bei Migdal (›Turm‹), einer bis 1948 arabischen Kleinstadt, die Siedlung Afridar. Bald darauf wurden beide unter dem alten Namen Ashqelon zusammengefaßt. Das heutige Ashqelon besteht aus fünf Stadtteilen: dem jahrhundertealten malerischen Migdal, der Gartenstadt und dem Touristikzentrum Afridar, dem Verwaltungszentrum Shimshon (Samson) und den Wohnvierteln Hagva'ot Hadromiot (Givat Zion) im Süden und Barnea im Norden. Zwischen Migdal und der Fernstraße Tel Aviv – Gaza hat sich eine ansehnliche Industrie angesiedelt. Heute leben über 53000 Menschen in Ashqelon, dessen Stadtgebiet zu 80 % aus Grünflächen besteht.

Sehenswertes

Im Süden Ashqelons liegt unmittelbar an der Küste das Antikengebiet, das von den Mauern der 55 ha großen, halbkreisförmigen **Kreuzfahrerstadt** umschlossen wird. Die Mauern ließ König Balduin III. auf byzantinischen und arabischen Fundamenten errichten, unter Richard Löwenherz wurden sie 1192 restauriert, Sultan Baibars ließ sie 1270 weitgehend niederreißen. Größere Abschnitte krönen noch die Dünen. Ein besonders schönes Teilstück steht am Meer: kleine, grob behauene Steine sind durch Hartmörtel miteinander verbunden; römische Säulen, die wie Kanonenrohre aus der Mauer ragen und auf das Meer gerichtet sind, verstärken die Anlage (Abb. 97). Die Kreuzfahrerstadt hatte vier Tore: das Jaffator im Norden (bei der Einfahrt in den Nationalpark), das Jerusalemtor im Osten, das Gazator im Süden und das Seetor im Westen. Der alte Hafen lag am Südende. Vom Meer umspülte Säulen weisen auf die einstige Hafenmole hin. Hier ragt auch noch die Ruine des mächtigen Hospitaliterturmes hoch empor. Ebenfalls am Steilabfall des Küstensaumes entdeckte man die Fundamente der mittelalterlichen Marienkirche. Sie erhob sich auf dem 6 ha großen **Tell el-Khadra,** dem Standort des biblischen Ashqelon. Britische Archäologen zogen 1920–1923 zwei Schnittgräben durch den Tell und fanden Schichten, die bis in die Mittlere Bronzezeit zurückreichen. Eine starke Brandschicht an der Wende von der Bronze- zur Eisenzeit könnte von der Eroberung der Stadt durch Ramses II. oder durch die Philister herrühren.

Mittelpunkt des Antikengebietes ist das 110 m lange **Buleuterion.** Ob dieser Bau wirklich ein Rathaus war, ist umstritten, denn die Anlage bestand aus einem großen, von Säulenhallen umgebenen Hof, weswegen viele Autoren den weiträumigen Komplex, der zweifelsohne auf Herodes den Großen zurückgeht, als Stoa oder sogar als Agora bezeichnen. Mehrere Säulen wurden inzwischen wiederaufgerichtet. In der ›Apsis‹ am Südende des Buleuterions sind einige großartige Reliefs aufgestellt, die im 2. oder 3. Jh. die Rückwände der Säulenhallen schmückten. Da sehen wir die ägyptische Göttin Isis mit der Pharaonenkrone (Abb. 95); über ihre Schulter blickt der Götterknabe Horus (Harpokrates). Die griechische Siegesgöttin Nike hält einen Palmwedel in der Rechten. Das dritte Relief zeigt Nike auf der Weltkugel stehend, die der kniende Atlas auf seinen Schultern trägt.

Im Zentrum des Stadtteiles Afridar, gegenüber dem modernen Uhrturm am Kikar Zefanja, wurde hinter einer Arkadenstraße ein kleines Freilichtmuseum eingerichtet. Hier stehen zwei schöne **römische Sarkophage,** die man 1972 beim Bau eines Wohnhauses fand. Das Seitenrelief des einen stellt den Kampf der Griechen mit den keltischen Galatern dar, ein seit dem 2. vorchristlichen Jahrhundert beliebtes Thema der hellenistischen Bildhauerei, der andere zeigt die Entführung der Persephone durch Hades. Hermes führt den pferdebespannten Wagen an Kerberos, dem dreiköpfigen Wächter der Unterwelt, vorbei (Farbt. 38). Die Sarkophage waren Verkaufsstücke einer Bildhauerwerkstatt, wie die grob behauenen Köpfe der beiden auf dem Sarkophagdeckel ruhenden Figuren zeigen.

1936 entdeckte ein arabischer Winzer am Strand von Afridar ein leeres **römisches Grab** aus dem 3. Jh. mit bemerkenswert gut erhaltenen Wandmalereien. Auf beiden Seiten des Eingangs sind bewaffnete Wächter zu erkennen, die gegenüberliegende Wand zeigt zwei Nymphen, die aus Krügen Wasser in einen Bach mit Fischen gießen. Ringsumher gedeiht eine üppige Vegetation, Vögel tummeln sich zwischen Papyrus und vielerlei Blumen. Von der Decke des Grabes blickt Demeter, die Göttin der Fruchtbarkeit und Zentralfigur eines weit verbreiteten Kultes (Eleusinische Mysterien), herab. Neben ihr symbolisiert das schlangenumzüngelte Haupt einer Gorgo das Böse. Pan spielt auf der Syrinx (Hirtenflöte), zwei nackte Knaben pflücken Weintrauben.

In Barnea stießen Bauarbeiter auf die Ruinen einer **byzantinischen Kirche** aus dem 6. Jh. Säulen und Kapitelle liegen noch so, wie man sie bei ihrer Entdeckung vorfand. Etwa 200 m weiter ist ein **Bodenmosaik** aus dem 5. Jh. zu sehen, das vermutlich ebenfalls zu einer Kirche gehörte. In **Migdal** ist an jedem Montag und Donnerstag Markttag.

Durch den Negev

Be'er Sheva

Die kürzeste Strecke von Tel Aviv nach Elat am Roten Meer führt über Be'er Sheva, die ›Hauptstadt des Negev‹, wo einst die Patriarchen Abraham, Isaak und Jakob ihre Herden weideten. Aus der 6000jährigen Geschichte der Stadt sind außer einigen interessanten

Museumsstücken keine sehenswerten Relikte mehr vorhanden. Heute ist Be'er Sheva eine supermoderne Großstadt an der Grenze zwischen Kultur- und Weideland; es zählt etwa 111 000 Einwohner.

Geschichte

Die bisher älteste Siedlung fanden Archäologen der Universität Jerusalem zwischen 1950 und 1954 auf dem Tell Abu Mattar (Horvat Matar) am nördlichen Ufer des Nahal Be'er Sheva. Hier lebten im 4. Jahrtausend v. Chr. chalkolithische Halbnomaden, die in der sommerlichen Trockenzeit mit ihren Herden nordwärts zogen. Sie wohnten in Rundhäusern von über 4 m Durchmesser; Vorräte und Wasser verwahrten sie in ovalen Erdhöhlen. In solchen Höhlen stießen die Ausgräber auf reizvolle Figürchen aus Knochen und Elfenbein, denen die frühen Künstler durch das Einsetzen von Haarbüscheln in winzige Löcher ein realistisches Aussehen gegeben hatten (die Skulpturen gehören heute zur Sammlung des Israel-Museums in Jerusalem). Die israelitische Siedlung lag auf dem Tel Be'er Sheva (arabisch Tell el-Sab'a = ›Hügel der Sieben‹) etwa 6 km nordöstlich der heutigen Stadt. Hier schloß Abraham mit dem kanaanitischen König Abimelech von Gerar jenen berühmten Vertrag, der Abrahams Stamm die alleinige Nutzung eines Brunnens zusicherte (Gen 21,22–32). Abraham nannte den Ort Be'er Sheva (›Brunnen der Sieben‹), weil er Abimelech sieben Lämmer als Beweis dafür gab, daß die Israeliten den Brunnen gegraben hatten; der Name Be'er Sheva erhielt somit auch die Bedeutung ›Brunnen des Eides‹. Abrahams Sohn Isaak wiederholte später den Vertrag mit Abimelech (Gen 26,28–31). Bei der Landnahme wurde Be'er Sheva dem Stamm der Simeoniter zugeteilt (Jos 19,2) und bildete die Südgrenze des israelitischen Siedlungsraumes (Ri 20,1). Der Ort entwickelte sich im 11. Jh. v. Chr. zu einer Stadt, in der Joël und Abija, die Söhne Samuels, Richter waren. (Yohanan Aharoni grub die Stadt 1969 aus und konnte ein israelitisches Stadttor und Mauern freilegen. 1973 fand man einen großen Hörneraltar.) Nach der Rückkehr aus dem Babylonischen Exil ließen sich zahlreiche Juden in Be'er Sheva nieder (Neh 11,27). Die weitere Geschichte der Stadt ist in Dunkel gehüllt; nur wenige Funde weisen auf eine Siedlung in hellenistischer und römischer Zeit hin. Teile des Bodenmosaiks einer byzantinischen Kirche sind im städtischen Museum zu sehen. In dieser Periode war Be'er Sheva Sitz einer Garnison; danach verfiel es allmählich, und die Kamel- und Ziegenherden der Nomaden weideten an den Ufern des Nahal.

Im Jahre 1900 gründeten die Türken an der Stelle des heutigen Be'er Sheva die kleine arabische Stadt Bir Seb'a, die sich allmählich zu einem beliebten Handelsplatz der Beduinen entwickelte. 1907 konzipierte ein deutscher Architekt eine rechtwinkelige Stadtanlage, die heutige ›Altstadt‹. Byzantinische Ruinen lieferten das Baumaterial für die öffentlichen Gebäude (Bahnhof, Krankenhaus, Kaserne, Moschee). Zu dieser Zeit entstand auch eine kleine jüdische Gemeinde, die sich bei den Unruhen des Jahres 1929 zwar auflöste, nach 1948 aber ständig wuchs. Be'er Sheva wurde zum Handels- und Kulturzentrum des Negev. 1957 gründete der Staat Israel das Institut zur Erforschung der Trockenzonen (Arid Zone Research Centre), 1968 folgte die Ben-Gurion-Universität.

Sehenswertes

So imponierend die modernen Bauten am Rande des Sderot Hanessi'im, des aus Richtung Tel Aviv die Neustadt durchziehenden Boulevards, auch sind (z. B. die Universität, der Campus des Medizinischen Zentrums Soroka, das Rubin-Konservatorium, das neue Rathaus), der 'Reisende wird doch versucht sein, der ›Altstadt‹ (Old City) am nördlichen Ufer des Nahal Be'er Sheva zuzustreben. An jedem Donnerstagmorgen treffen sich die Nomaden des Negev auf dem **Beduinenmarkt** am Derech Hevron/Ecke Derech Elat, um geschmackvoll gearbeiteten Schmuck, handgetriebene Kupferwaren, bestickte Kameltaschen und handgewebte Teppiche feilzubieten. Der **Abrahamsbrunnen** (Abraham's Well) an der westlichen Flußbrücke stammt aus türkischer Zeit; er hat mit dem Brunnen, an dem Abraham und Abimelech ihren Vertragseid leisteten, nur die Erinnerung an das biblische Geschehen gemein. Der Brunnen wurde in den 30er Jahren erneuert (Abb. 96). In der ehemaligen Moschee aus dem Jahre 1915 am Sderot HaAzmaut ist das **Städtische Museum** (Municipal Museum) eingerichtet. Die ausgestellten Gegenstände repräsentieren den Zeitraum vom Chalkolithikum bis zur Gegenwart. Vom Minarett aus (nicht immer geöffnet) hat man einen schönen Blick über die Stadt und den angrenzenden Negev. Im **Rehov Smilansky** drängen sich Kunstgalerien, Cafés und Souvenirläden, die bis Mitternacht geöffnet sind.

Shivta/Sobata

Abseits der großen Karawanenstraßen des Altertums liegt 53 km südwestlich von Be'er Sheva die Ruinenstadt Shivta. Das nabatäische Shivta, von den Byzantinern Sobata, von den Arabern Subeita genannt, war einst die größte Stadt des Negev und ein bedeutendes Landwirtschaftszentrum. Drei kulturgeschichtlich interessante byzantinische Kirchen, zwei davon mit gut erhaltenen Baptisterien, und zahlreiche restaurierte nabatäische Wohnhäuser bilden die eindrucksvollsten Relikte dieses ›iraelischen Pompeji‹.

Von Be'er Sheva führen zwei Straßen nach Elat, die eine über Dimona, die andere über Sede Boqer. Wir fahren durch eine wüstenartige Landschaft Richtung Sede Boqer und folgen an einer Gabelung nach etwa 34 km der verkehrsarmen Route in Richtung Nizzana. Beim Hinweisschild ›Horvot Shivta‹ biegen wir links ab und durchqueren auf schmaler, aber asphaltierter Straße (8 km) ein riesiges Truppenübungsgelände bis zur Ausgrabungsstätte von Shivta.

Geschichte

Die Stadt Shivta (von nabatäisch Shevet = ›Stamm‹) wurde zu Beginn des 1. Jhs. v. Chr. während der zweiten Welle nabatäischer Kolonisation wohl von König Obodas III. gegründet (Nabatäer vgl. S. 419 f.). Sie entwickelte sich zum landwirtschaftlichen Zentrum des Negev. Die Wasserversorgung der Bevölkerung und der umliegenden Güter basierte auf einem riesigen Doppelreservoir, um das sich zu beiden Seiten des Wadi die verschiedenen

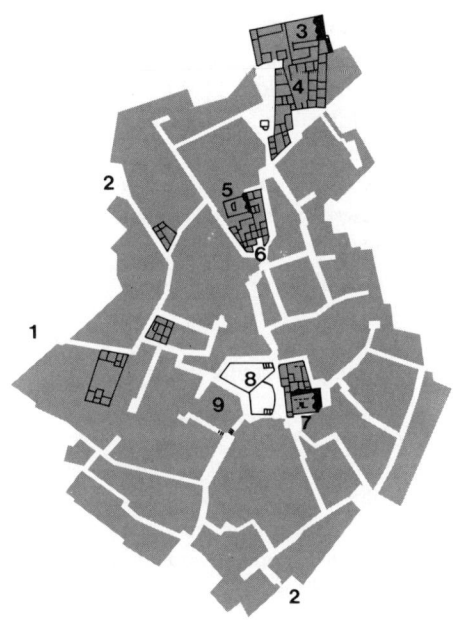

Shivta
1 Parkplatz
2 Weinkelter
3 Nordkirche
4 klösterliche Werkstätten
5 Zentralkirche
6 Rathaus
7 Südkirche
8 doppeltes Wasserreservoir
9 Wohnhaus

Stadtviertel bildeten. Shivta war eine unbefestigte Stadt. Da sie keine strategische Bedeutung hatte, blieb sie unzerstört, als Trajan im Jahre 106 n. Chr. das nabatäische Reich besetzte und zur Provinz Arabia machte. Unter den Römern hatte die Stadt die Militärlager in Nessana, Oboda und Mampsis zu versorgen.

Zu Beginn des 4. Jhs. begann mit der Christianisierung der nabatäischen Bevölkerung die Blütezeit der Stadt, die nun Sobata hieß. Sie diente als Rastplatz für die Pilgerzüge zum Sinai. Um 350 entstand die erste Kirche, die Südkirche, bald darauf gründeten griechisch-orthodoxe Mönche im Norden der Stadt ein Kloster und bauten die große Nordkirche. Im Laufe des 5. Jhs. bildeten sich zwischen beiden Gotteshäusern neue Quartiere. Die scheinbar ungeordneten Straßen folgten dem Lauf der Kanäle, die das seltene Regenwasser von den sanften Hängen in das Reservoir leiteten; die Wohnviertel waren also so angelegt, daß sie das bewährte und für die Stadt lebenswichtige Wasserversorgungssystem nicht beeinträchtigten. Im 6. Jh. wurde die Zentralkirche gebaut. In seiner Blütezeit zählte Sobata 6000 bis 7000 Einwohner, also etwa doppelt so viele wie das nahe Avedat/Oboda. Die Araber ließen Sobata, nun Subeita genannt, bei ihrem Einzug im Jahre 634 unbehelligt und errichteten neben der Südkirche eine Moschee. Aber die Bedeutung der Stadt sank, weil die nahen Handelsstädte nach Verlegung der Karawanenstraßen allmählich aufgegeben wurden und die Pilger ausblieben. Niemand war mehr an den landwirtschaftlichen Erzeugnissen Subeitas interessiert, und so verfiel auch das Wasserversorgungssystem. Seit dem 10. Jh. ist Subeita eine verlassene Stadt.

Archäologie: 1839 konnte der amerikanische Theologe Edward Robinson, der ›Vater der Bibel-Topographie‹, die Ruinen von Shivta identifizieren, 1870 beschrieb der Engländer H. Palmer die Stätte. 1914 besuchten die beiden Engländer Charles Leonard Woolley und Thomas Edward Lawrence, beide während des Ersten Weltkriegs im Nahen Osten für den britischen Nachrichtendienst tätig, Shivta und fertigten erste Pläne. Der Archäologe Woolley wurde nach dem Krieg durch seine Ausgrabungen in Ur berühmt, der Sprachforscher Lawrence, bekannt als ›Lawrence von Arabien‹, organisierte 1916–1918 den Araberaufstand gegen die Türken und gilt deshalb als einer der Vorkämpfer der arabischen Unabhängigkeit. 1934–1938 begann die Forschungsexpedition des Engländers H. D. Colt, die nabatäisch-byzantinischen Ruinen aus dem Sand zu schaufeln. 1958–1960 setzte der israelische Archäologe Michael Avi Yonah von der hebräischen Universität Jerusalem die Ausgrabungen fort und führte auch umfangreiche Restaurationen durch.

Die Ausgrabungsstätte

Das alte Shivta/Sobata hatte eine Ausdehnung von etwa 330 × 450 m. Sein Mittelpunkt war das große **Doppelreservoir,** bestehend aus zwei polygonalen Becken, in denen das an den wenigen Regentagen von den Hängen ablaufende Wasser aufgefangen wurde. In jedes Becken führte eine Treppe hinab. Die Bewohner schleppten das kostbare Wasser in Tonkrügen zu ihren Zisternen und auf die Felder; zu Beginn der winterlichen Regenzeit hatten sie in Gemeinschaftsarbeit das Reservoir zu reinigen.

Um 350 n. Chr. errichteten die Nabatäer auf dem alten Marktplatz der Stadt, unmittelbar neben dem Doppelreservoir, die sogenannte **Südkirche.** Dem Bau fehlte jegliche Symmetrie, weil die beiden Becken im Westen sowie ältere Gebäude im Süden und Osten eine elegantere Planung nicht zuließen. Das Atrium vor der Kirche war sehr schmal und nur über einen Eingangsraum zu betreten. Zwei Portale öffneten sich zur Basilika, deren drei Schiffe in Apsiden endeten. Die kleinen Seitenapsiden kamen erst bei einem Umbau der Kirche im späten 5. Jh. hinzu. Vorher befanden sich an ihrer Stelle rechteckige Räume, die als Prothesis und Diakonikon dienten. Das Dach der Basilika wurde von zehn Säulen und vier Pfeilern getragen (die Säulen stehen zum Teil noch). Der Altarraum war weit vorgezogen, die Chorschranke umschloß auch die beiden Seitenapsiden. Die Standfläche für die rechteckige Kanzel befand sich an der üblichen Stelle nördlich vor der Schranke. Im Hintergrund der Mittelapsis sehen wir Reste des Bischofsthrons, auch Spuren des Synthronos (= Presbyteriumsbänke) sind noch zu erkennen. Der Fußboden der Basilika war mit Steinplatten ausgelegt. Noch im Jahre 640, also sechs Jahre nach der arabischen Eroberung, erhielt die Kirche einen neuen Plattenbelag, was beweisen könnte, daß hier nach wie vor christlicher Gottesdienst gehalten wurde. Die Wände waren verputzt und bemalt. In der Mittelapsis fanden die Ausgräber Spuren einer Darstellung der Verklärung, die inzwischen leider verschwunden sind. Bei dem Gebäudekomplex, der sich im Norden an die Südkirche anschloß, handelte es sich wohl um die Residenz des Bischofs von Sobata. Hier erhob sich auch ein Turm, wahrscheinlich der Glockenturm der Kirche. Im westlichen Teil dieses Komplexes lag das **Baptisterium,** das vom Eingangsraum aus zu betreten war. Stufen führen

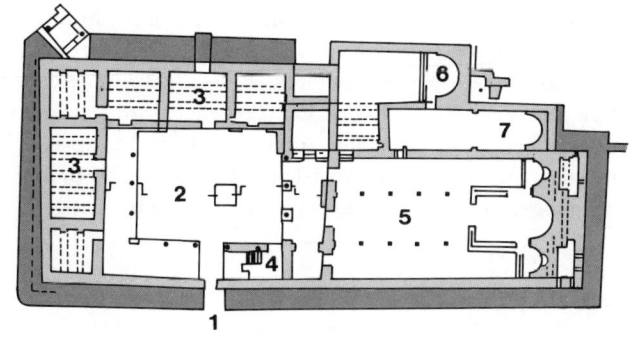

Shivta: Nordkirche
1 Eingang
2 Atrium
3 zweistöckiges Gebäude
4 Treppenhaus
5 Basilika
6 Baptisterium
7 Kapelle

in das kreuzförmige Taufbecken hinab, denn die Täuflinge – meist Erwachsene – wurden im 4. und 5. Jh. untergetaucht. An das Baptisterium bauten die Araber im 9. Jh. eine kleine **Moschee** an. Das scheint die Annahme zu bestätigen, daß den vorwiegend christlichen Einwohnern von Sobata, jetzt Subeita, die Kirche noch immer zur Verfügung stand. Den Mihrab setzten die islamischen Baumeister in die starke Nordwand des Baptisteriums.

Die **Nordkirche** oder Georgskirche (Umschlagvorderseite) wurde ebenfalls im 4. Jh. als monoapsidiale Basilika erbaut. 506, bei Ausbesserungsarbeiten nach einem schweren Erdbeben, erhielt sie zwei Seitenapsiden und ringsum starke Stützmauern. Vor der Basilika lag ein ungewöhnlich großes, 17 × 18 m messendes Atrium. Es begrenzte im Süden und Westen ein zweistöckiges Gebäude, das in zahlreiche Zellen aufgeteilt war. Hier wohnten wohl Mönche oder auch Pilger. Ein Treppenhaus im Norden führte zum oberen Stockwerk hinauf. Kolonnaden umfaßten das Atrium an drei Seiten; die Mauern zwischen den Säulen wurden nach dem Erdbeben aus statischen Gründen eingefügt. Vom Atrium aus führen drei Portale in die 12 × 17 m große Basilika. Am Haupteingang liegt ein Gebälkstück mit dem Christusmonogramm XP und den Buchstaben Alpha und Omega (Offenbarung des Johannes 1,8). Zwei Reihen von je sechs Säulen und zwei Pfeilern teilten die Basilika in drei Schiffe. Der Altarraum war weit in das Mittelschiff vorgezogen; auch hier umgab die Chorschranke die Seitenapsiden, die im 6. Jh. aus ursprünglich rechteckigen Räumen hervorgegangen waren. Platten aus grauem Marmor bedeckten Boden und Wände. Im Süden lehnten sich zwei Kapellen mit je einer Apsis an die Basilika an. Die äußere diente im Ostteil als Baptisterium, im Westteil als Totenkapelle. Das kreuzförmige Taufbecken war aus einem einzigen Steinblock gemeißelt und stand in einer 4 m breiten und 5,50 m hohen Apsis. Die innere Kapelle ist mit einem geometrisch gemusterten Mosaikboden ausgelegt. An die Kirche schloß sich ein großer Gebäudekomplex mit klösterlichen Werkstätten an. Eine Töpferei oder Backstube ist noch zu erkennen.

Die zwischen zwei Hauptstraßen gepferchte **Zentralkirche** entstand im 6. Jh. als dreiapsidialer Bau. Die Gläubigen betraten das 22 × 12 m große Gotteshaus durch ein schmales, zur Straße hin offenes Atrium. Zwei Reihen von je fünf Säulen trugen das Dach. Das T-förmige Bema umschloß auch die Seitenapsiden. Die Zisterne lag im Mittelschiff nahe dem Hauptportal. Von der Zentralkirche stehen nur noch die Südapsis und einige Mauern.

Einige der zum Teil zwei- bis dreistöckigen **Wohnhäuser** an den gepflasterten Straßen wurden inzwischen restauriert. Sie sind alle mit Zisternen ausgestattet, so daß kein Tropfen des spärlichen Regens ungenutzt blieb. Mehrere große **Kelteranlagen,** darunter die doppelte Weinpresse am Westrand der Stadt, bezeugen einen umfangreichen Weinanbau in byzantinischer Zeit. Zwischen Süd- und Zentralkirche lag das **Rathaus,** von dem nur noch unbedeutende Mauerreste vorhanden sind. Etwa 500 m im Nordosten der Stadt kann noch ein rekonstruierter **byzantinischer Bauernhof** besichtigt werden.

Sede Boqer

51 km südlich von Be'er Sheva erreicht man die inmitten des Negev gelegene Midreshet Sede Boqer, die Negev-Hochschule, die Naturwissenschaften, Geschichte, Soziologie und Archäologie lehrt sowie Lehrer und Jugendführer ausbildet. Die Hochschule wird in wirtschaftlicher Hinsicht von dem nahen Kibbuz Sede Boqer (›Feld der Hirten‹) betreut, dessen berühmtestes Mitglied David Ben Gurion, der erste Ministerpräsident Israels, war.

David Grien, ein polnischer Jude aus Plonsk, kam im Jahre 1906 als 20jähriger nach Palästina, wo er den Namen Ben Gurion annahm und sich in verschiedenen Siedlungen als Landarbeiter verdingte. 1921 gründete er die Arbeiterorganisation Histadrut, deren Generalsekretär er bis 1935 war. Danach übernahm er bis 1948 den Vorsitz der Jewish Agency, 1944 berief ihn die Zionistische Weltorganisation zu ihrem Präsidenten. Am 14. Mai 1948 proklamierte Ben Gurion den Staat Israel und wurde dessen erster Ministerpräsident. 1953 reichte er seinen Rücktritt ein und schloß sich den Kibbuzniks an, die ein Jahr zuvor Sede Boqer gegründet hatten, um inmitten der Wüste Zin Rinder und Pferde zu züchten und eine fruchtbare Oase zu schaffen. 1955–1963 war Ben Gurion nochmals politisch aktiv, zuerst als Verteidigungsminister, dann wieder als Ministerpräsident. Schließlich zog er sich endgültig nach Sede Boqer zurück, um das zu tun, »was wirklich wichtig ist«, nämlich der Wüste Lebensraum für viele Menschen abzugewinnen. 1973 starb er.

Vor der Bibliothek der Midreshet Sede Boqer, der Negev-Hochschule, hat David Ben Gurion zusammen mit seiner Frau seine letzte Ruhestätte gefunden. Von der Terrasse bietet sich ein atemberaubender Blick auf die cañonartigen Schluchten des Wadi Zin.

En 'Avedat

Vor dem Parkplatz beim Grabe Ben Gurions zweigt eine Schotterstraße ab, die in steilen Serpentinen zum Wadi Zin hinabführt. Nach 3 km endet sie. Von hier aus geht es zu Fuß das Wadi aufwärts. Die Schlucht wird immer enger, die Vegetation üppiger. Nach etwa 15 Minuten steht man vor einem tiefen Teich, in den das – ungenießbare – Wasser der Quelle En 'Avedat von hohen Felsen hinabstürzt (Farbt. 43). Baden ist im Quellteich verboten, aber kaum jemand kümmert sich bei 45° C im Schatten um dieses Verbot.

'Avedat/Oboda

Von der Midreshet Sede Boqer sind es 12 km nach Horvot 'Avedat, den Ruinen der nabatäisch-byzantinischen Stadt Oboda auf einem zerklüfteten Bergplateau inmitten des Negev. 'Avedat (arabisch Abda oder Abdeh, nabatäisch Oboda, gelegentlich auch Eboda geschrieben) war ein bedeutender Umschlagplatz an der Karawanenstraße von Petra und Elat nach Gaza, in byzantinischer Zeit Festung und Verwaltungszentrum. Eindrucksvolle Relikte von 'Avedat sind ein nabatäischer Tempel und zwei frühchristliche Kirchen.

Geschichte

Im 5. und 4. vorchristlichen Jahrhundert kamen die Nomadenstämme der Nabatäer unter dem Druck anderer Völkerschaften aus Arabien in das Ostjordanland und ließen sich an der Grenze des Kulturlandes nieder. Die Nabatäer leiteten ihre Herkunft von Nabat ab, einem Sohn Ismaels, der wiederum ein Sohn Abrahams war. Im ausgehenden 4. Jh. v. Chr. schlugen sie Angriffe des Diadochen Antigonos Monophthalmos (›des Einäugigen‹) erfolgreich zurück, drangen in den Negev ein und errichteten am Rande der Handelsstraßen Karawansereien, aus denen sich im 3. Jh. v. Chr. die sechs Städte 'Avedat (Oboda), Shivta (Sobata), Nizzana (Nessana), Mamshit (Mampsis), Haluza (Elusa) und Rehovot (Ruheiba) entwickelten. Die Nabatäer wurden ein wohlhabendes Kauffahrervolk, das bald den Handel mit Gold, Edelsteinen und Gewürzen beherrschte. Dem steigenden Bedarf an Lebensmitteln begegneten sie in dem regenarmen Negev mit ausgeklügelten Bewässerungssystemen und einzigartigen Anbaumethoden. Ihre jahrtausendelange Erfahrung mit dem Leben in der Wüste kam ihnen dabei sehr zustatten.

Die Nabatäer lebten mit den Judäern in Frieden und beteiligten sich im 2. Jh. v. Chr. an den Kämpfen der Makkabäer gegen die Seleukiden. Im 2. und besonders im 1. Jh. v. Chr. erreichte das nabatäische Königreich, das nun das nördliche Arabien, ganz Edom, das südliche Moab, den Negev und den Sinai umfaßte, seine größte Machtentfaltung, von der heute noch die prachtvollen Ruinen der Hauptstadt Petra (im heutigen Jordanien) zeugen. Nach der siegreichen Schlacht bei Moto (Syrien) im Jahre 85 v. Chr. konnten die Nabatäer unter ihrem König Aretas III. den Seleukiden sogar Damaskus entreißen, das bis 69 v. Chr. in ihrem Besitz blieb. Den vordringenden Römern waren sie allerdings nicht gewachsen. Nachdem Pompejus 65 v. Chr. das morsche Seleukidenreich zermalmt und ganz Syrien und Palästina besetzt hatte, machte er die Nabatäer zu Vasallen, beließ ihnen aber weitgehende Selbständigkeit. Sie erfreuten sich sogar der Unterstützung durch die Römer, die in ihnen ein Bollwerk gegen die übrigen arabischen Völkerschaften sahen. Eine lange Periode des Friedens und des Wohlstandes begann.

Im Jahre 9 v. Chr. bestatteten die Nabatäer ihren vergöttlichten König Obodas III. in 'Avedat. Sein Grab wurde zur Wallfahrtsstätte; die Stadt erhielt den Namen Oboda ('Avedat ist die hebräische Ableitung von Oboda; wie der Ort in den Jahrhunderten davor hieß, ist nicht bekannt). Unter Obodas III. (30–9 v. Chr.) und seinem Nachfolger Aretas IV. (9 v. – 40 n. Chr.) erreichte 'Avedat seine größte Blüte; es dürfte damals etwa 3000

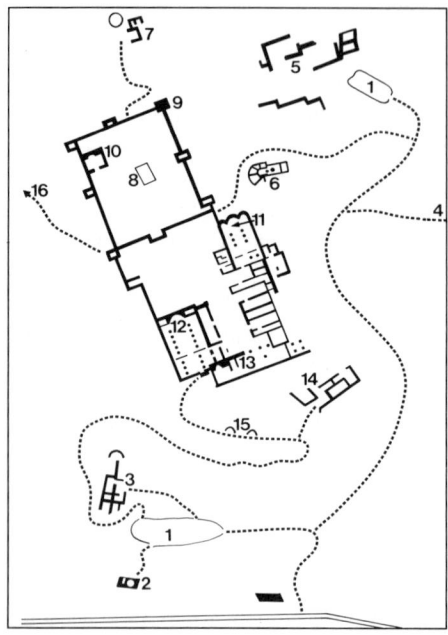

’Avedat: Ruinengelände
 1 Parkplätze
 2 byzantinische Thermen
 3 byzantinisches Wohnhaus mit Vorratshöhlen
 4 nabatäische Grabanlage
 5 römisches Viertel
 6 byzantinisches Kelterhaus
 7 nabatäische Töpferei und Werkstatt
 8 byzantinische Festung
 9 Wachturm
10 Kapelle
11 Theodoroskirche (Südkirche)
12 Nordkirche
13 nabatäischer Tempelportikus
14 Handelszentrum
15 Kreuzhöhlen
16 Weg zum Römerlager

Einwohner gezählt haben. Thronwirren nach dem Tode des Nabatäerkönigs Rabilos (75–105) führten 106 n. Chr. zum Einmarsch römischer Truppen unter dem Legaten A. Cornelius Palma, der das Nabatäerreich zur römischen Provinz Arabia machte. ’Avedat verlor damit seine Bedeutung. Im späten 3. Jh. richteten die Römer im Norden der Stadt ein Militärlager ein und setzten an die Stelle des Tempels, der Zeus, Aphrodite und dem Gottkönig Obodas geweiht war, einen Jupitertempel. Allmählich erholte sich ’Avedat wieder. Unter Kaiser Theodosius I. (379–395) wurden die Nabatäer christianisiert; die Nordkirche entstand. Um die Mitte des 5. Jhs. kam die Südkirche hinzu. Unter Justinian (527–564) gründeten Mönche auf der Akropolis ein Kloster und widmeten sich den umliegenden Feldern und Weinbergen. 636 eroberten islamische Araber die Stadt. ’Avedat verfiel und wurde im 10. Jh. endgültig aufgegeben.

Archäologie: 1871 konnte der englische Forschungsreisende H. Palmer die Wüstenstadt ’Avedat identifizieren. 1935 fanden erste kleinere Ausgrabungen im Bereich der Akropolis statt, 1952 legten Siedler aus dem benachbarten Sede Boqer einige Ruinen frei. 1958–1961 führten die israelischen Archäologen Avi Yonah und Avraham Negev systematische Ausgrabungen durch und begannen mit der Restaurierung der Ruinen. Unweit der Akropolis baute der israelische Botaniker Michael Even-Ari in den 50er Jahren einen nabatäischen Gutshof wieder auf, setzte die alten Bewässerungsanlagen instand und kultivierte hier mit Erfolg Nutzpflanzen, die schon die Nabatäer anbauten. Das über 2000jährige System war so sinnvoll angelegt, das es mit einem Minimum an Regenwasser auskam.

Die Ausgrabungsstätte

Vom unteren Parkplatz aus führt ein Pfad zu den byzantinischen **Thermen** nahe der Hauptstraße. Die einzelnen Räume, wie Caldarium, Tepidarium, Frigidarium usw., sind eindeutig zu bestimmen; sie waren noch in arabischer Zeit in Betrieb. In unmittelbarer Nähe der Thermen entspringt eine Quelle. Nördlich vom Parkplatz erreicht man ein großes **byzantinisches Wohnhaus.** An dieses schließt sich ein Höhlensystem an, das die Bewohner aus dem weichen Kalkstein gebrochen hatten und das vor allem der Lagerung von landwirtschaftlichen Erzeugnissen diente. Auf Steinbänken standen einst gefüllte Weinkrüge, in kleinen Silos wurden Weizen, Gerste und Linsen aufbewahrt, an besonderen Haltevorrichtungen der Höhlendecken hingen gedörrtes Schaf-, Ziegen- und Kamelfleisch, Körbe mit Zwiebeln und getrockneten Datteln sowie Feigen, Knoblauchzöpfe usw. Öllampen in kleinen Nischen erhellten die Lagerhöhlen. Den Eingang zum Höhlensystem schmücken ein Heiligenporträt und eine griechische Inschrift (Griechisch war seit dem 1. Jahrhundert v. Chr. die von den Nabatäern bevorzugte Sprache). An der Straße zum oberen Parkplatz trifft man auf eine **nabatäische Grabanlage.** Hinter dem aus Kalksteinquadern errichteten Vorraum liegt die Grabkammer. Ihren Türsturz ziert ein Relief, auf dem ein Hörneraltar abgebildet ist, flankiert von einer Mondsichel mit Stern und einer Sonnenscheibe sowie von zwei Säulen. In der 10 × 8 m großen Grabkammer sind zahlreiche Grabnischen in das Gestein getrieben, links fünf, geradeaus acht, rechts neun.

Am Südfuß der Akropolis steht ein großes **Kelterhaus** aus byzantinischer Zeit (Abb. 102). Es gibt ein besonders gut erhaltenes Beispiel für viele gleiche oder ähnliche Kelteranlagen. In den neun Abteilen an der oberen Seite setzten die Winzer die Körbe mit den Trauben ab, im nahezu quadratischen, gepflasterten Mittelraum stand die Weinpresse. Der ausgepreßte Most lief durch eine unterirdische Röhre in die tiefer gelegenen Tanks, um dort nach dem Absetzen der groben Bestandteile in große Tonkrüge gefüllt zu werden. Die Akropolis wird von einer mächtigen **byzantinischen Zitadelle** beherrscht, die eine Fläche von 61 × 41 m bedeckt. Von dem Wachtturm in der Ostecke hat man einen guten Überblick über die ganze archäologische Stätte. An die Nordmauer lehnt sich eine spätbyzantinische Kapelle, in der Mitte des Hofes befindet sich eine große Zisterne. Die Zitadelle entstand unter Konstantin dem Großen (306–337), vielleicht auch schon unter Diokletian (284–305) an der Stelle eines nabatäischen Militärlagers. Bauteile nabatäischer Häuser wurden mit verbaut.

Westlich der Zitadelle erstreckte sich der geistliche Bezirk mit zwei Kirchen und einem Baptisterium. Die **Nordkirche,** das früheste christliche Gotteshaus in 'Avedat, wurde im 4. Jh., möglicherweise schon zur Zeit Konstantins, in der Nordwestecke der Akropolis errichtet. Hier stand seit 267 der nabatäische Tempel für Zeus, Aphrodite und Obodas, der sich wiederum auf den Fundamenten eines älteren Heiligtums erhob, das Aretas IV. erbauen ließ. Von ihm stammt auch die von hohen Stützmauern eingefaßte Terrasse der Akropolis.

18 Stufen führten vor der Nordkirche zur Terrasse empor. Durch ein Portal betrat man das 8,30 × 12 m große, von Kolonnaden flankierte Atrium, in dessen Mitte eine kleine Zisterne lag. Drei Türen öffneten sich zur 13 × 18 m großen Basilika, die durch zwei Reihen zu je fünf Säulen aus weichem Kalkstein in drei Schiffe geteilt wurde. Leider fanden die Archäologen keine Säule in situ. Die jeweils fünfte Säule gehörte zum Bema, dem Allerheiligsten, das man hier um zwei Stufen erhöht hatte. Das Bema ragte teilweise in die Seitenschiffe und besaß somit einen T-förmigen Grundriß; es war von einer marmornen Chorschranke umgeben. Hinter dem Altar führten innerhalb der 4,50 m breiten Apsis fünf Stufen zum Thronos (Bischofsthron) empor. An der Apsiswand fanden die Ausgräber Überreste eines hölzernen Synthronos (Presbyteriumsbänke). Das südliche Seitenschiff endete in einem rechteckigen Raum; vom nördlichen aus kam man in einen langen Gang, der an dem großen Platz im Osten der Kirche endete. Die Wände und auch das Bodenpflaster übernahmen die Baumeister vermutlich vom Tempel. Um den wunderbaren, aber heidnischen Steinschmuck der Tempelarchitektur zu verbergen, brachten sie die Platten mit der Schmuckseite nach hinten bzw. unten an. Trommeln der dicken Tempelsäulen aus besonders hartem Kalkstein fügten sie in das Mauerwerk ein. Die Halle südlich der Basilika diente möglicherweise als Kapelle. Ihr Dach wurde von zwei Säulen gestützt. Den nördlichen Teil des alten **Tempelportikus**, dessen Säulen man inzwischen wieder weitgehend aufgerichtet hat, nahm das **Baptisterium** ein. In den Boden einer kleinen Apsis ist das kreuzförmige, 1,10 m tiefe Taufbecken eingelassen. Die 40 cm breite Mulde in der Nordwestecke des Taufsteins enthielt vermutlich Weihwasser. Südlich des Portikus lag die nabatäische Eingangshalle mit einem Treppenturm.

Die rund 100 Jahre jüngere **Südkirche** oder Theodoroskirche war dem Martyrium des hl. Theodoros gewidmet. Sie entstand um 450 und gilt als das am besten geplante frühchristliche Bauwerk im Negev. Das 12 × 17 m messende Atrium ist auf drei Seiten von Säulenhallen umgeben, an die sich Klostergebäude anschließen; die Säulen und auch das Hauptportal stammen aus älteren nabatäischen Gebäuden. In der Westecke des Atriums erhebt sich ein Turm, der wohl als Glockenturm diente. Das Pflaster des Atriums bedeckt eine große, vollständig erhaltene Zisterne mit einem Fassungsvermögen von 60 m³. Ein Kreuz aus Kieselsteinmosaik schmückt ihre verputzte Innenwand. Die dreischiffige Basilika mißt 12,75 × 18 m. Jede der beiden Säulenreihen bestand aus fünf Säulen und zwei Halbsäulen an den Enden. Die Chorschranke, die weitgehend in situ erhalten ist, umschloß auch die beiden Räume links und rechts der Apsis. Diese Räume haben große, bogenförmige Eingänge; in die mächtige Rückwand, die zu einem massiv gebauten nabatäischen Turm gehörte, sind 1,40 m breite und 3 m hohe apsisartige Nischen eingelassen. Vor der Chorschranke erkennt man im Mittelschiff die runde Basis des Ambo (Lesepults). Kalksteinplatten bedeckten den Boden, die Wände waren verputzt und bemalt. An der Wand des nördlichen Seitenraumes sind noch Spuren eines Freskos zu sehen.

Nördlich der Akropolis entstand im ausgehenden 3. Jh. unter Kaiser Diokletian ein 90 × 90 m großes **Römerlager**. Östlich der Akropolis kann man eine nabatäische **Töpferei** besichtigen (nabatäische Keramik war hochberühmt).

Makhtesh Ramon

22 km südlich von 'Avedat erreicht man bei der Bergarbeitersiedlung Mizpe Ramon (›Aussicht auf Ramon‹) die steile Nordwestkante des Makhtesh Ramon (›Krater von Ramon‹; arabisch Wadi Ruman), eines 35 km langen und 10 km breiten Einbruchsbeckens. Von hier aus führt die Ma'ale HaAzmaut (›Paß der Unabhängigkeit‹) in eleganten Serpentinen über 300 m tief in den größten Krater des Negev hinab. Von einem Parkplatz neben der ersten Serpentine hat man eine atemberaubende Aussicht auf diese einzigartige, zwar trostlose, aber doch faszinierende Steinwüste.

Der Makhtesh Ramon ist kein Vulkankrater. Er entstand vor 70 Millionen Jahren durch Erdsenkungen über gewaltigen Hohlräumen. Man fand hier Fossilien von Lebewesen, die vor 190 Millionen Jahren (im Trias) gelebt haben, von Sauriern und Riesenechsen, sogar von 120 Millionen Jahre alten Kröten. Bei ihrem Auszug aus Ägypten schlugen die Israeliten in Rimmon-Perez ihr Lager auf (Num 33,19), also im Gebiet des Makhtesh Ramon. ›Ramon‹ kommt von ›Rimmon‹, einem westsemitischen Gott, der auch dem Granatapfelbaum seinen Namen gab. Die Ma'ale HaAzmaut wurde 1953, fünf Jahre nach der Unabhängigkeitserklärung, dem Verkehr übergeben. Ihre Fortsetzung führt quer durch das Becken, an bizarren Felsformationen vorbei, in Richtung Arava.

Hai-Bar Arava

52 km nördlich von Elat entstand 1968 beim Kibbuz Yotvata das Wildreservat Hai-Bar. 1977 wurde das ›Biblical Wild Life Reserve‹ für Besucher geöffnet. Eine 10 km lange, gut befahrbare Piste führt durch eine großartige Savannenlandschaft, wie sie zu biblischen Zeiten in der Aravasenke bestanden haben mag (Farbt. 46). Die Kulissen bilden die mächtigen Bergwände Sinais im Westen und die jordanischen Felsmassive im Osten. Schirm- und Kegelakazien, unter deren schattigen Laubdächern Oryx- und Addax-Antilopen wiederkäuen, prägen diese Gegend. Ganze Herden von Somali-Wildeseln tummeln sich auf weiten, steinigen Flächen, Strauße rennen aufgeregt über die Piste.

Der **Kibbuz Yotvata** wurde 1951 als Armeesiedlung gegründet. Mehrere reichlich strömende Quellen bewässern nicht nur einen herrlichen Palmenhain, sondern versorgen auch Elat mit Trinkwasser. Das köstliche Quellwasser erfrischte schon Mose und die Israeliten, die »nach Jotbata« zogen, »einer Gegend, wo es Bäche gab, die immer Wasser führten« (Dtn 10,7).

Timna

Das 30 km nördlich von Elat gelegene Biqeat Timna (Tal von Timna, Timna Valley) ist eine Landschaft von großartiger, herber Schönheit mit phantastischen, oft skurrilen Felsformationen, die im Laufe von Jahrmillionen durch Erosion entstanden sind (Farbt. 51, 53). Hier befanden sich einst die größten Kupferminen des Altertums. Alle wichtigen Sehenswürdigkeiten, darunter die berühmten ›Säulen Salomos‹, sind auf einem 35 km langen, gut beschilderten Rundweg mit dem Wagen zu erreichen. Man gelangt zum Timna Valley von der Hauptstraße Elat – Be'er Sheva aus (Wegweiser ›Biqeat Timna‹).

Geschichte

Im Chalkolithikum (Kupfersteinzeit; 4000–3100 v. Chr.) zogen erstmals Nomaden durch die Täler rings um den Har Timna (Timna-Berg), um die vom Wind freigelegten Kupfererzklumpen einzusammeln und das Metall herauszuschmelzen. Bald begannen sie nach dem Erz zu graben. In der Frühen Bronzezeit I (3100–2850 v. Chr.) trieben bereits erfahrene Mineure erste Galerien und Schächte in den weißen Sandstein. In 50 cm tiefen und 40 cm weiten Gruben schmolzen sie das zerstampfte Erz mit Holzkohle, pulverisierten Muschelschalen und Eisenoxiden, denn sie hatten herausgefunden, daß Kalk und bestimmte Oxide die Nebenbestandteile des Erzes binden und das Kupfer freisetzen. Blasebälge mit tönernen Blasrohren brachten das Gemisch auf Temperaturen zwischen 1180 und 1350° C (der Schmelzpunkt des Kupfers liegt bei 1083° C). Die frühbronzezeitlichen Schmelzöfen von Timna sind die ältesten bisher entdeckten, älter noch als die im Wadi Maghara (Sinai), wo die Ägypter des Alten und Mittleren Reiches Kupfer verhütteten.

Die Pharaonen des Neuen Reiches (14.–12. Jh. v. Chr.) entsandten 200 bis 500, oft sogar 800 Mann starke Expeditionen nach Timna, um das begehrte Metall zu gewinnen. In den Fels gemeißelte Königskartuschen markieren den Weg, den ihre Karawanen quer durch den Sinai nahmen. Schon früh überließen die Ägypter die Kupfergewinnung den Midianitern, die aus dem Hedschas in die Arava gekommen waren und mit denen sie sich arrangiert hatten. Seit dem 10. Jh. v. Chr. widmeten sich die israelitischen Könige, allen voran Salomo, dem hiesigen Kupferabbau. Zu Beginn des 2. Jhs. legten die Römer neue Minen an, gaben den Abbau aber bald auf, weil sie an anderen Stellen ihres Imperiums ergiebigere Vorkommen entdeckt hatten. Im Mittelalter wurden die Minen nur noch zeitweise und in geringem Umfang genutzt. 1955 nahm der israelische Staat den 6000 Jahre alten Kupferbergbau erneut auf, mußte ihn jedoch wegen fallender Kupferpreise im Jahre 1976 wieder einstellen.

Archäologie: In den 30er Jahren untersuchte der amerikanische Archäologe Nelson Glueck die Kupferminen von Timna und ordnete sie der israelitischen Periode zu. Seit 1959 leitet der aus Frankfurt stammende Archäologe Beno Rothenberg die weitere Erforschung der Minen; er fand bei den ›Säulen Salomos‹ einen ägyptischen Tempel und ein Felsrelief aus der Zeit Ramses' III. 1974 und 1976 entdeckten Bochumer Bergwerksexperten unter Hans Günter Conrad auf einer Fläche von 4 km² rund 3000 kaminartige Einstiegsschächte der ägyptisch-midianitischen Ära, mit Trittstufen an den Wänden. Von den 5–36 m tiefen Schächten zweigen seitlich Schürfstollen ab, in denen die Ausgräber Kupferpickel zum Herausbrechen des Erzes und Unmengen von Dattelkernen fanden.

Sehenswertes

Das Timna-Tal (arabisch Wadi Mene'ije) ist eine riesige Erosionsmulde von etwa 70 km²
Ausdehnung. Vier Wadis, die nur nach Regenfällen Wasser führen, öffnen sie zur Aravasenke hin, im Norden, Westen und Süden bilden 500–700 m hohe Dolomit- und Kalkfelsen
die Begrenzung. In der Mitte des Tales erhebt sich der 453 m hohe Har Timna, dessen
vielfarbiges Granitgestein sich reizvoll von der ockergelben Umgebung abhebt.

Etwa 3,5 km hinter dem Haupteingang (Eintrittsgebühr) biegt man rechts ab und fährt zu
den **ägyptischen Kupferminen** in der Nordwestecke des Tales (›Ancient Mines and
Arches‹). Vom Parkplatz am Ende der Straße sind es 200 m bis zu einem großen, natürlichen
Sandsteinbogen. Ein markierter Pfad führt 500 m steil hinauf zu den alten Schächten und
Galerien. Eine Seitenstraße durch das breite Wadi Timna endet vor den nördlichen Klippen.
In einem Felsspalt, 50 m vom Parkplatz entfernt, sind **ägyptische Steinzeichnungen** aus
dem 13./12. Jh. v. Chr. zu erkennen (›Chariot Drawings‹). Eine Prozession pferdebespann-
ter Streitwagen mit je zwei ägyptischen Soldaten zieht vorüber, rechts davon ist eine
Jagdszene mit Bogenschützen, Hunden, Steinböcken, Antilopen und Straußen dargestellt.
Die kleinen Zeichnungen in der linken oberen Ecke stammen von Beduinen, die die
ägyptischen Originale in späterer Zeit nachzuahmen versuchten.

Eine originelle Felsbildung ist der 6 m hohe, rote Pilz (›Mushroom‹) in der Nähe des
Hauptweges. Nahebei finden sich alte Schmelzöfen, Werkstätten und Vorratsgruben aus
dem 14.–13. Jh. v. Chr. Auch ein kleiner kanaanitischer Schrein wurde hier freigelegt, mit
Altar, Opferbank und Priesterzelle. Der Hauptweg führt rechts am **Sklavenhügel** (›Slaves
Hill‹), einem befestigten Bergarbeiterlager des 14. Jhs. v. Chr., vorbei. Das Lager war zur
Talseite hin von einer Mauer umgeben, den Eingang im Norden flankierten zwei Tortürme.
Steinanhäufungen im östlichen Teil markieren Werk- und Wohnstätten, während sich die

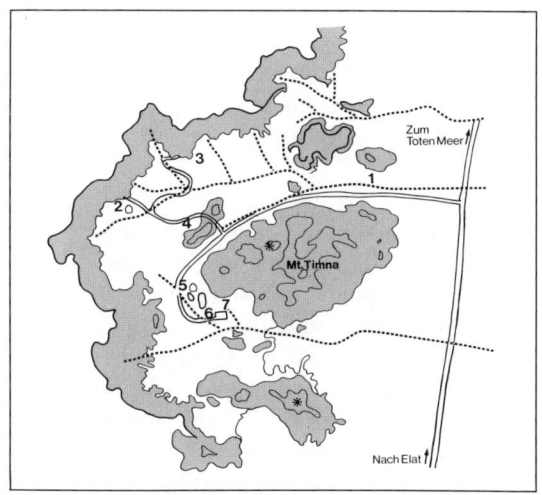

Tal von Timna (Biqeat Timna)
1 Einfahrt
2 ägyptische Kupferminen
3 ägyptische Steinzeichnungen
4 ›Pilz‹
5 Sklavenhügel
6 Säulen Salomos
7 Hathortempel

Erzzertrümmerungsanlagen und die Schmelzöfen im westlichen Teil befanden. Die ägyptischen Bergleute leiteten das Wasser des Nahal Nehushtan zu einer Zisterne am Hang.

Abschluß und Höhepunkt der Fahrt durch das Timna-Tal sind die **Säulen Salomos** (›Solomon's Pillars‹), purpurfarbene Felssäulen, die über 50 m steil emporragen (Farbt. 44). Eine in den Fels geschlagene Treppe führt zu einem Relief, das in etwa 30 m Höhe in eine glatte Wand gemeißelt wurde: Pharao Ramses III. (1184–1153) bringt der Göttin Hathor, die auch Schutzpatronin der Bergleute war, ein Opfer dar. Hinter den Säulen führt die Treppe wieder hinab, um neben einem 9 × 7 m großen **Hathortempel** aus dem 13. und 12. Jh. v. Chr. zu enden (Abb. 100). Nach 1150 v. Chr. wandelten midianitische Bergleute den Tempel in ein Zeltheiligtum um, das an die Stiftshütte der Israeliten erinnerte. Jitro (Jethro), der Schwiegervater des Mose, war midianitischer Priester (Ex 3,1), und von den Nomaden Arabiens könnten die Israeliten durchaus die Zeltform der frühen Stiftshütte übernommen haben. Auf die Midianiter gehen die Stelenreihe, eine Opferbank und der Priesterraum zurück, und auch die Kupferschlange mit vergoldetem Kopf, die Rothenberg im Tempelnaos fand, war midianitischen Ursprungs. Die Untersuchung der frühesten Schichten des Naos ergab übrigens, daß der Platz unter dem Felsvorsprung schon in chalkolithischer Zeit ein Heiligtum war.

Elat

An dem 13 km langen Küstenstreifen zwischen Ägypten und Jordanien entwickelte sich seit 1949 Israels einziger Überseehafen am Roten Meer, zugleich die südlichste Stadt und das größte und sonnenreichste Seebad des Landes (nur 8–10 Regentage im Jahr). Wie ein gewaltiges Amphitheater umschließen die modernen Stadtviertel (Abb. 103) die äußerste Nordwestspitze des Golfes von Elat (Golf von Aqaba), den im Westen die farbigen Berge des Sinai und im Norden die weite Aravasenke begrenzen. Abends funkelt auf der anderen Seite des Golfs das Lichtermeer der 6 km entfernten, ebenfalls erst in den letzten Jahrzehnten aufgeblühten jordanischen Hafenstadt Aqaba, die mit Elat durch eine gemeinsame Geschichte verbunden ist.

Geschichte

Auf seinem Zug von Ägypten in das verheißene Land kam Mose mit den Israeliten auch nach Elat (Dtn 2,8), dessen Name aus dem hebräischen Ayil (›Widder‹) oder Elah (›Terebinthe‹) abgeleitet sein könnte. In Elat legten seit dem 14. Jh. v. Chr. ägyptische Schiffe an, um das begehrte Kupfer aus den Minen von Timna zu laden. König Salomo (etwa 968–930) gründete in der Nachbarschaft die neue Stadt Ezjon-Geber mit einem Verhüttungswerk, das als die am besten ausgeklügelte Anlage ihrer Art im Altertum gilt, und hier ließ er eine Flotte bauen, die aus Ofir – das vermutlich in Südarabien oder an der gegenüberliegenden afrikanischen Küste lag – Gold herbeischaffte (1 Kön 9,26; 2 Chr 8,18). König Hiram von Tyros stellte ihm für dieses Vorhaben seine erfahrenen phönikischen Schiffsbauer und Seeleute zur Verfügung. In Ezjon-Geber ging wohl auch die legendäre Königin von Saba an Land, um sich in Jerusalem von Salomos Weisheit zu überzeugen (1 Kön 10,1–13). Auch König Joschafat von Juda (868–847) baute in Ezjon-Geber eine Flotte, die in Ofir Kupferbarren gegen Gold eintauschen sollte. Sie zerschellte aber schon bei der Abfahrt in einem Sturm (1 Kön 22,49). Unter seinem Nachfolger Joram (847–845) fiel der Hafen in die Hände der Edomiter (2 Kön 8,22); König Ussia (Asarja; 786–736) konnte ihn zwar zurückerobern (2 Kön 14,22), König Ahas (736–726) verlor ihn aber wieder an Edom (2 Kön 16,6).

Im 5. Jh. v. Chr. übernahm das benachbarte Elat wieder die Rolle der führenden Hafenstadt am Roten Meer. Die Ptolemäer gaben ihm den Namen Berenike. Im 3. Jh. v. Chr. kam die Stadt unter die Herrschaft der Nabatäer, die sie Aila nannten. Für die Römer hatte Aila große strategische Bedeutung; sie stationierten hier die Legio X Fretensis, der auch die Bewachung der nahen Kupferminen von Timna oblag. In byzantinischer Zeit nahmen die Bischöfe von Aila an den ersten Konzilien teil. Im Jahre 634 begann in Aila, das fortan Aqaba hieß, die arabische Eroberung Palästinas. 1116 baute Balduin I., König von Jerusalem, in Aqaba, das nun wieder den Namen Aila bzw. Elyn trug, eine Zitadelle. Von hier aus plünderte Rainald von Châtillon, Herr über das östliche Jordanland (Oultrejourdain), in den Jahren 1182–1183 mit fünf Schiffen, die er zerlegt durch den Negev herangeschafft hatte, die Häfen der arabischen Küsten, führte einen erfolgreichen Kaperkrieg im Roten Meer und bedrohte sogar Mekka und Medina, die beiden heiligsten Stätten des Islam. Nach dem Zusammenbruch des Kreuzfahrerreiches im Jahre 1187 hieß der Hafen wieder Aqaba. Er gehört heute zu Jordanien.

Das heutige Elat in der Nordwestecke des Golfs ging 1949 aus der britischen Polizeistation Umm-Rashrash hervor. 1964 erhielt die Stadt einen Überseehafen, der durch eine Pipeline mit Ashqelon verbunden wurde. Da der Hafen nach der Wiedereröffnung des Suezkanals im Jahre 1975 an Bedeutung verlor, ist die Anbindung Elats an das israelische Eisenbahnnetz geplant. Elat hat 19 000 Einwohner, die überwiegend vom Fremdenverkehr leben.

Archäologie: Archäologen lokalisierten das biblische Elat 1 km nordwestlich des jordanischen Aqaba, begraben unter den Trümmern des römischen Aila, die inzwischen der Sand zugedeckt hat. Auf dem Tell el-Kheleifeh, knapp 3 km weiter in nordwestlicher Richtung, fand der amerikanische Archäologe Nelson Glueck 1939 Ezjon-Geber, die Stadt Salomos, die vom 10.–5. Jh. v. Chr. bestand. Beide Stätten liegen auf jordanischem Territorium und können von Elat aus nicht besucht werden.

Sehenswertes

7 km südlich von Elat entstand im Jahre 1976 am Korallenstrand (Hof HaAlmog) das inzwischen berühmte **Unterwasser-Observatorium.** Ein 100 m langer Steg führt zu einer Art Taucherglocke, in der man in 6 m Tiefe die farbenprächtige und formenreiche Fauna und Flora des Roten Meeres beobachten kann. Riesige Aquarien, darunter eine abgedunkelte Abteilung mit selbstleuchtenden Tiefseefischen, ergänzen das Observatorium. Die faszinie-

rende Unterwasserwelt der Korallenbänke läßt sich auch auf Schiffen mit Glasböden erleben oder – noch besser – mit Hilfe einer gemieteten Sporttaucherausrüstung (Elat hat mehrere Taucherschulen).

Ausflug zur Koralleninsel

15 km südlich von Elat ragen 275 m vor der Küste auf granitenen Felsen die mittelalterlichen Ruinen der Koralleninsel in den tiefblauen Himmel (Farbt. 47). Die 320 m lange und 150 m breite Koralleninsel (Yi HaAlmogim, Coral Island), auch Pharaoneninsel (arabisch Jezirat Fara'un) genannt, wurde 1982 wieder an Ägypten zurückgegeben; man kann sie jedoch über die Küstenstraße (Check Point Taba) oder auf Schiffsausflügen besuchen (das erforderliche Besuchervisum erhalten Sie im Tourist Information Office von Elat und in den Reisebüros). Ruderboote fahren vom Festland hinüber.

Die Insel, von der aus stets die Seewege im nördlichen Golf von Aqaba kontrolliert werden konnten, wurde im 12. Jahrhundert v. Chr. – wohl unter Pharao Ramses III. – von einer mächtigen, 4 m dicken **Kasemattenmauer** umgeben. Sieben quadratische Türme, die in das Meer vorsprangen, verstärkten die Befestigung, zwei weitere flankierten die schmale Hafeneinfahrt. Reste des Mauerwerks sind noch an mehreren Stellen zu erkennen. Der kleine **Hafen** an der windgeschützten Landseite der Insel entstand durch Ausbau einer natürlichen Meeresbucht. Heute ist er wieder eine flache Lagune, in der sich Tausende von Seesternen und Seeigeln tummeln. Archäologen haben vor der Hafeneinfahrt steinerne Dalben entdeckt, an denen die Schiffe festmachten, bevor sie zum Entladen in den Hafen gezogen wurden. Die nördliche Granitkuppe der Insel trägt die Ruinen der mameluckischen **Zitadelle** aus dem 15. Jh., die als Bollwerk gegen den befürchteten Vorstoß der Portugiesen aus dem Indischen Ozean diente. Ihr Mauerwerk stammt zum Teil aus fränkischer und byzantinischer Zeit.

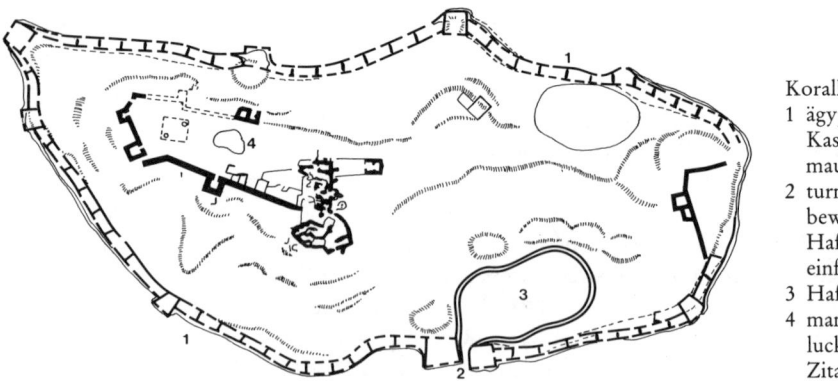

Koralleninsel
1 ägyptische
  Kasematten-
  mauer
2 turm-
  bewehrte
  Hafen-
  einfahrt
3 Hafen
4 mame-
  luckische
  Zitadelle

Ausflug zum Katharinenkloster (Sinai)

Inmitten der wildzerklüfteten Zentralgruppe des ägyptischen Sinaigebirges liegt am Nordostfuß des Djebel Musa (›Mosesberg‹) in einer Höhe von 1528 m das Katharinenkloster (Sinaikloster), das größte und berühmteste Kloster des Nahen Ostens, die ›Wüstenfestung Gottes‹. Seine byzantinische Kirche ist das einzige christliche Gotteshaus, in dem seit anderthalb Jahrtausenden ununterbrochen Messen zelebriert werden. Hier offenbarte sich Gott den Menschen mit seinem Namen und mit seinem Wesen zum ersten Mal, hier gab er ihnen mit den Zehn Geboten das Gesetz. In der Abgeschiedenheit der Wüste Sinai hüten griechisch-orthodoxe Mönche eine der bedeutendsten Handschriftensammlungen und die ältesten Ikonen der Welt.

Reisegesellschaften und Verkehrsbüros vermitteln halbtägige Flug- und zweitägige Busreisen von Tel Aviv, Jerusalem und Elat aus (sie besorgen auch das ägyptische Visum). Der kleine, etwa 15 km vom Kloster entfernte Flugplatz besteht seit 1967; Beduinen befördern die Touristen mit Bussen auf einer neuen Asphaltstraße zum Kloster. Mit dem Pkw ist das Katharinenkloster nicht zu erreichen, weil die letzten 80 km der rund 220 km langen Strecke von Elat eine felsige Piste sind, auf der nur Geländefahrzeuge und hochrädrige Busse verkehren können. Die Zeit für die Besichtigung der Klosteranlagen ist auf 9 bis 12 Uhr begrenzt. Das Gästehaus verfügt über 160 Lagerstätten in Räumen für jeweils sechs bis acht Personen. Übernachtungen sind rechtzeitig anzumelden!

Geschichte

Im Djebel Musa sah die christliche Tradition schon sehr früh den Berg Horeb, wo Mose die Schafe und Ziegen seines Schwiegervaters Jitro, eines Midianiterpriesters, weidete und wo Gott ihm in einem brennenden Dornbusch erschien (Ex 3,1 ff.). Auf diesem Berg schloß Gott später mit den Menschen seinen Bund und gab ihnen durch Mose das Gesetz (Ex 19 und 20). Seit dem frühen 2. Jh. hausten in den Felshöhlen rings um den Mosesberg Eremiten. Um ihnen ein eigenes Gotteshaus zu geben und sie vor Überfällen räuberischer Beduinen zu schützen, soll ihnen die Kaiserinmutter Helena um 324 eine Kirche und einen Wehrturm gestiftet haben. Zwischen 548 und 565 beauftragte Kaiser Justinian I. den Architekten Stephanos aus Aila, die heutige Kirche zu bauen. Er weihte sie der Gottesmutter, fügte ein ansehnliches Kloster hinzu und umgab alles mit einer mächtigen Mauer. Zugleich stationierte er hier eine 200 Mann starke Garnison, die als Vorposten des Imperiums auf dem Sinai die alte Karawanenstraße von Ägypten nach Aqaba zu sichern hatte. Unter der Seldschukenherrschaft versiegte im späten 11. Jh. der Pilgerstrom, das Kloster geriet durch den Ausfall der Spenden in arge Bedrängnis. Dennoch harrten die Mönche aus, arrangierten sich mit den Moslems, für die sie innerhalb der Klostermauern sogar eine Moschee einrichteten. Den Kreuzfahrern gingen sie nach Möglichkeit aus dem Wege, als ahnten sie, daß deren christliches Königreich nur von kurzer Dauer sein würde. Im 14. Jh. wurde die Kirche der hl. Katharina von Alexandria geweiht. Katharina (›die Reine‹) war eine hochgebildete alexandrinische Aristokratin, die bedeutende Gelehrte und Mitglieder des römischen

Katharinenkloster um 1839

Herrscherhauses zum Christentum bekehrte und deshalb im Jahre 310 unter Kaiser Maxentius den Märtyrertod erleiden mußte. Sie wird noch heute in aller Welt als Schutzpatronin der Philosophen, Studenten und Mädchen verehrt.

In byzantinischer Zeit, aber auch im 14. Jh., lebten bis zu 400 Mönche am Berg Horeb. Im 19. Jh. unterstützten die russischen Zaren das Kloster, dessen baufällige Mauern nunmehr restauriert und modernisiert wurden. Heute leben hier noch etwa 15 ausschließlich aus Griechenland stammende Mönche, die die heilige Stätte hüten und gemeinsam mit den Beduinen, den Djabaliye (= ›Bergbewohner‹), die baulichen Anlagen instand halten und den von Jahr zu Jahr anwachsenden Pilger- und Touristenstrom betreuen. Zu keiner Zeit wurde das Kloster geplündert, entweiht oder gar zerstört. Den klugen Äbten gelang es stets, sich immer rechtzeitig unter den Schutz der jeweils Herrschenden zu stellen. So können die Mönche über 100 Schutzbriefe und Firmane aus dem 12.–19. Jh. zeigen, darunter ein Schreiben Napoleons. Bei dem Schutzbrief Mohammeds, angeblich eine Abschrift des verschollenen Originals, dürfte es sich dagegen um eine Fälschung handeln.

Seit dem 6. Jh. genießt das Katharinenkloster völlige Unabhängigkeit von Staat und Kirche. Der von der Bruderschaft des Sinaitischen Ordens gewählte Klosterabt hat den Rang eines Erzbischofs; er residiert in Kairo und bildet zusammen mit vier Archimandriten den ›Rat der Väter‹ (Synaxis). Die Mönche arbeiten in Bibliothek und Werkstatt; sie leben vegetarisch, essen aber auch Fisch, den ihnen Beduinen bringen, und trinken gelegentlich ein

Gläschen Arak. Kleinere Besitzungen auf Zypern, Kreta und anderen griechischen Inseln sichern die wirtschaftliche Unabhängigkeit des Klosters, das heute unter dem Schutz der UNESCO steht.

Das Kloster

Das Katharinenkloster bedeckt eine Fläche von 84 × 74 m. Die Mauer aus mächtigen Granitblöcken (außen) und Bruchsteinen (innen) ist im Durchschnitt 1,65 m dick und 12 bis 16 m hoch; sie geht zu einem großen Teil (Südwestmauer) aus das 6. Jh. zurück. Die tiefste Stelle des Klosterareals nimmt die **Verklärungsbasilika** ein. Nur ein Teil ihrer Mauern und das Dach mit der überhohen Frontfassade ragen aus den Felsen hervor. Etliche Stufen führen zum zweiflügeligen Portal aus der Fatimidenzeit (12. Jh.) hinab, das mit Szenen aus dem Alten und Neuen Testament bedeckt ist. Den Narthex schmücken kostbare Ikonen, meist Arbeiten kretischer Mönche. Die Doppeltüren zum Kirchenraum stammen aus der Zeit Justinians; das Mittelportal ist 3,63 m hoch und 2,40 m breit. Die kunstvoll geschnitzten Zedernholztüren zeigen üppige Tier- und Pflanzenornamente. Dann steht man in einem der ältesten und zugleich schönsten Gotteshäuser der Christenheit, in einer Kirche, in der seit dem Jahre 557 regelmäßig Gottesdienste stattfanden.

Zweimal sechs Säulen gliedern den Kirchenraum in ein breites, hohes Mittelschiff und zwei schmale, niedrigere Seitenschiffe. Die Monolithe aus rosafarbenem Sinaigranit werden von korbförmigen und tiergestaltigen Kapitellen gekrönt. Die Säulen symbolisieren die zwölf Apostel und entsprechen den zwölf Monaten des Sonnenjahres; Tafeln mit Abbildungen der Tagesheiligen hängen unterhalb der Kapitelle. Die reich geschnitzten und mit Farbe ausgelegten Deckenbalken gehen ebenfalls auf die Basilika Justinians zurück; die Holzdecke mit naiv-heiteren Astronomiedarstellungen wurde erst im 18. Jh. eingezogen. Der farbig gemusterte Fußboden aus Marmor- und Porphyr-Intarsien stammt aus dem Jahre 1714. Je drei Kapellen schließen sich an die Seitenschiffe an: im Süden die Kapelle des hl. Kosmas und des hl. Damian, die des hl. Simeon Stylites sowie die der hl. Anna und des hl. Jojakim, im Norden die Kapelle der hl. Marina, die des hl. Konstantin und der hl. Helena sowie die Kapelle hl. Antipas.

Vor der vergoldeten und mit Heiligenbildern behängten Ikonostase, einer kretischen Arbeit aus dem Jahre 1612, stehen zwei große Leuchter, die 1799 der Nürnberger Matthäus Bleyel stiftete. Hinter der Ikonenwand (meist kein Zutritt) bewahrt ein Schrein die Reliquien der hl. Katharina von Alexandria, die einmal jährlich, am 8. Dezember, in prunkvoller Zeremonie den Gläubigen gezeigt werden. Der byzantinische Marmoraltar ist seit 1675 mit perlmuttbelegtem Holz verkleidet, der Baldachin darüber ebenfalls mit Perlmutt besetzt. Zwei russische Silberschreine (1691 und 1890) enthalten Geschenke für die Heilige. Die Apsis mit dem typisch byzantinischen Synthronos wird von einem großartigen Mosaik beherrscht, das im 6. Jh. geschaffen wurde und die Verklärung Jesu auf dem Berg Tabor zeigt. Jesus ist von Elija und Mose sowie seinen Jüngern Johannes, Petrus und Jakobus umgeben. Eine Gloriole aus 31 Medaillons mit den Porträts von Propheten und Aposteln umrahmt die Szene. Neben dem Doppelfenster sind die beiden Ereignisse am Berg

Horeb wiedergegeben: Mose geht auf den brennenden Dornbusch zu und Mose empfängt das Gesetz. Zwei Medaillons zeigen Kaiser Justinian und seine Gemahlin Theodora.

Zwei Kapellen flankieren die Apsis, im Süden die Kapelle Johannes' des Täufers, im Norden die des hl. Jakobus d. J. Hinter der Apsis entstand, vermutlich an der Stelle der ersten, von Helena gestifteten Kapelle, im 13. Jh. die kleine **Kapelle des Brennenden Dornbusches,** das größte Heiligtum des Sinai. Die Wände sind mit blaugrünen Iznik-Fayencen verkleidet und mit unzähligen Ikonen behängt, den Boden bedecken alte Teppiche. Wer das Glück hat, diese Kapelle, die für Besucher normalerweise nicht

Katharinenkloster
1 Verklärungsbasilika   2 Portal   3 Narthex   4 Kapelle des hl. Kosmas und des hl. Damian   5 Kapelle des hl. Simeon Stylites   6 Kapelle der hl. Anna und des hl. Jojakim   7 Schatzkammer   8 Kapelle der hl. Maria   9 Kapelle des hl. Konstantin und der hl. Helena   10 Kapelle des hl. Antipas   11 Sakristei   12 Ikonostase   13 Reliquienschrein   14 Kapelle Johannes des Täufers   15 Kapelle des hl. Jakobus d. J.   16 Kapelle des Brennenden Dornbusches   17 Moschee   18 Mosesbrunnen   19 Refektorium   20 Museum und Bibliothek   21 Gästetrakt   22 Küche und Wirtschaftsräume   23 Wohn- und Empfangsräume   24 heutiger Eingang   25 Kléber-Turm

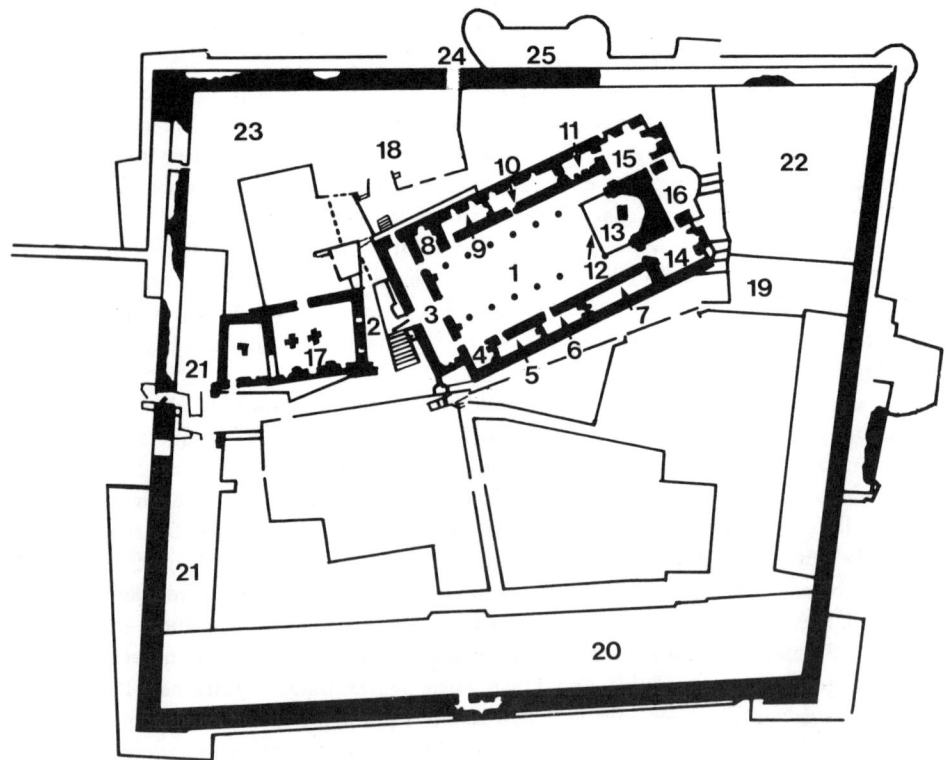

zugänglich ist, zu betreten (an jedem Samstag findet hier der Frühgottesdienst statt), muß die Schuhe ausziehen. »Der Herr sagte (zu Mose, der sich dem brennenden Dornbusch näherte): Komm nicht näher heran! Leg deine Schuhe ab; denn der Ort, wo du stehst, ist heiliger Boden« (Ex 3,5). Reliefierte Silberplatten unter dem Altartisch zeigen die Stelle, an der der Heilige Dornbusch stand. An der Außenwand der Kapelle rankt sich ein dorniger Busch, ein Syrischer Blasenstrauch (Colutea istria) empor. Er soll ein Sproß des biblischen Dornbusches sein.

Der dem Barock nachempfundene **Glockenturm** der Verklärungsbasilika und die acht Glocken, die den Tag einläuten, sind Geschenke des Zaren Alexander II. (1871). Ein hölzerner Gong (Symandra) ruft zu den Messen (4.30–7.30 Uhr, 14.30–16.00 Uhr). Die **Moschee** neben der Kirche ging im 10. Jh. aus einem Gästehaus für moslemische Besucher hervor. Das Katharinenkloster ist das einzige christliche Kloster, in dem Kreuz und Halbmond einträchtig beieinander existieren (diese noch heute geübte Toleranz ermöglichte der Bruderschaft ein ungestörtes Wirken durch die Jahrhunderte). Beachtenswert sind der Mimbar und der Koranständer aus dem 12. Jh. Der **Mosesbrunnen** erinnert an das biblische Geschehen; sein Wasser ist kristallklar und von köstlichem Geschmack. Das **Refektorium** (Trapesa), ein 17 m langer frühgotischer Saal, zeigt an der Stirnwand ein Fresko aus dem Jahre 1573, das das Jüngste Gericht darstellt. Auf den Türrahmen und Blendarkaden haben sich europäische Pilger des 12.–16. Jhs. durch Wappen und Inschriften verewigt. Der lange Tisch wurde im 18. Jh. auf Korfu geschnitzt.

Das **Museum** enthält die größte und bedeutendste Ikonensammlung der Welt. Unter den rund 2000 Tafelbildern befinden sich einige besonders kostbare Wachsikonen (im antiken Enkaustik-Verfahren hergestellt) aus dem 5. und 6. Jh., die in der Abgeschiedenheit des Sinai den Bildersturm (726–843) überdauert haben. Einzigartig ist auch die Sammlung liturgischer Geräte und Kleidung, darunter viele Geschenke fränkischer Ritter, die der Bruderschaft beitraten, um Ritter des Heiligen Grabes werden zu können. Die **Bibliothek** des Klosters umfaßt über 3400 Handschriften. Zu den wertvollsten zählen das Buch Hiob (11. Jh.), die Schrift ›Klimax tu paradisu‹ (›Leiter zum Paradies‹; 12. Jh.) und die 16 Homilien des Gregor von Nazianz (12. Jh.). Von dem berühmten ›Codex Sinaiticus‹, einer griechischen Bibelhandschrift des 4. Jhs., ist nur eine Faksimileausgabe vorhanden (der überwiegende Teil des Originals befindet sich heute im British Museum London, 43 Blätter sind als ›Codex Friderico-Augustanus‹ im Besitz der Universitätsbibliothek Leipzig).

Im schattigen Klostergarten außerhalb der Mauern steht inmitten von Ölbäumen und hohen Zypressen die Kapelle des hl. Tryphon, deren zwei Krypten als **Beinhaus** (Ossuarium) dienen. Seit vielen Jahrhunderten werden hier die Schädel und Knochen der verstorbenen Mönche aufbewahrt. Die sterblichen Überreste der Äbte haben ihren Platz in kleinen, vergitterten Wandnischen.

Aufstieg zum Djebel Musa
Vom Kloster führen zwei Wege zum Gipfel des 2285 m hohen Djebel Musa empor. Für den Auf- und Abstieg muß man etwa 3–4 Stunden rechnen, denn der Höhenunterschied beträgt

mehr als 750 m. Besonders beeindruckend ist es, auf dem Gipfel den Sonnenaufgang zu erleben. Den großen Treppenweg mit seinen 3000 oft bis zu 40 cm hohen Stufen wählt man am besten für den Abstieg. Hinauf geht es über den zwar längeren, aber weniger beschwerlichen Serpentinenpfad, den Siqqet Saidna Musa (= ›Pfad unseres Herrn Mose‹). Vor dem Gipfel trifft der Pfad auf den Treppenweg, dessen letzte 734 Stufen, die sogenannte Bußtreppe, jeder ersteigen muß, der an der Stätte stehen möchte, wo Mose von Gott die Zehn Gebote empfing. Den Gipfel, von dem man eine atemberaubende Aussicht auf die wilde, öde Bergwüste hat, krönt eine bescheidene Kapelle, die 1934 unter Verwendung alter Bauteile errichtet wurde. Eine winzige Andachtsstätte stand hier schon im Jahre 363; sie wurde um 530 durch eine Basilika ersetzt, die den ganzen Gipfel einnahm. Da die Moslems Mose als einen ihrer Propheten verehren, befindet sich gleich neben der Kapelle auch eine kleine Moschee. Wer die Nacht auf dem Gipfel verbringen möchte, sollte sich nicht an den Moslems stören, die seit Jahrhunderten glauben, daß auf dem Djebel Musa gezeugte Kinder mit Weisheit gesegnet sein werden.

Der Treppenweg führt durch zwei Steintore, das ›Tor des Glaubens‹ und das ›Stephanstor‹, vor dem im 6. Jh. der Abt Stephanos saß, der den Pilgern erst nach Beichte und Absolution den Weg zum Gipfel freigab (daher auch ›Beichtpforte‹ genannt). Heute bewacht das Skelett des Stephanos, mit Mantel und Mönchskappe bekleidet, das Beinhaus des Klosters.

6 km südlich des Klosters erhebt sich der **Katharinenberg** (Djebel Katrina), der Mons Sinai, mit 2642 m der höchste Berg der Sinai-Halbinsel. Auf seinem Gipfel sollen Mönche zwischen dem 7. und 9. Jh. die Gebeine der hl. Katharina von Alexandria gefunden haben, wohin diese von Engeln gebracht worden waren.

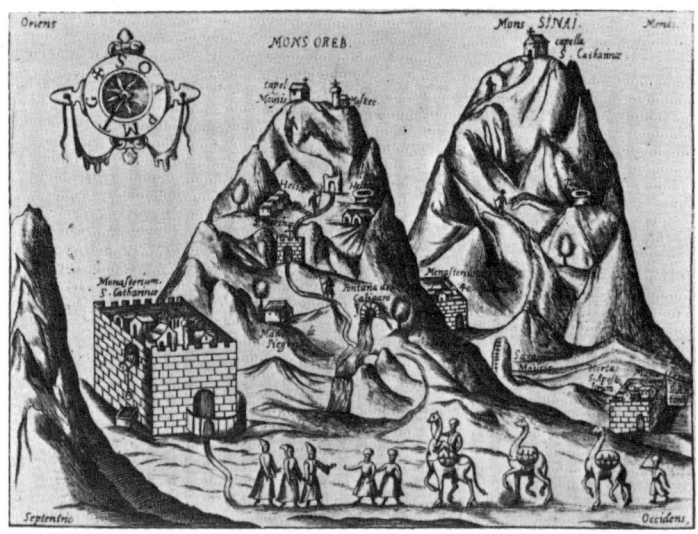

Katharinenkloster mit Djebel Musa und dem Katharinenberg (Darstellung von 1612)

Am Toten Meer

Das Tote Meer

Das Tote Meer (hebräisch Yam HaMelah = ›Salzmeer‹, arabisch Bahr Lut = ›Meer des Lot‹), dessen Spiegel im Durchschnitt 396 m unter dem des Mittelmeeres liegt, ist der tiefstgelegene Binnensee der Erde. Seinen Namen Mare Mortuum (›Totes Meer‹), der auf Hieronymus (um 347–419) zurückgeht, trägt der bis zu 80 km lange, 18 km breite und 940 km² große See, weil in seinem überaus salzhaltigen Wasser weder Tiere noch Pflanzen leben (Farbt. 48, 52).

Die vom jordanischen Ufer – die heutige Grenze läuft mitten durch den See – vorspringende Halbinsel Lashon (Lisan = arabisch für ›Zunge‹) teilt das Tote Meer in ein größeres Nordbecken, das vor rund 23 000 Jahren entstand, und ein kleineres Südbecken, das sich vor etwa 4000 Jahren bildete (vgl. S. 436). Das Nordbecken erreicht eine Tiefe von 400 m, das Südbecken nur eine von maximal 10 m. Der Jordan ist der einzige größere Fluß, der den 940 km² großen abflußlosen See speist. Die starke Verdunstung und die steigende Entnahme von Jordanwasser für Bewässerungszwecke lassen den Spiegel des Toten Meeres von Jahr zu Jahr sinken; man plant daher, durch einen Kanal Mittelmeerwasser heranzuführen und das erhebliche Gefälle für die Gewinnung von elektrischer Energie zu nutzen. Der Salzgehalt des Toten Meeres beträgt 32,6 %, an der Oberfläche 29 % (Mittelmeer 3,5 %). Ein Liter Wasser enthält 212 g Clor, 41 g Magnesium, 39 g Natrium, 17 g Kalzium, 7,3 g Kalium, 5,1 g Brom. Insgesamt schätzt man die Menge der gelösten Salze auf 44 Milliarden Tonnen. Die Umgebung des Toten Meeres ist das sauerstoffreichste Gebiet der Erde. Die durchschnittlichen Temperaturen sinken im Winter selten unter 10°C und erreichen im Sommer 45°C und mehr.

Josephus berichtet über den ›Asphaltsee‹ (Jüd. Krieg IV, 8, 4): »Er enthält zwar bitteres Wasser, dem keine lebenfördernde Kraft innewohnt, aber, da es leichttragend ist, läßt es auch die schwersten Dinge, die man hineinwirft, wieder nach oben gelangen; man kann selbst dann kaum untertauchen, wenn man sich alle Mühe gibt. Als der römische Feldherr Vespasian diesen Dingen auf den Grund gehen wollte und zum See kam und einige Nichtschwimmer mit auf den Rücken gebundenen Händen in eine tiefe Stelle werfen ließ, geschah es tatsächlich, daß alle oben schwammen, so als wären sie von einem Wind gewaltsam nach oben gedrängt worden. Dazu kommt, daß auch der Wechsel der Farbe wundersam ist; dreimal am Tag ändert nämlich das Wasser seine Farbe und reflektiert die Sonnenstrahlen jedesmal in anderer Weise. Hinsichtlich des Asphalts ist zu berichten, daß der See mehrfach schwarze Brocken nach oben kommen läßt, die dann an der Oberfläche schwimmen. Die Arbeiter am See fahren auf ihren Nachen heran, ergreifen die kompakte Masse und bringen sie in die Boote. Sind diese voll, dann kann man die Last nur sehr schwer wieder daraus loslösen, denn diese haftet so fest und so lang darin, bis der Asphalt mehrmals vermittels Menstruationsblutes von Frauen und mit Hilfe von Urin, wodurch er sich allein lockern läßt, von der Wandung getrennt wird. Man kann ihn nicht nur zum Abdichten von

Wasserfahrzeugen, sondern auch gegen körperliche Leiden verwenden, weshalb er zahlreichen Arzneien beigegeben wird.«

In der Tat kann man im Wasser des Toten Meeres auf dem Rücken liegend Zeitung lesen. Schwimmbewegungen sind allerdings fast unmöglich, so daß das Baden wegen gefährlicher Strömungen an vielen Stellen verboten ist. Das Wasser fühlt sich unangenehm ölig an (Kalziumchlorid) und schmeckt stark bitter (Magnesiumchlorid). Wasserspritzer in die Augen sind sehr schmerzhaft. Nach dem Bad sollte man sich gründlich duschen. Gute Bademöglichkeiten mit Süßwasserduschen am Strand bietet z. B. En Gedi (vgl. S. 448). Der penetrante Geruch nach Schwefelwasserstoff weist auf Thermalquellen hin, die schon im Altertum genutzt wurden und um die sich heute moderne Badeanlagen gruppieren, z. B. in Newe Zohar, En Boqeq und Hamme Yesha (En Gedi).

Sedom / Sodom

Jede Karte von Israel verzeichnet den Ort Sedom oder Sodom, und auch Wegweiser an den Straßen im Gebiet des Toten Meeres nennen den Namen dieser biblischen Stadt. Aber Sodom, mit 394 m unter dem Meeresspiegel die tiefstgelegene Siedlung der Erde, existiert nicht mehr. Die Strecken, die die Straßenschilder weisen, treffen sich bei den Dead Sea Works, wenige Kilometer südlich des Toten Meeres.

Geschichte

Weil es nicht einmal zehn Gerechte in Sodom und Gomorra gab, ließ Gott die beiden Städte durch Schwefel und Feuer vernichten (Gen 18 und 19). Das geschah zu der Zeit, als Abraham mit seinem Stamm durch Kanaan (Palästina) zog, also wohl um 1800 v. Chr. Und in der Tat verursachte ein Erdbeben in der Mittleren Bronzezeit das Einsinken der Erdkruste und damit die Entstehung des südlichen, flachen, von der Landzunge Lisan begrenzten Teiles des Toten Meeres. Die tektonische Bewegung der Erdkruste dürfte brennbare Gase, Erdöl und Asphalt freigesetzt haben, so daß die kanaanitischen Städte dieses Bereiches in ›Schwefel und Feuer‹ untergingen. Heiße, schwefelhaltige Quellen am Südwestrand des Toten Meeres unterstreichen diese Theorie. Sodom und Gomorra konnten, wie auch die Nachbarstädte Adma, Zebojim und Bela (Gen 14,2), bis heute nicht lokalisiert werden. Flavius Josephus sah noch »die schattenhaften Umrisse von fünf Städten« (Jüd. Krieg IV, 8, 4), und Strabon berichtet sogar von 13 im Salzmeer versunkenen Städten.

Ein neues Sedom entstand 1934 am Fuß des Har Sedom, ein Lager für Arbeiter, die Salz aus den Felsen brachen und mit Schiffen in eine Düngemittelfabrik im Norden des Meeres brachten. Im Unabhängigkeitskrieg von 1948 war das Lager über ein halbes Jahr von der Außenwelt abgeschnitten und mußte mit Flugzeugen versorgt werden. Nach der Fertigstellung einer Straßenverbindung mit Be'er Sheva im Jahre 1953 erfolgte 5 km südlich des Lagers die Gründung der Dead Sea Works. Die heutige Uferstraße nach Masada und Jericho führt unmittelbar am verlassenen Lager vorbei.

Sehenswertes

Die **Dead Sea Works** gewinnen aus dem mineralreichen Wasser des Toten Meeres vor allem Brom, Tafelsalz und Magnesiumoxid. Das Wasser wird vom tieferen nördlichen Teil des Meeres über einen Kanal in riesige Verdunstungsbecken bei den Werken geleitet. Die Beschäftigten der Dead Sea Works wohnen in den klimatisch angenehmeren, modernen Städten Dimona und Arad. Westlich der Dead Sea Works erhebt sich der 10 km lange und bis zu 3 km breite Har Sedom, dessen Gipfel das Tote Meer um 239 m überragt. 3 km nördlich des verlassenen Lagers glaubt man, in einer der vielen bizarren Salzsäulen des Berges **Lots Frau** zu erkennen. Wir erinnern uns: Gott wollte Abrahams Neffen Lot und dessen Familie aus dem zum Untergang geweihten Sodom retten. Die Engel warnten die Familie, weder stehenzubleiben noch sich umzuschauen. »Als Lots Frau zurückblickte, wurde sie zu einer Salzsäule« (Gen 19,26).

Der Har Sedom besteht zu 98 % aus Salz, das hier seit alters her abgebaut wurde. In der Nähe der Jugendherberge von Newe Zohar beginnt ein Pfad durch ein Gebiet, das einer fremden Welt anzugehören scheint. Man kommt an Salzgalerien vorbei, die bis zu 300 m tief hinabreichen. Der Pfad endet in **Lots Höhle,** einer etwa 20 m hohen Salzhalle mit einem kaminartigen Loch in der Decke.

Newe Zohar

Newe Zohar ist ein aufstrebender Badeort am Toten Meer mit Hotels, Campingplatz und modernen Schwefelthermen. Das besuchenswerte Museum Bet Hayozer informiert über die biologischen Probleme und die wirtschaftliche Nutzung des Toten Meeres. 3 km entfernt erheben sich inmitten der Schlucht des Wadi Zohar die Ruinen von **Mezad Zohar,** einer nabatäischen Burg, die die alte Karawanenstraße nach Mamshit und Be'er Sheva bewachte und noch in byzantinischer Zeit einige Bedeutung hatte. Die Beduinen nennen die Ruinen Qasr Zuwiera (›Burg des Ruhmes‹). Wem der Weg durch die Schlucht zu anstrengend ist, kann vom zweiten, oberen Aussichtspunkt (Parkplatz) an der Straße nach Arad einen Blick auf die Burg in der Tiefe werfen.

Tel Arad

Abseits der großen Touristenwege erhebt sich nördlich der Straße von Newe Zohar nach Be'er Sheva inmitten der ockergrauen Felswüste der gewaltige Ruinenhügel der mächtigen kanaanitischen Königsstadt Arad (Abb. 101). Auf der Akropolis des israelitischen Arad erhob sich ein Jahwetempel, der uns ein ziemlich genaues Bild des salomonischen Tempels in Jerusalem vermittelt. 10 km westlich der modernen Stadt Arad (12 000 Einwohner) zweigt eine neue Straße zum 3 km entfernten Tel Arad ab.

Geschichte

Der Hügel von Arad war schon im späten 4. Jahrtausend v. Chr., also im Chalkolithikum, bewohnt. Ihre Blütezeit erlebte die Stadt unter den Kanaanitern, wohl zwischen 1900 und 1750 v. Chr. (Mittlere Bronzezeit II a). Aus dieser Periode stammen die Paläste, Tempel und ausgedehnten Wohnviertel sowie die Stadtmauer mit halbrunden Türmen. Arad war damals ein bedeutender Handelsplatz an der Karawanenstraße von Ägypten nach Syrien; Asphalt vom Toten Meer wurde hier offenbar gegen ägyptisches Getreide getauscht. Von der kanaanitischen Königsstadt, die den Israeliten im 13. Jh. v. Chr. den Weg ins verheißene Land versperrte und sie zwang, einen jahrelangen Umweg um Edom und Moab zu nehmen (Num 21), ist bisher nichts gefunden worden. Die große Besiedlungslücke zwischen der Frühen Bronzezeit und der Eisenzeit ließ Zweifel aufkommen, ob die hiesige Stadt überhaupt das Arad war, das Josua später von Norden her eroberte (Jos 12,14), zumal die Inschrift auf der Siegesstele Scheschonks I. (s. u.) zwei Orte gleichen Namens erwähnt. So ruht das Arad Josuas möglicherweise noch unter einem der benachbarten Hügel. Nach Richter 1,16 kam Arad zum Stammesgebiet von Juda und wurde von Kenitern, die sich aus dem Verband der Amalekiter gelöst und sich Juda angeschlossen hatten, besiedelt.

Im 10. Jh. v. Chr. baute vermutlich Salomo Arad auf dem anschließenden höheren Hügel wieder auf und errichtete eine Festung als Bollwerk gegen die ständigen Überfälle durch die Amalekiter. 926 v. Chr. wurde die Festung von Pharao Scheschonk I. (Sisak) zerstört. Viermal bauten die Judäer die Wehranlagen wieder auf, bis der Babylonier Nebukadnezar II. sie im Jahre 587 v. Chr. endgültig schleifen ließ. Aus dieser Zeit stammt eine Keramikschale, auf der in aramäischer Schrift siebenmal der Name ›Arad‹ geschrieben steht – bisher der einzige Anhaltspunkt dafür, daß die entdeckte Stadt das biblische Arad ist. Der hellenistischen Zeit gehört ein hoher Turm an, der von Wohngebäuden umgeben war. Die Römer bauten Arad zu einer Grenzfestung aus. In byzantinischer Zeit und noch zu Beginn der arabischen Epoche war die Stadt zwar bewohnt, aber bedeutungslos.

Archäologie: 1962–1967 führten die israelischen Archäologen Yohanan Aharoni und Ruth Amiran systematische Ausgrabungen auf dem Tell durch. Die freigelegten Ruinen wurden inzwischen weitgehend restauriert. Die Untersuchungen werden derzeit fortgesetzt.

Die Ausgrabungsstätte

Das Gebiet des alten Arad besteht, soweit bisher erforscht, aus der kanaanitischen Stadt und der israelitischen Akropolis. Die Ruinen der **kanaanitischen Stadt** gehören in das frühe 2. Jahrtausend v. Chr. Im Nordwesten sieht man die kargen Reste des Königspalastes und mehrerer Tempel, den Südwesten nimmt die ausgedehnte Wohnstadt ein. Eine 2,50 m dicke Kasemattenmauer mit halbrunden Türmen zieht sich bis zur Akropolis hinauf. Auf der **Akropolis** finden wir israelitische Bauten, die auf das 10. bis 7. Jh. v. Chr. zurückgehen. Auch sie sind von Kasemattenmauern umschlossen. In der Nordwestecke der Akropolis stießen die Ausgräber auf einen **Jahwetempel** aus der Mitte des 10. Jhs. v. Chr., der dem dreiteiligen Schema des salomonischen Tempels in Jerusalem – wenn auch mit Abweichun-

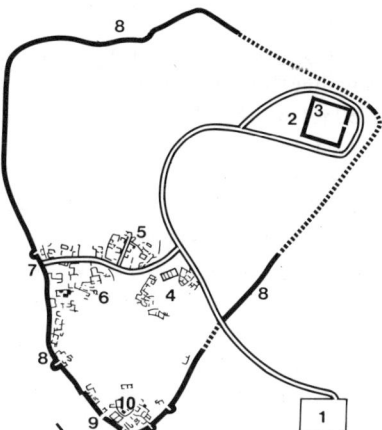

Tel Arad
1 Parkplatz
2 israelitische Akropolis
3 Jahwetempel
4 Wasserreservoir
5 Tempelbezirk
6 Königspalast
7 Westtor
8 kanaanitische Stadtmauer
9 Südwesttor
10 restauriertes Wohnhaus

gen – entspricht (Farbt. 45). Auch der Tempel von Arad besaß einen offenen Vorraum, der aber von kleinen Räumen flankiert war; rechts steht noch immer der aus Bruchsteinen und Lehm zusammengesetzte, 2,5 m² große Brandopferaltar. Vor dem Eingang zur Haupthalle fand man die Basen für zwei Kultsäulen, die den Jachin und Boas genannten Säulen des Jerusalemer Tempels entsprechen könnten. Zwei steinerne Räucheraltäre flankierten den Eingang zum Allerheiligsten (Hekal), das man über vier Stufen erreichte. Auf einer gepflasterten Plattform erhoben sich zwei etwa 70 und 110 cm hohe, rot bemalte Steinsäulen (Masseben), die wegen ihrer phallischen Gestalt Einflüsse des Baalkultes erkennen lassen (die Räucheraltäre und Masseben sind Repliken; der Eingang ist im Israel-Museum, Jerusalem, originalgetreu wiederaufgebaut worden). Im Tempel fanden die Ausgräber über 200 Ostraka (beschriebene Tonscherben) aus der Zeit vom 10. bis zum 7. Jh. v. Chr. Auf einem Ostrakon des 7. Jhs. v. Chr. weist der Verfasser des ›Briefes‹ auf die Gefahr aus Edom hin.

Da der Tempel Salomos in Jerusalem nur von zeitgenössischen Beschreibungen und von Münzbildern her bekannt ist, kommt der Entdeckung des Tempels von Arad besondere Bedeutung zu. Ähnliche israelitische Heiligtümer fand man bislang nur in Shillo, Bet El, Dan und Lakhish. Der Tempel von Arad wurde nach mehreren Zerstörungen immer wieder hergestellt, bis König Josia von Juda im 7. Jh. v. Chr. den Jahwekult auf Jerusalem konzentrierte und deshalb alle anderen Jahwetempel beseitigen ließ.

Mamshit / Mampsis / Kurnub

Mamshit (arabisch Kurnub), das alte Mampsis, war die nördlichste und zugleich östlichste der sechs Nabatäerstädte im Negev. Die besonders sehenswerte Ruinenstadt liegt, 6 km von

Dimona bzw. 42 km von Arad entfernt, weithin sichtbar auf einer hohen Terrasse zwischen einem Hügel und dem Wadi Kurnub. Einen Besuch lohnen wie in 'Avedat und Shivta die frühchristlichen Kirchen, vor allem aber nabatäische Häuser und Pferdeställe aus dem 2. und 3. Jh. sowie die eindrucksvolle Wassergewinnungsanlage im Wadi (Farbt. 42, Abb. 105).

Geschichte

Mampsis wurde wohl schon zu Beginn des 3. Jhs. v. Chr. von den Nabatäern (vgl. S. 419) gegründet als Karawanserei an der Karawanenstraße, die die Länder östlich der Arava und des Toten Meeres mit dem Mittelmeer verband. Im späten 1. nachchristlichen Jahrhundert wurde die Stadt aus unbekannten Gründen verlassen. Der Wiederaufbau erfolgte erst nach dem Einzug der Römer im Jahre 106. Die Römer stationierten in Mampsis eine Einheit der Legio III Cyrenaica. Zwei große Ställe lassen vermuten, daß sich der Wohlstand von Mampsis, der sich in großzügigen Hausanlagen widerspiegelt, auf die Zucht von arabischen Rennpferden gründete, die in den Hippodromen des Imperiums sehr gefragt waren. Ptolemäus (etwa 85–160), der große alexandrinische Geograph, Astronom und Mathematiker, erwähnte die Stadt unter dem Namen Maps in seiner ›Anleitung zur Erdbeschreibung‹. Unter Diokletian (284–305) umgaben die Römer Mampsis mit einer bescheidenen Mauer, die wohl lediglich Beduinenüberfälle verhindern sollte, und bereicherten die Stadt mit Thermen und einem Freudenhaus. Ob Mampsis einen Tempel besaß, wissen wir nicht. Die Byzantiner bauten im 4. Jh. zwei Kirchen. In dieser Zeit zählte die Stadt etwa 2000 Einwohner.

Bei der Eroberung von Mampsis durch die Araber im Jahre 634 müssen heftige Kämpfe stattgefunden haben, denn ein Teil der Stadt ging damals in Flammen auf. Die Araber wandelten die beiden Kirchen in Moscheen um, wie einige in die Wände geritzte Koranverse bezeugen. In den folgenden Jahrhunderten verfiel der nunmehr Kurnub genannte Ort.

Archäologie: E. Robinson konnte im Jahre 1838 das alte Mampsis lokalisieren. 1901 zeichnete A. Musil einen ersten, noch wenig genauen Plan. 1914 leisteten C. L. Wooley und T. E. Lawrence (vgl. S. 416) eine Bestandsaufnahme aller sichtbaren Bauten. 1933 bestätigte N. Glueck anhand von Keramiken die nabatäische Vergangenheit vom Mampsis, 1937 zeichneten G. E. Kirk und P. L. O. Guy einen genaueren Plan der Stadtmauer, der beiden Kirchen und der öffentlichen Gebäude. 1956 führte S. Applebaum eine erste Sondiergrabung durch, 1965–1967 unternahm die Hebrew University, Jerusalem, unter Avraham Negev größere Ausgrabungen.

Die Ausgrabungsstätte

Im Westen des Stadtgebietes liegt ein Häuserviertel mit zwei großen **öffentlichen Gebäuden** aus dem 2. und 3. Jh. Das eine dürfte der ›Palast‹ des Stadtoberhauptes gewesen sein, das andere vielleicht das Rathaus. Zum Teil haben sich noch die Steinbogen erhalten, die in Ermangelung von Holzbalken die ein oder zwei Obergeschosse und die Dachkonstruktion,

Mamshit/Kurnub
1 Palast des Stadtober-
  hauptes
2 Verwaltungszentrum mit
  Treppenturm
3 nabatäischer Wohnsitz mit
  Pferdestall
4 nabatäische Markthalle,
  später byzantinisches
  Kloster
5 Ostkirche (Martyrion)
6 Turm der Stadtmauer
7 Westkirche (Kirche des
  Neilos)
8 römische Thermen mit
  Zisterne
9 Westtor
10 Nordtor
11 Wohnviertel
12 Wassergewinnungsanlage

gelegentlich aber auch einen Balkon oder eine Galerie trugen. Vom hohen Treppenturm aus hat man einen guten Überblick über die Ruinenstadt.

Die nabatäischen **Wohnhäuser,** mindestens zwei Stockwerke hoch, bestanden meist aus einem kleinen Innenhof, um den sich die Wohn-, Geschäfts- und Wirtschaftsräume gruppierten. Ein schmaler Zugang, dicke Außenmauern und hochgelegene, schlitzartige Fenster machten jedes Haus zu einer kleinen Burg, in der bis 300 v. Chr. unbefestigten Stadt wohl eine Notwendigkeit zur Abwehr der häufigen Beduinenüberfälle. Der große **nabatäi-sche Wohnsitz** im Osten der Stadt entstand im frühen 2. Jh.; ab dem 4. Jh. residierte hier der Bischof von Mampsis. Die Wände des Innenhofes und der anschließenden Räume waren mit großartigen Fresken geschmückt, die leider stark verwittert sind. Nur in dem kleinen Vorraum zum Treppenhaus erkennt man die Wandmalereien zum Teil noch gut, z. B. Amor und Psyche auf einem Ruhebett. Auch die Bogen, die das Obergeschoß trugen, waren bemalt. Die Fresken werden dem frühen 3. Jh. zugeordnet. In dem Gebäudetrakt fanden die Ausgräber ein Bronzegefäß mit 10 500 römischen Silbermünzen (Drachmen und Tetra-drachmen) aus der Zeit um 300 n. Chr. Westlich schloß sich an den Wohnsitz eine nabatäische **Markthalle** an, die in byzantinischer Zeit in ein Kloster umgewandelt wurde.

Die beiden frühchristlichen Kirchen von Mampsis, die Ostkirche (Martyrion) und die Westkirche (Kirche des Neilos) entsprachen dem basilikalen Typus. Zwei Säulenreihen teilten sie in drei Schiffe; das Hauptschiff endete in einer Apsis, die beiden Seitenschiffe

441

waren mit Prothesis und Diakonikon versehen. Die monoapsidiale Bauweise entsprach der Frühphase der christlichen Kirchenbaukunst (etwa 350–450); nach einer Übergangsphase wurden die Kirchen im Nahen Osten nur noch dreiapsidial gebaut (etwa 550–636), d. h. jedes der drei Schiffe endete in einer Apsis. Das hervorragend gearbeitete Quadermauerwerk beweist noch heute das hohe Niveau nabatäischer Steinmetzkunst.

Die **Ostkirche,** auch Kirche der Heiligen und Märtyrer, kurz ›Martyrion‹ genannt, wurde um die Mitte des 4. Jhs. erbaut. Sie war die Hauptkirche, die Bischofskirche der Stadt. Zwischen alten nabatäischen Bauwerken und der Stadtmauer am Steilhang zum Wadi – ein Teil der Mauer mußte beim Bau der Kirche abgebrochen werden – hat hier der Architekt ein großartiges Beispiel frühchristlicher Kirchenbaukunst gegeben. Eine breite Freitreppe führte zum 14,50 × 15,90 m großen Atrium empor, das an drei Seiten von einer Säulenhalle umgeben war und unter dem sich eine 80 m³ fassende Zisterne befand. Vier Pfeiler trugen das Dach der Zisterne, das zugleich den Boden des Atriums bildete. Drei Portale öffneten sich zu den drei Schiffen der Basilika, die mit 14,70 × 27 m zu den größten Kirchenbauten im Negev zählt. 18 Säulen stützten ihr Dach; sie stehen ohne Stylobat auf hohen Plinthen. Der Baumeister hatte ein breiteres Mittelschiff geplant, aber die Dachbalken, die er aus Syrien kommen ließ, waren 2 m kürzer als die bestellten. Das den Frauen vorbehaltene Südschiff besaß eine lange, steinerne Sitzbank. Beide Seitenschiffe endeten in rechteckigen Räumen, die zwei Stufen höher lagen und durch einen Rundbogen zu betreten waren. Auch den Altarraum vor der Apsis hatte man um zwei Stufen erhöht; eine Chorschranke umschloß ihn. Der Altartisch nahm eine Fläche von 1,30 × 1,80 m ein. Die Basis des Bischofsthrons und der dreistufige Synthronos sind in der Apsis gut zu erkennen. Der Fußboden der Seitenschiffe war mit Steinplatten belegt, das Mittelschiff schmückte ein Mosaik aus Rhomben mit Rosetten darin. An das Südschiff schlossen sich zwei Kapellen an, von denen eine als Baptisterium diente.

Die Ostkirche war Teil eines geschlossenen Komplexes, der fast ein Fünftel der bebauten Stadtfläche einnahm und ein Kloster, die Bischofsresidenz und vermutlich noch weitere bisher nicht freigelegte Gebäude in der Nähe der Ostmauer umfaßte. An der Westseite des Komplexes befand sich eine Toranlage, im Süden flankiert von einem hohen Turm, der in byzantinischer Zeit als Glockenturm gedient haben könnte.

Die **Westkirche,** nach ihrem Erbauer auch ›Kirche des Neilos‹ genannt, entstand zur gleichen Zeit wie die Ostkirche, vermutlich sogar nach den Plänen desselben Baumeisters; sie ist gewissermaßen eine verkleinerte Nachbildung der Hauptkirche von Mampsis. 634 ging sie in Flammen auf. Das Atrium hatte eine Ausdehnung von 12,25 × 10,75 m und war von vier Säulenhallen umgeben; in seiner Mitte befand sich eine kleine Zisterne. Eine Treppe an der Westwand, der Stadtmauer, führte zu einer Plattform empor, über der ein Naqus, ein schwerer Holzbalken, die Glocken trug. Drei schön gerahmte Portale öffneten sich zur 10,75 × 15,75 m großen Basilika, die durch zwei Reihen zu je vier Säulen und zwei Pfeilern in drei Schiffe geteilt wurde. Kalksteinplatten bedeckten den Fußboden der Seitenschiffe; das Hauptschiff schmückte ein polychromes Mosaik: Die vordere Hälfte zeigt Vögel und Obstkörbe in verketteten Achtecken, die hintere besteht aus verschlungenen Kreisen und einem großen Mittelmedaillon mit der griechischen Inschrift: »Herr, hilf deinem Diener Neilos, dem Erbauer dieser Kirche. Amen.« Der Stifter Neilos könnte durchaus mit dem hl. Neilos (Nilus) identisch sein, einem hohen Beamten am Hof von Konstantinopel, der sich vom weltlichen Leben löste und als Mönch auf dem Sinai wirkte. Den oberen Abschluß vor dem erhöhten Bema bildet ein Mosaikband, auf dem sich zwei Pfauen, Symbole der Unsterblichkeit, vor prallen Weintrauben anblicken. Um das Ganze läuft ein Flechtband. An das südliche Seitenschiff lehnten sich eine kleine Kapelle und das 5,50 × 6,50 m große, kreuzförmige Baptisterium. Schlanke Säulen an den vier Ecken der Einfriedung trugen einen Baldachin.

Im südlichen Teil des großen Gebäudes, in das die Westkirche hineinragte, befindet sich ein hervorragend erhaltener **nabatäischer Pferdestall,** in dem wohl edle arabische Rennpferde gezüchtet wurden. Er gleicht einer basilikalen Halle. In den beiden schmalen Seitenschiffen standen die Pferde, den Kopf zum breiten Mittelschiff gewandt, in dem das Futter lagerte. Bogenförmige Öffnungen trennten die Schiffe voneinander; Steintröge für das Futter schlossen die Öffnungen. Einen zweiten, ebenfalls basilikalen Stall nimmt die Ostecke des Wohnsitzes neben der Markthalle ein. Die Ställe waren, wie alle nabatäischen Gebäude, außerordentlich sorgfältig gebaut (immerhin beschäftigte auch Herodes der Große für seine zahlreichen Bauvorhaben Nabatäer als Architekten und Steinmetze). Nördlich der Klosteranlage stießen die Ausgräber auf **römische Thermen** mit einer gewaltigen Zisterne unter den Badeanlagen, deren charakteristische Bauelemente noch zu erkennen sind.

Im Wadi sollte man sich unbedingt die gut erhaltene und zum Teil wieder restaurierte **Wassergewinnungsanlage** ansehen, die von den Nabatäern geschaffen und auch in byzantinischer Zeit genutzt wurde. Im Negev regnet es nur an wenigen Tagen im Jahr, meist zwischen Dezember und Februar. Die ausgetrockneten Wadis werden dann für einige Stunden zu reißenden Flüssen. Es galt also, die Wassermassen des Winters zu sammeln. Dazu sperrten die Nabatäer den Wadi durch mehrere (heute vollständig restaurierte) Dämme und erhielten so verschiedene Speicherbecken, die in Mamshit rund 10000 m³ Wasser faßten Einer der drei Staudämme im Westen ist 24 m lang, oben 7 m breit und bis zu 11 m(!) hoch. In Tonkrügen brachten die Nabatäer das kostbare Naß zu den Hauszisternen und den großen öffentlichen Wasserreservoiren, deren Volumen dem Jahresverbrauch entsprach. Jedes Haus besaß mindestens eine Zisterne, die sich im Keller oder unter der Straße befand.

In der Umgebung von Mamshit entdeckten die Ausgräber drei **Friedhöfe,** einen nabatäischen etwa 1 km nördlich der Stadt, einen römischen Militärfriedhof im Nordosten und eine byzantinische Gräberstätte im Westen. Der nabatäische Friedhof barg reiche Grabfunde (goldene Ohr- und Nasenringe, Münzen, Tonsiegel), die einen guten Einblick in die damaligen Bestattungssitten erlauben. Zu sehen sind nur Reste bescheidener Grabmonumente.

Masada

20 km nördlich von Newe Zohar erhebt sich das wuchtige Felsmassiv von Masada (hebräisch Mezada), auf dem Herodes eine fast uneinnehmbare Festung errichten ließ, die einer Zelotengruppe im ersten jüdischen Aufstand gegen Rom als letzter Zufluchtsort diente. Sie gilt heute als Symbol der Freiheit Israels. Das 440 m hohe Massiv unterscheidet sich kaum von den benachbarten Wüstenbergen, die alle schroff zum Toten Meer hin abfallen. Nur an den drei stufenförmigen Etagen des Nordpalastes ist Masada zu erkennen (Farbt. 49, Abb. 106, 107).

Geschichte
Die nahezu unerreichbaren Höhlen des Felsmassivs waren schon vor 6000 Jahren, also in neolithischer Zeit, bewohnt, und zwischen 1000 und 700 v. Chr. lebten auch auf dem 600 m langen und bis zu 230 m breiten Gipfelplateau Menschen. Der Makkabäer und Hohepriester Jonatan (161–143) baute auf dem Plateau eine Burg (aramäisch m'sada), die der Hasmonäer Johannes Hyrkanos (135–104) verstärkte. 40 v. Chr. brachte Herodes auf der Flucht vor Parthern und Juden seine Familie nach Masada, bevor er nach Rom ging, um Antonius und Octavian durch reiche Geschenke davon zu überzeugen, daß er der rechtmäßige König von Judäa sei (vgl. S. 34). Nachdem Herodes in den folgenden Jahren ganz Judäa und auch Galiläa befriedet hatte, baute er zwischen 36 und 30 v. Chr. Masada mit Hilfe Tausender Sklaven zur stärksten Festung des Landes aus, denn als Sohn einer Nabatäerin fürchtete er die Juden. Außerdem mußte er sich vor der ägyptischen Königin Kleopatra in acht nehmen, die von Antonius immer wieder seine Absetzung forderte. Nach des Herodes Tod wurde die Bergfeste römische Garnison. 66 n. Chr., gleich zu Beginn des jüdischen Aufstands gegen Rom, brachte eine Gruppe von Zeloten Masada in ihre Gewalt. Sie behaupteten es auch nach dem Zusammenbruch des Aufstandes im Jahre 70 als letzte jüdische Bastion. Im Herbst 72 erschien Flavius Silva, der römische Provinzstatthalter von Judäa, mit der X. Legion vor dem Felsmassiv und ließ sofort eine Rampe bis zum Plateau aufschütten, weil ein Aushungern der Verteidiger wegen ihrer unermeßlichen Vorräte nicht möglich war. Mit Belagerungsmaschinen schlugen die Römer Anfang 73 eine Bresche in die Mauer und brannten eine eilends dahinter errichtete Holzbarriere nieder. Als sie am folgenden Morgen die Festung stürmten, hatten die Eingeschlossenen – 960 Männer, Frauen und Kinder – unter ihrem Anführer Eleazar ben Yair bereits Selbstmord begangen. Nur zwei Frauen und fünf Kinder hatten sich in einer Zisterne versteckt und somit das furchtbare Blutbad überlebt (Jüd. Krieg VII, 8). Im 4. und 5. Jh. lebte eine Gruppe byzantinischer Mönche in den Ruinen; danach verödete Masada.

Archäologie: 1838 berichteten die beiden amerikanischen Reisenden E. Robinson und E. Smith von den sichtbaren Ruinen auf dem Felsplateau. Smith erkannte in der Stätte das antike Masada. Die erste genauere Beschreibung lieferte der amerikanische Missionar S. W. Wolcott, der die Festung aufgrund der Angaben Robinsons untersuchte. 1851 zeichnete der

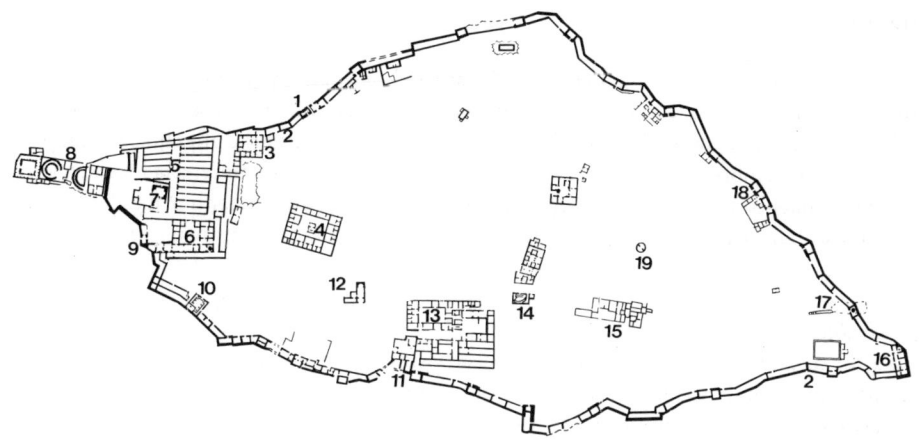

Masada

1 Schlangenpfadtor 2 Kasemattenmauer 3 Gebäude VIII 4 Gebäude IX 5 Lagerhäuser 6 Verwaltungsgebäude, später Ritualbad 7 Thermen des Herodes 8 Nordpalast 9 Wassertor 10 Synagoge 11 Westtor 12 byzantinische Kapelle 13 Westpalast 14 Schwimmbad 15 Südvilla 16 Zitadelle 17 Zisterne 18 Ritualbad 19 Kolumbarium 20 Gebäude XII

Franzose F. de Saulcy den ersten Plan von Masada. Zahlreiche Archäologen, wie E. G. Rey, H. B. Tristram, Warren, Conder, A. von Domaszewski, C. Hawkes, Sandel, A. Schulten und Szoltan, vervollständigten in den folgenden 100 Jahren das Bild von der Wüstenfestung. 1955/56 legten Y. Aharoni, N. Avigad, M. Avi-Yonah, I. Dunayesky und S. Gutman den Nordpalast des Herodes frei, 1963–1965 erforschte Yigael Yadin mit Tausenden von freiwilligen Helfern aus aller Welt das gesamte Plateau und die römischen Befestigungen.

Die Ausgrabungsstätte

Ausgangspunkt für die Besichtigung von Masada ist das Gebiet der Parkplätze und Restaurants am Ostfuß des Felsens, von wo aus eine Drahtseilbahn zum Plateau hinaufführt. Reizvoller ist jedoch der Aufstieg über den steilen Schlangenpfad (von Osten) oder längs der Römerrampe (von Westen). Der Schlangenpfad überwindet auf einer Strecke von etwa 3 km einen Höhenunterschied von fast 400 m (45–60 Minuten veranschlagen!). Eintrittskarten erhält man am Schlangenpfadtor und am Westtor. Auf dem Plateau sorgen schattige Ruheplätze und Wasserspender für eine Erfrischung der Besucher. »Nur an zwei Stellen erlaubt der Fels einen allerdings sehr unbequemen Zugang«, schrieb Josephus (Jüd. Krieg VII, 8,3). »Der eine führt vom Asphaltsee (Totes Meer) aus nach Osten, der andere, in westliche Richtung weisend, bietet weniger Schwierigkeiten. Der erstere heißt, weil er so schmal ist und zahlreiche Windungen aufweist, der **Schlangenpfad.** Dort nämlich, wo der Berg nach vorn springt, macht dieser Weg eine Biegung und kehrt oftmals in der Richtung gegen sich selbst zurück und dehnt sich dann wieder etwas in die Weite, so daß man auf ihm nur mit Mühe vorwärts kommt. Benutzt man diesen Weg, dann muß man sich stets einmal mit diesem, dann mit dem anderen Fuß einstemmen, andernfalls ist einem der Absturz sicher, da beiderseits tiefe Schlünde gähnen, deren entsetzlicher Anblick Kühnheit in Schrecken wandelt.« Nun, der heutige Schlangenpfad bietet zwar einen beschwerlichen, aber durchaus ungefährlichen Aufstieg, denn die steilsten Abschnitte sind durch Stufen und Geländer gesichert.

Schlangenpfad und Seilbahn enden vor dem **Schlangenpfadtor,** das gewissenhaft restauriert wurde. Steinbänke an den Wänden des kühlen Torraumes laden zum Verweilen ein. Hier erhält man die Tickets und betrachtet die steinernen Bodenplatten und die marmorimitierenden Stuckwände. An das Tor schließt sich eine **Kasemattenmauer** an, die mit einer Länge von 1300 m das gesamte Plateau umzieht. Sie war »aus weißem Gestein«, »12 Ellen« (etwa 8 m) hoch, »8 Ellen« (etwa 5,50 m) breit und von mindestens 30 Türmen verstärkt. Herodes hatte den größten Teil der Fläche »mit seinem festen Ackerboden, der an Ergiebigkeit die Ebene übertraf, für den Ackerbau freigelassen, damit bei einem etwaigen Mangel an Nahrungszufuhr für jene gesorgt war, die in der Burg ihr Leben zu fristen suchten« (Jüd. Krieg VII, 8,3). Die Zeloten bauten die Kasematten zu Wohnungen aus. In der Kasematte 1102 fanden die Ausgräber eine Pergamentschrift mit dem Psalm 150. Auf dem Dach lagen Steinkugeln für die Verteidigung des Schlangenpfades.

Das **Gebäude VIII** ist ein luxuriöses Wohnhaus herodianischer Zeit. Der Mittelhof ging nach Süden in eine geräumige Halle über; die beiden Gebäudeteile waren durch je zwei schwarze Säulen und rote Pilaster voneinander getrennt. Fresken schmückten die Wände. In dem **Gebäude IX** waren Offiziersfamilien untergebracht. Jede der neun Wohnungen bestand aus einem Hof und zwei Räumen. Zwei große Empfangshallen nahmen die Westecken des Gebäudes ein. In einer der Wohnungen fanden die Ausgräber einen Stoffbeutel und eine Kupferkassette mit Silbermünzen, die die Zeloten unter dem Fußboden vergraben hatten. Die in den Jahren 66–70 geprägten Münzen trugen die Aufschrift »Jerusalem, die Heilige«. Die **Lagerhäuser** von Masada hatte Herodes mit Lebensmittelvorräten für viele Jahre, mit Waffen aller Art, mit Roheisen, Kupfer und Blei gefüllt. Als die Zeloten ein Jahrhundert später die Festung im Handstreich nahmen, fanden sie die Lager wohlversorgt vor. Selbst die Lebensmittel waren »noch völlig unverdorben« (Jüd. Krieg). Im Westen schließt sich an die Lagerhäuser ein **Verwaltungsgebäude** an, in dessen Hof die Zeloten ein Ritualbad einrichteten.

Die **Thermen** des Herodes, ein typisch römisches Badehaus, besaßen eine luxuriöse Ausstattung. Schwarze, weiße und rote Mosaiken bedeckten den großen, an drei Seiten von Säulen umgebenen Vorhof. An das Apodyterium (Umkleideraum) schlossen sich das Tepidarium (Abkühlraum) und das Frigidarium (Kaltbad) an; das Caldarium (Warmbad) wurde, wie damals üblich, durch Hypokausten beheizt. Alle Fußböden waren mit farbigen Fliesen ausgelegt, die Wände mit Fresken geschmückt. Vom Dach der Thermen überblickt man das ganze Plateau.

An der nördlichen Spitze des Felsmassivs klebte wie ein Adlernest der dreistöckige **Nordpalast,** die Privatresidenz des Herodes. An die obere Terrasse lehnten sich die

Wohnräume des Königs. Von dem halbkreisförmigen Balkon geht der Blick an klaren Wintertagen bis zur Oase von Jericho. Eine Treppe führt zur 21 m tiefer gelegenen mittleren Terrasse, die im wesentlichen aus einem Tholos (Rundbau mit Säulenumgang) bestand. Hier sieht man noch die ursprünglichen Treppen, die – von außen nicht einsehbar – in den Fels gehauen waren. Die untere Terrasse, 13 m tiefer, besteht aus einem quadratischen Säulenhof, dessen Wände marmorimitierende Fresken bedeckten. Die Säulen sind korinthisch. Auf der Oberseite der Terrasse führen einige Stufen zu dem kleinen, aber kostbar ausgestatteten Privatbad des Herrschers.

Vom **Wassertor** lief ein schmaler Pfad, durch Mauern gut gesichert, zu zwölf riesigen Zisternen, die 80 bzw. 115 m unter dem Plateau aus dem Felsen des Westhanges gebrochen waren. Die **Synagoge,** unter Herodes erbaut und von den Zeloten umgestaltet, ist die älteste bisher entdeckte und die einzige aus der Zeit des letzten Tempels. Man hatte sie in die Kasemattenmauer integriert und nach Jerusalem ausgerichtet. Unter dem Fußboden des kleinen Nebenraumes stießen die Ausgräber auf Schriftfragmente des Deuteronomiums (5. Buch Mose) und des Buches Ezechiel (Hesekiel). Das heutige **Westtor** ist byzantinischen Ursprungs; das Tor der herodianischen Festung lag wenige Meter weiter nördlich. Nördlich davon durchbrachen die Römer 73 n. Chr. die Mauer. Die **byzantinische Kapelle** stammt aus dem 5. Jh. Von einem Vorraum mit weißem Mosaikboden betrat man den einschiffigen Kirchenraum mit einer Apsis im Osten. Bemerkenswert ist ein kleiner Nebenraum im Norden der Halle: Seine Wände waren mit einem Putz versehen, in den die Erbauer Scherben und Steinchen in einfachen geometrischen Mustern eingelassen hatten; der Mosaikfußboden zeigt sechzehn Medaillons mit schlichten Darstellungen von Pflanzen und Früchten.

Der **Westpalast** war die offizielle Residenz Herodes' des Großen, eine repräsentative Anlage auf einer Fläche von fast 4000 m². Der Haupteingang lag im Norden. Gäste warteten im Empfangsraum, dessen Wände marmorimitierende Fresken schmückten. Von hier aus betrat man einen großen, langen Hof, von dem aus im Osten die Räume der Palastwache und der Dienerschaft sowie der Wirtschaftstrakt, im Westen das Haus des Kommandanten und die Verwaltung mit den Vorratsräumen, im Süden die Wohn- und Repräsentationsräume des Königs zu erreichen waren. Der königliche Trakt gruppierte sich um einen quadratischen Hof mit Kopfsteinpflaster. Östlich des Hofes lag ein eleganter Empfangsraum mit dem ältesten Mosaikboden, der bisher in Israel gefunden wurde. Geometrische Muster und stilisierte Pflanzenformen (Olivenzweige, Granatäpfel, Feigenblätter, Weinlaub) beherrschten den großartigen Boden, von dem leider nur etwa ein Drittel erhalten ist. An der Südseite des Hofes führte ein prächtiger, von roten Säulen und schwarzen Pfeilern gesäumter Eingang in eine Halle, von der aus der Besucher den Thronsaal betrat. Vier Pfostenlöcher zeigen die Stelle, an der der Thron unter einem Baldachin gestanden haben mag. Neben dem Westpalast hatte sich Herodes ein großes **Schwimmbad** anlegen lassen, mit breiten Stufen und kostbaren Fliesen. Die **Südvilla** aus der Zeit des Herodes wurde vermutlich nicht vollendet. Hier hatten sich während des Aufstandes mehrere Zelotenfamilien eingerichtet.

Die Südspitze Masadas beherrschte eine **Zitadelle,** die den weniger steilen Südwesthang des Felsmassivs zu sichern hatte. Die große, in den Felsen getriebene **Zisterne** am Südende des Plateaus ist ein eindrucksvolles Beispiel für das umfangreiche Wasserversorgungssystem der Festung. Die wenigen, aber starken Regenfälle reichten aus, um diese und zahlreiche weitere Wasserreservoire innerhalb und außerhalb der Mauern zu füllen. Das **Ritualbad** (Miqve) der Zeloten zählt zu den ältesten seiner Art, die bisher gefunden wurden. Es bestand, den Vorschriften des Talmud entsprechend, aus drei Becken: dem Sammelbecken für Regenwasser, das den orthodoxen Juden allein als rein galt, dem Becken für die Hand- und Fußwaschung vor der Zeremonie und dem eigentlichen rituellen Tauchbecken. Das Ritualbad im Hof des Verwaltungsgebäudes zeigt dieselbe Aufteilung. Das **Kolumbarium,** ein Rundbau mit zahlreichen Nischen, diente zur Beisetzung der Aschenreste nichtjüdischer Bediensteter des Herodes. Das **Gebäude XII** ist eine typisch römische Villa.

Rings um die Felsenfestung Masada wurden acht **Römerlager** und der 3500 m lange Erdwall (Agger) freigelegt. Die Lager haben sich sehr gut erhalten, weil sie wegen der Abgeschiedenheit Masadas nicht als Steinbrüche mißbraucht wurden. Die beiden großen Lager B (135 × 170 m) und F (125 × 150 m) errichteten die Römer im Osten und Westen der Festung jenseits der Umwallung; sie ähnelten den üblichen Legionslagern und waren mit Praetorium (Hauptquartier), Quaestorium (Verwaltung), Arae (Altäre), Forum (Versammlungsplatz) und vielen Contubernia (Truppenunterkünfte) ausgestattet; die Unterkünfte bestanden aus niedrigen, mit Zeltplanen überspannten Mauern. Sie nahmen jeweils eine Hälfte der Legio X auf. Das Hauptquartier des Oberbefehlshabers Silva befand sich im Lager F, also am Fuß der Rampe. Nach dem Fall der Festung blieb eine römische Kohorte in Masada und richtete sich das verkleinerte Lager F 2 ein. Deutlich sind die beiden Lagerstraßen Via praetoria (Ost-West-Achse) und Via principalis (Nord-Süd-Achse) zu erkennen, die bei den vier Lagertoren endeten. Die kleinen Lager – außer Lager C – hatten die Römer in den Wall einbezogen. Sie dienten als Wachtlager, die mögliche Fluchtwege sperren sollten. Vom Lager H auf dem südlich angrenzenden Plateau konnten die Römer sogar Masada von oben her einsehen. Insgesamt dürften hier etwa 10000 Mann eingesetzt worden sein, dazu kamen 5000 jüdische Sklaven als Transport- und Bauarbeiter.

En Gedi

Die größte und schönste Oase am Toten Meer ist das 38 km nördlich von Newe Zohar gelegene En Gedi (›Quelle des Zickleins‹), ein wasserreiches Gebiet, in dem seit mehr als 6000 Jahren Menschen siedeln. Thermalquellen und ein Naturpark von einzigartiger Schönheit mit interessanten Relikten vergangener Epochen lohnen den Besuch.

Geschichte
Ein chalkolithisches Heiligtum weist auf eine seßhafte Bevölkerung im 4. Jahrtausend v. Chr. hin. Am Ma'ale Mishmar, etwa 12 km südwestlich von En Gedi, fanden Archäolo-

gen in einer schwer zugänglichen Höhle 429 Kupfergegenstände, die offensichtlich aus diesem Heiligtum stammen und vor fremden Eindringlingen hier versteckt worden waren. Zu dem Fund gehören zahlreiche Keulenköpfc, 80 kunstvoll gravierte Stäbe, zehn ›Kronen‹ und ein von Gazellenköpfen gekröntes Zepter. Bei der Landnahme der Israeliten fiel En Gedi an den Stamm Juda (Jos 15,62). In den nahen Wüstenbergen versteckte sich David, nachdem er bei König Saul in den Verdacht geraten war, ihn vom Thron stürzen zu wollen. Saul kam mit 3000 Kriegern, um David gefangenzunehmen. Als der König in einer Höhle seine Notdurft verrichtete, ahnte er nicht, daß David mit seinen Männern darin weilte. David hätte Saul töten können, aber er schnitt ihm nur heimlich ein Stück seines Mantels ab. Nachdem der König die Höhle wieder verlassen hatte, eilte David ihm nach, warf sich ihm zu Füßen und wies auf den abgeschnittenen Zipfel. Da wußte Saul, daß David ihm nicht nach dem Leben trachtete, und söhnte sich mit ihm aus (1 Sam 24). An diese Begebenheit erinnert der Name des kleinen Flusses: Nahal Dawid.

Auf dem Tel En Gedi nördlich des Kibbuz kamen fünf Siedlungsschichten vom 7. Jh. v. Chr. bis zum 5. Jh. n. Chr. zum Vorschein. Die erste Siedlung wurde 582 v. Chr. von den Truppen Nebukadnezars II. zerstört, die zweite erlebte ihre Blüte unter persischer Herrschaft, die dritte, hellenistische, endete mit dem Panthereinfall des Jahres 40 v. Chr. Herodes baute die vierte Stadt, Engaddai (Engedaïn), die die Römer zum Hauptort einer der elf Toparchien Judäas erhoben. Sie wurde 68 n. Chr. im ersten jüdischen Krieg gegen Rom von Aufständischen geplündert (Jüd. Krieg IV, 7,2). Die letzte Siedlung bestand vom 2. bis zum 5. Jh.

1949 richteten die Israelis in En Gedi, das damals nur knapp 4 km südlich der jordanischen Grenze lag, ein Militärlager ein, aus dem 1953 ein landwirtschaftlicher Kibbuz hervorging. Heute bilden Landwirtschaft und Fremdenverkehr die Haupteinnahmequellen des Kibbuz, dem ein Institut für die Erforschung der Tier- und Pflanzenwelt in der Judäischen Wüste und im Bereich des Toten Meeres angeschlossen ist.

Sehenswertes

Die Straße zum 2 km entfernten **Naturpark** von En Gedi zweigt nördlich der Tankstelle ab. Ein beschilderter Pfad führt am Nahal Dawid entlang durch subtropische Wildnis zu einem 185 m hohen Wasserfall, der in einem natürlichen Becken endet (Baden erlaubt!). Früher wuchsen hier Balsam- und Kampferbäume sowie Hennasträucher, die den begehrten orangeroten Farbstoff liefern, mit dem sich viele Araberinnen noch heute das Haar, die Nägel, Handflächen und Füße einfärben. Nach etwa 30minütigem steilem Aufstieg erreicht man Davids Quelle (En Dawid). Südlich davon entspringt unter dichtem Schilf die **Shulamit-Quelle**. Shulamit (›Mädchen aus Sunem‹) war die schöne Dienerin des greisen David und Geliebte Salomos, die im Lied der Lieder zu Salomo sagt: »Eine Hennablüte ist mein Geliebter mir, aus den Weinbergen von En Gedi« (Hld 1,14). Wendet man sich etwa 150 m nach Norden, so stößt man auf ein **chalkolithisches Heiligtum** aus dem 4. Jh. v. Chr., das vermutlich einer Mondgottheit geweiht war. Vielleicht wurde hier später die babylonisch-westsemitische Göttin Šulmanita (auf die man den Namen Shulamit ebenfalls zurückführen kann) verehrt. Ein Torweg mit Warteraum führte zum Temenos, der das 2 × 5 m große Sanktuar umschloß. Dem Eingang gegenüber stand der hufeisenförmige Altar; flache Gruben daneben nahmen die Reste der Opfergaben auf. Ein runder Stein in der Mitte des Raumes, von dem eine Abflußrinne wegführt, diente offenbar als Schlachtbank für die Opfertiere. Auf Bänken an den Längsseiten des Sanktuars lagen Weihgeschenke. Für den Besuch des Naturparks (Eintrittsgebühr) sollte man mindestens drei Stunden einplanen.

Auf dem **Tel En Gedi** (Tell Goren) zwischen den beiden kleinen Flüssen Arugot und Dawid lag das En Gedi der vor- und nachchristlichen Jahrhunderte. 1961/62 und 1964/65 stießen die Archäologen hier auf zahlreiche Bottiche, in denen Balsam für kosmetische und medizinische Zwecke hergestellt wurde. Bei den Ausgrabungen der Jahre 1970–1972 kamen am nordöstlichen Fuß des Tells zwei **Synagogen** zum Vorschein. Die jüngere, basilikale, die eine Grundfläche von 12,5 × 13,5 m hatte, stammt aus dem 5. oder 6. Jh., die ältere darunter aus dem späten 2. Jh. Hervorragend erhalten ist der Mosaikboden der Haupthalle (Abb. 104). Ein geometrisches Kreismuster wird von Zickzacklinien eingerahmt. Das quadratische Mittelfeld zeigt eine Windrose, in deren Ecken acht Pfauen Weintrauben naschen. Im Mittelkreis scheinen zwei Vogelpaare miteinander zu kämpfen. Im westlichen Seitenschiff entdeckten die Ausgräber fünf Mosaikinschriften auf Aramäisch und Hebräisch. Die erste Inschrift gibt den Beginn des Geschlechtsregisters wieder (1 Chr 1,1–4): »Adam, Set, Enosch, Kenan, Mahalalel, Jered, Henoch, Metuschelach, Lamech, Noach, Sem, Ham und Jafet.« Die zweite zählt die zwölf Tierkreiszeichen und die Monate des Jahres auf, erwähnt die Patriarchen und die drei Gefährten Daniels und endet mit dem Segen »Friede sei mit Israel«. Die dritte Inschrift nennt die Spender und verflucht diejenigen, die der Gemeinde Schaden zufügten, die vierte Inschrift befaßt sich mit dem Schöpfer der »großen Stufen«, und die fünfte segnet alle, die bei der Wiederherstellung der Synagoge halfen.

Etwa 6 km südwestlich von En Gedi befinden sich an den schwer zugänglichen Felswänden des **Nahal Hever** zahlreiche Höhlen (Me'arot). In einer davon, der 150 m tiefen ›Briefhöhle‹ an der Nordwand des Wadi, fand der israelische Archäologe Yigael Yadin im Jahre 1960 15 Briefe, die Bar Kochba, der Anführer des zweiten Aufstandes gegen Rom (132–135), an seine Unterführer Yehonatan und Masabala gerichtet hatte. Verzweifelt klingen die Worte seines letzten Briefes, der schon den Zusammenbruch des Aufstandes ahnen läßt: »In Behagen sitzt ihr, eßt und trinkt vom Eigentum des Hauses Israel und kümmert euch nicht um eure Brüder.« Auf dem Felsplateau über der Höhle hatten die Römer ein befestigtes Lager errichtet, von dem aus sie den Höhleneingang kontrollieren und jeden Ausbruch verhindern konnten. Die Briefe, in aramäischer (9), hebräischer (4) und griechischer (2) Sprache auf Papyrus und Holztäfelchen geschrieben, befanden sich in einem Behältnis aus Ziegenleder. Sie sind heute im Schrein des Buches (Israel-Museum) in Jerusalem ausgestellt. Außer den Briefen fanden die Forscher in der Höhle Kupfergerät, Weihrauchfässer, einen Bronzespiegel, Parfümflakons, etwas Schmuck, Haustürschlüssel, Münzen des Bar Kochba mit der Aufschrift »Für die Freiheit Israels«, ein Psalmenfragment und – unter Geröll vergraben – einen Korb mit Schädeln. In der ›Schreckenshöhle‹ auf der anderen Seite der Schlucht lagen Unmengen von Knochen und Schädeln der Aufständischen.

Qumran

Auf einem 60 m hohen Plateau am Westufer des Toten Meeres, 33 km nördlich von En Gedi bzw. 20 km südlich von Jericho, haben Archäologen eine klosterähnliche Anlage der Essener Gemeinschaft ausgegraben (Farbt. 33, 34), die als Ursprungsort der berühmten ›Schriftrollen von Qumran‹ gilt, der bisher ältesten bekannten Bibelhandschriften. Man fand sie in mehreren umliegenden Höhlen, die für den Tourismus nicht erschlossen sind und auch nichts Sehenswertes bieten. Verschiedentlich wird die Ansicht vertreten, daß das frühe Christentum seine Wurzeln im Gedankengut der Essener gehabt habe, da einige Schriften der Qumrangemeinde textlich mit Teilen des Neuen Testaments übereinstimmen. Auch soll Johannes der Täufer bis zu seinem öffentlichen Auftreten im Jahre 28 n. Chr. in Qumran gelebt haben. Allerdings waren die Essener in einer Zeit großer politischer und religiöser Umwälzungen nur eine von vielen Gruppen, denen das Christentum seine geistigen Grundlagen verdankte. Der aramäische Name Essener (Essäer) leitete sich vermutlich vom hebräischen Hasidäer (›die Frommen‹) ab.

Geschichte
Qumran war bereits im 8. und 7. Jh. v. Chr. eine bedeutende Siedlung, vielleicht jenes Ir-Melach (›Salzstadt‹), das Josua (15,62) erwähnt. Als 586 v. Chr. die Neubabylonier unter Nebukadnezar II. Juda eroberten, wurde der Ort aufgegeben. Im 2. Jh. v. Chr., wahrscheinlich zwischen 143 und 135 v. Chr., ließen sich hier die Anhänger einer strenggläubigen jüdischen Sekte nieder, die sich in Opposition zum Jerusalemer Priestertum gestellt hatte und Armut, Heiligung und levitische Reinheit erstrebte. Es handelte sich dabei um die Gemeinschaft der Essener, »ein einsames und in der ganzen Welt vor anderen merkwürdiges Volk, ohne alle Frauen, das jeder Liebe entsagt hat und ohne Geld bei den Palmen wohnt. Tag für Tag wird in gleichem Maß die Schar derer, die zusammenkommen, wiedergeboren durch zahlreiche Hinzukommende, die das Schicksal, da sie des Lebens müde geworden sind, in Strömen zu ihrer Lebensweise hinzubringt. So ist durch die Jahrtausende – es klingt wunderbar – ein Volk ewig, in dem niemand geboren wird. So fruchtbar ist für sie die Reue anderer über ihr Leben« (Plinius d. Ä., Historia naturalis V, 17). Nun, Jahrtausende hat die Gemeinschaft nicht überdauert, sondern nur rund 200 Jahre. Zu Beginn des 1. Jhs. v. Chr. dürfte sie etwa 4000 Anhänger gezählt haben. Im Jahre 31 v. Chr. wurde Qumran Opfer eines schweren Erdbebens. Nachdem Herodes der Große, der im nahen Jericho residierte, 4 v. Chr. gestorben war, kehrten die Essener zurück und blieben bis zu der Zerstörung der Siedlung durch die Römer (68 n. Chr.). Ihre kostbaren Handschriften hatten sie rechtzeitig in den nahen Höhlen versteckt.

Archäologie: Im Sommer 1947 fand ein junger Schafhirt aus dem Beduinenstamm der Ta'amireh in einer Höhle etwa 1,5 km nördlich von Qumran einen verschlossenen Krug mit alten Bibelhandschriften. Die Beduinen boten diese einem Antiquitätenhändler in Betlehem an, der sie an das syrische St.-Markus-Kloster in Jerusalem verwies. Der syrisch-orthodoxe

Erzbischof Mar Athanasios kaufte die Manuskripte, ließ sich die Fundstätte zeigen und entdeckte unter Bergen von Scherben und Geröll weitere Tonkrüge mit Handschriften. Als sein Kloster im arabisch-israelischen Krieg von 1948 zerstört wurde, ging Athanasios in die USA und verkaufte die Schriften für 250 000 $ an den israelischen General und Archäologen Yigael Yadin. Seit 1965 werden die Schriftrollen zusammen mit allen danach gefundenen Texten im Schrein des Buches (Israel-Museum) aufbewahrt. Die Entdeckung war eine Sensation, da die Schriften aus dem 1. vorchristlichen Jahrhundert datierten, während alle bis dahin bekannten Bibeltexte rund 1000 Jahre später geschrieben worden waren. Die wichtigste der in Qumran entdeckten Handschriften ist die 7,35 m lange ›Jesaja-Rolle von St. Markus‹, die älteste aller gefundenen Schriftrollen und zugleich das älteste vollständige Manuskript eines Buches der Bibel.

1951 begannen G. Lankaster Harding, Direktor der jordanischen Altertumsverwaltung in Amman, und Pater Roland de Vaux OP, Leiter der Jerusalemer Bibelschule des Dominikanerordens, die Ruinenstätte Khirbet Qumran, die man bislang für ein verfallenes Römerkastell gehalten hatte, auszugraben. 1953–1956 fanden sie das ›Kloster‹ der Essener und auch die Schreibstuben, in denen die Texte geschrieben worden waren. Nachdem Beduinen eine zweite Höhle mit Handschriften entdeckt hatten, beauftragte die jordanische Altertumsverwaltung 1952 eine Forschungsexpedition mit der Untersuchung der näheren Umgebung von Qumran. In der Höhle 3 stießen die Wissenschaftler auf zwei Kupferrollen, die sich heute im Nationalmuseum von Amman befinden. Diese Rollen enthielten ein Verzeichnis der geheimen Orte, an denen der Jerusalemer Tempelschatz zu Beginn des ersten jüdischen Aufstandes gegen Rom versteckt worden war. Bis heute konnte allerdings keines der Verstecke, in denen vielleicht noch immer mehr als 200 Tonnen Gold und Silber lagern, identifiziert werden. In der Höhle 4, nahe der Essenersiedlung, kamen mehr als 20 000 Fragmente von rund 400 verschiedenen Handschriften zum Vorschein.

Insgesamt fanden Beduinen und Wissenschaftler elf Höhlen mit mehr oder weniger vollständigen Texten. Leider lassen die vielen Tonscherben, Lederfragmente und Pergamentfetzen darauf schließen, daß die Höhlen schon bald nach der Einlagerung geplündert wurden. So berichtet z. B. Origenes (um 185–253), daß man bei Jericho (Qumran?) einen Krug mit einer Übersetzung der Psalmen gefunden habe. Und der nestorianische Patriarch Timotheus I. († 823) erwähnt den Fund hebräischer Schriften ebenfalls in einer Höhle bei Jericho.

Die Ausgrabungsstätte

Die klosterähnliche Anlage der Essener Gemeinschaft liegt 50 m über dem Toten Meer auf einem Mergelplateau in Ufernähe (dem Besucher stehen Parkplatz und Restaurant mit Andenkenverkauf zur Verfügung). Wohnbereiche haben die Archäologen nicht gefunden, so daß man sich scheut, Qumran als Kloster zu bezeichnen. Es handelte sich wohl eher um einen heiligen Bezirk, ein Gemeindezentrum, in dem die Gläubigen ihre rituellen Handlungen durchführten, aber auch heilige Texte verfaßten bzw. abschrieben. Die Essener schliefen vermutlich in den nahen Höhlen oder in Zelten. Die von einer hohen Mauer umgebene

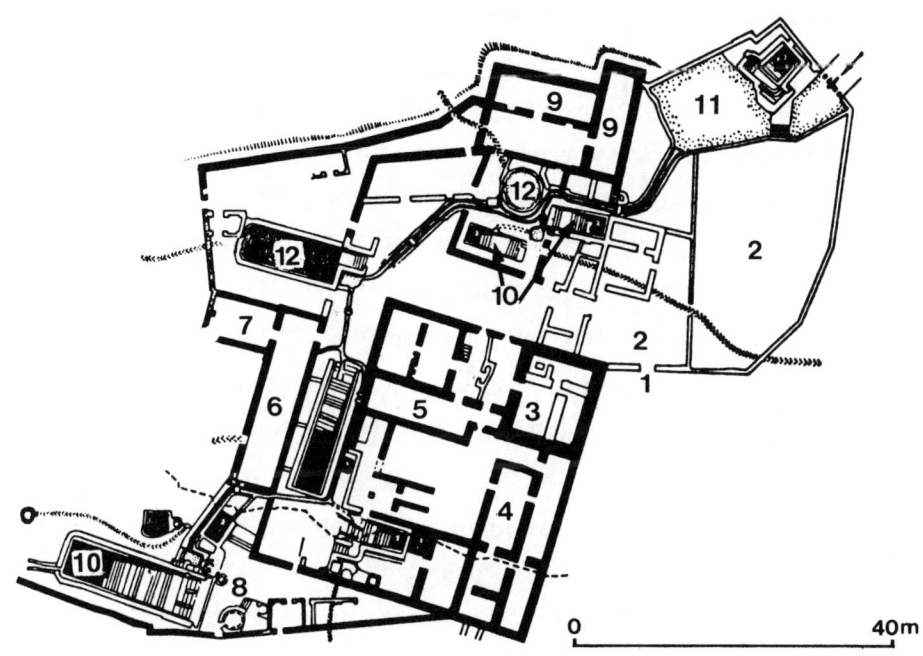

Khirbet Qumran
1 Eingang   2 Hof   3 Turm   4 Küche   5 Scriptorium   6 Versammlungsraum (Refektorium)   7 Geschirraum   8 Töpferei   9 Vorratsräume   10 Badebecken   11 Klärbecken   12 Zisternen

Anlage bestand im wesentlichen aus dem 30 × 37 m großen Hauptgebäude im Osten und einem Nebenbau im Westen. In der Nordwestecke des ursprünglich zweistöckigen Hauptgebäudes erhob sich ein wuchtiger, dreigeschossiger **Turm,** der den Klostereingang zu sichern hatte. Er besaß keinen eigenen Eingang, sondern war nur vom Obergeschoß des Hauptgebäudes aus zu erreichen. Mehrere Feuerstellen in dem Raum östlich des Turmes lassen vermuten, daß sich hier die **Küche** der Gemeinschaft befand. Über dem Raum 5 lag das **Scriptorium,** wo die Ausgräber in den herabgestürzten Trümmern Schreibtische aus Lehmziegeln, Tintenfässer, Tonscherben mit Schreibübungen und einen Deckelkrug für die Aufbewahrung von Schriftrollen fanden.

   Der 22 × 4,5 m große Saal südlich des Hauptgebäudes war der **Versammlungsraum** (Kapitelsaal, Refektorium) der Gemeinschaft. Im anschließenden Raum 7 standen wohlgeordnet rund 1700 Tongefäße, darunter elf Krüge, 21 kleine Kannen, 38 Schüsseln, 75 Becher, 210 Teller und 708 Tassen. Zwischen Saal und Hauptgebäude erstreckte sich ein 17 m langes, 3,6 m breites und 4,35 m tiefes **Badebecken;** es diente wohl der Reinigung vor der Einnahme der Mahlzeiten. In der Südostecke des Areals war eine **Töpferei** mit

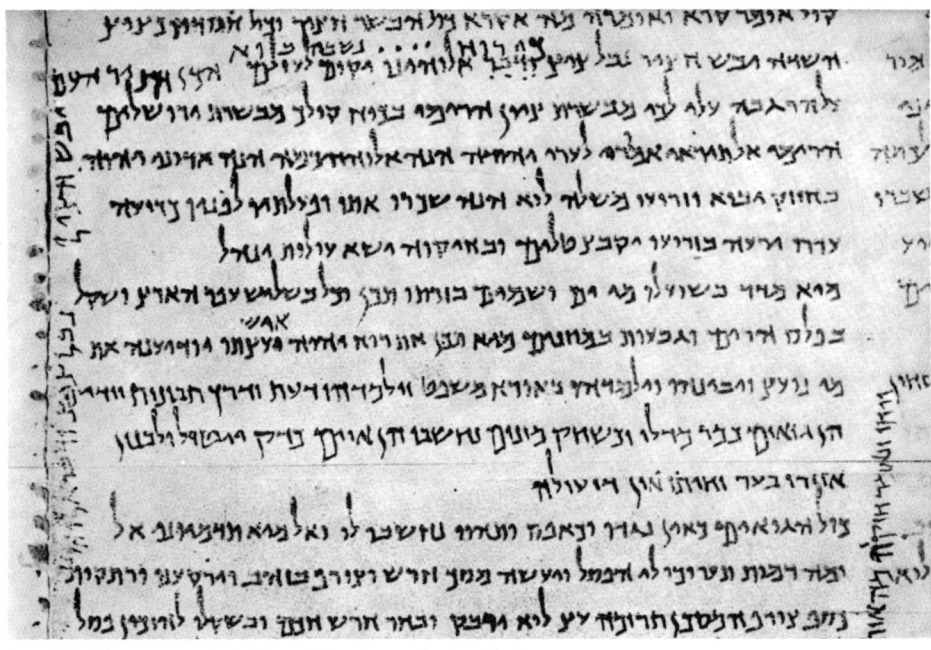

Qumran: die erste Jesaja-Rolle (IQ Jes A) aus der Höhle I

Lehmschwemme und Brennöfen eingerichtet. Um die rituellen Reinheitsgesetze erfüllen zu können, legte die Qumrangemeinde besonderen Wert auf eine zuverlässige **Wasserversorgung.** Über einen 700 m langen Aquädukt wurde das winterliche Regenwasser aus einem Seitental des Wadi Qumran in ein Netz von Klärbecken, Zisternen und Badebecken geleitet. Ein großes Wasserreservoir im Wadi sorgte für eine gleichmäßige Wasserzufuhr über das ganze Jahr. Die Schäden des schweren Erdbebens von 31 v. Chr. sind an vielen Stellen erkennbar. So hat sich die östliche Hälfte der Stufen zum Wasserbecken B6 um 40–50 cm gesenkt. Nach der Wiederbesiedlung behoben die Essener nur einen Teil der Schäden. Östlich der Mauer lag der **Friedhof** der Essener, in dem über 1100 Gräber gefunden wurden. Von der Terrasse südlich der Anlage hat der Besucher eine großartige Aussicht auf die Höhlen 4 und 5 jenseits des tiefen Bergeinschnitts.

3 km südlich von Qumran entspringt die wasserreiche Quelle **Ain Feshkha** (hebräisch Enot Zuqim = Bergquelle), die das Ufergebiet um Qumran zur Zeit der Essener in eine fruchtbare Oase verwandelt hat. Nördlich davon legten Archäologen 1958 einen Gutshof frei, der mit großer Sicherheit der Qumrangemeinde unterstand. Neben Feld- und Gartenbau wurde hier auch Viehzucht betrieben, und es war sogar eine Gerberei angeschlossen, in der man das Pergament (dünngespaltene Tierhäute) für die Handschriften herstellte.

Zeittafel

Periodeneinteilung	Zeit	Ereignisse	Orte und Monumente
Paläolithikum	300000–14000 v. Chr.	Handaxtkultur; Palaeanthropus palaestinensis	Höhlen im Karmel (Karmelmensch), am See Gennesaret (Galiläaschädel), bei Nazaret
Mesolithikum	14000–8000		
	10000–8000	Natufien-Kultur (Protoneolithikum)	Siedlungen im Wadi en-Natuf, im Huletal, auf dem Karmel, bei Jericho (Ain es-Sultan)
Neolithikum	8000–4000	Erste städtische Siedlungen	Jericho (Turm der Stadtmauer)
Chalkolithikum	4000–3100	Ghassul-Kultur	Tuleilat el-Ghassul bei Jericho (Wandfresken), Azor bei Tel Aviv (Ossuarien), En Gedi (Heiligtum)
Frühe Bronzezeit	3100–2150	Protokanaanitische Periode; Bet-Yerah-Kultur; Ägyptische und akkadische Einflüsse	Paläste und Tempel in Megiddo, Ai, Bet Yerah (Silo), Bet She-'an, Lakhish, Arad, Hazor, Shekhem, Gezer
	2700	Pharao Snofru erobert Ashdod	
	2400	Ägyptischer Feldzug gegen die Aamu	
	23. Jh.	Akkader besetzen Kanaan	
Mittlere Bronzezeit	2150–1550		
	2150–1800	Einwanderung der Kanaaniter	Arad (kanaanitische Stadtanlage)
	19. Jh.	Pharao Sesostris III. dringt bis Shekhem vor Ägyptische ›Ächtungstexte‹	Megiddo (Rundaltar) Gezer (Massebenreihe)
	18.–17. Jh.	Hyksosherrschaft	
	17. Jh.	Israelitische Stämme ziehen nach Ägypten	
Späte Bronzezeit	1550–1200		
	um 1550	Pharao Ahmose vertreibt die Hyksos aus Ägypten	Gezer (Wasserversorgungssystem), Shekhem (Hyksosmauer, Tempel), Bet She'an (Mekal-Stele, Löwenstele), Nahariyya (kanaanitischer Tempel), Megiddo (kanaanitische Toranlage und Stadtmauer)
	1468	Pharao Thutmosis III. erobert Megiddo und baut Kanaan als Bollwerk gegen die großen Reiche des Nordens und Ostens aus	
	14. Jh.	Chaos unter Pharao Echnaton (›Amarnabriefe‹)	Hazor (kanaanitisches Heiligtum mit mehreren Stelen)
	um 1300	Pharao Sethos I. festigt die Herrschaft über Kanaan	Bet She'an (Tempel Sethos' I.)
	1285	Zusammenstoß der Ägypter und Hethiter bei Kadesch am Orontes	Timna (ägyptische Kupferminen, Hathortempel)
	1269	Ramses II. und Hattušili III. schließen ›ewigen Frieden‹; die kanaanitischen Stadtstaaten bleiben ägyptische Vasallen; Blütezeit Kanaans	
	seit 1250	Auszug der Israeliten aus Ägypten (Mose, Josua)	
Zeit der Richter	1200–1020	Landnahme durch die Israeliten	Jib (kanaanitisches Wasserversorgungssystem)
	1177	Ramses III. wehrt Ansturm der Seevölker ab; die Seevölkergruppe der Philister läßt sich im südlichen Küstengebiet Kanaans nieder	Bet She'an (Statue Ramses' III.), Tel Qasile (Philistersiedlung)
	um 1050	Herrschaft der Philister in Kanaan	Bet She'an (anthropoide Terrakotta-Sarkophage)

Periodeneinteilung	Zeit	Ereignisse	Orte und Monumente
Zeit der Könige	1020–587		
	um 1120	Saul erhebt sich vergeblich gegen die Philister	
	um 1004	David wird von den Stämmen zum König gesalbt und beendet die Philisterherrschaft	
	um 998	David erobert Jerusalem und macht es zur Hauptstadt des Reiches	
	um 968–930	Salomo baut den Tempel in Jerusalem und erneuert die ehemals kanaanitischen Städte, größte Ausdehnung des Reiches, legendäre Prachtentfaltung am Hof	Gezer, Hazor, Lakhisch, Megiddo, Arad (Jahwetempel)
	um 930	Zweiteilung des Reiches in Israel und Juda; starke phönikische und assyrische Einflüsse	Dan (Stadttor, Heiligtum)
	seit 9. Jh.	Israel und Juda sind den Assyrern tributpflichtig	Samaria (Palast mit Elfenbeinschnitzereien, Stadttor), Hazor (Pfeilergebäude, Zitadelle, Wasserversorgungssystem), Megiddo (Pferdeställe, Wasserversorgungssystem)
	732 (722)	Israel unter assyrischer Herrschaft	Jerusalem (Gihontunnel)
	587	Juda von Nebukadnezar II. erobert (Babylonische Gefangenschaft)	
Persische Herrschaft	538–332		
	539	Die Perser übernehmen das neubabylonische Reich; Rückkehr der Juden aus dem Exil	
	515	Wiederaufbau des Tempels	
	445	Unter Nehemia Trennung Judas von Samaria	Lakhish (Palast der persischen Hyparchen)
Hellenistische Zeit	332–63		
	332	Alexander der Große besetzt Palästina	Samaria (Rundturm)
	323	Hellenisierung unter den Ptolemäern und Seleukiden	
	166–143	Aufstände der Makkabäer	
	seit 143	Dynastie der Hasmonäer unter der Oberherrschaft der Seleukiden	Jerusalem (Grabmonumente im Kidrontal, sogenannte Kanaanitermauer), Qumram (Kloster der Essener), Jericho (Hasmonäerpalast)
Römerherrschaft	63 v. Chr.–324 n. Chr.		
	63	Pompejus unterstellt Palästina der römischen Provinz Syria	
	37–4	Herodes der Große	Jerusalem (Antonia, Zitadelle, Teich Betesda, Tempelbergmauer), Herodeion, Masada, Jericho (Herodespalast), Hebron (Haram el–Khalil), Caesarea (Akropolis, Theater, Aquädukt), Ashqelon (›Buleuterion‹), Bet She'an (Theater)
	7 v. Chr.–30 n. Chr.	Jesus Christus	
	6 n. Chr.	Palästina wird zum größten Teil von römischen Prokuratoren verwaltet	
	66–70	Erster jüdischer Krieg gegen Rom (Zelotenaufstand)	Masada

Periodeneinteilung	Zeit	Ereignisse	Orte und Monumente
	70	Zerstörung Jerusalems durch Titus	Jerusalem (Königsgräber)
	132–135	Zweiter jüdischer Krieg gegen Rom (Bar-Kochba-Aufstand)	
	136	Jerusalem wird zur Colonia Aelia Capitolina	Jerusalem (Ecce-Homo-Bogen, Lithostrotos), Samaria (Forum mit Marktbasilika, Theater)
	2.–4. Jh.	Blühende jüdische Siedlungen in Galiläa	Synagogen in Kafarnaum, Korazim, Bar'am und Tiberias-Hammat, Bet She'arim (Katakombenstadt), Hammat Gader (römische Thermen)
Byzantinische Herrschaft		Kaiser Konstantin der Große wird Alleinherrscher über das Imperium Romanum; er fördert das Christentum	Betlehem (Geburtskirche), Jerusalem (Grabeskirche, Eleona-Basilika, byzantinische Kirchen in 'Avedat, Shivta und Mamshit
	527–565	Unter Kaiser Justinian Blütezeit des Heiligen Landes; christliche Orden errichten Klöster und Herbergen	Kursi (Klosterkirche), Kloster Mar Saba, Betlehem (Geburtskirche), Bet Alfa (Synagoge), Bet She'an (Mosaike des Klosters der Edelfrau Maria)
	614	Der Persereinfall führt zur Zerstörung fast aller christlichen Bauten	
Früharabische Periode	638–1099		
	638/639	Kalif Omar I. besetzt das Heilige Land	
	660	Kalif Muawija I. begründet die Dynastie der Omajjaden (Residenz: Damaskus)	Jerusalem (Felsendom, el-Aqsa-Moschee), Khirbel el-Mafjir (Omajjadenpalast)
	750	Die Abbasiden lösen die Omajjaden ab (Residenz: Bagdad)	
	9. Jh.	Karl der Große unterhält diplomatische Beziehungen zu Harun al-Raschid	Ramla (sogenannte Teiche der Helena)
	1046	Die Fatimiden räumen den Christen größere Rechte ein	Jerusalem (Kreuzkloster)
	1071	Die türkischen Seldschuken erobern Palästina; der Pilgerstrom versiegt	
Kreuzfahrerreich	1099–1291		
	1099	Die Kreuzfahrer erobern Jerusalem	Jerusalem (Grabeskirche, St.-Anna-Kirche, Jakobuskirche, Himmelfahrtskapelle, Zitadelle), Samaria (Johanneskirche), Lod (Georgskirche), Kreuzfahrerburgen Belvoir, Montfort und Subeibe
	1100	Balduin I. wird in Betlehem zum König gekrönt	
	1118–1120	Gründung des Hospitaliter- und des Templerordens	
	1171	Saladin begründet die Dynastie der Ajjubiden	Ramla (Große Moschee)
	1187	Schlacht bei Hattin; die Kreuzfahrer müssen fast ganz Palästina aufgeben	

457

Periodeneinteilung	Zeit	Ereignisse	Orte und Monumente
	1190	Richard Löwenherz versucht, das Kreuzfahrerreich zurückzugewinnen, muß sich aber mit freiem Zugang zu den christlichen Stätten begnügen	Caesarea und Ashqelon (Kreuzfahrermauern)
	1228	Kaiser Friedrich II. erreicht durch Verhandlungen die Rückgabe Westgaliläas sowie der Städte Jerusalem, Betlehem und Nazaret einschließlich eines Korridors nach Jaffa	
Mamelucken	1265–1516		
	1265–1272	Der Mameluckensultan Baibars drängt die Kreuzfahrer auf einen schmalen Küstenstreifen zwischen Akko und Sidon zurück	Akko (sogenannte Kreuzfahrerstadt), Lod (El-Khadr-Moschee, Brücke über den Ayyalon), Ramla (Weiße Moschee)
	1291	Die Mamelucken erobern Akko, die Christen verlieren das Heilige Land	
	13.–15. Jh.	Die Küstenstädte werden nicht mehr aufgebaut; Brücken und Karawansereien verbessern die Straßenverbindungen zwischen Kairo und Damaskus	Jerusalem (Paläste, Mausoleen, Medresen, Khane, öffentliche Brunnen, Toranlagen), Nabi Musa (Moschee und Pilgerherberge)
Osmanen	1516–1917		
	1516	Der türkische Sultan Selim I. besiegt bei Aleppo die Mamelucken, Palästina gerät unter türkische Herrschaft	
	1520–1566	Süleyman II. (›der Prächtige‹) führt in Palästina ein straffes Verwaltungssystem ein und fördert den Zuzug von Juden	Jerusalem (Altstadtmauer), Akko (Khan el-Afrandschi) Zefat (Synagogen), Yafo (St. Peterskloster)
	1730–1775	Der Beduinenscheich Dahir el–Omer beherrscht von Akko aus Galiläa und später ganz Palästina	Tiberias (Stadtmauer), Akko (Suq el-Abijad)
	1799	Pascha Ahmed Jezzar vereitelt Napoleons Versuch, Akko einzunehmen	Akko (Stadtmauer, Ahmed-Jezzar-Moschee, Khan el-Umdan)
	ab 1840	Die Europäer verstärken ihren Einfluß	Yafo (Große Moschee), Jerusalem (Mea Shearim)
	1882	Jüdische Einwanderungswelle (1. Alijah)	
	1904–1914	2. Alijah	Jerusalem (Dormitiokirche), Haifa (Bahai-Schrein), Yafo (Uhrturm)
	1907/18	Britische Truppen besetzen Palästina	
Britisches Mandat	1920–1948	3. Alijah	Jerusalem (Kirche der Nationen, Rockefeller-Museum), Berg Tabor (Verklärungsbasilika)
	1936	Arabischer Aufstand gegen jüdische Einwanderer	
Staat Israel	14. Mai 1948	David Ben Gurion proklamiert den souveränen Staat Israel	Haifa (Dagon-Silo, Technion, Universität)
	1948–49	Erster Krieg zwischen Israel und den arabischen Nachbarstaaten	Jerusalem (Hebräische Universität, Israel-Museum, Knesset), Nazaret (neue Verkündigungskirche)
	5.–10. Juni 1967	Sechstagekrieg	
	6.–25. Okt. 1973	Yom-Kippur-Krieg	Tel Aviv (HaAretz-Museum, Universität)
	30. Juli 1980	Die Knesset erklärt Jerusalem zur ›ewigen Hauptstadt Israels‹	

Glossar

Agape: Liebesmahl der Urchristen, von wohlhabenden Gemeindemitgliedern für Arme gestiftete gemeinsame Mahlzeit als Ausdruck brüderlicher Liebe

Akanthus: distelartige Pflanze, deren Blätter als Vorlage für ein weit verbreitetes Architekturornament dienen

Ambo: Podest zum Vorlesen des Evangeliums, Vorläufer der Kanzel

Almenor: Vorlesepult in der Synagoge

Amphiktyonie: Verband von Stämmen zum Schutz und zur Pflege eines gemeinsamen Heiligtums

anthropoid: in menschlicher Gestalt

Apodyterium: Umkleideraum der römischen Thermen

Apsis: halbrunder, auch mehreckiger mit einer Halbkuppel überwölbter Raumteil

Architrav: den Oberbau tragende Steinbalkenlage, meist über Stützen

Arkosolgrab (Nischengrab): Grab in bogenförmig überwölbter Nische

Aschkenasim: aus Mittel- und Osteuropa stammende Juden (→ Sephardim)

Atrium: von Säulenhallen umgebener Vorhof einer Kirche

Baptisterium: christliche Taufstätte als selbständiges Bauwerk oder Anbau einer Kirche

Basilika: große, rechteckige Hallenkirche, die durch Säulenreihen in ein erhöhtes Mittelschiff und zwei (gelegentlich auch vier) Seitenschiffe eingeteilt ist

Bema: erhöhter Altarraum der Ostkirchen

Bossenquader: geränderte Steinquader, deren Außenfläche nur roh behauen ist

Caldarium: Warmwasserbad, zentraler Teil der römischen Thermen

Cardo maximus: in Nord-Süd-Richtung verlaufende zweite Hauptstraße des Römerlagers und der römischen Stadt (→ Decumanus maximus)

Cavea: Zuschauerraum des römischen Theaters, bestehend aus terrassenartig aufsteigenden Sitzreihen (Sitzstufen)

Cella: Hauptraum des antiken Tempels, in dem die Gottheit wohnte bzw. ihre Statue stand

Chalkolithikum: Kupfersteinzeit, Kulturperiode zwischen dem Neolithikum (Jungsteinzeit) und der Bronzezeit, in der neben Steingeräten bereits Kupfergegenstände gebräuchlich waren

Chor: den Geistlichen vorbehaltener Teil des Kirchenraumes mit Altar und Chorgestühl, meist um einige Stufen erhöht und durch Chorschranken abgegrenzt

Ciborium → Ziborium

Columbarium (Kolumbarium): römische und frühchristliche Gemeinschaftsgrabanlage, die im Aussehen einem Taubenschlag ähnelt

Decumanus maximus: in Ost-West-Richtung verlaufende Hauptstraße des Römerlagers und der römischen Stadt (→ Cardo maximus)

Diakonikon: Sakristeiraum der byzantinischen Kirchen

Donjon: innerer Hauptturm der Kreuzfahrerburg

Dreikonchenbau: Bauwerk mit kleeblattförmigem Grundriß (→ Konche)

Emir: arabischer Titel für einen Fürsten bzw. Provinzgouverneur (→ Pascha)

Epitaph: Erinnerungsmal für einen Verstorbenen oder Grabinschrift

Etrog: Zitrusfrucht, die beim Laubhüttenfest eine Rolle spielt

Eucharistie: Altarsakrament, Abendmahl; Leib und Blut Christi in der Gestalt von Brot und Wein

Exedra: große, halbrunde oder mehreckige Nische

Forum: Marktplatz römischer Städte, zugleich Mittelpunkt des öffentlichen Lebens

Fries: waagerecht verlaufender Bauteil, der zur Raumgliederung und als Schmuck dient

Frigidarium: Kaltwasserbad der römischen Thermen

Gemara: Auslegung der → Mischna (3.–5. Jh.)

Gesims: über das Gebälk vorspringendes bzw. aus der Mauer hervorstehendes Bauglied, meist aus Steinplatten gefügt

Glacis: aus Steinquadern gebildete Böschung zur Verstärkung einer Mauer

Hexagramm: Sechszackstern, Davidstern

Hypokausten: Fußbodenheizung mit Heißluftkanal-System

Ikonostase: Bilderwand zwischen Gemeinde- und Altarraum

in situ: in der ursprünglichen Lage befindlich

Kabbala: mystisch geprägte Auslegung des Alten Testaments und des → Talmud (13.–16. Jh.)

Kalif (›Stellvertreter‹): Bezeichnung für die Nachfolger Mohammeds, die obersten religiösen (anfangs zugleich weltlichen) Herrscher der islamischen Welt (→ Sultan)

Kantharos: Trinkgefäß mit zwei senkrechten Henkeln, meist auf hohem Fuß

Kapitell: der oberste Teil einer Säule, eines Pfeilers oder eines Pilasters, Bindeglied zwischen Stütze und Gebälk

Katakombe: unterirdische Grabanlage

Kenotaph: Erinnerungsmal für einen Toten, der an anderer Stelle begraben wurde

Khan (Karawanserei): Herberge für Kaufleute und ihre Transporttiere

Kibbuz: selbstverwaltete Siedlung in Gemeinschaftsbesitz (→ Moshav)

Kippah: kappenartige Kopfbedeckung der Juden

Kokim: Schiebestollengräber

Konche: muschelartig gestalteter Abschluß der → Apsis

Koran: Heiliges Buch des Islam, dem Propheten Mohammed verkündete göttliche Offenbarung

Krypta: Grabkammer unter dem Altar

Lisene: senkrechter Mauerstreifen zur Gliederung einer Wand

Lulav: Feststrauß, der beim Laubhüttenfest getragen wird

Mahta: zu rituellen Zwecken benutzte Schaufel, Räucherschaufel

Masseben: prähistorische kultische Steinpfeiler, Symbole des Phallus

Mauren: Sammelbezeichnung für die nordwestafrikanischen und andalusischen Araber, gelegentlich für alle Araber gebraucht

Mazzebot → Stele

Medrese: theologisch-juristische Hochschule im Islam, Koranschule

Menora: (meist) siebenarmiger Leuchter

Mihrab: Gebetsnische der Moschee (→ Qibla)

Mimbar: Kanzel der Moschee (→ Qibla)

Minarett: Turm der Moschee

Miqve (Mikwe): rituelles Bad in der Synagoge

Mischna: Aufzeichnung der jüdischen Religionsgesetze aus dem 1.–2. Jh; bestehend aus Seraim (Grund und Boden), Moëd (Feste), Naschim (Ehe), Nesikim (Zivil- und Strafrecht), Kodaschim (Tempelkult und Speisevorschriften), Taharot (levitische Unreinheit)

Monolith: aus einem einzigen Block gemeißeltes Bauglied

Moshav: Genossenschaftssiedlung von Kleinbauern mit Privatbesitz (→ Kibbuz)

Moslem: Anhänger des Islam

Naos: griechische Bezeichnung für → Cella

Narthex: Vorhalle der Kirche

Nekropole: große Begräbnisanlage des Altertums

Obergaden: Fensterzone der überhöhten Mittelschiffswand in der Basilika

Oktogon: Bauwerk über achteckigem Grundriß

Opus reticulatum: römisches Mauerwerk mit netzartig diagonal vermauerten Steinen

Orthostaten: hochkant stehende Steinquader oder -platten, oft mit Reliefs versehen

Ossuarium: Gefäß zur Aufbewahrung der Gebeine Verstorbener (Zweitbestattung)

Ostraka: Keramikscherben, die im Altertum als billiges Schreibmaterial anstelle des teuren Papyrus verwendet wurden

Pascha: türkischer Titel für einen Fürsten bzw. Provinzgouverneur (→ Emir)

Pentagramm: Fünfzackstern, magisches Zeichen

Pentateuch → Thora

Peristyl: Säulenumgang, von Säulenhallen umgebener Hof

Pilaster: Wandpfeiler zur Versteifung und zum Schmuck der Wände sowie zur Rahmung von Fenstern und Türen

Plinthe: quadratische oder rechteckige Sockelplatte unter der Basis von Säulen, Pfeilern und Statuen

Portikus: Säulenhalle mit geschlossener Rückwand

Prothesis: Tisch oder kleiner Altar zur Bereitung der Gaben und zur Ablage des Opferbrotes (byzantinische Liturgie)

protoionisch: Architekturstil (besonders bezüglich der Kapitelle), Vorläufer der ionischen Ordnung

Qibla: die Mekka zugewandte Mauer im Gebetssaal der Moschee, mit → Mihrab und → Mimbar versehen

Quadriportikus: vierseitige Säulenhalle

Rabbi: Ehrenname bedeutender Gelehrter

Rabbiner: religiöser Lehrer, zu dessen Aufgaben bestimmte Handlungen im Gottesdienst, Trauungen usw. gehören

Risalit: aus der Fluchtlinie einer Gebäudefront leicht vorspringender Gebäudeteil

Sanktuar: Heiligtum, das Allerheiligste des Tempels

Sarazenen: ursprünglich Bezeichnung für einen nordwestarabischen Stamm, wurde im Mittelalter zunächst auf alle Araber und dann auf alle moslemischen Gegner der Kreuzfahrer ausgedehnt (→ Mauren)

Scheich: arabischer Stammesführer

Sebil: öffentlicher Brunnen

Sephardim: aus Spanien und Portugal stammende Juden, auch orientalische Juden (→ Aschkenasim)

Sgraffito: Technik der Wandmalerei (Kratzputz)

Shofar: Widderhorn, jüdisches Kultinstrument

Sima: oberster Teil des Gebälks, Regenrinne

Skarabäus: altägyptische Nachbildung des Mistkäfers (Symbol der Sonne) aus Fayence, Stein oder Halbedelstein, als Amulett oder Siegel verwendet

Soreg: Chorschranke, meist aus Marmorplatten zwischen kleinen, viereckigen Säulen

Stele: Steinsäule oder aufrecht stehende Steintafel, mit Relief versehen, häufig beschriftet

Streimel: Pelzmütze der chassidischen Juden

Sturz: waagerechter oberer Abschluß einer Tür- oder Fensteröffnung

Stylobat: Standfläche für Säulen

Sultan: Titel für höchste weltliche Herrscher der islamischen Welt, tritt im 12. Jh. neben den des → Kalifen

Synagoge: Versammlungs- und Bethaus der Juden

Synthronos: Bank für die Kirchenältesten (Presbyter)

Tabernakel: Baldachin über Hochaltar, Statuen, Grabmälern usw.

Talit: großes, helles Gebetstuch mit dunklen Randstreifen und Fransen

Talmud: Zusammenfassung der Lehren, Vorschriften und Überlieferungen des nachbabylonischen Judentums (1.–5. Jh.)

Talus: schräg abfallendes Fundament

Tambour: zylindrischer oder polygonaler Unterbau einer Kuppel, meist mit Fenstern versehen

Tefila (Tefillin): Gebetsriemen aus dunklem Leder mit einer Kapsel, die Thoratexte enthält

Tell (hebräisch Tel): Siedlungshügel, künstliche Erhebung, die durch übereinander liegende Siedlungsschichten entstanden ist

Temenos: heiliger Bezirk, meist von einer Mauer umgeben

Tepidarium: Abkühlraum der römischen Thermen

Tetrarch: ›Vierfürst‹, Herrscher in einem als Tetrarchie bezeichneten Bezirk eines Landes

Tetrastylos: viersäuliger Bau

Thermen: römische Badeanlagen

Tholos: Rundbau mit Säulenumgang

Thora: die fünf Bücher Mose (Pentateuch), wichtigste Grundlage der jüdischen Religion (→ Talmud)

Thronos: Bischofssitz in frühchristlichen Kirchen

Toichobat: Standfläche für die Seitenmauern der frühen Synagogen und Kirchen

Triglyphen: Steinplatten zur Verkleidung der Stirnseiten der Deckenbalken, meist mit drei senkrechten Rillen geschmückt

Vierung: Raumteil der Kirchenbauten, in dem sich Längs- und Querschiff vereinigen

Volute: Ornament in Form einer Spirale, eines Schneckenhauses (Volutenkapitell)

Wadi: Trockental; Flußlauf, der nur nach Regenfällen mit Wasser gefüllt ist

Wesir: Berater eines islamischen Herrschers

Yeshiva (Plural Yeshivot): Talmudlehrstätte

Ziborium: Hostiengefäß; Baldachin über Altar oder Taufbecken

Zodiak: Tierkreis (die Zwölf Sternbilder)

Die wichtigsten Kulturstätten des Heiligen Landes im Überblick

Jerusalem: Zitadelle, Damaskustor, Löwentor (Stephanstor), Jakobuskirche, St.-Anna-Kirche, Betesda-Teich, Via dolorosa, Ecce-Homo-Bogen, Grabeskirche, Klagemauer, Aqsa-Moschee, Felsendom, Islamisches Museum, Dormitiokirche, Abendmahlssaal (Coenaculum), Davids Grab, Holocaust Cellar, Gräber im Kidrontal, Gihontunnel, Mariengrab, Getsemani-Kirche (Kirche der Nationen), Maria-Magdalenen-Kirche, Dominus-Flevit-Kapelle, Himmelfahrtskapelle, Rockefeller-Museum, Königsgräber, Sanhedringräber, Mea Shearim, Israel-Museum, Hebräische Universität, Herzl-Berg, Yad VaShem, Hadassah-Synagoge, Kennedy-Memorial, Modell des antiken Jerusalem in Holyland Hotel
Abu Ghosh: Kreuzfahrerkirche
Akko: türkische Stadtmauer, türkische Karawansereien, Ahmed-Jezzar-Moschee, ›unterirdische‹ Kreuzfahrerstadt
Ashqelon: Kreuzfahrermauern, ›Buleuterion‹ des Herodes
'Avedat/Oboda: nabatäisch-byzantinische Ruinenstadt
Banyas/Caesarea Philippi: Pangrotte
Bar'am: Synagoge
Be'er Sheva: Abrahamsbrunnen, Beduinenmarkt
Belvoir: Kreuzfahrerburg
Berg der Seligpreisungen

Berg Tabor: Verklärungskirche, Eliaskirche, Höhle des Melchisedek
Bet Alfa: Bodenmosaik der Synagoge
Betanien: Lazarusgrab
Betlehem: Geburtskirche, Hirtenfeld, Rahels Grab
Bet She'an: römisches Theater, ägyptisch-kanaanitische Tempel, Bodenmosaik eines byzantinischen Klosters
Bet She'arim: jüdische Katakomben
Caesarea: Mauern der Kreuzfahrerstadt, römisches Theater, römischer Aquädukt
Daliyat el-Karmil: Drusendorf auf dem Karmel
Elat: Hafen und Seebad am Roten Meer, Unterwasser-Observatorium, Ausflugsmöglichkeit zur *Koralleninsel* und zum *Katharinenkloster* (Sinai)
En Gedi: Oase am Toten Meer, Naturpark mit chalkolithischem Heiligtum
En Kerem/Ain Karim: Kirche der Heimsuchung
Haifa: Bahai-Schrein, Haifa-Museum, Dagon-Silo, Karmeliterkloster, Elija-Höhle
Hammat Gader: 3500 Jahre altes Thermalbad, römische Thermen
Hebron: Haram el-Khalil über der Höhle Machpela, Mamre
Herodeion: Bergfestung des Herodes
Jaffa/Yafo: malerisches Künstlerviertel, St. Peterskloster, Große Moschee, Uhrturm

Jericho: neolithische Stadtanlage, Herodespalast, Berg der Versuchung

Jib/Gibeon: Zisterne (›Teich von Gibeon‹)

Kafarnaum: Synagoge, Haus des Petrus

Kafr Kanna/Kana: Franziskanerkirche

Khirbet el-Mafjir: Omajjadenpalast

Korazim: Synagoge

Kursi/Gergesa: byzantinische Klosterkirche

Lod/Lydda: Georgskirche und el-Khadr-Moschee, Baibarsbrücke über den Ayyalon

Makhtesh Ramon: größter Krater des Negev

Mamshit/Kurnub: nabatäisch-byzantinische Ruinenstadt

Maresha: Höhlen

Mar Saba: griechisches Kloster

Masada: Festung des Herodes, letzter Zufluchtsort der Zeloten im ersten jüdischen Aufstand gegen Rom

Megiddo: kanaanitisch-israelitische Stadtanlage, Wasserversorgungssystem

Montfort: Kreuzfahrerburg

Nabi Musa: islamischer Wallfahrtsort mit Grab des Mose

Nablus/Sichem: kanaanitische Stadtanlage, Jakobsbrunnen, Josefsgrab, Berg Garizim

Nazaret: Verkündigungskirche, Josefskirche, Marienbrunnen

Qumran: Fundort der ›Schriftrollen vom Toten Meer‹, klosterähnliche Anlage der Essener

Ramla: Weißer Turm, Große Moschee, Teiche der Helena

Rosh HaNiqra/›Leiter von Tyros‹: Kreidefelsen mit Meeresgrotten

Sebastije/Samaria: hellenistisch-römische Bauten, Palast der Könige Omri und Ahab, Grab Johannes des Täufers

Sede Boqer: Grab Ben Gurions, Quelle En 'Avedat

Shivta/Sobata: nabatäisch-byzantinische Ruinenstadt

Tabgha: Brotvermehrungskirche, Primatskapelle

Tel Arad: kanaanitisch-israelitische Stadtanlage, Jahwetempel

Tel Aviv: Migdal Shalom, Hauptsynagoge, Nationaltheater Habimah, Frederick-Mann-Auditorium, Helena-Rubinstein-Museum, Tel-Aviv-Museum, HaAretz-Museum

Tel Dan: urwaldähnliches Naturreservat bei den Quellen des Dan

Tel Gezer: Massebenreihe, Stadtmauern (3. Jahrtausend bis 1200 v. Chr.)

Tel Hazor: kanaanitische Stadtanlage

Tel Lakhish: israelitische Stadtanlage

Tiberias: Bodenmosaik der Synagoge von Tiberias-Hammat, Kuppelgrab des Rabbi Meïr, Grab des Maimonides

Timna: antike Kupferminen, Säulen Salomos

Wadi el-Kelt: St. Georgskloster

Zefat/Safed: malerische Altstadt mit mehreren Synagogen aus dem 16. Jh.

Praktische Reiseinformationen

Landeskundlicher Überblick

Geographie

Das Heilige Land ist heute weitgehend identisch mit dem Gebiet des Staates Israel einschließlich der seit 1967 unter israelischer Verwaltung stehenden Territorien. Im Norden grenzt Israel an den Libanon, im Osten an Syrien und Jordanien, im Süden an Ägypten. Das Staatsgebiet bedeckt eine Fläche von 21500 km^2 (zum Vergleich: Bundesrepublik Deutschland etwa 250000 km^2), hinzu kommen die besetzten Gebiete Westjordanland (Westbank; 5572 km^2), Golanhöhen (1176 km^2) und Gazastreifen (202 km^2). Die größte Länge beträgt 420 km, die Breite zwischen 14 und 116 km.

Landschaften: Kaum eine Region der Erde vereinigt auf so engem Raum so unterschiedliche Landschaftsformen wie das Heilige Land. Im Norden erhebt sich der 2224 m hohe, bis in den Sommer hinein schneebedeckte *Mt. Hermon*, der im Süden in die *Golanhöhen* übergeht, ein Hochplateau, das in nordsüdlicher Richtung von 1200 m auf 400 m abfällt. Zwischen dem Jordantal und dem Mittelmeer bildet das fruchtbare *Bergland von Galiläa* (HaGalil) den Nordteil Israels. Seine höchsten Erhebungen sind der Meron (1206 m) in Obergaliläa und der Tabor (588 m) in Untergaliläa. Die *Jesreel-Ebene* ('Emeq Yizreel) leitet zum *Bergland von Shomron* über, das im Ebal (Eval) 949 m und im Garizim 881 m erreicht und sich mit dem 546 m hohen Karmel (Har Karmel) in das Mittelmeer vorschiebt. Der Karmel trennt die *Sebulon-Ebene* im Norden von der *Sharon-Ebene* im Süden. An das Bergland von Shomron schließt sich südlich das *Judäische Bergland* (HarYehuda) mit zahlreichen bis zu 1020 m hohen Kuppen an. Zum Toten Meer hin geht es in die *Judäische Wüste* (Midbar Yehuda) über, parallel zum Mittelmeer erstreckt sich die *Shefela-Ebene*. Den riesigen Südzipfel Israels bildet der *Negev* (HaNegev = ›der Süden‹) mit den Wüsten Zin (Midbar Zin) und Paran (Midbar Paran). Seine höchsten Erhebungen sind der Har Ramon (1035 m) und der Har Saggi (1006 m). Bei Elat geht der Negev in die *Wüste Sinai* über.

Die zum größten Teil wasserarmen Flüsse fließen in Ost-West-Richtung zum Mittelmeer ab, in West-Ost-Richtung zum Jordan, zum Toten Meer und zur Aravasenke. Nur der *Jordan,* der wasserreichste und längste Fluß des Landes, verläuft in Nord-Süd-Richtung; er fließt innerhalb eines riesigen Grabens vom Hermon-Massiv im Norden durch den See Gennesaret (Yam Kinneret) zum Toten Meer (Yam HaMelah). Sein Graben setzt sich in der *Aravasenke* fort und erreicht bei Elat den Golf von Aqaba (Golf von Elat), einen Arm des Roten Meeres.

Klima: Israel liegt im Übergangsbereich vom Mittelmeerklima zum Wüstenklima. In den Küstenebenen herrschen warme, trockene Sommer und milde, niederschlagsreiche Winter, im Bergland heiße, niederschlagsfreie Sommer und kühle, regnerische Winter mit gelegentlichem Schneefall, das untere Jordantal hat subtropisches Klima. Große Hitze kennzeichnet den Sommer im Negev, auch im Winter kühlt es kaum ab;

Durchschnittliche Wassertemperaturen (in ° C)

	Januar	März	Mai	Juli/August	September	November
Mittelmeer	18	17	21	28	28	23
See Gennesaret	17	16	24	28	29	24
Totes Meer	22	21	25	30	31	28
Golf von Elat	22	21	24	25	27	25

Durchschnittliche Lufttemperaturen (Minimum / Maximum in °C)

	Februar		April		Juni		August		Oktober		Dezember	
Nahariyya	9,3	17,6	11,9	23,4	18,0	27,7	21,4	30,7	16,4	28,3	10,8	21,1
Huletal	7,8	16,8	10,9	25,2	16,4	32,8	18,8	33,6	13,2	32,2	7,9	20,5
See Gennesaret	9,0	18,3	12,6	26,1	18,6	34,6	22,5	36,1	18,0	31,4	10,5	20,7
Bet She'an	8,5	19,3	12,8	28,2	19,2	36,4	22,4	37,9	18,3	34,2	9,6	22,5
Tel Aviv	10,8	17,5	14,1	22,7	20,4	26,5	23,3	29,3	19,2	27,4	12,0	20,2
Jerusalem	4,7	12,0	9,0	20,3	15,4	27,7	18,5	28,9	14,0	26,4	7,6	16,1
Be'er Sheva	6,8	16,9	11,6	26,2	16,5	32,1	19,3	33,1	15,4	29,7	7,4	20,5
Elat	10,9	21,4	19,6	30,8	23,6	38,7	25,5	39,1	21,5	33,9	10,7	23,7

Durchschnittliche Niederschläge (Regentage / Regen in mm)

	Jahres-durch-schnitt		Februar		April		Juni–August		Oktober		Dezember	
Nahariyya	52	658	13	91	1	13	0	0	1	2	7	37
Huletal	49	564	13	98	4	30	0	0	1	1	7	25
See Gennesaret	39	367	12	84	3	22	0	0	0	0	2	9
Bet She'an	31	229	10	38	3	21	0	0	1	2	3	11
Tel Aviv	33	444	8	70	2	12	0	0	0	0	4	16
Jerusalem	36	376	11	75	2	11	0	0	0	0	5	12
Be'er Sheva	17	115	6	36	1	4	0	0	0	0	0	1
Elat	3	6	0	0	1	1	0	0	0	0	0	0

hier regnet es nur zwei- oder dreimal im Februar/März. Die höchsten Temperaturen werden in Sedom (Sodom) an der Südspitze des Toten Meeres und die niedrigsten in Obergaliläa bzw. am Hermon gemessen. Zwischen März und Oktober kann der gefürchtete Sharav (arabisch Hamsin), ein Wüstensturm, in weiten Teilen des Heiligen Landes die Temperaturen für vier bis fünf Tage auf weit über 40° C treiben. Die Luftfeuchtigkeit liegt wegen der angrenzenden ausgedehnten Trockengebiete sehr niedrig, das Klima ist daher trotz der Hitze auch im Sommer gut verträglich. Die ideale Reisezeit sind die Monate September bis Mai, vor allem das zeitige Frühjahr. Baden kann man im Heiligen Land das ganze Jahr über.

Vegetation: Die landschaftlichen Besonderheiten und unterschiedlichen Klimazonen des Heiligen Landes brachten eine Vielfalt an Pflanzen hervor, wie sie kaum anderswo in solcher Konzentration anzutreffen ist. Rund 2600 Arten, die 700 Gattungen der 120 Pflanzenfamilien angehören, verteilen sich auf drei große Vegetationszonen: die mediterrane, die irano-tauranische und die saharo-sindinische. Fast alle wildwachsenden Bäume und rund 70 Arten von Wildblumen stehen unter Naturschutz (die geschützten Pflanzen sind nachfolgend mit einem* gekennzeichnet).

Die *mediterrane Vegetationszone* mit jährlichen Niederschlagsmengen von 350 mm und mehr umfaßt etwa die Gebiete von Galiläa, Samaria und Judäa. Von den Bäumen sind zu erwähnen: die Kermeseiche (Quercus calliprinos), die Taboreiche (Quercus ithaburensis), die Terebinthe (Pistacia palaestina und P. atlantica), der Ana-baum (Acacia albida), die Aleppokiefer (Pinus halepensis), der Johannisbrotbaum (Ceratonia siliqua), der Ölbaum (Olea europeae), der Mandelbaum (Amygdalus communis), dessen bitterfruchtige Art meist wild wächst, der Judasbaum (Cercis siliquastrum) mit seinen schmetterlingsartigen, purpurn leuchtenden Blüten, der zum Austrocknen der Sümpfe aus Australien eingeführte Eukalyptusbaum (Eucalyptus rostrata, E. gomphocephala). Der weißblühende Styraxstrauch (Styrax officinalis) liefert ein bekanntes Räucherharz.

Im Winter blühen u. a. der Syrische Ehrenpreis (Veronica syriaca), der Winterkrokus (Crocus hymalis), die Romulea (Romulea bulbocodium), die Vartan-Iris* (Iris vartani) und die Alraune (Mandragora officinalis). Im Spätwinter und zeitigen Frühling folgen die Bienenorchidee* (Ophrys attica), die Wolfsmilch (Euphorbia hierosolymitana), die Gelbe Asphodelia* (Asphodeline lutea), die Berglupine* (Lupinus varius), die seltene, nur noch auf dem Berg Gilboa, im östlichen Samarien und auf den westlichen Golanhöhen vorkommende Gilboa Iris* (Iris Haynei), die Nazaret-Iris (Iris Bismarckiana), vielerlei Alpenveilchen* (Cyclamen coum und C. persicum), die Wald-

Höhenlagen			
Betlehem	777 m	Karmel	546 m
Hebron	927 m	Masada	50 m
Herodeion	811 m	Nablus	570 m
Jericho	– 250 m	Nazaret	375 m
Jerusalem		Samaria	443 m
Grabeskirche	750 m	See Gennesaret	– 212 m
Herzl-Berg	889 m	Tabor	588 m
Ölberg	812 m	Totes Meer	– 394 m
Tempelplatz	744 m	Zefat (Safed)	850 m

meerzwiebel (Scilla cilicica). Im Frühling blühen die Heilige Orchidee* (Orchis sanctus), der Natternkopf (Echium judaicum), die Gezähnte Orchidee* (Orchis tridentate), die seltene Madonnenlilie* (Lilium candidum), der Stern von Betlehem (Ornithogalum eigii), die obergaliläischen Michauxia* (Michauxia campanuloides) und Päonie* (Paeonia mascula), die Salomolilie* (Hyacinthus orientalis), die Libanesische Schachbrettblume* (Fritillaria libanotica), die Lortet-Iris* (Iris lortetii), die winzigen, scharlachroten Adonisröschen* (Helichrysum sanguineum), auch ›Makkabäerblut‹ genannt, und schließlich die Rose von Sharon* (Tulipa sharonensis), eine Tulpenart, die nur in der Sharon-Ebene vorkommt. Nach der Schneeschmelze erscheinen an den Hängen des Hermon die Libanesische Wüstenkerze (Eremurus libanoticus), der Zehrwurz (Arum elongatum) und der Vogelfuß (Lotus corniculatus). Im Seengebiet des Huletals sind der Papyrus (Cyperus Papyrus), der Blaue Lotus* (Nymphaea caerulea) und die Blühende Binse* (Butomus ubellatus) anzutreffen. Die Flußtäler Nordisraels schmücken die großen, rosafarbenen Blüten der Oleanderbüsche (Nerium oleander). Fast überall treiben im Frühling und zeitigen Sommer an den Weg- und Straßenrändern die Disteln ihre großen, farbigen Blütenkronen, z. B. die Sterndistel (Centaurea eryngioides) und die Milchdistel (Silybum marianum). Vom Mai bis in den September hinein blüht der stachelige Kapernbusch (Capparis spinosa).

Kultiviert werden in dieser Zone u. a. die aus Kalifornien stammenden Zitrusfrüchte (Jaffa-Orangen, Grapefruits, Tangerinen, Zitronen), kleinfruchtige Bananen, ferner Kirschen, Aprikosen, Pfirsiche, Pflaumen, Feigen, Nüsse, Birnen, Äpfel und vor allem der Wein. Die stachelschaligen, süß-saftigen Sabras pflücken die Araber im Sommer von den Kaktushecken, die die Gärten als lebende Zäune umgeben. In dem Dünengürtel der Mittelmeerküste gedeihen die Platterbse (Lathyrus marmoratus), die Strandlilie* (Pancratium maritimum) und die Meerzwiebel (Urginea maritima).

Die *irano-tauranische Vegetationszone* mit jährlichen Niederschlagsmengen zwischen 150 und 300 mm umfaßt das untere Jordantal bis etwa 50 km südlich von Bet She'an, die Osthänge des Judäischen Berglandes und den nördlichen Teil des Negev um Be'er Sheva. Hier wachsen zahlreiche Wermutkräuter, die Marien-Iris* (Iris Mariae) und das Dornige Becherkraut (Poterium spinosum), das seit biblischen Zeiten als Brennmaterial gesammelt wird und von dem man annimmt, daß aus ihm die Dornenkrone Jesu geflochten wurde. Hier findet man auch die ›Dornen Christi‹ (Zizyphus spina Christi), ein Strauch mit langen, starkdornigen Zweigen (nicht zu verwechseln mit unserer in Madagaskar beheimateten Zimmerpflanze ›Christusdorn‹). Diese Zone dient hauptsächlich als Weideland, kann aber bei genügender Bewässerung auch mit Nutzpflanzen aller Art bebaut werden.

Die *saharo-sindinische Vegetationszone*, die das Gebiet um das Tote Meer, den südlichen Negev und die Aravasenke umfaßt, ist ein reines Wüstengebiet mit Jahresniederschlägen zwischen 20 und 50 mm. Der Boden besteht aus nacktem Fels, Sanddünen und Salzsümpfen, in den Wadis (Flußbetten) aus der Hamada, die im Frühjahr eine geringe Vegetation hervorbringt und dann als Weideland dient. Vereinzelt wachsen hier Akazien (Acacia tortilis, A. raddiana, A. spinocarpa, A. farnesiana) und auch Tamarisken (Tamarix mannifera, T. articulata). Im zeitigen Frühjahr öffnen zahlreiche kleine Pflanzen ihre leuchtenden Blütenkelche: die Wüstentulpe* (Tulipa amplyophilla), das Fasanenauge (Adonis dentata), das Löwenblatt (Leontice leontopetalum) und der Besenparasit (Cistanche tubulosa). Weit verbreitete Wüstensträucher sind der Weiße Ginster* (Retama raetam) und der Sodomsapfel (Calotropis procera) mit seinen großen, graugrünen Blättern, seltsamen Blüten und den faustgroßen Früchten, aus denen ganze Wolken von Flugsamen aufsteigen.

In den großen Oasen von Jericho, En Gedi am Toten Meer und Yotvata in der Aravasenke herrscht ein subtropisches bis tropisches Klima mit entsprechender üppiger Vegetation. Die Dattelpalme (Phoenix dactylifera) wird hier in riesigen Plantagen kultiviert.

Tierwelt: Ein Großteil der einst zahlreichen, in der Bibel erwähnten Tierarten ist inzwischen ausgestorben oder nur noch in Zoologischen Gärten bzw. Naturreservaten anzutreffen. An Großsäugern kommen in freier Wildbahn nur noch verschiedene Gazellen- und Antilopenarten vor. Dagegen leben hier zumindest zeitweise über 400 Vogelarten, vom Weißen Pelikan mit einer Flügelspannweite von rund 2 m bis zum 5 cm großen Palästinensischen Honigsauger. Der häufigste Vogel ist der Bulbul, der bunteste der Eisvogel. 500 Fischarten bevölkern die Meeresküsten und den See Gennesaret, dessen bekanntester Fisch der Petrusfisch ist. Vom Unterwasser-Observatorium Elat aus kann man die farbenprächtige und formenreiche Fauna des Roten Meeres bewundern: Feuer-, Igel-, Koffer- und Korallenfische. Von den rund 100 Schlangenarten des Landes sind sieben giftig, darunter die Palästinensische Viper des Negev.

Unter den Haustieren dominieren Rinder, Schafe, Ziegen und Hühner. Kamele (Dromedare) findet man nur noch im Negev und in der Aravasenke. Kostbar geschmückte Reittiere werden mit dem Lastwagen zu den touristischen Zentren gebracht, wo sie als Requisiten für Erinnerungsfotos dienen.

Bevölkerung

Zahl und Verteilung: Der Staat Israel (mit Ost-Jerusalem, ohne besetzte Gebiete) zählte am 1. 1. 1984 4 148 500 Einwohner, davon 712 500 Nichtjuden, die sich wiederum zu 77,0% aus Moslems, zu 13,5% aus Christen und zu 9,5% aus Drusen und anderen Gruppen zusammensetzen (vgl. S. 475). Die durchschnittliche Bevölkerungsdichte Israels beträgt 187,9 Einwohner/km^2 (zum Vergleich: Bundesrepublik Deutschland fast 250 Einwohner/km^2). Das Westjordanland (Judäa und Samaria) hat 767 300, der Gazastreifen 493 700 überwiegend arabische Einwohner. In dem im vorliegenden Band beschriebenen Gebiet leben derzeit also insgesamt ca. 5,4 Millionen Menschen. Im Heiligen Land existieren noch 45 Beduinenstämme, davon 23 im Negev, 18 in Galiläa und vier im Westjordanland; die Zahl ihrer Angehörigen beläuft sich auf 46 100.

Einwohnerzahlen der wichtigsten Städte (1984): *in Israel* Jerusalem (mit Altstadt) 428 700 (davon 306 300 Juden), Tel Aviv – Yafo 327 300 (317 800 Juden; als Großraum

1 555 400), Haifa 225 800 (208 500 Juden; als Großraum 387 500), Holon 133 500, Petah Tiqwa 123 900, Ramat Gan 117 100, Be'er Sheva 110 800, Netanya 102 300, Rishon Le-Ziyyon 102 200, Rehovot 67 900, Ashdod 65 700, Herzliyya 63 200, Ashqelon 52 900, Nazaret 44 800 (Nazerat Illit 23 600), Ramla 42 200 (36 000 Juden), Lod 40 400 (33 800 Juden), Akko 36 400 (28 600 Juden), Tiberias 28 200, Nahariyya 27 800, Elat 18 900, Zefat 15 900. In Städten lebten 1984 knapp 3,5 Millionen Menschen, also etwa 88% der Bevölkerung Israels.

... *im Westjordanland* (1982) Nablus 45 000, Hebron 28 000, Ramallah 25 000, Betlehem 20 000 (mit Vororten 36 000); *im Gazastreifen* (1982) Gaza 130 000.

Ethnisch-religiöse Gliederung: 82,8% der Bevölkerung Israels (ohne besetzte Gebiete), etwa 3 436 000 Menschen, sind Juden, die – unmittelbar oder in der zweiten bzw. dritten Generation – aus mehr als 100 Nationen mit 80 verschiedenen Sprachen und Dialekten stammen. 59,1% der jüdischen Bevölkerung wurden in Israel geboren, 8,5% kommen aus Asien, 9,7% aus Afrika, 22,7% aus Europa und Amerika. 17,2% der Bevölkerung sind Araber, von denen sich 548 600 zum Islam und 96 200 zum Christentum bekennen; 67 700 gehören der Sekte der Drusen und anderen Glaubensrichtungen an.

Ihrer Herkunft nach bilden die Juden Israels zwei Gruppen: die Aschkenasim und die Sephardim. Die höchste religiöse Instanz ist das Oberrabbinat mit einem aschkenasischen und einem sephardischen Oberrabbiner an der Spitze. Als *Sephardim* bezeichnete man ursprünglich Einwanderer aus Spanien und Portugal, meist hochgebildete Geschäftsleute und Handwerker, Ärzte, Theologen und Philosophen. Heute werden alle Einwanderer aus Nordafrika, dem Irak, Nordjemen, Iran usw. zu den Sephardim gezählt; es handelt sich dabei vor allem um einfache, tiefreligiöse und meist arme Juden mit geringer Bildung, denen eine Integration in die moderne israelische Gesellschaft unendlich schwer fällt.

Die *Aschkenasim* sind mittel- und osteuropäische Juden, die vor allem seit der Mitte des 19. Jhs. in das Land strömten, Sümpfe, Brachland und Wüste in Kulturland verwandelten, Fabriken gründeten und schließlich den westlich orientierten jüdischen Staat schufen. Noch heute bestimmen die Aschkenasim die Politik Israels, beherrschen die Wirtschaft und sehen etwas verächtlich auf ihre sephardischen Brüder herab. Mit Ausnahme der polnischen Chassidim, die im Jerusalemer Stadtteil Mea Shearim ein Außenseiterdasein führen, und ultraorthodoxen Gruppen, die in den besetzten Gebieten des Westjordanlandes und der Golanhöhen neue Siedlungen gründen, sind die Aschkenasim nicht übermäßig religiös, sehr tolerant, rational denkend und handelnd, allem Neuen gegenüber aufgeschlossen.

Sprache: Die Israeliten sprachen ursprünglich einen altaramäischen Dialekt. Bei der Landnahme eigneten sie sich die mit dem Phönikischen verwandte kanaanitische Mundart an, die sie zum Hebräischen weiterentwickelten. Vom 1. und 2. Jh. an verlor das Hebräische seine Bedeutung als Alltagssprache und diente schließlich nur noch als Sprache des Gottesdienstes und der Gelehrten. Ab 1881 formte der russische Jude Ben Yehuda das Hebräische zu einer modernen Umgangssprache, zum Iwrit (Neuhebräischen), das zum sprachlichen Bindeglied der

Hebräische Wörter in geographischen Bezeichnungen

En	Quelle	Kikar	Platz
Bayit (Beit)	Haus	Kirya(t)	Stadt, Stadtteil
Be'er	Brunnen	Ma'ale	Paßstraße
Bereikha(t)	Teich	Migdal	Turm
Bik'a(t)	Tal	Nahal	kleiner Fluß, Bach
Derekh	Weg, Straße	Nahar	Fluß
'Emeq	Tal	Rama(t)	Hochfläche, Höhe
Gan	Garten	Rehov	Straße
Gay	Schlucht	Sderot	Boulevard, Avenue
Giv'a(t)	Hügel, Berg	Sha'ar	Tor, Tür
Har	Berg, Gebirge	(Plural: She'arim)	
Hof	Küste	Tel	künstlicher Siedlungshügel
Horva(t)	Ruine	Ya'ar	Wald
'Ir	Stadt	Yam	Meer
Kefar	Dorf		

Arabische Wörter in geographischen Bezeichnungen

Abu	Vater	Khan	Karawanserei
Ain	Quelle	Khirbe(t)	Ruine
Bab	Tor, Tür	Mar	Heiliger
Bahr	Meer	Mughara	Höhle
Balad	Stadt, Dorf	Nahr	Fluß
Bet	Haus	Nebi, Nabi	Prophet
Bir	Brunnen	Qalaat	Festung
Birket	Teich	Qasr	Burg
Burj	Turm	Qubba	Kuppelbau
Dahr	Paßhöhe	Ras	Kap, Gipfel
Deir	Kloster	Sheik	Scheich
Djami	Moschee	Suq	Markt, Geschäftsstraße
Djebel	Berg	Tell	künstlicher Siedlungshügel
Kaber	Grab	Wadi	Trockental, Flußbett
Kafr	Dorf	Weli	islamischer Heiliger, Heiligengrab

Juden in aller Welt wurde. Es ist heute die offizielle Sprache Israels. Daneben sprechen viele ältere Juden Deutsch oder auch Jiddisch, ein aus Mittelhochdeutsch und Althebräisch zusammengesetztes Idiom der mittel- und osteuropäischen Juden. Englisch versteht fast jeder Israeli. Die orientalischen Juden sprechen vielfach noch Arabisch, das übrigens mit dem Hebräischen eng verwandt ist.

Staat und Wirtschaft

Regierungssystem: Israel ist eine parlamentarische Demokratie. Eine Verfassung gibt es wegen der starken religiösen und politischen Gegensätze bisher nicht, nur eine Anzahl von Grundgesetzen (Basic Laws) regelt die Arbeit von Gesetzgebung, Verwaltung und Rechtsprechung. Die oberste parlamentarische Institution ist die *Knesset* (›Versammlung‹). Ihre 120 Abgeordneten werden alle vier Jahre nach Parteilisten und den Grundsätzen des reinen Verhältniswahlrechts gewählt. Staatsoberhaupt ist der Staatspräsident, Regierungschef der Ministerpräsident. Die wichtigsten Parteien sind die sozialistische ›Mapai‹, die zum ›Likud‹-Block zusammengeschlossenen bürgerlichen ›Cherut‹ und ›Gachal‹, die ebenfalls bürgerliche ›Dasch‹ des bekannten Archäologen Yigael Yadin, die extrem nationalistisch-klerikale ›Tichia‹, die national-religiösen ›Misrachi‹ und ›Agudat Israel‹ sowie die kommunistisch-arabische ›Rakach‹.

Wirtschaft: Der einzigartige wirtschaftliche Aufschwung Israels wird von den hohen Einwanderungszahlen in den vergangenen Jahrzehnten und von dem eisernen Aufbau- und Selbstbehauptungswillen der Bewohner geprägt. Ohne einen reichlich fließenden Kapitalstrom aus dem Ausland wären die umfangreichen Investitionsprogramme jedoch nicht zu realisieren gewesen, zumal die Militärausgaben eine gewaltige Belastung darstellen. Obwohl etwa zwei Drittel des Kapitalimports aus Zuwendungen (vor allem der USA) bestehen, hat die Auslandsverschuldung inzwischen eine Größenordnung erreicht, die die israelische Währung erheblich gefährdet (die Inflationsrate lag 1982 bei 131,5 %) und das Land in eine tiefe Rezession gestürzt hat.

Mit natürlichen Reichtümern ist Israel nicht gesegnet. Zwei Drittel des Landes bestehen aus Wüste und Bergen, Bodenschätze sind außer Magnesium, Brom und Phosphaten kaum vorhanden, Kohle und Erdöl fehlen. Der Wassermangel in vielen Teilen des Landes erfordert kostspielige Versorgungssysteme. Dennoch wird die Landwirtschaft intensiv betrieben; sie gilt als eine der modernsten der Welt. Zitrusfrüchte, frisches Obst sowie Schnittblumen sind wichtige Exportartikel. Die Industrie verarbeitet fast ausschließlich importierte Rohstoffe oder Halbfabrikate. Nur ein Fünftel der Produktion geht in den Export. Seit einigen Jahren gewinnt allerdings die Herstellung hochwertiger exportorientierter Produkte (elektronische Bauteile, medizinische Geräte, Kunststoffartikel) an Bedeutung. Rund 50 % des Exports geht in die Länder der EG, die Israel seit 1977 Zollfreiheit garantiert.

Eine besondere wirtschafts- und sozialpolitische Bedeutung ist der *Histadrut*, der israelischen Gewerkschaftsbewegung, beizumessen. Seit ihrer Gründung im Jahre 1920 hat sie sich zu einem wichtigen Machtfaktor entwickelt, dessen Aufgaben weit über die Vertretung der Arbeitnehmerinteressen hinausgeht. So gründete sie eigene Wirtschaftsunternehmen, hat erheblichen Einfluß auf den Arbeitsmarkt, entwickelte ein Krankenversicherungssystem, kontrolliert das gesamte Gesundheitswesen und schuf zahlreiche allgemeinbildende und fachlich orientierte Lehrstätten. Die Histadrut zählt heute über 1 Million Mitglieder und vertritt damit die Interessen von über 90 % der erwerbstätigen Bevölkerung. Mit-

473

glieder sind nicht nur Arbeiter, Angestellte und Beamte, sondern auch selbständige Ärzte, Anwälte und Künstler. Die Industrie- und Handelsunternehmen der Histadrut erwirtschaften fast 25 % des israelischen Bruttosozialprodukts und beschäftigen mehr Arbeitnehmer als jeder andere Arbeitgeber des Landes.

Ländliche Siedlungsformen: Neben dem traditionellen Dorf haben die jüdischen Einwanderer zwei besondere Siedlungsformen entwickelt: den Kibbuz und den Moshav.

Der *Kibbuz:* Als sich zu Beginn dieses Jahrhunderts die ersten jüdischen Einwanderer inmitten einer feindlich gesinnten arabischen Bevölkerung niederließen, um mit finanzieller Unterstützung des Jüdischen Nationalfonds Landwirtschaft zu betreiben, konnte das nur in Form von Gemeinschaftssiedlungen geschehen. Diese Kommunen sollten Großfamilien gleichen, deren Mitglieder kein Privateigentum besitzen, deren Entscheidungen ein gewählter Rat trifft und bei denen Ämter jeweils kurzfristig (meist nur für ein Jahr) übertragen werden. Jeder Kibbuznik hilft beim Aufbau der Siedlung nach seinen Fähigkeiten. Er benötigt kein Geld, weil ihm alles lebensnotwendige unentgeltlich zur Verfügung gestellt wird. Den ersten Kibbuz gründeten zwölf Siedler im Jahre 1909 am Südende des Sees Gennesaret: Deganya Alef. Heute gibt es in Israel 259 Kibbuzim mit 113 700 Angehörigen. Viele dieser Siedlungen unterhalten Industrieanlagen, Gästehäuser, Campingplätze usw. und sind zu großem Wohlstand gelangt. Während die ersten Kibbuzniks noch mit dem Gewehr auf dem Rücken die Äcker bestellten und in Zelten kampierten, leben die Familien heute in schmucken Einfamilienhäusern, verfügen über moderne Schulen, Bibliotheken, Badeanstalten und verleben ihren Urlaub in den Gästehäusern anderer Kibbuzim. Ihre Söhne und Töchter besuchen die Universitäten und bleiben dann oft in den großen Städten. Für die einfacheren Arbeiten werden zunehmend Araber beschäftigt, wenn nicht junge Leute, von der Kibbuz-Idee fasziniert, aus Europa und Amerika kommen, um die Lücken zu füllen.

An das ursprüngliche Konzept des Kibbuz erinnern noch die seit 1967 in den besetzten arabischen Gebieten angelegten Neusiedlungen. Im Westjordanland vor allem und auf den Golanhöhen legen sich ganze Ringe von modernen Kibbuzim um die arabischen Städte, um im Sinne der israelischen Siedlungspolitik die biblische Landnahme zu vollziehen (1983 lebten hier ca. 20 000 Juden, bis 1985 sollen es 100 000 sein). Sie liegen durchweg auf Anhöhen und gleichen stacheldrahtbewehrten, von Beobachtungstürmen gesicherten Festungen. Da sie meist auf Brachland entstehen, sind für Wasserzuführung und Straßenbau hohe Investitionen erforderlich, die eine Rentabilität auf Jahrzehnte hinaus nicht erkennen lassen. Die israelische Siedlungspolitik ist sowohl im Lande selbst als auch international sehr umstritten.

Der *Moshav* basiert im Gegensatz zum Kibbuz auf Privateigentum; die Moshavim sind keine Gemeinschafts-, sondern Familiensiedlungen. Jede Familie besitzt eigenes Land, ein eigenes Haus, eigenes Vieh und eigenes Gerät, nur Einkauf und Verkauf sowie meist auch das Kreditgeschäft werden genossenschaftlich abgewickelt. Außerdem sind die Siedler im Falle der Not zu gegenseitiger Hilfe verpflichtet. Zahlenmäßig haben die seit 1921 gegründeten 447 Moshavim mit ihren 153 000 Angehörigen die Kibbuzim inzwischen weit überflügelt.

Religionen, Konfessionen und Riten im Heiligen Land

Die Unabhängigkeitserklärung des Staates Israel gewährleistet die freie Ausübung aller Religionen. Von den rund 4,15 Millionen Einwohnern Israels entfallen auf:

Juden	3 436 000
Moslems	548 600
Christen	96 200
Drusen und andere	67 700

Dazu kommen in den besetzten Gebieten des Westjordanlandes rund 730 000 und im Gazastreifen rund 490 000 Moslems.

Die jüdische Religion

Die Religion der Juden geht auf Abraham, den Stammvater des Volkes, zurück. Von Jahwe, dem einen Gott, wurde das jüdische Volk auserwählt, Träger und Künder seiner Offenbarungen zu sein und dem Messias, dem Erlöser, den Weg zu bereiten. Den Namen ›Juden‹ führten ursprünglich nur die Angehörigen des Stammes Juda; erst nach der Babylonischen Gefangenschaft ging er auf alle Mitglieder dieser Religionsgemeinschaft über.

Das Fundament des jüdischen Glaubens bildet der *Talmud,* eine Sammlung religiöser Lehren, Vorschriften und Überlieferungen (s. u.), die sich auf die *Thora,* die fünf Bücher Mose (Pentateuch) gründen. Die Schriftrolle der Thora ist auf zwei Stäbe gewickelt und von dem aufklappbaren Thorabehälter (Tiq) umgeben, der meist aus Holz besteht, belegt mit kostbarem Tuch und/oder kunstvoll gehämmertem Metall (Gold, Silber, Bronze u. ä.) und oben abgeschlossen von der Thorakrone. Fialen (Rimonim) dienen als Griffe zum Öffnen des Behälters. Die Thora wird in einem reich geschmückten Thoraschrein (Aron Ha-Kodesh) aufbewahrt, der immer an der Jerusalem zugewandten Seite der Synagoge steht.

In den beiden ersten nachchristlichen Jahrhunderten wurde die Thora durch die *Mischna* ergänzt, die zahlreiche religiöse Vorschriften, Legenden und praktische Erläuterungen enthält. In den folgenden Jahrhunderten kam die *Gemara* hinzu, eine Sammlung von Lebensweisheiten und Interpretationen der Mischna. Mischna und Gemara ergeben zusammen den *Talmud,* der in den Yeshivot (Talmudlehrstätten) diskutiert und weiterentwickelt wird (in Israel gibt es rund 7000 Synagogen und 422 Yeshivot). Eine stark mystisch geprägte Sonderentwicklung in der jüdischen Religion stellt die *Kabbala* (vgl. S. 326) dar.

Die **jüdische Zeitrechnung** beginnt mit der Erschaffung der Welt, die man auf das Jahr 3761 festlegte. Im Herbst 1984 beginnt also das Jahr 5745. Der Kalender richtet sich nach Mondjahren zu je 354 Tagen; um ihn an das längere Sonnenjahr anzugleichen, werden jeweils innerhalb von 19 Jahren sieben zusätzliche Monate zu je 30 Tagen eingeschaltet.

Jüdische Monatsnamen		
Tishrei	September/Oktober	30 Tage
Heshvan	Oktober/November	29 Tage
Kislev	November/Dezember	30 Tage
Tevet	Dezember/Januar	29 Tage
Shevat	Januar/Februar	30 Tage
Adar	Februar/März	29 Tage
Nissan	März/April	30 Tage
Iyar	April/Mai	29 Tage
Sivan	Mai/Juni	30 Tage
Tamuz	Juni/Juli	29 Tage
Av	Juli/August	30 Tage
Elul	August/September	29 Tage
Adar B	Schaltmonat	30 Tage

Der wöchentliche Feiertag ist der *Sabbat;* er beginnt am Freitag bei Sonnenuntergang und endet am Samstag ebenfalls bei Sonnenuntergang. Am Sabbat bleiben die jüdischen Geschäfte und Restaurants sowie die meisten Theater, Kinos und Museen geschlossen, in den Hotels werden nur kalte Speisen gereicht, in vielen Städten ruht der Verkehr.

Jüdische Feste (Tabelle der beweglichen Feste vgl. S. 480): Am 1. und 2. Tishrei wird an zwei Tagen *Rosh HaShanah,* das Neujahrsfest, begangen, am 10. Tishrei *Yom Kippur,* der Versöhnungstag. *Sukkot,* das Laubhüttenfest, ist eines der drei Erntefeste. Es findet vom 15. bis 21. Tishrei statt, dauert also sieben Tage, wobei am ersten und siebenten Tag Geschäfts- und Verkehrsruhe herrschen. *Simchat Thora,* das Fest der Gesetzesfreude, fällt auf den 23. Tishrei.

Chanukka, das Lichterfest, erinnert an die Wiedereinweihung des geschändeten Tempels durch Judas Makkabäus; es wird vom 25. Kislev bis zum 2. Tevet, also an acht Tagen, mit festlicher Beleuchtung der öffentlichen Gebäude gefeiert. An jedem Tag wird an dem achtarmigen Chanukka-Leuchter eine neue Kerze entzündet. Die Geschäfte sind geöffnet, die Kinder haben schulfrei. *Purim,* das Losfest, gedenkt der Errettung der Juden im persischen Weltreich durch Ester. Es ist ein karnevalähnliches Kostüm- und Freudenfest am 14. Adar.

Pessah (Passah), das zweite Erntefest und zugleich größte Fest der Juden, erinnert an den Auszug der Israeliten aus Ägypten. Es dauert sieben Tage (ab 14./15. Nisan), wobei am ersten und am letzten Tag Geschäfts- und Verkehrsruhe herrschen. Zu Pessah darf kein Sauerteigbrot gegessen werden, dafür reicht man seit Jahrtausenden die knusprigen Matzen (Mazzot). *Yom HaAzma'ut,* der Unabhängigkeitstag, ist ein nationaler Feiertag, der an die Proklamation des Staates Israel durch David Ben Gurion (14. Mai 1948) erinnert. Die Geschäfte sind geschlossen, der öffentliche Verkehr wird aber voll aufrechterhalten.

Shavu'ot, das Wochenfest, ist das dritte Erntefest, das man auch Hag HaBikurim (›Fest der ersten Früchte‹) nennt. Es findet am 6. Sivan statt und erinnert an die Gesetzgebung auf dem Berg Horev. Die Geschäfte sind geschlossen, der Verkehr ruht. Zu *Tish'a BeAv* am 9. Av versammeln sich fromme Juden vor der Klagemauer und gedenken der Zerstörung des Tempels im Jahre 70 n. Chr.

Die **Samariter** (Samaritaner) stammen von den wenigen Juden ab, die nach der Eroberung Samarias, der Hauptstadt des Staates Nordisrael, im Jahre 722 v. Chr. am Leben geblieben waren, sich mit den Kolonisten aus dem Zweistromland vermischten und von den aus dem Exil heimkehrenden Juden nicht mehr als Teil des Bundesvolkes anerkannt wurden. Sie beziehen sich ausschließlich auf den Pentateuch, die fünf Bücher Mose; ihre Hauptfeste begehen sie auf dem Garizim bei Nablus. Die Samariter haben heute nur noch etwa 600 Mitglieder, die in Nablus und in Holon bei Tel Aviv leben.

Bei den **Karäern** (Karaim) handelt es sich um eine jüdische Sekte, die Anan ben David im 8. Jh. in Persien gründete. Von den insgesamt etwa 12000 Mitgliedern leben rund 7000 in Israel, die meisten in der Gegend von Ramla. Grundlage ihrer Religion sind allein die fünf Bücher Mose, den Talmud erkennen sie nicht an.

Der Islam

Die zweitgrößte Bevölkerungsgruppe des Heiligen Landes gehört dem Islam an, den Mohammed (arabisch für ›der Gepriesene‹; um 570–632) um das Jahr 610 stiftete. Der Islam ging aus Judentum und Christentum hervor und sieht sich als Vollender dieser beiden Religionen. Die Gläubigen *(Moslems)* zählen die Erzväter und auch Jesu (Isa) zu den Propheten, als deren letzter und vollkommenster Mohammed gilt. Die Moslems glauben an Allah, den einen Gott, der das Schicksal des Menschen bestimmt; gute und schlechte Taten werden nach dem Jüngsten Gericht im Paradies oder in der Hölle vergolten.

Die Glaubens- und Rechtsquelle des Islam bildet der *Koran* (Quran), die göttliche Offenbarung, die Mohammed seinen Schreibern diktierte; ergänzt wird dieses Heilige Buch durch die *Sunna*, eine umfangreiche Sammlung von Aussprüchen des Propheten und von Berichten über sein Leben, die erst seine Nachfolger zusammenstellten (nach ihr wird die Mehrheit der Moslems als *Sunniten* bezeichnet). Die fünf Grundpflichten des Moslems sind das Bekenntnis zum einen Gott und zur Prophetenschaft Mohammeds (Schahada, Glaubenszeugnis), das Verrichten der täglichen Gebete (Salah), das Entrichten von Almosen und Abgaben (Zakat), das Fasten im Monat Ramadan (Sa'um) und die Wallfahrt nach Mekka (Hadsch). Darüber hinaus gibt es zahlreiche detaillierte Verhaltensregeln, die u. a. den Genuß von Alkohol und Schweinefleisch, das Glücksspiel und den Wucher verbieten.

Fünfmal täglich ruft der Muezzin vom Minarett der Moschee die Gläubigen zum Gebet: bei Sonnenaufgang, am Mittag, am Nachmittag, bei Sonnenuntergang und eine Stunde danach. Der Ruf des Muezzin ist ein unvergeßliches Erlebnis: »Allah ist der Größte! Ich bezeuge, daß es keinen Gott außer Allah gibt, und ich bezeuge, daß Mohammed Gottes Gesandter ist. Kommt zum Gebet! Kommt zum Heil! Allah ist der Größte! Ich bezeuge, daß es keinen Gott außer Allah gibt.« Das Gebet verrichtet der Moslem in Richtung Mekka; entsprechend sind auch die Moscheen ausgerichtet (Qibla-Wand mit dem Mihrab, der Gebetsnische). Vor dem Gebet reinigt der Gläubige Hände, Gesicht und Füße; deshalb gehört zu jeder Moschee ein Reinigungsbrunnen. Man zieht die Schuhe aus, um ein Verschmutzen des Gotteshauses zu vermeiden (am Freitag, dem islamischen Wochenfeiertag, dürfen Nichtmoslems die Moscheen und islamischen Heiligtümer meist nicht besuchen).

Im Fastenmonat *Ramadan* bleiben die moslemischen Restaurants tagsüber geschlossen, denn von der Morgendämmerung bis zum Sonnenuntergang sind Essen, Trinken und Rauchen verboten.

Der Felsendom in Jerusalem ist das bedeutendste Heiligtum des Islam nach der Kaaba in Mekka und el-Haram mit Mohammeds Grab in Medina. In Israel wird noch in 80 Moscheen Gottesdienst abgehalten.

Die **islamische Zeitrechnung** beginnt mit der Auswanderung (Hidschra) Mohammeds von Mekka nach Medina am 16. Juli 622. Grundlage des Kalenders ist das kurze Mondjahr, das im Durchschnitt 354 Tage zählt, also 11 Tage weniger als das Sonnenjahr. Da ein Ausgleich durch Schaltjahre fehlt, schreitet die Zählung der Jahre schneller fort als bei der jüdischen und christlichen Zeitrechnung; die Termine der Feiertage und auch des Fastenmonats Ramadan rücken somit jährlich um etwa 11 Tage vor (vgl. S. 480). Am 27. September 1984 begann das islamische Jahr 1405.

Von der Mehrheit der Moslems, den Sunniten (s. o.), spalteten sich bereits wenige Jahrzehnte nach Mohammeds Tod die **Schiiten** (von Schia = ›Partei‹) ab. Sie bestreiten die Rechtmäßigkeit der Kalifen (›Stellvertreter‹ = Nachfolger des Propheten), lehnen die Sunna ab, verehren ihre Führer (Imame) wie Heilige und haben eine – dem eher nüchternen Islam ursprünglich fremde – ausgeprägte Mystik entwickelt.

Die **Drusen** gingen zu Anfang des 11. Jhs. aus dem schiitischen Islam hervor. Ismail ed-Darasi erklärte den Fatimidenkalifen el-Hakim zur Inkarnation Gottes und mußte vor den empörten Moslems von Ägypten

nach Syrien fliehen, wo er die nach ihm benannte Sekte gründete. Die drusische Glaubenslehre, der nur ein gebürtiger Druse anhängen kann, wird von den Eingeweihten (Ukkal) geheimgehalten; sie enthält besonders viele mystische Züge. Heute leben die Drusen vor allem im Südlibanon, in Südsyrien, in Galiläa, auf dem Karmel und den Golanhöhen.

Das Christentum

In Israel sind 30 christliche Konfessionen vertreten, denen rund 300 Kirchen gehören. Die stärkste Gruppe bilden die **Römisch-Katholischen,** die im Orient meist ›Lateiner‹ genannt werden, weil sie sich bei der Feier der heiligen Messe und bei der Sakramentenspendung des römischen Ritus und vorwiegend der lateinischen Sprache bedienen. Der lateinische Patriarch hat seinen Sitz in Jerusalem; ihm unterstehen die Gebiete Palästina und Zypern mit rund 50 000 Gläubigen. Seit 1217 wirkt der Franziskanerorden im Heiligen Land. 1342 beauftragte Papst Klemens VI. ihn mit der Wahrnehmung der lateinischen Interessen an den heiligen Stätten, was mit der Gründung der Kustodie des Heiligen Landes verbunden war. Die Franziskaner bauten Kirchen, Pilgerherbergen, die ersten Schulen des Landes, führten und führen Ausgrabungen durch und bemühen sich, die heiligen Stätten für die katholische Christenheit zu gewinnen und zu bewahren. Im 19. und 20. Jh. traten weitere Orden an ihre Seite: die Dominikaner, die Benediktiner, die Jesuiten, die Basilianer usw.

Neben den Lateinern haben sich zahlreiche Ostkirchen, die sich einst von der römischen Mutterkirche gelöst hatten, wieder mit Rom vereinigt. Sie behielten ihre herkömmlichen Riten und Kultsprachen bei und besitzen auch eigene Hierarchien mit Bischöfen und Patriarchen. Zu diesen **unierten Kirchengemeinschaften** gehören: ...die *Melchiten*. Sie haben die byzantinische Liturgie in arabisch-griechischer Sprache. Ihr Oberhaupt ist der melchitische ›Patriarch von Antiochien, Alexandrien und Jerusalem‹, der abwechselnd in Damaskus und Kairo residiert und in Jerusalem durch einen Patriarchalvikar vertreten wird; ...die *Maroniten*, die völlig mit Rom uniert sind. Ihr Patriarch residiert in Beirut. Die maronitische Liturgie wird in syrisch-arabischer Kultsprache gefeiert; ...die *katholischen Armenier*. Sie zelebrieren ihre Liturgie, die stark der byzantinischen ähnelt, in armenischer Sprache. Ihr Patriarch hat seinen Sitz in Beirut; ...die *katholischen Syrer*, die aus den Jakobiten hervorgingen und ihre sehr alte Liturgie in altsyrischer Sprache feiern; ...ferner die *katholischen Griechen*, die *katholischen Kopten* und die *Chaldäer*.

Zu den **von Rom getrennten Kirchen** zählen: ...die *Griechisch-Orthodoxen*, zu denen auch die Arabisch- und Russisch-Orthodoxen gehören. Sie folgen dem byzantinischen Ritus und unterstehen dem griechisch-orthodoxen Patriarchen von Jerusalem; ...die *Armenier*, orientalische Christen armenischer Volkszugehörigkeit; ...die *Kopten*, ägyptische Christen. Ihr Patriarch hat seinen Sitz in Alexandrien; in Jerusalem wird er durch einen Bischof vertreten; ...die *Äthiopier*, auch Abessinier genannt. Sie gehören zur monophysitischen Kirche Äthiopiens; ...die *syrischen Jakobiten*, die das Markuskloster in der Jerusalemer Altstadt als Bischofssitz haben; ...die *Evangelische Kirche Deutschlands*, die im Heiligen Land durch einen Probst vertreten wird; ...die *Anglikanische Kirche*, die durch einen Erzbischof mit Sitz in der Georgskathedrale repräsentiert wird.

Bahai

Die Bahai-Religion unterhält seit 1868, als ihr Künder Baha Ullah (›Glanz Gottes‹) nach Akko verbannt wurde, ihr Weltzentrum im Heiligen Land, in Bahji, 3 km nördlich von Akko. Die Religion baut auf den Lehren der Bibel und des Koran auf, bekennt sich zur Einheit Gottes und seiner Propheten und »verkündet die Notwendigkeit der Vereinigung der Menschheit und daß es niemandem außer dem verwandelnden Geist Gottes gelingen wird, sie herbeizuführen. Sie verurteilt alle Arten des Vorurteils und Aberglaubens und erklärt, daß die Absicht der Religion die Förderung der Freundschaft und Eintracht ist.«

Tabelle der beweglichen Feste

	1985	1986	1987	1988	1989
Jüdische Feste					
Rosh HaShanah (Neujahrsfest)	16. 9.	4. 10.	24. 9.	12. 9.	30. 9.
Yom Kippur (Versöhnungsfest)	25. 9.	13. 10.	3. 10.	21. 9.	9. 10.
Sukkot (Laubhüttenfest, 1. Tag)	30. 9.	18. 10.	8. 10.	26. 9.	14. 10.
Simchat Thora (Fest der Thorafreude)	8. 10.	26. 10.	16. 10.	4. 10.	22. 10.
Chanukka (Lichterfest; 1. Tag)	8. 12.	27. 12.	16. 12.	4. 12.	23. 12.
Purim (Losfest)	7. 3.	25. 3.	15. 3.	3. 3.	21. 3.
Pessah (Passah, Osterfest; 1. Tag)	6. 4.	24. 4.	14. 4.	2. 4.	20. 4.
Shawuot (Wochenfest; 1. Tag)	26. 5.	13. 6.	3. 6.	22. 5.	9. 6.
Christliche Feste					
Palmsonntag	31. 3.	23. 3.	12. 4.	27. 3.	19. 3.
Ostersonntag	7. 4.	30. 3.	19. 4.	3. 4.	26. 3.
Christi-Himmelfahrt	16. 5.	8. 5.	28. 5.	12. 5.	4. 5.
Pfingstsonntag	26. 5.	18. 5.	7. 6.	22. 5.	14. 5.
Fronleichnam	6. 6.	29. 5.	18. 6.	2. 6.	25. 5.
Islamische Feste					
Geburtstag des Propheten	26. 11.	15. 11.	5. 11.	24. 10.	14. 10.
Ramadan (Fastenmonat; 1. Tag)	21. 5.	11. 5.	30. 4.	19. 4.	8. 4.
Id al-adhà (Fest der Opfer oder der Pilgerfahrt)	28. 8.	17. 8.	6. 8.	26. 7.	15. 7.

Weitere christliche Feste im Heiligen Land:

7. 5.	Kreuzauffindung	Pontifikalamt in der Grabeskirche (Grotte der Kreuzauffindung)
31. 5.	Mariä Heimsuchung	Hochamt in der Kirche Mariä Heimsuchung in En Kerem
29. 6.	Peter und Paul	Pontifikalamt in St. Peter in Yafo (Jaffa)
15. 8.	Mariä Himmelfahrt	Hochamt in der Getsemani-Kirche (Kirche der Nationen) in Jerusalem
8. 9.	Mariä Geburt	Hochamt in der St.-Anna-Kirche in Jerusalem
14. 9.	Kreuzerhöhung	Hochamt in der Grabeskirche (Grotte der Kreuzauffindung)

Reisen im Heiligen Land

Anreise

Pauschalreisen nach Israel bieten über 150 Veranstalter in der Bundesrepublik Deutschland, in Österreich und der Schweiz an. Das Angebot reicht von den üblichen ein- oder zweiwöchigen Rundreisen über Pilger- und Studienreisen bis zu Jugend-, Senioren-, Wander-, Bade- und Sportreisen. Sogar Kombinationen von Hotel- und Restaurantbuchungen mit Miet-Pkw bei festgelegten Tagesetappen sind möglich. Auskünfte erteilen die Staatlichen Israelischen Verkehrsbüros in 6000 Frankfurt (Westendstr. 4, Tel. 0611/720157) und CH-8001 Zürich (Lintheschergasse 12, Tel. 01/2112344) sowie sämtliche Reisebüros.

Individualreisen sind mit dem Flugzeug, dem Schiff und dem Wagen möglich. Sehr beliebt ist die Flug-Mietwagen-Kombination, bei der man schon auf dem Ben Gurion Airport ein Fahrzeug der weltweit bekannten Unternehmen (Avis, Hertz u. a.) vollgetankt vorfindet. Mit dem eigenen Pkw kommt man nur per Schiff nach Israel; die Landverbindung über die Türkei und Syrien ist z. Zt. unterbrochen. Flug-Mietwagen-Kombinationen finden sich auch im Angebot der großen Touristikunternehmen.

...mit dem Flugzeug: Die Lufthansa, die Israel Airlines (EL AL), die Austrian Airlines (AUA), die Swissair und etwa 15 weitere Fluggesellschaften fliegen fast täglich von Mitteleuropa aus den Ben Gurion Airport bei Lod (18 km von Tel Aviv) an. Der Flug ab Frankfurt dauert ungefähr 3½ Stunden.

...mit dem Schiff: Schiffsverbindungen bestehen von mehreren Mittelmeerhäfen aus, u. a. von Venedig, Brindisi und Piräus. Alle Fährschiffe nehmen auch Kraftfahrzeuge jeder Art mit. Für die Strecke von Piräus (Griechenland) über Heraklion (Kreta) und Limassol (Zypern) nach Haifa (Israel) muß man 2½ Tage rechnen.

Einreisebestimmungen

Reisende benötigen einen *Paß,* der noch mindestens 9 Monate gültig ist, und ein *Visum,* das an der Grenze kostenlos erteilt wird. Deutsche Staatsangehörige, die vor 1928 geboren sind, müssen das Visum vor Reiseantritt unter Beifügung einer Entnazifizierungserklärung bei der Israelischen Botschaft in Bonn (Simrockallee 2) beantragen (Antragsformulare sind bei den Reisebüros erhältlich). *Impfungen* benötigen Sie nicht.

Die nationalen *Kraftfahrzeugpapiere* (Kraftfahrzeugschein und Führerschein) werden anerkannt, auch genügt die Internationale Grüne Versicherungskarte, wenn sie für Israel gültig geschrieben ist. Für Kraftfahrzeuge und Anhänger stellt die Zollbehörde bei der Ankunft eine Einfuhrgenehmigung für ein Jahr aus.

Pkw-Reisen von Israel in den Libanon, nach Syrien und Jordanien sind zur Zeit nicht möglich, dagegen können Autotouristen mit einem ›Carnet de Passage‹ über Ägypten ein- und ausreisen. Für Kurzreisen in den

Südsinai (nur mit Pkws, die in Mitteleuropa zugelassen sind, keine Dieselfahrzeuge, Gespanne, Kleinbusse, Wohnmobile, Motorräder) gelten Ausnahmeregelungen (nähere Auskünfte erteilen die Automobilclubs).

Verkehr

Die beste und billigste Reisemöglichkeit für Besucher ohne eigenen Wagen bieten die Egged-Überlandbusse bzw. in den besetzten Gebieten die einfacheren arabischen Busse. Eisenbahnlinien verbinden Tel Aviv mit Haifa bzw. Nahariyya, mit Jerusalem und mit Be'er Sheva bzw. Dimona. Die Arkia-Fluggesellschaft führt Linienflüge zwischen Tel Aviv, Jerusalem, Haifa, Be'er Sheva, Elat und anderen Flughäfen durch und bietet auch Sonderflüge von Jerusalem und Elat zum Katharinenkloster auf dem Sinai an. In den Städten verkehren Autobusse, Taxis und Sammeltaxis (Sherut), die bis zu sieben Fahrgäste aufnehmen und meistens bestimmte Strecken zu festen Preisen befahren. Am Sabbat und an jüdischen Feiertagen muß mit Einschränkungen gerechnet werden.

Das israelische Straßennetz ist sehr dicht und in gutem Zustand, Tankstellen sind ausreichend vorhanden. Zwischen Haifa, Tel Aviv und Jerusalem gibt es eine Autobahn, auf der man bis 120 km/h fahren darf. Auf anderen Straßen beträgt die Höchstgeschwindigkeit außerhalb der Ortschaften 80 km/h (Motorräder 70 km/h). Bei Pannen helfen die Straßenwachtwagen des Autoclubs MEMSI.

In der Nähe der Grenzen und in den besetzten Gebieten finden häufig Ausweis- und Gepäckkontrollen statt. Beachten Sie alle Weisungen, geben Sie jede gewünschte Auskunft und seien Sie niemals ungehalten!

Unterkunft

In Israel stehen dem Touristen über 300 Hotels bzw. Kibbuz-Gästehäuser zur Verfügung (die Israel Hotel Association gibt jährlich ein Hotelverzeichnis heraus), ferner sind mehr als 30 Jugendherbergen (Youth Hostels) über das Land verstreut. Hospize der verschiedenen christlichen Konfessionen bieten Pilgern eine angenehme und preiswerte Unterkunft. An den schönsten Plätzen Israels unterhalten mehr als 16 Ki-

---

Wichtige Entfernungen in km

Tel Aviv – Jerusalem	80	Jerusalem – Be'er Sheva	82
Tel Aviv – Haifa	92	Jerusalem – Hebron	35
Tel Aviv – Ashqelon	58	Jerusalem – Jericho	32
Tel Aviv – Be'er Sheva	109	Jerusalem – Nablus	62
Tel Aviv – Elat	402	Jerusalem – Elat	355
Tel Aviv – Nablus	64	Nazaret – Tiberias	34
Haifa – Akko	22	Nazaret – Nablus	72
Haifa – Nazaret	38	Tiberias – Bet She'an	36
Haifa – Tiberias	72	Tiberias – Zefat	36
Ashqelon – Be'er Sheva	66	Tiberias – Banyas	70

buzzim bzw. Moshavim ganzjährig geöffnete Campingplätze (mit Bungalows), von denen aus die interessantesten Stätten bequem zu erreichen sind. Bungalows sollten vorbestellt werden. Unterkunftsverzeichnisse versendet das Staatliche Israelische Verkehrsbüro.

Gastronomie

Die unterschiedliche Herkunft der Bewohner hat auch die israelische Küche geprägt, die raffiniert zubereitet und meist koscher ist. Das jiddische Wort ›koscher‹ bedeutet ›rein‹ entsprechend den religiösen Vorschriften. Als koscher gelten Gemüse, Obst, Nüsse und Getreide, Kaffee und Tee; Schweinefleisch ist es nicht, weil Schweine keine Wiederkäuer sind. Fische sind nur koscher, wenn sie Flossen und Schuppen haben; strenggläubige Juden essen daher keinen Aal. Auch Austern, Krabben, Hummer und Muscheln sind tabu. Fleisch darf nicht mit Milch in Berührung kommen, weder bei der Zubereitung noch auf dem Teller. So wird eine Bratensauce niemals mit Sahne verfeinert, und auch eine Käseplatte nach würzigen Lammkoteletts wäre undenkbar. Nach einem Fleischgericht ist nicht einmal Kaffee mit Sahne zulässig! Wer Fleisch oder Wurst gegessen hat, muß fünf Stunden warten, bis er Milch oder ein Milchprodukt zu sich nehmen darf, im umgekehrten Falle kann man sich dagegen schon nach einer halben Stunde an ein Fleischgericht wagen.

Nicht alle jüdischen Restaurants führen koschere Gerichte. Manche legen ›liberalere‹ Speisekarten aus und kennzeichnen die koscheren Speisen mit einem ›K‹. Doch kein strenggläubiger Jude würde hier dinieren, muß er doch befürchten, daß ein Teller, auf dem ein Steak serviert wurde, zusammen mit einem Milchglas in derselben Spülmaschine abgewaschen wurde. Konserven mit koscheren Fertiggerichten tragen den Prüfvermerk des zuständigen Rabbinats. So ungewohnt die Kochvorschriften für jeden Nichtjuden auch sind, die Gerichte schmekken vorzüglich, sei es ›Gefillte Fish‹, ›Falsche Leber‹ aus Eiern, Auberginen und Zwiebeln, Hering in Avocados, Schafskäse in schwäbischen Maultaschen oder Hähnchen in Orangensaft und Honig.

Vortrefflich ist auch die arabische Küche, die ebenfalls kein Schweinefleisch kennt. Da gibt es in unzähligen Kleinküchen die köstlichen ›Falafel‹, runde Brotfladen (Pittah), gefüllt mit kleinen, in Öl gebackenen Bällchen aus Kichererbsenbrei und pikantem Gemüse in einer scharfen Sauce. Als deliziöse Vorspeise gilt der ›Humus‹, ein Brei aus zerdrückten Erbsen, gebunden mit Olivenöl und gewürzt mit Paprika. ›Tehina‹ ist zerquetschter Sesam mit Petersilie. Hammelfleischstückchen, mit Tomaten und Paprikaschoten auf Spieße gesteckt und über Holzkohlenglut gegrillt, heißen ›Shishlik‹, würzige Hackfleischklößchen ›Kebab‹. Dazu gibt es sauren Kürbis, eingelegte weiße Rübchen, Rote Bete, Oliven und natürlich die wundervollen Pittah.

Getränke: Je heißer es ist, desto mehr sollte man trinken, sagen die israelischen Ärzte – was aber nicht bedeutet, gerade in der Mittagshitze besonders viel zu sich zu nehmen. Im Gegenteil, tagsüber sollte man sich nur mit nicht zu kalten, ungesüßten Obstsäften, die es in Israel überreichlich gibt, erfrischen. Nach Sonnenuntergang darf man mehr trinken, um den Flüssigkeitsverlust des Tages auszugleichen. Besonders köstlich sind frisch ausgepreßte Orangen, Grapefruits oder Zitronen, auch frischer Möhrensaft schmeckt delikat, löscht den Durst, ist sehr gesund und überdies besonders preiswert. Wasser darf man fast überall gefahrlos trinken. Die Einheimischen, vor allem aber die Araber, löschen ihren Durst seit alters her mit einem Täßchen türkischen Kaffee oder einem Glas schwarzen Tee mit frischen Pfefferminzblättern.

Zum Essen und am Abend erfrischt ein Glas Bier, z. B. ›Maccabee‹ oder ›Goldstar‹. Sehr zu empfehlen sind die wunderbaren Rotweine Israels, die überwiegend unter der Obhut französischer Kellermeister und der Mönche des französischen Trappistenordens zur Reife gelangen. Erwähnung verdienen auch die israelischen Brandies (Weinbrände) und der arabische Arak, ein Anisschnaps, der besser als jede Medizin geeignet ist, die Verdauung in guter Funktion zu erhalten.

Gesundheit

Das Gesundheitswesen Israels zeichnet sich durch ein sehr hohes Niveau aus. Weltberühmt ist das Hadassah-Klinikum in Jerusalem. Über größere Kliniken verfügen außer Tel Aviv und Jerusalem auch Akko, Arad, Ashqelon, Be'er Sheva, Elat, Haifa, Nahariyya, Nazaret, Tiberias und Zefat sowie Hebron und Nablus. Jede Stadt hat ein oder mehrere Stationen der *Magen David Adom*, des Roten Davidsterns, der dem christlichen Roten Kreuz und dem islamischen Roten Halbmond entspricht. Auch am Sabbat und an den jüdischen Feiertagen ist die ärztliche Versorgung sichergestellt.

Vor Reiseantritt sollte man sich mit seiner Krankenversicherung in Verbindung setzen oder über die Reisebüros bzw. Automobilclubs eine besondere Auslandskrankenversicherung für die Dauer der Reise abschließen.

Geld

> **Währung:** 1 Schekel (IS) = 100 Agorot (der Wechselkurs ändert sich wegen der extrem hohen Inflation ständig)

Die Einfuhr von israelischer und ausländischer Währung ist nicht begrenzt. In Israel wechselt man seine Devisen weit günstiger als zu Hause. Eurocheques und Reisechecks werden von allen Banken gegen Vorlage des Reisepasses eingelöst; der Geldumtausch obliegt allein den Banken. Kosten für Hotel, Flüge und Mietwagen können in Auslandswährung beglichen werden (dann entfällt die Mehrwertsteuer). Preise für Andenken, Kunstgegenstände, kunsthandwerkliche Arbeiten, Antiquitäten u. ä. sind oft in US-$ angegeben; diese Geschäfte nehmen meist auch ausländische Währung an.

Kleidung

In Israel kennt man – mit Ausnahme der religiösen Stätten sowie der ultraorthodoxen jüdischen Viertel und Ortschaften – keine besonderen Kleidervorschriften. Jeder kleidet sich nach eigenem Geschmack; Hosen, Shorts und Miniröcke sind bei Frauen kein Fauxpas, auch Männer tragen hier häufiger als in Europa kurze Hosen. In Elat kann man sogar im Badedress einkaufen gehen oder einen Kaffee trinken. ›Vollständige‹ Kleidung ist dagegen in arabischen Vierteln und Ortschaften erforderlich: Frauen benötigen hier kniebedeckende Kleider, die Männer lange Hosen. Frauen sollten auf Besichtigungsfahrten stets eine Ärmelbluse bzw. ein halbärmeliges Kleid tragen und ein Kopftuch mit sich führen. Für Männer liegen in fast allen Synagogen und jüdischen Heiligtümern einfache Papp-Kippahs (Mützen) bereit.

Fotografieren

Fotografieren dürfen Sie mit Ausnahme von militärischen Anlagen, Überseehäfen und Grenzposten uneingeschränkt – auch in jeder Synagoge und Kirche, in jedem jüdischen Heiligtum. Für Aufnahmen innerhalb des Felsendoms und der Aqsa-Moschee ist eine Sondergenehmigung der zuständigen islamischen Behörde erforderlich.

Daß man Einzelpersonen nur mit deren Erlaubnis fotografiert, versteht sich eigentlich von selbst. Besonders rücksichtsvoll sollten Sie im Jerusalemer Stadtteil Mea Shearim und in den arabischen Ortschaften sein. Wer eine Araberin knipsen möchte, sollte zuvor den Ehemann um Erlaubnis fragen, sonst riskiert er, daß man den Film aus seiner Kamera reißt oder Steine nach ihm wirft.

Einkauf und Souvenirs

Vorab eine Warnung: Das Sammeln von Steinen, antiken Relikten, geschützten Pflanzen und Muscheln ist verboten und wird mit hohen Geldstrafen belegt! Die Ausfuhr von Antiquitäten bedarf einer Genehmigung! Als Mitbringsel eignen sich neben den üblichen (meist kitschigen) Souvenirs und Devotionalien Schnitzarbeiten aus Olivenholz und Perlmutt, Glaswaren aus Hebron, Kupfer- und Silberarbeiten, Keramikwaren, jemenitischer Schmuck, Malachitarbeiten, jüdische und arabische Kleidungsstücke, Batikarbeiten, gestickte Decken, Kelims, Lithografien, moderne Kunst. In der Jerusalemer Altstadt ist alles zu haben, was in Israel und in den besetzten Gebieten hergestellt wird.

Wichtige Anschriften

Botschaft des Staates Israel, Simrockallee 2, 5300 Bonn 2; Staatliches Israelisches Verkehrsbüro, Westendstr. 4, 6000 Frankfurt 1.

Botschaft der Bundesrepublik Deutschland in Israel: 16 Soutine Street, Tel Aviv (Honorarkonsulat 35 Hameginim Avenue, Haifa).

Weitere Auskünfte erteilen die örtlichen Touristeninformationsbüros.

Literaturverzeichnis

Allgemeine Werke

Die Bibel. Einheitsübersetzung, Stuttgart 1980
Der Babylonische Talmud, München 1963
Der Koran, Stuttgart 1966
Encyclopaedia Judaica, Jerusalem 1971 ff.
B. Reicke/L. Rost, Biblisch-Historisches Handwörterbuch, Göttingen 1962–1966
Die Pilgerreise der Aetheria (Peregrinatio Aetheriae), lat. u. dt. 1958

Geschichte

M. Avi-Yonah: Geschichte des Heiligen Landes, o. J.
M. A. Beek: Geschichte Israels, [3]1973
H. H. Ben Sasson (Hrsg.): Geschichte des jüdischen Volkes, 3 Bde., 1978–1980
G. Konzelmann: Aufbruch der Hebräer – Der Ursprung des biblischen Volkes
E. Lessing: Gott sprach zu Abraham. – Die Geschichte des biblischen Volkes in Bildern, 1976
M. Metzger: Grundriß der Geschichte Israels, 1979
M. Noth: Geschichte Israels, Göttingen [5]1963
G. Fohrer: Geschichte Israels – Von den Anfängen bis zur Gegenwart, 1977
E. Goldmann/Z. Goldmann/H. Wimmer: Israel – Seine Legende und seine Geschichte, 1974
Th. Herzl: Wenn ihr wollt, es ist kein Märchen – Altneuland, der Judenstaat, 1978
W. Laqueur: Der Weg zum Staat Israel – Geschichte des Zionismus, 1975
M. Pearlman: Aus der Wüste brachen sie auf – Auf den Spuren des Moses, 1973
Y. Tsur: Zionismus – Geschichte einer Befreiungsbewegung, 1978
D. Ben Gurion: Israel – Die Geschichte eines Staates, 1973
L. Collins/D. Lapierre: O Jerusalem, 1972
H. Daniel-Rops: Die Umwelt Jesu – Der Alltag in Palästina vor 2000 Jahren

Flavius Josephus: Jüdische Altertümer, dt. [4]1982
Flavius Josephus: Der jüdische Krieg, dt. [2]1982
Ch. Möller/G. Schmitt: Siedlungen Palästinas nach Flavius Josephus, 1976
H. M. Blumberg: Chaim Weizmann, 1975
M. Dayan: Die Geschichte meines Lebens, 1976
G. Meir: Mein Leben, 1976
S. Runciman: Geschichte der Kreuzzüge, 1957–1960
R. Pernoud (Hrsg.): Die Kreuzzüge in Augenzeugenberichten
M. Benvenisti: The Crusaders in the Holy Land, 1970
P. Deschamps: Les Châteaux des Croisés en Terre-Sainte, 2 Bde., 1939
R. Fedden/J. Thomson: Kreuzfahrerburgen im Heiligen Land, 1959
M. Müller-Wiener: Burgen der Kreuzritter im Heiligen Land, auf Zypern und in der Ägäis, 1966
P. Gradenwitz (Hrsg.): Das Heilige Land in Augenzeugenberichten. Aus Reiseberichten deutscher Pilger, Kaufleute und Abenteurer vom 10. bis 19. Jh. 1984
G. Konzelmann: Jerusalem. 4000 Jahre Kampf um eine heilige Stadt. 1984

Israel/Palästina aktuell

M. Avi-Yonah: Palaestina, dt. 1974
D. Ben Gurion: Die Juden in ihrem Land, 1967
D. Diner: Israel in Palästina, 1980
S. N. Eisenstadt: Die israelische Gesellschaft, 1973
A. Elon: Die Israelis – Gründer und Söhne, 1972
H. Fasching: Gelobtes Land, 1978
N. Goldmann: Erez-Israel, 1980
N. Goldmann: Israel muß umdenken, 1976
W. Guggenheim: Dreißigmal Israel, 1979
Y. Harkabi: Palästina und Israel, 1974
W. Kampmann: Israel – Gesellschaft und Staat, 1973
A. Ohler: Israel. Volk und Land, 1979

I. Pfeifer: Reise einer Wienerin in das Heilige Land (1844), 1981
C. Alpert: Farbiges Israel, 1979
S. S. Gafni/A. v. d. Heyden: Israel, du schöne ..., 1980
Ch. Hollis/R. Brownigg: Heilige Stätten im Heiligen Land, 1969
A. Jirku: Die Welt der Bibel, ²1957
H. Haag: Das Land der Bibel, 1976
A. Senfter: Jahwes Land – Bilder aus dem Land der Bibel, 1968
E. Wolf-Crome (Hrsg.): Pilger und Forscher im Heiligen Land – Reiseberichte aus Palästina, Syrien und Mesopotamien vom 11. bis zum 20. Jahrhundert in Briefen und Tagebüchern, 1977
H. Fink: Das Heilige Land, 1981
W. Keller: Und die Bibel hat doch recht – In Bildern, 1963
C. Kopp: Die heiligen Stätten der Evangelien, 1959
N. Kotker: Das Heilige Land, 1968
G. Kroll: Auf den Spuren Jesu, ⁸1979
W. Pax/D. Harri: Die Heiligen Stätten, 1970
W. Pax: Mit Jesus im Heiligen Land, 1979
H. M. Wilmes/J. Grewe: Im Land des Herrn – Führer für Pilger, ²1981
P. Lapide: Juden und Christen – Verleitung zum Dialog, 1979
E. Lohse: Israel und die Christenheit, 1960

Theologie

G. v. Rad: Theologie des Alten Testaments, 2 Bde., 1975–1978
G. Fohrer: Geschichte der israelitischen Religion, 1969
H. Strack: Einleitung in Talmud und Midrasch, 1976
Kabbala – Messianismus, Chassidismus, Talmud, 1982
H. Reichstein: Praktisches Lehrbuch der Kabbala, o. J.
G. Scholem: Ursprung und Anfänge der Kabbala, 1962
M. Burrows: Die Schriftrollen vom Toten Meer, 1960
J. Maier: Die Tempelrolle vom Toten Meer
J. Maier: Die Qumran-Essener – Texte der Schriftrollen und Lebensbild der Gemeinde

J. Maier/P. Schäfer: Kleines Lexikon des Judentums, 1981
M. Hamidullah: Der Islam – Geschichte, Religion, Kultur, ²1983

Kunst und Sprache

H. Kohl/C. Watzinger: Antike Synagogen in Galiläa, 1916
C. Watzinger: Denkmäler Palästinas, 2 Bde., 1933–35
E. L. Sukenik: Ancient Synagogues in Palestine and Greece, 1934
F. Hüttenmeister/G. Reeg: Die antiken Synagogen in Israel, 1977
B. Kanael: Die Kunst der antiken Synagoge, 1961
S. Krauss: Synagogale Altertümer, Nachdruck 1966
M. Magall: Kleine Geschichte der jüdischen Kunst, 1984
H. Strauss: Die Kunst der Juden im Wandel der Zeit und Umwelt, 1972
M. Avi-Yonah: The Madaba Mosaic Map, 1954
J. Gutman: Buchmalerei in hebräischen Handschriften, 1978
A. Ovadiah: Corpus of the Byzantine Churches in the Holy Land, 1970
O. Grabar: Die Entstehung der Islamischen Kunst, 1977
H. Buschhausen: Die süditalienische Bauplastik im Königreich Jerusalem, 1978
C. Bushell OFM: Churches of the Holy Land, 1969
S. S. Cahana: Sagen und Legenden aus Israel, 1981
Märchen aus Israel, ²1978
O. Schilling: Israels Lieder – Gebete der Kirche, 1966
S. Landmann: Jiddisch – Das Abenteuer einer Sprache, 1979
L. Y. Rahmani: The Museums of Israel, 1976
K. Katz/P. P. Kahane/M. Broski: Von Anbeginn – Vier Jahrtausende Heiliges Land im modernsten Museum der Welt, 1968

Archäologie

M. Avi-Yonah: Encyclopaedia of Archaeological Excavations in the Holy Land, 4 Bde., 1975 ff.

A. Negev (Hrsg.): Archäologisches Lexikon zur Bibel, 1972

A. Negev: Funde und Schätze im Land der Bibel, 1978

M. Magnusson: Auf den Spuren der Bibel, 1977

K. M. Kenyon: Archäologie im Heiligen Land, dt. 1967

K. M. Kenyon: Die Bibel im Licht der Archäologie, dt. 1980

J. Murphy-O'Connor: Das Heilige Land – Ein archäologischer Führer, dt. 1981

M. Dayan: Leben mit der Bibel – Archäologie im Heiligen Land, o. J.

J. B. Pritchard: The ancient Near East in Pictures, 1954

Länder der Bibel – Archäologische Funde aus dem Vorderen Orient, Ausstellungskatalog, 1981

Y. Yadin: Bar Kochba – Archäologen auf den Spuren des letzten Fürsten von Israel, 1971

J. Perrot: Syrien – Palästina I

A. Kempinski: Syrien – Palästina II

M. Pearlman/Y. Yannai: Historical Sites in Israel, ³1977

G. Cornfeld: Archaeology of the Bible: Book by Book, 1976

Städte und Stätten

K. M. Kenyon: Jerusalem – Die heilige Stadt von David bis zu den Kreuzzügen, Ausgrabungen 1961–1967, 1968

S. S. Gafni/A. v. d. Heyden: Jerusalem, du schöne..., 1978

C. Thubson/J. Maisel: Jerusalem, 1978

J. Uris/L. Uris: Jerusalem – Lied der Lieder, 1981

W. Pax: Jesus in Jerusalem, 1981

T. Kollek/A. Kollek: Ein Leben für Jerusalem, 1980

S. Ben Chorin: Ich lebe in Jerusalem, 1979

W. Bruhns/A. Schliack: Mein Jerusalem, 1982

M. Har-El: This is Jerusalem, 1977

A. Parrot: Der Tempel von Jerusalem, Golgatha und das Heilige Grab, 1956

W. Caskel: Der Felsendom und die Wallfahrt nach Jerusalem, 1963

J. Leymarie: Marc Chagall – Die Glasfenster von Jerusalem, ⁴1983

R. Amiran: Early Arad, 1978

E. L. Sukenik: The ancient Synagogue of Beth Alpha, 1932

B. Pixner/G. Hintlian/A. v. d. Heyden: Betlehem, du schöne..., 1981

A. Rowe: The four canaanite Temples of Beth Shan, 1940

Y. Yadin: Hazor, dt. 1976

K. M. Kenyon: Digging up Jericho, 1957

H. G. Franz: Das Omayyadenschloß von Khirbat al-Mafjar, in: Forschungen und Fortschritte, 30. Jg., Heft 10

A. Negev: Mampsis – eine Stadt im Negev, in: Antike Welt, 3. Jg., Heft 4

Y. Yadin: Masada – Der letzte Kampf um die Festung des Herodes, 1967

R. Posner/A. v. d. Heyden: Masada, 1981

R. S. Lamon/G. M. Shipton: Megiddo I – Seasons of 1925–34, 1939

G. Loud: Megiddo II – Seasons of 1935–39, 1948

M. J. Stiassny/D. Harris: Nazareth, 1967

P. G. Ludwig OFM: Die Basilika in Nazaret, 1983

A. Parrot: Samaria, die Hauptstadt des Reiches Israel, dt. 1957

G. E. Wright: Shechem, the Biography of a Biblical City, 1965

G. Gerster: Sinai – Land der Offenbarung, 1961

J. Galey: Sinai und das Katharinenkloster, 1979

K. Nomachi: Sinai – Land der Verheißung, 1979

B. Rothenberg/H. Weyer: Sinai – Pharaonen, Bergleute, Pilger und Soldaten, 1979

B. Rothenburg: Timna, 1973

Bild- und Quellennachweis

Farbabbildungen

Christel Gorys, Krefeld   3, 4, 7, 16–20, 22, 23, 25, 27, 28, 30–34, 36–38, 41–45, 49, 54
Heinz Schmitz, Köln   Umschlagvorderseite, Umschlagrückseite, Umschlaginnenklappe
1, 2, 5, 6, 8, 10–15, 24, 26, 35, 39, 40, 46–48, 50–53, 55–63
Anno Wilms, Berlin   9, 21, 64

Schwarzweißabbildungen

Klaus D. Francke, Hamburg   28, 29
Erhard Gorys, Krefeld   2–6, 10, 12, 13, 15, 20, 23, 26, 27, 30–38, 40, 42–51, 53, 54, 57, 58, 60, 61, 63, 65–67, 70–78, 80, 84–86, 89, 92–95, 97, 98, 100–102, 104, 105
Avraham Hay, Ramat Gan (Israel)   52, 55
Heinz Schmitz, Köln   1, 7–9, 11, 14, 16–19, 21, 22, 24, 25, 39, 41, 56, 59, 62, 64, 68, 69, 79, 81, 82, 87, 88, 91, 96, 99, 103, 106–108

Textabbildungen

Grabar, Oleg: Die Entstehung der Islamischen Kunst. DuMont Buchverlag, Köln 1977   S. 41, 121, 190
Keller, Werner: Und die Bibel hat doch recht. In Bildern. Econ, Wien/Düsseldorf 1963   S. 25, 109 unten

Kroll, Gerhard: Auf den Spuren Jesu. St.-Benno-Verlag, Leipzig 1979   S. 12, 60, 64, 74, 78, 97, 100, 103, 110, 132, 135, 138, 178, 198, 211, 214, 226, 265, 293, 297, 300, 305, 311
Negev, Avraham: Funde und Schätze im Land der Bibel. Calwer Verlag, Stuttgart 1978   S. 13, 39
Pörtner, Rudolf: Operation Heiliges Grab. Econ, Düsseldorf/Wien 1977   S. 43, 45, 47, 51, 58, 204
Reiche, Bo/Rost, Leonhard (Hrsg.): Biblisch-Historisches Handwörterbuch. 3 Bde., Vandenhoeck & Ruprecht, Göttingen 1962–66   S. 20, 35, 38, 202, 232, 275 links, 310, 382, 454
Teifer, Herrmann: Israel mit dem Westjordanland. Artemis-Cicerone Kunst- und Reiseführer, Zürich/München 1981   S. 114
Vilnay, Zev: Israel. Kohlhammer Kunst- und Reiseführer, Stuttgart 1979   S. 384, 404, 408, 409
Wilson, Charles: Picturesque Palestine, Vol. II, London um 1880   S. 54, 237, 261, 281, 287, 289, 299, 309, 325, 354
Wolf-Crome, Elizabeth (Hrsg.): Pilger und Forscher im Heiligen Land. Wilhelm-Schmitz-Verlag, Gießen 1977   S. 23, 434
Wright, G. Ernest: Biblische Archäologie. Vandenhoek & Ruprecht, Göttingen 1958   S. 75, 378
Yadin, Yigael: Hazor. Hoffman und Campe, Hamburg 1976   S. 18

Alle übrigen Abbildungen stammen aus den Archiven von Autor und Verlag

Register

(Vgl. auch das Inhaltsverzeichnis des ›Gelben Teils‹ S. 465 und das Glossar S. 459 ff.)

DuMont Kunst-Reiseführer

»Richtig reisen«